毛泽东伟人生平纪实系列丛书

郭德宏

陈登才　著

钟世虎

团结凝聚人心

红旗出版社

图书在版编目（CIP）数据

毛泽东团结凝聚人心／郭德宏，陈登才，钟世虎著.
—北京：红旗出版社，2017.1
ISBN 978 – 7 – 5051 – 4017 – 2

Ⅰ. ①毛…　Ⅱ. ①郭…②陈…③钟…　Ⅲ. ①毛泽东（1893 – 1976）– 生平事迹　Ⅳ. ①A752

中国版本图书馆 CIP 数据核字（2017）第 020979 号

书　名	**毛泽东团结凝聚人心**		
著　者	**郭德宏　陈登才　钟世虎**		
出品人	唐中祥	责任编辑	张明林
总监制	褚定华	封面设计	李　妍
出版发行	红旗出版社	地　址	北京市沙滩北街2号
邮政编码	100727	编辑部	010 – 57274597
E – mail	hongqi1608@ 126. com		
发行部	010 – 57270296		
印　刷	北京画中画印刷有限公司		
开　本	710 毫米 × 1000 毫米	1/16	
字　数	238 千字	印　张	16
版　次	2017 年 11 月北京第 1 版	2021 年 1 月北京第 3 次印刷	
ISBN 978 – 7 – 5051 – 4017 – 2		定　价	39. 80 元

目 录

第一章 知人善任 用人之长

毛泽东善于识别和使用干部,善于爱护和培养干部,总能从总体上考虑,把人安排到恰当的位置上,暖了人心,兴了事业。

善于识人

——识人是用人的前提 …………………………………… 1

量才用人

——量才用人可以使人心悦 ……………………………… 10

第二章 动态论人 使人尽智

1937 年 5 月,毛泽东第一次比较全面地论述了党的干部和群众领袖所应具备的基本素质。它包括:懂得马克思主义;具有政治远见;忠于党和人民的事业;能做到大公无私;善于密切联系群众;有独立解决问题的能力。

动态论人
——动态论人是使人向上 ……………………………… 21

用人不疑
——毛泽东对待同志宽宏大度,不计前嫌 …………………… 37

精神聚众
——毛泽东说:"要善于从群众的根本利益出发,提出人们所关注的、热心追求的某种目标 …………………………………………… 59

第三章　宽容大度　团结多数

毛泽东说:我们都是来自五湖四海,为了一个共同的革命目标,走到一起来了。中国有一句古话叫家和万事兴,道理都是一样的。

注重团结
——团结是事业得到不断发展和成功的保障 …………… 67

善"弹钢琴"
——抓住主要矛盾,把原则性与灵活性结合起来 ………… 80

得道多助
——赢得人民的支持,才能赢得中国革命和建设的胜利 ……… 91

第四章 沟通交流 催人奋进

在伟大的中国人民解放事业中,毛泽东一贯强调坚持党的政治领导。做好疏通引导的思想政治工作正是实现这一领导工作的主要方法之一。

主动沟通
——"沟通"是领导人发挥影响力的渠道 …………………… 101

坚持原则
——毛泽东十分重视协调双方关系,但他的协调并不是一般的和稀泥,而是
   有原则 ……………………………………………………… 106

争取支持
——要在开会之前,多多活动活动,做做别人的思想工作 ………… 109

第五章 广交朋友 孤立敌人

一个人的智慧毕竟是有限的,大家的智慧是无限的。朋友团结得越多,敌人就越来越少,战胜敌人就越容易。解放战争打到国统区的时候,毛泽东曾说胜利的一大关键是争取群众站在我军方面。团结大多数,走群众路线是我党我军取得胜利的一大法宝。

促进团结
——闹分裂,搞不团结,往往使事物由鼎盛走向衰败 …………… 115

肝胆相照

——毛泽东向有容人之量,对朋友推心置腹肝胆相照 …………………… 125

气度超人

——毛泽东以凝聚人心的智慧,能将陈腐转化为新生,气度非同一般……… 133

第六章　重视激励　凝聚人心

有了能力强、智慧高而又有干劲的部下之后,下一步要做的就是激励他们,使他们在工作上发挥创造性。毛泽东在中国革命和建设时期,一直用激励的方式鼓舞干部,使他们焕发出无限的热情,以坚定的意志去努力工作。

尊重部下

——尊重是激励的前提 ……………………………………………………… 138

充分肯定

——对过去给予肯定能鼓舞人的信心 ……………………………………… 159

信任鼓励

——每个人都有被别人所信任的需要 ……………………………………… 170

第七章　利益相同　目标一致

我们常用一盘散沙来形容不团结。闹分裂搞不团结,会从鼎盛走向衰败。毛泽东非常重视党的团结和同志间的团结,将团结看作党的生命,并非常善于处理党内和党外的团结问题。

把握性质

——人民内部矛盾与敌我矛盾的性质不同,因此,解决的方法不同 ······ 182

选择方法

——在掌握全局的情况下,做好工作,化消极因素为积极因素 ··········· 189

第八章　书信送暖　诗词传情

在复杂的人际交往中,毛泽东体现出坦荡的胸怀和凛然正气;他能最大限度地团结一切可以团结的力量,结成了最广泛的爱国统一战线,为此,他作出了巨大贡献,树立了光辉典范,团结和凝聚了一切可以团结的人。

以诚相待

——以诚相待是毛泽东与人交往的重要准则 ························· 203

结交同盟

——毛泽东主张,团结一切可以团结的力量,协力建设新中国 ··········· 207

第九章　独立自主　广交朋友

第二次世界大战中,作为世界反法西斯战争一部分的中国抗日战争,曾得到国际社会的援助,这种援助包括物质和精神方面。中国共产党的领袖毛泽东,为凝聚这种国际主义援助力量,与很多国际友人建立了友好的合作关系。

互相支持

——毛泽东不仅同苏联建立了友好合作关系,而且对越南、朝鲜等遭受

侵略的国际盟友给予了大力支持 …………………………… 218

国际主义

——毛泽东非常重视同国际友人的交往 …………………… 227

求同存异

——毛泽东坚持求同存异的原则,与具有不同政治倾向、不同意识形态

国家的领导人打交道 …………………………………… 237

毛泽东

伟人生平纪实系列丛书

第一章 知人善任 用人之长

知人即全面了解一个人，善任即善于用人。领导者用人的核心是知人善任。知人是善任的前提。中国明末清初的学者王夫之说过："能用人者，可以无敌于天下。"领导者能否最大限度挖掘和利用下属的能力，是衡量领导团结人水平高低的一项重要标志。毛泽东善于识别和使用干部，善于爱护和培养干部，总能从总体上考虑，把人安排到恰当的位置上，暖了人心，兴了事业。

善于识人

——识人是用人的前提

没有不犯错误的人，只是错误有大小轻重之分。要求一个革命领袖或领导者没有缺点、错误，那不是历史唯物主义。只有看干部的全部历史和全部工作，才能反映干部的德才全貌，才能放心使用他们。在中国革命和建设的实践经验中，毛泽东提炼总结的这一识人之道值得我们用心体会。

全面考核　正确评价

美国人卡罗林·威尔斯·霍登编写了一本《世界幽默选》,在《人才》篇中有一段讲,一个政治家对一个哲学家说:"聪明人真难找啊!"哲学家说:"的确,因为只有聪明人才能了解和发现聪明人。"这句话道出了人才的发现必须有善于发现人才的人。在我国把善于发现人才的人通常比作伯乐。关于伯乐的地位,汉朝政治家桓谭说:"得十良马,不如得一伯乐。"唐代大文学家韩愈又做了进一步的论述,认为世界上先有伯乐,然后有千里马。千里马常有,而伯乐不常有。这可以说是经验之谈。事实证明,千里马是常有的,关键是发现它。在生活实践中,一项事业的成功与失败,关键在于能否发现人才和善用人才。

在革命和建设中,毛泽东总结党的干部工作经验,集中全党的智慧,形成了一系列重要的观点。在识人方面为我们提供了经验和方法。这些无疑是领导工作中的宝贵财富。

毛泽东的识人艺术,是整体的、历史的。

整体是由各个要素构成的有机体。在整体的各要素中,首先要把握它的基本原则,即"德才兼备"。1938 年 10 月,毛泽东在《中国共产党在民族战争中的地位》等文章中指出,几万万人民进行伟大的革命斗争,必须有计划地培养干部,否则就不能完成自己的任务。贯彻党的路线,服从党的纪律,富于牺牲精神,在困难中不动摇,忠心耿耿地为民族、为阶级、为党而工作。积极肯干,不谋私利。要求党的干部要懂得马克思列宁主义,要有一定的知识和理论水平,要有政治远见,有独立的工作能力,能独立解决问题,善于把党的路线方针政策变为群众的行动。

识人要有方法。这一方法用毛泽东的话来说就是"必须要善于识别干部,不但要看干部的一时一事,而且要看干部的全部历史和全部工作,这是识别干部的主要方法"。这就是说,识人要坚持用全面的、历史的、动态的观点和方法。

只有全面地看人，才能正确地评价人，做到看人从大处着眼，取人的长处，克服他的短处。每个人都有长处和短处，如何辩证地对待长处与短处，做到扬长避短，这不但是科学，而且是艺术。所谓要全面看人，就要对一个人的各个方面进行综合把握。既要考察他的素质情况，如智商和情商；又要了解他相应的背景情况，如学历、经历、特长、优势和不足等。只有这样才能抓住其本质，发挥其特有的才能。通过全面地去认识一个人，其目的就是发现其专长，加以使用。

要历史地看人有两个层次的含义：一是识人的特长在不同的历史时期有不同的侧重。如在战争时期，所侧重的才主要是能打仗，善于做思想政治工作；而在建设时期的才，毛泽东则强调干部要学会搞经济工作，学习文化科学技术，做到"又红又专。"二是把一个人的历史情况和现实表现结合起来观察。历史对现实具有重要的参考价值，这是公认的道理。对一个人的历史进行考察，来认识他的现在，其意义在于防止就一时一事下武断的结论，导致误用一个人或浪费一个人才。

动态的观点就是要求从联系的、发展的观点看问题，在实践中把握问题。就识人来讲，不能用静态的方法，要用动态的方法。因为世界在变化，人也在变。对变化中的人要在实践中不断地对他进行考察，及时地加以培养和教育，做到升降有度。只有这样才能在用人的过程中识之以德才，用之以诚，纠之以法，赏功罚罪，使之向上，不敢为非。所以，认识一个人，不要凭一时一事，而要从历史上、一定的环境中进行全面考察，综合分析，运用辩证的、发展的眼光去看问题，以避免识人过程中的片面性。

识人虽难，但只要我们掌握了一定的原则方法，并有相应的程序、相应的配合，识人的难度也就迎刃而解了。识别干部是选拔和使用干部的前提。要选拔好、用好干部，首先应有识别人的艺术。只有对人有全面的正确的认识，才能正确地选拔和任用干部，做到知人善任，把每一个干部安排到适当的工作岗位上去，充分发挥他们的专长和才干，团结广大党员和群众，使革命和建设事业不断向前发展。

全面看人　客观对待

毛泽东在《中国共产党在民族战争中的地位》一文中指出："必须要善于识别干部，不但要看干部的一时一事，而且要看干部的全部历史和全部工作，这是识别干部的主要方法。"这个方法是马克思主义的辩证唯物论和历史唯物论的具体应用，是中国共产党的实事求是的思想路线的具体体现。它要求客观地、全面地、发展地看待干部。只有全部的历史和全面的工作，才是干部的全部的实际情况，表现着干部的德才的全貌和整个发展过程。以全部历史和全部工作为根本依据，并将其同一时一事联系起来，才能正确地识别干部。识别干部要防止主观片面性，也要避免表面性。不能停留在表面现象上，更不能被某些假象所迷惑，只有这样才能保证识别干部的客观性，并能在实践中用其所长。在民主革命时期，毛泽东正是用这一方法，把很多有才干的干部安排到了恰当的领导岗位，以整顿纪律，凝聚革命力量，壮大了党的队伍。

1928 年，朱毛井冈山胜利会师后，接连打了几个胜仗。有一次，攻占了永新城，根据当时的情况，久占该城对红军不利，于是决定撤出。当时驻守永新城里的是红二十一团，它的老底子是秋收起义编组成的工农革命军第一团。一听说要撤出永新城，部队违犯党的政策纪律的事全都"亮相"了。干部里面，有些人旧军人习气复发，出现了逛窑子的、斗纸牌的、搜俘虏腰包发洋财的种种不良现象。在对待工商业者上，一些人采取了"一律没收"的行为。商店里的东西乱抓乱拿，连小商小贩的理发挑子，也滴溜当啷地挑出城来了。

面对红军队伍中这一严重情况，毛泽东决定好好地进行整顿，于是派年仅 23 岁的谭政去检查整顿该团的纪律。在这次检查整顿该团的纪律过程中，他做了大量的工作。不久，毛泽东又任命年仅 23 岁的谭政担任三十一团的党代表。在他到任前，毛泽东专门找他谈话，讲了政治工作的重要性和做好政治工作的方法，末了，毛泽东似是玩笑，似是鼓励地对他说："谭政，这次可真是谈政喽。"从此，谭政与政治结下了不解之缘。由于谭政表现出较好的政治工作才能，毛泽东又派他担任红四军的秘书长、政治部训练部长。后来红军到达陕北后，他仍然从事政治工作，并任陕甘宁晋绥联防军副政治委员兼政治部主任等职，建国以后他被任命为总政治部主任。

为了壮大革命队伍，毛泽东很注重从历史中去识人。三湾改编后，毛泽东决定在井冈山建立革命根据地。其中有一项是如何认识袁文才、王佐这两个人，以及如何对待他们两人领导的这两支农民武装的问题。在这个问题上有人主张消灭他们。而毛泽东则不同意这个意见，他认为可以对他们进行团结教育和改造，并对这一见解作了如下分析：

第一，这两个部队的成员大多数是贫苦农民出身，在政治上受迫害，在经济上受剥削，对土豪劣绅有着强烈的仇恨。

第二，他们受过大革命的影响，参加过共产党领导的革命活动，对共产党有认识。

第三，他们土生土长熟悉地形，群众基础好，争取他们对建立根据地和今后开展游击战争具有不可忽视的作用。

经过以上的分析，大家的意见得到了统一，认识取得了一致。后经过对他们二人进行教育、说服，他们表示愿意接受党的领导。

毛泽东"要看干部的全部历史和全部工作"这一识别干部的主要方法启示我们，要在革命斗争和实践工作中去考察干部的德才，应坚持德与才统一，又红又专的用人标准，但德才并重并非求全责备，德才并重也是相对而言，即"德看主流，才重一技"；德才相比，我们更应注意德，德优才弱，通过努力可以提高自己的才，从而达到德才统一，即德为"统帅"，大节为本。这样才能团结人，聚集人。

用人之长　德才兼备

"且何代无贤，但患遗而不知耳"是唐太宗继帝位后与右仆射封德彝对话中的一句。这句话的意思是，每一个时代都有贤才，关键在于知。而知贤才，首先要能识别。但是，识别人这一工作，自古以来都是非常困难的。人之所以不同于其他动物，在于他的社会属性。人的智商、情商以及在实践中的选择能力，其他的动物是无法比拟的。实践证明，看准人、收揽人才，并加以妥善使用，事业则无往而不胜；看不准人，就会用人不当，即使再好的事情也会导致一塌糊涂。

关于识人难的问题一直困扰着领导们，针对这一问题，白居易曾在他的《放言五首并序》的第三首中做了这样的描述，他写道："赠君一法决狐疑，不用钻龟与祝蓍。试玉要烧三日满，辨材须待七年期。周公恐惧流言日，王莽谦恭未篡时。向使当时身便死，一生真伪复谁知。"这首诗的大意是说，识别人才的优劣、好坏，是非常不容易的，得经过长期的观察和多次的实践考验。就如同鉴别一块玉要用火烧三天，经过三天的火烧，这块玉还不热，那它便是真的；分辨一棵树是不是乔木，得需要等待七年时间；一个人的好与坏，真与伪，忠与奸，不能凭一时一事，也不能凭某些人的某些评断，而是要看他的整个过程。就好像周公和王莽一样，假如周公摄政时，王莽未篡位时就死了，那么他们一生的真伪又有谁会知道呢？可见识别一个人，它不但是复杂的，而且还需要经过长期的观察和考验。

识人难是公认的，但是人并不是不可识别的，只要我们有一定的识人的标准和原则，在此基础上我们就可以形成一套方法。识人从根本上讲，重在德、才两个方面。德是指人品、伦理道德和政治品德。在这里坚持正确的政治方向是首要的、根本的。才是指才智、才华、才干等等。德才是识人的依据。在领导工作中，两者辩证统一。无德，则不能服众，无才则不能领导其所属人员做好工作。只有德才兼备，才能率众完成其所肩负的任务。

以德才兼备作为知人善任的标准，是中国传统文化的结晶。落实到识人方面，在我国古代有许多精辟的论述。三国时代蜀国的丞相诸葛亮在《前出师表》中就提出"亲贤臣，远小人"，这对兴亡有至关重要的意义，他借此对汉朝进行了概括，并指出，先汉时期之所以兴隆，是因为"亲贤臣"。后来在《便宜十六策》中又进一步指出："治国之道，务在举贤。若夫国危不治，民不安居，此失贤之过也。"唐朝名臣魏徵，主张才行兼备。他说乱世用人，可不顾其行，但在"丧乱既平，则非才行兼备不可用也"。他的这一主张对后来的人都产生过一定的影响。

从历史上看，凡按此原则识人并加以使用的，这样的群体都有过一番业绩。诸葛亮不但有知人思想，而且在实践中也把这一思想充分地体现了出来。其中对待蒋琬就是一例。刘备率大军入蜀初期，蒋琬是广都的县令。有一次刘备下去巡视，见蒋琬酒醉不理政事，大怒之下就要杀他。诸葛亮非常了解这个人，替他讲情，说："蒋琬这个人，是国家的栋梁之材，非常难得，他为政以安民为本，不大重视粉饰自己。"刘备尊重了诸葛亮的意见，没有给他治罪。蒋琬果然不负所望，后来做了不少有益的事情，并被诸葛亮提拔为丞相府长史，诸葛亮每次出征，他都能保障兵粮的供给。因此他被诸葛亮称为"忠雅"之士。诸葛亮临死前，又向刘禅推荐了蒋琬。蒋琬果然没有被看错。在他执政期间，大公无私，胸襟广阔，善于团结人，能审时度势，使国泰民安。

在古代，识人不但有准则，而且还讲究一定的方法。《论语》中有一句："今吾于人也，听其言而观其行。"讲的就是识人的方法问题。识人是实践的艺术，也是人们不断思考的课题。对古代的识人之道，我们可以概括为以下几个方面：一是识人的准则，即做什么都要有规矩，无规矩则不成方圆，有了准则，对识人才有所遵循的标准。识人的准则主要有两条，一条是德，另一条是才。二是识人的方法。其主要包括以下三点：第一，用历史的方法识人，即看一个人，要把他同过去联系起来；第二，把一个人与一定的环境和在一定的环境中的关系联系起来；第三，要与一定的境况联系起来。

毛泽东认为："政治路线确定之后，干部就是决定的因素。"这就涉及一个问题：按什么标准来选拔干部。干部的数量和素质是有决定意义的。毛泽东为使中国革命有一个强有力的组织保证，采取了"德才兼备"的标准，收揽人才，增强各级领导层的凝聚力。

以德才兼备作为选才用人的标准，发明权不属于毛泽东。三国时代蜀国的丞相诸葛亮就曾提倡"亲贤臣，远小人"，"治国之道，务在举贤"。在唐朝曾有"贞观之治"，对形成这繁盛局面作出了杰出贡献的大臣魏徵，主张"丧乱既平，则非才行兼备不可用也"。这就明确地提出了德才兼备的标准。清初的康熙皇帝、清末的曾国藩都曾倡言德才兼备，而且都同意宋代政治家司马光"才者德之资，德者才之帅"的主张，将德放在首位。中国古代政治家的用人思想，对毛泽东有明显的影响。

毛泽东提出了共产党干部"德"、"才"的具体内容。1937年5月，毛泽东第一次比较全面地论述了党的上万名干部和几百个群众领袖所应具备的基本素质。它包括：懂得马克思主义；具有政治远见；忠于党和人民的事业；能做到大公无私；善于密切联系群众；有独立解决问题的工作能力。第二年，他又强调，没有一大批这样德才兼备的领导干部，中国共产党就不可能担负起历史所赋予的任务。

毛泽东这时大谈用人之道，同他在全党的领袖地位是相联系的，选才用人已经成了他的一个主要职责。

在民主革命时期，毛泽东依据德才兼备的用人标准，敢于把那些一味追求个人权力、专横跋扈、夸夸其谈、不务实际、玩忽职守的人从领导岗位上撤下来，他认为这种干部不能肩负领导中国革命的重任。同时，他也善于吸收德才兼备的领导骨干充实中央的领导核心。在1943年3月的中央机构调整中，刘少奇、任弼时新任书记处书记就是典型的例证。

任弼时曾赴苏留学，同王明相反，他以不计名利、埋头苦干、严守纪律、谦虚诚恳获得大家的尊敬。1933年在湘赣根据地任省委书记时，他抵制肃反扩大化错误，保护了一批党的干部。1934年他率领红六军团同贺龙领导的红军会合，两支部队成为红军团结的模范。在长征中，他作为红二方面军政委，同张国焘的分裂行为进行了坚决斗争，推动了红四方面军同红二方面军共同北上。毛泽东对这位优秀的党的活动家非常器重。红军三大主力会师后，他被任命为红军前敌总指挥部政委，抗战爆发后担任了八路军总政治部主任、军委总政治部主任。从1941年9月起，任弼时担任中共中央秘书长，协助毛泽东领导和组织了整风运动和大生产运动。

刘少奇也是一位久经考验的党的活动家。从大革命时期起，他就是中国工人运动的杰出领袖。在抗日战争中，他先后担任北方局、中原局、华中局书记，卓有成效地领导了这些地区抗日根据地的组织、创建工作。刘少奇又是党内杰出的马克思主义理论家，他所写的有关党的建设的论著，被毛泽东视为"提倡正气，反对邪气"的重要文章而赞不绝口。刘少奇在1943年担任了中央书记处书记、中央军委副主席、中央组织委员会书记，成为毛泽东最重要的助手和亲密战友。

遵义会议后，毛泽东为凝聚成一个由德才兼备的领袖组成的领导集团而努力，这种努力在党的七大时取得最大的成功。七大后产生的中央书记处，除毛泽东、刘少奇、任弼时外还包括了久经考验的无产阶级军事家朱德总司令，以及当时负责统战工作、才华卓著的无产阶级革命家周恩来。这是一群具有政治远见的马克思主义者，他们具有领导政治、军事、经济、党务、统战、外交等各方面工作的才能。他们中间既没有王明那样的教条主义者，更没有张国焘那样的个人野心家。他们是忠心耿耿地为民族、为阶级、为党而工作的"大公无私的民族的阶级的英雄"。

正因为有了这样一个领袖集团，有了一支按德才兼备的标准所培养的宏大的队伍，中国共产党才能以毛泽东为首，领导中国人民从抗日战争的胜利走向解放战争的胜利，在世界的东方建立起一个伟大的人民共和国。

⟨⟨量才用人

——量才用人可以使人心悦

人的才能既然有高也有低，那么就看从什么角度观察人、选拔人了。毛泽东借鉴古代政治家的用人之道，提出德才兼备的标准。他善于运用辩证的观点识别人才，并能用人所长；他具有在复杂的政治斗争中保护人才，在实践中磨炼人才的独特风格。量才用人，使人心悦，是毛泽东凝聚人心的智慧之一。

注重培养　锻炼人才

在中国历史上，三国人才之众，是非常罕见的。一个重要原因是，三国之主善于用人。三国的君主都能在其割据地区竭力发掘人才，使各种人才脱颖而出；正因为这样，被人讥为"赘阉遗丑"的曹操才能"挟天子以令诸侯"，县吏之孙孙权才能威镇江东，织草履出身的刘备才能称帝西蜀。毛泽东很喜爱叙述三国历史的古典小说《三国演义》，并常结合《三国志》、《三国演义》中的历史故事来阐发他的人才思想。

借鉴古代的用人艺术，首先是识才，只有识人之长方能用人之长，只有"知人"才能"善任"。毛泽东多次强调："要善于识别干部。"这也就是说：要知人。知人，是毛泽东用人的前提，也是他凝聚人而人才总聚集在他周围的重要原因。

毛泽东的知人，首先在于他相信在伟大的人民革命中会产生千千万万的优秀干部，能够有五湖四海的俊才。他反对那种无视人才辈出的现实的糊涂观点，强调"只要丢掉错误的观点，干部就站在面前了"。毛泽东的知人，还在于他不要求"完人"和"全才"。他曾经说过：一个人，自有长有短。性情习惯有恶点亦有善点，不可执一而弃其一。他善于抓住人的品质个性的优点，根据每个人的专长，安排干部的工作，做到人尽其才。

1930年春末夏初，毛泽东为安排红四军政委一职颇伤脑筋。为增强部队凝聚力，他需要为23岁的军长林彪选择一个合适的搭档。林彪是黄埔四期毕业生，打起仗来比较灵活，毛泽东对他是器重的。但林彪这个人性格却很褊狭，个性强，不愿听别人批评，平时一副沉默寡言的样子，别人颇难同他共事。自从他担任二十八团团长以来，同各届党代表大都搞不好关系。下井冈山时，二十八团党代表何挺颖在大余战斗中负了重伤。虽然当时军党代表毛泽东曾指示一定要照顾好，但林彪对党代表何挺颖仍不关心，结果这位身负重伤的党代表在夜行军中从马背上摔下来牺牲了。后来，担任了一纵队司令员的林彪，又对纵队党代表谢唯俊横挑鼻子竖挑眼，把他挤走了事。林彪当了军长，但军政委未到职，代理军委书记赴党中央开会未归。作为红四、五、六军前委书记，毛泽东必须物色代理红四军政委的合适人选。这个人必须具备丰富的政治工作经验，既有坚定的原则性，又有针对个人情况的灵活性。经过他的慎重考虑，终于选中了貌不惊人的罗荣桓。

罗荣桓是个老实人。他是在武昌中山大学读书时参加中国共产党的。1927年大革命失败之际，他在鄂南组织农民自卫军，担任自卫军的党代表。因为他是大学生，就兼任管账先生，在率领农军参加秋收起义的途中，竟让两个自告奋勇前来"帮忙"的农军士兵把装钱的箱子拿走并逃之夭夭。丢了两百块钱，他才明白到革命队伍里来混饭吃、找出路的大有人在，果然到三湾改编时，原参加秋收起义的四个团只剩下两个营了。罗荣桓坚定地留了下来，毛泽东喜欢这位革命意志坚定的大学生，任命他为特务连党代表。在开辟井冈山根据地的斗争中，毛泽东进一步发现了罗荣桓身上许多可贵的品质：凡是要求战士做到的，他自己首先做到。打仗时冲锋在前，退却时掩护在后。行军时为病号扛枪，宿营时下班查铺，吃饭时带党员出去站岗放哨——尽管这意味着有时要饿肚皮。罗荣桓以自己的模范行动成为战士的知心朋友，他深为士兵爱戴。罗荣桓担任三十一团三营党代表后，由于他出色的工作，三营成为一支拖不垮、打不烂的红色"铁军"。1928年湖南省委代表造成"八月失败",毛泽东率三营南下接二十八团,行程数百里,打了十几仗,却没有一个开小差的,创造了巩固部队的好纪录。

毛泽东发现罗荣桓是个人才,经过他的介绍,罗荣桓以一个下层工作干部在红四军党的第九次代表大会上当选为前委委员。毛泽东相信罗荣桓会成为一个优秀的政工干部。几年后,他还曾感慨地说:"荣桓是个老实人,而又有很强的原则性,能顾全大局,一向对己严,待人宽,做政治工作就需要这样的干部。"

罗荣桓走马上任,不少人为他捏了一把汗。但罗荣桓在红四军开展既生动又扎扎实实的政治工作,使全军指战员始终保持了非常旺盛的战斗情绪。罗荣桓对军事训练、后勤工作也抓得井井有条,以至性格褊狭的林彪也感到没有什么好挑剔的了。于是,军长和政委之间,一时也相安无事。

由于毛泽东能够用罗荣桓之所长,因此,性格褊狭的林彪没有脱离革命队伍,仍是在红军领导岗位上发挥着重要作用,起到了团结人的作用,同时由于用人所长,罗荣桓也因此成了人民军队政治思想工作的巨匠。后来罗荣桓历任八路军——五师政委、解放军第四野战军政委、中央军委总政治部主任,并且是军队政治干部中唯一获得元帅军衔的人。

善于识人之长,并能用其所长,是毛泽东领导活动的主要特点,也是他善于凝聚人、揽人心的智慧体现。

晏子云:"国有三不祥,夫有贤而不知,知而不用,用而不任。"在相当长的一段时间里,毛泽东能够选贤任能,做到知人善任,对优秀人才委以重任。例如,安子文在延安整风中,同张鼎丞一起,反对在自己所领导的单位搞"抢救运动",使整风运动的正确方针得到贯彻执行。安子文在抗日战争时期担任了地方党组织部长,实际工作经验丰富。在建国后,安子文又以严于律己,严格要求自己的"无己"精神而出名。他坚持原则,认真负责,以身作则,克己奉公。这些对于一个组织工作者来说是最重要的。毛泽东器重安子文的这一特长,在党的七大后，提名他担任中央组织部副部长，在党的八大后，又提名他担任了中央组织部部长。

从1945年到1966年，安子文在组织部担任重要职务达21年，在以毛泽东为核心的党的领导班子内为党的组织工作作了较大的贡献。

毛泽东能从总体上考虑，把每一个人安排到恰当的位置中去。他善于抓住人的品质个性的优点，从大处着眼，根据每一个人的专长，安排干部工作，使每一个人在干部队伍中都能发挥其才干。在这一思想的指导下，毛泽东使许多干部凝聚在自己的旗帜下，在历史的舞台上尽展自己的才华。

举贤用能　不拘一格

毛泽东喜爱清朝龚自珍有名的诗句："我劝天公重抖擞，不拘一格降人才。"他本人在选人用人方面，就是不拘一格的。从根本上说，毛泽东不拘一格选拔人才是用人选才的基本要求，也是选贤用人的重要方法；从领导科学来说，收揽人才也是与收揽人心相一致的，不拘一格选人用人又可增加领导者的凝聚力。

毛泽东不拘一格选人用人，首先是容许毛遂自荐。

共产党历来强调遵守纪律，服从分配。有些人在选才用人上把这一点绝对化，只允许个人的消极服从，但毛泽东在选择人才收揽人才时容许毛遂自荐。这实际上是一种让千里马显露头角的办法。应该说，善于发现千里马的是伯乐，而能够用某种制度和方法使千里马自己跳出来的则是更高明的伯乐。毛泽东便是属于后者的伯乐。

1950年初，中央军委准备创办中国人民解放军军事学院。刘伯承一向是主张"治军必先治校"的，他闻讯后立即请辞西南军政委员会主席职务，担负办校工作。毛泽东对刘伯承是了解的。刘伯承有"古名将风度"和"常胜将军"之称。他先在重庆陆军将弁学堂，后在苏联高级步兵学校、伏龙芝军事学院受过教育。在革命战争中，他所统率的部队，经常办有军政学校、随营学校或轮训队，在中央苏区和长征中，还曾先后担任中央红军学校校长，红四方面军、红二方面军红军大学校长。可以说，刘伯承是一位杰出的军事教育家。因此，毛泽东立即赞同刘伯承的要求，并亲笔复信。刘伯承满怀雄心壮志主持学院工作达七年之久，为培养中高级军事干部，推进中国军队的现代化、正规化建设作出了重大贡献。

中国炮兵建设的奠基人之一朱瑞也是向毛泽东自荐而被委以重任的。1945 年 6 月，中央决定任命朱瑞担任军委副总参谋长。朱瑞闻讯后，立即找到毛泽东，表示自己在苏联炮兵学校学习过，可以在军队的炮兵建设方面做些工作，起到桥梁作用，副总长一职请另选人。毛泽东对朱瑞不计较个人名利，在炮兵建设上高瞻远瞩的战略眼光十分赞赏，随即任命他为延安炮兵学校代理校长。日军投降后，朱瑞率炮校迁往东北。他一方面组织炮校干部到主力部队培养骨干，一方面发动人员到东北各地搜集器材，使东北部队很快组建起十个炮兵团、六个炮兵营、二十二个独立炮兵连。1946 年 10 月，朱瑞担任了东北军区炮兵司令员。在他的领导下，东北炮兵到 1948 年 8 月已发展到十六个团，拥有 4700 余门各种口径的火炮，从装备上为辽沈大战做了充分准备。与此同时，他领导的炮校为各兄弟军区输送了几百名干部，为全军炮兵建设培养了一批骨干力量。毛泽东根据毛遂自荐用人，尊重人才自己意愿，使人如愿以偿，既有利于充分发挥人才的能力，又能使所用之人心情舒畅，实有利于凝聚人心。

其次，毛泽东选拔人才，崇尚真才实学。对于罗荣桓、刘伯承、朱瑞等这些进过高等学府的人能用其所长，对自学成才的人则更是十分赞赏。1926 年，毛泽东在广州主编《政治周报》、主办第六届农民运动讲习所时，担任主编助理、专职教员的就是客店跑堂出身、通过自学成才的萧楚女。26 岁就担任毛泽东秘书的田家英也没有什么文凭和学历，他一生以"走遍天下路，读尽世上书"为座右铭，完全依靠刻苦勤奋成为一个才子，从而得到了毛泽东的欣赏和信任。

毛泽东选拔人才，重真才、重实学，能够使真正的人才不致埋没，长有所用，这样真正的人才也因此如百川汇海，汇聚在他的周围。

毛泽东用人的不拘一格，更表现在反对论资排辈，大胆起用在斗争中涌现出来的比较年轻的杰出人才上。在解放战争中，毛泽东对粟裕的任用是他不拘一格、量才用人的范例。

抗日战争时期，30 多岁的粟裕已显露出卓越的军事才能。他所率领的部队在 1938 年至 1943 年间歼灭日伪军 10 万人。1944 年在车桥战役中，一次歼敌日军大佐以下 460 余人，伪军 480 余人。攻克据点 13 处，使苏北敌军闻风丧胆。毛泽东相信：这位从士兵成长起来的将领，有能力指挥四五十万的军队。抗战结束后，为了进一步发挥粟裕的才能，中央曾接受在土地革命初期就已担任闽西工农民主政府主席的老革命家张鼎丞的建议，任命粟裕为华中军区司令，张鼎丞为副司令。只是由于粟裕认为他适合于集中精力从事军事指挥，张鼎丞更适合于全面工作，毛泽东和中央其他领导人才改变了这一任命。1945 年 9 月，粟裕担任华中军区副司令员兼华中野战军司令员。内战爆发后，粟裕率野战军 3 万人迎击国民党军 5 个整编师 12 万人的进攻，一个半月内，在苏中地区七战七捷，歼敌 53000 余人。其用兵之妙，战法之活，可谓炉火纯青。

苏中七战七捷后，粟裕率部北移。粟裕的老上级陈毅将军是山东军区司令员，粟裕率部到山东后，军事指挥如何行使？1946 年 10 月 15 日，毛泽东致电陈毅等人：山东、华中两大野战军会合后，在陈毅领导下，大政方针共同决定，战役指挥交粟裕负责。当两支部队会合后，陈毅将第一个战役方案报军委时，毛泽东又专门来电询问粟裕行止情况，问此方案是否与粟裕研究过。毛泽东这种非同寻常的关照，反映了他对后起之秀的器重。粟裕不负所望，3 个月之内协助陈毅，具体组织指挥了宿北、鲁南、莱芜战役，均获大捷。宿北战役歼敌 24000 余人，鲁南战役歼敌 52000 余人，莱芜战役则创造了 3 天之内歼敌 7 个旅 5.6 万人的新纪录。正如陈毅所说，粟裕的战役指挥保持常胜纪录，是"愈出愈奇，愈打愈妙"。此后，当国民党集中 60 个旅 45 万兵力向山东发动重点进攻时，1947年5月，粟裕一反过去打弱敌、侧面之敌的传统打法，提出新的作战方案，"以百万军中取上将首级"的气概，集中全部主力，打击中路突出的敌七十四师，粟裕协助陈毅指挥孟良崮战役，全歼号称国民党五大主力之一的整编七十四师，迫使向鲁中进犯之敌全线溃退。在粉碎蒋介石的全面进攻和重点进攻中，华东野战军的战绩是全军之冠。

1948年5月，陈毅去中原工作一段时间，毛泽东又提出让粟裕担任华东野战军司令员兼政委，在粟裕提出保留陈毅在华野的职务之后，乃令粟裕代理华东野战军司令员兼政委，统帅40万大军。此后，粟裕指挥华东野战军在豫东战役歼敌9万，首创一次战役歼灭两个整编师的纪录。济南战役歼敌10.4万，在全军突破了带决战性的攻坚战这一关。粟裕能在解放战争中发挥重大作用，成为解放军中百战百胜的优秀将领，证明了毛泽东不拘一格、重用后起之秀的成功。

毛泽东提倡重用优秀的年轻人才，在晚年还曾谈到三国时孙权重用周瑜一事。但实际上，在民主革命时期他就重用过许多比周瑜当都督时年轻得多的人，如20多岁的吴亮平任中央宣传部副部长，同样20多岁的艾思奇任中央文委秘书长，使这些马克思主义的翻译家、哲学家充分展示了他们的才华。

士为知己者死。大胆起用有才干的年轻人，有助于年轻杰出人才的脱颖而出，由于毛泽东能够量人用人，不论资排辈，因此，他备受年轻人的拥护和爱戴。

毛泽东在选才用人中，提倡毛遂自荐，反对唯文凭选才、反对论资排辈，主张不拘一格，这同他本人靠自学成才、积极进取、奋斗成功的经历和风格不无关系，但从根本上说，还是他具有收揽人心、夺取革命胜利的战略目的的体现。

全面衡量　恰当安排

要推倒压在中国人民头上的三座大山，使中华民族自立于世界民族之林，这是一项极其艰苦的伟大事业，绝非少数人包办所能完成。毛泽东早在青年时期组织新民学会时就指出：改造中国与世界的大业，决不是少数人就可以包办的。1938年他在六届六中全会上又提出：十七年来，我们党已培养了不少的领导人才，军事、政治、文化、党务、民运各方面，都有了我们的骨干，这是党的光荣，也是全民族的光荣。但是，现有的骨干还不足以支撑斗争的大厦，还需要更多地培养人才。重视培养人才，善于培养人才，是毛泽东用人、聚人心艺术的重要方面。

无产阶级革命队伍在用人问题上不能像历史上统治集团那样：军事家满足于赳赳武夫、政治家满足于人情世故、思想家满足于老庄孔孟。为了革命斗争和经济建设的需要，革命政党必须用崭新的科学世界观培养造就一代人才。因为没有科学世界观的指导，就难以适应时代要求；没有共产主义理想，在艰苦的革命斗争中也不会产生热情。因此，毛泽东把转变世界观作为培养人才的根本问题。

1929年，毛泽东担任红四军的领导时，就四处搜集马克思主义的书籍，让从事政治、军事工作的同志学习。在延安时期，在他领导下，成立了中央研究组和高级研究组，有计划、有组织地学习马克思主义。正是由于注意用科学的世界观武装，中国共产党造就了一大批新型的会治党治军治国的骨干。

为了适应革命战争的需要，毛泽东特别强调要注意培养干部。

1932年秋天，毛泽东来到中央红色医院休养。一天下午，傅连暲到毛泽东住处去，给毛泽东检查身体。毛泽东十分关心中央红色医院的建设，详细地询问了医院的情况，从组织机构、医院设备、药品的来源到医务人员的情况等等。傅连暲一一作了回答。当毛泽东听到医院只有六个医生时，说："现在环境比以前稳定了，应该多训练些医生，我们很需要医生。"毛泽东又问到陈炳辉在医院的工作情况。傅连暲说："他工作一贯积极负责，是共青团员。"毛泽东又问陈炳辉学医的经过。傅连暲作了回答，并说："他还是个劳动人民出身的医生。"毛泽东听了，很有兴趣地笑着说："这次战斗中，他对工作也很负责，也有能力。你看让他当医务主任怎样？"当时，医院中除了傅连暲这个院长外，下面就是医生，没有医务主任。傅连暲很高兴地对毛泽东说："好的，我们很需要有个医务主任，陈炳辉来干也合适。"这天，毛泽东和傅连暲谈了很多。

1932年冬的一天，毛泽东把傅连暲叫去，对他说："蒋介石的军队打来了，你怎么样？"原来，敌人要来打闽西了。

"我跟主席到瑞金去。"傅连暲毫不犹豫地说。

"医院呢？"毛泽东问。

"搬到瑞金去。"

"好啊！"毛泽东很高兴地说，"我到瑞金后，派人来帮你搬医院。"

傅连暲临走时，毛泽东又关心地问："你的家怎么办？"

"也去。"

毛泽东想了想，说："好吧！路上要小心，你母亲年纪大了。"

"你放心吧，主席。"傅连暲感激地回答。傅连暲全家人随医院到了瑞金。毛泽东来了，他看了看手术室、药房和病房后，问傅连暲："你家里人住在哪里？"

"在楼上。"毛泽东听了，上楼去看傅连暲的母亲，说："我们欢迎你。"

傅连暲的母亲被毛泽东的关心感动得一面笑一面流着泪说："主席，谢谢你！"

为了培养大批的革命干部，毛泽东在民主革命时期就领导建立了一系列的学校，以培养各种专门人才。他在中央苏区创办了红军学校。1936年，为了给即将来临的伟大民族解放战争培养一批能独当一面的优秀人才，6月1日在瓦窑堡正式建立了中国人民抗日红军大学，并由毛泽东兼任学校政委。毛泽东为红军大学安排了阵容空前的教员队伍：毛泽东本人讲授哲学，凯丰和吴亮平讲授政治经济学，徐特立讲授新文学。在中央党校授课的有毛泽东、张闻天、刘少奇、胡乔木、艾思奇、何干之等人。这么多的高级领导人和党内秀才担任教员，说明了毛泽东对培养干部的高度重视。

抗日战争爆发后，许多志士仁人、热血青年奔向延安。在毛泽东支持下，又创办了陕北公学、延安鲁迅艺术学院、妇女大学等系列学校。

1938 年，这些学校的学生有 1 万多人。这些学校培养出的大批干部，成为夺取革命胜利和建设新中国的骨干力量。而我党的诸位专家、学者在培养这些骨干力量中作出了卓越贡献。

1942 年，为了办好《解放日报》第四版副刊，毛泽东与副刊主编舒群商量，拟订了一份征稿人名单。他亲自抄写名单，由中共中央办公厅发出通知，请这些人参加毛泽东的"枣园之宴"。名单中有范文澜、邓发、徐真、冯文彬、艾思奇、陈伯达、蔡畅、董纯才、吴玉章，还有诗人柯仲平等三位作家。

宴会上，毛泽东致辞："诸公驾到，非常感谢。今在枣园摆宴，我想诸位专家、学者必然乐于为第四版负责，当仁不让，有求必应，全力赴之，取之不尽，用之不竭……"

大家边吃边讲，直到月明东升才尽兴而归。只有柯仲平一人仍在埋头吃喝。毛泽东马上叫警卫员送来三个碗，给柯仲平、舒群和自己斟得满满的，说："喝吧，老柯、大舒，酒逢知己千杯少……"又对柯仲平说，"你带个剧团，常年奔波他乡，辛苦了。这是慰劳酒！"

夜深了，舒群悄悄写了一个条子，让柯仲平别喝了，不料，让毛泽东截住了，他笑着把条子撕掉，挽留两人继续喝下去，直到柯仲平喝得不能再喝才算作罢。

柯仲平喝多了，在马上左摇右晃，一个不稳掉下马来。舒群下马去扶，两人东倒西歪没走多远，便双双卧地呼呼大睡。好梦正酣时，毛泽东带着两个警卫找到了他们，还带着一部华侨赠送的汽车。于是五个人一起上了车。

对于干部的培养，毛泽东重视文化基础知识的教育、专门知识的学习和科学世界观的武装，但他更注重的是实际工作的锻炼。他认为没有实践经验的人是最无知识的，他要求青年知识分子必须注意理论联系实际，而不能成为纸上谈兵的空头理论家。他认为只有经过实际斗争生活的艰苦磨炼，才能培养出革命事业的栋梁之材。

1938年9月担任毛泽东秘书的周小舟深切地感受到了这一点，当时，周小舟很年轻，只有24岁。在此之前，他主要从事学生运动和宣传工作，并曾作为中共代表，与南京政府代表进行关于联合抗日的谈判。对于这样一个才华出众的青年干部，毛泽东主张他应在实际斗争中接受锻炼。两年后，周小舟到冀中区工作，根据毛泽东的教导，坚持在实际工作中不断充实自己。建国初，他担任了湖南省委书记，成为了一个成熟的负责干部。50年代毛泽东再次见到周小舟，高兴地说："小舟变成大舟了！"

由于毛泽东注重培养、磨炼人才，许多经过毛泽东培养出来的人，一个个都具有较高的马列主义理论修养和较强的实践工作能力，因而也都能够团结在以毛泽东为核心的中国共产党的周围，自觉为中国人民的解放和建设事业发挥自己的聪明才智。

第二章 动态论人 使人尽智

"人"是宇宙万物之灵，人心向背决定着"胜"还是"败"。而人中之杰出者，其作用更加重要。所谓得人才者得天下，人力资本成为安邦治国的重要因素。在浩瀚的历史长河中，历代有作为的政治家、军事家无不把聚集人才作为打天下、治天下的基本策略，由此而留下了许多千古佳话：萧何月下追韩信；刘备三顾茅庐请诸葛；李世民义释尉迟敬德；朱元璋礼贤拜刘基……这些典故流传至今。古代"圣君贤相"的政治人物搭配模式深深地影响着今人的思维方式，也成为治国者自身努力追求的方向。

1937年5月，毛泽东第一次比较全面地论述了党的干部和群众领袖所应具备的基本素质。它包括：懂得马克思主义；具有政治远见；忠于党和人民的事业；能做到大公无私；善于密切联系群众；有独立解决问题的能力。

❀ 动态论人

——动态论人是使人向上

对人才而言"聚"格外重要，通过"聚"，可以把每个人的优势发挥出来，并在互动中取长补短，形成集体智慧。毛泽东认为，没有一大批德才兼备的干部，中国共产党就担负不起历史所赋予的任务。领导者用人，就要为他们创造施才华、展抱负的广阔天地，使他们八仙过海，各显其能。

借鉴历史　唯才是举

对人才有正确的认知态度是沟通知人和用人的重要链条。

人无完人，历史上的英雄豪杰、志士仁人，并非没有缺点，但谁也不能否认他们是国家的栋梁之材，关键就在于何为人才，也就是对人才的判定标准。

曹操无论在正式史书上，还是在民间戏曲中，都被描述成一个大奸臣，但毛泽东不这么看，甚至提出要翻案，因为他看到了曹操的长处。他曾说："曹操统一中国北方，创立魏国。他改革了东汉的许多恶政，抑制豪强发展生产，实行屯田，督促开荒，推行法制，提倡节俭……这些难道不该肯定吗？难道不是了不起吗？"

之所以对曹操会得出与众不同的见解，就在于毛泽东用历史唯物主义的态度对待人才问题。"人非圣贤，孰能无过？"优点和缺点总是纠缠在一起，不可分割。客观的态度就是承认任何人都是有不足之处的。毛泽东曾经说，水至清则无鱼，人至察则无徒。任何人，其才有长有短，性情习惯有恶有善。世界上的事物总是这样，瓜甜其蒂必苦，峰高其壑必深。人才也一样，在一个人身上往往优缺点并存，而识才用人眼光的高下，往往也就体现在这里。

在这方面，毛泽东提供了一个生动的例子，他曾考问章士钊（字行严）的女儿章含之对其父的评价，章含之不假思索地说："他是代表旧剥削阶级的爱国民主人士"，毛泽东听后很不以为然。

毛泽东又问："你说行老是剥削阶级，你有什么根据？"

章含之数说了父亲的一些历史，毛泽东摇头制止，问道："你只知道行老做的错事，有些还不见得是错的，如他参加国共和谈。我先问你，你知道多少行老革命的事迹，知道多少他做过的好事？"

章含之一下张口结舌，回答不上来了。

毛泽东很不满意地说："对一个人要看他全面的一生，更何况对自己的父亲。共产党并不要你盲目地六亲不认啊！你要正确认识行老，他的一生很不简单。我今天只问你一件事，你知道行老年轻时'《苏报》案'是怎么回事？"

章含之只得老老实实地摇头。她对父亲的生平了解得太少了。

毛泽东慢慢说道："行老年轻时是个反对满清的激进革命派呢。我们谁都不是天生的马列主义者。他一生走过弯路，但大部分是好的。"随后，毛泽东又耐心地讲述了"《苏报》案"，因"《苏报》案"报纸遭清廷查封，章士钊后来流亡日本。毛泽东问章含之："难道那时的行老不是革命派吗？"

接着毛泽东语重心长地说："对一个人要看他全面的一生。"

在任用人才、使用干部上，历来存在两条原则，"任人唯贤"和"任人唯亲"。这两者是根本对立的，在实际工作中，所带来的效果是截然相反的。需要澄清的是，"任人唯亲"与"举贤不避亲"有着本质的区别。前者是讲，选用人才不看其他只看他与自己的关系。只要是自己人，比如自己的亲戚或狐朋狗友，无论他有没有能力，适不适合这个职位，不管三七二十一，都给他授予这一官衔。而后者是讲，选用人才首先和最重要的是看他有没有能力，如果的确有，那么就不应该因为与自己关系特殊，而放过人才。所以，从根本上讲，矛盾的不是"亲"与"贤"，亲近的人也可能是有才之人，真正冲突的是"有才"和"无才"。

所谓唯才是举，也就是无论亲疏、远近、贵贱，只要符合人才的标准，适合所需要的职位要求，就应该委以重任，这也正是任人唯贤和举贤不避亲所表达的意思，毛泽东在反对任人唯亲，提倡唯才是举的用人方法上率先垂范，提供了榜样。

毛泽东痛恨那种"一人得道，鸡犬升天"的旧习。杨开智的父亲杨昌济是毛泽东的恩师，这且不说，更重要的是，杨家是支持革命的。

在杨开慧被捕后，他们曾设法营救。开慧牺牲后，他们又冒着风险收殓尸体，以后又营救毛岸英兄弟。杨开智的女儿也在抗日战争中牺牲了。对于这样的至亲，当杨开慧的哥哥杨开智向毛泽东提出要来京工作时，毛泽东严格照章办事。他向湖南省委书记王首道发出指示，要求他根据杨开智的能力在湖南分配适当工作，并致电杨开智晓之以理。但对于别人的亲友，但凡有能力者一律予以重用，之所以对自己严格得近乎苛刻，就是因为毛泽东担忧中国共产党也沾染上裙带之风，避免散了党心人心，损了国家大业。

在用人上，要唯才是举，不拘一格。人的能力有很多方面。政治家治邦济国是能力，军事家横扫千军是能力，而清洁工人迅速干净地完成清洁工作也是能力。对于人才，首先要确定他有何种能力，然后根据这种能力选择相应的工作，否则，就会造成大材小用、"东才西用"的损失。

50年代末，毛泽东提议领导干部看《三国志》中的《郭嘉传》。郭嘉是三国时曹操的谋士，字奉孝，颍川阳翟人（今河南禹县）。初投袁绍，认为绍好谋无决，难于成事，便投了曹操，曹操委任他任司空军师祭酒。官渡之战前，郭嘉曾分析袁绍有十败，曹操有十胜，断定曹操必胜。郭嘉从征11年，运筹策划，对统一北方有所贡献，死时年仅38岁。毛泽东提议大家看《郭嘉传》，其用意就是希望各级领导干部说话办事要"多思""多谋"，反对少谋武断。在他的提议下，不少干部认真阅读了《郭嘉传》，从中得到了历史的启示，既对纠正当时党内存在的头脑发热，脱离实际等错误倾向起到了一定的作用，又在一些问题上统一了党内认识，凝聚了党内团结。

毛泽东在评《三国演义》时还说，看《三国演义》不但要看战争，看外交，而且要看组织。刘备、关羽、张飞、赵云、诸葛亮都是北方人，组织了一个班子南下，到了四川，同"地方干部"一起建立了很好的根据地。毛泽东用这个历史故事说明外来干部一定要同地方干部搞好团结，才能做出一番事业。毛泽东还讲过，曹操下江南，东吴谁当统帅成了问题，结果找了个"青年团员"周瑜当都督，大家不服，后来打了胜仗。毛泽东借这件事来说明，选拔干部不能论资排辈，要看能力，要德才兼备。

总而言之，知人是前提和关键，对待人才的正确态度是重要保障，而用人方法则是重中之重，核心所在。历史是一面镜子。我们在选拔和使用干部上，既要借鉴历史经验，又要看重被选和被使用的干部的现实表现，以慎重而又积极的态度选用使用他们，将他们凝聚在党组织周围和人民群众中，使他们在社会主义现代化建设中充分发挥才智。

慧眼独具　人尽其才

毛泽东一生大部分时间都是以一名指挥者的身份出现在中国政治舞台上的。无论是在艰苦的革命战争年代，还是在紧张的社会主义建设时期，毛泽东的麾下都聚集了一大批足智多谋的人才，他们在毛泽东指挥下南征北战，出生入死，立下赫赫战功；其后又为社会主义建设事业出谋划策，创造了众多令世界瞩目的奇迹。毛泽东对他们的特长、性格等了如指掌，知之甚深，故而能因其优点委以重任，又能因其弱点予以弥补，从而形成一种指臂相连、珠联璧合的完美结合。

毛泽东与刘少奇是中国共产党历史上的两位伟人，两人在长期的革命生涯中因为共同的理想走到了一起，在其相知相交的过程中，毛泽东对刘少奇的赏识和重用，不仅开出了两人的友谊之花，而且促成了中国的革命事业结出胜利之果。

1922年秋，毛泽东和刘少奇同为中共湘区区委委员。刘少奇在安源路矿工作时期，作为中共湘区委员会书记的毛泽东经常来安源视察工作，从此播下两人友谊的种子。

在1938年10月的六届六中全会上，中共中央决定设立中原局，领导长江以北华中地区的党政军工作，在毛泽东的提议下，刘少奇被任命为中原局书记。1941年初皖南事变爆发，新四军军长叶挺被扣，副军长项英遇害。事后，中共中央决定重建新四军军部，并设立中共中央华中局，刘少奇临危受命，成为中共在华中地区和新四军中的第一负责人，这充分反映了毛泽东对刘少奇的高度信任。

1939年3月至10月，刘少奇从华中返回延安半年，撰写了著名的《论共产党员的修养》，毛泽东看后赞不绝口，誉之为"提倡正气，反对邪气"的佳作，刘少奇成为党内军内令人瞩目的人物。

整风运动开始后，特别是1941年"九月会议"对中央苏区时期"左"倾教条主义路线进行揭发批判之后，对这条错误路线负有较大责任的同志，几乎都脱离了中央书记处的工作。为加强与凝聚中央领导力量，调整中央领导机构的问题便提上议事日程。

"九月会议"对刘少奇的工作给予了充分的肯定，这成为刘少奇政治地位进一步提高的重要信号。会上陈云发言说，过去十年白区工作中的主观主义，在刘少奇同志到白区工作后才开始改变，刘少奇同志代表了过去十年来的白区工作的正确路线。据此，陈云特别指出，有些干部位置摆得不适当，比如刘少奇将来的地位就应提高。任弼时也对刘少奇大加赞赏，将之与毛泽东并提，对于这些对刘的赞许之词，毛泽东在会上虽未作明确表态，内心却是深有同感。会后，他在批判"左"倾教条主义的九篇文章中，多处援引刘少奇的观点，高度赞扬了刘少奇领导白区工作的正确主张。在其第八篇文章中，指出刘少奇同志是我党在白区工作的"正确的领袖人物"，是"唯物辩证法的革命观的代表"。对中央领导人如此高的评价，在毛泽东的讲话和文章中是不多见的。

其后，刘少奇的政治地位不断提高，最终成为中国共产党内仅次于毛泽东的第二号人物。在其位，谋其政。刘少奇为中国的革命和建设事业作出了巨大的贡献。

为在党内形成骨干力量、聚党心，以利于党的各项工作顺利展开，毛泽东曾对我们党内许多杰出领导人都有过评价，例如，他评价叶剑英元帅："诸葛一生多谨慎，吕端大事不糊涂"；他评价彭德怀元帅是："谁敢横刀立马，唯我彭大将军"等。但是，像对邓小平如下这样多次、全面、综合性的高度评价是为数不多的。

1956 年 9 月 13 日，中共中央召开七届七中全会第三次会议，毛泽东在会上专门讲了中共中央准备设副主席和总书记的问题，重点是向与会同志推举和介绍邓小平和陈云两位同志。毛泽东认为，为了党和国家的长治久安，设副主席和总书记非常必要。他说："我们这些人（包括我一个，总司令一个，少奇同志半个，不包括周恩来同志、陈云同志跟邓小平同志，他们是少壮派），就是做'跑龙套'工作的，我们不能登台演主角，没有那个资格了，只能维持维持，帮助帮助，起这么一个作用。"当毛泽东提名邓小平为总书记时，邓小平自谦地插话："我还是比较安于担任秘书长这个职务。"毛泽东以赞扬的口吻接着说："我看邓小平这个人比较公道，比较有才干。你说他样样事办得都好吗？不是，他跟我一样，有许多事情办错了，也有的话说错了。但比较起来，他会办事，他比较周到。不满意他的人也有，像有人不满意我一样。但大体说来，这个人比较顾全大局，比较厚道，处理问题比较公正，他犯了错误对自己很严格。"

1957 年 11 月，毛泽东访问莫斯科同赫鲁晓夫谈话时，一面指着随员邓小平，一面对赫鲁晓夫说，那个小个子很有智慧，将来会是个了不起的人啊！

1958 年，毛泽东对来访的赫鲁晓夫说他的接班人。"第一个是刘少奇……第二个就是邓小平了，这个人不简单，既有原则性，又有灵活性，是个难得的人才。"

20 世纪 50 年代末，毛泽东还说过，大政方针在政治局，具体部署在书记处，我是主席，为正帅，邓小平是总书记，为副帅。

1961 年 12 月，毛泽东在中央政治局会议上当场送给邓小平八个字："柔中寓刚，绵里藏针。"

1974 年 11 月，毛泽东在长沙当着众人的面，明确地说："他（指邓小平）政治思想强，他（指王洪文）没有邓小平强。"

毛泽东对邓小平的高度评价不是平白无故的，邓小平的智慧、才能在他担任各个领导职务的岗位上所干出的工作实绩，完全证明了他是我党我军一位杰出的领导人，是治党治国不可多得的人才。

毛泽东称邓小平"这个人不简单，既有原则性，又有灵活性，是个难得的人才"，是在同赫鲁晓夫的谈话中讲的，自然有中共与苏共的分歧、斗争这种背景。

中苏两党在意识形态上的分歧，在50年代末就开始了。到60年代，苏共把两党的分歧扩大到两国关系上，并公开化。这样，从1957年第一次莫斯科会谈，到60年代前半期，中苏两党展开了激烈的争论。毛泽东把中苏谈判的重担交给了邓小平。1963年，邓小平率领中共代表团赴莫斯科与赫鲁晓夫进行会谈。在谈判中，邓小平既毫不示弱、坚持原则，又机智灵活、彬彬有礼，在一些重大问题上阐明了中国共产党的原则立场和态度，顶住了苏共的无理要求和对中国的压力，揭露了苏共以"老子党"压制兄弟党的不平等做法，维护了中国人的尊严。

毛泽东称邓小平政治思想强、比王洪文强的话，既亲切实在，又客观公正，其寓意深刻。王洪文这个不学无术、专搞阴谋诡计的造反派头头，与邓小平这位16岁赴法勤工俭学和赴莫斯科专修马列主义的留学生、1924年入党的老党员、威震敌胆的刘邓大军的政委、八届一中全会的总书记根本就不可同日而语。王洪文与邓小平根本就不是在一个层次上能够相比较的人。

"政治思想强"，不仅是毛泽东对邓小平的高度评价，也是我们党内许多德高望重的老同志一致公认的看法。刘伯承元帅曾对身边的工作人员说过："我领兵打仗还行，政治宣传和党内组织工作得靠邓小平政委。"从这句话里，可以看出刘伯承高度评价邓小平在政治思想工作方面的非凡才干。

邓小平政治思想强，突出地表现在他具有坚强的党性，坚定不移地带领部属贯彻执行党的路线、方针、政策，与党中央保持高度一致；表现在他具有敏锐的政治眼光，及时洞察和发现倾向性的问题，并以得力的对策措施，解决和纠正错误倾向的组织领导才能及政治思想水平。

毛泽东称"邓小平这个人比较公道"，反映了邓小平为人正直，作风正派，对人对事的看法和处理不带偏见，不存私心杂念。他伸张正义，从来不有意整人。他看到党内同志受冤受屈时，不仅不幸灾乐祸，乘人之危，落井下石，而且能够挺身而出地站出来说公道话；他坚持全面地看问题，公正地处理和解决各种重大事件，经得起历史的检验。

当别人遭到不公正的批评或批判时，邓小平敢于出来讲公道话，打抱不平。1954年2月6日至10日召开的党的七届四中全会上，针对党内一些人散布关于刘少奇错误言论的倾向，邓小平认为这样做，既不符合组织原则，而且对同志也不公正，于是他谈了自己对刘少奇的公正看法。他说："全国财经会议以来，对少奇同志的言论较多，有些是很不适当的。我认为少奇同志在这次会议上的自我批评是实事求是的，是恰当的。而我所听到的一些传说，就不大像是批评，有些是与事实不相符合的，或者是夸大其词的，有的简直是一些流言蜚语，无稽之谈。比如今天少奇同志在自我批评里讲到的对资产阶级的问题，就与我所听到的那些流言不同。对资产阶级问题，虽然我没有见到1949年初少奇同志在天津讲话的原文，但是据我所听到的，我认为少奇同志的那些讲话是根据党中央的精神来讲的。那些讲话对我们当时渡江南下解放全中国的时候不犯错误是起了很大很好的作用的。虽然在讲话当中个别词句有毛病，但主要是起了好作用的。当时的情况怎么样呢？那时天下还没有定，半个中国还未解放。我们刚进城，最怕的是'左'，而当时又确实已经发生了'左'的倾向。在这种情况下，中央采取坚决的态度来纠正和防止'左'的倾向，是完全正确的。我们渡江后，就是本着中央的精神，抱着宁'右'勿'左'的态度去接管城市的，因为'右'充其量丧失了几个月的时间，而'左'就不晓得要受多大的损失，而且是难以纠正的。所以，我认为少奇同志的那个讲话主要是起了很好的作用的。"他还说："……我们的嗅觉不敏锐，对于这些言论抵制不够，这难道与我们自己的思想情况和骄气一点关系都没有吗？这难道不应该引起我们的警惕吗？我以为我们是应该警惕的，应该引以为教训的。"邓小平的这段讲话，显得既公正又合理，对刘少奇说了公道话，对流言蜚语进行了批驳，维护了刘少奇的威信，也维护了党中央的威信。

邓小平为了全局的胜利，勇于承担最艰巨的任务。1947 年在解放战争的战略转折关头，为了把战争引向蒋管区，实现敌我态势的根本转变，在毛泽东急电"陕北情况甚为困难"的紧急情况下，尽管敌我力量悬殊，征途面临无数艰险，邓小平、刘伯承把战略全局利益放在第一位，毅然决然、义无反顾地迅速开始千里跃进大别山的战略进军。邓小平在向二纵队二旅的连以上干部讲话时，就鼓励部队为了全局的胜利，在艰苦条件下，要不叫苦，敢于承担困难。他说："毛主席曾鼓励我们，只要走到大别山就是胜利。这是为什么呢？因为我们插入了敌人的心脏，打中了敌人的要害。我们把大量的敌人吸引过来，压力大了；我们远离后方，困难多了；但是我们兄弟部队在其他战场上就轻松了，可以腾出手来打胜仗了。我们进大别山，就像打篮球一样，蒋介石看我们到大别山要'投篮'，要得分了，他就把前锋后卫都调来跟着我们。这样，他顾了南，就顾不了北，他不让我们在南面'投篮'，不惜几十万大军缠着我们。可他北面的'篮'就空出来了，我们的兄弟部队在北面就可以得分了。"他还说："我们在大别山困难多，是在'啃骨头'。但在其他战场上，我们的兄弟部队开始'吃肉'了。我们背上的敌人越多，我们啃的'骨头'越硬，兄弟部队在各大战场上消灭的敌人就越多，胜利就越大。"

毛泽东称邓小平"比较有才干，比较能办事"是在 1956 年讲的。毛泽东的这个结论来自于战争年代邓小平出色的工作和办事能力给他留下的深刻印象。邓小平在战争年代办的许多事情，创造和总结的经验、取得的辉煌战绩和开拓工作的新局面，曾一次又一次地受到毛泽东的欣赏、赞颂、表扬和推广。

1942 年，刘、邓领导的一二九师坚决贯彻执行党中央、毛泽东关于"精兵简政"的方针。邓小平与刘伯承多次深入部队进行动员，先后在一二九师和晋冀鲁豫边区进行了三次大的精简。毛泽东说："晋冀鲁豫边区的领导同志，对这项工作抓得很紧，做出了精兵简政的模范例子。"

邓小平初上太行山不久，善于运用唯物辩证法指导工作，他在部队一次干部会议上讲了"照辩证法办事"的名言。毛泽东在七大总结发言中，高度评价了邓小平这句话：总而言之，就是如同太行山的同志所说的，要按照辩证法办事。

1945年，邓小平与刘伯承采取"针锋相对，寸土必争"的方针，取得上党自卫作战的伟大胜利。毛泽东高度赞扬刘邓大军在上党战役中"对"得很好，"争"得很好。并给刘邓电报称："在你们领导下打了一个胜利的上党战役，使得我军有可能争取下一次相等的或更大的胜利……这个战役的胜负，关系全局极为重大。"

上党战役后，刘邓大军乘胜前进，紧接着又打了一个平汉战役，并取得重大胜利。毛泽东给刘邓的电报是："庆祝你们的伟大胜利。"

1947年8月，刘邓大军12万余人，从鲁西南直插蒋介石的心腹地区大别山。10月6日，刘邓向中央军委作了《关于进入大别山后的情况和今后的行动的报告》。10月8日，刘邓收到中央军委复电：毛泽东热情赞扬刘邓的"计划很好"，并叮嘱说："你们手里只有七个旅，不要再分散"，请你们"按自己的情况，逐步克服困难，争取胜利"。

1947年10月后，是刘邓大军在大别山斗争最艰苦、失败危险最大、敌人最疯狂的时期，经过艰苦卓绝的战斗，终于逐步站稳脚跟。10月26日打响的高山铺战役，歼灭敌四十师和五十二师82旅1.26万人，敌人全线崩溃，刘邓向中央军委电告战况。10月29日，毛泽东亲自拟稿，以中央名义致电刘邓：庆祝你们歼灭敌四十师及八十二旅之大胜利。

1948年秋，邓小平任淮海战役"总前委"书记。在刘、邓、陈毅及"总前委"的指挥下，中野、华野两支劲旅，团结协作，密切配合，历时66天，歼敌55万，取得了淮海战役的全胜，创造了世界战争史上的奇迹。毛泽东表扬"总前委"，他曾对刘、邓、陈说："淮海战役打得很好，好比一锅夹生饭，还没有完全煮熟，硬被你们一口一口地吃下去了……"

1952年邓小平调中央后，毛泽东对邓小平的办事能力和才干就有更直接更具体的感受了，以致形成了"他比较有才干，比较能办事，人才难得"的高度评价。

俗话说：尺有所短，寸有所长。领导者用人，贵在善于发现、发挥下属之长。要避免大材不用，也要避免小材大用。每个下属的才能是不同的，有的能力高些，有的能力低些。大材小用，下属不能充分发挥才能；小材大用，工作难以胜任，对事业都是有害的。毛泽东能将刘少奇和邓小平这样具有大才的人物，放到党和国家重要的领导位置，使他们充分发挥其才能。人民感到毛泽东具有宽阔的胸怀，用人得当。

惩前毖后　治病救人

领导者的宽容品质能给部下以良好的心理影响，使部下感到亲切、温暖、友好，获得心理上的慰藉，从而放开手脚进行工作。一个领导者只有具备海纳百川的恢宏气度，才能团结一切可以团结的力量，调动一切可以调动的积极因素，最大限度地发挥下级的作用，为实现组织的目标而共同奋斗。

毛泽东常说，我们揭发错误、批判缺点的目的，好像医生治病一样，完全是为了救人，而不是为了把人整死。一个人发了阑尾炎，医生把阑尾割了，这个人就救出来了。任何犯错误的人，只要他不讳疾忌医，不固执错误，以至于达到不可救药的地步，而是老老实实，真正愿意医治，愿意改正，我们就要欢迎他，把他的毛病治好，使他变为一个好同志，这个工作决不是痛快一时，乱打一顿所能奏效的。他常说，丢掉错误的观点，干部就站在前面了。

井冈山斗争时期，林彪给毛泽东写了一封对红军前途究竟如何估计的信，反映了他和一些人关于"红旗到底能够扛多久"的右倾悲观思想。为此，毛泽东作了认真的思考，并于1930年1月5日给林彪写了一封长信，对林彪以及党内和红军内部的右倾悲观思想作了分析和批评，指出林彪对革命形势作悲观的估量，不相信革命高潮有迅速到来的可能，认为革命胜利的前途渺茫得很，这是一种毫无科学根据的右倾思想，所以产生这种思想，是因为他被当时敌强我弱的表面现象所迷惑，而没有抓住被这种表面现象所掩盖着的实质。这种善意而客观批评对纠正林彪及当时革命队伍内部的错误思想起了很重要的作用。18 年后，林彪读到此信仍耳热心跳，所以 1948 年林彪向中央提出，希望公开刊行这封信时不要提林彪的姓名。鉴于林彪在以后的长征、抗日战争和解放战争中立下了战功，毛泽东为巩固党内团结，同意了林彪的意见，在 1951 年出版的《毛泽东选集》第一卷中，这封信改题为《星星之火，可以燎原》，并将指名批评林彪的地方作了删改。

毛泽东历来认为，只要弄清了是非，就不要太看重个人的责任，包括对像王明这样犯有严重错误、给革命事业带来严重损失的人。

虽然毛泽东曾经严厉批评王明那种下车伊始就哇啦哇啦地发议论、提意见的无知妄说，并指出我党多次吃这种钦差大臣的亏，但在中共七大上，毛泽东却主动提议把王明以及其他几位在历史上曾经犯过错误的领导人选进党的中央委员会，他向代表们做说服工作。为凝聚人心，并从中国的国情出发，毛泽东说，他们的错误，是在一定历史条件下犯的，特别是中国的小资产阶级像一片汪洋大海，他们之中不少人加入了中国共产党，并不可避免地会把小资产阶级的思想情绪带进了党内，这是不足为怪的。现在经过整风，惩前毖后，治病救人，已经把是非弄清楚了，就不要太看重个人的责任了。

在中共七大上，毛泽东受到全党的拥戴。他没有对曾经反对过他的人实行"残酷打击，无情斗争"。毛泽东曾这样说过："在一九四二年，我们曾经把解决人民内部矛盾的这种民主的方法，具体化为一个公式，叫做'团结——批评——团结'。讲详细一点，就是从团结的愿望出发，经过批评或斗争使矛盾得到解决，从而在新的基础上达到新的团结。按照我们的经验，这是解决人民内部矛盾的一个正确的方法。"

最为典型的要算是博古。毛泽东是取博古而代之，成为中共领袖。

博古经过自我批评，心悦诚服地在中共七大上发言，拥护毛泽东。博古说及自己执行"左"倾路线："在这个时期，白区中反对职工运动中的机会主义，就是反对刘少奇同志的正确路线；苏区中反对罗明路线，实际是反对毛主席在苏区的正确路线和作风，这个斗争扩大到整个中央苏区和周围的各个苏区，有福建的罗明路线，江西的罗明路线，闽赣的罗明路线，湘赣的罗明路线等等。这时的情形可以说是'教条有功，钦差弹冠相庆；正确有罪，右倾遍于国中'。"

博古很坦率地说及自己思想的转变过程："遵义会议改变领导是正确的，必要的。我不但在遵义会议没有承认这个错误，而且我继续坚持这个错误，保持这个'左'倾机会主义的观点、路线，一直到一九三五年底到一九三六年初瓦窑堡会议。在这个会议上，我仍然用'左'倾的观点、教条主义的方法，反对民族统一战线。教条主义告诉我，资产阶级是永远反革命的，决没有可能再来参加革命，参加抗战，这是教条主义坚持到最后，也是我的'左'的错误最后一次。"

确实，从那以后，博古与"左"倾教条主义告别之后就坚决站到毛泽东一边。在 1936 年，毛泽东派博古作为中共中央代表，和周恩来一起，参加和平解决西安事变的谈判。1937 年，博古任中共中央组织部长。1938 年，任中共中央长江局和南方局组织部长。1941 年，创办《解放日报》和新华通讯社，博古被任命为解放日报社社长和新华通讯社社长，充分发挥了他的写作、宣传特长。中共七大，博古当选为中共中央委员。1946 年，博古作为"政协宪法草案审议委员会"中共代表前往重庆参加谈判。4 月 8 日，乘 C47 式运输飞机由重庆返回延安。飞机由美军兰奇上尉机组驾驶。途经山西兴县东南时，一片阴雨，飞机竟撞在海拔 2000 多公尺的黑茶山上！与博古同时遇难的还有国共谈判中共代表王若飞、新四军军长叶挺夫妇以及出席世界职工大会的解放区职工代表邓发。遇难之日为 4 月 8 日，博古 4 人被称"四八烈士"。毛泽东在《向四八遇难烈士致哀》的悼文中写道："数十年间，你们为人民兴旺而死，虽死犹荣！"给包括博古在内的遇难烈士以正确的评价。

王明写了那篇《学习毛泽东》之后，其实对毛泽东口服心不服。在延安整风运动中，王明于1942年2月27日致函周恩来，表示对"王明路线"想不通，因为那时他只"当选中委和政治局委员"，"不是这一时期的党的主要负责人"。在1945年4月20日，当《关于若干历史问题的决议》经中共六届七中全会通过时，王明致函任弼时，表示赞同决议。

中共七大期间，王明称病，没有出席会议。经毛泽东亲自提议，仍选举王明为中共中央委员。

尽管毛泽东在会议期间做了代表们的工作，但在选举会上，他仍然十分注意，担心王明等人选不上。选举的那天，当代表们投票后，大会宣布唱票时可以自由活动，可是毛泽东没有走开，一直坐在台上听唱票，一直等票快唱完了，王明票数过了半数，他才放心地起身走了。后来他说，如果选不上，大家心中都会不安的："一人向隅，满座为之不欢。"

毛泽东对党内犯过错误的人，甚至是对革命造成严重危害的人，他认为关键是弄清是非，分清产生错误的原因，不要太看重个人的责任。他们只要认识和改正了错误，也给予团结和信任，并委以相应的职务。这样，不但收揽了犯错误人的心，也凝聚了党内的团结，增强了党的力量。

毛泽东在长期的革命生活中，在下级干部受到打击时，鼓舞他们，并挺身而出为下级担责任，使他们感受到上级的充分信任和关怀，心向领袖。

八路军的百团大战在抗日战争的关键时刻使人民军队声威大震，鼓舞了全国人民抗战到底的信心。但由于在战役后期，战斗指挥上出现了一些失误，八路军的伤亡较大。为此，战役的组织指挥者彭德怀在延安整风中受到了过火的批判，彭德怀本人既难过又恼火。但毛泽东一番推心置腹的话，使彭德怀积在心里的不解及埋怨情绪顿时消失了。他痛快地说："同志间的了解、信任胜过最高奖赏，有主席今晚这席话，就是

团结凝聚人心

现在叫我去死，也是死而无憾了。你还是了解我的，倒是我对你有误会，甚至有埋怨情绪，还要请你原谅，我是个粗人呀！"

后来在党的七大上，当彭德怀说"华北抗战基本上执行了正确路线"时，毛泽东肯定地说："华北抗战是执行了正确路线，而不是什么基本上。"彭德怀又说："百团大战后期，在反'扫荡'战斗中，太行山区有两个旅打得比较艰苦些，伤亡也比较大些。"这时，毛泽东又从积极的方面对他们的工作给以肯定，这也是对受到过火批判的彭德怀的一种安慰。

对打了败仗的下级，毛泽东更是十分关怀，充分信任。1937年夏天，毛泽东接见了一路艰难困苦回到延安的原西路军指挥徐向前。当时，一些人埋怨徐向前把几万人马都搞光了，一个光杆徐向前现在也尝够了这种滋味了。毛泽东懂得，世界上没有常胜将军，而且西路军的失败也是因为许多复杂的原因造成的，不能怪徐向前。毛泽东爽朗地对徐向前说："留得青山在，不怕没柴烧！你能回来就好，有了母鸡何愁没有蛋呢！"徐向前被毛泽东充满信任、关怀、爱护的话语感动得热泪盈眶，卸掉了包袱。半年之后从抗日前线传来喜讯，刘伯承、邓小平、徐向前发来电报，太行山地区部队由几千人壮大到万人。毛泽东"有了母鸡何愁没有蛋"的预言兑现了。

信任是相信而敢于托付的意思，它是引起他人全心全意、愉快地从事某项活动的一种心理效应。在领导用人的活动中，实行关怀与信任方式，就能使部下在工作受挫后，认真总结失败教训，更加增强事业心，会使人全身心地投入到某项工作中去。所以，人们通常把信任誉为"最高的奖赏"、"力量的象征"。从心理学角度讲，关怀与信任法是以人们心理上的"信任需要"为根据的。即每个人都有被别人所信任的需要，而当这种需要得到满足的时候，人们就会得到鼓舞和振奋。反之，不被人所信任，将会令人懊丧和痛苦的。同时，这种期待信任的心理一旦得到满足，就可以激发人们的主动性和创造性。

❀ 用人不疑

—— 毛泽东对待同志宽宏大度，不计前嫌

毛泽东对待同志宽宏大度，不计前嫌，对为取得革命战争胜利而如何展开所产生的分歧与争执，均以是否符合战争的实际而裁决；对战区指挥员的意见，认真听取，使人尽智，战绩辉煌。

既往不咎　轻装上阵

"往者不可咎，来者犹可追"。这是毛泽东同李达交往中说过的一句话。毛泽东力争团结大多数革命者，对待同志宽宏大量，不计前嫌。

李达作为我党创始人，1923 年，因与当时的总书记陈独秀发生争吵，反对陈的独断专行的作风，而脱离了党组织。抗日战争初期，毛泽东曾邀请李达去延安，博古不欢迎李达，李达未能去延安。1948 年初，毛泽东曾三次电示华南局护送李达去解放区，并通过党的"地下交通"带信给李达，毛泽东致函李达说："吾兄系公司发起人之一，现公司生意兴隆，望速前来参与经营。"这封信写得很巧妙，实际上就是邀请李达去解放区工作。李达于 1949 年 5 月 14 日到达北平。到了北平后，他受到了毛泽东的热情招待。5 月 18 日，李达应毛泽东之邀到毛泽东家里叙谈。

李达首先向毛泽东检讨了自己早年脱离党组织的错误，对此，毛泽东说："早年离开了党，这是在政治上摔了一跤，是个很大的损失，往者不可咎，来者犹可追。"接着又鼓励李达说："你在早期传播马列主义，还是起了积极作用的。大革命失败后到今天的 20 多年里，你在国民党统治区教书，还是一直坚持了马列主义的理论阵地，写过些书，这是有益的事嘛！只要做了些好事，人民是不会轻易忘记的！"

不仅如此，毛泽东还认为李达思想上一直没有离开马列主义，可以重新入党，不要预备期，并愿意做他的历史证明人。1949 年 12 月，经刘少奇介绍，毛泽东等做历史证明人，党中央批准李达成为中共正式党员。

1951 年，毛泽东的《实践论》重新发表，李达同志写了《〈实践论〉解说》一书。他在写作此书时，是每写完一部分就送请毛泽东审阅。毛泽东在百忙中亲笔为他修改，凡是书稿中写有"毛主席"三个字的，毛泽东都亲笔通通把它圈去，改为"毛泽东同志"。1952 年，毛泽东的《矛盾论》重新发表，李达又以饱满的热情从事《〈矛盾论〉解说》的写作。

李达重新入党，这是党中央对他脱党后 20 余年政治表现的最好结论。每当谈起这件事，李达总是激动地说："这么多年了，毛主席还没有忘记我。是毛主席的关怀和鼓励，才使我获得了新的政治生命啊！"他还意味深长地说："从此我'守寡'的日子终于结束了，我决心为共产主义事业奋斗到底，鞠躬尽瘁，死而后已！"

新中国成立之初，毛泽东要李达留在北京工作。但他一再请求回湖南继续从事高等教育。后来，他的这个请求获得了批准。从此，李达在教育战线上耕耘了 17 个春秋。他在湖南大学和武汉大学担任校长期间，认真执行党的教育路线、方针、政策，为国家培养了大批优秀的人才，为发展社会主义的高等教育作出了重要贡献。

顾全大局　不计私怨

大凡能成就一番事业的人，要有容人的胸怀和度量，能够化敌为友。毛泽东堪称这方面的典范。或许由于吕正操的特殊经历，毛泽东对这位先是国民党军官后成为坚定的共产主义者的高级将领，十分欣赏，尤其偏爱，委以重任。

吕正操是我军高级将领中一位颇具传奇色彩的人物。他原是国民党东北军的团长，1936 年西安事变中认识到共产党及其领袖毛泽东的英明伟大，主动与共产党联系，要求加入中国共产党，把自己所掌握的部队交由共产党领导。共产党北方局批准他入党之后，他又在团里积极发展新党员，建立党的组织。吕正操从共产党所采取的一系列正确的路线、方针、政策中，对党的领袖毛泽东产生了崇敬和信仰。1938年5月，当他从广播中收听到毛泽东的《论持久战》、《抗日游击战争的战略问题》两篇文章后，感受到了莫大的鼓舞，立即指示所属人员认真学习，并在冀中办起了抗战学院，专门学习毛泽东的这两篇文章。吕所在的三纵队成立3周年纪念日之际，党中央专程派人送来了毛泽东的亲笔题词：坚持平原游击战争的模范，坚持人民武装斗争的模范。

此外，任弼时等中央领导同志也写了贺词。

1941年至1943年，我党领导的抗日战争处于十分艰难的时期。日寇对抗日根据地连续开展"扫荡"，不断进行蚕食，根据地逐步缩小。针对这一情况，毛泽东及时发出了"把敌人挤出去"的指示。对毛泽东的这一指示，吕正操十分拥护，认为在敌强我弱的情况下，这是战胜困难、打开局面的唯一正确的方法。在吕正操领导下，有些地方建立了短小精悍的武工队，在敌人碉堡林立的"治安区"，领导民兵及广大群众进行斗争。1943年建立了33支武工队，其后又发展壮大到49个支队。"挤"敌人的斗争，首先在敌人据点周围的村庄开展反"维持"的工作，割断敌人和各村的联系。随着群众在反"维持"斗争中提高了觉悟，以及民兵的建立，使敌人完全处于孤立的状态。随后武工队便进一步向前推进，组织民兵和群众围困据点。设法把据点内及靠近各村的居民集体迁到解放区，切断敌人的交通运输线，断绝敌人的供给，袭扰敌人等等。到1943年下半年，又开展了爆破运动，这样一来，便把敌人的据点、碉堡变成孤立的囚牢，敌伪军和汉奸特务分子整天钻在碉堡里不敢出来，要吃没吃，要喝没喝。那时敌占区流行了一个歌谣，讽刺敌人所处的窘境："远看像一座坟，近看有窗有门。里边听到鬼说话，推开门看是日本人！"

吕正操坚决贯彻毛泽东"把敌人挤出去"这一方针的结果，1943年全区军民共"挤掉"了敌人58个据点，收复了1000多个村庄，粉碎了日军大小"扫荡"13次，取得了对敌斗争的重大胜利，提高了士气，振奋了民心，使根据地的困难局面得到根本改变。吕正操在冀中创造了辉煌的抗日战绩，毛泽东任命他为军区司令，并亲笔题写贺词以示嘉勉。

1944年冬，已担任晋绥军区司令的吕正操，作为中共七大代表，踏上了去延安的征途，一路上，吕正操心情十分舒畅，除了可以到延安这一他久已向往的革命圣地外，更重要的，是可以见到他十分崇敬、一直想见到的党和军队的领袖毛泽东了。

来到延安以后，又听说毛主席为开好七大，要找外地来的代表谈话，吕正操一直等待着这一天，但当吕正操来到毛主席跟前时，好多心里话却不知从何说起。

倒是毛泽东先开了口。他微笑着说：

"你那封信我是看了的。就是你那个签字为难了我，猜了半天，才认出是吕正操三个字，干吗要把三个字连成一个字呢！"

吕正操笑了笑，没有回答。尽管毛泽东的神态、语气，毫无责备之意，但吕正操却感到很不安。毛主席那么忙，为猜测自己的连笔字而耽误时间，实在是太疏忽大意了。从此以后，不管是起草报告，签发文件，吕正操都力求写得工整些，以免再给任何同志添麻烦。这天，毛泽东兴致很好，吩咐炊事员多加几个菜，留林枫和吕正操的全家在他的窑洞里吃饭。虽说是来了客人，加了菜，饭菜也很简单，无非是几个素菜，一个炒鸡蛋而已。但是，由于见到了毛主席，吕正操全家及林枫都吃得津津有味，感到格外香甜。由于毛泽东很忙，还有其他事需要处理，未能详谈，毛泽东让他们改日再来。两天后的一个下午，毛泽东又派人用一辆大汽车把吕正操和林枫接到枣园。吃晚饭时，边吃边谈，一直谈到深夜。毛泽东有夜间工作的习惯，一到夜间，精神特别好，谈笑风生。毛泽东对冀中、晋绥的情况十分清楚，很是赞赏地说：

"冀中、晋绥，用'挤'的办法，快把日本人挤出去了。现在恐怕要有人来挤你们了。"吕正操满怀信心地说："我们就发动两个区的军民，再把他们挤出去。"

毛泽东将筷子在桌上顿了一下，语气十分肯定地说："对，你们冀中有800万老百姓，晋绥有300万老百姓，加起来力量可不小呢！只要敌人敢进来，我们就能把他们挤出去。"听了毛泽东的话，吕正操不禁想起了1939年冀中军民抗战正在困难阶段的时候，党中央、毛泽东及时派一二〇师支援的情景，不觉有一股力量油然而生，真想立即回前方，向冀中和晋绥军民传达毛泽东的关怀和期望。

1949年3月，中央在河北平山西柏坡召开了具有历史意义的七届二中全会。吕正操从东北来参加会议，会前分别看望了中央的领导。吕正操去毛泽东那里时，他正在伏案阅读文件。见吕正操进来，劈头就说："你写的文章——《怎样办好铁路》，不错呀！武将学经济，好！我们就是要学会搞建设。"事情是这样的：1946年春，我军第一次解放长春以后，吕正操分工管后方运输供应，之后即专管铁路工作。当时，日本机车是轮乘制，苏联机车是包乘制，各有长短。经过在两个机务段的对比试验，实践证明，包乘制在当时比轮乘制优越得多。吕正操便以此为参考写了一篇《论乘务负责制》，发表在《东北日报》上，想不到毛泽东在指挥解放战争全面反攻的紧张工作中，对报纸看得这样仔细。其实，吕正操觉得，自己并没有讲出什么道理来，毛主席讲"不错"，无非是对自己的鼓励。

建国以后，吕正操在铁道部工作，直接受毛泽东教诲的机会就更多了。毛泽东外出视察时，往往把途经地方的负责人叫到火车上来谈话，有时吕正操也在场。毛泽东对来的人非常亲切，不是面对而坐，就是拉到身边促膝交谈。气氛十分活跃。但对该提醒对方注意的问题，他是从不放过。在"大跃进"时，由于缺少社会主义建设的经验，不少人都有些头脑发热，毛泽东很早就提醒大家注意。

1958年庐山会议以前，毛泽东又一次提醒大家要冷静从事。一天，他把吕正操和其他部的几个部长找去了解交通运输和铁路建设上的情况。听完汇报以后告诫大家说："你们这也大办，那也大办，我看最后都是小办。所以，头脑要冷静。"吕正操感到，当时大家头脑都十分发热的情况下，毛泽东的头脑还是十分冷静的。毛泽东是严于律己，宽以待人的。这一点，也给吕正操留下了深刻的教益。当毛泽东指出党内存在的问题时，常常把自己摆进去。"高饶事件"发生前，召开了一次政治局扩大会议，会上有许多同志发了言，有的还作了自我批评。毛泽东最后说："犯错误，都是难免的，我们都有。"

接着，毛泽东像是沉思，又像是信手拈来，举出自己的例子：

"在座的有人可能还记得，我们刚到陕北时，征粮多了，老百姓不满意。有个县委书记，打雷时触电死了。有人讲：'雷公为什么不打毛泽东。'当时有的同志主张把他当'反革命'抓起来。我不赞成，群众对我有意见，说明我关心老百姓的疾苦不够啊！我当时几夜睡不好觉反复想这个问题，以后提出'自己动手，丰衣足食'，开展了大生产运动，减轻了人民的负担，也改善了党和人民的关系。"

毛泽东对吕正操个人的关怀，更使吕正操终生难忘。

在"文化大革命"之前，政治局在杭州召开的一次扩大会议上，林彪硬说彭真、林枫和吕正操结成了反他的小集团，名曰"桃园三结义"。"文化大革命"一开始，毛泽东告诉周总理"要保吕正操"，并由周总理亲自到大连向林彪传达这一指示。然而，林彪表面答应，背后却伙同江青、陈伯达及其顾问康生去煽动不明真相的群众，对吕正操进行围攻、揪斗，造谣诬陷，进而制造假案，欺骗中央，把吕正操非法关押起来。1974年，毛泽东发现吕正操的问题还未解决时，立即指示，"八一"必须见报。正是在毛泽东的关怀下，吕正操才得以恢复了自由。

毛泽东对吕正操由信任到激励再到重用的过程，既看出毛泽东的宽广胸怀，又反映出毛泽东从民族、国家利益的大处着眼，不计个人恩怨私利，这让那些曾经与他及他所领导的事业的人所折服，并成为他的朋友。

支持正确　振奋精神

孔子曰："子帅以正，孰敢不正。其身正，不令而行，其身不正，虽令不从"。领导者的一举一动，一言一行，比任何人都有更大的影响力。领导者作决策、拿主意，要从实际出发，按客观规律办事。毛泽东在面对军事指挥员为夺取战争胜利，而如何展开所产生分歧意见的情况下，不是以军事指挥员职位高低而取其意见，而是以是否符合战争的实际而裁决。由于支持了正确意见，使人精神振奋，凝聚了人心。

1949 年 5 月 28 日，中央军委、毛泽东命令陈赓领导的第四兵团归林彪的第四野战军指挥，参加对白崇禧的作战。

7 月中旬，毛泽东发出向华南、西南进军的指示，明确指出：对白崇禧及西南各敌，均取大迂回动作，插至敌后，先完成包围，然后再回打之方针。对西南的作战，强调指出：非从南面进军，断其后路不可。这是一个大迂回、大包围、大歼灭的作战方针，是一个极为英明的决策。

当年陈赓、林彪都参加了南昌起义。起义部队离开南昌南下作战时，林彪归陈赓指挥。如今，陈赓却在林彪指挥下执行战斗任务。对此，陈赓并不介意。陈赓是那种胸襟宽广的人，为了革命利益，他相信自己能在林彪的指挥下执行好战斗任务。但是，当他认定林彪的指挥有误时，也从不怕别人误认为他倚老卖老，据理力争，直至上报毛泽东裁决。

在这次千里追击白崇禧的战斗中，陈赓和林彪有过三次大的争执。都由毛泽东裁决，判定陈赓正确。

第一次分歧是在 7 月。

林彪的指挥部还在郑州。陈赓的兵团在江西樟树镇。林彪电令四兵团于 7 月中旬渡赣江经宜春，进入湖南醴陵、衡阳、株洲一线，与白崇禧的主力决战。林彪当时雄心勃勃，要打一个"新的百团大战"。此时，他多少被辽沈战役、平津战役的胜利冲昏了头脑。陈赓收到电报后，跟自己的兵团副司令及军长作了商量，认为这个仗不能打，向林彪建议迂回广东。林彪岂是那么好说话的，回电说不同意更改计划。没办法，陈赓只好电告军委。陈赓的主要理由是：此次侧击行动，构不成对敌人的包围。我部人马逾万稍有动作，极易被敌发觉。而白崇禧一旦发觉，即会火速退回两广，于下仗极为不利；而且又时值盛暑，北方兵多，水土不服，非战斗减员甚多。所以，陈赓建议，充分利用我兵团有利态势，继续向南推进，搞大迂回，占广州，堵截敌人向广东之逃路。当然，陈赓同时也表示：部队正在待命，准备随时执行四野的作战计划。电报主送毛泽东、中央军委并报林彪及刘伯承、邓小平。刘邓此时是二野的司令、政委，陈赓原归他们领导。林彪很快回电：我决心已定，不能更改，立即执行。电报主送刘、邓、陈赓，并转毛泽东。但是毛泽东的电报也于7月17日接踵而至。毛泽东支持了陈赓，否定了林彪这种"赶鸭子"的战术。

陈赓没再说什么，他虽然在作战方针上同林彪有争论，但在公开场合，总是讲我们在四野首长领导下如何如何，他认为这样对大局、对团结有利，所以当时知道这场争论的人很少。

第二次分歧是攻打广州。

10月1日，中华人民共和国成立。人民解放军以摧枯拉朽般威势震慑着敌人。中旬，广州守敌有弃城南逃迹象。

这个时候，林彪却接连几次发来给陈赓并报中央军委的电报：令四兵团后尾主力原地停止、待命，先头追敌部队如未抓住敌人，并无把握吃掉敌人时也都就地停止，准备由曲江、英德地区直向西平行入桂，以达成协同四野于湘桂地区解决桂白（崇禧）问题。

中央军委、毛泽东于10月10日23时复电给四野并告陈赓：完全同意你们建议，陈赓兵团即由韶关、英德之线直插桂林、柳州，断敌后路，协同主力聚歼白匪。

接连收到这些电报，陈赓根据这次大迂回的作战方针和当前情况，经过反复考虑，认为林彪关于把白崇禧集团歼灭在湘桂边境，不使退入广西老巢的想法是对的。但在这时命令第四兵团转往桂林、柳州地区堵击白崇禧集团的主意，则是欠妥当的。因为，四兵团各部正沿粤汉铁路兼程追赶逃敌，正以每日130里以上行程前进，广州指日可下。这时为了执行断敌后路的任务，四兵团如向桂林、柳州前进，直线距离有1300 里，以时间计算不如就近调派四野所属部队迅速；四兵团则不如直下三水，打下广州后不停留地由水路运输，经梧州直取南宁。

问题是，这次中央军委和毛泽东同意了林彪的意见。

一个在前线的战役指挥员，自己有了与上级及中央军委不相一致的想法，如果向上提出，会不会干扰统帅部的决心？关于这一点，陈赓也曾经过反复的思考。陈赓深知，我们党有一个优良的传统，就是按照党的组织原则，上级对下级组织有关重要问题作出决定时，通常要征求下级组织的意见，并且要保证下级组织能够正常行使他们的职权。下级组织如果认为上级组织的决定不符合本地区、本部门的实际情况，可以请求改变，而上级组织的最后决定，下级组织必须执行。同时，毛泽东善于博采众议，正是一直鼓励各个战场的高级将领这样做的。陈赓非常熟悉这个情况，他本人就常接到毛泽东这样写给他的电报，深知这正是我军重要的优良传统和胜利源泉。毛泽东正是以博采众议，支持正确意见，凝聚了指战员的心。

这次开始收到林彪发来的电报，陈赓感到此事需要磋商，因此林彪和中央军委的有关电报没有下达给各部队。陈赓首先召集兵团党委的同志开会讨论，他的意见得到兵团其他领导同志的一致支持；又经与其他有关负责同志磋商，就根据前述考虑的那些意见，亲自起稿，于 10 月10 日 3 时 20 分发出致林彪并报中央军委的电报：

"我们讨论了军委复你们的 10 日 23 时电，提出下列意见请考虑：（一）我们赞成军委和四野在湘桂边求得歼灭白匪主力的方针。（二）但依目前情况，四兵团前锋已进到清远地区，本日在英德以南六十里之连江口，我先头部队正在围歼敌两个团；十五兵团本日正围歼佛山敌人一个团；各兵团每日行一百三十里以上向广州前进中。（三）在此情况下，四兵团为了执行断敌后路的任务，如向桂林，直线距离有一千三百里，以时间计算，不如十八军、四十六军及十三兵团来的快。因此我们意见，四兵团不如直下三水，打下广州后不停留的用水路运输，经梧州直取南宁。（四）广州敌人增加了胡琏兵团，四兵团不参加，仅取赖兵团两个军（六个师）曾雷林平部则时间拖长了。因此四兵团如立刻向桂林、柳州前进，实际上仍有集结队伍，重新动员的时间。则一方面路远赶不上，另一方面广州不能获得迅速解放，有两头失准备的顾虑。（五）也许这是偏重局部的看法，你们从全局打算认为必要，命令一到，我们坚决执行。如何请复。"

毛泽东接到陈赓的电报，认为陈赓的意见符合战场实际，也为陈赓越来越精于军事谋略而高兴。于是，毛泽东立即于 10 月 12 日 3 时起草了致林彪的电报，接受陈赓的意见，决定四兵团仍照原定任务行动。

10 月 13 日，陈赓即电各军督令部队继续向广州急进。这天 11 时得到情报：根据各方情况，敌人可能放弃广州，退集珠江口各屿再退台湾，海南岛左路部队正围歼从化、花县之敌（11 时）。陈赓即又下令：十五军不应为琶江以南敌人所抑制，主力直向广州急进，十四军在清远不停地兼程向广州急进；其后尾部队应让开道路，使十三军迅速前进到清远待命。10 月 14 日，当左路军进入广州市区的时候，右路军也已进抵广州市郊。毛泽东在 10 月 12 日曾经指示："如查明广州一带之敌向广西逃窜时，陈赓兵团即不停留的跟踪入桂。"根据这一指示精神，陈赓得到左路军进入广州市区，守敌已向西南方向逃跑时，即决定右路军所有部队一律不进广州，不停留地追击逃敌。遂令十五军向佛山方向进击，在进占佛山后集结待命；十四军沿北江西岸向三水、高要方向追击，并以一个师直插四会截击敌人；十三军立即向三水前进。

陈赓正在指挥各部奋勇追击逃敌。如让这股敌人逃到海南岛上，将会增加我军解放这个岛屿的困难；这样做，既不符合大迂回的作战方针，也违背了毛泽东 10 月 12 日指示的精神。他命令所属各军继续追击逃敌。恰在这时，陈赓又接到毛泽东亲署于 17 日发来的电报：广州敌拟跑方向，不是向正西入广西就是向西南入海南岛。我四兵团似应乘胜追击，直至占领梧州，然后停下来休整待命，听候四野的统一部署入桂作战。因为占领上述诸县，一则可以歼逃敌一部或大部，使十五兵团易于攻取海南岛，消灭残敌，平定会粤。二则即是对入桂作战完成了部队的展开。

陈赓非常高兴地马上复电给毛泽东："十七日电奉悉。"他将已经查明敌向海南岛逃跑的情况，和四兵团各军追击逃敌的战果向中央军委和毛泽东作了汇报。

这样，广东战役经过一个月的艰苦奋战，取得了巨大的胜利。到11月初，除了海南岛、雷州半岛南部及其他一些滨海地区以外，全省大部宣告解放。整个战役总共歼敌6.2万余人，陈赓兵团各部歼敌4.9万余人。

与林彪的第三次分歧，毛泽东又支持了陈赓。

11月9日，毛泽东指示：在广西作战中除十三兵团着重切断白匪经柳州退贵州，由百色至云南的道路外，四兵团应着重切断白匪退越南的道路，应尽一切可能不使白匪退往越南。

这次战役开始后，陈赓在有关作战的部署、方法上，又与林彪有过一些不同意见。当时，毛泽东给第四兵团的主要任务是：应着重切断白匪退越南的道路，应尽一切可能不使白匪退往越南。陈赓陈兵雷州半岛，命令十三军集结于廉江，十四军集中于信宜以南，十五军集中于信宜以北，暂归四兵团指挥的四十三军集中信宜东北的东镇圩，正是要在这里封闭祖国的南大门堵住白崇禧集团南逃的道路，以便我军"关门打狗"，将桂系部队彻底歼灭在大陆上，斩草除根，不留后患。

但当陈赓把部署计划电告林彪后，中央11月22日13时突然收到林彪的一个电报，要四兵团主力离开雷州半岛，北上围歼敌鲁道源兵团，只留一个师在廉江。陈赓对此感到诧异，在同副司令员郭天民商谈后，于当日10时亲自起草一个电报给林彪，其中讲："十三军如以一个师守廉江，受敌三面攻击，如张淦兵团以全力向南突击，廉江防线有被突破的危险。"同时建议："十三军、十四军自现位置转入新位置，须三日行程，是否有贻误战机的危险？为此提议，是否就现态势，首先求得歼灭张淦兵团，然后再歼灭鲁道源兵团。"

陈赓这种高瞻远瞩，照顾全局，理由充足，措辞委婉的电报，由于林彪固执己见，竟被拒绝，不予考虑。林彪复电坚持原来的作战部署，不肯改变……当时情况比较紧迫，白崇禧已是一个名副其实的"亡命徒"，正在指挥敌全力向南进攻；而且林彪一向坚持越级指挥，每次给陈赓的电报都同时发给各军首长。陈赓是一个党性强、守纪律的人，他的建议未被采纳，照顾同四野的指挥关系；第二天他便一面发电报给林彪说按此执行；同时下达给所属各军一个电报，对林彪的部署略作变动（这个电报同时发给林彪）。

当时林彪所作的部署是错误的，核心的问题是可能导致敌人跑掉。而这一点正是能否全歼白崇禧集团的关键，也是中央军委、毛泽东的历次命令中所反复强调的。因此，陈赓对此事的印象异常深刻。过了 10 年以后，直到 1960 年陈赓撰写的《在祖国南部边疆的三次追歼战》这篇回忆录中仍说道："回忆这一战役深感毛主席的英明伟大。当时有人提出另外一种部署。这种部署是违背毛主席的战略方针的。如果按这种部署，白崇禧集团就会从雷州半岛逃跑了。"

当时文章只能写到这样。当时他向身边的同志谈道：在重占廉江以前，他根据中央军委、毛主席堵住白崇禧集团，不让逃至海外的指示，作了一个部署，是林彪不同意，要将部队调开，另作部署。他不同意林彪的部署，但不得不"应付一下"，部队微动了一下；同时，向毛主席报告了他的部署意见。很快，毛主席于 11 月 24 日来了复电，同意陈赓的部署。要陈赓主力不要进入广西境，即在廉江，化县、茂名、信宜之线布防，置重点于左翼即廉江、化县地区，待敌来攻而歼灭之。同时，以一部对付余汉谋并配合进攻。这样才堵住了白崇禧集团由雷州半岛向海外逃跑的。如果当时按照林彪的部署实施，敌人就有跑掉的危险。

11 月 25 日，陈赓正在率部对敌展开激战，早晨 5 时，陈赓收到林彪当天凌晨 1 时发来的电报说：敌在陆川的一二六军现在突然向贵县撤退，估计敌主力将全部西撤。因此，林彪急令陈赓所部除十三军留原地不动外，即刻全线平行出击，向西追击。及至陈赓根据这个命令部署就绪，部队正待在动的时候，上午 10 时又接到林彪一封急电说：敌人仍按原计划向我茂名之线进击，一二六军西撤乃是该军后方向贵县撤退之误。因此，林彪又令各军原地不动，准备迎击。

这时，第四兵团西出钦州地区是围歼白崇禧集团主力的关键。陈赓原来是十五军一同西进钦州地区的。早在 11 月 21 日电告林彪的四兵团"预定作战部署"中说：一旦桂敌西退，第四兵团全西出钦州地区，"十军出钦州以北"。12 月 1 日，陈赓又向林彪提出："下一步作战为协调南下各军继续聚歼白匪所部，建议四兵团位于合浦、钦州公馆圩之线，四十、四十三军位于容县、玉林、博白、甲江圩之线，以与南下百色、果德之各军形成对白匪之包围。"

4 日，陈赓又向军委报告部队西出钦州地区的部署，并且接到 7 日中央军委和毛泽东的复电：同意歼灭白匪于钦州附近的部署，要注意消灭白匪于我国境内，不使逃入越境是最有利的。

在整个进军广东的过程中，陈赓与林彪在战役指导上发生的三次大的分歧，都以毛泽东支持陈赓而使战役顺利进行，陈赓也深刻体会到毛泽东战略战术的高明。

在欢庆胜利的幸福时刻，陈赓抚今追昔，缅怀解放战争以来，经历的峥嵘岁月，感慨万端……他所以能如此振奋，主要是他的正确作战意见得到了毛泽东的支持，完成了中央军委和毛泽东赋予的战斗任务。

虚心纳谏　上下齐心

毛泽东常谈《容斋随笔》和《三国演义》，他曾多次论述过曹操，认为曹操之所以能以"名微众寡"之势逐扫天下群雄，统一北方，使三足鼎立有其一，和其善于用人是分不开的。毛泽东本人更是深谙其道，与中央军委虚心纳谏，使人尽智。

1948 年 1 月初，毛主席、中央军委电召陈毅同志到了陕北米脂县杨家沟。以毛主席为首的中央军委便同他研究了派遣粟裕同志率部到江南实行第二个跃进的问题，共同商定了三个方案，于 1 月底用电报拍发给粟裕同志，毛主席要他"熟筹见复"。

对毛主席的电示，粟裕高度重视，一方面对毛主席的电报进行了缜密的思考，另一方面积极进行渡江南进的准备工作。他于1月31日写了一份长达2000多字的电文，回报了军委和毛主席。

粟裕的这一份报告共三个部分，第一部分是讲渡江的时间及其理由，第三部分是渡江的路线和方法。这两部分各近1000字。在这两部分之间，夹着一个二百多字的第二部分，突出地谈了自己对中原战局的认识。

他写道："职……认为我军以原有的政治优势，又在反攻中取得了战略优势，但在数量上及技术上并非优势，加以土改又为反攻中最主要政治内容，故进展较慢。在军事上如能于最近打几个歼灭战，敌情当有变化。因为，于最近时期将三个野战军由刘取统一指挥，采取忽集忽分（要有突然性）的战法，于三个地区辗转寻机歼敌，华野除叶王陶外，（指叶飞、王必成、陶勇三同志为司令员的一、四、六纵队）可以三到四个纵队作战是可能于短期内取得较大胜利的，如是则使敌人机动兵力大为减少，而我军则在机动兵力的数量上将逐渐走向优势。同时也可因战役的胜利取得较多的休整与提高技术的时间。如果我军再能在数量上及技术上取得优势，则战局的发展可能急转直下，也将推动政治局势的迅速变化。"

粟裕同志用这两百多字的一段话，向毛泽东及党中央军委提出了自己关于夺取中原军事胜利的步骤和道路的设想。他明确地提出，解决中原问题的关键在军事上是争取于短期内打几个歼灭战，取得我军在机动兵力的对比上走向优势。这在主观上是必须的，在客观上也是可能的。其可能性在于：第一，我军已有政治上和战略上的优势；第二，近期内中原地区还有打大歼灭战的战机可寻；第三，我军在中原已经有了十余个有相当作战能力的野战纵队。当然，中原还有一个他所经常强调而在这二百多字中未提及的一个重要有利条件，那就是中原作战可以背靠黄河，以华东、华北老根据地作依托。

中央军委和毛泽东接电后，毛泽东立即拟出电文，以军委名义于2月1日复示粟裕，肯定了粟裕同志的意见："（一）完全同意第一方案，叶、王、陶三纵队即开陇海线附近再休整一个半月，下旬出动，三万新兵中以两万补充叶王陶三纵，渡江路线争取走湖口、当涂间及南京、江阴之间，渡江方法采取宽正面分路及分梯队偷渡。望加紧布置水上及两岸工作。（二）三、八、十、十一等四纵集中配合刘邓、陈谢两军，由刘邓统一指挥，采忽集忽分战法机动歼敌。"并将此指示精神电告了刘邓。

经过一个多月的反复思考，粟裕越来越认为渡江南进难以达成预定的战略目标，不如在中原作战对我军有利。但这样的意见提出来，等于更改了中央军委和毛主席的战略部署。何况对中央军委和毛泽东关于派遣以一、四、六纵组成一个兵团南下的决定，华东局等领导同志都是积极拥护的。陈毅同志从中央回来的时候就写了"弯弓盘马故不发，只缘擒贼先擒王"，"五年胜利今可卜，稳渡长江遣杰郎"的诗句。

提不提这个意见，"杰郎"粟裕确实有些犹豫不决。最后，他终于消除了顾虑，于4月18日把自己看法和建议报告了中央军委。周恩来接到电报，签过字后急阅。然后立即赶到毛泽东的住处。周恩来写道："粟裕同志以近3个月时间的反复思考，对军委关于以华野一兵团南下作战的方案，提出了不同见解。"

毛泽东："他不愿过江！恩来，林彪不南下，粟裕不过江，我们这个大戏难唱喽。"

这不，林彪这边的事还未处理完，粟裕的电报又到了，毛泽东多少有些上火。因为按照中央去年"十二月会议"的精神，按照五年打败国民党的计划，林彪南下、粟裕过江都是必要的重大行动，都是中央军委的既定方针。可好，戏刚开台，两个主角都有异议，实在使毛泽东感到意外。

周恩来："主席，粟裕的想法有些道理。"

毛泽东："好！粟裕斗胆直呈，那就请他到中央来，他不听我们的，就让我们来听听粟大将军的。把朱老总、陈毅也都搬回来，在一起很好地讨论一下。"

周恩来："主席，我建议召开中央书记会议来慎重讨论这个问题。"

因为事关重大，毛泽东也十分赞成周恩来的这种慎重态度，果断地一挥手道："好！与少奇同志他们工委汇合后，就开书记处会议。"4 月 28 日，两辆吉普车沿着太行山麓的小道一前一后驶进了河北阜平县城南庄的晋察冀军区必需品大院，车上二人就是华东野战军的正副司令员陈毅和粟裕。二人行程 800 里，来到了这里。4 月 13 日，党中央机关从五台山迁到这里。粟裕与陈毅下得车来。要与中央首长见面了，粟裕显得十分激动。二人边走边谈。

晚上，毛泽东特意把粟裕请到自己家去吃饭，作彻夜长谈。毛泽东十分关心粟裕关于不渡江的具体意见。互相叙旧之后，毛主席直截了当地说："粟裕同志，谈谈你的具体意见吧！"

粟裕听主席主动征求他的意见，就作了深入的论证，他说："现在既然中原有战机可寻又需要打大仗，那么此时一、四、六纵是以南进为有利呢，还是参加中原歼敌一个时期再南进有利呢？我的看法是在中原歼敌。分兵南渡长江，可以调动一批敌军南去，但敌人不会把他在中原有比较先进的重装备的主力部队如第五军、整十一师等调到江南去同我们打游击；为怕'放虎归山'，更不会把有战斗力的桂系第七军和整四十八师调往江南。如果只能调走一些二三等部队，中原我军所受到的压力并未减轻多少；而我们却因从中原调走了几个坚强的主力纵队，削弱了自己的突击力量，显然是不合算的；更何况这三个有重装备的纵队过江以后，完全是无后方作战，没有弹药供应，重装备不仅不能发挥战斗威力，反会成为累赘。"

如果主力部队暂不过江，又如何向蒋管区发展呢？粟裕向毛泽东谈到的是一个三线配备的筹划：集中主力在黄淮之间以老解放区为依托打大歼灭战；抽出部分主力以团或旅为单位在淮河以南和江南近区以游击战争打击敌人；在更远的地方派若干游击队，深入敌后发动群众，建立游击区，开展武装斗争。这三线随着形势的发展逐步向前推移。

毛泽东十分认真地听着，不住地点头。特别是对粟裕关于三线配备的设想，听得更加仔细，时而翻开笔记本，用铅笔记住要点。等粟裕说完，毛泽东长叹了一口气，说："好，我是被说服了，你再在中央书记处会上详细谈谈你的设想，由中央书记处最后决定。"

1948年4月30日至5月7日，毛泽东在城南庄主持召开了中共中央书记处扩大会议。会议期间，毛泽东召集中央书记处，以极其郑重的态度听取了粟裕关于三个纵队暂不过江，在中原黄淮地区打大仗的汇报。

中央领导当即进行研究，完全同意了粟裕的方案，并立即通知到各个战区。

以后的实践证明，这一决策对解放战争的发展进程起了重大的积极的影响。可以说，这是以毛泽东为首的党中央和中央军委虚心纳谏，与粟裕敢于直陈己见，为大局负责，上下齐心协力的杰作。

毛泽东和党中央这种一切从实际出发、实事求是和虚心听取不同意见的工作作风，使粟裕深受教育和感动，也从中感受到了毛泽东和党中央对他的高度信任。

粟裕从毛主席和中央军委领受的作战任务是打敌整编第五军。

6月15日，粟裕按照预先腹案定下了转向豫东作战的决心：即命令第三、八纵队由通许以南地区北上，以突然行动攻歼开封守敌，以一、四、六纵队迅速插入邱清泉兵团与开封之间，在兰考以东地区坚决阻击该兵团西援；以广纵、中野十一纵并指挥冀鲁豫独一旅在鲁西南地区由北向南从侧后牵制邱兵团；并以中原九纵插入郑州与开封之间阻击郑州孙元良兵团东援。然后视情况再集中兵力歼灭援敌之一路。

这一方案，虽然体现了毛主席总的战略意图，但与毛主席、中央军委交给他的要他歼敌第五军的作战计划是不相符的。所以，粟裕在拟定作战计划之后，立即将作战计划上报军委并刘伯承、陈毅、邓小平。

毛泽东接电后，立即于17日晨以军委名义复示：这是目前情况下的正确方针，表示完全同意，并嘱示"情况紧张时，独立处置，不必请示"。

"独立处置，不必请示"，这是毛泽东对粟裕的莫大信任。

粟裕同志发起开封战役，一是为了攻歼守敌，解放开封；二是攻其必救，诱敌来援，各个歼敌于运动中。他在亲临开封城下指挥作战的同时，就在密切注视着各路援敌的动向，精心筹划着下一阶段的歼敌作战方案。

果不出粟裕所料，蒋介石为了挽回败局，夺回开封，决心大举反扑，令邱清泉兵团及第四绥靖区部队向开封攻击前进；又以整编第七十五、七十二师及新编第二十一旅组成一个兵团，由区寿年任司令，由民权地区经睢县、杞县迂回开封，企图在开封地区与我军决战。

经过深思熟虑，最后，粟裕认为：三、八纵队取得了开封战役的胜利，人员、武器、弹药都得到了补充；其余各纵虽然疲劳，但减员不大，且全军士气高昂，仍保持的战斗力，只要部署指挥得当，诱使邱、区两兵团拉开距离，分割围歼区兵团是可以实现的。对付其他各路援敌，如能像战役第一阶段那样，平汉路方面的敌军增援，能得到中野各纵的大力阻击，是可以保证歼区作战的胜利的。特别是如果夺得这一战役的胜利，必将大大加速中原战局向对我军有利的方面发展，为此即使多付出一些代价也是值得的。但究竟打还是不打，事关重大，必须请示中央军委、毛主席和刘伯承、邓小平。粟裕于24日、25日两次将作战预案报告中央军委并刘伯承、陈毅、邓小平。

毛泽东对粟裕的歼敌计划十分赞赏，拿着电报对朱老总说："看来粟裕胃口越来越大了。"即以中央军委名义于25日、26日两次复电粟裕，表示："部署甚好。""在睢杞通许之线（或此线以南）歼敌一路是很适当的。如能歼灭七十五、七十二两个师当然更好，否则能歼灭七十五师也是很好的。"

粟裕接到毛主席、中央军委的复电，立即作了如下部署：以三、八纵向通许方向行进，吸引邱兵团南进，使邱、区两兵团之间出现空隙，然后以四个纵队组成突击集团，围歼区兵团；即调十纵队北返，以五个纵队（包括三、八、十纵）阻援。

27日，粟裕下令各部队投入豫东战役第二阶段——即睢杞战役之战斗。当晚及次日我军攻歼集团及阻援集团均与敌展开了激烈的交战。

至7月7日，经十天激战，粟裕所部共歼敌5万余人，生俘敌兵团司令区寿年和敌整编师长沈澄年。

豫东战役，规模之大，斗争之激烈，战果之辉煌，影响之深远，在华中、中原我军作战的历史上是第一次。

实践证明，有了好的政策方略而无人才去推行实施，到头来也只能是纸上谈兵。毛泽东以中央军委的名义给粟裕的复电："独立处置，不必请示"，这是毛泽东对他的莫大信任，同时也折射出毛泽东凝聚人心的智慧。

"从谏如流"　大捷频传

解放战争时期，军委主席毛泽东对粟裕的建议十分重视，达到了"从谏如流"的程度。

早在1948年4月18日向中央建议一、四、六纵队仍留中原作战一个时期的时候，粟裕便向中央陈述了他的一个独到的构想："……如中央认为上述意见可行，则建议华野之大部佯攻（真攻）济南以吸引五军北援而歼灭之。尔后除以一部相机攻占济南外，主力则可进逼徐州与刘邓军全力寻求第二场歼灭战。"

这个构想，实际上是要把华野、中野主力集中，在华东和中原广大地区继续打大歼灭战，而且设想了歼五军，克济南、战徐州三个大战役。毛主席、中央军委显然是肯定这种构想的。豫东战役之后，7月中旬中央军委下达解放战争第三年的任务时提出：在南线，应于9—10月间解放济南，今冬明春占领徐州。

由于豫东战役调动了徐州南北的敌人，西进的山东兵团发动的兖州战役得手，在截断了胶济线之后又截断了津浦线济徐段，造成了济南的完全孤立。遵照毛主席和中央军委的指示，粟裕以华东野战军代司令员兼代政委的名义，向华野全军下达了攻克济南、全歼王耀武集团的作战命令。9月中下旬，华野以八昼夜的连续进攻，全歼守敌十万解放了济南，使华东、华北两大战略区连成一片。

发动济南战役时，华野本着"攻济打援"的方针，以7个纵队在北面攻城，8个纵队在南线打援，打算在敌五军从陇海线北援时伺机围歼之。由于攻济的方针正确，先置重点于西部，占领机场，迫使敌九十六军起义，割断了济南的空运通道；然后转移重点到东部，使用强大炮火和连续爆破，进行组织严密的连续进攻，东西配合，英勇奋战，使原定半个月以上的攻城计划，八昼夜便完成了。集结于徐州、砀山之线的17万援敌，本来就是豫东战役的惊弓之鸟，生怕北援被歼，虽受蒋介石严命，却徘徊不前；至此，乃全部缩回原防，我军打援计划也就无法实现。

济南战役即将结束的当天，粟裕根据徐州之敌不可能再行北援的情况，为了进一步歼灭敌人，便向毛泽东和中央军委提出了举行淮海战役的建议。

粟裕提议下一步攻打两淮和海州，认为在歼敌之外，可以达到四个目的，即：打通鲁苏联系；斩断徐州之敌的海上交通线；进一步暴露津浦线南段；为渡江作战创造条件。这样，就可以充分利用华中地区充足的人力、物力（特别是粮食），支援在华东、中原广大地区作战的数十万野战军，有利于更大规模地歼灭徐淮地区之敌。这样，就可以为今后渡江作战提供有力的依托。

粟裕在9月24日提出的举行淮海战役的建议，首先得到了中原刘伯承、陈毅同志的支持（这时邓小平同志正在中央参加九月会议）。

毛泽东接电后，经过认真研究，反复思索，觉得粟裕的建议是一个既大胆又切实可行的具有战略意义的战役计划，即草拟出复电，以军委名义复示粟裕，指出"我们认为举行淮海战役，甚为必要。目前不需要大休整，待淮海战役后再进行一次休整。淮海战役可于10月10号左右开始行动"。充分肯定了粟裕的建议。

之后几经研究，形成了 10 月 11 日毛泽东主席亲自制定的《关于淮海战役的作战方针》。

为执行毛泽东亲自制定的这一正确方针，粟裕无时无刻不在注意着全国和中原、华东地区的战局的发展变化。

他从陈毅、邓小平首长指挥的郑汴之战看到，即将展开的淮海战役的规模，势必还要大大扩展，所以当战役的准备工作万事俱备，陈邓首长已进到开封东南时，他对战役的发展、组织和指挥又有了新的考虑。他深深感到，正如毛泽东于 9 月 28 日给饶漱石、粟裕、谭震林并告刘伯承、陈毅及华东局的电报中所说的那样："这一战役必比济南战役规模要大，比睢杞战役的规模也可能要大。"他又想到豫东战役时，如果没有中央军委的全力支持，没有中野的大力协同，没有华东、中原、华北三大区的配合，要取得那样的战果和新局面，是不可能的。而面临的淮海战役规模更大，方面更多，斗争更加艰巨复杂，他便恳切地向军委提出建议："这个战役的规模很大，请陈军长、邓政委统一指挥。"

这无疑是极合时宜的建议。

粟裕的建议于 10 月 31 日电达后，毛泽东很是欣赏，他对旁边送来电报的周恩来说："恩来啊，粟裕这个电报很好呀，我们正是需要这样不计个人名利得失，不计个人权力大小，以革命事业和大局为重的同志。"

很快，毛泽东、中央军委于 11 月 1 日作出决定并电示："整个战役统受陈邓指挥。"

战役有了陈毅、邓小平首长统一指挥之后，是不是"大树底下好乘凉"了呢？不，粟裕既未放松对华野的指挥，也未放松对全局的分析与掌握。因此，当战役刚刚发起的第三天，他向陇海路挺进到马头宿营时，便同副参谋长张震对军事形势和下一步作战问题作了深入的讨论。粟裕兴奋地说："东北全境已经解放，解放战争已到了一个新的转折点，要从这个角度考虑仗怎样打，怎样能更快地给蒋介石以决定性的打击。"

经过共同分析，他们一致认为："在淮海战场上，蒋介石可能采取两种方针：一是以现有兵力加上葫芦岛撤退的部队，继续在江北与我军周旋，争取时间，加强沿江、江南与华南的防御；二是放弃徐蚌、信阳、两淮等地，撤守长江沿线，巩固江防，划江而治，俟机反攻。敌人如采取第一方针，我军应在江北大量歼敌，为渡江作战创造有利条件，并使江南各省免遭大的破坏，解放后易于恢复。但这就要加重老解放区的负担，如敌采取第二种方针，今后渡江要困难些，渡江后苏、浙、皖、赣尚须进行严重的战斗。"

据此，粟裕和张震在烛光下连夜起草了一份较长的电报，建议中央"如老解放区能够继续支持战争，应迫使敌人采取第一方针，我军在歼灭黄百韬兵团后，不再向两淮进攻，而以主力向徐州、固镇线进击，把敌人逐步削弱并歼灭于徐州及其周围"。并于 11 月 8 日晨上报给党中央和陈邓首长。

次日，毛泽东即给粟张回电，并告华东局、陈毅、邓小平和中原局，同意粟裕、张震的意见，并指示："应极力争取在徐州附近歼灭敌人主力，勿使南窜。华东、华北、中原三方面应用全力保证我军的供给。"

在淮海战役中期，粟裕准确地预见了徐州之敌逃跑的可能和方向，并向中央军委建议将华野主力配置于宿县西侧，将徐州逃敌全部包围在徐州西南，中央军委和毛泽东对此表示赞赏，并采纳了粟裕的建议。

淮海战役后，中央军委对全军进行整编，华东野战军改为第三野战军，由粟裕任副司令兼第二副政委，代行司令员兼政委职务。

1949 年 4 月，粟裕统帅着三野 4 个兵团 15 个军共 55 万余人，浩浩荡荡地开到了长江北岸。

中央军委和毛泽东原定渡江战役发起的时间是 3 月，其后几经变更，又定为 4 月上旬、4 月 15 日、4 月下旬。军委电告粟裕："迟渡江有何不利，望即告，以便决策。"

看了电报，过去曾力主迟后渡江的粟裕，这次则根据当前的敌情，向中央军委和毛泽东提出了提前渡江的建议，他当即给军委起草回电。他写道："如延长一月，则江水上涨，又迈进雨季，我方将有三分之二的船难以在江水上涨后的江中行驶……我不知道李宗仁签字后能否统帅蒋军，如不能，那时再行渡江谈结果……"

军委和毛泽东对于粟裕的建议，十分重视，可以说是到了"从谏如流"的程度。第二天，毛泽东、中央军委便回电，决定把渡江时间只推迟一星期，即由 15 日推迟至 22 日。

20 日，国民党政府最后拒绝在国内和平协定上签字，当夜 20 时，根据军委指示，三野率先发起渡江战役。第一梯队 4 个军在强大炮火掩护下，只一个小时便逼近南岸，突破长江防线。到 22 日中午，已突入敌人防御纵深达 50 公里。23 日，三野第八兵团解放南京。宣告了国民党在全国反动统治的覆灭。

在中国革命的战争年代，毛泽东的麾下聚集了一大批足智多谋的将才。粟裕便是其中之一。毛泽东和中央军委接连接受他对淮海战役、渡江作战的纳谏。捷报频传，众将归一。粟裕将军心境更为畅快……

❋ 精神聚众

——毛泽东说：要善于从群众的根本利益出发，
提出人们所关注的、热心追求的某种目标

何谓精神聚众？毛泽东说："要善于从群众的根本利益出发，提出人们所关注的、热心追求的某种目标，以此产生感动、吸引力和约束力，使群众自觉地聚集在这种精神旗帜下并为之奋斗。当然，这同那种'为修来世，今生甘愿吃苦'，那种跪拜菩萨，自信'心诚则灵'是不同的。""抗美援朝，保家卫国"这个口号就很好。它同我们民族的利益联系起来了，使全国人民知道，不仅是抗美援朝，还有保家卫国的问题。所以，这个口号是把国际主义和爱国主义统一起来了。

深入群众　倾听民声

天地万物，唯人是有思想的。人的灵性在于有丰富的精神世界，没有一点精神，人就没有了追求；精神的力量，主要体现在对远大理想、高尚人格等道德追求上。

以精神的力量感召人，并不是单纯地喊几个口号就万事大吉，毛泽东更是以自己的实际行动为我们作出了表率。关怀体贴是与人民群众建立深厚感情的首要条件，毛泽东在他做思想政治工作的长期实践中，多方面展示了他那以情感人的艺术才能。

1940年，陕甘宁边区政府向群众多征了一些公粮，群众有怨言，一些同志听了心里很不舒服。而毛泽东却从群众情绪和呼声中，发现了我们实际工作的问题，他说："二十万担公粮，天怨人怨"，并马上建议减少征粮，号召部队开展大生产以减轻人民负担。

毛泽东在注意了解群众情绪，倾听人民呼声的同时，经常深入群众、密切联系群众，实践党的优良的传统作风。早在古田会议前后，毛泽东常用鱼水关系来形容红军同群众的关系，他说，三国时候的刘备，把诸葛亮比作水把自己比作鱼，说明诸葛亮的重要。由此借喻我们共产党人是把人民群众比作水，只有把根子扎在群众中，我们才能打胜仗，立于不败之地。他用这个浅显的道理，常常教育干部、战士，使红军上上下下都深切懂得鱼水关系，所以，尽管当时红军中存在一些旧军阀的作风，如打骂士兵等等，但很少发生打骂老百姓的现象。

1947年10月的一天，毛泽东从神泉堡来到佳县城。在去县委机关的路上，他和县委负责同志边走边交谈。他问道："在战争中，群众表现怎么样？"

县委负责同志说："佳县人民在战争中宁愿自己忍饥挨饿，也要千方百计支援前线。群众的警惕性也很高，严守机密，虽然全县驻着中央和外地党政机关，还有几千名伤病员，但始终没有走漏消息，敌人什么也不知道。"

"有多少人参了军？"

"全县有 3000 多人参军，还组织了十几支游击队。"

毛泽东又问到土改的情况，县委负责同志做了汇报。佳县县委当时正召开战后第一次区委书记和区长联席会议，讨论配合解放军大反攻和搞好土改复查等问题。大家看到日夜思念的毛主席步履稳健地走了进来，感到非常激动，一致请求毛泽东同志题词，作指示。毛泽东同志详细分析了国内外形势，又讲了搞好土改的重大意义，最后勉励大家回去后要继续带领群众搞好土改，做好支前工作，为打倒蒋介石，解放全中国作出更大的贡献。讲完话，毛泽东问大家："你们要题什么样的词啊？"

县委负责同志说："请主席考虑。"

毛泽东略加思索，写下了"站在最大多数劳动人民的一面"。佳县的广大干部在题词精神的激励下，坚持和群众同甘苦、共命运，为革命作出了很大的贡献。

深入群众，熟悉群众，不仅是为了与群众同呼吸、共命运，而且是为了虚心向群众学习，吸取群众智慧。毛泽东的高超艺术在于从真心诚意地关怀、尊重和信任群众出发，感动群众，以达到感情上的融洽，以此感召群众，实现思想上的统一。

毛泽东经常用自己的切身体会告诫人们：你要群众跟着走，就要关心他们的生活和要求。他语重心长地说，群众过日子不容易呀，担子不轻呀，我们共产党人只有全心全意为人民谋利益的义务，而决不能有半点欺压群众，占群众便宜的权利。建国以后，毛泽东仍非常关心群众生活，他常说，我们共产党人，什么时候都要想到群众，群众生活不能改善，我们问心有愧啊，睡觉也睡不安稳！

理想、信念是人生奋斗的目标。毛泽东正是以这个目标启发并引导干部和群众，带领人民群众不断开拓中国革命和建设的新局面。

抓住典型　树立榜样

人们常说："榜样的力量是无穷的"，"榜样"即精神上的楷模。

善于运用先进的模范事迹，宣传群众，组织群众，鼓动群众，这是毛泽东凝聚人心、开展思想政治工作的主要方法之一。榜样的力量是无穷的。先进典型代表着我们事业努力的方向，树立一个好的榜样是非常现实、直观的教育和引导，典型所具有的强大的说服力和吸引力，可以使我们通常所进行的共产主义思想教育，更加具体化、形象化，使思想政治工作更加具有号召力、感染力。

1942 年初，延安第一兵工厂发生了一次共产党未曾经历过的严重事件：工人罢工。以前总是共产党发动工人向剥削阶级或反动当局罢工，这次罢工却发生在革命根据地针对革命当局。事出有因：当时蒋介石正指挥胡宗南向陕甘宁根据地发动进攻，情况万分紧急。军委命令兵工厂要在短期内造出十万颗手榴弹，以应御敌之需。哪知此时工人却在少数人的煽动下闹起事来，要求减轻生产任务，提高生活待遇，并扬言要罢工。中央立即派人赴厂，向工人做了深入细致的思想工作，帮助工人正确认识当时敌我斗争的严峻形势，揭发批判极少数带头闹事的坏家伙，教育工人不要上他们的当。于是工人很快觉悟过来，又和党一条心了。

在向工人做思想政治工作的过程中，发现第一兵工厂有一位叫赵占魁的工人，他一贯劳动态度好，技术水平高，很能团结人，更可贵的是，在坏人煽动工人闹事时，他仍坚守岗位，用实际行动进行了抵制，表现出很高的政治觉悟。这不正是共产党所要求的工人形象吗？要是所有工人都像赵占魁那样该多好啊！

毛泽东立即抓住赵占魁这个典型，利用他的号召力在边区开展轰轰烈烈的"赵占魁运动"。运动很快推广到其他解放区，各地区都树立了自己的"赵占魁"。从那时起，边区政府经常召开劳动英雄代表大会、劳模大会，交流经验、表彰先进。"赵占魁运动"从 1942 年持续到内

战爆发，前后7年，在红色区域形成一股子争当先进的好风尚。毛泽东由此进一步看到了树立先进典型以推动群众前进的神奇作用。在三年困难时期，毛泽东在工业战线上树立了大庆这面红旗，树立了铁人王进喜这个先进典型。大庆工人顶风雪，战严寒，革命加拼命，开发了大庆油田，一举使我国告别了依靠"洋油"过日子的局面。在创造了巨大的物质财富的同时，大庆人还创造了巨大的精神财富。他们提倡的做老实人、说老实话、办老实事和严格的制度、严密的组织、严肃的态度、严明的纪律，即"三老""四严"，这个经验已成为当时全国工业战线的一面旗帜。于是在毛泽东以后的领导生涯中，便有了一系列号召，如"向雷锋同志学习"，"工业学大庆"，"农业学大寨"……各行各业，各条战线，各级各类人群中，都有了自己的排头兵。

所有这些，都显示了毛泽东凝聚群众力量，注重在思想政治工作中善于抓住典型，树立榜样带动群众前进的艺术魅力。我们每位领导干部在实际工作中，都应学习毛泽东树立"排头兵"，推动整个工作的领导艺术。"排头兵"这面旗帜树立起来了，也就凝聚了人们的精神、凝聚了人们的力量，这面旗帜树立起来了，就如一块巨大的磁铁，把人们紧紧吸引住。

事物是不断发展变化的，永远不会停止，发展的特征是新事物代替旧事物。领导工作要除旧布新，不断开拓前进，这就要求领导方法要具有创新性。创新性表现为有时代特征。因循守旧、墨守成规不可能产生好的领导。毛泽东非常注意工作方法的创新，善于树立典型。

毛泽东说过：典型是一种政治力量。树典型等于插旗子，其秘诀就是把一种需要加以提倡的精神、加以推崇的价值观、加以实现的原则、加以推广的经验，具体化在一个或几个看得见、摸得着的具体人物或事件上，使之成为一面鲜艳的旗帜，成为员工学习的榜样、标兵和楷模。因此，凡需要提倡一种什么精神，就需要找到一个或几个相应的典型来体现这种精神，如张思德全心全意为人民服务的精神，白求恩毫不利己专门利人的精神，老愚公藐视困难挖山不止的精神，雷锋做革命螺丝钉的精神，大寨人战天斗地的精神，大庆人自力更生的精神等等。充当典型的好人好事通常要由领导者来培养、发现或挑选，或者由领导定出一定标准，让群众通过评比来产生。评比先进的过程也就是使群众区分好坏明辨善恶的过程，而典型产生的过程就是领导者头脑中的一般原则具体化的过程。

1962 年 8 月 15 日，年仅 22 岁的解放军战士雷锋因公殉职以后，毛泽东从报纸上看到了有关雷锋事迹的通讯报道，深受感动。1963 年 1 月，他对当时的军委秘书长罗瑞卿说，雷锋值得学习！

在毛泽东的倡导下，1963 年 2 月 9 日和 15 日，中国人民解放军总政治部和共青团中央分别发出通知，要求在全军和全国青少年中广泛开展"学习雷锋"的教育活动。根据通知精神，《中国青年》杂志编辑部决定将 3 月份的第 5—6 两期合刊，出版学雷锋专辑。为了扩大影响，他们于 2 月 16 日（或 17 日）给毛泽东发函，请求毛泽东为雷锋题词。

毛泽东的秘书林克收到《中国青年》杂志编辑部的信后，及时交给了毛泽东。可是毛泽东并没有立即书写题词，他在精心思索题词的内容。2 月 22 日，毛泽东睡醒以后把林克叫到身边，递给他一张写有题词的信纸，上面用毛笔写了"向雷锋同志学习 毛泽东"十个行书字。毛泽东吸了一口烟后，用商量的口气问道："你看行吗？"林克爽朗地回答说：写得很好，而且非常概括。毛泽东好像要解释为什么没有采用他拟的题词这一疑问似的，接着说道：学雷锋不是学他哪一两件先进事迹，也不只是学他的某一方面的优点，而是学他的好思想、好作风、好品德；学习他一切从人民的利益出发，全心全意为人民服务的精神。当然，学雷锋要实事求是，扎扎实实，讲究实效，不要搞形式主义。不但普通干部、群众学雷锋，领导干部要带头学，才能形成好风气。毛泽东的这番谈话，不仅指出了学雷锋的方法，而且指明了雷锋精神的实质和学雷锋的方向，具有深远的指导意义。

毛泽东"向雷锋同志学习"的题词，很快就转交给了《中国青年》

杂志编辑部。编辑人员拿到题词后，立即将题词手迹制版，作为第5—6期《中国青年》合刊的插页，于3月2日出版发行。3月5日，《人民日报》、《解放军报》、《光明日报》、《中国青年报》等首都报纸，都在头版显著位置刊登了毛泽东的题词手迹。第二天，《解放军报》又刊登了刘少奇、周恩来、朱德、陈云、邓小平等党和国家领导人的题词手迹。由于毛泽东和其他老一辈无产阶级革命家的积极倡导，一个向雷锋学习的活动在全国兴起。

1965年7月20日，毛泽东利用在人民大会堂紧张工作的间隙，查看服务人员的学习情况。他仔细翻阅了女服务员小高的学习笔记本，当翻到有雷锋画像的一页时，他停下来凝眸端详了一会儿，然后说：青年同志们，应当好好向雷锋同志学习！说着，又提起笔来在本子上写了"好好学习，努力为人民服务"十一个大字。

1975年秋，已经进入暮年的毛泽东，仍然对雷锋思念不已。一天，他在秘书张玉凤和护士孟锦云的陪同下，一起观看了八一电影制片厂60年代摄制的故事片《雷锋》。当画面上出现雷锋驾驶着解放牌车去给遭受水灾的辽阳地区人民运送救灾物资，并把自己省吃俭用积攒下来的100元钱慷慨地捐献给灾区人民时，画外音传来雷锋的声音："我是人民的儿子，我是公社的儿子，您一定要收下儿子这点心意！"看到这里，毛泽东感动得用手帕不住地擦泪。

典型产生后，还要通过宣传、表彰等舆论导向功能，推动广大群众向"好样的"学习。毛泽东知道中国的普通老百姓是容易受影响、善于模仿的，并且知道他们接受社会规范的方式。学习一个具体的典型比接受一种抽象的原则要方便得多，因为它看得见、摸得着，使一般群众学有目标，赶有方向，比有榜样。由于榜样就在你身边，即使你不去有意仿效，他的光环也会影响着你，使你不知不觉受到感染同化。这样，由一到十，由点到面，相互感染，竞相仿效，逐渐形成一种气候，最后自然是典型的普及化，人人都成为好样的。于是，典型身上所承载的普遍原则得以推广，树典型的领导的最初意志也就得到了实现。

典型主要是树给中间状态学的。正面典型是学习的榜样，它好比旗帜，旗帜一树，万夫云集。反面典型是批判的靶子，它好比禁令，禁令既下，足以为戒。经过这样一学一比，广大的中间状态便发生分化，纷纷向"好样的"那一极运动。

第三章 宽容大度 团结多数

一个国家，只有人民团结一致，才能国力强盛。早在 2000 多年前，孔子就语重心长地教导人们："四海之内，皆兄弟也"。意思是不论地处东西南北，大家都像一家人一样，应当和睦相处。毛泽东说：我们都是来自五湖四海，为了一个共同的革命目标，走到一起来了。中国有一句古话叫家和万事兴，道理都是一样的。

注重团结
——团结是事业得到不断发展和成功的保障

东方人较为注重团结问题。大家庭的观念在东方社会显得尤为突出。我们常常看到或听到企业领导们号召员工"以厂为家"、"以公司为家"。实践证明，它的确能增强企业的凝聚力，为企业创造更好的效益。而且在这样的环境中，对激发员工的创造性是一种奇妙的力量，这种情趣产生了融洽的气氛。在这样的管理原则指导下，领导们都十分强调团结的力量，并把它看作是核心的环节，看作是事业得到不断发展和成功的保障。

尊重他人　加强团结

党的团结是党的建设中的一项重要内容。以毛泽东为代表的中国共产党人一贯重视党的团结和统一，把党的团结看成是党的生命，是克敌制胜、战胜困难的无价之宝。在长期党的建设实践中，毛泽东就党的团结统一问题提出了许多符合中国实际情况的重要思想，在实践中为我们作出了表率。

遵义会议是中国共产党的一个重大转折点，它重新确立了毛泽东的领导地位，在这次会议上，毛泽东作了一系列的英明决策，其中有一个是关于改组后的中央领导集体人员的安排和批评的对象问题。

关于这一点，黄克诚曾作过这样的描述：遵义会议的情况，我是在三军团听毛主席亲自传达的，当时听以后感到很不满足。因为遵义会议虽然对中央领导进行了改组，确立了毛主席在中央的领导地位，但是担任中央总负责人的是张闻天同志；会议只批判了军事路线的错误，没有批判政治路线的错误，那时总觉得这样做还不够，经过半年多的实践，我才放弃原来的看法，才懂得当时不谈政治路线，只谈军事上的指挥错误，受批评的同志就不多，有利于团结。当时只是解除了博古的总负责人职务和李德的军事指挥权，中央政治局的其他同志仍保留在领导岗位上，博古同志也保留在政治局内。特别到了同张国焘斗争的时候，我更加认识到毛主席这个决策的无比正确。假如在遵义会议上提出政治路线问题，受批判的同志就多了，会对革命事业不利。而军事斗争是当时决定革命生死存亡的关键问题，红军的处境又非常危险。毛主席这样决策，既可以集中精力考虑军事上的问题，又维护了党的团结。这样，后来同张国焘的军阀主义、逃跑主义、分裂主义斗争时，政治局基本上做到了团结一致，目标明确。

毛泽东敢于坚持真理，修正错误，同时还善于团结自己队伍中犯了错误的人。毛泽东在《学习和时局》中说：不要着重于一些个别同志的责任方面，而应当着重于当时环境的分析，当时错误的内容，当时错误的社会根源、历史根源和思想根源。1945年，党在延安召开七大时，他提议要把几个犯了严重错误的同志包括当时的王明，选进中央委员会。

在毛泽东的主持下，七大开会前，六届七中全会作出了《关于若干历史问题的决议》，把党内的许多重大历史问题解决了，统一了全党的思想。七大开会时，毛泽东在《论联合政府》的报告中，提出的是新的伟大的任务。党的七大制定了正确的路线、方针、政策，使全党达到空前的团结。

毛泽东在总结党的团结和党内斗争以及党内斗争理论，提出了一系列增强党的团结、处理党内矛盾的正确思想、原则、方针和方法。这些思想原则反映了党内团结、党内矛盾和党内斗争的客观规律。

毛泽东团结人的思想原则在实践中表现为：办什么事情都要有大多数。为了团结大多数，为了说服、教育他们，往往是苦口婆心、不厌其烦。在李立三"左"倾路线统治时期，有一次，中央长江局军委负责人周以粟到红一军团，传达攻打南昌、长沙的盲动主义计划。结果，毛泽东用几天的时间说服了他，使这位"左"倾路线的执行者转变了认识，成为支持毛泽东的坚定分子。

1934年，共产国际的代表李德来到苏区后，积极支持王明所推行的"左"倾路线。李德根本不了解中国国情，却独断专行，到处发号施令，结果造成了第五次反"围剿"的失败，红军被迫进行长征。

长征途中，在遵义召开了具有历史意义的会议。遵义会议结束了王明"左"倾的军事路线，确立了毛泽东在军队的领导地位，在最危急的情况下，挽救了红军，挽救了革命。那么遵义会议是怎么开的呢？这和毛泽东善于团结人和说服人是分不开的。

1931年以后，由于受王明路线的干扰，毛泽东失去了对党和军队的领导权。在遵义政治局扩大会议上，要重新确立毛泽东对军队的领导地位，必须得到与会者的多数通过。由于王明路线的执行者给毛泽东加上种种罪名，一直到长征时都没有解除。从离开中央苏区到长征初期，很少有人主动同他说话。为了扭转这一孤立局面，为了让更多同志了解自己，了解王明路线的错误，在长征途中，毛泽东主动找同志们谈话，做了大量的艰苦工作。

他利用一切可能的机会，抓紧时间，同政治局的同志、中央军委的同志一个个地谈话，反复阐述他的意见：敌人实行堡垒政策，我们不能同他硬拼，要机动灵活地打运动战，消灭敌人。毛泽东先后做了王稼祥、张闻天的工作，他还经常去找周恩来和其他军委、中委的同志谈，其中有朱德、刘伯承、彭德怀等。这些同志对毛泽东比较了解，也同意他的观点，通过谈话进一步增进了了解。由于毛泽东的善于团结同志，才使遵义会议实现了伟大的转折。

毛泽东在革命的实践中，善于团结人的一个重要的指导思想就是只有尊重别人才能团结多数。西安事变后，到延安访问毛泽东的名流学者络绎不绝。凡是来访者，毛泽东都接见，时间多安排在晚上，大多是从晚上 10 时开始，谈三四个小时，有的则谈到凌晨三时至四时，客人还是舍不得告别，毛泽东也畅谈不倦。

据被接见的有关人士讲，在谈话中他们的政治观点虽不尽相同，但他们对毛泽东却称颂不已，一致钦佩。当时毛泽东虽已有很高的威望，但红军毕竟弱小，根据地也不大，共产党的影响并未完全普及全国。然而他们怎么在一谈之后就那么佩服呢？有一次有人问了毛泽东这个问题。他回答说："尊重别人。"并进一步指出，只有尊重别人才能团结多数。当时毛泽东和来访的名流学者，都谈到抗日民族统一战线和抗日民族战争的方针和办法，不过都是用的商量的态度，诚恳征求对方的意见，并倾听对方的意见。

有一次，一位老教授会见毛泽东后非常感动地讲了一件事情："我去见主席，主席拿出纸烟来招待，可是不巧，烟吸完了，只剩下一支。你想主席怎么办？他自己吸不请客当然不好；拿来请客，自己不吸也不好。于是，毛主席就将这支纸烟分成两半，给我半支，他自己吸半支。这件小事可以看出毛主席待人热情、诚恳而又亲切。"他最后说："这使我很受感动。"

尊重别人，才能团结多数，用谦虚的态度讲问题，相互交流，才能使人心悦诚服。毛泽东对党外人士如此，在处理党内各方关系的问题上，如军政、军民关系，加强团结等问题，毛泽东也具有高超的融合方方面面关系的领导艺术。这一点，通过毛泽对萧劲光的批评教育可见一斑。

萧劲光在留守兵团工作时，在军政关系上，对西北局的领导，没有经常向他们汇报、请示工作，部队中也存在一些不尊重地方政府，和地方政府闹纠纷的事情。在生产上有的与民争利，个别人还做了违反法令的事，影响了军民关系。在高干会议上，大家批评留守兵团所存在的缺点错误，萧劲光作为留守兵团的主要负责人，对这些问题主动承担了主要责任。

在高干会上，批评留守兵团有关军政关系问题，主要指与西北局的关系。留守兵团承担保卫陕甘宁边区的任务，在处理与西北局的关系时，把西北局作为他的隶属关系，对西北局的领导也不够尊重。还有些领导干部认为西北局的个别干部水平低，因此，对他们也有些瞧不起。这就导致在工作上对地方的命令主义，不注重沟通、协调，出现了以留守兵团为中心的现象。这些现象使西北局的领导有意见。因此，在高干会上，有些人对留守兵团不尊重西北局和地方政府，闹独立性、本位主义、个人主义、违反群众纪律等缺点错误提出批评。甚至在会议后期，对这些错误的批评出现了扩大化，有些人把这种错误归结为军阀主义，还有的把它提升到张国焘的"军党论"的程度。

由于留守兵团主要负责人忽视和地方政府的团结工作，使西北局和地方政府有很大意见，反过来由于他们的意见又导致了对留守兵团的干部打击面过宽，挫伤了一部分干部的积极性。

对此，毛泽东曾多次教育和批评留守兵团的负责人。他指出：军队和地方出了问题，军队首先要检讨。军队和地方闹了矛盾，军队首先做自我批评，事情就比较好办了。这作为一个原则定了下来。

毛泽东还对留守兵团的主要领导进一步引导，以提高对团结问题的认识。他说：要尊重西北局的领导，连我们中央决定的事都要通过一下西北局，你留守兵团决定的事怎么能不通过一下西北局呢？部队在哪里住，就应当尊重哪里的地方政府。并进一步鼓励他们要经常出去走一走，到军队、地方政府以及军队和地方政府的领导同志中间走一走，加强联系，增进了解，发现问题，及时解决。

在处理中央与地方的关系、加强与地方干部的团结方面，毛泽东无论在理论上，还是在实践中都为我们树立了典范。当红军到达陕北以后，对陕北的干部非常尊重，经常到他们中间与他们联系，加强沟通，就连中央做决策也要征求他们的意见。由于毛泽东非常重视外来干部与本地干部的团结，使得中央的路线、方针、政策得以顺利的贯彻执行。善于团结一切可以团结的人一道工作，是毛泽东凝聚人心领导艺术的一个典范。

放下包袱　轻装上阵

善于团结干部，相信和依靠群众，在工作中走群众路线，这是毛泽东驾驭矛盾、团结多数的一个重要特色。

毛泽东说：共产党的路线，就是人民的路线。在他的领导活动中，坚持一切为了群众，一切依靠群众，从群众中来，到群众中去。形成和发展了党在一切工作中的群众路线的优良传统。同时，毛泽东善于正确处理党内党外的各种关系，坚持搞五湖四海，维护党的团结和统一。

搞五湖四海，不搞山头宗派，这是毛泽东凝聚人心领导艺术中的一个重要特点。

毛泽东说，我们都是从五湖四海汇拢来的，我们不仅要善于团结和自己意见相同的同志，而且要善于团结和自己意见不同的同志一道工作。我们当中，有犯过错误的人，不要嫌弃这些人，要准备和他们一道工作，我们的方针是惩前毖后，治病救人，团结、批评、团结。只要不是敌对分子，不是破坏分子，我们就要采取团结的态度。他对于犯过

"左"倾错误而又认识和改正错误的博古同志，仍然予以团结和信任，委以中共中央机关报解放日报社社长、新华通讯社社长等重要职务，在七大上他被选为中央委员。

长征到达陕北，在红军中开展批判张国焘分裂主义的斗争。有一天，毛泽东听抗大的同志汇报情况，汇报中谈到原红四方面军的一个连指导员问战士：到底是毛泽东的学问大还是张国焘的学问大？有几个人说张国焘的学问大。这个情况引起了毛泽东的注意，他不仅不赞成批评那几个战士，而且感到当时开展的清算张国焘分裂主义的斗争有扩大化的倾向。毛泽东站起来对在座的同志们说：那几个战士说张国焘的学问大是有原因的，因为张国焘没有整过他们的"路线错误"，而我们却整了。毛泽东同志还对大家说：张国焘的错误应当由他本人负责，不能怪罪下面，不能加到四方面军的干部战士头上去。根据毛泽东同志的意见，党中央决定揭批张国焘分裂主义的斗争只批张国焘的错误，不能批红四方面军的干部，更不能批战士。这样，既及时纠正了错误倾向，又团结了红四方面军的广大战士。

1938年4月4日，毛泽东专门到抗大看望了主要由红四方面军的干部、战士组成的第二大队，他语重心长地对干部和战士说："你们不要自以为是犯过错误的，过去犯的错误是张国焘路线的错误，你们是没有错误的，中央有决议，张国焘路线虽错，而四方面军的干部是没有错的，是好的，执行纪律的，服从命令的，是勇敢的……错误是在领导者，而不是在于一般的干部，这一点希望同志们明了。"这一番话，解开了这些干部的思想疙瘩。有的干部说：毛泽东同志真了解我们，我们郁结在内心深处的苦闷情绪，让毛泽东同志的话一扫而空了。从这以后，大家放下了思想包袱，积极投入了清算张国焘分裂主义的斗争。

更动人心弦的是毛泽东帮助许世友放下思想包袱，轻装前进。一天上午，毛泽东到许世友住的窑洞看望他，亲切地同许世友促膝谈心。毛泽东说：红四方面军的干部，都是党的干部。张国焘的错误，应该由他自己负责，与你们没关系。你们打了很多仗，吃了很多苦，辛苦了，我向你们表示敬意。接着毛泽东又给许世友说明张国焘错误的实质、危害和根源，指出张国焘的"愚民政策"和两面派手法。毛泽东豁达大度的言语，使许世友深深感到毛泽东的伟大、张国焘的渺小。不久，许世友离职到抗大学习，他多次聆听毛泽东讲哲学、讲政治、讲军事、讲形势，他更加觉得毛泽东是我党、我军当之无愧的领袖。从那时起，他对毛泽东思想坚信不疑，对毛泽东同志十分敬佩。抗大毕业后，许世友随朱德同志到太行山，后又到山东，在抗日战争和解放战争及社会主义革命和建设时期，不管斗争多么复杂，条件多么艰苦，他都坚决地执行党中央的正确路线，为中国人民革命武装力量的发展和壮大，为中国人民革命事业的胜利，为社会主义祖国的安全和繁荣富强，为中国人民解放军的革命化、现代化、正规化建设作出了重大贡献。

1957年3月，中共中央在北京召开了全国宣传工作会议，为即将在全党范围内开展的整风运动作准备。会议期间，毛泽东接见了主持上海《新民晚报》的赵超构，针对他提出的"软些"的办报方针提出了批评，毛泽东同志说，软些，软些，软到哪里去呢？报纸文章，对读者亲切些，平等待人，不摆架子，这是对的，但是要软中有硬。当时，赵超构没有很好地领会毛泽东的意思，写了一些杂文，毛泽东并不满意。同年6月30日，毛泽东又召见了正在北京参加全国人民代表大会的赵超构同志。当时赵超构接到召见的通知书时，心情十分紧张，一路上他想到自己的错误，不能继续做新闻工作了。因此，一见到毛泽东同志，他马上表示因自己有错误，要求辞去《新民晚报》总编辑职务。但是，毛泽东仍像往常一样，面带笑容，毫无责备之意地对他说："最好还是回去当总编辑吧！"接着关心地问："你当总编辑，是不是有职有权？"赵超构同志是位从旧社会过来的知识分子，当时还不是共产党员，他万万没想到这种情况下，毛泽东还会这样关心他。他对毛泽东说："我如果没有权，就不会犯错误了。"毛泽东很有风趣地用了一个成语说：恐怕还有点"形格势禁"（意思是客观上有障碍）吧！毛泽东宽厚地指出：办报要分清无产阶级办报路线和资产阶级办报路线，并且具体地剖

析了他写的那些杂文错在哪里，勉励他以后改正。毛泽东同志安慰他说：如果让我选择职业的话，我愿写杂文，可惜我没有这个自由，写杂文容易呀！赵超构接受了毛泽东的真诚帮助，回去后给毛泽东写了两篇检查。

1958年9月17日，毛泽东在上海又一次接见了赵超构。一见面，毛泽东就诙谐地对在座的人介绍说：宋高宗的哥哥来了（宋高宗名赵构）。毛泽东同志的幽默解除了赵超构的拘谨。接着毛泽东问他：你写的两篇检查，我看过了，写检查的心情怎样啊？赵超构坦率地回答说：很紧张，两个星期没睡好觉。毛泽东笑着说：紧张一下好，睡不好觉是好事。然后他做比喻教育赵超构说：没有吃过狗肉的人，都怕吃狗肉，吃过了狗肉，才知道狗肉香。不习惯于自我批评的人，总觉得自我批评可怕。习惯了，就会感到自我批评的好处了，应当养成自我批评的习惯啊！

毛泽东再次接见赵超构时，希望他到群众中去呼吸新鲜空气，更好地改造自己，为人民服务。毛泽东用自己的亲身体会告诉赵超构：我一到下面去跟群众接触，就感到有了生命。赵超构接受了毛泽东的意见，到群众中去。他回到家乡温州地区参观访问，并写了《吾自故乡来》，在《新民晚报》上连载，影响较大。

干部和群众思想上的疙瘩、内心深处郁结的苦闷情绪，是他们前进过程中的障碍。毛泽东以摆道理的形式，使他们心服口服地认清道理，放下了思想包袱，从而又迈开了前进的步伐。

大局着眼　团结为重

毛泽东自从参加中国革命以来，在相当长的时间里，他的正确意见未能被当时主持中央工作的领导人都接受。然而，毛泽东总是从党的团结和统一这个大局出发，坚持按照马克思主义的精神实质办事，在可能的条件下和力所能及的范围内，程度不同地抵制右的和"左"的错误，为革命事业的发展提出正确的主张，尽可能地避免革命力量的损失。当他身处逆境时，仍然自觉地遵守党的纪律，服从党的分配，积极开展革命工作；而当他主持中央领导工作时，从不计较个人恩怨，始终以党的事业为重，团结全党同志继续前进。

1. 以正确的革命理论维护党的团结和统一

在第一次国共合作期间，陈独秀犯了右倾错误，对国民党右派妥协退让。毛泽东坚持马克思主义原则，揭露"西山会议派"破坏革命统一战线的阴谋，写了《国民党右派分离的原因及其对革命前途的影响》。在 1925 年 6—7 月间，戴季陶抛出《孙文主义哲学的基础》和《国民革命与中国国民党》，为国民党右派篡夺革命领导权制造理论依据。毛泽东和党内的其他同志一道，奋起批判戴季陶阉割孙中山的三大政策和三民主义的革命内容，揭露"戴季陶主义"的反共本质。当时，陈独秀主持中央的工作，主张"二次革命论"，放弃无产阶级在民主革命中的领导权，毛泽东发表《中国社会各阶级的分析》，批评了"左"的和右的错误，同"二次革命论"划清了界限，维护了党在马克思主义基础上的团结和统一。

在国民革命军北伐战争胜利前进的时候，我国农村出现了前所未有的革命形势，特别是湖南农民运动的迅猛发展。当时，地主、豪绅和国民党新老右派攻击农民运动"糟得很"，诬蔑农民协会的中坚——贫农为"痞子"。陈独秀作为党中央的主要领导人被反动气焰所吓倒，也跟着非难农民运动，指责贫农打倒封建势力的革命行动"过火"。毛泽东以马克思主义的科学态度，考察了湖南农民运动，以第一手的调查材料在 1927 年 2 月 16 日给陈独秀和中央写报告，维护革命的根本利益，从党领导中国革命的全局出发，希望中央对已经兴起的农民运动采取正确的政策。毛泽东在给中央的报告中指出农民运动"好得很"，贫农革命情绪甚高，他们是"革命先锋"，用事实纠正那种攻击农民运动"糟得很"是"痞子运动"等谬论，并且说明"农民问题只是一个贫农问题，而贫农的问题有两个，即资本问题与土地问题，这两个已经不是宣传的问题而是要立即实行的问题了"。同时他批评中央和陈独秀对农民运动的错误态度和政策，在报告中指出："在各县乡下所见所闻与在汉口在长沙所见所闻几乎全不同，始发现从前我们对农运政策上处置上几个颇大的错误"，"现在是群众向左，我们党在许多地方都是表示不与群众的革命情绪相称"，国民党自不待说，这是一件极值得注意之事。3月，毛泽东写的《湖南农民运动考察报告》提出"农村革命是农民阶级推翻封建地主阶级权力的革命"，推翻地主政权，一切权力归农会，建立农民武装，这是农村的大变动，只有土豪劣绅才害怕，一切革命同志都要拥护这个变动。"没有贫农，便没有革命。若否认他们，便是否认革命。若打击他们，便是打击革命。"他阐明了无产阶级领导农民斗争的极端重要性，并指出党内在这个问题上右倾的危险。毛泽东就是通过辨析理论与实践是非的途径，来竭力收揽党内在这些问题上的正确意见，维护党内团结统一这个大局。

当时，主管中央宣传工作的瞿秋白，支持毛泽东这个考察报告，主张全文发表，但遭到陈独秀、彭述之的拒绝，错误地批评毛泽东。在这种情况下，瞿秋白只好把这个报告推荐给我党在武汉办的长江书局，改为《湖南农民革命》的书名出版。并亲自写序言指出"中国农民要的是政权和土地"，号召中国革命家要代表农民说话做事，每个革命者都应当读毛泽东这本书。毛泽东继续积极指导农村革命的宣传和组织工作，研究农民土地问题的解决办法，并努力为党培养大批农运领导骨干。直到大革命失败前夕，在7月4日，毛泽东同陈独秀等一起出席中共中央常委会议研究如何对付国民党蒋介石汪精卫的反革命叛变，毛泽东正确地提出要保存武力，主张农民自卫军"上山"以"造成军事势力的基础"等。这对于以后中国革命实行"工农武装割据"，走以农村包围城市的道路很有现实指导意义。

2. 以革命的实践凝聚人心，维护党的团结和统一

在党的"八七"会议上，毛泽东维护新政治局常委的领导，针对陈独秀的右倾错误，从国共关系、农民问题、军事方面和组织问题上总结历史教训，提出了"以后要非常注意军事"，"政权是由枪杆子中取

得"的正确观点，这对于中国共产党人认识中国革命的特点和道路有重要意义。在这次会议上，毛泽东被选为中央政治局候补委员。瞿秋白曾要留毛泽东在中央工作。毛泽东对他说：我要上山去结交绿林朋友，去农村开展土地革命的斗争，请求中央批准。以瞿秋白为首的临时中央政治局，赞同与支持毛泽东的主张和请求。8月8日，中央任命毛泽东为湘南特委书记，去领导湘南地区广大农村农民革命斗争。8月12日又任毛泽东为中央特派员，与湖南省委书记彭公达一起，去湖南领导湖南全省的农民秋收起义。

毛泽东回到长沙，传达党中央指示，改组湖南省委，组织领导湖南地区的秋收起义。湖南省委派毛泽东到湘赣边界任党的前敌委员会书记，组织工农革命军，领导起义。前委根据党中央关于两湖秋收暴动计划决议案和湖南秋收起义武装要"会攻长沙"的决定，确定工农革命军分别从修水、安源、铜鼓出发，分三路进攻敌人，然后配合长沙城郊人民起义，夺取长沙。9月9日，湘赣边界秋收起义爆发。由于敌强我弱，个别指挥员未执行前委指示和指挥失当，以及第四团通敌叛变，使部队受到严重损失。如果继续"会攻长沙"就有全军覆灭的危险，毛泽东当机立断，于17日命令部队到文家市集中。19日，前敌委员会在文家市召开会议，讨论部队的行动方针。毛泽东说明在敌强我弱的条件下，必须改变进攻长沙的计划，以保存实力，并同前委的同志团结一致，决定向萍乡方向退却。29日，工农革命军到达江西永新县三湾村。因进军途中迭遭挫折，起义总指挥卢德铭牺牲，部队思想混乱，毛泽东和前委同志紧密地团结干部和战士，把部队进行改编，缩编为工农革命军第一军第一师第一团，并建立和健全了党的各级组织和党代表制度，把支部建在连上。在连以上设立士兵委员会，实行官兵一致的原则，建立了军队内部的民主制度，这是我党建设新型人民军队的重要开端。10月，毛泽东等在井冈山建立了第一个农村革命根据地。虽然毛泽东是正确的，当时在上海的中央局仍错误地撤销了毛泽东的政治局候补委员的职务。1928年3月上旬，湘南特委代表批评井冈山前委太右，没有执行"使小资产变为无产，然后强迫他们革命"的政策，就取消了前委，并强令毛部开往汀南，使井冈山根据地被敌人占领了一个多月。1928年4月，毛泽东、朱德的部队及湘南农军回到宁冈，重新开始了湘赣边界割据。割据形势又逐渐好起来。8月，湖南省委派人到边区，命令朱德、毛泽东立即分兵进攻湘南，还拿出省委的信证明进军湘南是正确的。毛泽东从维护党的团结和统一这个大局着想，同军委、特委、永新县委举行联席会议讨论决定，大家认为往湘南危险，决定不执行省委意见。可是，省委代表不同意，还是去了，结果招致了边界和湘南两方面的失败。对于这次军事行动的失败毛泽东也重在总结教训。他在后来给中央的报告中说：失败的痛苦经验是值得我们时时记着的。由于毛泽东能够善于团结干部、战士和群众，因而经过曲折斗争，使井冈山根据地建设得以继续发展。1930年夏，根据地扩大到十几个县。然而，这时李立三等又命令毛泽东进攻长沙，毛泽东在执行命令的过程中，眼见攻打长沙十几天未能奏效，认为继续与装备精良的蒋介石部队在大城市纠缠，将危及红一方面军和根据地的生存，应当审慎地根据实际情况决定作战方针。所以，他同总前委的同志们共同研究保持团结一致，认为不能机械地执行上级的命令，决定把部队撤出长沙，避免部队遭受惨重的损失。同时，利用当时蒋、冯、阎战争的有利形势，使得部队有了新的发展。

六届四中全会，以王明为代表的"左"倾教条主义占据了中央领导地位。1931年11月召开赣南会议，根据中央指示，对毛泽东等各方面的正确政策，特别在军事上，错误地否定、谴责毛泽东的正确领导。1932年10月上旬，中央苏区中央局又在宁都召开了会议，批评毛泽东"诱敌深入"的正确方针是所谓右倾。宁都会议错误地撤销毛泽东在军事上的领导权，毛泽东从维护党的团结和统一利益出发，接受去做政府工作的决定，由于他被撤销了红军政委职务，也只好离开部队从事地方工作。面对这种情况，毛泽东顾全大局，只是说既然不信任我，那只好到地方去。

"路遥知马力，日久见人心"。以毛泽东为代表的领导所坚持的革命道路是正确的。在党的遵义会议上充分肯定了毛泽东的正确路线，并确立毛泽东在红军和党中央的领导地位。从此，全党团结在党中央和毛泽东的周围，不断创新局面，从胜利走向胜利。

✿ 善 "弹钢琴"
——抓住主要矛盾，把原则性与灵活性结合起来

毛泽东认为，大千世界，矛盾无处不在，无时不有。而每一事物的矛盾及其各方面又有各自的特点。一切事物都是特殊性和普遍性、个性和共性、个别和一般的辩证统一。这就要求我们在做事的过程中要具体问题具体分析。抓住主要矛盾，把原则性与灵活性结合起来，攻克"难缠"局面，学会"弹钢琴"，调动各方面积极因素，团结一切可以团结的力量。

不同矛盾　区别对待

毛泽东关于解决人民内部矛盾的方式方法，首先强调"不同质的矛盾，只有用不同质的方法才能解决"。必须根据矛盾的具体情况和变化，采用综合性的、多种多样的办法来解决。

毛泽东曾亲手处理过一桩失手人命案。工农红军第一军一师一团教导队队长吕赤和教导队一区队长陈伯钧都是四川人，黄埔同学，又都是共产党员，感情很好。但在一次开玩笑时，陈伯钧手枪走火打死了吕赤。按当时的军法，打死人是要偿命的。毛泽东知道后，非常痛惜，但格外冷静，思虑良久，他终于以征询的口气说道："我们商量一下好吗？按理说，杀人者要偿命。可是你们看看，已经打死了一个人，是否还要再打死一个人呐？陈伯钧16岁考入黄埔军校第六期，曾参加过秋收起义，并任排长。他作战勇敢，顽强不屈，身患重病仍毅然上了井冈

山。古田会议后，曾派遣他跟游学程等三人最先上井冈山，帮助训练和改造袁文才、王佐的农军。陈伯钧应说是工农红军中最年轻有为的干部之一。如今打死了吕赤，实属无意，但后果严重，不处理不能安人心。但吕赤死了，已经使我们党失去了一个好干部，再处理陈伯钧，岂不使党的损失加重！"经毛泽东这么一解释，激动的人群开始平静下来。毛泽东接着劝道："我是说，吕赤是个好同志，陈伯钧也不是坏人。他是跟吕赤队长开玩笑，玩枪走火，误杀了人命。他们两个都是军事学校出来的，表现都不错，军事也有一套，这样的人我们还很不够。我们能只悼一个人？否则，另一个还不好追悼哩！你们看怎么样，我讲的对不对？"

随后，毛泽东又叫人把教导队党支部书记蔡钟和士兵委员会主席张令彬找去商量。他说："陈伯钧打死了吕赤，同志们在议论要陈伯钧抵命，是对革命有利还是无利？陈伯钧既然不是有意伤人，我看还是不要他偿命好，让活着的同志去完成死了的同志未完成的工作。你们士兵委员会讨论一下，给陈伯钧一个适当的处分。"蔡、张两人都觉得毛泽东说的道理令人信服，便立即回到教导队给大家做工作。

士兵委员会的同志见毛泽东这么尊重他们，而且讲得的确有道理，也就不再坚持原来的意见了，但又不甘心事情就这么了结，于是便提出：毛委员，这就算完事了吗？毛泽东胸有成竹地说："没完，没完，我们不杀，但是要罚，陈伯钧误杀队长，罚他一百板子！"毛泽东命令警卫员来执行。小警卫员在众目睽睽之下，照着陈伯钧的手心噼里啪啦地打了 100 下。

当过教师的毛泽东，在"左"倾盲动思想极盛的情况下，巧妙地采用了先生罚学生的办法，平息了一场内部矛盾，为中国革命保留了一个军事人才。而且，当时毛泽东已经被"左"倾中央开除出党的政治局，正戴着右倾的帽子，仍能采用具体问题具体分析的方法解决这个棘手的难题，就更加显示了他超凡的气度和魄力。

抗战时期的 30 年代末，在中国人民抗日根据地的延安，一声枪响，久久回荡在延河河畔。一个革命的功臣——黄克功，倒在了共产党正义审判的枪下。毛泽东同志亲自处理的黄克功案件，使中国人民开始真正知道了什么是"法律面前人人平等"……

黄克功，男，26岁，少年时在江西参加红军，立过战功，当时在抗日军政大学任队长。被害人刘茜，女，16岁，1937年8月从太原来到延安，先在抗大学习，后转陕北公学。刘茜活泼可爱，在抗大时就与黄克功相识，两人时常在晚饭后到延河畔散步谈心。一次散步时，黄克功向刘茜求婚，遭到拒绝。黄克功竟拔出手枪威胁说："你不同意，我就打死你！"刘茜以为黄是在吓唬人，因此并不害怕，说："你打吧。"黄克功冲动起来，对刘茜连开两枪，当场夺去了这位少女的生命。此案当时轰动了延安。消息传到西安后，国民党报纸大肆宣传，说什么"延安出了桃色事件，红军干部枪杀了女学生"。

究竟应该如何处理这一事件，当时在群众中有两种截然不同的议论。一种意见认为，黄克功少年参加红军，为革命屡建战功，应该从宽处理；另一种意见认为，黄克功身为革命军人、共产党员，强迫未达婚龄的少女与其结婚，已属违法，达不到目的，竟下此毒手，实属革命队伍中的败类，理应严惩，以平民愤。毛泽东接到抗大的报告后，亲自到抗大研究对这一事件的处理意见。他神色严肃地说："我们正在从全国各地吸收大批知识青年来延安学习，黄克功的行为有极大的破坏作用，一定要审判处决，严肃法纪。"于是，边区高等法院组成了以雷经天为审判长的合议庭，审理此案。经过调查审讯，决定判处黄克功死刑。黄克功得知后，向中央军委写申诉信，要求从轻发落。故边区高等法院将此案呈边区政府审核后，转报中央审批。党中央和军委在毛泽东主持下，经过慎重讨论，最后批准了边区高等法院对黄克功处以极刑的判决，为此毛泽东还亲自给雷经天写了复信。

毛泽东在复信中强调指出："黄克功过去斗争历史是光荣的，今天处以极刑，我及党中央的同志都是为之惋惜的。但他犯了不容赦免的大罪，以一个共产党员红军干部而有如此卑鄙的，残忍的，失掉党的立场的，失掉革命立场的，失掉人的立场的行为，如果赦免，便无以教育党，无以教育红军，无以教育革命者，并无以教育每一个普通的人。因此中央与军委便不得不根据他的罪恶行为，根据党与红军的纪律，处他以极刑。"复信还指出："正因为黄克功不同于一个普通人，正因为他是一个有多年党龄的共产党员，是一个征战多年的红军，所以不能不这样办。共产党与红军，对于自己的党员与红军成员不能不执行比较一般的平民更加严格的纪律。"毛泽东的复信发出后，在抗日根据地立法中，不再出现有功者得减免刑罚的"唯功绩论"的规定，从而确立了法律面前人人平等的原则。

对黄克功案的正确处理的结果不仅维护了革命纪律，教育了根据地军民，巩固了革命队伍内部的团结，而且换回了此事所产生的不良影响，使全国人民更加认识了中国共产党人的光明磊落，广大进步青年仍络绎不绝地奔赴延安，加入到革命队伍中来，团结在中国共产党的周围。

因时而异　灵活机动

毛泽东在其领导的决策活动过程中，重视原则的坚定性与策略的灵活性相结合，在原则许可的范围内，因时而异，因地而宜，灵活机动地坚持原则性。

重庆谈判就充分地表现出毛泽东这一特色。

1945年8月，日本侵略者宣布无条件投降，抗日战争结束了。中国人民在经历十年内战和八年艰苦抗战之后，迫切要求建立一个独立、和平、民主、团结、富强的新中国，休养生息。

中国共产党第七次全国代表大会制定的"放手发动群众，壮大人民力量，在我党的领导下，打败日本侵略者，解放全国人民，建立一个新民主主义的中国"的政治路线，集中代表了人民这一迫切愿望。而中国共产党领导的9100万人口、九十几万正规军、二百几十万民兵，则是实现这一愿望的强大物质基础，这一切都在全国人民面前展示了一种光明前景。

抗战胜利后，蒋介石企图抢占人民抗日胜利的果实，继续维持其国民党一党专政的法西斯独裁统治。于是，在美国帝国主义支持下，策划以军事进攻和政治欺骗交叠使用的反革命两手策略，积极准备发动内战。

蒋介石蓄意挑动内战，但慑于国内外要求实现和平民主的强大政治压力，也为了争取时间把国民党军队从大后方调到内战前线，于是打出了"和谈"的幌子，玩弄起和平的诡计。1945 年 8 月 14 日至 23 日，蒋介石三次电邀毛泽东赴重庆直接举行谈判。

党中央、毛泽东洞察蒋介石及其主子美帝国主义玩弄的"假和谈，真内战"的阴谋。他们清楚地知道，蒋介石反动派决没有和谈的诚意，和平决不能靠施舍，争取和平要靠不断壮大人民革命力量，靠组织人民起来斗争。

重庆谈判，去还是不去？派谁前往？面对抉择，毛泽东和中央其他负责同志经过反复考虑和详细讨论，最后决定由周恩来副主席陪同毛泽东赴重庆同蒋介石谈判。

在讨论时，有的同志认为毛泽东是党中央的主席，从安全考虑，不能亲自去重庆。毛泽东对同志们的关心表示理解和感谢。然后，他又详细地分析了形势，说明去谈判的理由。他指出，我们有巩固的解放区和强大的人民武装力量，有全国人民的支持和拥护，大后方的人民是反对内战的，国际形势也对我们有利，蒋介石不能不有所顾忌。从这一形势出发，为了尽一切可能争取和平，阻止和推迟内战的爆发，揭发美帝国主义和蒋介石假和平、真内战的反动面目，以教育和团结广大人民，我们应该去。今天，全国人民都反对内战，渴望和平，我们共产党人代表人民的利益和愿望，我们不去，就中了蒋介石的诡计，他可以借此说我们拒绝和平，以便发动战争。正由于这样，我们不仅应该去，而且必须去。

毛泽东的英明决策是以和平、民主为原则的，博得了国内外进步舆论的称颂，广大人民群众深受鼓舞和感动。在重庆谈判期间，毛泽东以高超的斗争艺术，指挥若定，以谈对谈，以打对打，针锋相对，在谈判中坚持维护人民的根本利益，争取和平民主。蒋介石原本无和谈诚意，只是为了拖延时间准备内战，并栽赃中共制造内战借口，对谈判没做任何准备，一个方案也提不出来。

由于蒋介石坚持独裁、内战、卖国的方针，造成整个谈判期间处于一种边谈边打、打打停停的状态。国民党反动派乘机诬蔑"共产党没有诚意"，妄图把破坏和平的责任强加给中国共产党，美国帝国主义也乘机向中国共产党人施加压力。全国人民和国际舆论都极为关注重庆谈判能否取得进展。

毛泽东一行赴重庆谈判的第二天，蒋介石就授意国民党军事机关密令印发《剿匪手本》，加紧在军队中实施反共内战动员。毛泽东对蒋介石的意图有着清醒的认识，他提醒全党："现在蒋介石已经在磨刀了，因此，我们也要磨刀。"赴重庆前两天，他写下了《中共中央关于同国民党进行和平谈判的通知》，告诫大家不能因谈判而放松警惕，"有来犯者，只要好打，我党必定站在自卫立场上坚决彻底干净全部消灭之"。在离开延安前，他部署了击破蒋军进犯的作战准备。谈判期间，他对国民党的内战行动进行了坚决的揭露和斗争。9月13日，毛泽东在重庆举行了记者招待会，在会上他严正声明："中国共产党鉴于国共谈判正在进行，宁愿撤退自己的军队，而不愿同国民党军队发生冲突，借以避免内战的触发。但是目前国民党勾结日伪残敌，猖狂攻击抗日军民，甚至重新攻占许多城镇。因此，各解放区部队必须坚决反击一切敢于入侵解放区之敌，直到其缴械投降。"毛泽东这些指示，极大地鼓舞了根据地军民开展自卫战争，绥热察军民首先击退了逼近张家口的国民党军，取得了归绥战役的大胜利。9月19日，上党军民大战半日后连克五城，把长治周围的县城从蒋阎日伪的蹂躏下重新解放出来。上党一战，使蒋介石损兵折将，阎锡山一蹶不振。

为了团结人心团结国民党统治区的各界群众，联系一切可能联合的力量，发展最广泛的人民民主统一战线，推动中国革命向前发展，也为了澄清舆论和答复全国人民的要求，谈判期间，毛泽东、周恩来曾广泛会见各方面人士，多次举行民主党派和各界人士座谈会，公开阐明中国共产党关于和平、民主、团结的政治主张，并结合谈判的情况，说明谈判尚未达成协议的症结所在。

要打破谈判的僵局，促成国共谈判达成协议，就必须在谈判中把原则性与灵活性巧妙地结合起来。为了表明中国共产党的诚意，毛泽东认为，可以在不损害人民基本利益的原则下作一些让步，以最大努力争取和平民主。

于是，中共和谈代表在关于人民军队和解放区民主政权等问题上，向国民党提出了一系列建议，作了一些必要的让步，提出国共双方军队整编的比例由 5:1 改为中共军队仅占全国军队的 1/7，并决定将广东、浙江、苏南、皖南、皖中、湖北、河南（豫北除外）等八个根据地的军队撤往苏北、皖北等地。中国共产党反对内战的主张，赢得了全国人民和各民主党派的热烈赞同与支持。

最后经过反复的谈判和斗争，蒋介石被迫同意在《国共双方会谈纪要》上签字。虽然要兑现纸上的东西有一个过程，但谈判的结果是国民党承认了和平团结的方针，假如国民党再发动反人民的大规模内战，他们就在全国和全世界面前输了理，我们就有理由采取自卫战争，粉碎蒋介石的进攻。

关于重庆谈判，毛泽东讲了一段非常有趣又很能说明决策灵活性的话："针锋相对，要看形势。有时候不去谈，是针锋相对，有时候去谈，也是针锋相对。从前不去是对的，这次去也是对的，都是针锋相对"。

重庆谈判所以能达到一定的目的，除了毛泽东那种"一身系天下之安危"的大无畏精神之外，还在于他"独具慧眼"，善于掌握形势，抓住有利的时机，作出正确的决策，并在实施决策过程中，始终保持清醒的头脑，坚持原则性与灵活性相结合的领导艺术。

双方又经过四次会谈，终于达成了《会谈纪要》。这份由周恩来起草的《会谈纪要》写得很有特色，不仅把双方一致同意的内容在文字上确定下来，并且对没有一致的问题也分别说明双方各自的看法。这份《会谈纪要》的全称叫作《政府与中共代表会谈纪要》，史称"双十协定"。

10月10日下午，签字仪式在桂园举行。毛泽东出席了签字仪式。国共双方的六名谈判代表先后在协定上签字。仪式完毕，两党代表频频举杯，互致祝贺。第二天，毛泽东飞返延安。

至此，为时43天的国共两党最高级谈判落下帷幕。

对谈判的结果，蒋介石是沮丧的。蒋介石原想用"和平"的办法，将中共领导的解放区政权和军队，"统一"在他的"军令政令"之下。他甚至向上帝祷告："愿毛共之能悔悟，使国家真能和平统一也。"但是，毛泽东软中带硬，坚持原则立场，不肯就范，使他只得到象征性的中共对国民政府法统及对他领导地位的承认。在军队问题上，蒋介石拟定的编中共军队的数量一再被突破。在解放区问题上，未达成任何协议。这意味着除军事手段之外再也没有任何办法可以遏制解放区的发展。蒋介石一心想通过重庆谈判削弱共产党，结果他未能朝这个方向挪前一步。然而，协议刚刚达成，便使用武力，无论从哪方面看，对蒋介石和国民党都是不利的。恼羞成怒的蒋介石便在日记中罗织"中共历年之罪行"，并咬牙切齿地发誓，一定要"惩治"中共这个"害国殃民，勾敌构乱之第一罪魁祸首"。然而，历史无情，"惩治"的结果只能是自己被惩治。

谈判的结果对毛泽东来说是一个重大的胜利。经过同蒋介石面对面的、刚柔相济的谈判斗争，毛泽东把"和平、民主、团结"的旗帜牢牢抓到了自己手里，迫使蒋介石承认了共产党的地位，承认了各民主党派的地位，承认了和平民主建国的方针，取得了政治上的主动权。军队和解放区问题虽然没有解决，但并没有任何实际损失，这两个问题原先也估计很难一下子解决。至于答应退出江南八个解放区，毛泽东说明是因为"这些地区不可能保持"。总之，由于毛泽东把原则的坚定性与策略的灵活性很好地相结合，才达成了"双十协定"，而"双十协定"的达成极有利于中共展开下一轮的斗争。

控制全局　凝聚人心

　　辩证法没有绝对分明的和固定不变的界限。研究主要矛盾，必须注意到矛盾的转化问题。主要矛盾和次要矛盾的区别，不是绝对的、永远不变的。在客观过程的发展中，因为出现了新的条件，原来的主要矛盾可以转化为次要矛盾，原来的次要矛盾可以转化为主要矛盾。我们必须承认这种转化，力争能够预见这种转化，并且当这种转化已经实现的时候，能够及时地提出新的任务、方针、政策和口号，转移工作的中心，动员和组织群众，集中力量去解决新的主要矛盾。

　　毛泽东强调要注意运用唯物辩证法关于主要矛盾的理论，认真对中国革命发展的各个阶段进行科学分析，制定出符合实际的路线、方针和政策。例如，在我国新民主主义革命的过程中，主要矛盾和次要矛盾就发生过多次转化的情形：第一次国内革命战争时期，主要矛盾是人民大众同英、美、日帝国主义支持下的北洋军阀之间的矛盾。后来，在北伐胜利进军途中，由于蒋介石发动了"四一二"反革命政变，建立了国民党新军阀的反动统治，因此，第二次国内革命战争时期的主要矛盾又变成了工人、农民和其他革命力量同投靠帝国主义、代表大地主大资产阶级利益的国民党反动政府的矛盾。抗日战争爆发后，由于日本帝国主义对我国发动了大规模的、全面的侵略战争，妄图把我国变成它的殖民地，中华民族同日本帝国主义之间的矛盾又上升为主要矛盾，而国内的阶级矛盾则降为次要矛盾。抗日战争胜利后，国民党反动派在美帝国主义的支持下，妄图抢占抗日战争的胜利果实，并把内战强加在人民头上。于是，中国人民同美帝国主义及其走狗国民党反动派的矛盾又成为主要矛盾了。以毛泽东同志为代表的无产阶级政党，善于预见主要矛盾和次要矛盾在一定条件下的互相转化，不失时机地根据新情况为革命制定出正确路线、方针和政策。就说西安事变的和平解决吧，那真是运用关于主要矛盾的理论分析和解决问题的典范。抗日战争刚刚结束，毛泽东立即指出：从整个形势来看，抗日战争的阶段过去了，新的情况和任务是国内斗争。也就是说，中国人民同蒋介石反动派的矛盾成了第三次国内革命战争时期的主要矛盾。

新民主主义革命在全国胜利和土地改革在全国完成以后，毛泽东又适时地提出，恢复和发展国民经济是全党的中心任务。毛泽东还指出，在进行社会主义革命中，工人阶级和资产阶级的矛盾将成为国内的主要矛盾，并为我党制定了相应的正确的战略策略方针。

历史的事实证明，从城市武装起义到农村武装斗争的转变，从土地革命战争到抗日战争的转变，从民主革命到社会主义革命的转变等等，党和国家工作重点几经转移，都是同毛泽东对我国社会主要矛盾的发展变化的正确认识密切相关的。

俗话说：凡事预则立，不预则废。任何事物的发展都有过去、现在和将来。因此，一个领导要具有战略眼光，从时间上看，就是能够在正确地把握现在主要矛盾的基础上，进行科学的预见，也就是能够通过对目前情况的分析，高瞻远瞩，把握未来的发展趋势，走上步，看下步，还能看到更远的一步。随之而来也就是工作成就的大小，所以决不可等闲视之。

毛泽东认为，主要矛盾和非主要矛盾、矛盾的主要方面和非主要方面是互相联系的，又是互相区别和互相转化的。因此，他要求每个领导者在领导方法和工作方法上都应该善于统筹全局，抓住工作的重心，学会"弹钢琴"。

弹钢琴有人弹得好，有人弹得不好，这两种人弹出来的调子差别很大。因为，弹钢琴要十个指头都动作，不能有的动，有的不动。但是有的人把十个指头同时都按下去，结果不成调子，产生不出好的音乐。有的人弹钢琴时，十个指头的动作很有节奏，有主有次，互相配合，结果产生美妙和谐的乐章。这种差别，关键在哪里呢？从根本来说就是能否掌握主旋律和统筹全局的问题。

领导者的工作也要统筹全局和掌握主旋律，既要抓紧中心工作，又要围绕中心工作而同时开展其他方面的工作。毛泽东在《关于领导方法的若干问题》中特别强调："在任何一个地区内，不能同时有许多中心工作，在一定时间内只能有一个中心工作，辅以别的第二位、第三位的工作"，"领导人员依照每一具体地区的历史条件和环境条件统筹全局，正确地解决每一时期的工作重心和工作秩序，并把这种决定坚持地贯彻下去，必定得到结果，这是一种领导艺术。"

毛泽东这种善"弹钢琴"、凝聚力量的领导艺术是出类拔萃的。他在领导中国民主革命的过程中，提出走农村包围城市的道路，强调"革命战争是当前的中心任务，经济建设事业是为着它的，是环绕着它的，是服从于它的"，不能离开革命战争去进行经济建设，但又应当注意一切群众的实际问题。因为我们既是革命斗争的领导者、组织者，又是群众生活的领导者、组织者。当民主革命即将在全国取得胜利的时候，毛泽东又在党的七届二中全会上及时地指出，从1927年到现在，我们的工作重点是在乡村，在乡村聚集力量，用乡村包围城市，然后取得城市。采取这样一种工作方式的时期现在已经完结。"从现在起，开始了由城市到乡村并由城市领导乡村的时期。党的工作重心由乡村移到了城市。"但是，城乡必须兼顾，必须使城市工作和乡村工作，使工人和农民，使工业和农业紧密地联系起来，决不可以丢掉乡村，仅顾城市，如果这样想，那是完全错误的。同时，毛泽东又正确地指出城市工作的中心是生产建设。城市中的其他工作都是"围绕着生产建设这一中心工作并为这个中心工作服务的"。建国初期，毛泽东抓住中心，统筹全局，有条不紊地领导全党、全军和全国各族人民迅速恢复和发展了生产事业，医治了长期战争的创伤。在经济、政治、文化、军事、外交各个领域以及党的自身建设各项工作，都使之协调地很有节奏地向前发展，充分体现了毛泽东善于弹钢琴凝聚力量的领导艺术。

对于领导者来说，学会弹钢琴的领导艺术，需要在理论上和实践上正确地认识与掌握以下三个基本问题：

（一）要全局在胸，抓住本质。

（二）要从实际出发，抓准抓紧中心。因此，对于领导者来说，应当注意解决以下三个带根本性的问题：第一，在规定中心任务时切忌主观片面性；第二，提出正确的中心任务之后，必须坚定不移地贯彻下去；第三，实现和完成中心任务必须集中主要力量，而不能平均地分散使用力量。

（三）坚持抓住中心带动一般的原则。第一，要认识中心和一般的内在联系；第二，要抓紧中心又要反对"单打一"；第三，要为实现抓住中心带动一般而努力创造条件。

总之，研究主要矛盾，必须注意到矛盾的转化。当这种转化已经实现的时候，就应及时地提出新的任务、方针、政策和口号，即集中力量去解决新的主要矛盾；为解决好这一主要矛盾，必须善于"弹钢琴"。

❋ 得道多助
—— 赢得人民的支持，才能赢得中国革命和建设的胜利

毛泽东认为，多谋善断，重点在谋字上。谋是基础，谋做到了才能善断。他透视旧中国国情，在精辟分析了中国社会各阶级后，把农民看成中国革命的主力军。针对党内存在的主观主义、教条主义等错误倾向，毛泽东强调"要多谋善断"，即从中国革命和建设的实际出发，思考问题与制定政策，以凝聚党心、人心，赢得人民的支持，赢得中国革命和建设的胜利。

民心向背　取胜关键

大革命时期，毛泽东不仅是农民运动的实践家，而且是农民运动的理论家。他把农民看成中国革命的主力军。他说：近代中国是一个典型

的农业大国，农民占全国人口的 80% 以上，因而农民是中国庞大的阶级群体。

早在 1926 年 9 月，毛泽东发表了《国民革命与农民运动》，提出农民革命是国民革命的中心问题。第二年，为了回答反对者的指责，毛泽东发表了《湖南农民运动考察报告》，充分估计和系统论证了农民在中国民主革命中的地位与作用，指出：在中国这个半殖民地半封建的国度里，革命问题实质上是农民问题，因而没有农民的解放就没有民族的解放，就没有民主革命的胜利。中国农民具有伟大的作用。农民特别是贫农是中国革命的主力军，建立巩固的工农联盟，是实现统一战线中无产阶级领导权的关键。他提出，为了打倒地主政权，就必须建立农村革命政权和农民武装，党在农村革命中应采取依靠贫农、团结中农、争取富农、孤立和打击地主的方针政策。

毛泽东认识到，中国的实际情况是，工人占总人口不到 1%，而农民占了 80% 以上。这一数量上的悬殊足以使每一个人都懂得，如果不依靠农民而单靠工人阶级去革命，那只能有两种结果：一是敌强我弱，等待革命失败；二是把革命推到未来，等待工人壮大了再去革命。实践证明这些都是不可靠的。

为培养和凝聚农民运动的骨干力量，毛泽东主办了农民运动讲习所，以推动农民运动的发展。

1927 年 3 月 7 日，毛泽东主办的中央农民运动讲习所正式开学。在筹备工作中，毛泽东亲自主持招生工作，对来自乡间从事农民运动的共产党员、共青团员和农运积极分子优先录取。经审查和考试，共招收全国各地学员 800 多名。

毛泽东非常重视用武装斗争的思想教育学生。农讲所《规约》指出："为将来发展农民武装起见，所以要接受严格的军事训练。大家要深切明了这个意义，若以为这是用军事的力量来干涉我们的生活，不接受这种严格的军事训练，便是对革命没有诚意。"农讲所专门设有训练委员会，聘有军事教官。学员实行军事编制，过着严格的军事化生活，他们身穿灰布军装，打着绑腿，每人发一支汉阳造七九式步枪，每天操练两小时，每周一次军事理论课，一次野外军事演习。

1927年5月，麻城县地主武装"红枪会"发动了反革命武装暴乱。该地党组织派王树声来武汉求援。经董必武介绍，王树声来到农讲所。毛泽东立即派了300名农讲所学员，全副武装，火速支援麻城。在剿匪战斗中，学生军英勇作战，捣毁匪巢10余处，打死反动分子和会匪头目100多人，救出了被关押的革命干部和群众，协助麻城人民平定了这次暴乱。同月，武汉革命政府所辖独立十四师师长夏斗寅乘北伐军主力北上之机，在宜昌公开叛变革命，率叛军直驱武汉，并占领了距武汉仅30公里的纸坊，武汉危在旦夕。毛泽东当机立断，派出农讲所学员与武汉中央军事政治学校、武汉工人纠察队一起编为中央独立师，与叶挺所率革命军一起奔赴前线，协同作战，打败了夏斗寅，保卫了当时的革命中心武汉。

毛泽东认为，农民虽有弱点，但在反帝反封建的革命中，其积极性并不亚于工人阶级，甚至还要超过工人阶级。农民是地主阶级的死对头。中国农民有一种强烈的平等意识，只要有人领头，他们立即就会起来执行他们千年来一直坚持的平等纲领，把平日作威作福过好日子的土豪劣绅打翻在地，并踏上一只脚。同时，农民对帝国主义的仇恨恐怕也超过工人阶级。因为帝国主义的经济渗透，严重地破坏了农民的生产方式，导致大多数传统手工业者破产，受害最深的是农民。农民要反对的正是中国革命的两个主要对象。

在毛泽东看来，中国封建社会存在几千年，要想推翻封建宗法制度，没有农民是绝对不行的。但是光靠农民自身也不行，必须要有工人阶级的组织领导。只要把农民组织起来，解放出来，我们也就胜利了。他相信，这些创造历史的劳动者，也一定能够彻底改变自己的命运，创造出新的历史。他说："孙中山先生致力于国民革命凡四十年，所要做而没有做到的事，农民在几个月内做到了。这是四十年乃至几千年未曾成就过的奇勋。""论功行赏，如果把完成民主革命的功绩作十分，则市民及军事的功绩占三分，农民在乡村革命的功绩要占七分。"

中国革命的首要问题是农民问题，农民是中国军队的主要来源，是中国民主政治的主要力量，是中国革命最可靠的同盟军。

中国民主革命实质上就是农民革命，中国的武装斗争实质上就是农民战争。因此，他得出结论说："谁赢得农民谁就赢得中国。"

延安整风　凝聚人心

海伦·斯诺在论述毛泽东的成功时，曾经指出："成功对他来说，主要是赢得人心。"这四个字的评论，可以说，极为鲜明地概括了毛泽东的成功之路。

埃德加·斯诺曾经指出，长征不是一种失败，但是，无论如何长征是一种战略退却，而且是一种"有可能败坏士气的退却"。但是，在毛泽东与党中央的苦心经营下，长征转变成为"斗志昂扬的胜利进军"，延安成为抗日与民族复兴的象征与中心，成为政治上的第二大城市，千百万热血青年冲破国民党的重重封锁奔赴延安。这种赢得人心凝聚人心的力量，在近现代的中国历史上是少见的。

遵义会议没有能够解决思想和政治路线问题。延安整风运动实际上是遵义会议的继续。而且，千百万人奔赴延安，各种各样的背景与思想状况的人都有。也正是在延安时期，各种实际存在着的"山头"开始形成"山头主义"。正是在这样的背景下，开展了延安整风运动。十分明显，整风运动，不是要把"奔赴"延安的人"整跑"，也不是要把有不同意见的人"整倒"，"山头"也不可能一夜之间就消灭。延安整风，实际上是在革命队伍不断扩大的情况下，整顿思想作风，统一思想认识，形成战斗核心，形成凝聚。

延安时期的毛泽东，对于赢得人心凝聚人心，不但高度重视并且倾注了大量心血。正是在延安时期的整风运动中，毛泽东提出了"惩前毖后，治病救人"，"团结——批评——团结"的口号。在整风"抢救运动"中，毛泽东确定了"大部不抓，一个不杀"的原则。也正是在

整风运动中，在对待山头和山头主义的问题上，毛泽东提出："承认山头，认识山头，照顾山头，到消灭山头，消灭山头主义"的原则。

如果说在长征途中争取王稼祥、张闻天还是某种争取认同的工作，那么，到了延安，这种工作就进一步转变和上升为赢得人心凝聚人心的事业。张国焘在长征途中就与党中央毛泽东公开分裂。但是，在延安，毛泽东等并没有排斥、打击、抛弃张国焘，而是多方面和耐心地做争取他的工作。最后，张国焘逃离延安，在张的夫人离开延安时，毛泽东意味深长地要她转告张国焘一句话：我们多年生死之交，彼此都要留点余地。

延安时期，特别是在延安整风中，王明倚恃苏联的支持，在诸多问题上与毛泽东有分歧。但是，毛泽东始终做中央的工作让王明当中央委员。延安时期，张闻天是党的总书记，毛泽东负责实际工作。但是，随着毛泽东的影响越来越大，张闻天多次表示应该让毛泽东做总书记。但是，毛泽东真诚地认为，还是张闻天适合做党的总书记。事实上，一直到七大，张闻天担任了 10 年的总书记。

延安时期全党的凝聚，并不仅仅是毛泽东在努力，而是形成了一种共识，是大家一起在努力。但是，在这个过程中，毛泽东实际上成为核心；而且，毛泽东开诚布公，在赢得人心凝聚人心上倾注了大量的心血。正是通过这种真诚的努力，延安时期形成了全党空前的团结，形成了一个坚强的战斗集体。

延安整风运动不仅仅是在党内形成了坚强的凝聚，而且，对于赢得全国人民的支持，凝聚全国人民的人心，准备迎接抗日战争的胜利、迎接全国的胜利，都是必要的和意义重大的。

在抗日战争的战略相持阶段，国民党忙于瓜分那些还在日本军国主义威胁下的经济利益。事实上，所谓四大家族也正是在这一时期完全形成的。而且，在国民党的统治区域，通货膨胀几乎发展到金融体系陷于崩溃的地步。而与此同时，共产党却在苦苦地致力于"打通思想"的整风运动。一个大党，在如此艰苦的条件下，长期地、持续地和大规模地致力于某种思想运动，这在近现代的政党史上是罕见的。

与国民党比较起来，共产党的整风运动在全国人民面前树立的是对中华民族的前途与命运负责的形象，是艰苦奋斗奋发向上的形象，是与人民同呼吸共命运的"共产党"形象，而不是"刮民党"的形象。这对于赢得全国人民的人心，凝聚全国人民的人心，是意味深长的；它与中华民族复兴的关系也是意味深长的。

延安整风是凝聚全国人心的一个重大历史步骤，也是一个成功的战略选择。通过整风，形成了党中央的凝聚与团结；通过整风，形成了全党的凝聚与团结；通过整风，赢得了人民的支持，凝聚了人民的心。通过思想整风，为迎接抗日战争的胜利准备了干部队伍，为解放战争的胜利奠定了基础。

高瞻远瞩　多谋善断

针对"大跃进"过程中党内严重存在的主观主义（主观武断），不愿意压低工农业生产的高指标等问题，毛泽东提出了要从实际出发，要"多谋善断"。

1959 年 3 月 25 日至 4 月 1 日，毛泽东在上海主持召开了中央政治局扩大会议。会议形成了《关于人民公社的十八个问题》的会议纪要，准备提交党的八届七中全会讨论。在纪要中，把第二次郑州会议以来关于人民公社问题的若干原则作了规定。接着，4 月 2 日至 5 日，党中央在上海召开了八届七中全会。会议对"大跃进"以来的"左"倾错误继续进行了纠正。

毛泽东在党的八届七中全会上讲了 9 条意见。这 9 条意见，有的是工作方法问题，但不少是党的工作原则。第一条是讲多谋善断。他认为，多谋善断，重点在谋字上。要多谋，少谋不行。要与多方面商量。要反对少谋武断。多谋，过去往往与相同意见谋得多，与相反意见谋得少；与干部谋得多，与生产人员谋得少。商量又少，又武断，那事情就办不好。谋是基础，只有多谋，才能善断。多谋的方法很多，如开调查会、座谈会。谋的目的是为了断，断的目的则是统一思想，凝聚力量。

毛泽东为什么强调多谋善断呢？主要是针对党内严重存在的主观主义，特别是在党的八届七中全会上有不少人主观武断而言的。有的人对继续纠正"左"的错误表示反对。他们不愿意压低1959年工农业生产的高指标，认为纠"左"已有半年多了，再纠下去会给群众泼冷水，会给"大跃进"运动抹黑，而且右倾大有抬头之势。纠"左"是为了更好地"大跃进"。如果3月把人民公社问题解决，那4月以后就可以"大跃进"了。毛泽东决定在4月上旬召开党的八届七中全会，讨论通过关于人民公社内部政策问题的文件，以便使公社早日走上正轨，早日继续"大跃进"。在会上，这部分人的意见与毛泽东的看法不同。对于压低1959年的工农业生产的指标，那更有不同的意见了。

在这次会议上，不少人仍然主张高指标。不愿意把指标压下来，而且持这种意见的人还占了上风。最后在公报中仍然这样说："全体会议经过充分的讨论，通过了1959年国民经济计划草案。这个国民经济计划草案，是根据八届六中全会提出的钢产量1800万吨、煤产量3.8亿吨、粮食产量为10500亿斤、棉花产量1亿担这四大指标和今年第一季度生产和建设情况编制的。这个计划草案的编制，对于我国物质技术条件的客观可能性和人民群众的革命干劲的主观能动性都作了认真的考虑。这是一个能够实现国民经济继续大跃进的宏伟计划。"

在这点上，毛泽东是有不同看法的，但他没有坚决地阻止这个"宏伟计划"的通过。以他的话说，搞大计划的人占多数。所以，他作了让步，只讲工作方法的问题。

他在会上的讲话中，要求大家善于观察形势，要当机立断，要与人通气，要集中，要写让人看得懂的文件。他还特别讲了多数与少数人的关系问题。他强调有时候一个人胜过多数，因为真理往往在他一个人手里。如马克思，真理就是在他一个人手里。列宁讲，要有反潮流精神。各级党委要考虑多方面的意见。要听多数人的意见，也要听少数人的意见或个别人的意见。因为真理往往不在多数人手里，而在少数人手里。

毛泽东的这段话，显然是在保护和支持少数人的意见。尽管如此，党的八届七中全会没有把高指标压下来。从这意义上说，这次会议没有达到毛泽东的预期目的。当然，毛泽东之所以没有坚决地阻止高指标，从他的思想上说，他还是主张搞"大跃进"运动的。

党的八届七中全会虽然通过了《关于人民公社的十八个问题》的会议纪要，但是公社内部仍然存在着不少问题，尤其是通过了1959年农业生产的高指标后，各地又开始了组织农业的"大跃进"运动。然而1959年4至5月的情况与1958年不同，在粮食、农副产品，以及市场供应情况上开始了全面紧张。对于这点，毛泽东是感觉到了的。

4月29日，毛泽东又写了第五个党内通讯。这是就农业问题写给全国省委级、地委级、县委级、公社级、大队级、生产队级干部们的一封公开信。信中详述了包产问题、讲真话问题等6个问题，或叫6件大事。他说：

"我这封信同现在流行的一些高调比较起来，我在这里唱的是低调，意在真正调动积极性，达到增产的目的。如果事实不是我讲的那样低，而达到了较高的目的，我变为保守主义者，那就谢天谢地，不胜光荣之至。"

毛泽东的信确实是低调的。也许在一些人看来是在泼冷水。

"包产一定要落实。根本不要管上级规定的那一套指标。不管这些，只管现实可能性。例如，去年亩产实际只有300斤的，今年能增产100斤、200斤，也就很好了。吹上800斤、1000斤、1200斤，甚至更多，吹牛而已，实在办不到，有何益处呢？"

1958年"大跃进"中的高指标、浮夸风，使国家、集体、个人都吃了亏。所以，毛泽东坚决地反对浮夸风。他提倡大家讲真话，不要讲假话。他说：

"包产能包多少，就讲能包多少，不讲假话。收获多少，就讲多少，不可以讲不合实际情况的假话。对各项增产措施，对实行八字宪法，每项都不可讲假话。老实人，敢讲真话的人，归根到底，于人民事业有利，于自己也不吃亏。爱讲假话的人，一害人民，二害自己，总是吃亏。应当说，有许多假话是上面压出来的。上面一吹二压三许愿，使下面很难办。因此，干劲一定要有，假话一定不可讲。"

毛泽东的上述评述击中了当时党内干部中存在的要害问题。1958年"大跃进"以来，所谓工农业生产的高指标、浮夸风，实际就是从上至下或从下至上讲假话的结果。也是层层压出来的，省压县，县压公社，公社压生产大队，结果假话成风。实际上讲假话，首先把国家害苦了，损害了党的威信，丢掉了实事求是的作风，其次把人民也害苦了，吃了浮夸风的亏，弄得粮食不够吃。毛泽东对此很不满意，因此他提倡反潮流精神，反掉这种恶劣的作风，提倡听取少数人的意见。

1959年上半年，我国粮食供应已显紧张，其原因是多方面的。1958年公社化运动后提倡吃饭不要钱，放开肚皮吃，连续吃了几个月，把粮食吃掉了；1959年的粮食丰产，但由于缺乏劳动力，不少粮食没有收回来，粮食的实际产量远没有估计的那么多；又提倡密植，留足种子粮，到1959年时把种子粮也用了。所以粮食供应出现紧张情况。针对这种情况，毛泽东在一封信中说：

"节约粮食问题，要十分抓紧，按人定量，忙时多吃，闲时少吃；忙时吃干，闲时半干半稀，杂以番薯、青菜、萝卜、瓜豆、芋头之类。此事一定要十分抓紧。每年一定把收割、保管、吃用三件事（收、管、吃）抓得很紧很紧。而且抓得及时。机不可失，时不再来。一定要有储备粮。年年储一点，逐年增多。经过十年八年奋斗，粮食问题可能解决。在十年内，一切大话、高调，切不可讲。讲就是十分危险的。须知我国是一个有6亿5000万人口的大国，吃饭是第一件大事。"

从上述话中可以看出，毛泽东在当时还是比较冷静地看待社会问题的。尤其是对粮食的估计还是比较正确的。毛泽东是力图通过提倡"多谋善断"，以统一党内在"高指标"问题上的不同认识，即凝聚在"不讲假话"，把生产"指标"确定在客观实际的基础上。上述这些话，一方面说明毛泽东对1958年人民公社化后提倡吃饭不要钱、放开肚皮吃的现象给予了彻底的否定，这类事不仅在 1958 年、1959 年时办不到，即使几十年以后也办不到。人民公社化后提倡吃饭不要钱，放开肚皮吃，是干了件蠢事。另一方面，毛泽东虽然讲了上述一番恳切的话，但当时还没有否定办食堂的问题，有的食堂办得好，有的办得不好，浪费很大，多吃多占很严重，节约粮食还很难真正做到。

到 1959 年 5 月，国内经济情况更为严重。主要表现在农村养猪头数大幅度减少、夏季作物面积比 1958 年减少 1.1 亿多亩，即减少 20%。针对这种情况，中共中央于 5 月 7 日作出了《关于农业的五条紧急指示》、《关于分配私人自留地以利发展猪鸡鹅鸭问题的指示》。这些规定，就是允许社员搞家庭副业，经营自留地等。这些决定是符合中国农民实际的。在中国的农村，农民习惯于一家一户生产和生活，劳动力又强弱不同，只有允许搞自留地和家庭副业，才能充分发挥一家一户的作用，才能充分地利用劳动力，才能充分地利用闲散土地等，增加产量，增加收入。

"大跃进"要使我国工农业生产飞速发展，尽快改变中国"一穷二白"的落后面貌，这是当时各级领导的主观愿望。毛泽东虽然也欣赏工农业生产高指标，但当他发现这些高指标不切实际、难以实现时，他强调"不可以讲不合实际情况的假话"、"要多谋善断"。这些主张，对于统一党内认识，克服国民经济困难具有重要意义。

第四章　沟通交流　催人奋进

据成功学家的研究，一个正常人每天花 60%—80% 的时间在"说、听、读、写"等沟通活动上。他们并由此得出结论："人生的幸福就是人情的幸福，人生的丰富就是人缘的丰富，人生的成功就是人际沟通的成功。"所以，渴望成功的人，应拿出白手打天下的毅力和勇气，去探索人际沟通的精华与奥秘。

在伟大的中国人民解放事业中，毛泽东一贯强调坚持党的政治领导。做好疏通引导的思想政治工作正是实现这一领导工作的主要方法之一。

沟通在于谋求思想上的统一和相互了解，而协调在于谋求行动上的一致；沟通是协调的基础，协调是沟通的必然结果；协调包含沟通，沟通是协调的重要方法之一。

主动沟通
—— "沟通"是领导人发挥影响力的渠道

"沟通"是我们做任何一件事情的中心。"沟通"是领导人发挥影响力的渠道。没有"沟通",就不会有人与人之间的交互作用,不会有秩序。在革命队伍中,毛泽东十分注重与同志间的思想沟通,他与下属会见时问一声"辛苦了!"对同志们来说,却胜过千言万语。

1935年10月19日,党中央进驻吴起镇。

这时陕北红军正在肃反,连陕北红军的创始人刘志丹也被抓了起来。徐海东坚决不同意抓刘志丹,但又无能为力。当他听说党中央、毛主席到达陕北的消息后,就把希望寄托在了党中央、毛主席身上。

毛泽东、周恩来两同志到达瓦窑堡后,立即下令释放刘志丹。周恩来严厉批评了保卫局局长戴季英,指着他说:"像刘志丹这样的'反革命',越多越好;像你这样的'真革命',倒是一个没有才好!"党中央决定撤销戴季英等人的职务。

一天下午,一封由毛泽东、彭德怀签名的信送到红十五军团团部。

徐海东、程子华、刘志丹同志:

你们辛苦了!感谢你们的帮助和支援。我们久日听到了二十六军同志在陕甘边长期斗争的历史,二十五军同志在鄂豫皖英勇斗争的历史,和在河南、陕西、甘肃的远征,听到了群众对你们优良纪律和英勇战斗的称赞。最近又听到你们会合后,不断取得消灭白军、地主武装的胜利,这使我们非常喜欢。现在中央红军、二十五军和陕北红军这三支部队会合了。我们的会合,是中国苏维埃运动的一个伟大的胜利,是西北革命运动大开展的号炮!我们表示热烈祝贺!

此致

敬礼

中国工农红军北上抗日陕甘支队
司　令　员　彭德怀
政治委员　毛泽东

徐海东和同志们看着这封信，感到十分的亲切、温暖，虽然不明白这"陕甘支队"称号是怎么回事，不明白为什么不见朱德同志签名。然而，毛泽东、彭德怀同志来了，这就说明中央红军到了。徐海东他们过去盼望和中央联系，就像孩子盼望妈妈一样，希望得到指导，得到温暖。今天，党中央、毛主席来到了陕北，他们心里怎能不高兴呢。徐海东感到自己有主心骨，有依靠了。

徐海东，这位穷窑工出身的红军高级将领，早就听说过毛泽东，听说过毛泽东发动的秋收起义，听说过毛泽东创造的井冈山革命根据地，听说过毛泽东那百战百胜的战略战术和毛泽东创造的当时在全国最大的革命根据地及实行的一套政策。他每天都渴望着见到毛泽东，也想见见朱德，见见彭德怀，见见中央的各位领导同志……

然而，他要指挥打仗。他想打一个漂亮仗，扩大一下地盘。一则是给党中央、毛主席一个见面礼；二则是中央红军来了，人多了，要有地盘。劳山、榆林桥战斗后，红十五军团的主力于11月初南下清扫民团，正准备攻打张村驿，所以，他一时还离不开。张村驿是一个小镇，住着一个团的民防。他们和四周几个寨子的民团联合起来对付红军，人虽然不多，但熟悉地形，又可凭借围寨驻守。显然，红军硬攻是会吃亏的。徐海东很清楚这一点，正设法智取。

11月7日，刚刚开过早饭，突然从军团团部跑来七匹快马。原来是军团政委程子华派人送来了信。信上说，请徐海东速回军团部驻地，下午毛主席和中央红军的领导同志要到军团部来。

徐海东听到这一消息十分兴奋，他怎么也想不到毛主席会亲自来看他，他为自己只顾指挥打仗，没有先去看毛主席和其他中央领导而懊悔。于是立即命令部队，停止攻击张村驿，叫马夫备马。

从张村驿到军团部驻地135里，中间要翻两座山，他只用了3个多小时就赶到了。军团部驻地道佐铺，是甘泉县的一个村庄。还没进村，徐海东就跳下马来，这才发现大白马浑身是汗，自己也湿透了衣衫。他走进窑洞，刚洗了把脸，毛泽东同志就来了。随同前来的还有彭德怀、贾拓夫、李一氓同志，徐海东一个也不认识。

程子华刚要作介绍，毛泽东同志已紧紧握住徐海东的手，亲切地说："海东同志，你们辛苦了！"

徐海东连声说："还是毛主席你们辛苦啊！"不善言辞的徐海东不知要说些什么，又重复了这一句最普通的话。

在战争年代，同志之间、上下之间，见了面互道"辛苦"，这本习以为常，在和毛主席的会见中，这"辛苦"一词对徐海东来说，却胜过了千言万语。因为这"辛苦"一词，此时此刻不是普通的客套话或见面后的互相寒暄，因为徐海东知道党中央、毛主席从江西苏区来到陕北实在不易，是历尽了千辛万苦的。这是徐海东对毛主席的真情流露。

接着，徐海东汇报当前敌情，毛泽东便取出一份三十万分之一的军用地图，一边听一边对着地图看，还不时点头表示会意。彭德怀同志也在一旁聚精会神地听。

徐海东从谈话中可以听出，毛泽东同志这次来，最关心的是如何粉碎敌人对陕北的第三次"围剿"，他详细地问着敌情、我情，分析着新的动向，最后又问："你们说这第三次'围剿'能粉碎吗？"

"能，完全可以粉碎。"徐海东说。

程子华也说："能，中央红军来了，就更有把握了。"

亲切的问候，热情的鼓励，使徐海东、程子华他们感受到了党中央、毛主席的温暖，心里热乎乎的。毛泽东、彭德怀不但赞扬了红十五军团在陕南的行动，赞扬了他们在藏民地区纪律严明，而且还赞扬了他们在劳山、榆林桥战役打得好。徐海东向毛泽东汇报时，特地讲到在榆林桥捉到张学良的一个警卫营营长和东北军内部存在的厌战情绪。

正说着，警卫人员送上饭来，大家边吃边谈，彼此都像是有说不完的话。吃过饭，毛泽东同志又就陕北战局的发展，讲了些意见。最后要走了，毛泽东十分信任地对徐海东说："先照你们的部署，把张村驿攻下来。我们再考虑下一步的行动。"

徐海东说："党中央来了，一切都好了！"

　　毛泽东非常喜欢徐海东朴实、爽朗的性格，谈话时，总是面带微笑地看着他。

　　徐海东又说："我马上回前方去。"

　　毛泽东问："你们那边有没有电台？"

　　"没有。"徐海东摇摇头说。这些年，他们和党中央失去联络，就是因为缺少一部电台啊。不要说电台，就连一部电话也没有啊。

　　"我们要有电台，早就迎到中央了！"徐海东十分遗憾地说。

　　毛泽东同志像是早已想好似的，说："给你一部电台，一则好随时联络，二则也算是我们的见面礼吧。"

　　徐海东笑着说："我不会用它。"

　　毛泽东看着这位爽直年轻的将军笑了，摇着手说："又不要你自己动手，给你们报务员。要发报，你和他们说一下，他们会办的。"

　　送走毛泽东和彭德怀等同志，徐海东和政委程子华又交谈了一番。徐海东情不自禁地谈着对毛泽东的印象："没想到毛主席这么高的中央领导，连一点架子都没有，中央这么困难，还送给我们一部电台。"此时此刻，徐海东不禁想到了张国焘的专横跋扈。

　　天已快黑了。徐海东想到前线的同志正等着他，需要马上回去传达毛泽东、彭德怀同志的指示，便向程子华同志说了声："我走了！"

　　不等政委多说话，他走出窑洞，跳上了战马。

　　天漆黑一团，如同一口大锅罩着，伸手不见五指。陕西的11月，夜风呼呼地吹着。徐海东由于情绪激动，一路上一直想着和毛泽东亲切的谈话，便感到浑身是劲和无比的温暖，早已没有了寒意。路，还是他来的时候走的那条路，现在好像平坦多了；山，还是他来的时候翻过的那两座山，现在好像低矮多了。连那匹大白马似乎也懂得了主人的心情，不用鞭催，一直朝着张村驿方向飞奔而去。

　　在张村驿的部队，正积极准备攻击。徐海东返回部队时，已是半夜12点钟，他立即召开了干部会，在会上传达了毛泽东、彭德怀同志的指示，最后又大声宣布："马上发起攻击，一定要打胜它！给党中央毛

　　由于干部战士受到和中央红军会师及毛主席亲自视察红十五军团的鼓舞，斗志倍增。战斗进展相当顺利，张村驿很快被攻了下来。就在战斗即将完全结束的时候，毛主席派的那部电台和电台工作人员，一路快马加鞭，来到了指挥所。天线很快架好，台长向徐海东报告并请示说："报告军团长，电台已经架好。毛主席命令我们从此随红十五军团战斗，一切听从您的指挥。军团长，要发电报吗？"徐海东看着那部陈旧而又简单的手摇马达，好像不相信它会发报似的，笑着问了一句："好用吗？""好用，好用，毛主席专门让挑一台好的。别看外观陈旧，但发起报来很好使。"台长说着叫人摇了摇马达，把耳机递给徐海东，要他试试："你听！"

　　徐海东坐下来，套上耳机，听到一阵清脆、悦耳的滴滴答答的声音。他是从来没有使用过电台的指挥员，孩子似的笑了："这下我可以直接向毛主席请求报告了。""向中央发个电报！"徐海东高兴地说，"向毛主席报告一下我们的战况……"

　　一阵滴滴答答的响声，攻下张村驿的战报发出了！这就是徐海东向中央发的第一份电报！这是徐海东给中央红军的第一个见面礼，是以实际行动向党中央、毛主席的工作汇报。

　　毛泽东身居高位，与同志们相处融洽，这促成了同志们的积极向上，使他们以优异的战绩向毛泽东汇报。

✦坚持原则

——毛泽东十分重视协调双方关系，但他的
协调并不是一般的和稀泥，而是有原则

　　红军长征胜利到达陕北后，陕甘宁边区就成为中国革命的大本营。但在巩固陕甘宁边区的建设方面，毛泽东遇到了各种问题。各方面关系十分复杂，首先是外来干部与陕甘本地干部的关系问题，还有一、二、四三个方面军的关系问题，还有党政、党军、军政、军民、政民、上下级、新干部与老干部、工农干部与知识分子干部之间的关系问题。为凝聚人心，加强与协调这些关系，增强团结，毛泽东做了大量工作，并有许多论述。边区政府与边区中央局在工作上曾一度出现分歧和争论，双方关系不太融洽，毛泽东十分重视协调双方关系，但他的协调并不是一般的和稀泥，而是有原则，有主张，办事力求从思想深处解决分歧，体现了很高的思想性。

陕甘宁边区政府从 1937 年成立后，一直由林伯渠担任主席。最初的几年，林老曾作为中共代表常驻西安，边区政府的日常工作先后由张国焘、董必武、高自立代理。1940 年 10 月，林老由西安返回延安，开始专任政府工作。革命老人谢觉哉是边区政府的另一位主要领导人。谢老于 1940 年 10 月出任中共陕甘宁边区中央局（后西北中央局）副书记，兼任边区政府秘书长和政府党团书记。边区党组织的主要领导人一直是高岗。自 1938 年 4 月以后，高岗相继担任边区党委书记、边区中央局书记、西北中央局书记。林老、谢老年高德劭，早在中央苏区时就担任过中华苏维埃政府的领导工作，在党和人民中享有崇高的威望。毛泽东对二老十分敬重。高岗则是陕甘红军和陕甘根据地创始人之一，熟悉边区情况，工作也有魄力，毛泽东把高岗看作本地干部的代表，非常器重，常加表扬。在决定成立边区中央局时，毛泽东委任高岗为书记，并明确讲：至于边区的大政方针，"高岗的意见应成为主要的意见"。

1941 年，抗战进入极端困难时期，各种矛盾都突出起来。尤其是在经济政策问题上，如怎样看待减轻民赋问题、如何认识当时带有一定强制性运盐政策问题、政府预算问题、纸币发行问题等，边区政府与中央局之间意见相左，出现争论。当时，实际上是林老、谢老在一边，高岗主持的边区党委在一边，关系比较紧张。毛泽东不得不以很大精力来协调双方关系，解决矛盾，主要是说服林、谢二老服从中央局的意见。

从 1941 年 7 月 24 日至 8 月 22 日，在不到一个月的时间里，毛泽东写给林、谢的信就有十多封，并且数次当面长谈。信中谈到了具体的争论，但着重是从方法论上说服二老。比如 1941 年 7 月 31 日的信中就说："多从反面（即现行政策为正面）设想，现行政策固然已出了很多毛病，但另一政策是否就毛病较少？从相对性设想，勿只从绝对性设想（即现行政策完全是错的，另一政策完全是对的）。搜集材料亦应从两方面搜集，勿只注意现行政策的缺点或错误方面，这方面要密切注意！请继续给我们材料，尤其要注意现行政策的成绩与正确方面，我觉得二兄在这点上态度是不足的。要注意积极克服执行现行政策中所发生的各种困难。"在 8 月 5 日给谢老的信中毛泽东又指出："事物确需多交换意见，多谈多听，才能沟通，否则极易偏于一面，对下情搜集亦然，须故意（强所不愿）收集反面材料。我的经验，用此方法，很多时候，前所认为对的，后觉不对了，改取了新的观点。客观的看问题，即是孔老先生说'毋意，毋必，毋固，毋我'，你三日信的精神，与此一致，盼加发挥。此次争论，对边区，对个人，皆有助益。各去所偏，就会归于一是。""事情只求其'是'，闲气都是浮云。过去的一些'气'，许多也是激起来的，实在不相宜。我因听得多了，故愿与闻一番，求达'和为贵'之目的，现在问题的了解日益接近，事情好办。"

毛泽东的信说理透彻，词意恳切，态度又是那样谦恭有礼，使人不能不叹服。在双方的争论与分歧中，毛泽东既不因林、谢年高德劭就对他们的意见加以迁就，也未因他们的某些偏颇就对他们一概否定。他殷切期望二老不要固执己见，以和为贵，力求在边区的工作和政策方面取得一致。他的信对二老的触动是很大的，谢老甚至在日记中对毛泽东给他的每封信的要点都做了摘记。

在做林、谢二老的工作的同时，毛泽东还给高岗和陈正人（边区中央局组织部长）写信，对于边区的现行政策，既肯定其在当时环境下的正当性、必要性，同时又指出其确实存在和可能存在的缺点和问题，要求他们对林、谢二老态度尊重，并确实掌握现行政策执行中发生的各种问题，以便随时发现随时解决。

在毛泽东的多次亲自询问和指导下，陕甘宁边区政府出现了协调一致的工作局面，对领导边区的各项事业起到了重大的作用，毛泽东高超的协调的艺术功不可没。

❈争取支持

——要在开会之前，多多活动活动，做做别人的思想工作

在英语中，沟通一词，与共同、共有、共享等字很相近。因此，你与他人有多少的"共同"、"共有"及"共享"，将决定你与他人"沟通"的限度。"共同"、"共有"、"共享"，意味着目标、价值、态度和兴趣的共识。第二次国内革命战争时，为纠正"左"倾错误的领导，避免红军遭受覆灭的厄运，毛泽东与自己有同感的党内干部达成了共识。

在第四次反"围剿"战争取得重大胜利后，总政治部召开一次重要会议，会议进行中遭国民党飞机空袭，王稼祥身负重伤。长征开始后，他带伤参加长征，和红军大队一起前进在长征路上。

王稼祥带伤长征，带伤坚持工作，关注着党和红军的命运与前途，参与了中共中央和中央军委的重大决策。毛泽东说："从长征一开始，王稼祥同志就开始反对第三次'左'倾路线了。"

在长征路上，毛泽东也因病坐担架同王稼祥同行，在宿营和休息时经常交谈，商讨党和红军前途的一些重大问题。有意思的是，担架变成了谈论政治的舞台，为毛泽东重新领导红军领导长征、红军免遭覆灭铺平了道路。

这些谈话就是在毛泽东和曾在旧金山当过华文《大同时报》编辑的洛甫，以及伤口未愈的政治局候补委员、关键的"布尔什维克"王稼祥之间进行。长征初期，王稼祥与毛泽东形影不离。晚上一起宿营，谈呀，谈呀，谈个没完。在担架上和篝火旁的朝夕相处中，毛泽东和王稼祥互相越来越了解，并有机会分析在江西所发生的事情以及长征途中

的情况。

第五次反"围剿"以来，革命受到严重的挫折，如何才能使革命摆脱眼下的困境？红军转移以后付出的惨重代价，使红军广大指战员对错误的领导愈来愈不满，干部、战士议论纷纷。

王稼祥在长征路上，曾几次诚恳地找李德交换过意见，也批评过李德的错误，无奈李德一意孤行，拒不接受。思前想后，一个强烈的愿望在王稼祥头脑里逐渐成熟。在这千钧一发的危急时刻，他必须勇敢地站出来讲话。自己身为军事领导人之一，怎能安心躺在担架上跟随着错误路线节节败退下去呢？

唯一的办法就是设法撤换李德等人的军事领导职务。过湘江后，聂荣臻（红军第一军团政委）也因脚伤感染化脓坐担架，随军委纵队行动。王稼祥也有机会同聂荣臻在一起交换意见。王稼祥认为，应该让毛泽东出来领导。他对博古、李德的领导表示不满，说："到时候要开会，把他们轰下来！"王稼祥的这些意见，得到了聂荣臻的支持和赞同。

王稼祥把心里的设想和毛泽东商量。他两眼发亮，定睛注视着毛泽东同志，等待着他的回答。毛泽东深深地吸了一口气，点了点头，问道："能行吗？"

"行！能行！"王稼祥爽朗地回答说。

"好哇！这很好！"毛泽东想了一想，嗓音也提高了，"前面快到遵义了！马上在遵义开个总结性质的会！"王稼祥见毛泽东支持他的建议，他那消瘦的脸上泛起了希望的红晕。

"那要在开会之前，多多活动活动，做做别人的思想工作，稼祥同志！"

"是的！我一定尽力去办。"王稼祥深知毛泽东自从被李德、王明剥夺了军事领导权以后，正像后来毛泽东自己说的："那时，我毫无发言权，处境困难呀！"

不久，毛泽东、洛甫和王稼祥取得了一致意见，他们认为应早召开会议，以解决军事领导权的问题。这件事，被戏称为担架上的"阴谋"。事情发展到这一地步，李德和博古注定要失败了。

具有伟大历史意义的遵义会议召开了。促成遵义会议的召开，王稼祥起了重要作用。

在当时党内斗争极不正常的情况下，王稼祥敢于挺身而出，积极推动召开中央政治局扩大会议，改变错误的领导，以挽救中国革命的危局，是非常难能可贵的。这充分表现了王稼祥的远见卓识，对共产主义事业的高度责任感和大无畏革命气概。

遵义会议集中全力解决当时具有决定意义的军事问题和组织问题。博古在报告中，把第五次反"围剿"战争失败的原因推到客观方面，掩盖了在军事指挥上和战略战术上的错误。博古发言之后，王稼祥立即发言，旗帜鲜明地支持和赞同毛泽东的意见，批评了博古、李德在军事指挥上和战略战术上的错误，拥护由毛泽东出来指挥红军。张闻天也积极发言支持毛泽东的意见。"毛张王"的正确主张，得到了周恩来等参加会议的绝大多数代表的同意。陈云在长征途中传达遵义会议的手稿中提到：《遵义政治局扩大会议》记载：在"扩大会议中恩来同志及其他同志完全同意洛甫及毛、王的提纲和意见，博古同志没有完全彻底承认自己的错误，凯丰同志不同意毛、张、王的意见，A（即李德——引者注）同志完全坚决的不同意对他的批评"。会议最后做出了《中央关于反对敌人五次"围剿"的总结决议》，增选毛泽东为中央政治局常委。王稼祥也被增补为中央政治局委员。随后，根据会议精神，中央政治局常委进行分工，由张闻天代替博古负总责，周恩来、毛泽东负责军事。在行军途中，又组成由毛泽东、周恩来、王稼祥三人指挥小组，作为中共中央领导红军的最高机构，全权指挥红军的军事活动。

如果党内没有形成毛泽东为代表的成熟力量，那么遵义会议就结束不了党内"左"倾错误领导者的统治。遵义会议挽救了党，挽救了革命，挽救了红军。遵义会议，实际上开始了毛泽东为领导的中央的建立，是党的历史上的伟大转折点。从此，中国革命在毛泽东为首的党中央领导下，不断地取得一个又一个的伟大胜利。

遵义会议之后，首先要做的是向共产国际汇报。因为当时中共毕竟是受共产国际领导，是共产国际之下的中国支部，如此重大的决定——改换领袖、改变路线，需要得到共产国际的认可。尤其是这次会议矛头所向，正是共产国际派来的军事顾问李德，他势必会向共产国际"告状"。尽管由于上海的秘密电台遭到破坏，使得中共和共产国际失去联系，但不能不考虑通过其他途径设法向共产国际汇报。

就在这个时候，任弼时给中共中央来电，告知获悉中共中央上海局在1934年8月遭到破坏。于是，张闻天和毛泽东考虑，需要派人前往上海，一则恢复白区地下工作，二则在上海设法与共产国际取得联系，汇报遵义会议的情况。

派谁去呢？潘汉年，理所当然是最合适的人选。他灵活机警，富有地下工作的经验。当然，潘汉年没有出席遵义会议，还需要另派一位职务更高的人物前往上海，最好是一位政治局常委。在毛、张、周、陈、博五常委之中，毛、张、周无法离开红军，博则不合适，唯有陈云去上海是最恰当的人选。于是，中央决定潘汉年先行一步，然后陈云去上海，恢复并主持白区工作。

西装革履，"小开"模样，潘汉年出现在上海滩，全然是另一种派头。他找到他的表妹吕鉴莹，跟表妹夫潘企之（即潘渭年）接头。潘企之马上把潘汉年到来这一重要的信息转告中共中央临时上海局宣传部长董维键，促成临时上海局负责人浦化人与潘汉年见面。潘汉年这才得知，中共中央上海局遭到国民党中统特务的严重破坏，直至不久前才成立了中共中央临时上海局。另外，共产国际远东情报局负责人华尔敦（亦即劳伦斯）也遭逮捕，在上海已经无法跟共产国际取得联系。

线，断了！潘汉年知道无法在上海完成中央交给的特殊使命，暂去香港隐蔽。

在潘汉年走后几个月，陈云动身了。临行前，他把有关文件装在一个箱子里交给组织。他的那份手稿，可能在此时放入箱内。一位名叫席懋昭的中共地下党员护送陈云。席懋昭曾在四川天全县当过小学校长。经过重庆，陈云于 1935 年 7 月间到达上海。

陈云秘密与潘汉年的表妹夫潘企之接头，见到了浦化人。浦化人通知在香港的潘汉年来沪，决定前往苏联，向共产国际汇报。

陈云得到了孙中山夫人宋庆龄的帮助，安排他搭乘一艘苏联货船去海参崴。同行的有中共一大代表陈潭秋、瞿秋白夫人杨之华，还有何叔衡的女儿何实楚，由潘企之护送。他们于 8 月 5 日离沪。

8 月下旬，潘汉年也乘船前往苏联。

陈云和潘汉年到达莫斯科之际，正值共产国际第七次代表大会刚刚结束。共产国际七大举行时，显然还不知道中共召开了遵义会议，王明被选入主席团，季米特洛夫受命直接负责处理中国问题。王明、康生、王荣（吴玉章）、梁朴（饶漱石）在大会上发言。

就在共产国际七大期间，出于对断了线的中共的关注，共产国际派出一位重要的密使前往中国，寻觅中共中央。此人是资深的中共党员，作为中共驻共产国际代表团成员，在莫斯科已生活了近三年。在莫斯科时他名叫李复之，受命去中国时临时取了个化名"张浩"。到了中国后，在中共内部，他又使用林育英这名字。

就在林育英刚刚启程离开莫斯科，陈云和潘汉年到达莫斯科。共产国际正急切地想知道中共的近况，陈云和潘汉年的到来可谓"及时雨"。

陈云、潘汉年等一行人从上海辗转来到莫斯科，带来了中共中央《关于反对敌人五次"围剿"的总结决议》（引者注：亦即遵义会议决议），说明了中共中央和中国红军领导机构的变动情况，并且介绍了中央红军长征至四川一段的作战和损失情况。陈云等人的汇报，使共产国际执委员和中共代表团自红军长征后第一次了解到中国革命真相。共产国际肯定了遵义会议的决定，对确立毛泽东的领导地位表示赞赏，但对主力红军人数的锐减颇感震惊。季米特洛夫等人敏感地意识到，共产国际对于中国革命形势和条件的估计，同实际情况是有一定距离的。

李德在《中国纪事》中曾写及："博古指望，或迟或早会同共产国际执行委员会（王明是中共在共产国际的代表）恢复联系，并'纠正'现时的政治路线。他所希望的，正是毛所疑惧的。"连李德也承认，陈云成功地完成了毛泽东交给的使命，向共产国际陈述了遵义会议的决议，争取共产国际的支持。另外，毛泽东所采取的策略，此时也发挥了重要作用，使遵义会议能够被共产国际所接受：第一，决议肯定中共六届四中全会王明上台以来"政治路线无疑是正确的"；第二，以张闻天代替博古为中共中央总负责，博古仍为中共中央常委；第三，决议把博古的错误定为"右倾机会主义"，而实际上是"左"倾机会主义。这样，也就大大减少了王明的阻力。这三点策略，显示了毛泽东的智谋。

陈云和潘汉年完满的苏联之行，使博古的希望落空，也使李德失去了"告状"的勇气。

遵义会议后，毛泽东、张闻天等即主张沟通与共产国际的联系，以争得共产国际对遵义会议的承认，这一策略是完全正确的。这样既表明中国共产党仍在接受共产国际的领导，同时又凝聚了与共产国际之关系，这对我党我军的发展、毛泽东领导地位的巩固，都是十分重要的。

第五章　广交朋友　孤立敌人

"谁是我们的敌人？谁是我们的朋友？"这句话中包含着三部分人"我们、敌人、朋友"。朋友是我们要依靠、团结的对象，敌人则是我们要打击消灭的对象。

一个人的智慧毕竟是有限的，大家的智慧是无限的。朋友团结得越多，敌人就越来越少，战胜敌人就越容易。解放战争打到国统区的时候，毛泽东曾说胜利的一大关键是争取群众站在我军方面。团结大多数，走群众路线是我党我军取得胜利的一大法宝。

❀ 促进团结
——闹分裂，搞不团结，往往使事物由鼎盛走向衰败

我们平时用一盘散沙来形容不团结。在实际生活中，闹分裂，搞不团结，往往使事物由鼎盛走向衰败。在新民主主义革命和社会主义建设时期，毛泽东非常重视中华民族的团结问题。由于他正确处理了涉及民族间的各种关系，使革命和建设事业顺利发展。

抓住时机　联合多数

联合大多数，可以产生难以估量的向心力和凝聚力，是成就伟业的重要因素。毛泽东善于抓住每一个时机，团结一切可以团结的力量。

1931年九·一八事变和1932年一·二八事变后，全国人民迅速掀起了抗日救亡运动的高潮。在全国人民奋起抗战精神的推动和影响下，国民党内部发生了分化，一部分民族资产阶级也积极进行抗日反蒋的活动。毛泽东认为，在这样的历史时期，应该对国民党内部的不同派别和不同成分采取不同的政策。

1933年1月17日，中华苏维埃临时中央政府和红军军委会联合发表宣言，声明在停止进攻红军、给民众以自由和武装民众的条件下，全国各军队订立抗战协定。这一声明得到了全国各界的赞誉。1935年12月，刚刚率中央红军到达陕北的毛泽东，又发表了《论反对日本帝国主义的策略》的讲演。他用阶级分析的方法，说明了同民族资产阶级在抗日的条件下重新建立统一战线的可能性和重要性，批评了党内一些人认为民族资产阶级不可能同中国工人农民联合抗日的错误观点，确立了建立抗日民族统一战线的策略。为此，毛泽东进一步指出党的任务就是把全国的工人、农民、小资产阶级和民族资产阶级团结起来，结成最广泛的革命统一战线，以对付共同的敌人。同时，毛泽东还认为在革命的一定时期里，同一部分大资产阶级建立暂时的同盟关系，也是有利于革命的。

1936年12月12日，张学良、杨虎城两将军从民族大义出发，发动了震惊中外的西安事变，扣留了蒋介石，并电邀共产党商决此事。当时全国民众包括党内一部分人都强烈要求严惩蒋介石，但毛泽东从全民族利益出发，主张不杀蒋介石。他认为，若杀掉蒋氏，则正中日本帝国主义和国民党亲日派的下怀，因为群龙无首的各派军阀将为争权夺利而打内战，这势必给日本帝国主义一个最好的侵略机会；如果我们杀掉蒋介石来解恨，忘记了民族危亡这个大局，我们这个党就不配被称为"马克思列宁主义的党；我们应当以中华民族的根本利益为重，不杀蒋介石，迫使他改变反动政策，和我们一道共同抗日"。邓颖超在回顾这段历史时说："后来认识到，这一招是毛泽东同志高瞻远瞩的战略思想，他的勇敢、智慧过人，确实是个战略家。"

"挂红旗五心（星）不定，扭秧歌进退两难。""早归公，晚归公，早晚要归公，不如早归公；迟共产，早共产，迟早要共产，不如早共产。"这是建国初期民族资产阶级心情与处境的鲜明写照。他们害怕人民政府改变政策，提前消灭资本主义，实行共产主义。有的为此并非出自真心地要求献厂、捐店，有的则遣散职工，消极经营，还有少数则逃到香港。这种种现象更加剧了建国初期经济萧条和政治混乱的局面。

毛泽东在建国前夕，就曾对民族资产阶级有过充分的论述。他指出："中国现阶段革命的性质，是无产阶级领导的、人民大众的、反对帝国主义、反对封建主义和反对官僚资本主义的革命。"人民大众包括所有被帝国主义、封建主义、官僚资本主义所压迫、损害或限制的人，包括工、农、兵、学、商和其他一切爱国人士。其中的"商"，就是指一切受迫害剥削的民族资产阶级，即中小资产阶级。他们是革命的同盟军，是劳动人民的朋友，与人民群众有着共同的敌人和斗争对象。加之他们在经济上又具有重要性，因此，我们有可能也有必要去团结他们。

毛泽东对民族资产阶级的这种定位和相应态度，在建国初期没有太大的改变。但党内一部分干部却存在"左"的思想和行动，主张乘胜挤垮资产阶级，早日实现社会主义。有的甚至提出："今天斗争的对象，主要是资产阶级。"

毛泽东对此予以了尖锐的批评，并客观地分析了形势。毛泽东在七届三中全会上讲，在今年秋季，我们将在3.1亿人口地区开始土地改革，以推翻整个地主阶级。在这场土地革命中，我们的敌人是够大够多的。

第一，帝国主义反对我们。

第二，台湾、西藏的反动派反对我们。

第三，国民党残余、特务、土匪反对我们。

第四，地主阶级反对我们。

第五，帝国主义在我国设立的教会学校和宗教界中的反动势力，反对我们。

为此，他说我们绝不可树敌太多，必须在一个方面有所缓和，然后才可以集中力量向另一方面进攻。毛泽东尖锐批评了提早消灭资本主义实现社会主义的主张，指出：在现阶段，对于民族资产阶级，应把他们团结在身边，而不是推开他们。

正是由于毛泽东从战略高度划清了敌友，明确了打击的对象和团结、依靠的力量，孤立了少数敌人，从而能够为国家财政经济状况的基本好转争取到最大多数的支持者，有力地保证了争取国家财政经济状况基本好转这一艰巨任务的顺利完成。

特殊情况　特殊处理

三国时代，七擒孟获的故事讴歌了蜀国著名政治家诸葛亮对西南边陲少数民族首领宽大为怀。1700多年以后，在人民共和国的土地上出现了共产党的领袖智擒"女孟获"的故事。这个故事，充分反映了毛泽东善于团结人的博大胸怀。

1953年，贵州匪患已基本肃清，唯有程莲珍这个布依族女匪首领仍然逍遥法外。当时的公安机关在通缉令中这样写道："该匪首狡诈多变，行动敏捷，枪法甚精，捉捕时务必提高警惕。"匪首再狡诈也逃不过人民的法网，通缉令发出不久，剿匪部队终于将她捉拿归案了。

当时按剿匪政策规定，凡是拒不投降自首的敌匪中队长以上的匪首，一经抓获，便依法制裁。像程莲珍这种罪大恶极的匪首，按规定应严惩不贷。当时贵州省军区党委把这一情况上报到西南军区，这时正直李达参谋长启程赴朝鲜访问，他指示将此案暂时搁一下，留待归国后处理。8月下旬，李达由朝鲜回国。在京期间，他受到毛泽东的接见。交谈中，李达汇报到西南地区后的剿匪工作。当谈到程莲珍一案的处理意见时，李达向毛泽东汇报说："这个女匪首，下面要求杀。"但毛泽东明确指示："不能杀"。并以他特有的幽默语气说："好不容易出了一个女匪首，又是少数民族，杀了岂不可惜？""人家诸葛亮擒孟获，就敢七擒七纵，我们擒了个程莲珍，为什么就不敢来个八擒八纵？连两擒两纵也不行？总之，不能一擒就杀。"

不杀程莲珍不是纵虎归山。毛泽东根据贵州剿匪已接近尾声，但情况仍很复杂，尤其是有些地方土匪问题与民族问题交织在一起的特点情况而作出的决策。不杀程莲珍是为了通过教育改造后让她将功赎罪。果然，通过教育改造，脱胎换骨，程莲珍走上了新生之路，在以后的清匪反霸斗争中发挥了特殊作用。

社会主义的法是实现党的政策的重要工具。政策的正确与否，不仅可以直接影响到事物的发展过程，而且往往决定事物的成败。对于一项政策，首先要求它必须正确。而要做到这一点，就必须研究政策制定所应遵循的原则，最后还必须通过实践去检验。如按当时剿匪政策规定，程莲珍理应依法制裁。毛泽东主张对其不杀，既考虑到当时有些地方土匪问题与民族问题交织在一起的特殊情况，同时又想以此事影响、收揽人心，通过教育改造这类人，使他们脱胎换骨，走上新生之路。经过实践检验，这一决策是完全正确的。

解放西藏　和谐乐章

中华人民共和国成立之后，为凝聚中华民族的整体力量，早日和平解放西藏地区，毛泽东在方针政策上亲自主持决策，又亲自做西藏上层人物的工作，促使西藏回到了祖国的大家庭里。

为早日和平解放西藏，使藏族人民摆脱帝国主义侵略和封建统治、压迫，毛泽东和朱德于1949年11月23日复电班禅额尔德尼·确吉坚赞："西藏人民是爱祖国而反对外国侵略的，你们不满意国民党反动政府的政策，而愿意成为统一的富强的各民族平等合作的新中国大家庭的一分子。中央人民政府和中国人民解放军必能满足西藏人民这一愿望。"

毛泽东处理西藏问题的第一个重大决策是和平解放西藏。但是，帝国主义是不甘心放弃侵略西藏的。为维护祖国神圣领土的完整，驱逐西藏的帝国主义侵略势力，为和平解放西藏创造条件，毛泽东同志决定人民解放进军西藏。1950年1月2日，毛泽东同志亲自起草中共中央西南局和西北局关于进军西藏及经管西藏的指示，对进军西藏的时间、军力配备、藏族干部训练等问题，都做了具体的安排。他指出："进军及经管西藏是我党光荣而艰苦的任务。"

在进军西藏中，对涉及民族、宗教政策与策略性的问题，毛泽东十分慎重，都是精心布置，及时指导。

解放军进藏部队取得昌都战役胜利后，帝国主义和西藏分裂分子的阴谋破产了。1951年1月25日，我驻印度大使馆报告，在国外滞留的西藏代表团有来北京主动谈判的请求，毛泽东立即答复："一应接见，二应同意来北京。"

1951年4月下旬，以阿沛·阿旺晋美为全权代表的西藏地方政府代表团来到北京。毛泽东亲自指导了和平解放西藏的谈判。他接见了谈判代表，审阅并修改《关于和平解放西藏办法的协议》草案。西藏谈判代表团和中央人民政府的全权代表在友好的基础上进行了谈判。谈判过程，实际上是一个根据党和国家的民族政策制定一系列合乎西藏实际的方针、政策的过程。谈判适逢五一，代表团应邀参加了庆祝活动。在天安门城楼上，毛泽东亲切地接见了代表团并紧紧握着阿沛·阿旺晋美的手说："欢迎你们来啊！你们从远道来，一定很辛苦了！"代表们也按照藏族的风俗习惯，向毛泽东敬献了哈达。毛泽东一直关注着此事的进展。双方经过多次洽谈，于1951年5月23日在中南海勤政殿举行了庄严的签字仪式。正式签订了和平解放西藏的"十七条协议"，毛泽东同志在听取协议的汇报后，高兴地说："好哇，办了一个大事，这是一个胜利，但这只是第一步，下一步要实现协议，要靠我们的努力。"

"十七条协议"签订后的第二天，毛主席在中南海正式接见了代表团，同他们进行了长时间的亲切谈话，向代表们介绍了党和国家的民族政策，说明共产党和中央人民政府对西藏一切工作的宗旨，即是为西藏民族和西藏人民谋利益。

当晚，为欢庆"十七条协议"的签订，毛泽东举行了盛大宴会。宴会前，毛泽东又同阿沛·阿旺晋美谈了话。毛泽东打开一本国民党时期的地图册，对他说："你看，国民党把西康和西藏的分界划到了工布江达一带，以东为西康，以西为西藏。我们今后还是以金沙江为界，金沙江以东为西康，以西为西藏。"昌都地区过去实际上是西藏地方政府管辖的，毛泽东的这个决定是根据西藏的实际做出的正确决策。

"十七条协议"签字后，毛泽东亲自修改了《人民日报》于1951年5月28日发表的《拥护关于和平解放西藏办法的协议》的重要社论，加写了许多重要段落，论述党的民族、宗教政策以及和平解放西藏的具体方针、政策。社论强调指出："一切进入西藏地区的部队和地方工作人员，必须恪守民族政策和宗教政策，必须恪守和平解放西藏办法的协议，必须严守纪律，必须实行公平的即完全按照等价交换原则去进行的贸易，必须防止和纠正大民族主义倾向。""如果他们不守纪律，如果他们欺负西藏人民和不尊重与人民有联系的领袖人物，如果他们犯了大汉族主义的原则错误，那么，领导机关和领导人员就应负责及时纠正。"

在执行"十七条协议"中，毛泽东一直关注着西藏的工作，并在许多方针政策性的大问题上给予了英明的指导。协议刚签订，毛泽东就指示中央驻藏代表张经武、十八军军长张国华、政治委员谭冠三等同志："你们在西藏考虑任何问题，首先要想到民族和宗教问题这两件事，一切工作必须慎重稳进。"从1952年初开始，西藏上层中的亲帝分裂分子组织了伪"人民会议"，进行反对"十七条协议"的活动，他们在拉萨策动武装骚乱，进行请愿、示威，包围了中央代表张经武同志和阿沛·阿旺晋美的住宅，妄图趁解放军立足未稳之时，把解放军赶出西藏。当时，斗争出现非常复杂和严峻的局面。在这紧要关头，毛泽东面对当时西藏上层反动集团的挑衅，要求西藏工委领导西藏地区人民进行有理、有利、有节的斗争。一方面，中央代表张经武给达赖喇嘛和西藏地方政府写信，揭露伪"人民会议"的背景和险恶用心，迫使达赖喇嘛撤销了两个分裂主义分子的司曹职务，并宣布伪"人民会议"为非法，立即解散。另一方面，积极开展上层统一战线工作，宣传"十七条协议"，扶持和发展上层中的爱国力量。经过艰苦细致的工作，争取和稳定了大多数思想动荡、态度摇摆不定的上层人士，孤立和打击了一小撮亲帝国主义分裂分子，稳定了局势。

1954 年 9 月，达赖喇嘛和班禅额尔德尼一起到北京出席第一届全国人民代表大会，阿沛·阿旺晋美也以原西藏地方政府噶伦的身份随同前往，负责同中央联系，协助达赖喇嘛处理政务。

在西藏成立军政委员会，本是"十七条协议"中的一项规定，但是，西藏地方政府中，一些人担心成立军政委员会会取代西藏地方政府，使他们丧失既得权益，因此百般阻挠；而当时随着第一届全国人大的召开，各大行政区军政委员会业已撤销。毛泽东同志根据这些情况，分别接见达赖喇嘛和班禅额尔德尼，向他们提议在西藏不再成立军政委员会，直接筹备成立西藏地方政府。1955 年 3 月 9 日，国务院举行第七次会议，通过了《关于成立西藏自治区筹备委员会的决定》，并规定自治区筹委会是负责筹备成立西藏自治区的带政权性质的机关。西藏自治区筹委会的成立，是西藏实行民族区域自治的重大步骤，标志着西藏的发展进入了一个新的阶段。

1955 年初，达赖喇嘛和班禅额尔德尼即将离京前，毛泽东再次接见了他们。毛泽东又一次说，中央代表、解放军、汉族干部到西藏工作的目的，就是为了帮助西藏人民发展经济文化，为了西藏民族的发展和进步，如果他们不是按这个原则办事的话，你们可以直接找我，找周总理谈，丝毫不用客气。接着主席又说，今后西藏要重视发展经济文化，你们这次不能空着手回去。在毛泽东的指示下，中央人民政府向原西藏地方政府和班禅堪布会议厅赠送了大批农机具。1956年自治区筹委会正式成立时，毛泽东、党中央派了以陈毅同志为团长的中央代表团到西藏进行祝贺和慰问，这在藏族同其他民族的关系史上是空前的。充分表达了毛泽东、党中央和全国人民对西藏人民的关怀，进一步密切了西藏地方和中央之间的关系，加强了民族之间的团结。

在自治区筹委会成立前后，西藏受到周围藏区工作的影响，社会有些不安定。毛泽东、党中央及时作出了1962年前不进行民主改革的决策。毛泽东说："按照中央和西藏地方政府的十七条协议，社会制度的改革必须实行，但是何时实施，要待西藏大多数人民群众和上层人物认为可行的时候，才能作出决定，不能急。现在已决定在第一个五年计划期间不进行改革。在第二个五年计划期间是否进行改革，要到那时候看情况才能决定。"

尽管我们党在西藏做到了仁至义尽，但是西藏反动派看到广大农奴群众日益觉醒，改革迟早发生，便孤注一掷，在1959年3月策动了叛乱。4月间，阿沛·阿旺晋美和班禅额尔德尼到北京参加二届全国人大一次会议并向中央汇报工作。毛泽东详细询问了西藏叛乱的情况，并教导说，反动派的本性是不会改变的，既然叛乱已经发生，也没有什么可怕的。毛泽东还就今后边平叛边改革的方针政策，征求了两人的意见。并一再强调，虽然发生了叛乱，和平民主改革的方针仍要坚持，不管参叛的是什么人，我们仍旧是一个不杀。1959年国庆节，阿沛·阿旺晋美和班禅额尔德尼到北京参加庆祝活动，主席又专门找他们谈话，询问民主改革情况，并说，和平民主改革是"十七条协议"的一条原则，虽然"十七条协议"被西藏反动派撕毁了，但我们仍要沿着和平民主的道路走下去，仍要按协议执行。按照毛泽东这些指示的精神，中央制定了民主改革的方法、步骤和许多具体政策。在西藏的平叛和民主改革中，也产生了某些"左"的缺点和错误，但总的来说，平叛和改革是成功的。除对叛乱的农奴主实行没收政策以外，对未参加叛乱的农奴主和其他上层人士，实行了赎买政策，这是在解决我国民族问题方面的一项创举。通过民主改革，推翻了罪恶的封建农奴制，百万农奴彻底翻身解放。

1966 年开始的"文化大革命"，给全国造成了巨大的灾难，西藏也未能幸免。受到"文化大革命"的"左"倾严重错误的影响，在西藏坚持多年行之有效的党的民族、宗教、统战政策遭到了一定程度的破坏。当时阿沛·阿旺晋美作为西藏自治区人民政府主席也难以工作了。1966 年 9 月 29 日，周总理亲自派飞机把阿沛·阿旺晋美接回北京。十一国庆节在天安门城楼观礼，毛泽东得知阿沛·阿旺晋美已回到北京，当即就要接见。由于没有想到毛泽东要在天安门上接见，所以当时阿沛·阿旺晋美身边没有带翻译，那时他还不大能听懂汉语，所以未能和主席更多地交谈。1970 年五一，又是在天安门城楼上，那时西哈努克亲王受我国政府邀请刚刚来到北京不久。毛泽东陪同西哈努克亲王一登上天安门，大家都热烈鼓掌欢迎。这时毛泽东看见了阿沛·阿旺晋美，就走到他面前，拉着他的手向西哈努克亲王介绍说："这是西藏自治区人民政府主席阿沛·阿旺晋美。"

1972 年在陈毅同志追悼会上，毛泽东显得苍老了许多，表情也十分沉重，他握着阿沛·阿旺晋美的手，十分关怀地问他身体是否还好，是不是还住在北京，阿沛·阿旺晋美一一作了回答，并目送毛泽东离去。

宗教作为一种具有广泛群众影响的精神信仰，其领袖的言行具有特殊的影响力。对宗教领袖采取争取、团结和教育的方针，是毛泽东统战理论的又一方面。

从西藏和平解放和发展过程可见，为了贯彻、团结、教育宗教领袖的方针，毛泽东十分注意同宗教领袖的接触，亲自与他们坦诚交谈，关心他们的事业和生活。对此，我们要珍视民族团结，反对任何破坏民族团结的言论和行动。

☰ 肝胆相照

—— 毛泽东向有容人之量，对朋友推心置腹肝胆相照

毛泽东在《〈共产党人〉发刊词》中第一次全面、科学地阐述了包括统一战线在内的中国革命三大法宝的意义及其相互关系。他明确指出，统一战线、武装斗争和党的建设是中国共产党克敌制胜的三大法宝，而统一战线是一个重要法宝。

党有了正确的统一战线理论和策略，就等于已经把绝大多数可以团结的力量团结到了自己的周围，必须落实在每个具体的行动上。

关心照顾　充分信任

"虚怀若谷"语出《道德经》66 章，意思是说胸怀像山谷一样宽广。纵观古今成大业者，莫不如此。毛泽东正是虚怀若谷的一代伟人，他有容人之量，只要谁站在人民一边，毛泽东就给予他应有的社会地位。

毛泽东与张治中的交往，堪称是共产党人与党外人士真诚相交的典范，我们从中可以获得许多启迪。

张治中原名本尧，字文白，安徽巢县人。他是国民党高级将领，抗日战争初期曾任湖南省政府主席。1940 年任国民党军事委员会政治部部长。抗日战争胜利后，任国民党西北行营主任兼新疆省主席。1949 年任国民党政府和平谈判代表团首席代表。

毛泽东与张治中的相互交往开始于 1945 年 8 月的重庆谈判。张治中对国共和谈的热情，给毛泽东留下了良好的印象。以后每逢毛泽东把张治中介绍给与会的朋友时总爱说："他是三到延安的好朋友！"这使张治中内心感到暖烘烘的。是好朋友，而不是一般的朋友。这话既是高度的评价，也表露出深厚的友谊。

　　1949 年 6 月，全国政协酝酿筹备成立中央人民政府。有一天，毛泽东当面提出请张治中参加人民政府并担任职务。张治中回答说："过去的阶段，我是负责人之一，这一阶段已过去了，我这个人当然也就成为过去了。"毛泽东则恳切地说："过去的阶段等于过了年三十，今后还应从大年初一做起！"这话多么诚挚亲切，含义又多么深刻！对张治中来说，既是热情的期待，又是严格的要求，他的后半生牢牢记住这句话作为鞭策自己的座右铭。

　　毛泽东对张治中生活起居的照顾可谓无微不至。有一次张治中病倒了，毛泽东特地派他的夫人江青持毛泽东信函到张家慰问。还有一次，毛泽东收到山东农民送来特大白菜 4 棵，旋即派人送一棵到张治中家。

　　毛泽东对张治中的关怀，不仅体现在政治上、生活上，也体现在学习上。特别是 1958 年毛泽东与张治中结伴同行，视察大江南北。在这 20 天内，他们同住、同吃、同活动，朝夕相处，给张治中留下深刻印象。

　　列宁说过："友谊建立在同志中，巩固在真挚上，发展在批评里"。毛泽东与张治中的友谊也正是这样。他们在交往中无话不说，坦诚相待，他们之间常常展开批评，互提意见。

　　1958 年 5 月 22 日，毛泽东在给张治中的信中曾说："我的高兴不是在你的世界观方面，在这方面我们是有距离的"。毛泽东所说的"在世界观方面我们是有距离的"，就是对张治中的批评和意见。

　　毛泽东指出张治中阶级斗争观点模糊是世界观问题未解决的表现，主要是因为阶级斗争是阶级社会的主要推动力，是人们世界观的核心。而张治中则辩解说，1924—1948 年是阶级斗争模糊的时期，解放以后就不模糊了。

　　人的世界观还表现在思想方法方面。张治中在国民党时代，力主美苏并重，即亲美也亲苏，不反苏也不反美。1949 年北平和谈前后，他曾对毛泽东详细阐述了这一主张。毛泽东在《论人民民主专政》一文中，严正地指出必须一边倒："不是倒向社会主义，就是倒向资本主义，骑墙是不行的，第三条道路是没有的"。

批评提意见是相互的，来而无往非礼也。张治中有时也给毛泽东提些批评和意见。毛泽东认为："一个人很需要听到不同的声音"。在1960年代初毛泽东还说："人不交几个党外朋友怎么行，我的党外朋友很多，周谷城、张治中……"

1949年全国政协召开前，曾酝酿和讨论国家名号问题。毛泽东邀集一些党外人士包括张治中等座谈，听取大家意见。毛泽东说，中央意见拟用"中华人民民主共和国"。张治中则建议说："我看'共和'这个词的本身本来就包含了'民主'的意思，何必重复？不如就干脆叫'中华人民共和国'？"毛泽东认为此话有理，建议大家采纳。

同时酝酿国旗图案。全国征集图案2000幅，审阅小组通过党中央提出的三幅。讨论时，毛泽东手持两幅：一幅是红底，左上方一颗大五角星，中间三道横杠。说明：红旗象征革命，五角星代表共产党的领导，三道横杠代表长江、黄河、珠江。手中的另一幅是现在的五星红旗。征询大家意见，多数人倾向有三横杠的一幅。张治中表示不同意见：（1）杠子向来不能代表河流，中间三横杠容易被认为分裂国家，分裂革命；（2）杠子在中国人的传统观念中是金箍棒，国旗当中摆上三根金箍棒干吗？因此不如用这一幅五星红旗。毛泽东觉得张治中言之有理，建议大家一致同意采用五星红旗。

中央人民政府委员会成立并举行第一次全体会议后，要发表公告。中央拿出来的稿子只列举主席、副主席姓名，56位委员未列姓名。张治中站起来说："这是正式公告，关系国内外观感，应该把56位委员的姓名也列上。"毛泽东说："这意见很好，这样可以表现我们中央人民政府的强大阵容。"

毛泽东对张治中等人，从生活上、工作上给予关心照顾，充分信任，坦诚相待，结成了深厚的友情，所以被称为共产党人与非党人士真诚相交的典范。

肝胆相照　解放北平

《战国策》里记载了淳于髡与齐宣王的一个故事。在这里，淳于髡揭示了一条人才共生效应的规律。毛泽东不但深谙此理，而且善于做好人才群落中代表人物的工作，通过代表人物来影响和带动更多的人才。毛泽东周围拥有着一大批各个方面的代表人物，因此，他也就拥有了各个方面的大批人才，形成一种众星拱月、千流归海之势。毛泽东说服傅作义等国民党将领起义，引来了大批国民党军政界重要人物弃暗投明。

傅作义是国民党的高级将领。1946 年夏，内战全面爆发后，他被蒋介石任命为张家口绥靖公署主任兼察哈尔省主席。1947 年 12 月华北"剿总"成立，傅作义被任命为总司令，并于次年初率总部进驻北平。据说当年攻占张家口后，傅作义夸口说："如果中共在中国真能取得胜利，我甘愿给毛泽东当个小小秘书。"

辽沈战役胜利结束后，天津又获得了解放，北平的 20 万守敌已陷入我人民解放军的重重包围之中。这时，傅作义基于爱祖国、爱民族的热忱，以保护北平 200 万人民的生命财产和古都文物为重，于 1949 年 1 月接受了中国共产党关于和平解放北平的条件。在和谈条件尚未全部执行的时候，傅作义提出希望拜见毛泽东等人。他的这一请求得到了党中央的同意。

1949 年 2 月 22 日，毛泽东在西柏坡接见了傅作义。傅作义紧紧握住毛泽东的手，第一句就说："我有罪！"毛泽东第一句话却这样说："你有功！谢谢你，你做一件大好事。人民是永远不会忘掉你的！"坐下以后，毛泽东对傅作义说："北平和平解放最好，你这是为人民做了件大好事。假如说，你过去有过错的话，那么现在功过权衡，还是功大于过，也是有功人员。"毛泽东还对傅作义说："不久我们也要到北平去。将来咱们可以更好地合作，建设我们的国家。我们到北平以后，就要召集民主党派、人民团体、无党派人士、各少数民族和华侨等各个方面的代表人物开会，成立中华人民共和国政府。你可以被邀请参加会

议，你有功，也有代表性。"

毛泽东的一席话使积聚在傅作义心头的疑虑顿时冰消雪化。他当面向毛泽东表示，他回北平以后，一定向部下传达毛泽东和其他中央首长的指教与关心，一定要做好部队和平改编工作。他还说："我个人也要无条件地服从毛主席和党中央的决定，叫我做任何工作，我保证把工作做好。在我有生之年，做一些对人民有益的事情，也好弥补我过去的过错。"

最后，毛泽东又问："傅将军，你愿意做什么？"傅作义回答说："我想，我不能在军队工作了，最好让我回到黄河河套一带去做点水利建设方面的工作。"毛泽东接着说："你对水利感兴趣？黄河河套水利工作面太小，将来你可当水利部长么！那不是更能发挥作用吗？"

傅作义回到北平后，精神振奋，心情愉快。李克农曾风趣地说："毛主席一席谈，傅作义前后判若两人。"

傅作义对毛泽东的肝胆相照、豁达大度十分敬佩，坚定了走革命道路的决心，经常勉励过去的下属好好听从共产党的安排，努力工作。毛泽东对傅作义给予了极大的信任，1949 年 8 月绥远的和平起义遇到严重困难时，请他亲赴绥远解决此事。他没有辜负毛泽东的信任，经过一个月的激烈斗争，如期实现了绥远和平起义。9 月 22 日，傅作义回到北平，在第一届政协会议上作了充满爱国激情的讲话，毛泽东为他热烈鼓掌。后来毛泽东又多次在共产党员和群众中替傅作义做工作，给予他信任和关怀，建国初期正式给他的职位便有第一届全国政协委员、中央人民政府委员、政务院水利部部长、绥远军区司令员等七项。

北平和平解放，是傅作义一大历史贡献，同时他也坚定了走革命道路的决心。毛泽东对傅作义给予了极大的信任和关怀。因此，傅作义在社会主义建设中充分发挥了自己的才智，为国家和人民作出了新贡献。

推心置腹　坦诚相待

毛泽东和他领导的党、军队吸引了无数有识之士、有志青年都来参加，他所以能聚揽天下英才，最根本的是他始终领导人民为中华民族伟大事业而奋斗。

为了更加广泛地团结社会各界、各民主党派，甚至敌对营垒中的有识之士，始终高举爱国主义的伟大旗帜，毛泽东提出革命不分先后，"爱国一家"，原国民党政府的代总统李宗仁先生也辗转海外，远道归来。是什么让新中国有如此强大的吸引力？

毛泽东争取、转化国民党的高级将领的许多故事是早为人所熟知的。

1949 年 8 月 4 日，原国民党第一兵团司令陈明仁将军与国民党长沙绥靖公署主任程潜将军在湖南长沙通电起义后，中共中央、毛泽东主席、朱德总司令给予了他们很高的评价，赞誉他们的义举"义正辞严，极为佩慰"，"义声昭著，全国欢迎，南望湘云，谨致祝贺"。

1949 年 8 月 30 日，毛泽东曾亲自草拟电文给程潜和陈明仁，邀请他们到北平参加第一届全国政协会议。

1949 年 9 月 19 日，毛泽东在百忙之中邀请程潜和陈明仁同游天坛公园。刘伯承、陈毅、粟裕、李明灏、李明扬和张元济等也陪同游览。在祈年殿前，毛泽东特地从人群中召唤陈明仁："子良将军，来，来，来，我们两个单独照个相。"

"这……"陈明仁这位久经沙场的将军，一时竟感到手足无措，踌躇不前。

"主席请你，你就莫装斯文啰！"陈毅一边说，一边将陈明仁推到毛泽东跟前。陈明仁恭恭敬敬地站在毛泽东右边，和毛泽东照了个合影。

照完相后，毛泽东说："子良将军呀，现在外面的谣言很多，说你被我们扣起来了；还说杜聿明、王耀武被我们五马分尸干掉了，我想请你去山东济南看看他们，把情况向外边介绍一番，写些书信给你那些还未过来的亲友故旧，促进他们及早觉醒，及早归来。"

"是，我一定照办。"陈明仁爽快地答道。

"你还可以把这张照片分送给你们黄埔同学，只要送得到的都送一张。"毛泽东还告诉他，"后天，我们的新政治协商会议就要开幕了，各方面的代表人物都有，唯独还缺少蒋介石的嫡系将领，你来了，代表就都全了。"

陈明仁听到这里，非常感动，主动向毛泽东检讨说："起义前自己认识不足。蒋介石和李宗仁派黄杰、邓文仪到长沙时，有人劝我把他们扣起来，我不仅没扣，还把已扣起来的忠于蒋介石的特务头子毛健钧也放走了，错过了机会。"

"没错没错，不要扣。革命不分先后，不要勉强人家嘛！今后，凡是愿意过来的，我们派飞机接；凡是愿意走的，我们派飞机送，你那种搞法是可以理解的，不要怕人家说闲话。"

1949年9月21日，陈明仁参加了第一届全国政协会议。他首先说："我起义了，这既是对白崇禧实行兵谏，也是我对蒋介石的'大义灭亲'……"他的话，博得了与会者热烈的掌声。政协会议期间，毛泽东又先后两次接见陈明仁，对他说："你顺利地过了战争关，过来了就是好的。"并问他："你今后打算干什么？是从政？还是从军？从政，就打算给你拨一笔特别费，由你全权开支。"

"报告主席，我是一个军人，还是想在军事上为国家尽点力量。不过，我那个部队还是国民党军，改编为中国人民解放军吧！"

"那好，你还是带兵去吧。我们拟把你的一兵团正式编为中国人民解放军第二十一兵团，仍由你当司令员，你有什么条件吗？"

"报告主席，我现在真正地服了共产党，我一点条件也没有。"

"哎呀，人家有条件的，我倒好办；你这个没条件的，我倒不好办呀！这样吧，从今以后，解放军有饭吃，你也有饭吃，一视同仁，绝不会有半点亏待你的。"

但是，当陈明仁第二次去见毛泽东时，却又多次提起条件来了：他要求打仗，要求让他参加战斗立功。毛泽东笑着对他说："你的志愿是好的。但目前部队未整训，马上去前线，逃兵必多，作了初步整训之后，如有作战机会，上前线打几仗是很好的。"

后来，毛泽东果不食言，在 10 月 5 日发给华中局林彪并告湖南省委的电报中，除了指示要给陈明仁补充一批物资外，还专门讲到"请你们注意有可能时，让其参加一二次作战"。后来，陈明仁的第二十一兵团参加了广西的剿匪战斗，并取得了胜利。

起义、投诚的国民党军政人员历来是我们党团结的对象，但和他们特别是和原国民党军政要员打交道，沟通思想，融洽关系，增进友谊并充分调动其积极性，从而化干戈为玉帛，也绝非易事。对此，毛泽东推心置腹，坦诚相待。

程潜字颂云，湖南醴陵人，曾任湖南都督府参谋长、非常大总统府陆军次长、广东大本营军政部部长，参加过北伐战争，任国民革命军第六军军长、武汉国民政府委员等职。抗日战争时期，曾任国民党第一战区司令长官兼任河南省政府主席、天水行营主任。抗日战争时期，担任过武汉行营主任、湖南绥靖公署主任、湖南省主席。对这位国民党元老，毛泽东是很敬重的，他争取和帮助了程潜，使长沙于 1949 年 8 月 4 日得以和平解放。对程潜湖南和平起义的义举，毛泽东誉为"义声昭著，举国欢迎"。

1949 年 9 月 7 日，毛泽东去火车站亲自迎接参加新政协的程潜。第二天，毛泽东在中南海设宴招待程潜。席间，毛泽东举杯祝酒说："程潜将军领导全体官兵起义，和平解放湖南，带了一个好头，使湖南人民免遭战争灾难。你们立了功，向你们祝贺，向你们致敬。"不久，毛泽东又请程潜到家里做客。饭后，毛泽东提议去划船，并亲自为客人荡起了双桨。此外，毛泽东还在百忙中与程潜等同游天坛。毛泽东的这些举动使程潜大为感动。

特别是有一次毛泽东单独约见在程潜身边工作的程星龄，谈起了建国后程潜的工作问题。毛泽东说："颂云是老前辈，他从事革命时，我们还是学生。我想颂云屈就中南军政委员会副主席之职，论班辈就感到有些为难，请你考虑同颂云婉商一下如何？"程星龄回答："他一定会欣然从命的。"毛泽东则坚持要程星龄回去同程潜商量一下，明日再答复。当程星龄把这番话转告程潜时，程潜感动得热泪盈眶。

不仅如此，毛泽东随后又将进军大西南的行动计划这一军事机密文件送给程潜看，征求他的意见。对此，程潜深有感触地说："我和蒋介石共事多年，从未闻过他的机密；刚刚投到人民的怀抱，毛主席就这样信任我，如此推心置腹，真是万万没想到。"此后，毛泽东还考虑到程潜旧部多，所以决定由政府按月送程潜 5 万斤大米（后折人民币 5000元）作为他的特别费。还为程潜在北京准备了房子，让他可以随意在北京、长沙两地居住，安度晚年。

干事业最能召唤人心，最能鼓舞人心，最能凝聚人心。越是宏伟壮丽的事业，越能激起更多的人为之向往，为之追求，使人能为之舍生忘死地不懈奋斗。毛泽东毕生奉行全心全意为人民服务的宗旨。历史上的英雄豪杰都很讲究"仗义"，举义旗以聚众。如果说毛泽东"仗义"的话，他仗的就是"民族大义"。

气度超人
——毛泽东以凝聚人心的智慧，能将陈腐转化为新生，气度非同一般

领导工作是一种社会实践活动，离不开人与人之间的交往。孟子提出："天时不如地利，地利不如人和"。毛泽东以凝聚人心的智慧，能将陈腐转化为新生，气度非同一般。

关怀备至　重获新生

毛泽东历来主张要化消极因素为积极因素，要团结一切可以团结的力量。他的这一思想也生动地展现在他的人际交往之中。其中最有代表性的是他同末代皇帝、伪满战犯溥仪及其亲属的交往。正是在同他们的交往中，毛泽东写下了化陈腐为新生的杰作。

1962 年 1 月 31 日，章士钊、程潜、仇鳌和王季范等人收到请柬，毛泽东约他们到家中小酌。他们都是毛泽东的老乡，又都是清末的资产阶级革命家或社会贤达。章士钊等 4 人陆续来到颐年堂前。毛泽东雍容大度、出语诙谐地说："今天请乡亲们来，要陪一位客人。"客人是谁呢？大家都觉得莫名其妙。"你们都认识他，来了就知道了。也可以事先透一点风，他是你们的顶头上司呢！"毛泽东故意不说出名字来，为这次家宴披上一层神秘色彩。

大家正在猜测这位"顶头上司"到底是谁时，一位清瘦的男士迎上去握手，毛泽东拉他在自己身边坐下，环视应邀而来的客人说："他是宣统皇帝嘛，我们都曾经是他的臣民，难道不是顶头上司？"

毛泽东为溥仪设家宴并待之为上宾，当然不是偶然的。他历来注重溥仪的改造，关心他的转变和点滴的进步。

当溥仪还在抚顺战犯管理所监押的时候，毛泽东就很注重关于溥仪改造的上报材料。当他得知溥仪在抚顺学习得不错时，便在 1956 年 2 月当面向载涛建议，让他携家属前往抚顺探视溥仪。两个月后，毛泽东在中央政治局扩大会议上再次提及溥仪说："……连被俘的战犯宣统皇帝、康泽这样的人也不杀，就要给饭吃。对于一切反革命分子，都应当给以生活出路，使他们有自新的机会。"

溥仪特赦回到北京以后，毛泽东每次谈到改造旧阶级、旧思想，总忘不了举溥仪为例。

席间，毛泽东和溥仪边吃边聊。毛泽东知道溥仪在抚顺时已与他的"福贵人"离婚，就问："你还没有结婚吧？"溥仪回答说："还没有呢！"毛泽东又说："还可以再结婚嘛！不过你的婚姻问题要慎重考虑，不能马马虎虎。要找一个合适的，因为这是后半生的事，要成立一个家。"

饭后，毛泽东和溥仪等一起照了相。溥仪把这张珍贵的照片摆在床头上，以示纪念。

1964 年 2 月 13 日，毛泽东在春节座谈会上说："对宣统要好好地团结，他和光绪皇帝都是我们的顶头上司。我做过他们下面的老百姓。听说溥仪生活不太好，每月只有180多元薪水，怕是太少了吧！"说到这里，他又转向在场的章士钊先生继续说："我想拿点稿费，通过你送给他改善改善生活，不可使他'长铗归来兮食无鱼'，人家是皇帝嘛！"溥仪知道这件事后非常感动，他对夫人李淑贤说："我们现在的生活不是很好吗？靠劳动吃饭，这就是幸福！"又说："主席的钱我们不能收，盛情我们领了。"

金蕊秀（姓爱新觉罗，在汉语中称为"金"，名韫颖，蕊秀是号，后用熟变成名字）是清朝末代皇帝溥仪的三妹。在她的记忆中，有过这样一段难忘的往事。新中国诞生后，金蕊秀曾在首都北京的一个街道工作，担任卫生组长、居民组长和治保委员。1954年的一天，她去章士钊先生家做客，章士钊说："你给溥仪写的信很有意思，我是从一本书上看到的。那本书中《满宫残照记》，我把它呈给毛主席看了。"接着，他要求金蕊秀写个自传，也呈给毛主席看看。很快，金蕊秀写好了自传，交给了章士钊。过了一段时间，章士钊告诉金蕊秀：毛主席经常关心你，亲自写了一封信，其大意是：你的信收到了，那件事（指她的工作）已交人处理了。不久金蕊秀被安排为北京市东城区政协委员，1960年，金蕊秀受到周恩来的接见，周对她说："关于你的工作安排一事，是毛主席交给我，我交给下边的。"想到毛泽东在日理万机的情况下，还对清朝末代皇帝溥仪及其眷属的生活如此关怀备至，金蕊秀心里不胜感激。

时隔不久，金蕊秀再一次感受到了毛泽东对前清遗属的关心。1956年开政协会时，毛泽东对载涛说："溥仪学习得不错，你可带家属到抚顺战犯管理所去看望他。"很快，北京市市长彭真为载涛、金蕊秀等人的一行做了周到的安排，出资购置服装、派人沿路照顾他们吃住参观，使溥仪和亲属们都深深地感到了新中国的温暖。

后来，溥仪被安排在全国政协搞文史资料工作。在毛泽东的关怀下，溥仪成为一个自食其力的劳动者，写出了《我的前半生》一书，留下了不可多得的历史资料。

不计前嫌　平等相待

毛泽东坚信人是一分为二的，人可以转化。在对旧地方武装和国民党军队官兵的争取转化工作上，毛泽东有他的绝招。

毛泽东来到井冈山之始，对山下的镇子很感兴趣。在这里，他建立了司令部，和部下忙于组织地方苏维埃，宣传共产主义，招兵买马，扩大根据地。

进行这些工作，首先要与地方武装搞好关系。地方武装中，袁文才的部队力量较弱。毛泽东决定先从袁文才的部队着手。袁文才和这偏僻地方所有人一样，对陌生人怀着戒心。开始只要一提起毛泽东，人们纷纷逃跑。后来，出于好奇心，并看到毛泽东的队伍行为规矩，人们又开始返回自己的住地。毛泽东常和人们拉家常，和农民处得很好。他会走到一个男人面前，问："你叫什么名字，大哥?"或者对一位妇女说："大嫂，怎么称呼你?"人们的恐惧感很快就消失了。但袁文才还是很谨慎，担心毛泽东想消灭他，吞并他的队伍。

1927年10月6日，毛泽东在茅坪附近的大仓村和袁文才会面。毛泽东向袁文才解释说，他是共产党，他的部下在那里不是在干涉地方武装的活动，而是要和人民一起改善他们的命运。他的军队不是国民党军队，不会压迫老百姓。袁文才终于同意支持毛泽东，毛泽东给他100支步枪。袁文才付给毛泽东一些银两，并且同意在毛泽东的司令部所在地茅坪的原攀龙书院的房子里建一所小医院。

井冈山原先是个盗匪出没的地方，后来很快就成了一个巩固的革命根据地。

毛泽东在他写的《中国社会各阶级分析》中，对兵匪盗贼和流氓无产者作过精辟的分析。在实践中，他能化腐朽为神奇，把这些被常人憎恶的对象变成革命的积极力量。

井冈山革命根据地初创时期，部队人数不多，装备简陋。由于战斗频繁，部队经常减员，而兵源补充又十分困难。为了稳定革命队伍，保持部队有生力量，部队补充时，除了招收贫苦农民外，不得不吸收一部分游民和俘虏，其中还有染上抽大烟恶习的人。当时工农出身的战士对这部分人很反感和憎恶。针对这种情况，毛泽东耐心说服教育部队：中国社会情况复杂，各地都有抽大烟的、赌钱的、卖唱的、当妓女的人，还有不务正业的二流子等等，对这些人要作具体分析。他们中多是为生计所迫走上邪路的。革命军队要对他们进行教育、帮助、改造，引导他们走上革命道路，就必须首先同情、关心、接近和了解他们。当时部队中有个别人有抽大烟的恶习。按照毛泽东的指示，部队耐心教育帮助他们，并根据其特点，把他们编成一个侦察队，派到敌占区，化装烟客出入烟馆，搜集敌人情报，对革命起了重要作用。同时帮助他们很快地戒掉了烟毒，革除了不良习气，逐步改造、锻炼成优秀的红军战士，有的还在对敌斗争中英勇地献出了自己的生命。

第六章　重视激励　凝聚人心

现代心理学的激励理论认为，要把一个人的潜能挖掘出来，转化为显能，需要一个中间环节。这个环节就是激励，无论是来自于内部的自我激励还是来自于外部的其他激励。由于内外两个方面缺乏适当的激励因素，及适当激励的强度不同，人类潜能的绝大多数都没有得到发挥。也就是说，人类的绝大部分能力仍然处于潜伏的或者压抑的状态而有待于开发利用。

有了能力强、智慧高而又有干劲的部下之后，下一步要做的就是激励他们，使他们在工作上发挥创造性。毛泽东在中国革命和建设时期，一直用激励的方式鼓舞干部，使他们焕发出无限的热情，以坚定的意志去努力工作。

尊重部下
——尊重是激励的前提

激励的前提是信任，是认同，是尊重，是鼓励，是张扬，是关怀，是爱护，而不是压抑，不是打击，不是鄙视，更不是继续压抑，继续打击，继续鄙视。我们看到，在这个方面，毛泽东正是从信任、认同、尊重、鼓励、张扬、关怀和爱护人民的角度出发，去激励人民，也正是因为这样，中国革命的事业才取得了辉煌的胜利与成就。

激励一个群体与激励个体，有着根本的不同。个人，是理性化的，或者说基本上是理性化的。而群体则不是或者很少是理性化的。相反，群体经常是或基本上都是情绪性或情绪化的。如果说对人的激励需要的是"晓之以理"，那么，对群体的激励需要的则是"动之以情"。而这才是从情感入手实施对群众激励的关键。

激励认同　将士效命

毛泽东激励群众，就是打开了群众的情感源头，从而，即使是那些被认为最"卑贱"的"下等人"也迸发出了无限的热情与才能，创造了令人震惊的奇勋。在总结彭湃搞农民运动的经验时，毛泽东曾经指出过，彭湃为了做农民工作，不得不脱掉白大褂穿起农民衣服，不得不改掉"官话"说农民的"土话"，也不得不与农民一起拜观音菩萨。但是，这样一来，农民就把他看作自己人，愿意跟他说心里话。从此以后，彭湃的农民运动就搞了起来，彭湃也成了农民运动的大王。人们不免说，彭湃的做法是情绪性的，甚至于不免带有煽情的成分。但是，关键的问题还不在这里，而在于因此农民就把彭湃看作自己人。这是一个转折点。只有在这个转折点之后，彭湃（一般意义上的领导者）才能对农民（一般意义上的群众和被领导者）实施激励，才能领导他们。

1943 年夏天，在延安参加整风学习的杨勇把自己种出来的蕹菜、苋菜、丝瓜，加上一个大南瓜，满满装了一担，挑到了杨家岭，送给毛泽东。

毛泽东正在外面散步，远远地看见杨勇挑了一担菜走过来，惊奇地问："这些都是南方菜，你从什么地方搞来的？"

杨勇说："我从何德全的兵站拿来的种子，和警卫员一起种的。送一担给您尝尝，都是咱们湖南菜，您准喜欢吃。"

毛泽东听杨勇这么一说，心中十分高兴，自从到了陕北，他也确实没有吃到过家乡菜了。忙说："好极了！爱吃家乡菜不是迷信，是从小养成的习惯。这些湖南菜可是好久没见到了！"

毛泽东听了杨勇说起大生产的情况，高兴地笑着说："噢，你呀，能当生产模范了吧！有人向我反映，你在党校又能学习，政治思想作风又好，还能劳动，文武双全，真是个好同志！"杨勇听了毛泽东的表扬，心里真是高兴。

1953年4月18日，春光和煦，微风指柳。在中南海宽敞明亮的办公室里，毛泽东主席挥动狼毫，用他那遒劲有力的笔迹，以中央军事委员会主席的名义，签署了一项新的命令：调中国人民解放军第二高级步兵学校校长杨勇任中国人民志愿军第二十兵团司令员。

这样，继杨得志、杨成武之后，杨勇又被毛泽东派到朝鲜战场，实现了朝鲜战争"三杨开泰"的设想。毛泽东不无风趣地说：再送一个羊（杨）到朝鲜，美国佬就彻底认输了。1955年4月29日，杨勇又被毛泽东任命为中国人民志愿军司令员。在朝鲜期间，杨勇曾多次主动向金日成请示和报告工作，征询他对志愿军工作的意见和要求。金日成对杨勇同样怀有美好的印象和深厚的情谊。金日成到中国访问时曾对毛泽东说："杨勇是个难得的同志。"毛泽东赞同道："对，他是一个很能团结人的人。"

后来杨勇离开了朝鲜，金日成一直对他念念不忘，每次来中国都要邀杨勇相聚。凡有朝鲜党政领导同志来中国，金日成都让他们带些礼物捎给杨勇。

1956年9月15日至27日，中国共产党第八次全国代表大会在北京举行。这是建国以后党召开的首次代表大会，其规模之大代表之多，超过历届。杨勇作为中国人民志愿军的代表回国出席了这次会议，并当选为中央委员会候补委员。

会议期间，毛泽东、刘少奇、朱德、周恩来、邓小平等中央领导同志召见杨勇。他们认真听取了杨勇的汇报，对志愿军的工作给予了充分

肯定和十分明确的指示。毛泽东首先肯定了志愿军的成绩，说："中国人民志愿军在抗美援朝保家卫国的运动中，为祖国人民赢得了荣誉。无论是战时还是停战以后，为维护世界和平作出了贡献，值得全国人民学习。"

在谈到今后的工作时，毛泽东指出："我们面前的工作是很艰苦的，我们的经验是很不够的，我们必须善于学习。我们决不可有丝毫的大国主义态度，决不可因为有一点成绩便沾沾自喜，即使我们做出再大的成就，也没有值得骄傲自大的理由。"

杨勇牢牢记着毛泽东的教导，回到朝鲜后，在传达八大精神时，传达了毛泽东主席的这一指示，并在实际工作中认真加以落实。

针对部分同志存在的大国主义和居功自傲的思想倾向，杨勇和刚刚担任志愿军政治委员的王平商议决定，组织一个"志愿军学习团"，深入朝鲜各地参观访问。杨勇亲任团长。"学习团"访问了由朝鲜人民军守卫的阵地、防线；"学习团"还访问了设在地下掩体里的学校。通过参观学习，志愿军一些同志加深了对朝鲜人民和人民军的理解，纠正了一度存在的大国主义倾向。杨勇也由此进一步加深了对毛泽东指示精神的理解。

1958年春节期间，周恩来总理率团访朝，并慰问志愿军。其间，向杨勇谈起朝鲜撤军的事，说中央已经基本决定1958年上半年从朝鲜撤军。杨勇说："我们拥护中央的决定。"杨勇略微停顿了一会儿，说："不过，我有个建议。志愿军最后一批撤出朝鲜的时间，能不能推迟几个月，在10月25日，那时正好是志愿军出国作战8周年纪念日。这样一来，志愿军还可以再帮助朝鲜建设几个月。"

"8周年，凑个整数。挺有意义的么。"陈毅赞同道。

周恩来点头说："这个建议可以考虑。还有什么意见？"

"其他一些建议，我都写在了给彭部长的报告里。"杨勇说。

周恩来起身从文件包里拿出一份材料："就是这个报告吧？"

"是的。个人的一点建议，仅供中央参考。"

原来 1957 年 11 月 2 日至 20 日，毛泽东率中国代表团访问了莫斯科。此间，毛泽东与同时访问苏联的金日成商谈了中国人民志愿军全部撤出朝鲜的问题。毛泽东说："鉴于朝鲜的局势已经稳定，中国人民志愿军的使命已基本完成，可以全部撤出朝鲜了。"金日成表示同意。

国防部长彭德怀在请杨勇回国汇报工作时，把毛泽东的这一想法转告了他。杨勇为此做了一系列准备工作。1958 年 1 月 28 日，杨勇就志愿军撤出朝鲜的问题给彭德怀写了一个专题报告。

彭德怀于 1 月 31 日看过这个报告后，把它转呈给毛泽东主席。毛泽东 2 月 3 日阅后表示可以考虑，并在报告上签了字，又转给了周恩来。周恩来指着这个报告对杨勇说："军委已初步研究了，基本赞同你的意见。"周恩来接着说："明天我们就和朝鲜同志谈这个问题。然后，我们准备到你们那里去看看，并和大家一起过年。"

1958 年 10 月 29 日，这是杨勇和志愿军代表最为难忘的一天。

毛泽东主席在中南海怀仁堂亲切会见志愿军代表团。毛泽东身穿着银灰色制服，精神饱满。他看到杨勇时，第一句就关切地问："都回来了吗？"

杨勇答："我们全部回到了祖国的怀抱！"

毛泽东用他温暖的手紧握着杨勇的手，连连摇动着，说："好！回来好哇，热烈欢迎你们。"

站在一旁的朱德说："志愿军为我们赢得了荣誉，值得称颂和学习。"

杨勇谦虚地说："光荣属于祖国和人民。"

毛泽东招呼杨勇和王平坐在自己身旁，听王平报告朝鲜人民欢送志愿军的情况。末了，毛泽东语重心长地告诉杨勇和王平说："虚心使人进步，骄傲使人落后。志愿军同志一定要谦虚谨慎，戒骄戒躁，争取更上一层楼。"

随后，毛泽东健步走进了怀仁堂，满面笑容地会见志愿军代表团的全体同志，并和大家合影留念。

毛泽东对人民群众的激励与认同，是从他对人民群众情感上的亲近开始的；但是，又不止于对群众的情感与认同，而是把它们上升到理性的高度。毛泽东关于"人民，只有人民，才是历史的创造者"，"人民群众有伟大的创造力"，"上帝不是别人，就是全中国的人民大众"，"群众是真正的英雄，而我们自己则往往是幼稚可笑的"，"人民万岁！"等一系列论述，充分相信和依靠群众，把我们所从事的社会主义现代化建设事业不断推向前进。

相知崇信　水乳交融

正因为毛泽东尊重和认同下级人民群众，激励人民群众成就的伟业；所以，反过来，人民群众也更为崇敬与认同毛泽东，并与他心心相印……

1928 年 12 月，平江起义部队组成的红五军在彭德怀的带领下开赴井冈山，李聚奎作为红五军的一员，怀着十分兴奋的心情，期待着两军的会师，同时，也期待着见到他心目中的伟大人物毛泽东。

早在平江起义之前，他就听彭德怀常常讲，毛泽东开辟的井冈山革命根据地是中国革命的旗帜。起义后，彭德怀告诉大家井冈山道路是红五军的榜样。当时，李聚奎对这些话还将信将疑。到了井冈山，见到了红四军派来接他们的队伍，接触了根据地的群众，心里的疑问全消了，一切都让他感到那么新鲜、亲切、温暖。经过几个月的辗转苦战，想到就要有个落脚点了，就要见到毛泽东、朱德了，就要和红四军会师了，心情久久不能平静。

这时，部队开出茅坪，去宁冈县新城参加会师大会。路上，遇到了红四军的队伍，李聚奎他们就在路边的田野集合，让红四军先走，这时，毛泽东来了。彭德怀说，大家等一下，请毛委员给我们讲话。

毛泽东身穿一套中山服，没有戴帽子。他一面讲话一面抽烟，走过来，走过去，讲了很多革命道理。李聚奎记得最清楚的是他讲的工农兵联合起来打遍天下的道理。

李聚奎听了毛泽东的话后，深受启发，因为他是农民出身，懂得的道理并不多。

1929 年夏，红五军返回湘鄂赣发展。

原来湘鄂赣这个地方，乱烧乱杀的盲动主义很严重。其中尤以平江的地方游击队为最为严重。产生盲动主义的原因很复杂，其中有的人是出于狭隘的复仇思想，把参加革命当作了报仇。有的把烧杀当成是坚决革命的行动，而把反对这种错误行为的同志说成是对革命不坚定的表现。有的人把烧掉群众的房子当作促使群众起来革命的手段，说只有这样，才能把小资产阶级（农民）变为无产者，迫使他们走上革命。

李聚奎他们到了井冈山后，听毛泽东给他们讲，工农革命军刚进入这个地区时，农民都很亲近地围拢上来，可是，当点火要烧房子时，农民就跑开了。所以，毛泽东指出，烧房子是"烧"跑群众、孤立自己的愚蠢行为。1929 年 4 月红五军在瑞金同红四军第二次会合时，李聚奎还亲眼见到毛泽东、朱德领来的红四军每到一地，就向群众宣传党的政策，利用一切机会做群众工作，因此，军民关系十分融洽。

这一切给了李聚奎很深刻的教育。红五军这次重返湘鄂赣边区，时任大队长的李聚奎及其他同志就以毛泽东、朱德领导的红四军为榜样，把组织群众、武装群众、帮助群众建立革命政权和共产党的组织作为一项重要任务。很快，地方的民主政权和农民、妇女、儿童等革命组织都纷纷建立了起来，地方武装也有了很大的发展。不到几个月，湘鄂赣革命根据地发展到北起阳新、大冶、崇阳，南迄浏阳、万载，东到修水，西至平江的广大地区。这时红五军的人数虽然增加不多，但经过实际革命斗争的锻炼，战斗力大为提高。这一切，使李聚奎他们深深懂得了军队和群众打成一片的重要性，也更加钦佩毛泽东策略的高明、政策的正确。

1930 年 8 月，中国红军第一方面军成立，朱德为总司令。方面军下辖第一、第三两个军团，共 3 万余人。

方面军成立后，根据中央指示精神经方面军总前委讨论，"决议再打长沙，扩大红军"。于是部队继续西进，向长江方向运动。

总前委在作出"再打长江"的决定时，是有过一番争论的。第三纵队纵队长徐彦刚在同李聚奎一次谈话中，曾谈到总前委会在讨论第二次攻打长沙问题的一些情况。他说，最近几天，总前委会几乎每天都在开会研究打不打长沙的问题。有的赞成打，有的不赞成打。毛泽东认为我军不具备打长沙的条件，因为长沙守敌有10万人，而且城内并无工人、士兵运动做内应，取胜的可能性很小，所以毛泽东不赞成打。只是到了后来因久攻不克而撤围长沙时，李聚奎才觉得毛泽东和朱德等人的主张是正确的。

一方面军打长沙久攻不克，在毛泽东等人的说服下，撤离长沙到达株洲、萍乡一带，这时红一、三军团的给养均已告罄。于是，部队一面发动群众打土豪并筹款，一面待机行动。前后用了10天左右时间。在此期间，部队对"二打长沙"的战斗进行总结，表彰了一批作战勇敢的指战员。

在总结的过程中，总前委书记毛泽东深入部队讲话。他在讲话中强调指出："这次围困长沙10多天，大战数昼夜，战线延长30余里，这是自红军诞生以来规模最大的一次战斗。以前敌人嘲笑我们是跳梁小丑。谁知'小丑'却扫了敌人30多个团的威风。"

接着，毛泽东解释这次攻不下长沙的原因："一是红军虽然在文家市、猴子石消灭了敌人5个团以上的兵力，但未能消灭敌人的主力于工事之彰，因此敌人有余力守城；二是白区的群众没有发动起来，城内没有工人罢工策应；三是我军不具备装备技术条件，敌人的工事是欧式的重层配备，而我们没有重炮去破坏它。"

毛泽东虽然不赞成打长沙，但对打长沙并未持全盘否定的态度，这样就紧紧团结了那些原来坚持要打长沙的干部。通过正反两方面的经验教训，李聚奎对毛泽东的战略战术和所采取的方针政策有了进一步的了解，越加认识到毛泽东的英明伟大和他那对事物两分法、凝聚集体和凝聚人心的智慧。

1930 年 12 月，蒋介石集中了 7 个师约 10 万兵力，对我中央苏区发起了第一次反革命"围剿"。敌分八路纵队，采取"分进合击"的战术，企图歼灭我一方面军于赣南地区。

此时红军的情况已和过去不大相同，一、三军团组成了一方面军，比过去力量大得多，主力红军约 4.2 万人，又有一块相当大的根据地，所以反"围剿"作战就改变了过去那种打游击的战法。毛泽东分析了敌强我弱的态势，提出了"诱敌深入我根据地，待其疲惫而歼灭之"的积极防御的战略方针，主张红军适时进行战略退却，然后再依托根据地的优越条件，进行战略反攻，粉碎敌人的"围剿"。

当时根据地的军民对"诱敌深入"战略还是有很多顾虑的，对红军的战略退却很不理解，不愿意把敌人放进来打，怕打烂坛坛罐罐。为此，毛泽东和一方面军的领导同志在战前亲自到干部和群众中做动员和解释工作。反"围剿"开始前，在宁都的小布召开了一次苏区军民歼敌誓师动员大会，大会主席台两侧挂着毛泽东亲自拟写的对联。上联是："敌进我退，敌驻我扰，敌疲我打，敌退我追，游击战里操胜券；"下联是："大步进退，诱敌深入，集中兵力，各个击破，运动战中歼敌人。"

毛泽东和朱总司令都亲自到会讲了话。毛泽东在讲话中着重分析了敌我双方的有利条件和不利因素，强调了"诱敌深入"的作战方针的必要性。参加这次大会的人数虽然只有 1 万多人，但对整个根据地都起到了稳定民心的作用，增强了我军广大干部、战士战胜敌人的信心。

第一次反"围剿"开始了。战斗中，敌前线总指挥张辉瓒负隅顽抗，集中火力向我红九师方向猛烈冲击，妄图打开一个口子突围，就在这时李聚奎负了伤，子弹从他的右大腿打进，从屁股出，穿了一个大洞，鲜血一个劲往下流，师长徐彦刚、师政委朱良才正好赶到，他们说，老李赶快下去吧。担架员把李聚奎抬下去了。当经过小别山红军指挥部时，毛泽东总政委正在向前观察。毛泽东看有担架过来，就问："担架上抬着谁呀！"

"二十七团团长。"担架员回答。

"啊！老乡！"

毛泽东边说边走过来，他亲切询问李聚奎的伤情，问道："伤着筋骨没有？"

李聚奎看到是总政委在询问他的伤，忙说："没有。"

毛泽东说："那就好，休养一段时间就好了……"

然后，毛泽东又询问战况怎样。李聚奎回答说："马上就要结束战斗了，我下来时已经打到敌人指挥部了……"

毛泽东高兴地说："好！胜利在握！"

第一次反"围剿"的第一仗胜利结束了。我军全歼了敌十八师两个旅及师部，连师长张辉瓒在内9000余人全部被歼被俘。我军的伤亡也较大，我军九师三个团长，王主洪、李介思和李聚奎都负了伤，在一个屋子里治疗。团政委贺水光也挂了彩，还有一些指战员的伤亡。

敌十八师主力被歼对敌震动极大，真是"打倒一个吓跑一群"。那些深入根据地的"围剿"军，闻风丧胆，仓皇东逃北撤。红军转旗向东，追歼谭道源师。1月3日，红军在东韶歼灭敌五十师一部，俘敌3000余人，残敌溃逃。5天内打两个胜仗。第一次反"围剿"胜利结束了。实践证明，毛泽东提出的"诱敌深入的"战略方针是英明正确的。从此，毛泽东在红军中威望更高了。李聚奎和广大指战员都把他比作神机妙算的诸葛亮。

毛泽东之所以有超凡魅力，根本上是因为他与人民群众水乳交融地融合在一起。他成为群众的一部分，群众也成为他的一部分。他的超凡魅力是群众赋予的，也是群众所认可的。因此，在反"围剿"中，李聚奎等广大指战员把他比作神机妙算的诸葛亮。

释疑解惑　给人信心

对于领导者来说，问题不在于基层干部和群众是先进还是落后，而在于领导者对干部和群众提出的疑惑问题，是否能够恰如其分地释疑。

释疑得当，开发了干部与群众的思想，即使是落后的干部和群众也可以表现出先进的觉悟，也可以成就一番伟业。释疑不当，即使先进的干部和群众，恐怕也难以成就名堂。毛泽东在萧劲光遇到疑惑时启发其心智的过程，便说明了这一点。

1931年12月14日，驻守宁都的国民党第二十六路军1.7万人举行了起义。4天之后，萧劲光被任命为由这支起义部队改编的红五军团政治委员。对这一任命，萧劲光感到有些意外，因为中央根据地已有的一、三两军团，各由鼎鼎有名的林彪、罗荣桓、彭德怀、滕代远统帅。现在由萧劲光出任新的红五军团政治委员，显然更是委以重任了。

当萧劲光开始分析部队情况，考虑如何开展工作的时候，感到任务很重，不知从何入手。他的第一个想法就是去找毛泽东谈谈。对这个指导他走上革命道路的引路人，萧劲光十分崇敬和钦佩，有了心里话，愿意与之倾诉，接受指点。

担任中华苏维埃共和国中央人民政府主席的毛泽东，住在沙洲坝的一幢两层楼上。对萧劲光的来访，毛泽东显得很高兴。萧劲光也像见到久别的亲人，开门见山地说："毛主席，军委决定我去红五军团工作了。"

"听说了，李富春同志推荐你，我也很赞成。"毛泽东笑容可掬地说。

"我感到担子重得很呐。对冯玉祥部队的情况，我一点都不熟悉，教育改造部队从何入手，请主席指点。"萧劲光诚挚地向毛泽东请教。

毛泽东没有马上回答。他沉思了一会儿，慢条斯理地说："这的确是一项艰巨的工作，根据地缺人缺枪，这一万七千多人，教育改造好了，是一支了不起的力量，对敌人营垒也会产生巨大影响。但弄得不好嘛，也很麻烦，怎么办呢？我看关键是要按照古田会议的精神去做，建立党的领导，加强部队的政治思想工作。"停了一下，毛泽东进一步指示说："对起义的军官，愿留下的，欢迎。组织他们学习，进学校，搞干部教育。对要求走的，欢送。发给路费，来去自愿。"

这一次，他们谈了很久，毛泽东给了萧劲光到红五军团工作的勇气。从毛泽东住处出来的时候，萧劲光感到浑身充满了信心和力量。萧劲光到红五军团工作后，按照军委和毛主席的指示，把团结、教育、改造作为政治工作的指导方针，很快就打开局面。为了更好地帮助萧劲光工作，毛泽东还特意派聂荣臻来红五军团帮助、指导工作。萧劲光在五军团开办了军政训练班，按照毛泽东确定的建军思想和建军原则，讲解红军的宗旨、性质、任务、部队的管理教育、三大纪律八项注意、军民关系等基本知识和游击战、运动战的基本战术原则。

有一次，萧劲光同军团总指挥季振同商量给士兵们演一出戏，演演活的帝国主义和军阀。毛泽东知道后表示支持，并动员贺子珍也参加。总指挥、政委和毛主席的夫人同台演出，轰动了红五军团。

当然，教育、改造旧军队并非一帆风顺。由于旧军队的习气和制度在部队中根深蒂固，部队的改造工作又受到一些"左"倾思想的影响，加上国民党通过各种渠道的反动宣传，因而在 1932 年 1 月中旬，部队开始出现一部分军官逃跑事件。1 月下旬，萧劲光、季振同、黄中岳被中央军委找去谈话，顿时谣言四起："季振同、黄中岳已被中央扣留了，师长、团长都没有什么希望了"，"对要走的官兵将以逃兵论处，实行武力解决"，"中央已批准红四军来缴红五军团的枪，已在山上埋伏下了"。一些连队宣布戒严，还有的无故放枪，气氛非常紧张。

面对这种严峻的局面，萧劲光心急如焚。他备鞍上马，快马加鞭，一口气跑了 30 里，先到总政治部，又到了中央局和军委，把红五军团发生的问题原原本本地作了汇报。使他焦虑的是，有的领导将问题看得过重，主张马上派部队武力解决。萧劲光虽不主张这样做，但又想不出好办法。

萧劲光思来想去，决定还是去找毛泽东。

毛泽东住在一座两层的小楼上，下层是放东西的仓库，有个两只脚的梯子，从梯子爬上去便是毛泽东简单的办公室兼卧室。萧劲光爬上二楼，毛泽东见是萧劲光来了，起身迎接，招呼萧劲光坐下。萧劲光向毛泽东汇报完部队中出现的问题和有的领导主张武力解决的意见，问毛泽东："主席，你看看怎么办？"

听完萧劲光的叙述，毛泽东沉思片刻，反问道："你的意见呢？"

"我不同意用武力去解决问题。"

毛泽东说道："只能通过教育改造争取他们革命，只能用'剥笋'的办法，将真正反动地剥去；而不能用'割韭菜'的办法，不分青红皂白，一刀割。"毛泽东打了个生动的比喻，意思是要区别不同性质的问题，毛泽东接着说，"你马上回去，对他们说是我讲的，宁都暴动参加革命是你们自觉自愿来的，我们表示欢迎，这是一。第二，如果你们认为这儿不好，愿意回去，我们表示欢送。"

毛泽东的一席话，使萧劲光心里豁然开朗。他当即辞行，扬鞭催马赶回五军团驻地，马上召开高层干部会议，传达毛泽东的意见。季振同非常兴奋，情不自禁地把桌子一拍说："好！拥护！赞成！我们坚决要革命到底。"他还走到门口，对等在外面的军官们传达了毛泽东的话，说，你们要革命的就留下，一定要回去的，我们欢送。就这样，一场风暴迅速平息了。

几十年后，萧劲光回忆起这段历史的时候，无限感慨地说："这点体会特别深刻。在这种情况下，如果不是毛主席的决策和指导，如果按教条主义的办法去做，红五军团在整编和改造中可能遇到更大的困难甚至挫折。"

在遇到上述所叙的紧急情况时，毛泽东由于处理得当，从而凝聚了我军力量，稳定了军心和人心。

宽容理解　推心置腹

毛泽东善于在干部遇到挫折、受到打击时，鼓舞他们，使他们感受到组织上的充分信任。

1937年3月中旬的一天，传来了西路军失败的消息。这以后，红军大学开始有组织地揭批张国焘。许世友对长征途中张国焘分裂党的错误有一些认识，但对这场斗争的本质认识不够。同时，由于当时在具体工作中执行党中央、毛泽东制定的政策不准确，揭批张国焘有扩大化的倾向，波及了红四方面军的一些高级将领。什么叫路线、方针错了，许世友弄不明白，总感到自己为革命出生入死，从无二心，现在却错了，感到委屈。一时的感情冲动，许世友竟萌发重新去四川打游击的念头，在与一些老战友密商后，他制定了离开的计划。

在这关键时刻，许世友的老战友、前红四军政委王建安突然醒悟了，报告了抗大保卫处长。保卫处长大惊失色，赶紧报告了抗大政治部副主任莫文骅。莫又找到校长林彪。林彪立即向毛泽东当面汇报。

毛泽东下令："全部抓起来！"

当许世友被关在延安的窑洞里，想着自己这次必死无疑的时候，毛泽东托人给他捎来了一条哈德门香烟。这时的毛泽东，已经了解到揭批张国焘的过程中有扩大化的倾向，正是这一倾向，激发了许世友等人要出走四川打游击念头。毛泽东决定实事求是地解决这一问题，以团结红四方面军的广大指战员。恰逢徐向前刚刚回到延安，毛泽东在与徐向前长谈之后，又叫徐向前"去看看许世友等人，做点工作"。做了这些铺垫之后，他又亲自登门，与许世友进行了两次长谈。

毛泽东拉着许世友的手说："世友同志，你打了很多仗，吃了很多苦，够辛苦了！我对你表示敬意。"

此时此刻的许世友，看见毛泽东对他如此的宽容和理解，一时感到羞愧难当，掉下泪来了。

接着，毛泽东又对许世友说："红四方面军的干部，都是党的干部，不是张国焘的干部。张国焘是党中央派去的，张国焘的错误应该由他自己负责，与你们没关系。"

然后，毛泽东又谈起了张国焘错误的实质、危害和根源，张国焘的"愚民政策"和两面手法，以及给中国革命造成的巨大损失等等。在毛泽东逝世后，许世友深情地追述起这件往事，感慨地说："毛主席的这几句话，一下子解开了我的思想疙瘩，使我感到非常舒畅，非常温暖。

毛主席多么了解我们这些工农干部啊！我郁结在内心深处的苦闷情绪，给毛主席温暖的话语一扫而空。""从这一天开始，毛主席给了我新的政治生命。"

最后，毛泽东嘱咐许世友，要好好学习，多学知识为革命多作贡献。

许世友表示："一定照主席说的去办。"

毛泽东与许世友推心置腹的交谈，如春风滋润着许世友的心田，使他郁结内心深处的苦闷情绪一扫光，凝聚了他的心，也凝聚了广大指战员的心。

1937年，许世友进入抗大学习，多次听毛泽东讲哲学、讲政治、讲军事，得益颇深。许世友越来越深刻地感到毛泽东是伟大的马克思主义者，伟大的无产阶级革命家，也是伟大的无产阶级军事家，他的政治路线和军事路线，都极大地发展了马克思列宁主义，增加了马列主义宝库的财富。更加感到毛泽东是我党我军当之无愧的英明领袖。从此，许世友对毛泽东更为敬佩。

离开抗大后，许世友随朱德总司令到了太行。后来被派到山东。从抗日战争到解放战争，不管斗争多么复杂，条件多么艰苦，许世友都尽自己的努力贯彻执行党中央、毛主席的政治路线和军事路线。后来许世友回忆说："如果说在那一段时间我许世友为党为人民做了一点有益的工作，那首先应当归功于毛主席的教导。"

当党内出现重大斗争的时候，毛泽东都及时给许世友敲警钟、打招呼，启发他始终保持清醒的头脑。

1970年8月，党在庐山举行九届二中全会，林彪反革命集团在会内会外煽风点火，发动突然袭击。许世友当时是华东大组的负责人。林彪在华东的党羽以及"四人帮"在上海的亲信，都按照林彪的调子吵吵嚷嚷，以拥护毛主席任国家主席为名，反对毛主席关于不设国家主席的英明决策，妄图把林彪抬上国家主席的宝座。

一天下午，许世友到毛泽东住处参加会议。他老人家把手放在许世友手上，十分恳切地说："你摸摸，我手是凉的，脚也是凉的，我只能当导演，不能当演员。你回去做做工作，不要选做国家主席。"

许世友向毛主席表示："我马上回去做说服工作。"

毛泽东戳穿了林彪反革命集团的阴谋，粉碎了他们的反革命伎俩。但林彪仍然贼心不死，继续大耍反革命武装叛乱阴谋。1971年8—9月间，毛泽东到外地视察，又把许世友从南京叫到南昌，告诉他："庐山这件事，还没有完，还没有解决。回北京以后，还要再找他们谈。他们不找我，我去找他们。要开九届三中全会。"

毛泽东的话，使许世友进一步看清了林彪的本质，对许世友起了同林彪斗争到底的动员作用。

此时，林彪已经制定了谋害毛泽东的行动计划。

1971年9月10日下午6时，毛泽东由杭州抵达上海，即通知许世友乘军用值班机飞往上海。毛泽东乘坐专列安全驶出上海，他又马上乘飞机赶在专列前到达南京。在站台上，许世友挥手向毛泽东告别，一直目送着专列平稳地驶出南京。林彪出逃自毙后，许世友便迅速收拾了林彪在华东的几名死党。

对于党中央同"四人帮"的斗争，毛泽东也一再给许世友启示。1973年12月，毛泽东接见各大军区负责人，把许世友从后排叫到前排。

毛泽东语重心长地对大家说："汉朝有个周勃，是苏北沛县人，他厚重少文。《汉书》上有《周勃传》，你们看看嘛！"

毛主席为什么要大家看《周勃传》？会后许世友找了《汉书》看，才晓得原来周勃跟随刘邦平定了天下，建立了汉朝；后来吕后的私党诸吕要篡汉夺权，周勃等人把诸吕消灭了。

1974年"批林批孔"中，"四人帮"借题发挥，把矛头指向周总理和其他老一辈革命家。这就擦亮了许世友的眼睛。毛主席讲了周勃，而江青大讲吕后，分明是同毛主席唱反调嘛！充分暴露了"四人帮"一伙的篡党野心，这就不能不引起许世友对他们的警惕。后来毛主席一再批评"四人帮",许世友更加心中有数了。

毛泽东不但对许世友政治上信任,在生活上、学习上也给予了无微不至的关怀。1967年夏天,林彪和"四人帮"抛出"揪军内一小撮"反动口号,把矛头指向一大批军队领导干部。他们操纵南京一伙人,冲击南京部队领导机关,扬言要揪斗许世友。

消息传到北京,毛主席和党中央及时派出了赴江苏调查组。周总理亲自向调查组交代:中央认为南京部队党委是可以信任的,不准揪许世友同志。周总理强调说:这不是我个人的意见,这是毛主席指示精神!几乎就在这同时,毛泽东在上海接见了许世友。毛泽东明确指出:"军队保持稳定,还要依靠人民解放军。"

由于毛泽东主席和周总理的亲自干预,林彪和"四人帮"反党乱军、揪斗许世友的阴谋没有得逞。不久,周总理又根据毛主席的指示,让许世友住进北京中南海养病。

1971年冬天,许世友犯了肠炎,毛主席委托周总理和李德生召见许世友一个在北京工作的女儿,周总理亲切地告诉她:"你父亲病了,毛主席很关心,让我们转告你父亲,要注意治疗,好好休息。"毛泽东对许世友的关怀和爱护,又一分为二,严格要求。他不仅经常在政治上指点他、教育他,还一再勉励许世友学一点自然科学和古典文学知识,提高科学文化水平。

1973年12月,毛泽东主席接见许世友时,亲自把哥白尼的《天体运行》和布鲁诺的《论无限性、宇宙和各个世界》的中文合印本交给许世友转给南京紫金山天文台,并嘱咐许世友认真看一看这类自然科学书籍。

这时,毛泽东还问许世友:"许世友同志,你看过《红楼梦》没有?"

许世友说:"看了。"

毛泽东说:"《红楼梦》要看五遍才有发言权,要坚持看五遍。"

许世友回答说:"坚持照办。"

毛泽东接着指出："中国古典小说写得最好的是《红楼梦》，你们要搞点文，文武结合嘛！你们只讲武，爱打仗，还要讲点文才行啊！文官务武，武官务文，文武官员都要读点文学。"

许世友对毛泽东怀着极深的感情，在毛泽东逝世两周年之际，许世友专门撰文纪念。他在文章中满怀深情地写道："伟大领袖毛主席的一生，为我党我军培养、爱护的干部，何止我许世友一人！我党我军的干部，哪一个没有受过毛主席的关怀？哪一个没有承受过毛泽东思想的阳光和雨露？我只不过是毛主席关怀和爱护的千千万万干部中的一个。从我个人的亲身经历中，我觉得，人们可以更加清楚地看到，毛主席有着多么深厚的无产阶级感情，多么宽广的无产阶级胸怀！毛主席对我的关怀和教育，不是个人之间的关系，而是充分体现了马克思列宁主义政党的干部路线和政策，体现了无产阶级革命领袖和干部的正确关系。在怎样对待党的干部这个问题上，毛主席以他的伟大实践为全党树立了光辉的榜样。"

日本学者国分良成在译《论毛泽东》时说："与其说他凌驾于党中央之上，不断发出指示，不如说他充分利用自己的超凡魅力，置身于群众中发动和领导运动"。毛泽东深入在群众和干部之中，与群众及各级领导干部的心凝聚在一起。许世友的亲身经历便证明了这一点。我们各级领导干部要学习毛泽东密切联系群众，了解他们的心声，做他们的贴心人。

洞察入微　化解分歧

激励从情感开始，情感是激励的关键与核心。感情化、情绪化，是普通大众普遍具有的心理特点。毛泽东在与干部和群众交往中，非常注重他们的情绪变化，哪怕是细微的情绪变化也会被他察觉到，尔后去化解分歧，激励他们。

1950年春，北京一个警卫师改为公安师，是当时的总参机关批准的。毛主席看到批准的文件就在这个文件上写道："什么人批准这个师改为公安部队的？为什么我不知道?"为了这事，当时的总参负责人和罗瑞卿都作了检讨。

同年9月，李克农告诉罗瑞卿，他同主席谈话时主席对他说了一些话，意思是公安部不向主席报告，主席很生气。罗瑞卿立即去见毛主席。主席先问罗瑞卿为什么不给他写报告。罗瑞卿赶快向主席说明，报告确实是写了的，只是没有直接送达毛主席。以后，总理知道了，就向主席报告说，公安部的一些文件是在他那里压了，没能及时送主席。总理替罗瑞卿承担了责任。

毛泽东以后又在一个场合里对罗瑞卿说："报告要直接送给我，不直接送我不行，要知道，我们这里是有规定的。"

后来毛泽东又在公安部的一个报告上写道："公安工作必须置于各级党委的绝对领导之下，否则是危险的。"这种一追到底的作风，确是毛泽东领导方法的一个鲜明特点。

后来，由于公安工作中的统一战线及公安部队的归属问题，罗瑞卿以及别的方面的同志和毛泽东的想法之间发生了一些分歧，有些事情没有完全按照主席的意愿去办。罗瑞卿颇有些诚惶诚恐，这一点细微的情绪变化也被主席觉察到了。

一天晚上，夜已经很深了。罗瑞卿忽然受到了毛泽东的召见。进门了，罗瑞卿发现主席已经靠在床上准备就寝了。主席见罗瑞卿走进来，就对罗瑞卿说，"怎么了？是不是我已经同你们闹翻了？是不是剥夺了你的兵权，不满意?"当时罗瑞卿看到毛主席已很疲劳，并猜到主席是已经服过睡前的安眠药了，怕影响主席的休息，罗瑞卿表示绝对没有不满意，反复劝主席休息。回家后，罗瑞卿连夜给毛主席写了一封信，除就具体问题向毛主席做了必要的说明外，更向主席表示他本人绝无不满意的想法。罗瑞卿还在信中说昨夜因主席太疲劳所以他未把话说完，请求主席再找他谈一次。

第二天毛泽东收到了信，立即要人打电话叫罗瑞卿去谈。谈话中罗瑞卿表示，由于没有很好体会和执行主席的指示，工作没有做好，有负主席的委托和希望，引起主席的不安和焦虑，自己很惭愧，心情也很不安，并再次说明自己对公安部队归属问题上的看法。毛泽东对罗瑞卿说，有错误不要紧张，改了就行了。并要罗瑞卿好好工作，这次谈话时间较长，毛泽东还留罗瑞卿吃了晚饭。

1944年，中秋节后不久的一天，毛泽东在驻地枣园召见了王树声。此时，王树声正在延安中共中央党校学习，担任党校军事队队长。

晚上，月光如洗，大地披银，王树声健步来到了毛泽东的住处。掀开门帘，王树声大声报告："报告主席，王树声前来报到。"

见王树声进来，毛泽东忙起身招呼他坐下，让勤务员送上瓜子、花生、红枣、甜瓜和茶水，招待王树声。"树声同志，听说你们这期军事队学员快毕业了。你对未来的工作，有什么打算吗？"毛泽东问道。

对此，王树声早有思想准备，随口回答说："我就是一心想着快上前线，抗战已进入决战决胜的阶段了。再不上前线，就捞不着杀敌的机会了。"

"你讲得很对。"毛泽东注视着他，"你新近注意研究中原战局了么？目前，全国抗战已处于决定性的转折关头，我们开始由内线反攻转入外线反攻。已陷入穷途末路的日本侵略者，为挽救它在太平洋战场上的失利，又从河南开始，发动了打通大陆交通线的战役。而国民党正消极抗战，驻守河南的汤恩伯部几十万军队，落荒而逃，一溃千里，真把河南人民害苦了。"

说到这里，毛泽东抽出一支烟，王树声忙帮他点着。毛泽东深吸一口，站起身，踱了几步，接着说："所以中央考虑派徐向前、戴季英、刘子久等同志和你一道，带一支生力军，速往中原，跟先期活动在那里的皮定均、徐子荣部会合，组成河南军区，发动群众，把汤恩伯丢下的武器捡起来，创造根据地，打开一个新的局面。"

"太好啦，主席！"王树声振奋地说，"是一个十分英明的决策，正合我的心意！"

"但是，"毛泽东抽了一口烟，话又一转："你也清楚，徐向前在山东战场时，骑马受过伤，至今尚未痊愈，恐怕一时去不了。这个帅，就只有你王树声先挂啦！"

"主席！"王树声不由站起身，说，"只怕我水平太低，又是犯过错误的人，难以挑起这副重担。"

毛泽东微微笑了。他理解，王树声所谓的"犯过错误"，主要是指任西路军副总指挥期间的一些历史问题，于是和颜悦色地对他说："树声同志，在迎接你脱险归来的时候，我们不就畅谈了么？西路军失败，你没有责任；你能返回，就是胜利。至于其他方面，人非圣贤，孰能无过，只要改了，仍是党的好儿女。因此，这次出征中原，你完全不必有任何疑虑。党中央相信你，也确认你有这个能力。"

随后，毛泽东又亲切地问他："树声同志，你新婚燕尔就要出征，有什么困难吗？"

"这没有什么，没有什么！"王树声连忙解释。

最后，毛泽东亲自送王树声出院门，和他紧紧握手，并赠言道："树声同志，还是送你一句老话——放下包袱，开动机器。预祝你们胜利！"

从毛主席的住处归来，王树声心潮澎湃，久久难以平静。毛泽东亲自交代任务，又赋予这样的重任，这是多么大的信任啊！他暗暗下定决心，一定打开河南抗日新局面，以报答党中央、毛泽东的信任。就这样，在抗日战争决战阶段，王树声重返前线，出任晋冀豫军区副司令员，代理司令员、太行军区副司令员、河南军区司令员。

解放战争中，王树声担任中原军区第一纵队司令员兼政委、鄂豫军区司令员，独当一面，驰骋疆场，为中国人民的解放事业立下了赫赫战功！

把外在的激励内化为群众的自觉行动，把激励转化为干部和群众的自我提高自我完善和自我发展，转化为干部和群众的自尊自强。这样一来，对干部和群众的激励，就转变为群众的自我激励。毛泽东使罗瑞卿、王树声放下包袱，开动机器的过程，便是这种激励内化并发生作用的体现。

❊ 充分肯定
——对过去给予肯定能鼓舞人的信心

优秀的组织者善于激发他人的积极性、主动性，使个体的才干得到充分发挥、运用。激励的手段有很多种，从物质的奖励到精神的表彰，目的都是一样的，对过去给予肯定，而充分肯定更能鼓舞人的信心。

正面鼓励　振作精神

作为上级领导，要设身处地替下级着想，尤其在下级工作遇到挫折的情况下，考虑如何设定帮助部下从挫折中摆脱出来，重新振作精神，以利再战。毛泽东对因方法失误而工作受挫折的干部，采取正面鼓励的方式，为部下增添了更大的精神力量。

1946 年 9 月，杨得志率部向大清河以北进军，组织指挥了大清河北战役。这个仗虽然消灭敌人 5000 多，打击了敌十六军等部，但由于战役之初围敌过多，口子张得太大，未能达到全歼的目的，打了一个消耗战。仗打得不理想，部队情绪便有些动荡。有的同志说：肉没有吃到，倒把门牙给顶掉了。

杨得志主动把战役情况和应记取的教训上报党中央和晋察冀中央局，并作了自我批评。

毛泽东、聂司令员不但没有批评杨得志他们，反而给他很大鼓励。

毛泽东在以中央军委名义发来的电报中说："大清河北战役虽然未获大胜，但指战员的战斗精神很好。只要有胜利，不论大小，都是好的。"聂荣臻司令员也鼓励说："顶掉了门牙可以镶金牙，打一仗进一步，歼敌的机会多得很嘛！"

杨得志迅速将毛泽东的指示传达到部队，发动群众总结经验教训，争取新的胜利。在野司机关，杨得志带领各级指挥员集中开会，认真地研究战役中暴露出来的各种问题，制定新的作战方案。决心把毛主席的鼓励化作动力，取得更大的胜利。杨得志指出：我们的部队是坚强勇敢无私无畏的。这里的关键是指挥，而在指挥上要处理好的主要问题，就是按毛主席指出的："到国民党区域作战争取胜利，第一是在善于捕捉战机。"

1949 年 6 月，毛泽东、中央军委决定杨得志、李志民所率的第十九兵团加入第一野战军序列，执行解放大西北的任务。西北扶眉战役前，杨得志和李志民到西安参加前委会议。彭德怀一见到他们就说：

"你们长途行军很辛苦，最好给你们一个月时间休整，而现在马上要打仗，连准备的时间也很少了。虽然充分准备是胜利的关键，但失掉战机，纵有充分准备也不能歼灭敌人。好在主攻部队已经准备好了。你们对付二马，切不可有轻敌情绪。他们惯用的手法是绕到背后突然袭击。只要能防备这一手，就可以立于不败之地。这是毛主席要我告诉你们的。"说着，彭总递给他们一份电报。电报是毛泽东 6 月 26 日发来的，上面有这样一段话：

"杨兵团应立即西进，迫近两马筑工，担负钳制两马任务，并严防两马回击。此点应严格告诉杨得志，千万不可轻视两马，否则必致吃亏。杨得志等对两马是没有经验的。"

看着毛泽东的电报，杨得志心中一种崇敬、感激之情油然而生。他想到了《孙子·谋攻》中"知彼知己，百战不殆"的话，认为毛主席在战争领导中不但透彻地知彼，而且透彻地知己。他对自己部属的长短强弱和随着情况的变化可能出现的问题，简直可以说了如指掌。杨得志在长征后期虽与马家军稍有接触，但那时指挥的仅是一个团，而今和李志民等带领一个兵团，面前的敌人又是实力很强，气焰相当嚣张的青、宁二马主力。杨得志感到，毛主席的提醒实在是太重要了。

1954 年 10 月 1 日，志愿军代表团全体同志参加了庄严隆重的建国四周年国庆观礼。当毛泽东主席、刘少奇副主席、朱德总司令和周恩来

总理等领导同志健步登上天安门城楼的时候，全场起立，整个会场响起了雷鸣般的掌声。盛大的群众游行开始后，有个同志对杨得志说，周总理要他过去。杨得志走上了天安门城楼，周总理正向杨得志走来。杨得志赶忙敬了个礼，总理迎了过来，握住杨得志的手说："你出去两年多，辛苦了。身体怎么样?"

杨得志回答："很好，没有什么毛病。"

总理说："早就知道你回来了，彭总对我说的，可一直没有找出时间和你谈谈。今天是主席找你，他要见见你。"

杨得志听说是毛主席要见他，心中十分激动。他也十分想念毛主席，想尽快见到毛主席。杨得志快步来到毛泽东身边。毛泽东似乎胖了些，精神很好。见杨得志到了，满面含笑地伸出了手："欢迎你呀，得志同志!"毛泽东有力地握着杨得志的手，连晃了几下。这时，刘少奇副主席、朱总司令、董必武副主席等领导同志都过来同杨得志握手。等大家与杨得志握手完毕，毛泽东诙谐地说："你们都认识吧，此人大名叫杨得志，当年强渡大渡河的红一团团长，如今志愿军的副司令，德怀的助手。湖南人氏，我的乡里来!"

总理说："得志是这次志愿军归国代表团的团长。"

毛主席笑了笑，又说："此人一直是志愿军，上井冈山就是志愿去的，就是志愿军!"

刘少奇说："杨得志这个名字我也是在强渡大渡河的时候才知道的。"

朱老总说："好汉莫提当年勇嘛，让他讲一讲朝鲜的事，不但给我们讲，还要给群众讲。群众可是欢迎你们来的!"

周总理说："他们回国后已经走了一些地方，给群众作了些报告，国庆节之后还要在北京作报告。全国政协那里一直等得志同志去讲一次。"

"好嘛，"毛主席说，"那就去讲一讲，让我们的朋友更多地了解我们。"杨得志点头应是。

杨得志等在工作受挫折的情况下，毛泽东和聂荣臻司令员给他们很大的鼓励，安慰他们"以后歼敌的机会多得很嘛"！他们对毛泽东、聂荣臻司令员非常崇敬，决心把毛泽东的鼓励化作动力，取得更大的胜利。在以后的斗争岁月里，杨得志以优异的战绩向毛泽东作了汇报。

中肯教导　悉心培养

共产主义的理想和信念是无产阶级世界观和人生观的集中体现。它帮助人们树立正确的价值观念，激发人们的高尚动机，唤起人们革命和建设的积极性。毛泽东对肖华的教导及对其工作给予的很高评价，激发了他勇往直前的革命精神。

1929 年，兴国县党组织又领导了第二次武装暴动，党派胡炳田到兴国组建团委，肖华被选为团县委组织委员。这年 4 月，毛泽东率红四军第三纵队来到兴国，并在兴国亲自主持举办了土地革命干部训练班。年仅 13 岁的肖华作为青年团的干部也参加了学习。在学习中，肖华认真聆听毛泽东的亲切教导，如饥似渴地学习毛泽东编写的讲义教材，比较系统地学习了马克思主义基础知识和土地革命的知识，思想水平和基础理论知识有了很大提高，为他开展工作初步打下了理论基础。年底，他被推选为县团委书记，承担起了在全县建立团组织的工作。

1930 年 3 月，毛泽东第二次来兴国，他听说兴国有个年轻的团县委书记，工作搞得很不错，就派警卫员小王把肖华找来，向肖华了解兴国县共青团的工作。当时，肖华年仅 14 岁，年龄比小王还小，听说毛委员找他谈话，心里未免有些紧张。他跟着小王一路小跑来到毛委员住的激江书院。当时毛泽东正在一张长条靠椅上看一本《兴国县志》。看到肖华来到，便放下手中的书，满面笑容地招呼他坐下，亲切地对他说："找你来，是要了解一下兴国共青团的工作。"

毛泽东提出了许多问题，从全县有多少个共青团干部，发展了多少团员，到共青团的各项工作如何展开等等，甚至连全县有多少儿童团员都一一问到了。肖华回答得很认真，毛泽东仔细地听着，不断鼓励他说下去。于是，肖华把共青团的工作情况从头到尾地讲给毛泽东听。讲了武装暴动以来兴国县城两度得而复失，革命几经反复，环境十分艰苦，但共青团在党的领导下坚持了斗争，有力地打击了反动派；又从1929年4月红军来兴国，团县委成立之后的工作，讲到在团县委的领导下短短10个多月，就在各区乡建立起了团的区委和支部，组织起了少年先锋队和儿童团。

毛泽东听了，高兴得连连点头说好，指示肖华："今后共青团的工作重点还是发动青少年参加打土豪分田地的土地革命，抓好对青少年的宣传教育，动员青年随时准备参军、参战，保卫红色政权。"毛泽东的话给肖华以很大的启迪，使他对团县委的工作更加充满了信心，方向也更加明确。谈话结束后，毛泽东还热情地留下肖华吃饭，除了从伙房打来的一盆南瓜菜外，还派人到附近的"美香居"买来饺子，兴致勃勃地用筷子指着刚端上来的一盘饺子笑着说："昨天，同志们请我吃你们兴国的那个'四星望月'（一笼粉蒸肉，周围配四盘小菜），今天我请你吃饺子。"

肖华虽然年仅14岁，但毛泽东一点也没有拿他当孩子看，而是把他看作县团委的领导。毛泽东那和蔼可亲的音容笑貌深深地留在了肖华的记忆里，吸引了这位"小干部"的心。这次谈话后，肖华遵照毛泽东的指示精神，和县团委的同志一起深入农村，对青年进行了宣传教育。革命真理，像春风吹进了青年的心扉，像种子深埋进青年的心里，促进了兴国青年的成长。在红五月扩红时，广大青年踊跃参军，仅一个星期就组成了闻名的"兴国模范师"。江西省委在表扬兴国扩红的成就时，对团组织给予了很高的评价，高度赞扬青年踊跃参军与团组织的工作是分不开的。

1946年1月10日，东北局决定组成辽东省委，成立辽东军区，肖华被任命为省委书记、军区司令员兼政治委员。部队有经过整编的两个纵队、一个独立师、一个旅、二个支队、一个炮兵团、一个警卫团，共6.6万人。3月13日，蒋军侵占沈阳。这时关内虽已实现停战，但蒋军仍策划在关外大打，妄图迅速占领东北。于是，分路向沈阳南北地区发动全面进攻，进攻的重点为四平和本溪。3月底，敌人用六个师的兵力开始进攻本溪。肖华司令员指挥辽东我军迅速粉碎了敌人第一次进攻本溪的计划。继于4月9日指挥东北民主联军第三、第四纵队，先后用两翼迂回包围和"口袋"战术，歼灭敌美械装备的"远征军"第五十二军第二十五师一个团和新六军第十四师师部及一个多团，击伤敌第五十二军副军长郑明新、第二十五师师长刘世懋，第十四师师长龙天武，歼敌4000余人，粉碎了敌人第二次进攻本溪的计划，震撼了东北蒋军将领，挫伤了敌人士气，提高了我军胜利的信心。

毛泽东得到这一胜利消息，十分欣喜，即以中央军委名义于4月14日致电祝贺。

敌人连续惨败后，杜聿明调整部署，加强兵力，妄图一举击溃辽东我军，再集中兵力进攻四平。4月28日开始，敌人集中5个多师的兵力，8万之众，在飞机掩护下，向我本溪发起第三次猛烈进攻。这时，我第三纵队主力已经北调参加四平方面作战，所剩主力部队一部在肖华指挥下，凭险坚决阻击。4月30日，接到中央军委和毛泽东26日关于死守本溪的指示，肖华司令员当即调整部署，进行动员，赶修工事，坚守阵地，同敌人浴血奋战，大量杀伤了敌人。同时根据实际作战情况，在5月3日向党中央、毛泽东及北局建议，由于接到死守本溪指示太晚，本溪新老城区南北20余里，兵力不足，来不及赶修坚固工事和储备充足粮弹，在敌兵力占绝对优势情况下，不宜死守城市。为避免被动，保存军力，进行长期斗争，在运动中消灭敌人有生力量，建议放弃本溪。

党中央、毛泽东十分重视肖华的建议，经过认真研究，认为肖华的建议正确及时，很快批准了肖华的建议。肖华立即组织辽东我军于5月4日凌晨有秩序地撤离本溪，直到最后一个营过了本溪大桥才率领指挥机关转移，在连山关一带组织防御，进行休整，寻机再战。他的坚强的组织纪律性和大胆决策，使下属深为敬佩。

党中央、毛泽东又于 5 月 7 日发电，对肖华所部予以表扬，并对下一步行动作了指示：本溪虽失，你们牵制敌人甚多，这就是胜利，望鼓励各旅继续于本溪周围狙击敌人。以后又指示，派部队袭击东路，务使新六军、五十二军不能北上。

为贯彻落实党中央和毛泽东的指示精神，钳制调动敌人，打破敌人整个作战计划，配合北满作战，推迟敌人向安东进攻，肖华决定，攻歼鞍山、海城、大石桥之敌第一八四师。5 月 15 日，肖华司令员在凤凰城前指，当面向第四纵队副司令员韩先楚做了具体布置，迅速向敌人展开进攻。第四纵队在辽南地方部队配合下，以雷霆万钧之势，龙腾虎跃，一鼓作气连下三城。25 日全歼鞍山守敌。蒋介石大为着慌，不得不停止北犯，急调新一军主力及第九十三军一个师、第六十军一个师、第一九五师一部南援。为调动和控制更多的敌人于南满，配合北满作战，第四纵队乘胜于 28 日攻入海城，展开强大政治攻势，使第一八四师师长潘朔端率师部及一个团起义。再于 6 月 3 日歼灭大石桥的敌人，党中央和毛泽东于 5 月 29 日发出贺电，称赞鞍山战役打得好。

在毛泽东思想哺育下，许多革命战士树立了正确的人生观和价值观，在中国解放事业中，不图个人名利，甚至英勇献身。肖华，这位青年将领的成长道路便说明了这一点。

鼓励欣赏　催人奋进

激励作为调动人积极性的重要手段，贯穿于领导过程的始终。就这个意义来说，没有激励也就没有领导。通过激励、夸奖，充分发挥人的智力效应，从而保证其所在的组织系统能有效地存在和发展。毛泽东在革命和建设年代，便十分注意调动干部和群众的积极性。

1943 年 7 月，南泥湾遍地一派丰收景象。一天，一辆汽车驶来，毛泽东主席微笑着出现在大家面前。大家不禁欢呼起来。毛泽东挨个和欢迎的人握手，并向王震旅长说："庄稼长得蛮好啊！"随同毛泽东来的警卫员告诉大家，主席一路来，一路察看了田里的庄稼，还和在田里生产的同志谈了话。因此，整整走了一个上午。已经是吃午饭的时候了。王震请主席到新盖的房子里休息，嘱咐董廷恒去厨房准备饭。

毛泽东笑着对王震说："刚刚来到就开饭，可见你们粮食很多喽!"毛泽东显然很关心部队的生活情况："每人每天多少油，多少菜?"

"平均五钱油。"王震旅长说，"菜随便吃。"

"星期天要改善生活吗?"

"午饭，多半是吃大米、白面。"王恩茂副政委回答主席，"有时杀口猪，有时宰只羊，几个单位分着吃。"

毛泽东又问："有没有发生柳拐病?"

"没有，一个也没有。"王震回答。

毛泽东很风趣地说："国民党要困死我们，饿死我们，他们越困你们越胖了。看，困得咱们连柳拐病都消灭了。"说得大家都笑起来。

王震等人一面陪毛泽东吃饭，一面讲着部队的生产情况。王震告诉主席："刚来的那年，平均每人种 3 亩地，今年每人平均种 30 亩。去年的口号是不占公家 1 粒粮、1 寸布、1 文钱，今年的口号是'耕二余一'。每人生产的指标是 6 石 1 斗细粮，5 斤皮棉……"

毛泽东吃着听着，不时点头微笑。等王震汇报完，对大家说："困难，并不是不可征服的怪物，大家动手征服它，它就低头了。大家自力更生，吃的、穿的、用的就都有了。目前我们没有外援，假定将来有了外援，也还是要以自力更生为主。我们不能像国民党，他们连棉布都靠外国人。"毛泽东吃过饭，又和王震等人谈了一阵话，然后就走出窑洞到附近视察。毛泽东一边走一边说："我在来的路上，就下车看了玉米、豆子、瓜菜，庄稼长得很好，只是有的豆子秧上有虫子，要注意灭虫保苗。"

毛泽东去看厨房，从厨房出来，然后到养猪的地方去看，老杜头正在圈里收拾什么，看见旅长陪着一个首长走来，笑了笑。又继续干他的活。他没见过毛泽东，也想不到毛泽东会有空到他工作的地方来。毛泽东站在栏外，看着那懒洋洋的一大群肥猪和一窝乱拱乱跳的小猪，向老杜头说:"老同志,你养的这些猪好肥啊!"

老杜头专心地挖猪圈,没听见毛泽东夸他,这时王震旅长说:"老杜同志,毛主席说你养的猪肥呢!"

毛泽东主席最后向老杜头挥挥手,在王震等人的陪同下,向营地西边田里走去。他极目远眺,但见不远处山坡上是成群的牛羊,山川里苗壮的谷子、玉米、豆子在微风中摇摆着;流动的小河边生长着一片片绿油油的稻苗,还有一块块绿色的菜田。或许是南泥湾的美景吸引了毛泽东,他兴致勃勃的走了许多地方,毫无倦意,沿着田边的小路,与王震等人边谈边走,谈笑风生,视察着战斗的南泥湾,美丽的南泥湾。显然,毛泽东对王震、对三五九旅的工作非常满意。

在这之前的同年1月14日,中共中央西北局高级干部会议,对领导经济建设成绩卓著的王震等22人给予奖励,毛泽东分别为他们在奖状上题词,毛泽东为王震的题词是:"创造的模范"。

对王震领导三五九旅进行大生产的光辉业绩,给予了高度评价。

1944年10月31日,毛泽东决定,组成"国民革命军第十八集团军独立第一游击支队"(简称"南下支队"),由王震担任支队司令员。八路军第三五九旅以4000余人组成八路军独立第一游击支队(简称南下支队),辖4个大队。11月1日,毛泽东亲自到南下支队作动员,给南下支队以莫大的鼓舞。王震坚决贯彻毛泽东的战略部署,领导南下支队。经过充分动员准备后,于11月10日告别毛泽东,从延安出发,经绥德东渡黄河,过同蒲铁路,再南渡黄河,于1945年1月27日进抵湖北大幕山,与新四军第五师领导机关会师,胜利完成了开进任务。

南下支队经短期休整后,在第五师第四十、第四十一团的配合下,于2月19日至23日从黄冈以东分批渡过长江,26日在大冶南的大田畈击退尾追之日军独立混成第八十四旅团,歼其100余人。这次战斗,给鄂南人民以极大鼓舞。南下支队冲破敌军和顽军的阻截,于3月3日在第四十团配合下,攻占大幕山,俘伪军200余人。6日,攻克崇阳东南之金塘、大源。这时,第五师第四十、第四十一团留鄂南坚持抗日游击战争。南下支队继续南下湘北的平江、浏阳地区，26 日，进占平江县城，并改称"湖南人民抗日救国军"，由 4 个大队扩编为 6 个支队。同时报请中共中央、毛泽东批准，先在湘鄂赣边建立立脚点，尔后再继续南进。

毛泽东一直关心着南下支队的情况，3 月 31 日，毛泽东致电王震："同意你们在湘北工作一时期，建立联系南北之中间根据地，然后再南进"，同时指出："要注意策略，勿主动进攻顽军，待其来攻然后打击之，站在自卫立场上。"

根据这一指示，王震率部对国民党军严守自卫立场。然而，国民党第九战区却调集 4 个师、1 个纵队的兵力从东、北、南三面围攻平江城。我军于 4 月 15 日主动撤离平江，返抵鄂南通山、崇阳地区，并在第五师第四十团配合下，连克岳阳东南的杨林铺、大汉湖、毛家铺等敌军据点，歼灭伪军 1 个师，俘 600 余人，使鄂南抗日根据地进一步扩大。

王震率南下支队遵照中共中央和毛泽东的指示，向湘粤边进军，历时近 1 年，转战陕西、山西、河南、湖北、湖南、江西、广东 7 个省，行程 7900 公里，作战 74 次，英勇地打击了日伪军，粉碎了国民党顽军的围攻和拦阻，到达目的地，虽然由于形势发生根本变化，未能实现创建五岭根据地的战略企图，但保存了基本力量，并开创了湘鄂赣边抗日根据地，扩大了我党我军的影响。

毛泽东后来不无感慨地对王震说："南下支队行程 8000 里，完成了中央赋予的任务，你王震是进行了第二次长征呀！"

1946 年 2 月 3 日，军调处执行部美方的一架专机在延安机场徐徐降落。飞机刚停稳，机舱门便被打开，走出当时任军调处汉口执行小组中共代表、我中原军区司令员兼参谋长王震。

一下飞机，王震便直奔毛泽东住处。毛泽东欣喜而又关切地打量着这位面目清瘦、目光炯炯的爱将，一边有力地握着王震的双手，一边嘱咐身边的工作人员："中午加个菜！慰劳慰劳我们劳苦功高的王震同志。"

毛泽东举杯祝酒,劝王震用菜。放下酒杯,毛泽东一边为王震夹菜,一边对王震说:"你们南下,艰苦转战8000里,真是八千里路云和月,是第二次长征呀。"接着,他又对王震说:"党的七大你没有参加,你被提名为中央候补委员候选人的过程听说了吗?"

王震摇了摇头。

"哟?"毛泽东放下筷子,提高了嗓音:"你可是位赢得人们引颈注目的风光人物啰!一小部分同志不同意你当候选人的意见很尖锐,另一部分同志坚决拥护你当候选人为你辩护的意见也很尖锐,两派争执,各不相让!""你这个王胡子哟,虎去雄威在。你南下去了,还把个七大闹得蛮有生气哩!"

王震被毛泽东风趣的话语逗得笑了起来。

毛泽东沉思了一下,像是说出了深思过很久的话:"很优秀的干部惹人争议,很少创造的干部使人举手拥赞。这是题中应有之义。"

中共七届二中全会期间,毛泽东就约见王震,确定了王震率部进疆,解放新疆的任务。彭德怀和王震一下飞机,就风尘仆仆地走进了毛泽东的会客室。毛泽东说:"今天请你们二位来,主要是谈谈新疆问题。对于解决新疆问题,有什么高见呀?"

彭德怀不紧不慢地说:"新疆地域辽阔,民族众多,国防地位极其重要,在大西北具有其特殊的地位。"

毛泽东谈问题,喜欢论古谈今,引经据典,听彭德怀说到这里,便说道:"所以我们那的老乡文襄公说:'若新疆不固,则蒙部不安,匪特陕甘山西边时虑侵轶,防不胜防,即直北关山,亦无晏眠之日'。这话是有道理的。对于新疆问题,应该引起我们的特别重视。"

彭德怀神情严肃地说:"和平解放新疆,我们是有信心的。解放大军,已在酒泉集结待命,整装待发。新疆各族人民各界人士选择了和平这条道路,这是大势所趋,人心所向,几个顽固分子是阻挡不住的。"

毛泽东见彭德怀如此有把握,便连声道:"好,就这样定了!和平解放新疆！"

毛泽东含笑说："左宗棠曾留下一句诗：'新栽杨柳三千里，引得春风度玉关。'王震同志，我希望你到新疆后，能够超过左文襄公，把新疆建设成美丽富饶的乐园。"毛泽东接见后，王震即直飞酒泉。这时，陶峙岳将军已率部起义。王震立即率部进疆，统率所部第一兵团和新疆国民党起义部队，建设新疆，经营新疆，为巩固国防、建设祖国的大西北作出了卓越的贡献。

从实际出发，这是毛泽东思想根本点，是任何一种激励、夸奖都不能离开的基础。毛泽东对王震充满欣赏的夸奖，正是从这一基本原则出发的，而被夸奖的王震同样信服于毛泽东的求实精神。

✥信任鼓励
——每个人都有被别人所信任的需要

1936 年 5 月，中央军委骑兵团经过连续几个月的战斗后，奉命回到瓦窑堡休整。一天早饭后，军委通信员找到骑兵团政委张爱萍，说："毛主席请你去一趟。"张爱萍听说毛主席叫他，心里顿时"咯噔"一下，脚步不由自主地沉重起来。

批评指导　实事求是

长征到达陕北后，张爱萍奉命到军委骑兵团工作。骑兵团在盐池、定边、靖边、榆林一线的长城内外驰骋，配合红军主力东渡黄河开辟抗日战场，接连打了不少胜仗。但在奉调回瓦窑堡休整的途中，受战士急于复仇的鼓动下，鲁莽出击失败，在打了胜仗后接着打了个不该打的败仗。队伍遭到了不应有的损失，张爱萍自己也负了伤。

"打胜仗去见毛主席！"是当时干部战士常挂在嘴边的一句话，如今打了个败仗，有何脸面去见毛主席呢？见了毛主席该说什么好呢？张爱萍怀着忐忑不安的心情，走进了毛泽东的窑洞。毛泽东正在看书。他看了看张爱萍，把翻开的书扣在桌面上，说："怎么听说你还在谈'胜败乃兵家之常事'？"张爱萍的心率顿时加快了：糟了！这句气头上的话，主席怎么知道！心想一定是哪个家伙打了小报告。便如实地向毛泽东承认说："那是说的一句气话。"

"气话！"毛泽东沉吟片刻说，"我看，你还没接受教训，没承认错误吧？"

张爱萍说："组织上给我的处分都接受了，怎么还会不承认错误呢？"此时的张爱萍，心里不免感到有些委屈。

毛泽东说："坐下谈。"待张爱萍坐下后，他的口气和缓多了："你呀，过去的仗都打得不错嘛，这次怎么在打胜仗的同时又打了败仗呢！你应该好好总结一下，找到败仗的原因。是的，是没有百战百胜的军事家，'胜败乃兵家之常事'也是不错的。但作为我们带兵的人，不能用这句话为自己开脱。你说不是吗？"

张爱萍点了点头。毛泽东说得当然有理，语气也很亲切，张爱萍刚才的委屈和懊恼顿时烟消云散了。

毛泽东又问了问部队的情况，最后问张爱萍还有什么意见和要求，张爱萍想到自己亟须加强理论修养，就很恳切地说："我想到红军大学去学习一段时间。"

"很好嘛！"毛泽东显然同意了，说："要达到智勇兼备，重要的途径是学习，红大正准备开学，去学几个月吧。"毛泽东说着，拿起毛笔，给红军大学教育长罗瑞卿写了封信。"拿着它，我是你入学的介绍人。"说着，毛泽东把信交给了张爱萍。

走出了毛泽东的窑洞，张爱萍周身感到轻松，空气似乎格外清新，高阔的天空也好像比往常更蓝，悬在东南天际的太阳格外明媚。几天来胸中郁积的懊丧、气恼、几许的不服气，此时已荡然无存，脚步也格外轻捷有力了。毛泽东同张爱萍谈话后的第三天，张爱萍就到了红军大学。

"红大"，是我党我军当时的最高学府。林彪任校长，罗瑞卿任教育长。学校分一科、二科。一科学员主要是师团职干部，二科学员主要是营连职干部。张爱萍被分配在一科。罗荣桓是一科的政委。当时，没有专职教员，基本上是能者为师。中央领导同志及一些学识高深的同志轮流任教。学校是白手起家，堪称"窑洞大学"。因为课堂设在窑洞里，宿舍也在窑洞里。把锅烟子刷在墙上就是黑板，砖头、石块当板凳，膝盖就是课桌。每个学员除了自备的记录本和校部油印的几页参考资料外，没有别的课本了。

6 月 1 日正式开学。学员们不约而同地换上了整洁的军装，一个个兴致勃勃、意气风发，像过节一样，由于毛泽东、周恩来、朱德、任弼时等中央领导都来参加开学典礼，显得很是庄严、隆重。毛泽东依然是那身灰色军装，讲起话来神采飞扬。张爱萍至今还清楚地记得毛泽东当时的话语："你们现在是上山学道，学成之后下山济世。学道修道，重在个人修行。在这里，我们大家都是学生，我们大家又都是先生。"

毛泽东还特别指出："形势发展很快，一个新的局面就要到来。大家要利用这个机会，好好读书，研究些问题，学习时间不超过半年，真正做到学有所成，修成正果……"

毛泽东在开学典礼上的讲话非常鼓舞人心，几天后他讲的第一课《中国革命战争的战略问题》更是震撼人心、深入人心。张爱萍觉得受益匪浅。

张爱萍他们这些学员，虽然都参加了第二次国内革命战争，都有一定的战争生活实践，有的还进过黄埔军校，但是对如何研究战争、研究中国共产党和中国革命战争的关系，以及中国革命战争的战略，却从未有过，至少是没有系统研究过。至于第五次反"围剿"的失败及长征初期的军事行动，许多同志也感到其中有问题，但没有找到问题的症结。听了毛泽东的这一课，才恍然大悟。

《中国革命战争的战略问题》是对第二次国内革命战争经验的精辟总结，也是对以后中国革命战争的最好指南，是当时党内在军事问题上

一场大争论的结果，是表示一个路线反对另一个路线的意见，是真正的马列主义军事科学。在这次讲演中，毛泽东旁征博引，有理有据，深入浅出，且文采飞扬，富有哲理性的警句名言比比皆是，吸引了每一个学员。毛泽东讲的每一节、每一个问题，几乎都引起了张爱萍深深的思考。

一次，毛泽东讲道："鲁莽的军事家，之所以不免受敌人的欺骗，受敌人表面的或片面的情况的引诱，受自己部下不负责的无知的建议鼓动，因而不免碰壁，就是因为他们不知道或不愿意知道任何军事计划，是应建立于必要的侦察和敌我情况及相互关系的周密的基础之上的缘故。"

毛泽东的这段话，对张爱萍的震动极大，觉得仿佛就是在说他。张爱萍不禁想到了前不久的那场败仗。回忆遭受损失的经过，张爱萍想，这不正如毛泽东所分析的一样吗？这次失利确是由于自己的鲁莽所致。当时张爱萍就想，在适当的时机，还要向毛主席作深刻的检讨。

有天晚上，张爱萍等几个同学散步，经过毛泽东的窑洞门口，看他点着盏小马灯，正在写什么，大家便走了进去。原来毛泽东正在写讲课提纲。他放下笔，高兴地和张爱萍谈起来，问学校的生活，问学习情况，问对他讲课的意见。同学们纷纷说讲得好，并谈自己的感受和收获。"你呢？"毛泽东问张爱萍，"我倒想听听你的感受。"

张爱萍此时有些脸热心跳，"我觉得你有一些话好像是针对我讲的。"

"哟嗬，是吗？"毛主席开心地笑了。

张爱萍说："你批评指挥员鲁莽时，我头都不敢抬。"

"还这么严重呀？"毛泽东又笑了，"那也很可能是针对你讲的。不过，我有些话也不一定就指哪个人，红军中有不少这样的同志，打仗很勇敢，心也不错。总怕放走一个敌人，怕敌人打烂群众的坛坛罐罐，往往在这种情况下，就顾不得其他了，就鲁莽、蛮干了。你们说是不是这样？"

"是这样。"同学们齐声回答。

毛泽东通过讲课和与学员谈话，有理有据，深入浅出地引导学员，使他们去认真总结工作上失败与成功的经验教训。

1949 年，当中国革命战争即将取得最后胜利之时，党中央和毛泽东决定在华东军区成立海军部队，并任命张爱萍为华东海军司令员兼政治委员。

一天，毛泽东对周恩来说："告诉陈毅、粟裕、张爱萍三同志，要加强准备，随时听候解放台湾令。"

第二天，华东军区、华东海军相继收到中央密电：

陈、粟、张三同志：

新中国马上要成立了，希望你们抓紧作好解放台湾的准备。加强海军力量，做到中央一声令下，随时歼灭敌人。

毛泽东、朱德
七月三十日

此后不久，毛泽东在中南海接见了张爱萍。他开门见山，要张爱萍汇报海军组建情况。

张爱萍向毛泽东详细地汇报了筹建情况后，又向毛泽东介绍了随他来京的原国民党海军军官林遵等人的情况。毛泽东问："林遵可是鸦片战争时抗英名将林则徐的侄孙？他的曾伯父可是位民族英雄呐。"

张爱萍答道："是的。"

毛泽东听后当即表示，等找个机会见见他们。

张爱萍临走前向毛泽东提出："华东军区海军准备办个报纸，想请主席题个报头。"

毛泽东欣然答应了。当即启开墨盒，铺上宣纸，写了好几张"人民海军"的报头让张爱萍挑选。张爱萍挑来挑去，还是觉得毛泽东自己用铅笔圈的那一幅最好，便郑重地收了起来。

几天后，毛泽东又亲切接见了张爱萍、林遵等人。毛泽东首先询问了林遵等人的情况，然后就海军建设问题作了近两个小时的谈话。毛泽东讲话引经据典，引人入胜。他对林遵等说："你们有科学知识、有技术，我们新海军要向你们学习。人民解放军有优良的政治工作传统和战斗作风。你们也要向新海军学习……"

在谈到台湾时，毛泽东抬起右手，伸出手指，绘声绘色地说："我最近看了有关台湾的一些材料。台湾是祖国的一块美丽的地方，现在蒋介石逃到了那个地方……"说到这里，毛泽东把脸转向张爱萍："海军也要做好准备，准备配合陆、空军，在人民解放战争最后一战——解放台湾中立一功。"

张爱萍、林遵等人听后连连点点头。

毛泽东讲完话，张爱萍提出请主席和大家合影，毛泽东高兴地答应了。毛泽东健步走出宅第，在丰泽园前跟大家合影留念。

照完相后，张爱萍又对毛泽东说："主席，报头已题好了，再给海军题个词吧！"

毛泽东问："题什么好?"

张爱萍说："请主席决定。"

后来，毛泽东根据张家萍等的建议，写了以下题词："我们一定要建设一支强大的海军，这支海军要能保卫我们的海防，有效地防御帝国主义的可能的侵略。"

毛泽东对张爱萍注意有针对性地和实事求是的批评指导，使张爱萍很快成为人民解放军的优秀军事将领，为海军建设作出了卓越贡献。

信任激励　人人尽责

毛泽东无论在革命战争年代，还是在社会主义建设时期，都善于用激励的方式鼓舞干部，使他们焕发出无限的热情，以坚定的意志去努力工作。

信任是相信而敢于托付的意思，是引起他人全心全意、愉快地从事某项活动的一种心理效应。实行信任激励，就能使人们在受到信任后产生荣誉感，激发责任感，增强事业心，会使人全身心地投入到某项工作中去。所以，人们通常把信任誉为"最高的奖赏"，"力量的象征"。

从心理学角度讲，信任激励法是以人们心理上的"信任需要"为根据的。即每个人都有被别人所信任的需要。同时，这种期待信任的心理一旦得到满足，就意味着一种激励，可以激发人们的主动性和创造性。

从领导实践看，使用信任激励法有以下几个优点：第一，信任可以增强下属的工作责任感。信任是尊重的一种责任感，信任是尊重的一种表现，也是体现某一个人存在价值的形式。作为领导对部下持信任态度，下属就会把职权范围内的工作视为施展才华的途径，认真负责，不折不扣地执行决策，并且在实践中及时发现和补充决策中的不足，积极地面对新情况，以保证决策的成功。如果领导对部下持有怀疑态度，那就会使部下失去上进的信心和动力，从而导致工作上不负责任，对领导布置的工作任务持消极态度。

第二，信任可以增进情感。人是有感情的高级动物，感情是思想的表露，思想则是指导人们行为的指挥机构。因此，个人对工作的主动性如何，情感的因素是不能被忽视的。忽视情感的恰当运用，会造成下属的挫折感，因而也容易挫伤下属的积极性和主动性，遇到问题不做主动处理，遇到矛盾绕着走极易挫折他人。

1938年农历的除夕，毛泽东同志盛情邀请张启龙、谭余保和王首道到他家里做客。当他们高兴地走进毛泽东同志在杨家岭的窑洞时，毛泽东立即放下工作，同他们亲切地握手，请他们坐下。毛泽东关切地询问了他们的近况之后，说："在六届六中全会上，忘了把湘赣苏区的问题讲一下。现在，请你们一起把湘赣苏区的问题谈一谈吧！"王首道想，原来毛泽东同志找他们来是为这桩事啊！六届六中全会以后不久，他们就听说，毛泽东同志在全会闭幕后曾经同当时一位中央负责同志说，在会上忘记把张启龙的平反问题也讲一下。今天，毛泽东同志又专门来谈这个问题，怎能不感到无比高兴呢！

湘赣苏区是毛泽东同志亲自创建的革命根据地之一。在毛泽东"工农武装割据"思想的指引下，他们和湘赣苏区的广大干部群众一道，做了许多工作，使根据地有了较大发展，苏维埃政权比较巩固。但后来，王明"左"倾机会主义路线也影响到湘赣苏区，他们在工作中也犯过一些"左"的错误，苏维埃政权里面也混进了个别坏人。当省委对这些问题已经发现并正在纠正的时候，王明路线的忠实执行者陈洪时、刘士杰来了。他们全盘否定湘赣苏区过去的成绩和正确做法，一概诬指为"右倾保守"、"富农路线"，还大抓 AB 团，搞肃反扩大化，把一大批工作积极、忠实勇敢的省委、县委领导干部都当成"右倾机会主义"、AB 团抓起来，关进保卫部门进行残酷的斗争和迫害。安源工人出身的湘赣边区苏维埃政府主席袁德生、省委常委刘其凡等一批负责干部，都被他们无辜地秘密杀害了。张启龙和王首道则被打成严重的"右倾机会主义"，进行残酷迫害。他们撤销了王首道湘赣省委书记的职务，给予最后严重警告的处分。对张启龙的处分更为严重，撤销了他湘赣军区总指挥、省苏维埃副主席、党组书记等职务，开除党籍，召开公审大会，还判处了一年零两个月的徒刑。

直到遵义会议以后，第二方面军党委才根据党中央、毛泽东同志的指示精神，恢复了张启龙的党籍，1937 年洛川会议后，毛泽东又亲自批准把他调到延安。后来，中央组织部正式决定撤销湘赣省委对他的处分。本来，事情到此也可以说是已经解决了，但是，没有想到毛泽东还把这件事记在心上，特地抽出时间接见大家。对于毛泽东的亲切关怀，张启龙、王首道、谭余保无比激动地说："主席，我们在湘赣苏区的工作是有错误的，但我们是犯了'左'的错误，而不是他们批判的'右'的错误，我们是'左'了！"毛泽东听了，微笑地点头说："对了，对了，就是这样。他们是说你们'左'得不够，就把你们打成'右'。湘赣省委对你们的处分是错误的，中央替你们平反了。"接着，毛泽东又询问了王明"左"倾机会主义路线在湘赣苏区的危害，当毛泽东得知还有许多同志被错误路线打击、诬陷、杀害未得到平反时，毛泽东指示说："你们提出一个名单来，凡是过去搞错了的、杀错了的，都应平反昭雪，恢复名誉。"张启龙、王首道、谭余保听了，压抑不住内心的激动。后来，中央秘书处根据毛泽东这次谈话的精神，写了中央文件，经毛泽东亲自审阅批准发至全党，为张启龙同志彻底平反，安排工作。

张启龙、王首道、谭余保看看天快黑了，便起身告辞。毛泽东一定要挽留他们一起吃"大年饭"。虽说是"大年饭"，但由于敌人的军事封锁和经济封锁，物质生活很困难，毛泽东和大家同甘共苦，也只有极简单的饭菜，但几个人吃起来是香喷喷的。尽管窑洞外正是风雪弥漫，大家坐在毛泽东的身边，却感到幸福和温暖……

任用干部不但要指示做什么，还要深入干部中去，对他加以关怀，并经常地鼓励和指导。关怀激励干部是毛泽东凝聚人心、善于用干部的一大特征。

新中国成立后，李四光毅然回国，参加新中国的建设，并担任地质部部长一职。期间毛泽东多次接见李四光，并多次询问和关心地质问题，还作了许多指示，为开展石油普查提供了战略性决策。

1952年，毛泽东曾向李四光询问地质力学中"山字形构造"这一概念的内涵，后来又关切地询问李四光我国天然石油的远景怎样。李四光用乐观的、十分肯定的语气回答毛泽东说："我国天然石油的远景非常可观。"并指出，地质部是地质调查研究部门。它的工作好坏，关系到"一马挡路，万马不能前行"。

根据毛泽东的战略决策，周恩来组织地质部和有关部门一起，从1955年开始，在全国范围内开展了战略性的石油普查勘探工作。根据地质力学的理论，他们在一些辽阔的中、新生代沉积盆地中，在200多万平方公里的面积内进行了程度不同的石油普查，打了3000多口普查钻井，总进尺120多万米。从所取得的大量地质资料看，不仅初步摸清了我国石油地质的基本特征，而且证实了我国有着丰富的天然石油资源。不久以后大庆油田喷射出了大量的石油。

石油找到了，毛泽东对这一功绩一直记在心上。1964年，在三届人大会议期间，毛泽东又一次找李四光，风趣地对他说："李四光，你的太极拳打得不错啊。"看到李四光一时没有明白过来，毛泽东进一步笑着说："你那个地质力学的太极拳啊。"毛泽东的这番话是对李四光用其新华夏构造体系找到了石油的高度评价。毛泽东的赞扬，坚定了激励李四光为祖国找到更多的石油而贡献自己力量的决心。

有一次，李四光在怀仁堂开完一个会以后，毛泽东邀请他一起观看在北京第一次演出的豫剧《朝阳沟》，两人边看剧，边交谈，谈了剧也谈到了石油。在谈到石油问题时，毛泽东对地质部和石油部在找油方面所做出的贡献给予高度的评价。演出结束后，毛泽东又拉着李四光一起登上舞台，同演员合影留念。据李林讲，李四光回家后对他们说："在找油方面我们刚刚迈了一步，主席就这么热情地鼓励我们，还在各种场合，用各种方式启发教育我们要深入实际、走与工农相结合的道路，给我们科学工作者指明了方向、道路。"李四光的激动心情久久不能平静，他就好像获得了新的、无限的生命力，变得像年轻人一样。

思想政治工作是最高层次的激励。关心人是最实在的思想政治工作。毛泽东解决了革命队伍中因搞"肃反扩大化"，一些干部和同志遭受迫害的实际问题，从而消除了这些同志的后顾之忧。地质学家李四光所受激励也一样。正是从这种关心、体贴、爱护和同志间的真挚友谊中，涌流出了强大的感召力，激励他们将全部身心扑在党和国家的事业上。

真诚合作　凝聚人心

毛泽东与陈毅元帅相知甚深。在陈毅的追悼会上，毛泽东对参加追悼会的西哈努克亲王说："陈毅跟我吵过架，但我们在几十年的相处中，一直合作得很好。"他们之间的真诚合作，其影响何止限于他们之间啊……

1972 年 1 月 6 日深夜 11 点 55 分，陈毅同志永远停止了呼吸和心跳。

1972 年 1 月 10 日中午，身穿淡黄色睡衣的毛泽东，在堆满线装书的卧床上辗转不宁。

自从 8 日圈发了陈毅追悼会文件后，没有人提醒他。今天是 10 日，下午 3 时，陈毅追悼会将在八宝山举行。中饭后，毛泽东照例午休，宽敞的卧室寂静无声。突然，毛泽东缓缓坐起身，向进来的工作人员说："调车，我要去参加陈毅同志的追悼会。"说着，便向门口走去。工作人员熟悉毛泽东的脾气，一旦决定去做的事情，劝阻是无济于事的。因此，其中两位工作人员抱大衣扶毛泽东上车，另一位则快速拨通了西花厅的电话。

周恩来接到电话，像严冬刮起一阵东风，驱散了周恩来的满脸阴云。他立即拨通中央办公厅的电话，声音洪亮有力："我是周恩来，请马上通知在京政治局委员、候补委员，务必出席陈毅同志追悼会；通知宋庆龄副主席的秘书，通知人大、政协、国防委员会，凡提出参加陈毅追悼会要求的都能去参加。""康茅召同志吗？我是周恩来，请转告西哈努克亲王，如果他愿意，请他出席陈毅外长的追悼会。"搁下电话，周恩来的"大红旗"风驰电掣，迅速超过毛泽东的专车。周恩来赶到八宝山休息室，激动地通知了张茜：毛泽东要来。张茜听后，眼泪长流。

周恩来安慰道："张茜，你要镇静些。"

张茜忍住哭泣询问："毛主席他老人家为什么要来啊？"

周恩来慨然说："他一定要来。他们是井冈山上的战友。"

休息室里，落座在沙发上的毛泽东，看见张茜进来，脸上显出激动的神情，他两手撑住沙发扶手努力想站起来迎接。张茜快步上前扶住毛泽东，满脸热泪哽咽着问道："主席，您怎么也来了？"毛泽东泪流两行。他握着张茜的手，话语格外缓慢沉重："我也来悼念陈毅同志嘛！陈毅同志是一个好同志。"

西哈努克亲王和莫尼克公主赶到了。毛泽东开始与西哈努克亲王谈话，张茜坐到他的旁边。陆续来到的几位老帅和中央其他领导人倾听着毛泽东的谈话。

毛泽东对西哈努克亲王说："今天向你通报一件事，我们那位'亲密战友'林彪，去年9月13日，坐一架飞机要逃到苏联去，但在温都尔汗摔死了。""林彪是反对我的，陈毅是支持我的。"西哈努克亲王面部紧张地望着毛泽东。林彪出逃，中国还未向国外公开发布消息，西哈努克亲王是毛泽东亲自告知林彪摔死消息的第一个外国人。"我们那位'亲密战友'还要暗害我，阴谋暴露后，他自己叛逃摔死了。难道你们在座的不是我的亲密战友吗？"毛泽东停了一会儿，又接着说："陈毅跟我吵过架，但我们在几十年的相处中，一直合作得很好。"

在毛泽东谈话即将结束时，张茜真诚地请求说："主席，您坐一下就回去吧！"毛泽东微微摇头说："不。我也要参加追悼会，给我一个黑纱。"张茜搀扶着毛泽东走进会场。毛泽东已经穿上那件银灰色的夹大衣，衣袖上缠着一道宽宽的黑纱。周恩来站在陈毅遗像前致悼词。他读得缓慢、沉重，不足600字的悼词，他曾两次哽咽失语，几乎读不下去。这样的感情失控，出现在素有超人毅力和克制力的周恩来身上，实属罕见，陡然增添了会场里悲痛的气氛。在鲜红党旗覆盖下的陈毅骨灰盒前，毛泽东深深地三鞠躬，会场里呜咽之声再次形成高潮。

毛泽东以近80岁的高龄，参加了井冈山上的战友——陈毅的追悼会，并向老战友遗像深深地三鞠躬，令亿万人民崇敬。陈毅同志性格直爽，为人正派，为党的事业奋斗一生。毛泽东参加他的追悼会，实际上是对陈毅同志光辉一生的充分肯定。

第七章　利益相同　目标一致

　　成就事业需要凝聚人心，需要团结更多的人实现共同的目标，追求共同的利益。但由于人在动机、目的、立场、个人素质等方面不尽相同，每个人发挥的作用也不一样，这就使得成就事业、实现共同理想存在许多困难。而且，现实中的人是复杂的。这就要求我们善于消除摩擦，把人的思想和行动统一到为实现共同利益。追求共同目标的大方向上来。

　　我们常用一盘散沙来形容不团结。闹分裂搞不团结，会从鼎盛走向衰败。毛泽东非常重视党的团结和同志间的团结，将团结看作党的生命，并非常善于处理党内和党外的团结问题。

把握性质

　　——人民内部矛盾与敌我矛盾的性质不同，因此，解决的方法不同

　　人民内部矛盾是人民利益根本一致基础上的矛盾，即人民群众、各阶层、各社会集团内部以及它们之间的矛盾。具体说，它包括工人阶级内部的矛盾，农民阶级内部的矛盾，知识分子内部的矛盾，以及这些阶

级、阶层之间的矛盾，还包括人民政府同人民群众之间的矛盾等等。这些矛盾，在政治、经济和思想领域又各有不同的表现。人民内部矛盾与敌我矛盾的性质不同，因此，解决的方法不同。对于不同领域、不同情况的人民内部矛盾，也应当采用不同的方式加以解决。

开展批评　讲究原则

在党内或人民内部，对一种错误的倾向，或错误的思想开展批评或斗争的时候，既要坚持原则，讲真理不讲面子；但批评不能过头，不能无限上纲，一棍子把人打死。

1948年4月2日，毛泽东在评论《晋绥日报》工作的时候，一方面肯定了该报1947年6月以后进行反右倾斗争的正确性，表扬了他们在这一斗争中认真的工作精神。报纸充分反映了群众运动的实际情况，把认为错误的观点和材料，用编者按语的形式加以批注。内容丰富，尖锐泼辣，有朝气；同时指出了他们的缺点主要是把弓弦拉得太紧了，出现了"左"的偏向。他说：拉得太紧了，弓弦就会断。并引用古语"文武之道，一张一弛"的道理，要他们"弛"一下，使头脑清醒起来。在解决人民内部矛盾的时候，讲"文武之道"，这并不是原谅错误，而是因为人们认识世界和改造世界是一个很复杂的艰巨过程，正如一位哲人所说，历史的道路不是涅瓦大街上的人行道，不可能笔直又笔直，平坦又平坦。毛泽东对于犯错误的同志历来是采取教育帮助的办法，只要认识了，改正了，就持欢迎的态度。

早在土地革命时期，1929年1月，红军队伍到广昌一带，有两个负责同志，把一个地主兼商人的铺子没收了。毛泽东知道后，把纵队的领导干部找去，严肃地说："现在的革命是资产阶级的民主革命，只能打倒封建主义、帝国主义和官僚买办阶级，对地主兼商人，只能没收封建剥削部分，商业部分一个红枣也不能动。如果有些特别坏的土豪、恶霸的商店必须没收，就一定要出布告，宣布他的罪状，以提高群众觉悟。"纵队党委批评了这两个同志，并决定给予停职反省的处分。过了一个月，毛泽东又亲自同他们谈话，严肃地进行教育，当他们承认了错误，作了检讨后，便恢复了原职。

1949 年 12 月，毛泽东访问苏联，当时，毛泽东的秘书陈伯达作为代表团成员随同前往。在一次会谈中，陈伯达喧宾夺主，使毛泽东设想的会谈计划没有全部完成，受到了毛泽东的严厉批评。会谈后，陈伯达擅自离开代表团驻地搬到大使馆去了。毛泽东要起草文件，叫陈伯达，却不见人，知道他搬走了，就要叶子龙通知大使馆让陈伯达立即搬回来，毛泽东批评他："你为什么不得到我的同意就搬走？你的工作岗位究竟在哪里？你还有没有组织观念！"陈伯达知道事态严重，再不回头后果不堪设想，慌忙低头认错，当场向毛泽东认错作检查，表示永不再犯。毛泽东见陈伯达认真做了检查，就仍把他留在了身边。

我们党从延安整风中，就总结了处理人民内部矛盾的正确方法，就是"惩前毖后，治病救人"，"从团结的愿望出发，经过批评或者斗争，分清是非，在新的基础上达到新的团结"，形成了"团结——批评一团结"这个公式。毛泽东不赞成一犯错误，从此不得翻身。他说：一个人犯了错误，只要他真正愿意改正，只要他确实有了自我批评，我们仍要表示欢迎。头一二次自我批评，我们不要要求过高，检讨得还不彻底，不彻底也不可以，让他再想一想，要善意地帮助他。要宽恕他，对他采取宽大政策。

"人非圣贤，孰能无过"。毛泽东同志主张对犯错误的同志，只要认识了，改正了，就持欢迎的态度。可以说，能够认真对待、改正错误并接受教训的人，是明智的人。如持此态度，对己和对党的事业，都是十分有利的。

关怀批评　巧妙运用

毛泽东把整风和大生产比作"两个环子"，他经常同干部谈话，要他们学会抓这"两个环子"。

毛泽东针对党内军内的干部思想问题，单刀直入进行个别谈话和批评。"响鼓得用重锤敲"，不但解决问题干净利落，而且使受批评者得到教育和鼓舞，既分清是非，又团结同志。

毛泽东语重心长地说：你们当旅长、团长的同志，在整党中不要怕丢脸，下级对你们的意见，让他们统统讲出来，他们窝在心里的怨气吐完了，心情就舒畅了，你们把架子放下来，如实地向群众检讨反省一番，上下级之间的关系就改善了，内部就会更加团结了。毛泽东还特别赞扬边区一老乡给我们一个分区司令员提了意见，这是天大的好事。他说那个老乡很有觉悟。中国几千年的历史，都是老百姓受官府的气，受当兵的欺负，他们敢怒而不敢言。现在他敢向我们一个分区司令员提意见，敢批评这位"长官"，这有多么好，这是多么了不起的变化。毛泽东借用这样的事例引导干部要正确对待群众意见，正确对待自己已经取得的工作成绩，满怀信心地去创造未来的新生活。

毛泽东除了对一些领导干部反复耐心地进行个别批评帮助外，在延安时期，还无微不至地从思想上关心文艺工作者，对他们存在的问题，则是细致地进行与人为善的批评引导。他对这些知识分子的错误思想往往是采取启发、商讨的批评方式，使之在亲切的讨论中，认识自己的错误，转变自己的思想。

在抗战初期，大批文艺工作者抱着满腔的热情，先后从敌占区和蒋管区奔向革命圣地延安，他们对国民党统治的专横腐败不满，而对共产党崇敬热爱。他们追求光明与进步，要求抗日，要求革命。但是他们当中又有许多人，由于长期生活在国民党统治区，都不同程度地存在着轻视工农、轻视实践的弱点。

在这种情况下，文艺究竟应该为谁服务，又应该如何服务，这就成了当时亟须解决的问题。毛泽东决定召集延安的文艺工作者举行座谈会，讨论文艺工作中的带根本性的问题。

为了开好文艺座谈会，毛泽东坚持从实际出发，听取群众意见，先后个别地或一批一批地找了许多文艺工作者到他家去谈话，了解他们的愿望和要求，细致地询问他们的思想和工作情况。毛泽东在谈话中，对一些错误思想，先是认真倾听，然后有针对性地做思想转化工作，一次不行再找第二次。毛泽东先后与有的同志谈心三次。对这些同志，他并不是板起脸孔指责他们，而是面对面坐下来，像商量事情一样，提出问题，回答问题。

毛泽东与同志们座谈的一个突出特点，是让大家敞开思想，同时不隐瞒自己的观点，对一些似是而非的意见，恳切地进行批评引导。譬如，有些人提出文艺工作不是立场问题，认为立场是对的，心是好的，意思是明了的，只是表现了不好的结果，反而起了坏的作用。对此，毛泽东不仅没有回避实质问题，而且坦然地同他们说，这里所说的好坏，究竟是看动机（主观愿望），还是看效果（社会实践），唯心论者是强调动机、否认效果，机械唯物论者是强调效果、否认动机。我们是辩证唯物主义的动机和效果的统一论者。强调动机，忽视效果，只能使我们为自己的错误辩护，而无助于认识错误，改正错误。但如果完全扼杀差异那是不符合实际的，比如医生用药不当，病人死了，那和蓄意谋杀是很不相同的。但是，用药不当，也总是犯了严重错误，应当承认错误，严肃对待，认真总结，努力提高自己的业务水平，不能认为不是有心治死人，就不负什么责任，可以再犯同样的错误。我们判断一个党、一个医生、一个作家，不仅要看实践，也要看效果。真正的好心，必须顾及效果；真正的好心，必须对于自己工作的缺点错误，有完全诚意的自我批评，决定改正这些缺点错误。

座谈会上，毛泽东认真倾听着每一个人的发言，并亲自作笔录，对于发言人提出的错误，他也耐心地听，细心地记，总是让人把话讲完，从不打断人家的发言并立即反驳。所以，许多参加毛泽东亲自主持的延安文艺座谈会第一次会议的同志认为，座谈会开得民主、认真，热烈而又愉快。

座谈会第二次会议召开时，蒋介石正策划胡宗南的部队包围陕甘宁边区，内战危险，气氛紧张。为开好座谈会，毛泽东不谈文艺，先谈形势，他对战局的分析有充分胜利的把握，对当前的形势有正确的估计，

以他那平和的情绪感染了到会的每一个人，一扫笼罩着会议的紧张气氛，使座谈会得以顺利地进行下去。

第三次会议，毛泽东做了总结发言，在为群众以及如何为群众这个文艺的根本方针上，毛泽东作了深刻的科学的阐述。参加座谈会的人毫无拘束，畅所欲言，各抒己见。毛泽东常和大家坐在一起，讨论研究，边听边插话。整个座谈会期间，毛泽东很注意把正面批评教育与会下个别谈心教育相结合，取得了很好效果。通过座谈讨论和辩论，毛泽东在讲话中对文艺工作者提出的要求与问题，大家都感到心服口服，促进了大家转变思想。如作家丁玲说，回溯过去，"就像唐三藏站在到达天界的河边看自己的躯壳顺水流去的感觉，一种幡然而悔、憬然而惭的感觉"；表示有了"一个正确的认识的开端"。丁玲后来在文学上的成就，是同这个"正确认识的开端"分不开的。

会后，延安各单位的文艺工作者，纷纷深入农村、工厂、部队的斗争生活，吸收群众生活的营养，创造了一批深受群众欢迎的文学作品。

我们要更好地发扬文艺为大众服务的方向，坚持社会主义初级阶段的文化纲领，做代表中国先进文化前进方向的弘扬者。

透彻分析　客观评价

在革命队伍中，一些同志遇到疑惑、不能理解的问题时，毛泽东经常是从事物（事情）的源头上去说明，并给予辨析式的解释，需要解决的问题即去解决。

在转战陕北的一次行军路上，大家谈到了打仗的事。一个战士说："我们新四旅特别能打硬仗。"毛泽东问阎长林："你是新四旅来的，你谈谈新四旅打仗为什么厉害？"阎长林说："是党和毛主席领导得好。"毛泽东听了说："有党的领导，部队素质好，这是最根本的，可我们的部队都有这个特点呀！"阎长林又说："我们新四旅河北人最多。"毛泽东摇摇头说："河北人不一定都能打仗吧！三国时候，河北名将颜良、文丑，不是被山西关云长给杀了吗？"大家听了哄笑起来，阎长林也笑了。毛泽东接着说："能不能打仗不能看是哪省人。国民党的兵最不能打仗，被我们解放过来经过阶级教育和诉苦，他们懂得了为什么打仗和为哪个阶级打仗的道理，就会变成能打仗的好战士。"大家听了顿时明白了。阎长林也意识到了自己缺乏阶级分析，头脑里还有地域观念的残余。毛泽东又启发地说："说错了没关系，再好好想想。对的大家接受，不对的大家一分析就明白了。"阎长林想了想说："新四旅老战士多，差不多都是1938年入伍的，新四旅的干部差不多都是经过长征的老红军，还有武器装备也不错。"这一回得到了毛泽东同志的肯定："对！老干部，老战士，阶级觉悟高，能打胜仗，缴获的武器就多，装备也就充足了。"

坦白豪爽、富于进取的萧军与毛泽东曾有多次交往。萧军被派往东北工作后，那里的工作一度出现"左"的偏差，使他受到错误批判和组织处理，戴上了危言耸听的大帽子。1949年春，他被分配到抚顺总工会资料室工作。困境没有使他气馁、消沉。他有人民作家的崇高职责，一如既往地努力工作，同时辛勤地收集素材，潜心创作，写出了一本以工业建设为题材的30多万字的长篇小说《五月的矿山》。

1952年书在北京写成后，有关部门不予出版，有的单位也不敢反映，稿子退回三次。萧军万般无奈，只得上书毛泽东、周恩来。他的爱人王德芬雇了一辆三轮车，把信和书稿一起送到中南海。半年之后，有关部门回信说："毛主席批示，你的书可以出版，请再回出版社接洽。"此书得以出版，萧军深深感激，终生难忘。

1966年8月1日前夕，正在外地视察的毛泽东把杨成武叫到他的住处，说："建军节要到了，你回去参加建军节招待会。"

杨成武说："现在有人不赞成八一作为建军节，还要把军事博物馆的军徽砸掉。""为什么？""他们提出要9月9日，也就是秋收起义那一天作建军节。"

毛泽东皱了皱眉："这是错误的。八一南昌起义，秋收起义，一个在先，一个在后嘛。"

他的情绪有些激动地说："你记，我说——八一南昌起义是中国人民在中国共产党的领导下向国民党反动派打响的第一枪。""我们是历史唯物主义者，1933年，中央苏维埃作过决议。他们不晓得历史。南昌起义是全国性的，秋收起义是地方性的。"

他又关照说："今年建军节招待会规模要大些，请各位老师都参加。"他接着对他的几位战友做出评价：

朱毛朱毛，没有朱哪有毛，有人说朱德是黑司令，我说朱德是红司令。

剑英在关键时刻是立了大功的。诸葛一生唯谨慎，吕端大事不糊涂。

陈毅是个好同志。

荣臻可是个厚道人。

徐老总四方面军的事情不能搞，那是张国焘的事情。

贺龙是二方面军的旗子。

毛泽东遇到这些问题为什么能够辨析透彻，解决起来自如，主要是因为他实事求是，并具有广博的知识，运用恰如其分，使人受到启发，他也受人尊敬。

选择方法

——在掌握全局的情况下，做好工作，化消极因素为积极因素

任何事物都存在着积极因素和消极因素。积极因素和消极因素是事物矛盾的两个方面，它们的存在具有客观性。两者的基本属性及其相互关系规定着事物的基本性质和发展趋势。任何事物都是矛盾的统一体，积极因素和消极因素是对立统一的关系。

要善于把握矛盾的基本性质，认真分析事物矛盾着的两个方面，要看到消极因素中蕴涵的积极方面，看到消极因素向积极方面转化的可能

性和现实性，在掌握全局的情况下，做好工作，化消极因素为积极因素，促进事物的发展，推动局势的前进，是一种成功的大智慧。

瓦解对手　攻心为上

1935 年底，我党在陕北瓦窑堡召开政治局会议，毛泽东的《论反对日本帝国主义的策略》报告，奠定了党的抗日民族统一战线的理论基础。这个报告对从思想上武装全党，去推动抗日民族统一战线的形成，具有重要意义。会后，党成立了白区工委，并从各个方面，利用各种渠道，运用各种方式，积极地对国民党军队做争取转化的工作。

高福源是东北军的一个团长，过去曾任张学良卫队长，是张学良的亲信。刚被红军俘虏时，他沮丧、懊恼，等着红军杀头。而红军认真执行毛泽东提出的优待俘虏政策，俘虏不仅吃饭、住房与红军一样，甚至穿着比红军还好些，更重要的是给他们讲解停止内战、团结抗日的道理，让他们了解蒋介石所提出的"攘外必先安内"政策的反动实质。同时，还向他们提出红军与东北军联合抵抗民族大敌，打回东北老家去的建议。这样，高福源的思想一天天在起变化，逐渐认识到共产党深得民心，是抗日的依靠力量。"滴水穿石"，毛泽东制定的抗日民族统一战线政策和俘虏政策，终于激发了高福源的抗日爱国热情。他决心返回东北军劝说张学良，走联共抗日的道路。

高福源返回东北军军部，向张学良痛哭陈词，成为促使张学良下决心走上联共抗日道路的重要因素。张学良当即委派高福源，再返红军驻地，请求派正式代表与东北军谈判联合抗日的问题。

当时，毛泽东亲自接见了这个俘虏"特使"，并感谢他为民族、为国家办了一件大好事。以后红军与张学良频繁接触，促使张学良走上了联共抗日的道路，在西北形成了红军、东北军、西北军"三位一体"停止内战，一致抗日的局面。化敌为友，东北军与西北军，成了红军抗日的同盟军。

这一佳话，成为毛泽东瓦解敌军工作的一个成功范例。

但是，瓦解敌军的原则，在红军初创时期，许多人是不理解的。当时，毛泽东亲自抓军队的战场纪律，抓对待俘虏的政策。他规定对待俘虏，一不许打，二不许骂，三不许搜腰包，有伤的还要治疗，愿留的则吸收参加红军，愿去的发给路费遣送回家。对此，有些人很不以为然地说，俘虏毕竟是"阶下囚"为什么待为"座上宾"？

一次，抓到国民党一个营长和几个军官，有人说，当兵的不杀，当营长的还不杀？毛泽东知道后，一方面向部队解释瓦解敌军的重要性，一方面找这几个俘虏军官亲自谈话，做工作，不久放他们走了。这个政策对敌军震动很大，白军士兵三三两两拖枪过来了，敌人无可奈何，毫无办法。后来，我军发展了"解放战士"，他们成为我军补员的来源之一。

随着斗争实践，毛泽东又把这项瓦解工作逐渐系统化、制度化了。他把对敌军的政治工作分为三部分：

（一）在敌内部发展兵运，争取敌军哗变、起义。1931 年底，就出现了赵博生、董振堂率领的一万七千余人的江西宁都起义，全部加入红军。

（二）开展对敌宣传工作。红军广大指战员在实践中体会到：对敌宣传是红军的特有的"武器"。这可以拨动敌军官兵的心弦，使他们放下武器，弃暗投明。

（三）做好俘虏兵的工作，争取他们掉转枪口，参加革命战争。

毛泽东瓦解敌军的重要策略思想是懈敌士气。他认为松懈或瓦解敌人士气与鼓舞自己士气是相辅相成的。他主张除了在自己内部应以各种形式鼓舞士气外，还要想方设法，通过瓦解敌军士气来鼓舞自己士气。为此，毛泽东在解放战争时期，特别主张实行正确感召政策，在军事打击的同时，开展政治攻势，瓦解敌军。1946 年出现的"高树勋运动"，就是这一政策的结果。

高树勋是西北军的旧部，多年来经常受到蒋介石集团的排挤、歧视，政治上受打击，军事上受监视，供应上受限制，因此，他和蒋介石的矛盾日益加深，加上我军多次对其进行政治争取工作，他深感只有靠近共产党，才能获得生存。10月底，高树勋正式宣布起义。我人民解放军为了扩大这次起义的影响，特将给高树勋的通电、谈话印成传单，用这种方法向国民党军队进行宣传。12月底，毛泽东又亲自在为党中央起草的工作方针中，正式提出开展"高树勋运动"。

"高树勋运动"主要开展两方面工作，一是从国民党内部去准备、组织起义，使大量国民党军队站到人民方面来，反对内战，主张和平；另一方面的工作是，松懈国民党军队的士气，强调用多种形式瓦解敌军军心。这个运动的开展，有力推动了国民党官兵的罢战、怠战、反战、厌战情绪。在火线上，成千成百的敌军官兵，掉转枪口，帮助人民解放军打击来犯的敌人。

解放战争时期，除了攻心战之外，毛泽东还创造了歼灭敌军的另几种方式——"天津方式"、"北平方式"和"绥远方式"。其中北平方式和绥远方式都是瓦解敌军政策的成功范例。

毛泽东对北平和平解放的原傅作义部队军政人员均实行了既往不咎、宽大处理的政策，采取团结教育改造使用的方针，对有功者按爱国不分先后的政策，给予极大信任和妥善安置，对傅作义本人的负荆请罪，毛泽东不仅不咎既往，反而多次在共产党和人民中替傅作义做工作。3月间，毛泽东还邀请了傅作义参加检阅人民解放军的仪式，傅深受感动。1948年8月，毛泽东让傅作义亲自到绥远去解决绥远问题，并派专车护送，还带了一大笔现款，作为绥远部队军饷，从而顺利实现绥远起义，和平改编为人民解放军。绥远方式的创造，是毛泽东化消极因素为积极因素这一领导艺术的又一个例证。

从毛泽东化敌为友的事例中，我们可以看出：要真诚待人，做到真正意义上的"化敌为友"。做真正的朋友，就要从根本上消除既往恩怨，真诚待人，一视同仁。对那些人，不能是利用的心理，要真心实意地团结他们，从生活上关心他们，从思想上帮助他们进步，唯有这样，"化敌为友"才能有更大的吸引力和感召力，使越来越多的敌人成为朋

友，不断增大自己的力量。

以理服人　以情感人

毛泽东在争取人的支持工作中，不仅强调以理服人，而且注重说理的艺术。

为了改变人们中间的错误认识、糊涂观念，为了提高干部的素质水平，为了向广大群众进行形势教育和政策方针教育，毛泽东总是采用不同的说理方式。他有时是从正反两方面的对比去引导大家，有时是循循善诱的正面灌输，有时则是耐心细致的个别帮助。他总是针对不同环境、不同教育对象，卓有成效地开展思想政治教育。

1930 年，在开过古田会议后，红四军中旧的一套制度被放弃，新的一套还没有建立起来，特别是在管理教育方面，军阀主义的管教方法被废除以后，一部分干部对部队的管理教育表现出缩手缩脚，更多的人则感到不知应该从何处着手。红军靠什么保证部队的战斗力？靠什么保证部队管理？毛泽东一向认为，应该靠党的思想政治工作，共产党领导革命的思想政治工作是我军的生命线。党对军队的领导是靠思想政治工作来实现和保证的。经过政治教育，红军士兵提高了阶级觉悟，都有了分配土地、建立政权和武装工农等项常识，都知道是为了自己和工农阶级而作战，这使他们能在艰苦的斗争中毫无怨言。

毛泽东通过检查落实古田会议决议情况，发现了部队存在的问题，从而及时向干部们进行正面教育，他专门为红四军连队以上的干部召集了一次会议。会上，他详细向大家讲解了如何对部队进行管理教育，并反复强调："工农红军不同于其他武装"，它是共产党领导的部队，是无产阶级的武装，与历史上所有的军队有着本质的区别。一切反动军队迫使广大士兵为他们卖命，是采用欺骗、麻痹和镇压的手段，而我们的军队恰恰相反，我们是由许多有觉悟的劳动人民，为了共同的目标而组成的一个革命大家庭，无论干部还是战士，在政治上是一律平等的。因此，必须以新的管教方法来代替旧军队的管教方法。所谓新方法，毛泽东把它归纳为七条：

第一，干部要群众化。当了干部就高人一等，是旧军队的作风，我们的干部必须深入群众。群众化了，才能和战士真正打成一片，战士才敢接近你，才能把心里话告诉你。也只有这样，才能真正了解战士思想问题。适时地、有的放矢地予以解决。毛泽东特别强调，群众化是做好部队管理教育工作的先决条件，他号召全体干部放下架子，深入到战士中去。

第二，干部要时刻关心战士，体贴战士。毛泽东说，这个问题是测验每个革命干部有没有群众观点的标准，我们的干部要时刻关心战士的疾苦，解决战士的困难。只有这样，才会使我们的部队团结得像一个人，成为不可摧毁的力量。

第三，干部要处处以身作则，做战士的表率。毛泽东把这一条看作是做好部队管理教育工作的重要因素。他说，我们的干部必须是执行纪律，服从命令的模范。"只许官家放火，不许百姓点灯"，不是共产党的作风。

第四，干部要学会发动战士自己教育自己、管理自己，走群众路线。毛泽东再三提醒干部要相信群众的力量，相信广大群众中有英雄。他说，我们的战士有着丰富的斗争经验和勇于创造的精神，我们应当充分地运用群众的斗争经验，群众的创造来教育自己、管理自己。

第五，说服教育重于惩罚。毛泽东强调必须懂得革命要靠自觉，不能靠强迫命令。他反复告诫干部：我们的战士是最懂得道理的人，只要把道理讲清，他们就会自觉地遵守纪律、勇往直前、所向无敌。当干部的责任就是要提高战士的思想觉悟，而提高思想觉悟最有效的办法，是加强思想政治工作，加强说服教育。在必须以纪律制裁的时候，也要使被处分的人能认识错误、改正错误，一切不教而诛的做法都是错误的，必须坚决反对。

第六，宣传鼓动重于指派命令，反对命令主义是每个干部应该牢记的。当时，毛泽东引古喻今讲了三国黄忠老将大败夏侯渊的故事。年迈体衰，很难取胜的黄忠，被诸葛亮使用的"激将法"把勇气鼓了起来。毛泽东说，我们的战士是有高度阶级觉悟的，用不着"激将法"，但是我们的干部，却要学习诸葛亮善于做宣传鼓动工作，用宣传鼓动去提高战士的阶级觉悟，启发大家的革命英雄主义，把道理讲清，任务讲明，战士们就可以排除万难，勇往直前。专靠指派命令，不做宣传鼓动，就是执行了命令，也不会得到更大的成绩。

第七，赏罚要分明。执行赏罚的时候，最好的办法是通过群众公议，组织批准，这样的结果，既能教育个人，又能教育全体。

毛泽东的讲话通俗易懂而又简明生动，使大家都感到获益匪浅，经久难忘。在毛泽东的教育和启发下，干部回到部队后，加强了管理和思想教育，部队面貌发生了很大变化，向着新型的人民军队飞跃迈进。短短半年中，取得了多次战斗的胜利，根据地迅速扩大了，部队也发展了，每个排都能独立执行战斗、发动群众等重要任务，连队士气旺盛，战斗力显著提高，群众工作异常活跃。这一切都与毛泽东及时抓住干部的思想问题，向他们进行正面教育是分不开的。

争取胜利还要靠强有力的思想政治工作。

当时的党组织几乎完全是农民成分的党，若不给以无产阶级的思想领导，其趋向将会是错误的，整个民主革命时期，毛泽东反复强调这一点。特别针对宣传灌输党的方针政策。他经常说，不光要使领导者知道，干部知道，还要使广大的群众知道，因为只有让广大指战员都认清形势，明确方针，才能上下一致，齐心努力取得胜利。

陈赓在回忆录中写道：解放战争中，党中央为了破坏国民党把战争继续引向解放区的企图，决定实行外线作战、将战争引向国民党统治区的方针。为了将引向国统区的战争取得胜利，毛泽东教育干部战士：到国民党区域作战争取胜利的关键，第一是善于捕捉战机，勇敢坚决，多打胜仗；第二是争取群众站在我军方面。对于陈谢（陈赓、谢富治）兵团挺进豫西的行动，毛泽东极为重视。他要求部队出发前一定要进行整训，展开诉苦教育、战局形势教育和主力已打出去的英勇无畏的事实教育，一方面用以激发指战员对阶级敌人的仇恨，认清不仅要在内线打，保卫解放区，而且还要去解放全国的阶级兄弟；另一方面，坚定全体将士必胜的信心。

由于出发前进行了这种讲明形势、任务的正面教育和开展诉苦教育相结合的生动思想工作，部队广大指战员迅速地接受了党中央提出的外线作战方针，决心多打胜仗，搞好群众工作，迅速开创新的根据地，完成中央交给的任务。

1947 年 8 月，陈谢兵团出发后，部队虽然面临顽敌和坚固的河防工事，但是由于动员深入，士气高昂，战士们已有到外线打硬仗的思想准备。他们机智地利用黑夜和连天大雨，敌人看不清听不清的机会，巧妙地把偷渡和强渡结合起来。三门峡渡河战斗的两个纵队，都仅用半小时的时间就突破了黄河天险，首先渡过河的部队，并未因人数少而贻误战机。他们抓住敌人混乱之时，攻占了敌人的外围工事，还利用刚缴获的敌人服装、符号，化装后以假乱真，巧妙地攻下内城；有的部队则是以六个半小时急行军九十里的速度，突然把敌人包围歼灭。

由此可见，毛泽东要求部队深入开展思想政治动员，已使党中央提出将战争引向国统区的方针变成了群众的自觉的行动，产生了巨大的力量，从而取得了一个又一个的辉煌战绩。

在部队取得巨大胜利的情况下，毛泽东又及时提醒部队：在连续作战的同时，积极进行发动群众的工作。在"分兵以发动群众，集中以对付敌人"的思想指导下，部队在紧张作战的情况下，不仅抽调干部做地方工作，并且还发动整个部队做群众工作，各连组织民运小组，每个班还有专门的民运战士，使国统区的群众工作迅速铺开。在毛泽东反复教育下，广大指战员都懂得，作战引向国统区，不仅靠作战，而且靠政策。党的政策是争取群众、发动群众的武器。所以，他们在做群众工作中，自觉地把执行党的政策和三大纪律八项注意，作为行动准则，从而深受群众爱戴和拥护。

毛泽东不仅要求部队很好地进行战前动员，打到外线之后，他对部

队的思想情况更加关注，要求干部把部队的思想情况列为向上报告的主要内容之一，以便及时了解部队思想状况，提醒督促干部去抓活生生的现实教育，广泛开展立功运动，发挥指战员的积极性，以克服在新区作战困难增加情况下少数人员的畏惧情绪。

毛泽东在做思想政治工作的长期实践中，深刻体会到关怀体贴是与人民群众建立深厚感情的首要条件，多方面展示了他那以情感人的艺术才能。

1940年，陕甘宁边区政府向群众多征了一些公粮，群众中有怨言，一些同志听了心里很不舒服。而毛泽东却从群众情绪和呼声中，发现我们实际工作中的问题，他说："二十担公粮，天怨人怨。"并马上建议减少征粮，号召部队开展大生产以减轻人民负担。

毛泽东在注意了解群众情绪，倾听人民呼声的同时，经常深入群众、密切联系群众，为我们党树立了优良的传统作风。早在古田会议前后，毛泽东常用鱼水关系来形容红军同群众的关系，他说，三国时候的刘备，把诸葛亮比作水把自己比作鱼，说明诸葛亮的重要。由此借喻我们共产党人是把人民群众比作水，只有把根子扎在群众中，我们才能打胜仗，立于不败之地。他用这个浅显的道理，常常教育干部、战士，使红军上上下下都深深懂得鱼水关系。所以，尽管当时红军中存在一些旧军阀的作风，如打骂士兵等等，但很少发生打骂老百姓的现象。

深入群众，熟悉群众，不仅是为了与群众同呼吸共命运，而且是为了虚心向群众学习，吸取群众智慧。毛泽东凝聚人心的高超艺术，在于从真心诚意地关怀、尊重和信任群众出发，感动群众，以达到感情上的融合，实现思想上的统一。

毛泽东常说，你要群众拥护革命，你就要关心群众。他十分关心群众利益，生活疾苦，从土地、劳动，以及日常的柴米油盐，他都想到了。1931年夏天，闽西根据地正搞土地革命，分田分地，毛泽东提醒干部说，一定要注意把肥田、瘦田搭配均匀再分，替贫苦的农民设想得周到一些。每当干部汇报时，毛泽东都反复叮咛：心里要时刻想到群众，要把群众利益摆到第一位，要对群众负责到底。他常常给干部出主意：动员群众多种杂粮，多种油菜，多种麻，试种棉花，来解决缺粮、缺布、缺油等困难。关于安排群众生活，他要求干部逐步做到每家每年要储存三袋菜干，不分老少，每人每月要有三斗稻谷等。按照毛泽东的办法去做，使根据地的人民和军队战胜了敌人的重重封锁，克服了种种困难。

毛泽东经常用自己的切身体会告诫干部：你要群众跟着走，就要关心他们的生活和要求。他语重心长地说，群众过日子不容易呀，担子不轻呀，我们共产党人只有全心全意为人民谋利益的义务，而决不能有半点欺压群众，占群众便宜的权利。建国以后，毛泽东仍非常关心群众生活，他常说，我们共产党人，什么时候都要想到群众，群众生活不能改善，我们问心有愧啊，睡觉也睡不安稳！中医看病，首先要看舌，打脉，望、闻、问、切，做一番调查研究，才能对症下药。我们搞革命工作，不了解情况，不懂得实际，不了解群众的情绪和要求，怎么能提出正确的方针、政策和办法来？

1933年夏天，由于受"左"倾路线的影响，根据地某些县为完成扩军任务，搞强迫命令，造成一些群众思想不通，躲到山上去了。毛泽东了解这件事后，派出工作组去继续发动群众，走之前，他反复向工作组交代，一定要倾听群众的意见，群众为什么要躲到山上去？一定要深入下去，了解清楚，看看他们究竟有什么实际困难，要体谅群众的实际困难，实在有困难的应该照顾。按照毛泽东的办法，工作组深入了解情况做工作，很受群众拥护，老百姓连夜打着火把到山上叫亲人回来，短短几天就完成扩军任务。

毛泽东对于在他身边的工作人员，都给予无微不至的关怀。杨成武回忆长征过草地时激动地说，毛主席把他找去详细地告诉他过草地可能遇到的困难，具体地指示解决办法，并嘱咐杨成武：要尽量想办法，多准备粮食。对部队已准备八个同志用担架抬着向导带路一事，毛泽东说，要告诉抬担架的同志，抬稳当些，要教育、尊重少数民族向导。同时他提醒说，一个向导解决不了大部队行军的问题，你们必须多做些路标，好让后面的部队跟着路标顺利前进。谈完话，毛泽东发现杨成武还未吃饭，又要急着赶几十里夜路，马上把自己的晚饭——六个小鸡蛋般大的青稞黑馒头端了出来。

在过草地第 7 天，也是长征中最艰苦的时候，部队面临最大的考验，断了几天炊，粒米未沾，个个饿得头昏眼花，毛泽东也只剩下了最后几小块青稞饼，这还是平日吃野菜省下来的。就在这时，毛泽东发现两个战士无声地倒在路边，毛泽东弯下腰，温和而又亲切地拍拍他们："同志，不能倒下去。"两个战士说："我们已两天没吃东西了，实在走不动。"毛泽东没说一句话，默默掏出那仅有的几块饼，把饼送到那两个战士的手中，然后，一字一顿地说："再走一天，就可以出草地了，无论如何要走出去。"最后，又让人牵来马，请其中一个最弱的战士骑上去，另一个让挽着向前走。在漫长的征途上，毛泽东就是这样，给了全军战士以力量。

在毛泽东的亲切关怀下，红军同风雨、冰雪和饥饿搏斗，粉碎了反动派骑兵的袭击，克服了许多想象不到的困难，终于把连野兽都没走过的沼泽、草地征服了。

陕北胜利会师后，毛泽东的警卫员吴吉清不幸患了病，病势越来越重，开始以为是不服陕北的水土，毛泽东几次催促他看病治疗，吴吉清都满不在乎，认为自己年轻能顶过去，谁知病到第 5 天，一躺倒就再也爬不起来了，毛泽东又是疼爱又是责备地说："强汉抗不过病。"随即派医生给他打针吃药；第二天，仍无好转，毛泽东马上派人用自己的担架把吴吉清送到红军野战医院，经诊断为重伤寒。他知道后又马上赶来看望，吴吉清生怕毛泽东被染上病，苦苦哀求他不要再来，可越是这样，毛泽东却坐了下来，细心安慰和鼓励吴吉清同疾病作斗争。入院七八天后，吴吉清病势加重，被医生误诊为死亡，送往太平间，这一情况被前往探视的同志发现，报告了毛泽东。当时，毛泽东很生气，告诉医生，凡经过长征的同志，不论是马夫还是伙夫，都是党和国家的财富，要医生想尽一切办法抢救吴吉清,哪怕只有十分之一的希望,也要把他抢救过来。毛泽东搁下电话后,立即来到医院,并把他自己的备用药品也拿了过来,吴吉清终于又获得了第二次生命。

毛泽东就是这样,对于革命队伍中的人,无论职位高低,他都给予无微不至的关怀,尽管有些不是他身边的工作人员,毛泽东同样给予真挚的阶级之情和阶级之爱。

延安时期,红军野战医院来了一名重伤员,子弹打在胸部,伤势很重,在极端困难的医疗条件下,医生用尽了一切办法,但是很难挽救伤员的生命,这个伤员时常处于昏迷状态,不时微弱呼唤着:毛主席、毛主席。当伤员偶尔清醒时,医生才弄清楚,他参加革命几年,从未见过毛主席,他渴望能见到毛主席,哪怕只看一眼也好。医院担心毛主席工作忙,住地远,恐怕没时间来,最后还是决定打个电话,让毛泽东知道为好。

清晨,毛泽东刚刚起床,得到此情,立即赶往医院,还说,伤员很危险,不知能不能赶上看他。毛泽东平时不骑马,而这次一出门,就跨上小黄马,放马奔跑;到了医院,他顾不上休息,连忙走进病房,轻轻走近伤员,伤员激动得伸出双手,紧紧握住毛泽东的手,脸上浮现出幸福的笑容,缓慢地合上双眼,停止了呼吸。在场的同志,看到此景此情,无不深受感动,毛泽东充满感情地说:"你是我党的好同志,我们永远不会忘记你。"随后,他参加了埋葬烈士的工作,开完追悼会,又回到医院。他不顾劳累,走遍了医院的每个病房,和伤病员一一握手,亲切慰问,从清晨到黄昏,毛泽东没有休息,也没有吃一点东西。归途中,他看到小街上有卖东西的小店,让警卫员买了几个烧饼,当警卫员把烧饼递给他时,他正在马背上思考问题,忽然他说:"不是买给我吃的,我不饿,你们累了一天,你们吃吧。"这种对同志的深厚之爱,关切之情,是最好的一种思想政治教育。

延安人民永远不会忘记,毛泽东最关心群众的安危,遇到天大的风险也要保护群众。有一天在延安,敌人以4个旅的兵力,突然向我中央机关驻地扑来，毛泽东并不考虑个人安危，首先惦念着老百姓的安全，再三指示，要有计划地组织群众，跟中央机关转移。有人担心，这样会暴露中央机关的行踪，提议让老乡朝别的方向走。毛泽东指示：一定要老乡跟我们的部队一起撤退，这样可以减少损失，现在我们军民已凝成一体，就应该对群众负责到底。同时，他立即派人把已朝别的方向走的群众追了回来。

为了夺取革命的胜利，在艰难的革命斗争中，毛泽东与大家同甘共苦，以情动人。由于毛泽东的言传身教和强有力的思想政治工作，使我党我军的力量不断增强，处处关心群众生活、时时惦记群众疾苦的好作风越来越深入人心。毛泽东关怀人民，人民自然爱戴、拥护毛泽东。毛泽东与人民群众心心相印。

第八章　书信送暖　诗词传情

　　中国传统文化和人伦观很讲究"人情味"，浸淫传统文化很深的毛泽东深谙此理。

　　在长期的革命和建设事业中，毛泽东和各界人士友好往来，这其中包括各个民主党派人士，许多国民党人士、文化界人士以及其他各方面的无党派人士，民族、宗教界人士，爱国侨胞、清朝遗族、老师和同学等，留下了许多充满人情味的故事。他不但善于和自己意见相同的人交朋友，而且也善于同自己意见不同的人交往；他不但善于听取党外朋友的意见，只要说得对的就积极照办，而且对反对自己反对错了的人也总是开诚布公，注意让对方放下思想包袱；他不但乐于团结一切爱国进步的志士仁人一道工作，而且善于同一些国民党左派人士接触，不计前嫌，化敌为友。在复杂的人际交往中，毛泽东体现出坦荡的胸怀和凛然正气；他能最大限度地团结一切可以团结的力量，结成了最广泛的爱国统一战线。为此，他作出了巨大贡献，树立了光辉典范，团结和凝聚了一切可以团结的人。

❀ 以诚相待

——以诚相待是毛泽东与人交往的重要准则

毛泽东作为一个伟大的政治家，对待民主人士，他的待人准则既体现了一种崇高的革命和战斗的关系，同时也富于浓厚的人情色彩。做事论理，私交论情；以诚相待，委以重任。

以诚相待　情谊合作

毛泽东与宋庆龄是同时代的人。他们伟大的一生是同中国革命事业的艰难历程和辉煌胜利融合在一起的，也是同他们之间的革命情谊联系在一起的。他们尽管经历不同，但他们通过各自的斗争实践，先后找到马克思主义真理，走上共产主义道路。志同道合是他们友谊的纽带。毛泽东与宋庆龄之间始终互相尊重，都把对方视为战友。正如邓小平所说："中国共产党的领袖毛泽东、周恩来、刘少奇同志，很早以前就把宋庆龄当作自己亲密的战友、同志和可敬的无产阶级先锋战士。"

毛泽东与宋庆龄在国共首次合作伊始，都把对方引为战友。毛泽东称宋庆龄是与共产党人"一道工作的亲密的朋友"，宋庆龄则对毛泽东一向怀着无限敬仰和信赖的感情。30 年代，宋庆龄曾说过她相信两个人。除孙中山外，"对毛泽东还是信任的，"称毛泽东思想敏锐，识见远大，令人钦佩。

1949 年，人民解放军取得战略决战的辉煌胜利，中国共产党在积极筹备召开新的政治协商会议，成立民主联合政府。在这历史的转折时刻，毛泽东与周恩来对宋庆龄的安全极为关注，垂念至殷。1949 年 1月 29 日，联名致电宋庆龄："新的政治协商会议将在北京召开，中国人民革命历尽艰辛，孙中山先生遗志迄今始告实现。至祈先生命驾北来，参加此一人民历史伟大的事业，并对于如何建设新中国予以指导。"宋庆龄获悉电报后，当即亲笔用英文复信，对毛泽东与周恩来极致友善的来信致以"深厚感谢"，指出"我的精神是永远跟随你们的事业"。上海解放不久，毛泽东特派邓颖超携带给宋庆龄亲笔信函，"趋前致候"，专程迎接北上。毛泽东在 6 月 19 日的信函中说："仰你之诚，与日俱积"，"建设之计，亟待筹商"。宋庆龄十分喜悦，惠然应诺，抵达北平。

建国以后，毛泽东和宋庆龄都在为党和国家的大事日夜操劳，但他们仍然保持着诚挚的友谊、亲切的交往。毛泽东到上海视察时，曾亲自到宋庆龄家里探望她。宋庆龄也非常关心毛泽东的健康，每次从上海回北京都要亲自问候，并送些礼品，每年还要寄来贺年片。1956 年元旦，毛泽东收到宋庆龄寄去的贺年片，十分高兴，提笔给宋庆龄写了一封既生动有趣又热情洋溢的信。在信中，毛泽东亲切地称呼宋庆龄为"亲爱的大姐"，对她送来贺年片深表感谢，接着，毛泽东以幽默的口吻，关心而又风趣地写道："你好吗？睡眠尚好吧。我仍如旧，十分能吃，七分能睡。最近几年大概还不至于要见上帝，然而甚矣，吾衰矣。望你好生保养身体。"短短数语，毛泽东革命的乐观的精神和对朋友的诚挚情意溢于言表，读后令人感到十分亲切。

毛泽东与宋庆龄的友好交往，是毛泽东和中国共产党同国内各界人士友好交往中的一面情谊合作旗帜。我们要以他们为榜样，继续与各民主党派、各界人士团结奋斗，更好地建设社会主义现代化祖国。

信任相知　炎培改"志"

索尔兹伯里在他的《长征——前所未闻的故事》，曾用"冷眼看世界"来形容毛泽东的人际世界。其实，在与社会各界人士的交往中，毛泽东往往会无拘无束，轻松自然，潇洒自如，他与黄炎培先生的交往，便是这种境界的体现。

1945 年 7 月 1 日，黄炎培与褚辅成、章伯钧、左舜生、傅斯年等 6 位国民参政员，应毛泽东之邀飞赴延安访问。中共中央领导人隆重地接待了他们，当毛泽东和黄炎培握手时说："我们20多年不见！"黄愕然说："我们这是第一次见面呀！"毛主席笑着说："1920年5月某日在上海，江苏省教育会欢迎杜威博士，你主持会议并发表演讲，当时，我是你的听众之一。"黄炎培对毛泽东的记忆力大加称赞，回到重庆，他每次讲延安之行，都津津乐道地说起这个有趣的事情，他十分自得地说，想不到在大堂听众中，竟有这样一位盖世的英雄豪杰！

第二天下午，他们一行6人，应邀到杨家岭访问毛泽东。走进毛泽东的会客室，只见四壁挂着几幅画。而当中有一幅画是沈钧儒次子沈叔羊画的。画面上画着一把酒壶，上写"茅台"二字，壶边有几只杯子。画上有黄炎培题的一首七绝：

> 宣传有客过茅台，酿酒池中洗脚来。
>
> 是假是真我不管，天寒且饮两三杯。

黄炎培说起这幅画是1943年在国民党掀起第三次反共高潮中，叔羊为他父亲"画以娱之"。在请黄炎培题词时，黄忽然想起谣传，长征中共产党人在茅台酒池里洗脚。针对这个谣传，题了这首七绝以讽喻，谁料，这幅画竟然挂在中共领袖的客厅里！当黄炎培在此时此地看这幅画时，一股知遇之情的暖流流遍了他的全身。

7月4日下午，毛泽东邀请黄炎培等人到他家里做客，他们整整谈了一个下午。毛泽东问黄炎培，来延安考察了几天有什么感想？黄炎培坦率地说："我活了60多年，耳闻的不说，亲眼看到的，真可谓'其兴也浡焉，其亡也忽焉'。一人、一家、一团体、一地方乃至一国，不少单位都没有跳出这周期律的支配力……中共诸君从过去到现在，我是略略了解了的，就是希望找出一条新路，来跳出这周期律的支配。"听了黄炎培这掷地有声的一席诤言，毛泽东很自信地答道："我们已经找到了新路，我们能跳出这周期律。这条新路，就是民主。只有让人民来监督政府，政府才不敢松懈；只有人人起来负责，才不会人亡政息。"

黄炎培访问延安后，感到思想收获极大。他到处作报告，讲他在延安的所见所闻。还在很短的时间内写成并出版了《延安归来》一书。这部书，初版就印了两万册，几天内被抢购一空，成为大后方轰动一时的畅销书。而且，这是第一部拒绝把原稿送交国民党审查机关审查而自行出版的介绍共产党方面的书，从而促使出版界掀起了一个轰轰烈烈的"拒检运动"，迫使国民党中央常委会通过决议，宣布撤销对新闻和图书杂志的调查制度。

1949 年 2 月，黄炎培在地下党的帮助下，摆脱了国民党特务的监视，潜离上海，经香港转赴解放区。

黄炎培到达北平的当天下午，就和沈钧儒等民主人士一起到西郊机场迎接毛泽东、周恩来、朱德等中共中央领导人进入北平。黄炎培与毛泽东从重庆握别，至现在虽只有三年半的时间，但中华大地发生了天翻地覆的变化。

当时，美国国务院发表了颠倒是非、捏造事实的"白皮书"。黄炎培立即撰写了批驳文章在《人民日报》和《展望》周刊上发表，并以民主建国会的名义发表声明，对"白皮书"予以驳斥。文章发表的当天，毛泽东就亲笔写信给黄炎培说："文章写得极好，这对于民族资产阶级的教育作用当是极大的。民建这一类组织（生动和积极的、有原则的、有前途的、有希望的），当使民建建立自己的主动性，而这种主动性是一个政党必不可少的。"黄炎培怀着深深的知遇之情，立刻给毛泽东写了回信，表达了他的感激和兴奋的心情："希望主席时时指教。"毛泽东接到黄炎培的复信后，又第二次致书黄炎培，加以勉励。

建国后，黄炎培担任了中央人民政府委员、政务院副总理兼轻工业部部长。本来，黄炎培是一生拒不做官的。早年，北洋政府曾两次任命他为教育总长，但他都拒不就职，此时，黄炎培的儿子黄大能曾问黄炎培："为什么您年过七十反而做起官来了？"他说："人民政府，是人民的政府，是自家的政府。自家的事，需要人做时，自家不应该不做。我这是在做事，不是做官。"

从毛泽东与黄炎培讨论如何跳出"周期律"的支配，到与大家一起推崇黄炎培任政务完副总理，无不反映出彼此的信任、相知。

☆ 结交同盟

——毛泽东主张，团结一切可以团结的力量，协力建设新中国

"海纳百川，有容乃大"。毛泽东主张，团结一切可以团结的力量，调动爱国各党派、各界人士的积极性，发挥他们各自的才智和能量，协力建设新中国。这是从振兴中华民族、建设繁荣富强的新中国的战略高度来考虑的。这一主张，深得党外人士的拥护。他们心悦诚服地团结在中国共产党的周围。

诗词唱和　寓意深远

毛泽东不平凡的一生中，在诗词方面跟他多有唱和的人主要有两人：一是大文豪和著名社会活动家郭沫若先生，另一个则是老同盟会会员、著名诗人柳亚子。毛泽东是被外国人称作"一个诗人赢得了一个新中国"的伟人，然而在共产党发轫之始便看到这一点的人，只有柳亚子先生。

毛泽东在与柳亚子先生的交往中，一方面忠诚相待，同时真心帮助他解决思想问题，使他更好地为革命事业服务。1926年国民党第二次全国代表大会上，柳亚子先生被选为中央监察委员。在会上，他初次见到了毛泽东，这次会见，毛泽东给柳亚子先生留下了深刻的印象。分别19年后，1945年，毛泽东为停止内战、实现和平，亲自到重庆和国民党进行了43天的谈判，在曾家岩十八集团军驻渝办事处和诗人柳亚子重逢。当时毛泽东向柳亚子先生分析了当前的形势，指出："前途是光明的，道路是曲折的"，使柳亚子先生看清了时局发展的方向，增强了人民革命必胜的信心。柳亚子先生非常感动，在一首诗中写道："与君

一席肺肝语，胜我十年莹雪功"，"心上温馨生感激，归来絮语告山妻"。此次会面不到4年，1949年春，柳亚子先生应毛泽东同志的邀请从香港启程到达北京，准备参加第一届全国政协会议，又与毛泽东重新见面。毛泽东在颐和园举行了宴会，欢迎柳亚子先生。

当时解收战争仍在进行，我党虽然进入了北平，但头绪纷繁，万事待理，海外和国统区北上的民主人士纷至沓来，应接不暇，因此对柳亚子先生的照顾也有欠妥的地方。于是1949年3月28日柳亚子先生写了一诗《感事呈毛泽东》发牢骚"开天辟地君真健，说项依刘我大难。夺席谈经非五鹿，无车弹铗怨冯欢。头颅早悔平生贱，肝胆宁忘一寸丹！安得南征驰捷报，分湖便是子陵滩。"抒发了不满于自己当时的政治物质待遇。毛泽东接到诗后，对柳亚子先生的错误思想进行了耐心的帮助。1949年4月29日，毛泽东给柳亚子先生写了一诗：《七律·和柳亚子先生》，诗中写道："饮茶粤海天能忘，索句渝州叶正黄。三十一年还旧国，落花时节读华章。牢骚太盛防肠断，风物长宜放眼量。莫道昆明池水浅，观鱼胜过富春江。"毛泽东在这里通过回忆过去他同柳亚子先生的交往，想唤起先生的革命激情，希望他能像过去一样积极参加革命斗争，跟上时代的步伐。并严肃地批评柳亚子先生的错误思想，十分风趣地启发他对待一切事物要从大局出发，要想到中国革命和世界革命，要看到大好的革命形势和光明的前途，这样才能站得高，看得远，才能克服消极情绪，从个人得失的小天地中解放出来，全心全意投身到革命事业中去。同时，毛泽东也检查了自己的工作，又从生活上关心照顾柳亚子，不久让柳亚子从北京六国饭店移居到颐和园新居（原慈禧太后居住处），柳亚子对新居十分满意，对前来看望他的朋友们风趣地说："这是享受帝王之乐呀！"1949年"五一"劳动节，毛泽东在百忙之中，抽出时间亲自到颐和园新居看望柳亚子先生，这使柳亚子先生十分感动，他终于放弃了回乡的念头，决定留在北京，继续为人民服务。

1950年下半年，为了便于与柳亚子先生交往，又将柳亚子先生从颐和园转迁北京饭店，接着又转迁北长街官邸，这是紧靠故宫筒子河的环境幽静的一座四合院，同时给他配置了专用小轿车，这一切深深地感动和教育了柳亚子，从而有"冒言吾拜心肝赤"的虚心态度，"昆明池水清如许，未必严光忆富江"的自我批评精神。以后柳亚子先生热情地写了不少的诗，用自己的诗歌颂共产党，歌颂社会主义新中国，为人民做了许多有益的工作，被选为中央人民政府委员和全国人大常务委员会委员。

毛泽东就是这样善于和党外人士相处，了解他们的要求、愿望及思想动态，以革命目标为前提来统一他们的思想。按照革命不分先后的原则，充分发挥他们的特长，发挥他们的才智，为革命事业服务，使他们有一种尊重感、安全感和成就感，即使是曾经反对他而且反对错了的人，也都心悦诚服地团结在共产党周围。

不计前嫌　师生情笃

毛泽东不但善于同与自己意见相同的人交朋友，而且也善于同自己不同意见的人交往。张干是毛泽东青年时在湖南第一师范读书时的校长，彼此曾有过斗争；但毛泽东不计前嫌，十分关怀老校长、老师们的生活和工作。

1913 年春，毛泽东自愿报考湖南公立第四师范。当校长看了他的作文试卷后，不禁连声称赞："这样的文章，我辈同事有几个做得出来！"名列榜首的毛泽东被该校录取。1914 年春，第四师范并入第一师范（即湖南省立第一师范），根据当局指示，湖南公立第四师范春季招收的学生和第一师范秋季招收的学生均编入一年级，分别编为六、七、八、九、十共五个班级。毛泽东被编为仅有三十名学生的一年级八班。和原来一师的学生相比，毛泽东开始了他长达五年半之久的师范学习生涯。

1914 年，当时湖南省议会颁布了一项新规定：从下学期开始，学生每人每月须交纳十元学杂费，这首先遭到了那些家境贫寒或因种种原因得不到家庭接济的大多数学生的强烈反对。须知，这等于让他们多读半年书，多拿半年学杂费啊！这个所谓"规定"，是该校校长张干为了讨好当局而向省政府提出的建议。张干原是数学教师，精明能干，言辞练达，很有社会活动能力，善于与上司结交，不到30岁就当上了校长。于是，湖南省立第一师范的学生们纷纷举行罢课，掀起一场声势浩大的"驱张运动"。他们首先在校园内外大量散发传单，无情揭露校长张干的所谓"劣绩"，诸如"不忠、不孝、不仁、不悌"等等，企图通过舆论把张干搞垮，毛泽东看了则不以为然，感到他们这样并没有打中张干的要害。一天，毛泽东拿着一张由别的同学起草的《驱张宣言》，找到同班同学周世钊说：这个宣言讲的都是张干私德如何不好，不切要旨。我们是反对他做校长，不是反对他做家长。既要赶走校长，就要批评他办学校如何办得不好。我们重新写一个宣言如何？周世钊向来有些胆小，说你一个人写就可以了。于是，毛泽东找来笔墨，在君子亭很快就写出了一张新的《驱张宣言》，尖锐地抨击了张干如何对上逢迎，对下专横，办学无方，贻误青年的弊政。宣言写成之后，毛泽东等组织同学连夜赶印了上千份，次日清晨带回学校，广为散发。还贴到学校最显眼的地方，轰动了全校。

此事也很快传遍了省城。湖南省教育司当即委派一位督学来湖南省立第一师范，在全校召开了大会，要求学生复课，不准继续"胡闹"。这更使学生们火上加油，他们纷纷给这位督学递纸条，上面写着："张干一日不出校，我们一日不上课！"搞得督学狼狈不堪，只好答复说："你们还是上课吧，下学期张干不来了。"这样一来，可把张干气火了！有一个学监向他告密说，这份传单是二年级八班学生毛泽东写的。张干当即决定：要挂牌开除包括毛泽东在内的十七名带头"闹事"的学生。

消息传出以后，曾为毛泽东讲授过修身、教育和伦理学、哲学等课程的杨昌济先生（即杨开慧的父亲）、王季范等教员对此愤愤不平。杨先生在课堂上谈到这个问题时，拿起粉笔在黑板上端端正正地写下这么两句诗："强避桃源作太古，欲栽大木柱长天！"杨昌济先生不能容忍学校当局把他一向期望很大、并视为"柱天大木"、"当代英才"的毛泽东开除！他先后联络了徐特立、方维夏、袁吉六、符定一等先生，仗义执言，据理力争，并为此专门召开了全校教职员工会议，为学生们鸣不平，共同向校长张干施加压力，迫使校长张干收回成命。开除不成，他给毛泽东记大过处分。一师的学生们并不就此罢休，他们继续发动罢课，重申自己的誓言："张干一日不出校，我们一日不上课！"在强大的压力之下，张干再也混不下去了，只好卷起铺盖走了。

35 年过去，弹指一挥间。

解放初，已 66 岁的张干惶惶不安：一是恼恨自己当了"地主"。他家本是贫农，以后任教四十余年，靠积蓄购置了一份田产，未想却成了地主；二是当年自己的学生毛泽东如今成为领导中国革命取得胜利的党和国家的最高领导人，悔当初不该提出开除他；三是在重庆谈判前夕，曾给毛泽东发了一封电报，请他"应召"赴渝，还要他"幸勿固执"，这不是替蒋介石说了话吗？张干日夜在惶惑与苦闷中生活，又兼生活窘困，有时竟无以为炊。他想给毛泽东写信，却拿不起笔来。

1950 年 10 月 5 日，毛泽东同志在中南海住所邀请原第一师范的王季范、徐特立、熊瑾玎，另外有谢觉哉、湖南一师校长周世钊等吃饭。大家谈起了几十年前的往事，周世钊对毛泽东说："张干这个人主席可能还记得，他现在在长沙妙高峰中学教数学，家庭生活颇困难。他托我向主席提出请求，适当给予照顾。"当主席听说张干一直在教书，很受感动，他放下手里的筷子说："张干这个人很有能力，三十多岁就当了一师校长，不简单，原来我估计他要向上爬，爬到反动统治队伍里做高官，结果没有。刚才听你说，他现在还在划粉笔，这是难能可贵的。"周世钊接着把张干六口之家的生活窘况和愁苦心境一一向主席作了汇报，毛主席感慨系之，不假思索地说："张干是有向上爬的本钱的，如果他下决心向上爬，一定爬得上去。经过几十年还没有爬上去，可见他没有向上爬的决心。这就算有一定的操守，对张干应该照顾，应该照顾！"谈起往事，毛泽东不无几分自责地说："现在看来，当时赶走张干没有多大必要。每个学生多交十元学杂费，也不能归罪于他，多读半年书有什么不好。"

10月11日，毛泽东致函湖南省主席王首道："张次仑（张干别号）、罗元鲲两先生，湖南教育界老人，现在均七十多岁，一生教书，未做坏事。我在湖南第一师范卖书时，张为校长，罗为历史教员，现闻两先生家口甚多，生活极苦，拟请省政府每月给津贴米若干，供资养老……又据罗元鲲先生来函说，曾任我的国文教员之袁仲谦先生已死，其妻七十多饿饭等语，亦请省政府酌予救济。以上张、罗、袁三人之事，请予酌办见复。并请派人向张、罗两先生予以慰问。"

于是，前后两次1200斤救济米和人民币50万元（旧币）送到了张干家。

张干感激异常，夜不成寐。灯下，握笔含泪给毛主席写信："润之吾弟主席惠鉴：敬启者……深感吾弟关怀干的生活，（弟）经国万机，不遗在远，其感激曷可言喻？"

接信第二天，毛泽东就亲自给张干回了信，对张干的生活困难"极为系念"。这一语牵心动肠，力重千钧。张干欢欣鼓舞，以他的学生中出了这样一位伟人而高兴，感到这是他最值得骄傲的一天，一家人将信看来看去，笑逐颜升，张干的病似乎也好了一半。他曾给毛泽东记大过的事，原来是讳莫如深，此时此刻竟忘乎所以，向家人絮絮叨叨地谈起来，宛如一个天真的孩童。

1951年秋，张干应毛主席之邀赴京，到京后，毛主席又请来青少年时代的师友罗汉溟、李漱清、邹普勋，到中南海一起吃饭。叙谈间，毛主席叫来子女，向他们介绍自己的老校长和师友，诙谐地说："你们平时讲你们的老师怎么好，这是我的老师，我的老师也很好。"大家顿时消除了拘谨情绪。张干这时却想到当年那场学潮，一边吃，一边作检查。毛主席缓缓地摆摆手："我那时年轻，看问题片面。过去的事，不要提它了。"饭后，主席陪他们参观中南海，看电影。几天后，毛泽东派卫生部副部长傅连暲来为张干等人检查身体。

在京两个月，张干不但国庆时登上了天安门观礼台，游览了京津名胜，还乘飞机鸟瞰了长城风光。

不久张干回到湖南受聘为省军政委员会参议室参议、省政府参事室顾问。每月领取的聘金，加上学校的薪水，使一家生活有了保障。他常参议国家大事，应邀作报告，深为人们敬重。60年代初，人民生活比较困难。张干此时身体不适，不久，他又收到了主席的信，说："寄上薄物若干"，谁知道竟是毛主席托省委书记张平化同志捎来的200元钱！

1963年初，张干曾在病中两次写信给毛主席，请他设法帮助其女儿返湘工作，"以便侍养"。接信后，毛泽东同志一面积极为老校长张干分难解忧，一面给湖南省副省长周世钊写了一封亲笔信："老校长张干先生给我来信，尚未奉复。他叫我设法帮助其女儿返湘工作，以便侍养，此事我正在办，未知能办得到否？如办不到，可否另想办法。请你暇时找张先生一叙，看其生活上是否有困难，是否需要协助。叙谈结果，见告为荷。"

不久，毛泽东同志便接到了周世钊的复信。1963年5月26日，毛泽东同志亲笔给张干写了一封回信：

次仑先生左右：

　　两次惠书，均已收读，甚为感谢。尊恙情况，周惇元兄业已见告，极为怀念。寄上薄物若干，以为医药之助，尚望收纳为幸。

　　敬颂早日康复。

毛泽东

一九六三年五月二十六日

毛泽东积极为老校长张干排忧解难，他们也为社会主义建设力尽才智，即参议国家大事，应邀作报告，深为人们敬重。师生情谊溢于言表。

长期共存　互相监督

各民主党派及其代表人物历来是我党的同盟军。"长期共存、互相监督、肝胆相照、荣辱与共"是我党对民主党派的一贯方针。

许德珩字楚生，九三学社的创始人之一。建国后，曾任九三学社第二至七届中央委员会主席。

1945 年 8 月，毛泽东为争取国内和平、民主、团结，反对内战，飞抵重庆与国民党当局进行谈判。在重庆谈判期间，毛泽东约请许德珩赴红岩嘴八路军办事处吃午饭。席间，许德珩等向毛泽东谈到了民主科学座谈会的情况。听罢，毛泽东勉励他们说：既然有许多人参加，就把座谈会搞成一个永久性的政治组织。许德珩回答说：我们也在考虑这样做，不过，担心成立组织人数太少。毛泽东指出，人数不少，即使少也不要紧，你们都是些科学文教界有影响的代表性人物，经常在报上发表意见和看法，不是也起到了很大的宣传作用吗？经过毛泽东这样一番指点和推动，许德珩等受到很大的启发和鼓舞，决心把座谈会改组成一个永久性的政治组织。

1949 年 1 月底，北平解放。当时，毛泽东授意让九三学社向新政协筹备会写一份报告，送交新政协筹备会的与会代表人手一份。从此，九三学社参与了新中国的建立，正式成为我国的民主党派之一。

新中国成立后，九三学社成员中有些人认为，九三学社已经完成了它在民主革命中的历史使命，提议可以解散。在他们酝酿解散九三学社时，毛泽东正在苏联访问。1950 年 2 月间，毛泽东回到北京，当他得知九三学社要解散时，当即表示不同意，并由中央其他领导同志转达了他的意见。中央领导同志向许德珩阐述了不能解散，而且还要继续发展、长期存在的原因。

在毛泽东的关怀下，九三学社不但继续存在而且有了新的发展。几十年来，在中国共产党的领导下，九三学社推动成员做好岗位工作，努

力为祖国建设服务；在社会主义革命和社会主义建设事业中，做出了很大贡献。

互相监督，就是共产党可以监督民主党派，民主党派也可以监督共产党。这反映了我们党和毛泽东在与民主党派人士交往中的政治上的平等关系。毛泽东与黄炎培的交往就反映了这一点。

黄炎培是中国民主建国会创始人之一，曾任民盟中央常务委员，民主建国会第一、二届中央主任委员。

在建国初期的土地改革运动中，黄炎培不断收到一些工商界人士的告状信，反映土地改革"斗争过火"了，"偏差很大"，要求"和平土改"等等。他怀着忐忑不安的心情向毛泽东转达了这些信件。毛泽东并没有简单地对黄炎培加以批评和指责，而是诚恳地以各种方式用事实启发他的觉悟，帮助他前进，并着手解决了在土改中出现的偏差。毛泽东多次亲笔写信给黄炎培，把各地的土改材料送给他阅，还介绍苏南区党委书记陈丕显与他见面恳谈。当黄炎培初步了解了基层情况之后，便主动要求下乡考察。毛泽东对他的愿望十分重视和支持，特地写信给中共华东局第一书记饶漱石和苏南区党委书记陈丕显，关照他们说："黄炎培先生收到许多地主向他告状的信，我将华东局去年12月所发关于纠正肃反工作中缺点的指示，及1月4日关于纠正土改工作中缺点的指示送给他看，他比较懂得一些。黄先生准备于本月内赴苏南各地巡视，我已嘱他和你们接洽，到时望将全区情况和他详谈。"临行前，毛泽东又邀黄炎培面谈，告诉他："苏南已土改地区，可择好者、坏者各看一二考察之。"

1952年元旦，毛泽东在团拜会上号召开展"三反"运动，随后又展开了"五反"斗争。当时有不少工商业者怀有严重的恐惧心理，担心产业将被没收，对生产经营没有信心，抱着吃光花光的消极态度。黄炎培及时把这些情况向毛泽东作了汇报。毛泽东阅信后，特地邀请黄炎培面谈。黄炎培在当天的日记上写道："毛主席约谈，对民建会的方针、路线都有明确指示。"

1956 年 9 月，中共八大在北京召开，黄炎培应邀在主席台上就座。毛泽东在大会上提出了中国共产党和各民主党派"长期共存、互相监督"的方针。黄炎培听了情不自禁地即席做七绝四首，题为《东方红遍环瀛》，以祝贺党的八大。其中第四首为：

> 天安国庆逢佳节，万水千山念苦辛。
>
> 杖策延安如昨梦，《东方红》已遍环瀛。

随后，民主建国会举行了一届二中全会，黄炎培在会上号召工商界和民建以亲密的伙伴关系，帮助、团结、教育民族工商业者，认真接受社会主义改造，与共产党团结在一起，积极参加社会主义建设。

会后，黄炎培给毛泽东写了信，报告了民建的近况。毛泽东立刻回信表彰了民主建国会的进步，并随书赠信黄炎培两首词，一首是《浪淘沙·北戴河》，另一首是《水调歌头·长沙》。

毛泽东和周世钊曾是同窗挚友。建国后，周世钊曾任中国民主同盟中央委员、湖南省主任委员。

1958 年 7 月，周世钊当选为湖南省副省长。这突如其来的事实令他思绪万千。10 月 17 日，周世钊写信给毛泽东，诉说了自己复杂的心情。25 日，毛泽东回信给周世钊说：

"赐书收到，十月十七日的，读了高兴。受任新职，不要拈轻怕重，而要拈重鄙轻。古人云：贤者在位，能者在职，二者不可得而。我看你这个人是可以兼的。年年月月日日时时感觉自己能力不行，实则是因为一不甚认识自己；二不甚理解客观事物——那些留学生们、大教授们，人事纠纷，复杂心理，看不起你，口中不说，目笑存之，如此等类。这些社会常态，几乎人人要经历的。此外，自己缺乏从政经验，临事而惧，陈力而后就列，这是好的。这些都是事实，可以理解的。我认为聪明、老实二义，足以解决一切困难问题。这点似乎同你谈过。聪谓多问多思，实谓实事求是。持之以恒，行之有素，总是比较能够做好事

情的。你的勇气，看来比过去大有增加。时别在日，应当刮目相看了。我又讲了这一大篇，无非加一点油，添一点醋而已。"

毛泽东的这封信，其赤诚之心跃然纸上，给周世钊以很大鼓舞，激励他信心百倍地走上了新的领导岗位。

中国共产党对民主党派的一贯方针是"长期共存、互相监督、肝胆相照、荣辱与共"。从毛泽东与民主党派领导人许德珩、黄炎培、周世钊等交往过程可见，这一方针在实施中体现得相当充分。民主党派十分相信我们党和毛泽东，心悦诚服地凝聚在共产党的周围，与共产党一道建设伟大的社会主义祖国。

第九章　独立自主　广交朋友

第二次世界大战中，作为世界反法西斯战争一部分的中国抗日战争，曾得到国际社会的援助，这种援助包括物质和精神方面。中国共产党的领袖毛泽东，为凝聚这种国际主义援助力量，与很多国际友人建立了友好的合作关系。

作为中华人民共和国领袖的毛泽东用了大量的时间和精力，同各国具有不同政治倾向、不同意识形态的人打交道。在这些外宾中，有名震世界的国家首脑，有披荆斩棘、开创基业的革命家，有在重要关头起过关键作用的政治家，有浴血疆场、战功显赫的将军，有成就卓著、誉满全球的学者、作家，有经历沧桑、饱经忧患的挚友，还有求大同、存小异的同盟者⋯⋯

互相支持

——毛泽东不仅同苏联建立了友好合作关系，而且对
越南、朝鲜等遭受侵略的国际盟友给予了大力支持

在毛泽东成为中华人民共和国主席之后，究竟同哪些国家首脑握手，世界局势已经决定他没有更多的选择余地。因而，毛泽东将首先同

哪个国家首脑握手，甚至他第一次出访哪个国家，当时世界上所有的人都能猜出个十之八九。

唯一出访　中苏建交

《中苏友好互助条约》签订后，中苏双方公认"中苏友好，兄弟情谊"，并表示要把这种友谊保持下去。

1950年2月14日，为举行中苏友好互助条约签字仪式，中国代表团被请到克里姆林宫，毛泽东、周恩来和斯大林、马林科夫、贝利亚、维辛斯基等聚集在斯大林办公室旁的一间客厅里，其余的人都在另一间客厅。签字仪式开始了。这是一个伟大的时刻，经过艰苦的谈判，现在终于签字画押了，这不仅标志着一个旧时代的结束和一个新时代的开始，也标志着中国人民站起来了，以平等的身份走向了谈判桌。

此时此刻，毛泽东的心在涌动。一百年来，中国人民被列强所践踏，受尽了屈辱，反动无能的政府在谈判桌上直不起腰来，被迫签订了一个又一个不平等条约。现在不同了，签字大厅灯火通明，充满着隆重友好的气氛。

周恩来和维辛斯基代表双方在条约上签字。

在签字仪式上，毛泽东、斯大林站在最中间。斯大林的身材比毛泽东略低，在记者给他们拍照时，斯大林往前移动了一步，这样，在照片和影片上，他就不会显得比毛泽东矮，或许还要高些。看来斯大林也有虚荣心。

签字仪式结束后，斯大林举行招待宴会，中苏官方互相祝贺。斯大林依然同毛泽东坐在一起。

"再过几个钟头，也就是今天傍晚，我们要举行答谢宴会，也是告别宴会。"毛泽东转过头来，再次邀请斯大林，"希望你，斯大林同志能够莅临。我们希望你能出席一下，如果健康情况不允许，你可以随时提前退席，我们不会认为这有什么不合适。"

斯大林说："我历来没有到克里姆林宫以外的地方出席过这样的宴

会，而且已经成了惯例。对你们的邀请，我们在政治局会议已讨论了，决定破例接受你们的邀请，也就是允许我答应你们的邀请，出席你们举行的宴会。"

当晚9时，中国代表团以王稼祥大使夫妇的名义举行了盛大答谢宴会，宴会在克里姆林宫附近的米特勒保尔大旅社举行。

宴会开始前，毛泽东、周恩来、王稼祥夫妇、李富春在门口迎接客人。频频的握手与微笑，使整个米特勒保尔大旅社都显得温柔与祥和，像是有重大的欢庆节日降临在这里，客人们纷至沓来。当然，他们大多不知道斯大林将出席今晚的宴会。9时许，当斯大林率苏共中央政治局成员在毛泽东、周恩来的陪同下走进大厅时，这些应邀出席宴会者在兴奋的同时感到十分吃惊，暴风雨般的掌声和欢呼声使整个宴会厅沸腾起来了。

毛泽东和斯大林成了大家注目的中心。两位伟大的革命领袖及主要客人被安排在里间小厅里，这间主宾厅与外厅隔着一排玻璃墙，外厅的人们不顾礼节纷纷向里间拥挤，连各国驻苏使节也坐不住了，无论是玻璃墙，还是维持秩序的工作人员都阻止不了他们。眼看隔板、玻璃门快要挤碎了，周恩来索性让服务人员拆除隔墙，将两厅合成一厅，让大家都感受到这非凡的历史性场面。

酒会继续进行。周恩来总理致祝酒词，由费德林担任翻译。他手里拿着周恩来总理的俄文讲话稿，而周恩来总理临场未拿讲话稿，2000余字的祝酒词竟说得与原稿一字不差。周恩来说："我们两国所签署的条约和协定，将使中苏两国关系更加紧密，将使新中国人民不会感到孤立，而且将有利于中国的生产建设和经济的恢复与发展，有利于世界和平，中苏友谊要世世代代传下去……"

接着，斯大林致词，他讲话很轻松。他说，中苏友好，兄弟情谊要保持下去，周恩来同志都说了，也代表了他的意思。话到此处，斯大林环视了一下大厅，深沉地说："本来社会主义大家庭也应该像周恩来同志讲得那样更圆满、完美些，可惜今天与会者少了一员——南斯拉夫未

被邀请，他们自己把自己划到外面去了，想走一条独特的道路，南斯拉夫人民迟早会醒悟过来的。"斯大林此刻提出南斯拉夫问题，令毛泽东感到突然，但他立刻意识到斯大林讲南斯拉夫问题，不是要在这里表示他的惋惜，而是说给自己听的，意思就是你毛泽东不能做第二个铁托，中国不要走南斯拉夫的道路。

毛泽东回到驻地，轻轻松了一口气，此次访问的圆满成功使他如释重负。是啊，这次伟大的历史性会晤，不仅毛泽东与斯大林之间结下了深厚的友谊，而且也为新中国赢得了可靠的盟友。

从此，开始了中苏之间的蜜月时代。

2月17日，毛泽东、周恩来离开莫斯科。

专列就要启动了，莫洛托夫一语双关地对毛泽东说："你们的道路是遥远的，行程是漫长的，只有健康的身体，才能继续自己的行程。我们祝贺你一路福星高照。这是斯大林再三让我告诉你的。"毛泽东心领神会地点点头。

专列启动了，徐徐向东驶去，它送走了一个时代，也带来了一个时代。虽然时间和空间把毛泽东与斯大林拉远了，但他们的手仍然紧紧地握着。

中苏两党、两国人民之间的情谊已经凝聚在一起。此次会晤所形成的国际有利条件，十分有利于中国革命胜利后的建设事业。

唇亡齿寒　无偿援越

胡志明曾在一篇纪念文章中回忆说："在我个人方面，曾经有过两个时期荣幸地参加过中国共产党的活动。1924—1927年，我到广州，一方面注意着我国的革命，一方面从事着中国共产党交给的工作。当时，中国工农运动正在蓬勃发展，农民运动已开始扩大，尤其是在湖南（由毛泽东同志领导）。为了推动农民运动，毛泽东创办了农民运动讲习所，我参加了翻译内部材料和对外宣传工作。"

1949年10月1日，毛泽东在天安门城楼上向全世界庄严宣告了中华人民共和国的诞生。

12 月 5 日，胡志明代表越南民主共和国政府致电毛泽东主席表示祝贺。翌年 1 月 18 日，中越正式建交。

当时，越南仍在法国殖民主义的统治下，主要城市和交通仍控制在法国殖民者手中。新中国的诞生，令胡志明极为兴奋，对越南摆脱法国的殖民统治，获得独立充满了信心。此时，胡志明的唯一愿望，就是要尽早同毛泽东会面，就如何取得抗法斗争的胜利进行交谈，他还要请求毛泽东给予经济和军事上的援助。于是，他秘密离开越南，前往北京。

对胡志明提出的经济、军事援助问题，毛泽东不得不进行认真的考虑，他面临着艰难的选择。

当时，在国际上，以美国为首的帝国主义不甘心在中国大陆的失败，企图从朝鲜半岛和印度支那两个方向构成合围，形成钳击之势，威胁中国的安全，而越南正是实现这一态势的重要地域所在。在国内，刚刚诞生的共和国，战争还没有完全结束，创伤还未来得及医治，国民经济亟待恢复，各项工作刚刚起步，山河待整，百废待兴，面临的困难相当严峻，要解决这些困难，都需要时间、人力、物力和财力。

在越南，英勇的抗法斗争已进入第四年，法国侵略者凭借先进的技术和美国的援助，占领了越南全国大部分城市和交通要道，封锁中越边境，企图包围、分割以至消灭抗法根据地。胡志明面临的局势非常严峻。

毛泽东很清楚，中越两国山水相连，唇齿相依，支持越南人民抗法斗争的胜利，不仅是对兄弟党和国家斗争事业的支持，是应尽的国际主义义务，而且也利于打破帝国主义的包围、封锁中国的企图，对维护中国的独立、安全和今后的经济建设以及亚洲和世界和平都有积极的意义。最后，毛泽东毅然决定接受胡志明的请求，对越南承担国际主义义务，从人力、物力和军事给越南人民以无偿的帮助。于是，毛泽东决定派中共中央联络代表和军事顾问团赴越工作。

派遣联络代表和军事顾问团赴国外工作，在中国共产党历史上尚属首次。毛泽东极为重视这次派往越南的联络代表和顾问团，并同其他领导人一起研究规定了顾问团的工作任务、指导思想及工作方法。

顾问团出发前，毛泽东亲自接见了到京的顾问团成员，为顾问团规定两大工作任务：一是要帮助越南打胜仗，驱逐法国侵略者；二是帮助越南建设正规军队。顾问团就是带着毛泽东的这般嘱托，奔赴越南。当顾问团到达越南后，受到了胡志明的亲切接见。他们认真地分析了敌我双方的形势，与越南领导人一起调查研究情况，制定了具有扭转战局作用的边界战役计划。实践证明，顾问团没有辜负毛泽东的期望。在中越两国军民的共同努力下，边界战役首战告捷，战果辉煌，击毙、俘虏敌军近万人，收复了 5 个市 13 个县镇，使中越边境的大片越北地区获得解放，扩大和巩固了根据地，打通了运输线，中国援越物资源源不断地运往越南。胡志明评价这次战役时说：我们打了两个大胜仗，第一是我们消灭了敌人，并解放了高平、东溪、七溪；第二是我们看清了自己的缺点和优点。

边界战役的巨大胜利，加深了毛泽东与胡志明以及两国人民之间的革命友谊。1951 年 2 月，胡志明在越党第二次全国代表大会上作政治报告时说："由于地理、历史、经济、文化等方面条件的关系，中国革命对越南革命有着巨大的影响。""依靠中国革命的经验，依靠毛泽东思想……我们取得了许多胜利。""这是我们越南革命者应该牢记和感谢的。"

由此看来，毛泽东与胡志明的那两双手要握到永远，握成永恒。

1955 年 6 月 23 日清晨，胡志明身穿礼服，头戴礼帽，气宇轩昂地站在睦南关下。他摘下礼帽，抬头望了望雄伟的关楼，用手轻轻地将了一下腮下的银须，在中国外交部副部长姬鹏飞和越南驻华大使黄文欢的陪同下步入了睦南关。

胡志明此次来华，是应中国政府和毛泽东的邀请，首次对中华人民共和国进行正式友好访问。65 岁高龄的胡志明，满面春风，举止间充满兴奋和喜悦。因为，在过去的一年多里，英雄的越南人民可谓双喜临门——奠边府战役告捷，日内瓦协定签字。历时 9 年的抗法战争，以越南人民胜利、法国殖民主义失败圆满地画上一个句号。

6 月 25 日，胡志明乘飞机抵达北京。

当天中午，毛泽东便与胡志明进行了亲切的会谈，热情地称赞英勇的越南人民正在进行反对外来侵略，建设独立国家的斗争。胡志明对毛泽东及中国人民给予的帮助表示衷心的感谢。两位领导人亲切交谈，无拘无束，话题涉及两党、两国关系、亚洲和世界局势及共同关心的其他问题。

在京期间，胡志明为首的越南政府代表还同中国政府代表团举行了会谈，签署了联合公报。胡志明在毛泽东的陪同下，参加了北京市为庆祝中国共产党诞生 34 周年而举办的盛大游园联欢活动，观看文艺演出，所到之处都洋溢着中越两国人民的兄弟情谊。

新中国建立初期，毛泽东不仅与社会主义强国苏联建立了友好合作关系，而且同仍在反对外来侵略的越共领导人胡志明进行友好交往，并向越南提供了援助。毛泽东与胡志明在交往中结下的友情，不仅为领袖人物之间的交往留下了典范，也为国与国之间的交往留下了一笔珍贵的财富。

抗美援朝　战斗情谊

60 年代初，毛泽东对来访的金日成首相说："我们中国见过三个教员：蒋介石、日本、美国。没有他们压迫我们，不逼得我们无路可走，中国是搞不出来的。我看你们也有三个教员：日本、美国和李承晚。"

1950 年 6 月 25 日，朝鲜战争爆发。10 月初，大批美军已越过"三八线"，长驱直入。此时，朝鲜人民军已无招架之力，在各地受到围剿，人员损失巨大，陷入了极为不利的困境。在这危急时刻，金日成给毛泽东发来了一封加急电报。

毛泽东坐在他书屋的沙发上，反复看着金日成的电报。其实那电报的文字并不复杂，意思也明白无误。可毛泽东的目光却久久没有离开那封电报。也许，在毛泽东的经历中，还没有接到过这样一封外国首脑紧急求援的电报。

在当时，这封电报直接关系着中朝两国的命运。10 月 2 日，中共中央政治局扩大会议决定：出兵援朝。10 月 25 日，在彭德怀的领导下，入朝的中国人民志愿军进行了入朝后的第一次战役。这次战役历时13 个昼夜，使以美军为首的联合国军一下子损失了 1.5 万余人，不仅使联合国军北上的势头得到了遏制，而且迫使联合国军不得不退缩到清川江以南。

这次战役的胜利，使朝鲜局势开始发生了转折。金日成终于有了可以松一口气的机会，但他也非常清楚，这场战争不可能在一个短时期内就结束。

1950 年 12 月初，金日成踏上了神秘的专列，带着特殊的使命从鸭绿江畔启动，呼啸着向西北方向驶去——到中国的首都北京去同毛泽东握手。

他们还从来没有握过手，但那两颗心早已相握。

1949 年 10 月 1 日，毛泽东登上天安门城楼，向全世界宣告中华人民共和国诞生。鸭绿江彼岸的朝鲜民主主义人民共和国政府首相金日成得知这一消息后，心情无比激动，立即责成外务相朴永宪致电周恩来，称赞中华人民共和国的诞生是中国人民解放斗争的历史性胜利，表示朝鲜民主主义人民共和国政府确认中华人民共和国中央人民政府是代表全中国人民意志的，决定与中国建立外交关系。10 月 6 日，周恩来复电朴永宪，两国外交关系从此正式建立。

在新中国诞生之际，金日成给予了毛泽东最大的也是最可贵的支持。毛泽东忘不了，中国人民也忘不了。

金日成的专列于 3 日到达北京。当金日成走进中南海丰泽园时，毛泽东迎上前去同他热烈握手。

宾主落座后，毛泽东打开一盒香烟，抽出一支递给金日成——毛泽东已经了解到金日成烟瘾很大，所以也不问他是否会抽烟就将烟递了过去。金日成会意地看了一眼毛泽东，便接过了那支香烟。在一片烟雾中，毛泽东与金日成首先研究了中朝军队统一指挥问题，决定成立中朝联合军政司令部。接着就下一步作战的一系列问题进行了认真磋商。

会谈一开始，金日成首先就赞扬中国人民志愿军战士不怕牺牲、作战英勇；毛泽东则感谢英雄的朝鲜人民对志愿军的关怀、帮助和支持。"志愿军是中国先进阶级的部队，当他明白自己所肩负的使命后，必然是一往无前！"毛泽东有些激动，他边说边习惯地把手有力地向前边一推，"战士们是为祖国人民而战，靠的是一股气，一股革命的正气。我看志愿军打败美军，靠的就是这股气。美军不行，他钢多气少。"说完，毛泽东转向金日成，"你看呢，金日成同志？"

"对！"金日成深表赞同地回答，"志愿军靠得是革命精神和无畏的气概，还有毛泽东和彭德怀的正确指挥。""还有朝鲜人民嘛！"毛泽东接着说："只要运输问题解决好了，我们要人有人，要粮有粮。他杜鲁门愿打多久，我们就奉陪多久。"金日成听罢激动地说："中国方面对我们的帮助太大了，我国人民是永远不会忘记的。"毛泽东听后连连摆手："我们是战友嘛，一家人莫说两家话。倒是要感谢杜鲁门，他让我们摸了美军的底——无非是纸老虎。"

毛泽东的幽默谈吐，引起金日成及在场人员开怀大笑。胜利了，毛泽东与金日成都在盼望着第二次握手。1953 年 11 月 12 日，应中华人民共和国政府和毛泽东的邀请，金日成来华进行正式友好访问。患难后的重逢，自然心情不一样了。

胜利后的相约，毛泽东与金日成不仅谈了过去的友谊，而且还重点谈了未来。毛泽东热情称赞朝鲜民族是一个勇敢、刚毅的民族，认为朝鲜战争胜利的事实有力地向全世界证明：一个把国家命运掌握在自己手中的民族是任何一种力量也不能战胜的。朝鲜人民的胜利对殖民地、半殖民地国家人民的反帝斗争是一个极大的鼓舞。

金日成再次对三年来中国人民在朝鲜保卫祖国斗争中给予的无私援助表示真诚的感谢。毛泽东和金日成就朝鲜停战后的局势、朝鲜战后的重建和经济恢复工作、两国经济文化关系的发展等问题进行了友好协商和交谈。按照毛泽东和金日成此次会谈中商定的原则，11月14日至22日，朝鲜内阁首相金日成率领的政府代表团与周恩来为首的中国政府代表团在相互谅解、诚挚融洽的气氛中，进行了为期4天的工作协商，双方就两国政治、经济及文化关系中的问题达成了协议。11月23日，《中朝谈判公报》、《中朝经济及文化合作协定》在北京正式签订。从此，中朝关系被带入了一个新的发展阶段。

中朝两国一江之隔，为了反对共同的敌人，相互支持，并肩战斗。毛泽东做出抗美援朝的战略决策，既保卫了我们的伟大祖国，也支援了兄弟的朝鲜人民。我们相信，中朝人民用鲜血凝成的战斗友谊，必将在新的历史时代发扬光大。

国际主义
——毛泽东非常重视同国际友人的交往

人，是领导活动的主要对象。因此，领导应善于与人打交道，善于团结人，善于交朋友。毛泽东非常重视同国际友人的交往，他曾花了许多时间和精力，与他号召学习的白求恩以及西方的新闻记者交往，并且彼此友好往来，建立了地久天长的友谊。

特批补助　关爱有加

1939年12月21日，毛泽东写了《纪念白求恩》这篇光辉著作，对白求恩同志的国际主义、共产主义精神作了高度的评价，号召每个共产党员向他学习。即以白求恩的国际精神、牺牲精神、责任心和工作热忱来凝聚党的力量，更好地抗击日本帝国主义的侵略。

伟大的国际主义战士诺尔曼·白求恩同志，是加拿大共产党员，著名的胸外科专家。1938年1月，他受加拿大共产党和美国共产党的派遣，率领一支医疗队穿洋渡海，不远万里来到中国，支援中国人民的抗日战争。

白求恩同志到武汉后，周恩来同志亲切地会见了他，向他介绍了在毛主席和中国共产党领导下的抗日根据地的大好形势，并及时做了安排。白求恩同志由武汉乘车奔赴延安。

3月底，白求恩同志到延安后的第二天晚上，毛主席就在凤凰山麓的窑洞里接见了他。毛主席紧紧地握着白求恩的手，对他和他率领的医疗队来到中国表示热烈欢迎。毛主席说：你们来解放区，说明了加拿大人民、美国人民和中国人民的团结与战斗友谊，说明了资本主义国家的无产阶级和殖民地半殖民地人民的深厚感情。白求恩同志怀着激动的心情，向毛主席转达了加拿大和美国人民的亲切问候，详细地介绍了加拿大和美国人民的革命斗争情况，介绍了西班牙人民反抗德意法西斯的英勇斗争精神。他的谈话里洋溢着对无产阶级和被压迫人民的无限热爱。

毛主席频频点头，表示钦佩和赞赏。毛主席亲切地向他介绍了中国抗日根据地蓬勃发展的情况，回答了他关心的问题，精辟地分析了中国抗战和国际反法西斯斗争的形势，阐述了中国抗日游击战争的意义，我军必胜、日寇必败的道理，中国革命发展的前途，以及建设新中国的远景等。毛主席热忱、谦逊的态度，深邃的思想，必胜的信念以及敏锐的洞察力，使白求恩同志深受感动。

毛主席和白求恩同志促膝相谈了三个多小时。谈到工作时，白求恩同志热情地说："我希望组织一个战地医疗队，很快到敌后去。"主席听了，很高兴地说：那就请白求恩大夫立即帮助组织医疗队吧！

分别时，毛主席一直把白求恩同志送到大门口，握着他的手说：请白求恩大夫向加拿大和美国朋友转致谢意！并再三嘱咐他：到前线后，有什么问题和困难，一定要写信来。

毛主席的会见，给白求恩同志留下了难以忘怀的印象。当晚他充满激情地在日记中写道："我在那间没有陈设的窑洞里和毛泽东同志面对面地坐着，倾听着他那从容不迫的谈话的时候，我回想到长征，想到毛泽东同志和朱德同志……怎样领导着红军经过两万五千里的长途跋涉，从南方到了西北山区的黄土地带。由于他们当年的战略经验，使得他们今天能够以游击战术困扰日军，使侵略者的优越武器失去效力，从而挽救了中国。我现在明白了，为什么毛泽东同志那样感动着每一个和他见面的人。这是一个巨人！他是我们世界上最伟大的人物之一。"

不久以后，在毛主席的关怀下，白求恩同志东渡黄河，前往晋察冀边区。在前线，曾多次给毛主席写信，汇报他的工作情况。对医疗工作提出了不少建议。毛主席对白求恩同志的工作和生活非常关怀。毛主席在给晋察冀边区聂荣臻司令员的电报中指示："请每月给白求恩同志一百元……同意任白求恩同志为军区卫生顾问。对其意见、能力完全信任。一切请视伤员需要斟酌办理。"并写信鼓励白求恩同志。

1939 年 11 月 12 日，白求恩同志为了中国人民的解放事业，献出了自己宝贵的生命。他在生命的最后时刻，仍怀着无限崇敬的心情，想念毛主席。他握着周围同志们的手说："请转告毛主席，感谢他和中国共产党给我的帮助。在毛主席的领导下，中国人民一定会获得解放。"

真诚友谊　地久天长

很多中国人对埃德加·斯诺这位正直、善良的美国人都不陌生，对他客观地、公正地报道我们红军消息的《西行漫记》同样熟知。毛泽东与他的友谊可谓地久天长。在此，我们仅介绍他 1939 年在延安与毛泽东的交往。

1939 年 9 月，斯诺以美军战地记者的身份随同记者团来到延安。他在这里待了 10 余天，几乎每天都和毛泽东见面，或应邀与毛泽东共进晚餐，或与毛泽东作深夜长谈，还偶尔在一起打打扑克。

斯诺一到延安城，就作为毛泽东的贵宾得到热情接待，并很快受到毛泽东的接见。毛泽东连声称赞斯诺的书写得好，很真实，为中国人民做了一件有意义的事情，中国共产党感谢他，中国人民感谢他。斯诺大受感动。他表示："我热爱中国人民，钦佩共产党和红军从事的革命。

很高兴多为中国做一些有益的工作。"确实如此，这位正直、善良的美国人是真心帮助中国的抗日战争的。

几天以后，延安召开了一次党政军干部大会。毛泽东邀请斯诺参观会场，并亲自领着他走到会场前台。台下数百人的目光集中在斯诺身上，充满好奇和迷惑。

毛泽东稳稳地站在主席台前，用洪亮的声音说道："同志们，今天我给大家介绍一位朋友，他叫埃德加·斯诺，是一个大名鼎鼎的美国新闻记者。三年前，他冒着生命危险来过苏区，回去以后写了一本有关我们的书，叫《西行漫记》。我们应该感谢他，他打破了敌人的封锁，客观地、公正地报道了我们红军的消息。我向在场的各位推荐这本书，应该好好读一读它，它宣传了我们的政策和主张，对我们是很有帮助的。"

毛泽东介绍完毕，全场响起热烈的掌声。斯诺连连鞠躬致谢，以表达自己内心的激动。他为毛泽东对他如此高的评价和隆重的介绍感到自豪，这一热烈的情景也是他一生无法忘怀的。

毛泽东与斯诺在一起时并不总是谈政策、谈主张，尤其他谈的时间一长就喜欢换个轻松的话题，说几句风趣的话，拉拉家常，有意识地轻松一下气氛。每当这时，斯诺非常感激毛泽东这种不露痕迹的体谅，因为他力争把毛泽东的每句话记录下来，工作是非常辛苦的。

毛泽东偶尔闲暇的时候，就邀请斯诺到他的窑洞去打牌。毛泽东打牌的特点是有声有色的，自得其乐。他会打一点点桥牌，但斯诺认为他的牌技并不高明。他喜欢唱"空城计"，叫牌时不在乎规则，手上没有大牌时却满不在乎，一副胸有成竹的样子，让人摸不着虚实。而且他一点不在乎胜负，无论输赢总是打得热热闹闹。玩牌时他笑声朗朗，丝毫没有书案前那种哲学家般的凝神、严肃的神态。斯诺有趣地发现，由于毛泽东打牌不在乎胜负，有时使得跟他合作的对象很不高兴。他们嘴里嘀咕几声，有大胆的甚至表现出不情愿跟毛泽东合作的神情。但毛泽东依然乐呵呵的，毫不在意，有时还规劝几句："玩牌么，就是玩一玩，不要太认真了。"他的这种态度让那几个争强好胜的人简直无可奈何，总不至于搁下牌就走。

有一天晚上，毛泽东陪同斯诺一起去观看文艺演出。

在一块空旷的操场上，搭着简陋的露天舞台。观众有士兵，有干部，也有当地的农民。毛泽东带着斯诺也随便找了一块石头垫在地上，就这样坐着观看演出。很多观众发现毛泽东来了，并没有引起骚动，好像习以为常的样子。看到精彩处，毛泽东和群众一道热烈鼓掌。

斯诺面对这一场面，内心发出深深的感慨：在全中国，甚至在全世界，只有在陕北苏区这块神奇的土地上，领袖和群众才真正地融为一体！他想起他曾在总统府采访过的"蒋光头"总统，那傲慢的神情，笔挺的将军呢服，华丽的官邸，前呼后拥的保镖、侍卫，与眼前的毛泽东形成鲜明的对照。"中国的未来必然是属于毛泽东的，他才是真正的领袖！"斯诺这样想。

返回的路上，斯诺突然问毛泽东："您是喜欢戎马生涯呢，还是喜欢坐在办公室里过平静的生活？"

"我是喜欢和平和安宁的。我们现在正是为实现全中国的解放与和平而战。我喜欢战争生涯，我已经习惯了它。在井冈山的头几年，我和部队一起行军作战。那时的条件甚至还艰苦，但那时的身体比现在还好得多，能吃、能睡，肠胃特别好，连一点小毛病也没有。"毛泽东边走边回答。

是的，毛泽东是一位政治领袖，又是一位军事统帅，他既热爱和平又善于战斗，战场是他展示其天才艺术的最佳舞台！

斯诺就是在与毛泽东的一次次接触交谈中，了解和评价毛泽东。

改天换地　重逢北京

作为美国记者、作家的安娜·路易斯·斯特朗，1958 年再次来到中国，并定居北京。她是毛泽东与外国友人交往中的老朋友之一。毛泽东是很念旧的，在几次接见斯特朗中，多次回忆了她在延安的往事。

　　1958 年 10 月 1 日，天安门广场举行了隆重的建国九周年庆典。庆祝活动正在进行中，毛泽东、刘少奇、朱德、周恩来等领导人向斯特朗走来，一一同她握手，表示欢迎。毛泽东还亲切询问她的健康情况，接着深情地说了这样一句话："如果我们知道我们这么久才见面，我们就不会让你离开延安的。"显然，他将他与斯特朗自 1947 年春分别，10 多年后始得重逢这件事视为憾事，同时也是对斯特朗 10 多年中因如实报道中国革命而历经曲折、遭受不公正待遇表示同情与慰问。

　　1959 年 3 月 13 日，毛泽东在武汉东湖接见了斯特朗以及来访的美国客人杜波依斯夫妇，并同他们进行了长时间的谈话。在斯特朗的眼里，毛泽东"精力充沛，甚至快活地急速地走动着。他看上去不但非常健康，而且还无忧无虑，几乎处于一个开玩笑时的情绪状态"。

　　谈话是从亲切、随意的拉家常开始的。毛泽东问斯特朗："自从我们在延安的最后一次谈话，已有很长时间了吧？"说着，他扳起手指计算着。斯特朗回答："12 年了。"毛泽东点头说："很对。"看来，每次见到斯特朗，第一个闪现在他头脑里的就是延安的相聚。

　　客人落座以后，毛泽东对斯特朗说："你是老朋友了，你在中国已经很长时间，现在已成了中国人。你是女主人，他们是新朋友，是客人。"毛泽东的这一番话，为斯特朗在这次会见中的地位定了基调，她是以女主人身份陪同来访客人，所以整个谈话主要是在毛泽东与杜波依斯之间进行。

　　在这次谈话中，毛泽东严厉批评了美国的扩张政策，同时以戏谑的口吻说："我们把杜勒斯当作老师"，因为这位美国国务卿"把局势弄得越紧张，我们就越容易动员世界人民"。借着游泳的话题，毛泽东提到："我愿意去游密西西比河。但是，我想另外三人可能会反对：杜勒斯先生、尼克松先生和艾森豪威尔总统。"杜波依斯表情严肃地回答："相反。他们可能愿意看见你在密西西比河游泳，特别是靠近它的河口。"

　　关于世界大战问题，毛泽东说，如果西方人对世界大战的恐惧使他们力求阻止帝国主义者发动战争，那么这种恐惧是一件很好的事情。中国无人想发动战争。他自己也不相信会有第三次世界大战，尽管战争可能会继续存在多年，而且在有些战争中可能使用核武器。他不相信会因为偶然事件而使用全部核武器，也不相信它们会毁灭全人类。而且，如果人类全被毁灭，进化将会再次产生人类。

斯特朗这样评论道："在世界上没有谁的话比毛泽东的更容易明白，但也很少有谁的话比他的更不好写到纸面上。我可以很容易地在毛泽东与周恩来的比较中发现这一点。周……在表述解释上是个专家，因而他常常用外国的术语来进行表达，只是有少数单独的词汇才需要翻译。但是毛泽东不同。他出身于农民，后来成为诗人、哲学家、马克思主义者以及军队和政府的领导人。他通过实践和自己有意识的努力，在许多领域内都出类拔萃。由于他的思想和思维方式都是中国式的，在同他谈话时，人们可以有一个广阔的视野。"

1964 年 1 月 17 日午饭后，斯特朗受到毛泽东会见。这次长谈，毛泽东又是从当年在延安的往事谈起，而且比以往任何一次谈得更多。他说："我们不让你随我们进山看来是过分顾虑了。实际上，战役并没有像我们开始预想的那样艰苦和危险。国民党部队向一座山行进，以为正在追赶我们，而我们却在他们的后面，爬上他们刚刚离开的那座山。这怎么可能？因为人民是支持我们的，他们给我们消息而不给国民党。胡宗南用 45 万部队追击我们，而我们只有 45000 人，只相当于他们的十分之一。他们占据了所有的县城，并实际占据了每一个村庄。但不论怎样，当地的人民是站在我们一边的。"毛泽东接着说："我们的一些中国朋友和外国朋友，在我们失掉延安后，都为我们担心。不管反动派的力量有多大，都没有必要害怕。他们终究要灭亡。即使他们把全部部队放在前线，他们也赢不了战争。而当他们分散兵力时，又给我们提供了集中优势兵力，各个歼灭他们的机会。"

当斯特朗谈到离开延安以后的经历时，毛泽东深情地说："如果你当时跟我们走，你就会有一些经历的。"接着，毛泽东饶有兴趣地谈了他自己投身革命的经历。

斯特朗与毛泽东的第三次长谈是在 1965 年 11 月 24 日，地点在上海。这一天是斯特朗的 80 岁生日。这次会见是斯特朗没有想到的，她更没有想到毛泽东同时会见参加她生日庆祝活动的 30 多位美国的和中国的朋友。更令人吃惊的是，会见一开始，毛泽东借抽烟这样的小事说出一番耐人寻味的话。

当一阵寒暄之后大家纷纷落座时，毛泽东抽出一支香烟自己点上，开玩笑地说道："我，一个吸烟者，是一派，而斯特朗同志则是反对派，不吸烟的一派。"对此，斯特朗竟一时不知道该如何回答好。

接着，毛泽东与在座的人讨论了对世界形势的看法。

谈话间，毛泽东突然打断自己的讲话对马海德医生说："你们卫生部的人一点也不管人民的健康，看看，现在多晚了，还没有吃饭！我的妻子已邀请我们去进餐了。"于是谈话就此结束。毛泽东陪同大家共进了午餐。

在斯特朗与毛泽东交往过程中，她更走近、了解了毛泽东和毛泽东为代表的第一代中央领导集体所领导的社会主义建设事业，此后她向世界人民报道中国社会主义革命和建设的成就，为增进中美两国人民之间的了解和友谊作出了贡献。

史沫特莱　申请入党

艾格尼丝·史沫特莱是美国著名女记者，是中国人民的挚友。她积极支持和声援中国革命，并于 1939 年初到延安采访，成为继斯诺之后第二个走近毛泽东的外国记者。毛泽东与她畅谈后，她提出："我要加入中国共产党！"

史沫特莱被安排在延安城临街的一所房子里，同翻译吴光伟住在一起。吴光伟是一个 20 多岁的姑娘，被安排做史沫特莱的翻译兼秘书。

2 月初的一天傍晚，毛泽东吃过晚饭来看望史沫特莱。毛泽东进屋后，史沫特莱给他搬过一把木椅，请他在桌旁坐下。不一会儿，又给他端上一杯热腾腾的咖啡。

毛泽东呷了一口咖啡，史沫特莱问他味道如何，他点头连连称赞："好，好！比茶叶好喝！你们美国人很懂得享受嘛！"他那浓重的湖南口音加上俏皮的话语，令史沫特莱忍俊不禁，咯咯笑了。

接下来毛泽东和史沫特莱一边啜着咖啡，一边漫谈。毛泽东询问起她在美国的生活情况，她给毛泽东讲述了她的早年经历。

史沫特莱出生在美国密苏里州北部的一个贫苦工人家庭。在 19 岁那年考入坦佩师范学校，获得了一次难得的受教育机会。后来她又曾进入圣地亚哥师范学校进一步学习。在学校，她当过校刊编辑，磨炼了自己的文笔。在坦佩，她曾与厄内斯特·布伦丁结婚，度过一段难忘的共同生活之后又离了婚。1914 年下半年，她谋得一个讲授打字的教员工作；两年之后，因为与社会党以及参加过 1912 年言论自由运动的人们有联系，还因为和印度民族主义人士的接触，又失去了这一职位。1917 年，她迁往纽约。在纽约的几年里，她在担任一份秘书工作的同时，还为社会党的报纸《召唤》和女权主义者领袖玛格丽特·桑格的刊物《节育评论》撰稿，同时日渐卷入了印度的民族主义运动。史沫特莱的活动引起了英国和美国情报人员的注意。1918 年 3 月，她和印度民族主义活动分子萨里安德拉·纳什·戈斯一同被捕。根据"反间谍法案"，她被指控为企图煽动反英的印度叛乱。在"坟墓"拘留所里关押了 6 个月之后，她被交保释放。出狱之后，她更积极投身于印度民族革命的行列。她编辑了新闻通讯《印度新闻》，担任"自由印度联谊会"的执行书记，并为该组织筹款、撰稿。由于连连受到反动当局的迫害，1919 年她不得不决定离开美国，前往柏林。

在德国期间，她除了继续支持印度的民族革命外，还参加争取男女平等权力的活动。她在柏林大学讲授英语和美国研究课程，还设法使大学当局接受自己成为了一名攻读印度历史的博士学位研究生。她用德语写了许多文章，有些发表在学术性刊物上，主要是印度史和妇女问题。1928 年，她以《法兰克福日报》特派记者身份来华，在上海又积极投身到中国人民的正义斗争中……

　　毛泽东一直全神贯注地听着史沫特莱讲述她的曲折经历，不时发出惊叹声，他手上的烟竟忘了吸，直到快要烧着手指才将烟蒂扔掉。

　　毛泽东没有出过国，史沫特莱的经历使他感到新奇，他又询问了一些印度历史、德国革命的情况，然后给史沫特莱讲述起红军的发展史以及刚刚结束的伟大的长征。

　　毛泽东讲述了长征的艰辛。他说到一方面是国民党几十万大军的围追堵截，一方面是渺无人烟的雪山草地，这些是对红军的双重考验。中央红军出发时有10多万人，可是等过了敌人的三道封锁线以后人员已折损过半。而"洋顾问"李德和中央某些同志还要让红军前去敌人早已布好的"口袋"送死，好在他争取了好多同志，说服他们放弃了原来的计划，改向敌人守备空虚的贵州进攻，才使红军免于被歼灭。遵义会议上，他和同志们批评了"洋顾问"李德和某些同志的错误，对党和红军的领导成员做了调整，确定了新的行动计划，然后又继续长征了。

　　毛泽东讲到红军在过雪山、草地时，许多优秀的红军将士在严寒、饥饿中倒了下去，长征结束时红军仅存 3 万来人了（包括三个方面军）。讲到这里，他的眼睛里已噙满了泪水。

　　"但是，红军是打不垮的。"毛泽东话头一转，精神顿时一振，史沫特莱也受到了感染。毛泽东继续说道："我们经过长途的跋涉，跨越十余个省份，行程两万余里，终于胜利到达陕北，完成了史无前例的长征，迎来了中国革命的新高潮。"

　　还有一次，史沫特莱去见毛主席，她的神色有些异样，一脸的不痛快，好像有满肚子委屈，一进来就嚷道："毛主席，您给评理，这公平吗？为什么不让我参加今天上午的活动？"

　　毛泽东见状，赶忙安慰她："什么事情啊？别着急，慢慢说一说。"这时，贺子珍给他们每人倒了一杯水端了上来。史沫特莱感激地朝她望了一眼。她知道，毛泽东的夫人是一位温柔、体贴且又能干的了不起的女红军，同毛泽东一起长征来到陕北。长征中她身上多处负伤，现在身体状况仍不佳，一边疗养一边帮助毛泽东料理生活、工作。

史沫特莱喝了一口杯中的热水，才向毛泽东诉说起来。

原来，上午召开党的活动分子会议，她也要求参加，但是负责的同志不同意，因为根据组织原则，她不是党员，不能参加这类组织活动。但是她却想不通，以为这是不信任她，对她不友好，因此特地来找毛主席告状。

毛泽东听完她的叙述，便耐心地给她解释起来："非党员不能参加党的组织活动，这可是党内的原则，可不是故意要将你关在门外噢！"

听了毛泽东的解释，史沫特莱仍有些不服，说道："那请批准我入党可以了吧？我要加入中国共产党！""你是一个新闻记者，你留在党外更有利于开展工作，为革命做出更多的贡献，我看不入党对你来说更为合适！"毛泽东说道。

"唉——"史沫特莱有些不情愿，叹息一声，低着头出去了。

毛泽东含着温和的笑意，看着她离去。

史沫特莱了解毛泽东及中国共产党伟大的事业，并欲投入这一伟大事业中，她向毛泽东提出了加入中国共产党的请求。她踏上了抗日战场，到前线采访八路军、新四军，并写了大量报道，被誉为"熟知中国事实真相的、为数不多的作家之一"。

求同存异

——毛泽东坚持求同存异的原则，与具有不同政治
倾向、不同意识形态国家的领导人打交道

中华人民共和国诞生后，作为这个共和国的主席，毛泽东必然要与其他国家首脑进行交往。这在共和国诞生之前，毛泽东就已经想到了。1949年2月，毛泽东在西柏坡对秘密来访的苏共中央政治局委员米高扬就说过："我们这个国家，如果形象地把它比作一个家庭来讲，它的

屋里太脏了，柴草、垃圾、尘土、跳蚤、虱子什么都有。解放以后，我们必须认真清理我们的屋子，从内到外，从各个角落以至门缝里，把那些脏东西通通打扫一番，好好加以整顿，等屋内打扫清洁、干净，有了秩序，陈设好了，再请客人进来。"

为使国内经济建设有一个稳定的国际环境，毛泽东除与社会主义国家、共产党领导人交往外，还与具有不同政治倾向、不同意识形态国家的领导人打交道，揽友聚情，增进与发展同他们的友好关系。

危难时刻　挺身而出

1957 年，中国政府发表声明，谴责美国、南越的侵略，支持柬埔寨的正义斗争。

这使西哈努克认识到毛泽东的可靠、中国的可靠，便下决心同中国正式建立外交关系。1958 年 7 月 17 日，柬埔寨分别举行最高国防会议和内阁会议，决定承认中华人民共和国。18 日，西哈努克致函周恩来，提出两国间建立大使级外交关系的建议。次日，周恩来即复函西哈努克，同意中柬两国建立正式的外交关系，并表示绝不吝啬自己的力量支持柬埔寨维护独立主权、反对外来侵略的斗争。

此后不到 1 个月，也就是 1958 年 8 月，西哈努克便再次访问中国。西哈努克到达北京没几个小时，毛泽东就接见了他。第二天，毛泽东和西哈努克在游泳池边继续交谈，后来又到北戴河会谈。从此，毛泽东与西哈努克的交往进入了一个兄弟般的时代。

1970 年 3 月 13 日，西哈努克在访问法国之后风尘仆仆地抵达莫斯科。

西哈努克在莫斯科逗留期间，柬埔寨的国内形势在急剧变化。3 月 16 日、17 日，朗诺利用陆军和卫队逮捕了亲西哈努克的 20 余名高级文官和军官，并封锁了金边的机场；3 月 18 日，在坦克包围国民议会大厦的情况下，强制议员投票废黜西哈努克，选举郑邦兴为"国家元首"，实际上建立了朗诺施里玛达的军事独裁。

19 日，西哈努克带着极其复杂而痛苦的心情，飞入了中国的领空。中午，当飞机降落在北京机场时，他感到了一种落地之感。周恩来带着毛泽东的重托，健步走上去，与西哈努克热烈拥抱，周恩来以深情坚定的语气说："您仍然是国家元首。您是唯一的国家元首，我们决不承认别人。"

西哈努克激动得热泪盈眶，一颗忧郁而痛苦的心，在亲人般的温暖中得到了慰藉。

中国政府不仅承担了西哈努克及其随行的100多名柬埔寨人生活所需的开支，而且承担了他们在世界上开展外交活动所需的费用。西哈努克曾对记者说："我早已身无分文了，没有任何自己的东西，既没有汽车，也没有住所，一无所有。要是中国不帮助我，我连身上穿的衣服也没有着落。朗诺施里玛达集团没收了我的全部财产、地产和个人用品。他们甚至把我的狗和我妻子的首饰也都拍卖了。是中国承担了我们的一切费用。"

谈到这里，西哈努克激动地说："中国不输出坦克和士兵，而是输出尊严和对别人的尊重。"

北京，就以这样的姿态迎接西哈努克。北京，就这样成为西哈努克推进民族解放斗争事业的一个新的起点。

就在这种时候，毛泽东邀请西哈努克参加"五一"国际劳动节的活动，到天安门城楼共度佳节。毛泽东这样做，是要公开向全世界表明他支持西哈努克的坚决态度。

西哈努克登上了城楼，毛泽东已等候在会见厅。

交谈中，西哈努克提到了偿还中国的援助问题，毛泽东摆摆手说："我们不是军火商。对于某些方面的帮助，你可以把它叫贷款，也可以记记账。可是军火除外。"

"主席先生！"西哈努克仍诚恳地说，"中国自己负担很重，她给了第三世界许多帮助，而我连同我的随行人员、朋友和工作人员现在也成了额外的负担。"

毛泽东说："我请求你让我们多负担一点。相信你的人愈多，我就愈高兴。到你身边来的人愈多，我就越喜欢。没有什么了不起嘛！让尽可能多的人来支持你。如果他们不能去战场打仗，让他们来这里，六百，一千，两千或者更多，中国随时都准备支持他们，给他们提供一切便利。"

1970 年 5 月 5 日，柬埔寨王国民族团结政府在北京宣告成立，西哈努克任国家元首，宾努亲王任王国政府首相，乔森潘任副首相。王国民族团结政府分为国内和国外两个部分，国外部分的总部设在北京。在不到 1 个月的时间里，就得到了近 20 个国家的承认，但没有得到苏联政府的承认。

5 月 20 日，毛泽东发表《全世界人民团结起来，打败美国侵略者及其一切走狗！》的声明。5 月 21 日，北京数十万群众在天安门广场举行集会，支持各国人民反对美帝国主义的斗争。

在这一天，毛泽东正同西哈努克在人民大会堂进行亲切的交谈。毛泽东以深入浅出的语言阐述了革命人民必胜的真理，并继续他的一贯思想，说："没有蒋介石和日本，中国就不能胜利。"

会谈后，毛泽东同西哈努克以及中国其他领导人一起走上天安门城楼，同集会的人们一起共同声援柬埔寨人民的抗美斗争。

在集会上，宣读了毛泽东的"5·20"声明，这声明中，有西哈努克很受鼓舞的话："美帝国主义看起来是个庞然大物，其实是纸老虎。""无数事实证明，得道多助，失道寡助。弱国能够打败强国，小国能够打败大国。小国人民只要敢于起来斗争，敢于拿起武器，掌握自己国家的命运，就一定能够战胜大国的侵略。这是一条历史规律。"

西哈努克在集会上也发表了重要讲话。他激动地说："柬埔寨人民从来没有像现在这样坚定地屹立着。因为柬埔寨人民已经揭竿而起，决心进行顽强的、毫不退缩的斗争，反对并彻底战胜一切卖国贼、侵略者和殖民主义者，把他们从印度支那的土地上永远消除出去。"

毛泽东预见到美帝国主义必败，柬埔寨人民必胜。这种预言给了柬埔寨人民以极大的自信心。西哈努克的决心也到了海枯石烂不动摇的程度，给柬埔寨人民以极大的鼓舞。

西哈努克对毛泽东和中国的援助没齿不忘，毛泽东也不需要他回报。西哈努克看到每次会见他的这位世界巨人，每次身边带着的一个文件包已磨损得很厉害，为了聊表心意，将自己的一个公文包送给毛泽东，毛泽东不忍心拂了老友的一番心意，接受了这件礼物。

在中国和其他一些国家的大力支持下，英雄的柬埔寨人民终于在1975年赶走了美国侵略者，解放了柬埔寨。

巨人携手　改变世界

毛泽东与尼克松，在两极世界中各处不同阵营。他们曾经用最极端的语言，相互抵触，隔绝对峙了20多年互不往来。但最终毛泽东的手与美国总统尼克松的手握到了一起。

1972年2月21日，毛泽东的住所——丰泽园，出现在尼克松的眼前，轿车在通往毛泽东住所的通道前停下来，尼克松在主人的引导下，来到毛泽东的书房。

毛泽东把尼克松送给他的名片放在手心里，反复揣摸着——他很喜欢这名片。也许尼克松送给毛泽东的这件礼物，本身就是一个令人感到愉快的幽默。

毛泽东对尼克松说："你认为我是可以同你谈哲学的人么？哲学可是个难题呀。"尼克松开玩笑地摆摆手，把目光转向基辛格，"对这个难题，我没有什么有意思的话可讲，可能应该请基辛格博士谈一谈。""我在哈佛大学教书时，要求班上的学生研读您的著作。"基辛格以此表示对毛泽东的敬仰。

基辛格此话并不假，毛泽东的著作，不管是他的朋友还是他的敌人，也不管是东方人还是西方人，只要是一个政治家，就不得不研读一番。当年，毛泽东的那篇著名的《论持久战》的文章，那被后来的事实所证明的精确的预言，不就曾令世人震惊过吗？

但此时，毛泽东却用典型谦虚的口吻说："我写的这些东西算不了什么，没有什么可学的。""主席的著作推动了一个民族，改变了整个世界。"尼克松也接着这个话题说。看来尼克松很了解毛泽东的一些著述产生的背景。毛泽东著作的这种神奇的作用，是世人公认的，但毛泽东却回答说："我没有能够改变世界，只有改变了北京郊区的几个地方。"

尼克松听毛泽东如此谈来，就以为毛泽东不愿谈哲学问题。于是，便列举了一系列需要共同关注的国家和地区的国际问题，并谈论了一些具体细节。然而，毛泽东却摆了摆手，指着周恩来说："这些问题不是在我这里谈的问题。这些问题应该同周总理去谈。我谈哲学问题。"

尽管毛泽东说话有些困难，但他的思绪像闪电一样敏捷。望着尼克松，他说："我是中国共产党人的头子，而你是世界上著名的反共头子，历史把我们带到一起来了，我们共同的老朋友蒋委员长可不喜欢这个。"说着，他挥动了一下手，"他叫我们'共匪'。最近他有一个讲话，你看过没有？"尼克松在没有见毛泽东之前，料想毛泽东会直接向他提出台湾问题，他为此而做了许多准备，但他没有想到毛泽东会这样幽默地提出台湾问题，所以他原先准备的那些东西，此时全没有用了。但他对毛泽东此时提起蒋介石，也很有兴趣，因为他在1953年以美国副总统的身份去台湾见过蒋介石，现在，他突然把毛泽东同蒋介石作了一下比较，发现他们两人的差别太大了。毛泽东坐在椅子上显得那样安详，而蒋介石笔直地坐着的姿态，则好像他的脊梁骨是钢制的一样；毛泽东很随和，说话很有幽默感，使谈话气氛很轻松；毛泽东的书法是信笔成书、不拘俗套的，蒋介石的书法则是笔直字方、一望成行。

"蒋介石称主席为'匪'，不知道主席叫他什么？"尼克松问道。当尼克松提到的问题被翻译出来时，毛泽东笑了，但回答问题的是周恩来："一般地称'蒋帮'，"他接着说，"有时在报上我们叫他'匪'，他反过来也叫我们'匪'。总之，我们互相叫骂。""其实，我们同他的交情比你们同他的交情长得多。"毛泽东在戏谑、玩笑和轻松的俏皮话之间，表达了中国对台湾主权问题。

毛泽东谈到了基辛格第一次北京之行严守秘密的事，尼克松便接过话说道："他不像一个特工人员，但只有他能够在行动不自由的情况下去巴黎十二次，来北京一次，而没有人知道——除非可能有两三个漂亮的姑娘。""她们不知道，"基辛格插嘴说，"我是利用她们作掩护的。"

"在巴黎吗？"毛泽东问道。"凡是用漂亮的姑娘作掩护的，一定是有史以来最伟大的外交家。"尼克松说。"这么说，你们常常利用你们的姑娘啰？"毛泽东微笑地望着尼克松问道。"他的姑娘，不是我的，"尼克松说，"如果我用姑娘作掩护，麻烦可就大了。""特别是在大选的时候。"周恩来说，这时毛泽东同他们一起哈哈大笑。

尼克松同毛泽东会见，不能不谈到中美关系，尼克松在准备的过程中，他决定要探探毛泽东对中国面临威胁的看法。

尼克松接着说："例如，我们应该问问自己——当然这也只能在这间屋子里谈——为什么苏联人在面对你们的边境上部署的兵力比面对西欧的边境上部署的还要多？我们必须问问自己，日本的前途如何？我知道我们双方对日本的总理是意见不一致的，但是，从中国的观点来看，日本是保持中立并且完全没有国防好呢，还是跟美国有某种共同防御关系好呢？有一点是肯定的，我们绝不能留下真空，因为真空是会有人来填补的。例如，周总理已经指出，美国在到处'伸手'，苏联也在到处'伸手'。问题是，中华人民共和国面临的危险究竟来自何方？是美国的侵略，还是苏联的侵略？这些问题都不好解答，但是我们必须讨论这些问题。"

面对尼克松提出的这些问题，毛泽东活跃起来，他就喜欢别人提出一些挑战性的问题，于是便说："来自美国方面的侵略，或者是来自中国方面的侵略，这个问题比较小，也可以说不是大问题，因为同时不存在我们两个国家互相打仗的问题。我们想撤一部分兵回国，我们的兵也不出国。可是我们两家也怪得很，过去22年总是谈不拢，现在的来往从打乒乓球算起只有10个月，如果从你们在华沙提出建议时算起有两年多了。我们办事也有官僚主义。你们要搞人员往来这些事，要搞点小生意，我们就死也不肯。十几年，说是不解决大问题，小问题就不干，包括我在内。后来发现还是你们对，所以就打乒乓球。"

毛泽东的这番话颇为风趣，也显得很随意，一下拉近了他与尼克松的距离，原定15分钟的谈话时间，现在已经近一个小时了。

毛泽东今天特别健谈，说了很长的一段话，尼克松看出他有些疲劳了。周恩来频繁地看手表，于是尼克松决定设法结束这次会谈。

"主席先生，在我们的谈话即将结束的时候，我想说明我们知道你和总理邀请我们来到这里是冒了很大的风险的。这对我们来说也是很不容易作出的决定。"尼克松担心此行能否达到预期的目的，如果谈不成，他这个总统就要受到国内的责难。于是，他接着说道："但是，我读过你的一些言论，知道你善于掌握时机，懂得只争朝夕。"

听到译员译出他诗词中的话，毛泽东露出了笑容，也理解尼克松此话的意图，那就是要不虚此行，但毛泽东并没有表态。

尼克松接着说："我还想说明一点，就个人来讲——总理先生，我这也是对你说的——你们会发展，我绝不说我做不到的事。我做的总要比我说的多。我要在这个基础上同主席，当然也要同总理，进行坦率的会谈。"

"你们下午还有事，谈话到这里差不多了吧?"毛泽东也想结束这场谈话。唯一理解毛泽东意图的是基辛格，他说："对，'只争朝夕'。"

"主席先生，"尼克松抓住最后一点时间，"我们大家都熟悉你的生平。你出身在一个很穷的家庭，结果登上了世界人口最多的国家，一个伟大国家的最高地位。我的背景没有那么出名。我也出生于一个很穷的家庭，登上了一个伟大国家的最高地位。历史把我们带到一起来了。我们具有不同的哲学，然而都脚踏实地来自人民，问题是我们能不能实现一个突破，这个突破不仅有利于中国和美国，而且有利于今后多年的全世界。我们就是为了这个而来的。"

尼克松仍然没有放弃要毛泽东表态的意图。

毛泽东却不紧不慢地转移话题，称赞尼克松说："你那本《六次危机》写得不错。"

尼克松微笑着说："你读的书太多了。"

"不，"毛泽东摇着头说，"读得太少，对美国了解太少，对美国不懂。要请你派教员来，特别是历史和地理教员。我曾跟早几天去世的记者斯诺说过，我们谈得成也行，谈不成也行，何必僵着呢！一定要谈成。一次没有谈成，无非是我们的路子走错了。那我们第二次又谈成了，你怎么办啊？"

毛泽东终于表态了，意在告诉在场的人，要好好谈，争取成功。尼克松听懂了，松了一口气，真诚地说："我们在一起可以改变世界。"

是的，毛泽东在与尼克松谈话时，他的思路根本不受谈话议题的约束。他的谈话给人以漫谈的印象，从一个思想转到另一个思想，没有什么特别的先后顺序。然而，几周之后，当基辛格在安静的白宫办公室里琢磨毛泽东和尼克松谈话记录时，他发现毛泽东当时实际上已经勾画出上海公报的内容。他注意到，公报里的每一段落，在毛泽东和尼克松的谈话里都有相应的一句话。

毛泽东与尼克松的这次会晤，虽然短暂，但他们个人之间已经建立起了一种特殊的情谊。

既是伟人　又是朋友

毛泽东与世界上一些国家领导人、社会名流进行友好往来，也不忽略那些社会底层的小人物。

1974年6月的一天，英国前首相希思来到北京，并会见了毛泽东。他与毛泽东虽然初次见面，可一下子就交上了朋友。毛泽东的热情欢迎使人毫无拘束之感，毛泽东不仅和蔼可亲、平易近人，而且还事先了解到了首相及随行成员中每个人的爱好和特点。在会谈中，双方无拘无束地开了许多玩笑。

希思事后曾回忆道：同毛泽东谈话既使人感到愉快，又使人感到兴奋。在讨论或谈到的许多世界性人物双方有不同看法的时候，毛泽东的观点极为明确，表达看法也直截了当。他不想涉及的话题，他会很客气地告诉你他不想谈。当为某个问题发生分歧时，毛泽东又会说，现在这个问题需要考虑，并会把与他不同的看法考虑进去。

希思周游中国之后，再次见到毛泽东，并把他在北京以外看到的情况与毛泽东交换意见。他没想到，毛泽东会马上抱现实态度告诉他，你一定不要全信人家告诉你的事情，他们对外国人总是能骗就骗。我们是有了进步，但事实是这种进步太慢，我们总得想办法让这种进步更快一些。对于世界事务，毛泽东又希望希思从世界战略的角度去观察思考，而不要只从本身角度去考虑，每个问题都应该通盘考虑。希思从中悟到：在毛泽东的世界战略的见解中，他赞成有一个强大的统一的欧洲，这显然也是因为这合乎中国的利益。

毛泽东对外国客人既有豪爽热情的一面，又有周到细心的一面。应毛泽东邀请，墨西哥总统偕夫人来到中国，下飞机后，由于总统夫人略感不适，没能和总统一同去见毛泽东。毛泽东刚一见到总统，一边握手一边询问：您夫人怎么没一块来？总统回答，因感冒又下雨，让她留在了饭店。在亲切交谈之中，毛泽东亲手为总统递水、递茶点，以尽东道主之谊。更使总统吃惊的是，当他回他下榻的饭店时，毛泽东派来的医生已经给他夫人看了病。这些无言的举动，使总统大为感动，从中他体会到了毛泽东对友人的关心与真诚。

对持不同政见者，毛泽东同样以诚相待。联邦德国基督教社会联盟主席施特劳斯曾经高度评价了毛泽东这一人格。

施特劳斯是一位对马克思主义和共产主义的思想意识持不同政见者，毛泽东为什么邀请这样一位德国政治家来华访问呢？其主要原因是施特劳斯还有对当前帝国主义扩张欲望的警告，以竭力主张欧洲政治统一这一生存原则而著称的另一面。

最使施特劳斯难忘的是，毛泽东这位中国领导人的关于德意志是一个民族的主张。同时他也深深记着毛泽东这样的观点，即面对苏美两霸争权使世界政治进程充满了危险发展的可能性，因此必须建立一个多极体系，造成更多的政治、经济、军事中心，在这方面，西欧理所当然起着重要作用。

出于共同利害关系，出于政治原因，经过双方长期周密准备，资产阶级政治家与无产阶级领袖开诚布公地坐到了一起，交换着对世界格局的看法。在谈话中，施特劳斯感到，毛泽东的邀请并不是为了改变他的世界观，而是为阐述自己所制定的中国的官方立场，提醒欧洲"芬兰化"日益迫近的危险。毛泽东的真诚使他久久不能忘怀。

毛泽东从不忽略那些观光旅游的小人物。1960年代中后期，一次，毛泽东在天安门来回走动着同外国来宾握手交谈。英国客人罗斯·史密斯觉得自己是个无足轻重的人物，就躲在一位外国将军的后面。可是他万万没料到，毛泽东看到他后绕了个圈子，走到他面前，并主动与他握手。史密斯由此深深感受了一位中国伟人的胸怀。

长期以来，毛泽东就是这样，从不以领袖自居。无论外国友人的地位如何，他都尽力去做一个友谊的使者。

1958年正是中美关系冷战的年代，而在重庆即将对外开放的一个纪念馆里却挂起了一张毛泽东同三个美国士兵亲切见面的照片。这在当时，许多美国人是难以理解中国人珍视同美国人民友好接触这类事情的。

这张照片的故事发生在1945年，当时毛泽东从延安来到重庆与蒋介石举行具有历史意义的重庆谈判。三名在华的美国士兵希望能有机会同另一个"中国"来的伟人交谈一次。正在忙于处理大事的毛泽东得知后，认为会见美国兵来促进中美两国人民之间的友谊也是重要的事情，他愿意抽出时间接见这三个普通的美国兵。会见中，他对每个人都表现出莫大的兴趣，专心倾听美国兵所说的一切。然后又耐心询问美国国内的生活情况，美国士兵们的家庭和对战后生活的愿望。接着他又谈了第二次世界大战的问题，世界和平的重要和中美两国人民之间的友谊。席间，毛泽东曾多次举杯祝中美两国人民友好，并请三位美国军人回国后把在中国经历的一切告诉美国人民。他说中美两国人民有许多共同之处，两国人民之间将会建立起真正的友谊。会见临近尾声，毛泽东又及时提醒大家一起合照了这张记录着愉快而又具有历史意义的珍贵照片。

　　从毛泽东与外国首脑和外国人们交谈中可见，毛泽东既希望他们从世界战略的角度去观察思考问题，又阐述了维护世界和平的愿望和中美两国人民之间的友谊，等等。这些主张，凝聚了世界和平的力量，收揽了人心，对世界和平与中国的稳定发展，都有着十分重要的积极意义。

非线性微分方程

傅希林　范进军　编著

科学出版社

北京

前　言

　　非线性微分方程是伴随着微积分学发展起来的数学分支. 1614 年, J. Napler 在创立对数时就对微分方程的近似解进行过研究. I. Newton, G. Leibniz 的著作中都研究过与微分方程有关的问题. 在非线性微分方程理论发展的历史进程中, 无数数学家不懈努力, 进行了艰苦卓绝的探索, 取得了不朽的骄人研究成果, 竖起了一座座研究丰碑.

　　现代科学技术与工程诸领域的研究突飞猛进、日新月异. 大量源于现代科技研究实践的实际问题, 其数学模型往往可归结为非线性微分方程. 譬如, 关于神经网络研究中著名的 Hopfeild 模型与 Cohen-Grossberg 模型、生态学中的 Logistic 模型、气象研究中的 Lorenz 系统与最优控制中的 Chen 系统、工程中关于高速机车齿轮力学分析模型以及大量复杂网络动力学模型等. 一方面, 这些实际问题的数学模型, 通过运用非线性微分方程的理论与方法对其进行深入精细的科学分析研究, 已经取得重要的创新成果; 另一方面, 对现代科技实际问题的科研实践与探索, 又成为滋润和维系非线性微分方程自身成长和生命力的不竭源泉. 因此, 非线性微分方程是一个具有底蕴深厚、内涵丰富、应用广泛、魅力洋溢的经典传统而又充满朝气的数学分支. 它是人类智慧宝库中的璀璨宝石, 是数学联系实际、解决实际问题最重要的学科之一, 其提供的思想方法也是当代文化人自身数学素质所要求必须掌握的.

　　鉴于非线性微分方程在理论上和实践上的重要意义, 其基本理论知识与经典方法已公认为是大学生特别是理工科大学生所必须掌握的, 并早已纳入大学数学基础课程的教科书. 但就目前国内高校微分方程教材的现状来看, 不同程度地存在着内容相对滞后的现象, 与现代微分方程科学研究飞速发展的形势不相适应. 基于此现状, 本书主要从如下两个方面进行尝试: 一是尝试对微分方程的经典内容与现代研究成果的融合, 试图使之较好地适应于微分方程科学研究飞速发展的形势; 二是尝试将微分方程研究的创新思维和科学方法作为主线贯穿全书, 试图使之较好地适应于研究性学习及微分方程自身发展的客观规律.

　　基于上述目的, 本书在具体内容及结构安排上突出了以下几点: 首先, 在本书取材方面, 主要取自非线性常微分方程、非线性泛函微分方程、非线性脉冲微分方程的经典内容与最新研究成果, 这是因为关于泛函微分方程的研究自 20 世纪 80 年代以来十分活跃, 而关于脉冲微分方程的研究自 20 世纪 90 年代以来也成为国际国内非线性微分方程研究的热点; 这样取材, 既含有非线性微分方程最基本最经典的内容, 又含有非线性微分方程现代研究的最新成果, 从而有利于较全面、系统地展现非线性微分方程研究从历史到近代、从现代到前沿的积淀与内涵; 有利于较客观、有效地反映非线性微分方程这一数学分支的结构与全貌; 有利于使读者较自然、深切地感受到非线性微分方程历史的底蕴与时代的脉搏. 其次, 在本书结构安排方面, 突出了三条脉络: 在全书框架上突出了非线性微分方程研究的整体脉络, 依次分章阐述基本理论、几何理论、稳定性理论、振动理论和分支理论等; 在每章框架上突出了非线性微分方程的历史脉络, 依次分节阐述常微分方程、泛函微分方程和脉冲微分方程的相关内容; 而在每节框架上突出了非线性微分方程的方法脉络, 强调基本概念的引入, 通过精选每一个定理和实例, 做到在阐述具体研究结果的同时着重揭示其典型研究思想与方法. 通过这样三条脉络, 不仅展示了非线性微分方程领域的研究轨迹与前沿动态, 而且还指出了达到前沿可借鉴的途径.

　　限于篇幅, 还有一些关于非线性微分方程的内容本书未能涉及. 譬如特征值问题、有关重要应用模型等. 另外, 从整体上看, 本书主要阐述有关非线性常微分方程的内容, 而关于非线性偏微分方程的内容涉及较少, 但这并不影响本书编著的初衷和效果. 需要这些内容的读者可查阅相关文献和著作. 当然, 限于我们的水平, 本书定会有不当之处, 敬请读者指正.

　　在撰写本书的过程中, 山东师范大学数学科学学院张立琴教授对该书提出宝贵意见并做了一定工作, 我们表示由衷的感谢. 科学出版社的吕虹编审和赵彦超编辑对本书的出版付出了辛勤劳动并给予了大力帮助, 在此表示深切的谢意. 同时, 我们还向在本书撰写过程中所参考的文献的作者们表示诚挚的感谢. 博士研究生孙晓辉在紧张的学习之余为书稿的录入付出了艰辛的劳动, 在此一并致谢. 本书的出版得到国家自然科学基金 (编号: 10871120)、山东省自然科学基金以及山东师范大学出版基金的资助, 均此致谢.

傅希林　范进军

2010 年 8 月

目　　录

第 1 章　非线性微分方程基本理论 ···································· 1
　§1.1　解的局部存在性与唯一性 ······························· 1
　§1.2　解的延展性 ··· 15
　§1.3　解的连续性、可微性 ··································· 25
　§1.4　解的整体存在性 ··· 31
　§1.5　非线性泛函微分方程基本理论 ······················· 38
　§1.6　非线性脉冲微分方程基本理论 ······················· 52
　　附注 ··· 62
第 2 章　非线性微分方程几何理论 ···································· 63
　§2.1　自治系统、动力系统、极限集 ······················· 63
　§2.2　奇点吸引子 ··· 81
　§2.3　极限环吸引子 ··· 109
　§2.4　混沌吸引子 ··· 122
　§2.5　泛函微分自治系统的周期轨 ··························· 140
　§2.6　脉冲微分自治系统的闭轨与混沌 ····················· 145
　　附注 ··· 156
第 3 章　非线性微分方程稳定性理论 ································ 157
　§3.1　自治系统的稳定性 ····································· 157
　§3.2　非自治系统的稳定性 ··································· 166
　§3.3　稳定性比较定理 ··· 179
　§3.4　非自治系统的有界性 ··································· 186
　§3.5　关于两个测度的稳定性 ································· 192
　§3.6　泛函微分方程的稳定性 ································· 211
　§3.7　脉冲微分方程的稳定性 ································· 223
　　附注 ··· 242
第 4 章　非线性微分方程振动理论 ···································· 244
　§4.1　Sturm 比较定理 ··· 244
　§4.2　一阶时滞微分方程的振动性 ··························· 249
　§4.3　二阶时滞微分方程的振动性 ··························· 259

　　§4.4　高阶脉冲微分方程的振动性 ··264

　　§4.5　抛物型脉冲偏微分系统的振动性 ··274

　　§4.6　双曲型脉冲偏微分系统的振动性 ··287

　　附注 ··304

第 5 章　非线性微分方程分支理论 ··305

　　§5.1　分支的概念 ··305

　　§5.2　Hopf 分支 ···308

　　§5.3　从闭轨分支出极限环 ···316

　　§5.4　同宿分支与异宿分支 ···326

　　§5.5　泛函微分自治系统的分支 ···338

　　§5.6　具实参数的脉冲微分自治系统的奇点与分支 ······························349

　　附注 ··354

参考文献 ··355

第1章 非线性微分方程基本理论

微分方程的基本问题在于求解和研究解的各种属性. 众所周知, 早在 1841 年, 法国数学家 Liouville(1809∼1882) 证明了 Riccati 方程

$$\frac{dy}{dx} = P(x)y^2 + Q(x)y + R(x) \quad (P(x) \neq 0)$$

除了某些特殊类型外, 一般不能用初等积分法求解. 例如, 形式上很简单的 Riccati 方程

$$\frac{dy}{dx} = x^2 + y^2$$

就不能用初等积分法求解. 在 19 世纪后半叶, 天体力学及其他技术科学提出的一些问题中, 需要研究较复杂的微分方程解的局部和全局的性质. 但大量的微分方程不能用初等积分法求出其通解, 因而提出了直接根据微分方程本身的结构和特点来探讨解的性质.

本章研究非线性微分方程的基本理论. §1.1 研究微分方程解的局部存在性与唯一性. §1.2 研究解的延展性. §1.3 研究解对初值与参数的连续性、可微性. §1.4 研究解的整体存在性. §1.5 介绍非线性泛函微分方程的基本理论. §1.6 阐述非线性脉冲微分方程的基本理论.

§1.1 解的局部存在性与唯一性

考虑如下一阶非线性微分方程

$$\frac{dx}{dt} = f(t,x), \tag{1.1.1}$$

其中

$$x = \begin{pmatrix} x_1 \\ x_2 \\ \vdots \\ x_n \end{pmatrix}, \ f(t,x) = \begin{pmatrix} f_1(t,x) \\ f_2(t,x) \\ \vdots \\ f_n(t,x) \end{pmatrix}, \ \frac{dx}{dt} = \begin{pmatrix} \dfrac{dx_1}{dt} \\ \dfrac{dx_2}{dt} \\ \vdots \\ \dfrac{dx_n}{dt} \end{pmatrix}, \ t \in R.$$

规定 $x \in R^n$ 的范数 $\|x\| = \left(\sum_{k=1}^{n} x_k^2\right)^{\frac{1}{2}}$ 或 $\sum_{k=1}^{n} |x_k|$ 或 $\max_{1 \leqslant k \leqslant n} \{|x_k|\}$. 对于一般的高阶方程, 在一定条件下可化成形如方程 (1.1.1) 的等价方程.

设函数 $x = \varphi(t)$ 在区间 $I \subset R$ 上的导数存在. 如果把 $x = \varphi(t)$ 代入方程 (1.1.1), 得到在区间 I 上关于 t 的恒等式

$$\frac{d\varphi(t)}{dt} = f(t, \varphi(t)), \ t \in I,$$

则称 $x = \varphi(t)$ 为方程 (1.1.1) 在区间 I 上的一个解. 求方程 (1.1.1) 满足某种指定条件 (通常称为定解条件) 的解的问题称为定解问题. 最重要的定解条件就是初值条件, 即 $x(t_0) = x_0$, 其中 $t_0 \in R, x_0 \in R^n$. 求微分方程 (1.1.1) 满足初值条件的解的问题称为初值问题或 Cauchy 问题, 记为

$$\begin{cases} \dfrac{dx}{dt} = f(t, x), \\ x(t_0) = x_0. \end{cases} \tag{1.1.2}$$

本节主要研究 Cauchy 问题 (1.1.2) 的解的局部存在性与唯一性.

证明微分方程初值问题的解的存在性以及唯一性主要基于 Ascoli-Arzela 定理、Schauder 不动点定理和 Banach 压缩映像不动点原理. 为此, 我们先给出两个概念. 设 F 是定义在区间 $[\alpha, \beta]$ 上的一个 m 维实列向量函数族.

一致有界　若 $\exists M > 0$, 使得 $\|f(t)\| \leqslant M \ (\forall f \in F, t \in [\alpha, \beta])$, 则称函数族 F 是一致有界的.

等度连续　若对 $\forall \varepsilon > 0, \exists \delta = \delta(\varepsilon) > 0$, 使得 $|t_2 - t_1| < \delta (\forall t_2, t_1 \in [\alpha, \beta])$ 时, 对一切 $f \in F$ 均有

$$\|f(t_2) - f(t_1)\| < \varepsilon,$$

则称函数族 F 是等度连续的.

Ascoli-Arzela 定理　设 $F = \{f(t)\}$ 是定义在 $[\alpha, \beta]$ 上的一致有界、等度连续的函数族, 其中 $f(t) \in R^m$, 则从 F 中必可选取一个在 $[\alpha, \beta]$ 上一致收敛的序列 $\{f_n(t)\}_{n=1}^{\infty}$.

证明　设 $r_1, r_2, \cdots, r_k, \cdots$ 是区间 $[\alpha, \beta]$ 上的全体有理点.

首先, 构造函数序列 $\{f_n(t)\}_{n=1}^{\infty} \subset F$.

因为集合 $\{f(r_1) : f \in F\}$ 有界, 所以可选出一个收敛的子序列 $\{f_{1n}(r_1)\}_{n=1}^{\infty}$. 同理, 集合 $\{f_{1n}(r_2)\}_{n=1}^{\infty}$ 有界, 从而可选出一个收敛的子序列 $\{f_{2n}(r_2)\}_{n=1}^{\infty}$. 这样, 继续下去, 便得可数个收敛的子序列:

$$f_{11}(r_1), f_{12}(r_1), \cdots, f_{1n}(r_1), \cdots$$
$$f_{21}(r_2), f_{22}(r_2), \cdots, f_{2n}(r_2), \cdots$$
$$\cdots\cdots$$
$$f_{n1}(r_n), f_{n2}(r_n), \cdots, f_{nn}(r_n), \cdots$$
$$\cdots\cdots$$

其中 $\{f_{n+1,k}\}_{k=1}^{\infty}$ 是 $\{f_{n,k}\}_{k=1}^{\infty}$ 的子列 $(n = 1, 2, \cdots)$. 如命 $f_n(t) = f_{nn}(t)(n = 1, 2, \cdots)$, 则 $\{f_n(t)\}_{n=1}^{\infty} \subset F$.

其次, 利用 Cauchy 准则和有限覆盖定理证明 $\{f_n(t)\}_{n=1}^{\infty}$ 在 $[\alpha, \beta]$ 上是一致收敛的.

根据 $\{f_n(t)\}_{n=1}^{\infty}$ 的取法知, 它在 $[\alpha, \beta]$ 的一切有理点上是收敛的. 这样, 由数列收敛的 Cauchy 准则知, 对 $\forall \varepsilon > 0, \forall r_k, \exists N_\varepsilon(r_k) > 0$, 使得 $m, n > N_\varepsilon(r_k)$ 时, 有

$$\|f_m(r_k) - f_n(r_k)\| < \varepsilon.$$

根据 $\{f_n(t)\}_{n=1}^{\infty}$ 的等度连续性知, 对 $\varepsilon > 0, \exists \delta_\varepsilon > 0$, 使得 $|t_2 - t_1| < \delta_\varepsilon (\forall t_2, t_1 \in [\alpha, \beta])$ 时, 对一切正整数 p 有

$$\|f_p(t_2) - f_p(t_1)\| < \varepsilon.$$

由于 $[\alpha, \beta] \subset \bigcup_{k=1}^{\infty} B(r_k, \delta_\varepsilon)$, 其中 $B(r_k, \delta_\varepsilon) = (r_k - \delta_\varepsilon, r_k + \delta_\varepsilon)$, 所以由有限覆盖定理知, $[\alpha, \beta]$ 存在有限覆盖. 不妨设为 $[\alpha, \beta] \subset \bigcup_{k=1}^{j} B(r_k, \delta_\varepsilon)$. 令 $N = \max\{N_\varepsilon(r_1), N_\varepsilon(r_2), \cdots, N_\varepsilon(r_j)\}$, 则当 $m, n > N$ 时, 对 $\forall t \in [\alpha, \beta]$, 必存在某一个 $k : 1 \leqslant k \leqslant j$, 使得 $t \in B(r_k, \delta_\varepsilon)$, 这样通过插项即得

$$\|f_m(t) - f_n(t)\| \leqslant \|f_m(t) - f_m(r_k)\| + \|f_m(r_k) - f_n(r_k)\| + \|f_n(r_k) - f_n(t)\| < 3\varepsilon.$$

由函数列收敛的 Cauchy 准则知, $\{f_n(t)\}_{n=1}^{\infty} \subset F$ 在 $[\alpha, \beta]$ 上是一致收敛的. 证毕.

Schauder 不动点定理　设 D 是 Banach 空间 E 中有界闭凸集, $T : D \to D$ 全连续, 则 T 在 D 上必有不动点.

所谓 $T : D \to D$ 全连续是指, $T : D \to D$ 是连续的, 而且又是紧的.

Banach 压缩映像原理　设 (X, ρ) 是一个完备的度量空间, $\Omega \subset X$ 是一个非空闭集, $T : \Omega \to \Omega$. 若 $\exists \alpha \in [0, 1)$ 使得

$$\rho(Tx, Ty) \leqslant \alpha \rho(x, y), \ \forall x, y \in \Omega,$$

则存在唯一的 $x^* \in \Omega$, 使得 $Tx^* = x^*$. 这样的 x^* 称为 T 的不动点. 满足上述条件的算子 T 称为压缩映像 (或压缩算子).

以上两定理的证明参阅文献 [18, 19].

定理 1.1.1(Peano, 解的存在性定理)　若 $f(t, x)$ 在空间 R^{n+1} 中某一区域

$$\overline{R}: \quad |t - t_0| \leqslant a, \ \|x - x_0\| \leqslant b \quad (a > 0, \ b > 0)$$

上连续, 则初值问题 (1.1.2) 至少在区间 $J : |t - t_0| \leqslant h$ 上存在一解 $x = \varphi(t)$, 其中 $h = \min \left\{ a, \dfrac{b}{M} \right\}, M = \max\limits_{(t,x) \in \overline{R}} \|f(t, x)\|$.

关于该定理的证明, 这里给出 Euler 折线法、Tonelli 逼近法及 Schauder 不动点法三种证明方法.

方法 1　Euler 折线法.

以平面系统为例说明其证明思路. 从 (t_0, x_0) 出发, 沿 (1.1.2) 的方程所确定的线素场向右作直线段, 其斜率为 $f(t_0, x_0)$; 在这直线段上再取一点 (t_1, x_1), 过此点沿线素场向右再作直线段, 其斜率为 $f(t_1, x_1)$; 如此下去, 即可得到一条右行折线. 同理可得一条左行折线. 这条折线称为 (1.1.2) 的方程过点 (t_0, x_0) 的 Euler 折线. 当每次所做线段非常小时, 这条折线就近似于 (1.1.2) 的积分曲线.

证明　构造 Euler 折线, 然后使用 Ascoli-Arzela 定理证之.

首先, 构造 Euler 折线族, 即对 $\forall \varepsilon > 0$, 存在 (1.1.2) 的一个 ε 逼近解 $\varphi_\varepsilon(t)$ 满足

(1) 当 $t \in J$ 时, $(t, \varphi_\varepsilon(t)) \in \overline{R}$;

(2) $\varphi_\varepsilon(t)$ 在 J 上连续, 并在 J 上除有限个点外, 处处具有连续导数, 而在这有限个点处, 其左、右导数存在;

(3) $\|\varphi_\varepsilon'(t) - f(t, \varphi_\varepsilon(t))\| \leqslant \varepsilon, \forall t \in J$; 但在导数不存在点处, $\varphi_\varepsilon'(t)$ 应理解为右导数 (在 $t = t_0 + h$ 处为左导数).

以右半区间 $J^+ = [t_0, t_0 + h]$ 为例说明上述 $\varphi_\varepsilon(t)$ 的存在性并证明定理的结论成立 (对于左半区间类似可证).

因为 $f(t, x) \in C(\overline{R})$, 所以 $f(t, x)$ 在 $\overline{R}$ 上一致连续. 故对 $\forall \varepsilon > 0, \exists \delta_\varepsilon > 0$, 使得 $(t, x), (\bar{t}, \bar{x}) \in \overline{R}$, 且 $|t - \bar{t}| < \delta_\varepsilon, \|x - \bar{x}\| < \delta_\varepsilon$ 时有

$$\|f(t, x) - f(\bar{t}, \bar{x})\| < \varepsilon.$$

对区间 J^+ 进行分割 $T : t_0 < t_1 < t_2 < \cdots < t_n = t_0 + h$, 并使分割细度 $\|T\|$ 满足

$$\|T\| = \max_{0 \leqslant k \leqslant n-1} \{|t_{k+1} - t_k|\} < \min \left\{ \delta_\varepsilon, \frac{\delta_\varepsilon}{M} \right\}.$$

定义函数 $\varphi_\varepsilon(t)$ 如下:

$$\begin{cases} \varphi_\varepsilon(t_0) = x_0, \\ \varphi_\varepsilon(t) = \varphi_\varepsilon(t_k) + f(t_k, \varphi_\varepsilon(t_k))(t - t_k), \ t_k < t \leqslant t_{k+1}, \ k = 0, 1, 2, \cdots, n-1. \end{cases}$$

易证这样定义的 $\varphi_\varepsilon(t)$ 即满足上述条件 (1)、(2) 和 (3).

其次, 设 ε_m 递减趋于零 $(m \to \infty)$. 由刚证得的结论知, 对每个 ε_m, 存在 (1.1.2) 的一个 ε_m 逼近解 $x = \varphi_m(t)$, 它在 J^+ 上有定义, $\varphi_m(t_0) = x_0$, 且

$$\|\varphi_m(t) - \varphi_m(\bar{t})\| \leqslant M|t - \bar{t}|, \; \forall t, \bar{t} \in J^+.$$

于是在上式中令 $\bar{t} = t_0$ 得

$$\|\varphi_m(t)\| \leqslant \|x_0\| + M|t - t_0| \leqslant \|x_0\| + Mh, \; \forall t \in J^+.$$

故 $\{\varphi_m(t)\}_{m=1}^{\infty}$ 在 J^+ 上是一致有界、等度连续的. 由 Ascoli-Arzela 定理, $\{\varphi_m(t)\}_{m=1}^{\infty}$ 存在一致收敛子列 $\{\varphi_{m_k}(t)\}_{k=1}^{\infty}$, 令其极限为 $\varphi(t)$, 则 $\varphi(t) \in C(J^+)$.

最后, 证 $\varphi(t)$ 是 (1.1.2) 在 J^+ 上的解.

事实上, 由 $\varphi_m(t)$ 为 (1.1.2) 的 ε_m 逼近解知

$$\varphi'_m(t) = f(t, \varphi_m(t)) + g_m(t), \; \|g_m(t)\| \leqslant \varepsilon_m, \; t \in J^+,$$

从而

$$\varphi_m(t) = x_0 + \int_{t_0}^{t} f(s, \varphi_m(s))ds + \int_{t_0}^{t} g_m(s)ds, \; t \in J^+.$$

故

$$\varphi_{m_k}(t) = x_0 + \int_{t_0}^{t} f(s, \varphi_{m_k}(s))ds + \int_{t_0}^{t} g_{m_k}(s)ds, \; t \in J^+.$$

由 f 在 $\overline{R}$ 上一致连续及 $\{\varphi_{m_k}(t)\}_{k=1}^{\infty}$ 在 J^+ 上一致收敛于 $\varphi(t)$ 知, $\{f(t, \varphi_{m_k}(t))\}_{k=1}^{\infty}$ 在 J^+ 上一致收敛于 $f(t, \varphi(t))$. 这样, 在上式中令 $k \to \infty$ 得

$$\varphi(t) = x_0 + \int_{t_0}^{t} f(s, \varphi(s))ds, \; t \in J^+.$$

由 $\varphi \in C(J^+)$ 知, $\varphi(t)$ 是 (1.1.2) 在 J^+ 上的解. 证毕.

方法 2   Tonelli 逼近法.

证明的基本思想是用逐次逼近法作近似解, 再用 Ascoli-Arzela 定理证之.

证明   以右行解为例给出证明, 对左行解类似可证.

对 $\forall m \in N_+$(N_+ 表示正整数集合), 令

$$\begin{cases} \varphi_m(t) = x_0, & t_0 \leqslant t \leqslant t_0 + \dfrac{h}{m}, \\ \varphi_m(t) = x_0 + \displaystyle\int_{t_0}^{t - \frac{h}{m}} f(s, \varphi_m(s))ds, & t_0 + \dfrac{h}{m} \leqslant t \leqslant t_0 + h. \end{cases} \tag{1.1.3}$$

首先, 说明定义 (1.1.3) 的合理性.

事实上, 当 $t \in \left[t_0 + \dfrac{h}{m}, t_0 + \dfrac{2h}{m}\right]$ 时, $t - \dfrac{h}{m} \in \left[t_0, t_0 + \dfrac{h}{m}\right]$, 从而 (1.1.3) 中第二式右端积分号下的函数有定义, 故 $\varphi_m(t)$ 在 $\left[t_0, t_0 + \dfrac{2h}{m}\right]$ 上有定义, 且在此区间上有

$$\|\varphi_m(t) - x_0\| \leqslant M\left(t - \frac{h}{m} - t_0\right) \leqslant M \cdot \frac{h}{m} \leqslant Mh \leqslant b,$$

所以 $(t, \varphi_m(t)) \in \overline{R}$.

类似地, 可以确定 $\varphi_m(t)$ 在 $\left[t_0 + \dfrac{2h}{m}, t_0 + \dfrac{3h}{m}\right]$ 上的值, 以及

$$\|\varphi_m(t) - x_0\| \leqslant M \cdot \frac{2h}{m} \leqslant Mh \leqslant b, \quad t \in \left[t_0 + \frac{2h}{m}, t_0 + \frac{3h}{m}\right].$$

故 $\varphi_m(t)$ 在 $\left[t_0, t_0 + \dfrac{3h}{m}\right]$ 上有定义, 且在此区间上有 $(t, \varphi_m(t)) \in \overline{R}$.

上述过程继续下去, 经有限步之后便得 $\varphi_m(t)$ 在 $[t_0, t_0 + h]$ 上有定义, 且在此区间上 $(t, \varphi_m(t)) \in \overline{R}$.

其次, 证明 $\{\varphi_m(t)\}_{m=1}^{\infty}$ 有一致收敛子列, 且其极限函数为 (1.1.2) 的解.

事实上, 由 $\varphi_m(t)$ 的定义知, $\varphi_m(t) \in C[t_0, t_0 + h]$ 且

$$\varphi_m(t_0) = x_0, \quad \|\varphi_m(t) - x_0\| \leqslant b.$$

又由 (1.1.3) 得

$$\|\varphi_m(t_2) - \varphi_m(t_1)\| \leqslant M|t_2 - t_1|, \quad \forall t_2, t_1 \in [t_0, t_0 + h],$$

所以 $\{\varphi_m(t)\}_{m=1}^{\infty}$ 在区间 $[t_0, t_0+h]$ 上是一致有界且等度连续的函数族. 根据 Ascoli-Arzela 定理, $\{\varphi_m(t)\}_{m=1}^{\infty}$ 在区间 $[t_0, t_0 + h]$ 上存在一致收敛于某一函数 $\varphi(t)$ 的子列 $\{\varphi_{m_k}(t)\}_{k=1}^{\infty}$. 既然每一个 $\varphi_{m_k}(t)$ 都在 $[t_0, t_0 + h]$ 上连续, 因此 $\varphi(t) \in C(J^+)$, 其中 $J^+ = [t_0, t_0 + h]$. 根据 (1.1.3) 得

$$\varphi_{m_k}(t) = x_0 + \int_{t_0}^{t - \frac{h}{m_k}} f(s, \varphi_{m_k}(s))ds$$

$$= x_0 + \int_{t_0}^{t} f(s, \varphi_{m_k}(s))ds - \int_{t - \frac{h}{m_k}}^{t} f(s, \varphi_{m_k}(s))ds.$$

由于 f 在有界闭集 $\overline{R}$ 上连续, 从而一致连续, 故 $\{f(t, \varphi_{m_k}(t))\}_{k=1}^{\infty}$ 在 $[t_0, t_0 + h]$ 上一致收敛于 $f(t, \varphi(t))$. 这样, 在上式中令 $k \to +\infty$ 即得

$$\varphi(t) = x_0 + \int_{t_0}^{t} f(s, \varphi(s))ds.$$

因此, $\varphi(t)$ 是 (1.1.2) 的解. 证毕.

方法 3　Schauder 不动点法.

在 Banach 空间 $C(J)$ 中, 通过构造适当的非空有界闭凸集 D 及适当的算子 $T : D \to D$, 利用 Schauder 不动点定理证之.

证明　令 $E = C(J)$, 并在 E 上定义范数 $\|x\|_C = \max\{\|x(t)\| : t \in J\}$ $(\forall x \in E)$, 则 E 是一个 Banach 空间. 考虑 Banach 空间 E 的一个子集

$$D = \{x \in E : \|x - x_0\|_C \leqslant Mh\},$$

并定义 D 上的算子 T:

$$(Tx)(t) = x_0 + \int_{t_0}^{t} f(s, x(s))ds, \ \forall x \in D.$$

显然, 为了证明定理 1.1.1, 只要证明算子 T 在 D 上有一个不动点即可.

利用范数的三角不等式知, D 是 E 上的有界闭凸集及 $T : D \to D$. 下证 T 是全连续的.

首先, T 是连续的.

事实上, 令 $x_n \in D(n = 1, 2, \cdots), x^* \in D$ 且 $x_n \to x^*(n \to \infty)$, 则由收敛的定义知, 对 $\forall \varepsilon > 0, \exists N > 0$, 使得 $n > N$ 时, 对 $\forall t \in J$ 有

$$\|x_n(t) - x^*(t)\| \leqslant \|x_n - x^*\|_C < \varepsilon.$$

故函数列 $\{x_n(t)\}_{n=1}^{\infty}$ 在 J 上一致收敛于 $x^*(t)$. 又 $f(t, x)$ 在 $\overline{R}$ 上连续, 从而一致连续, 所以 $\{f(t, x_n(t))\}_{n=1}^{\infty}$ 在 J 上一致收敛于 $f(t, x^*(t))$. 这样, 由

$$(Tx_n)(t) = x_0 + \int_{t_0}^{t} f(s, x_n(s))ds,$$

得

$$\begin{aligned}
\lim_{n \to \infty} (Tx_n)(t) &= x_0 + \lim_{n \to \infty} \int_{t_0}^{t} f(s, x_n(s))ds \\
&= x_0 + \int_{t_0}^{t} \lim_{n \to \infty} f(s, x_n(s))ds \\
&= x_0 + \int_{t_0}^{t} f(s, x^*(s))ds = (Tx^*)(t),
\end{aligned}$$

此示 T 是 D 上的连续算子.

其次, T 是紧的.

事实上, 对 $\forall x \in D, t_1, t_2 \in J$, 有

$$\|(Tx)(t_1) - (Tx)(t_2)\| = \left\| \int_{t_1}^{t_2} f(s, x(s))ds \right\| \leqslant M|t_1 - t_2|,$$

可见 $T(D)$ 作为定义在 J 上函数族是等度连续的. 此外,

$$\|(Tx)(t)\| = \left\| x_0 + \int_{t_0}^{t} f(s, x(s))ds \right\| \leqslant \|x_0\| + M|t - t_0| \leqslant \|x_0\| + Mh,$$

所以 $T(D)$ 是一致有界函数族.

这样, 由 Ascoli-Arzela 定理知, $T(D)$ 是相对紧的. 从而 T 为紧算子.

由 Schauder 不动点定理知, $\exists x^* \in D$, 使得 $Tx^* = x^*$, 即 $x^*(t)$ 为 (1.1.2) 的定义在 J 上的解. 证毕.

方程 (1.1.1) 的右端函数 $f(t, x)$ 仅仅连续, 并不能保证初值问题 (1.1.2) 解的唯一性, 如方程 $\dfrac{dx}{dt} = \sqrt{|x|}$ 过点 $(0, 0)$ 的解就有 $x(t) \equiv 0, t \in (-\infty, +\infty)$ 和

$$x(t) = \begin{cases} 0, & t \in (-\infty, 0], \\ \dfrac{t^2}{4}, & t \in (0, +\infty). \end{cases}$$

因此, 为了保证 (1.1.2) 解的唯一性, 必须对 $f(t, x)$ 再附加一定的条件. 通常的附加条件为 f 关于 x 满足 Lipschitz 条件.

定理 1.1.2(Picard, 解的存在唯一性定理)　若 $f(t, x)$ 在空间 R^{n+1} 中某一区域

$$\overline{R} : |t - t_0| \leqslant a, \ \|x - x_0\| \leqslant b \quad (a > 0, b > 0)$$

上连续, 并且关于 x 满足 Lipschitz 条件, 即 $\exists L > 0$, 使得 $(t, x), (t, \overline{x}) \in \overline{R}$ 时有

$$\|f(t, x) - f(t, \overline{x})\| \leqslant L\|x - \overline{x}\|,$$

则初值问题 (1.1.2) 至少在区间 $J : |t - t_0| \leqslant h$ 上存在唯一解 $x = \varphi(t)$, 其中 $h = \min \left\{ a, \dfrac{b}{M} \right\}, M = \max\limits_{(t, x) \in \overline{R}} \|f(t, x)\|.$

关于该定理的证明, 这里介绍逐次逼近法和 Banach 压缩映像不动点方法.

方法 1　Picard 逐次逼近法.

证明的主要思想就是从初值 x_0 开始, 通过反复迭代, 相继作一串逐次逼近序列 $\{\varphi_n(t)\}_{n=1}^{\infty}$, 然后证明这个序列 $\{\varphi_n(t)\}_{n=1}^{\infty}$ 在 J 上一致收敛于我们所要求的解.

证明　我们分五个步骤来证明之.

步骤 1. Cauchy 问题 (1.1.2) 的解等价于如下积分方程的解

$$x(t) = x_0 + \int_{t_0}^{t} f(s, x(s))ds. \tag{1.1.4}$$

事实上, 令 $x = \varphi(t)$ 是 Cauchy 问题 (1.1.2) 的解, 于是由 (1.1.2) 对 t 积分便有

$$\varphi(t) = C + \int_{t_0}^t f(s, \varphi(s))ds,$$

再由初值条件得 $C = x_0$, 因此 $x = \varphi(t)$ 是 (1.1.4) 的解.

反之, 设 $x = \varphi(t)$ 是积分方程 (1.1.4) 的解, 从 (1.1.4) 可知 $\varphi(t)$ 是连续的, 从而 $f(t, \varphi(t))$ 也是连续的, 因此 $\varphi(t)$ 是可微的; 于是对积分方程 (1.1.4) 的两侧求导数, 便得

$$\varphi'(t) = f(t, \varphi(t)),$$

并且由 (1.1.4) 知 $x = \varphi(t)$ 满足初值条件

$$\varphi(t_0) = x_0,$$

即 $x = \varphi(t)$ 是 (1.1.2) 的解.

步骤 2. 作 (1.1.4) 的 Picard 近似解序列 $\{\varphi_n(t)\}_{n=1}^{\infty}$.

令 $\varphi_0(t) = x_0, \varphi_1(t) = x_0 + \int_{t_0}^t f(s, \varphi_0(s))ds, \ t \in J$, 则

$$\|\varphi_1(t) - x_0\| \leqslant |\int_{t_0}^t \|f(s, x_0)\|ds| \leqslant M|t - t_0| \leqslant Mh \leqslant b, \ t \in J. \tag{1.1.5}$$

假设已定义第 n 次近似解为

$$\varphi_n(t) = x_0 + \int_{t_0}^t f(s, \varphi_{n-1}(s))ds \ \text{且} \ \|\varphi_n(t) - x_0\| \leqslant b, \ t \in J. \tag{1.1.6}$$

令第 $n + 1$ 次近似解为

$$\varphi_{n+1}(t) = x_0 + \int_{t_0}^t f(s, \varphi_n(s))ds, \tag{1.1.7}$$

则

$$\|\varphi_{n+1}(t) - x_0\| \leqslant |\int_{t_0}^t \|f(s, \varphi_n(s))\|ds| \leqslant M|t - t_0| \leqslant Mh \leqslant b, \ t \in J.$$

这样, 我们利用数学归纳法得到了一个定义在 J 上的连续函数列 $\{\varphi_n(t)\}_{n=1}^{\infty}$ 且 $(t, \varphi_n(t)) \in \overline{R}(\forall n \in N_+, t \in J)$.

步骤 3. 证明序列 $\{\varphi_n(t)\}_{n=1}^{\infty}$ 在 J 上一致收敛.

由于序列 $\{\varphi_n(t)\}_{n=1}^{\infty}$ 的收敛问题等价于级数

$$\varphi_0(t) + \sum_{n=1}^{\infty}[\varphi_n(t) - \varphi_{n-1}(t)]$$

的收敛问题, 故我们只要证明上级数在 J 上一致收敛即可.

由 $f(t, x)$ 关于 x 满足 Lipschitz 条件及 (1.1.6) 得

$$\|\varphi_n(t) - \varphi_{n-1}(t)\| \leqslant \frac{M}{L} \frac{(L|t - t_0|)^n}{n!} \leqslant \frac{M}{L} \frac{(Lh)^n}{n!}, \; t \in J, \; n = 1, 2, 3, \cdots. \quad (1.1.8)$$

事实上, 由 (1.1.5) 可知 (1.1.8) 对 $n = 1$ 成立. 现假设 (1.1.8) 对 $n = k$ 成立, 则

$$
\begin{aligned}
\|\varphi_{k+1}(t) - \varphi_k(t)\| &= \left\| \int_{t_0}^t (f(s, \varphi_k(s)) - f(s, \varphi_{k-1}(s))) ds \right\| \\
&\leqslant L \left| \int_{t_0}^t \|\varphi_k(s) - \varphi_{k-1}(s)\| ds \right| \\
&\leqslant L \left| \int_{t_0}^t \frac{M}{L} \frac{(L|t - t_0|)^k}{k!} ds \right| \\
&\leqslant \frac{M}{L} \frac{(L|t - t_0|)^{k+1}}{(k+1)!} \\
&\leqslant \frac{M}{L} \frac{(Lh)^{k+1}}{(k+1)!}, \; t \in J.
\end{aligned}
$$

由此可知 (1.1.8) 对任意正整数 n 均成立. 根据函数项级数一致收敛的 M 判别法即得 $\varphi_0(t) + \sum_{n=1}^{\infty} [\varphi_n(t) - \varphi_{n-1}(t)]$ 一致收敛. 从而 $\{\varphi_n(t)\}_{n=1}^{\infty}$ 一致收敛. 令 $\varphi(t) = \lim_{n \to \infty} \varphi_n(t)$, 则 $\varphi(t) \in C(J)$ 且 $\|\varphi(t) - x_0\| \leqslant b$.

步骤 4. 证明 $\varphi(t)$ 是积分方程 (1.1.4) 的解.

在 (1.1.7) 中, 令 $n \to \infty$ 得

$$\varphi(t) = x_0 + \lim_{n \to \infty} \int_{t_0}^t f(s, \varphi_n(s)) ds.$$

由 $\{\varphi_n(t)\}_{n=1}^{\infty}$ 在 J 上一致收敛于 $\varphi(t)$ 知, 对 $\forall \varepsilon > 0, \exists N = N(\varepsilon) > 0$, 使得 $n > N$ 时, 对一切 $t \in J$ 有

$$\|\varphi_n(t) - \varphi(t)\| < \frac{\varepsilon}{Lh}.$$

因此, 当 $n > N$ 时, 对一切 $t \in J$ 均有

$$\left\| \int_{t_0}^t (f(s, \varphi_n(s)) - f(s, \varphi(s))) ds \right\| \leqslant L \left| \int_{t_0}^t \|\varphi_n(s) - \varphi(s)\| ds \right| \leqslant L \cdot \frac{\varepsilon}{Lh} \cdot h = \varepsilon.$$

故

$$\lim_{n \to \infty} \int_{t_0}^t f(s, \varphi_n(s)) ds = \int_{t_0}^t f(s, \varphi(s)) ds.$$

可见 $x = \varphi(t)$ 是积分方程 (1.1.4) 的解.

步骤 5. 证明积分方程 (1.1.4) 的解的唯一性.

设 $x = \varphi(t)$ 与 $x = \psi(t)$ 都是 (1.1.4) 的解, 则

$$\|\varphi(t) - \psi(t)\| \leqslant L \left| \int_{t_0}^{t} \|\varphi(s) - \psi(s)\| ds \right|. \tag{1.1.9}$$

令 $\omega(t) = \int_{t_0}^{t} \|\varphi(s) - \psi(s)\| ds, t \geqslant t_0$, 则 $\omega(t) \geqslant 0 \ (t \geqslant t_0)$, 且 (1.1.9) 可化为

$$\omega'(t) \leqslant L\omega(t), \ t \geqslant t_0.$$

因此

$$(e^{-L(t-t_0)}\omega(t))' \leqslant 0.$$

可见, $e^{-L(t-t_0)}\omega(t)$ 关于 t 是单调递减的, 故

$$e^{-L(t-t_0)}\omega(t) \leqslant e^{-L(t-t_0)}\omega(t)|_{t=t_0} = \omega(t_0) = 0, \ t \geqslant t_0.$$

所以 $\omega(t) = 0, t \geqslant t_0$, 即 $\varphi(t) = \psi(t), t \geqslant t_0$.

当 $t \leqslant t_0$ 时, 令 $\alpha(t) = \int_{t}^{t_0} \|\varphi(s) - \psi(s)\| ds$, 则 $\alpha(t) \geqslant 0 \ (t \leqslant t_0)$ 且由 (1.1.9) 得

$$\alpha'(t) = -\|\varphi(t) - \psi(t)\| \geqslant -L\alpha(t), \ t \leqslant t_0,$$

从而

$$\left(\alpha(t)e^{L(t-t_0)}\right)' \geqslant 0, \ t \leqslant t_0,$$

故

$$\alpha(t)e^{L(t-t_0)} \leqslant \alpha(t)e^{L(t-t_0)}|_{t=t_0} = 0, \ t \leqslant t_0.$$

因此 $\varphi(t) = \psi(t), t \leqslant t_0$. 证毕.

方法 2　Banach 压缩映像不动点方法.

从泛函分析的角度来看, 各种不同类型问题的逐次逼近法都蕴含着一个共同的内容. 这一点首先由波兰数学家 Banach 所发现, 由此建立了 Banach 压缩映像原理. 下面用这一原理证明解的存在唯一性定理. 在适当的 Banach 空间中, 通过定义适当的压缩算子 T, 应用压缩映像原理来证明 T 有不动点, 此不动点即为我们所求方程的解.

证明　容易看出, Cauchy 问题 (1.1.2) 的解等价于如下积分方程的解

$$x(t) = x_0 + \int_{t_0}^{t} f(s, x(s)) ds. \tag{1.1.10}$$

记 $J^+ = [t_0, t_0 + h], J^- = [t_0 - h, t_0]$, 我们只需证明在 J 的右半区间 J^+ 上 (1.1.10) 存在唯一解即可. 至于左半区间 J^- 的情况, 完全类似.

令 $C(J^+)$ 表示定义在 J^+ 上的一切连续的向量函数 $\varphi(t)$ 所构成的空间. 任取 $\lambda > L$, 并在右半区间 J^+ 上引入范数:

$$\|\varphi\|_C = \max_{t \in J^+}\{\|\varphi(t)\| e^{-\lambda(t-t_0)}\},$$

则易知 $C(J^+)$ 为一 Banach 空间.

今考虑空间 $C(J^+)$ 的一个子集合

$$D = \{x : x \in C(J^+) \text{ 且 } \|x(t) - x_0\| \leqslant b, t \in J^+\},$$

并定义 D 上的算子 T 如下:

$$(T\varphi)(t) = x_0 + \int_{t_0}^t f(s, \varphi(s))ds, \ \forall \varphi \in D, \ t \in J^+.$$

任取 $\varphi \in D$, 由于

$$\|(T\varphi)(t) - x_0\| = \left\|\int_{t_0}^t f(s, \varphi(s))ds\right\| \leqslant Mh \leqslant b, \ t \in J^+,$$

所以 $T : D \to D$. 又对 $\forall \varphi_1, \varphi_2 \in D$, 当 $t \in J^+$ 时,

$$
\begin{aligned}
\|(T\varphi_1)(t) - (T\varphi_2)(t)\| &= \left\|\int_{t_0}^t [f(s, \varphi_1(s)) - f(s, \varphi_2(s))]ds\right\| \\
&\leqslant L \int_{t_0}^t \|\varphi_1(s) - \varphi_2(s)\| e^{-\lambda(s-t_0)} e^{\lambda(s-t_0)} ds \\
&\leqslant L \max_{t \in J^+}\{\|\varphi_1(t) - \varphi_2(t)\| e^{-\lambda(t-t_0)}\} \int_{t_0}^t e^{\lambda(s-t_0)} ds \\
&= \frac{L}{\lambda}\|\varphi_1 - \varphi_2\|_C \cdot (e^{\lambda(t-t_0)} - 1) \leqslant \frac{L}{\lambda}\|\varphi_1 - \varphi_2\|_C \cdot e^{\lambda(t-t_0)},
\end{aligned}
$$

即

$$\|(T\varphi_1)(t) - (T\varphi_2)(t)\| e^{-\lambda(t-t_0)} \leqslant \frac{L}{\lambda}\|\varphi_1 - \varphi_2\|_C,$$

从而

$$\|T\varphi_1 - T\varphi_2\|_C = \max_{t \in J^+}\{\|(T\varphi_1)(t) - (T\varphi_2)(t)\| e^{-\lambda(t-t_0)}\} \leqslant \frac{L}{\lambda}\|\varphi_1 - \varphi_2\|_C.$$

由于 $0 < \dfrac{L}{\lambda} < 1$, 所以算子 T 是一个压缩映像. 这样, 由 Banach 压缩映像原理知,

存在唯一的 $\varphi \in D$, 使得 $T\varphi = \varphi$, 即

$$\varphi(t) = x_0 + \int_{t_0}^{t} f(s, \varphi(s))ds, \ t \in J^+.$$

又由于 (1.1.10) 之定义在 J^+ 上的任何连续解都包含在 D 之中, 所以方程 (1.1.10) 在 J^+ 上存在唯一连续解 $\varphi(t)$.

关于在 J 的左半区间 J^- 上的情况, 考虑空间 $C(J^-)$ 并在其中引入范数:

$$\|\varphi\|_C = \max_{t \in J^-}\{\|\varphi(t)\|e^{\lambda(t-t_0)}\},$$

其余证明与前述类似. 证毕.

注意关于解的存在区间的大小与近似解的误差估计:

函数 f 的定义域越大, 定理中所给出的解的存在区间不一定变大, 有时可能变小. 解的实际存在区间有可能比定理中所给出的解的存在区间大. 见后面例 1.1.1.

若 (1.1.2) 中方程右端函数是线性函数, 即

$$\frac{dx}{dt} = A(t)x + B(t),$$

其中 $A(t)$, $B(t)$ 在区间 $[\alpha, \beta]$ 上连续, 则只要 $t_0 \in [\alpha, \beta]$, (1.1.2) 的解在整个区间 $[\alpha, \beta]$ 上均有定义.

事实上, 在 Picard 逐次逼近法的证明中所构造的逼近函数列 $\{\varphi_n(t)\}_{n=1}^{\infty}$ 在 $[\alpha, \beta]$ 上是有定义的并且是一致收敛的. 从而其极限函数在 $[\alpha, \beta]$ 上有定义且连续.

根据 $\varphi(t)$, $\varphi_n(t)$ 所满足的积分方程及 f 满足 Lipschitz 条件, 利用数学归纳法易证

$$\|\varphi_n(t) - \varphi(t)\| \leqslant \frac{M}{L} \frac{(Lh)^{n+1}}{(n+1)!}, \quad n = 1, 2, 3, \cdots.$$

定义 1.1.1(局部 Lipschitz 条件) 若对 $\forall P(t_0, x_0) \in G, \exists P$ 的一个邻域 V, 使得 $f(t,x)$ 在 $G \bigcap V$ 上关于 x 满足 Lipschitz 条件, 则称 $f(t,x)$ 在 G 上逐处关于 x 满足 Lipschitz 条件, 也称 f 在 G 上关于 x 满足局部 Lipschitz 条件.

推论 1.1.1 若函数 $f(t,x)$ 在 $G \subset R^{n+1}$ 上连续且关于 x 满足局部 Lipschitz 条件, 则对于 $\forall P(t_0, x_0) \in G$, 都存在含 t_0 的一个区间 J_P, 使 (1.1.2) 在 J_P 上有唯一解.

推论 1.1.2 若函数 $f(t,x)$ 在 $G \subset R^{n+1}$ 上连续且存在连续偏导数, 则推论 1.1.1 的结论成立.

例 1.1.1 考虑微分方程

$$\frac{dx}{dt} = t^2 + x^2.$$

令 $f(t, x) = t^2 + x^2$，并取 $\overline{R} = \{(t, x) : |t| \leqslant 1, |x| \leqslant 1\}$，则 $M = \max\limits_{(t,x) \in \overline{R}} |f(t, x)| = 2$. 所以定理 1.1.2 给出的

$$h = \min \left\{ a, \frac{b}{M} \right\} = \min \left\{ 1, \frac{1}{2} \right\} = \frac{1}{2},$$

从而定理 1.1.2 给出的解的存在区间为 $J = \left[-\dfrac{1}{2}, \dfrac{1}{2} \right]$.

显见，函数 f 的 Lipschitz 常数 $L = 2$，从而

$$\frac{M}{L} \frac{(Lh)^{n+1}}{(n+1)!} = \frac{1}{(n+1)!}.$$

欲求在区间 J 上与精确解的误差不超过 0.05 的近似解的表达式，令

$$|\varphi(t) - \varphi_n(t)| \leqslant \frac{1}{(n+1)!} < 0.05,$$

则只要 $n \geqslant 3$ 即可. 通过计算得

$$\varphi_0(t) = 0, \ \varphi_1(t) = \frac{1}{3} t^3, \ \varphi_2(t) = \frac{1}{3} t^3 + \frac{1}{63} t^7,$$

$$\varphi_3(t) = \frac{1}{3} t^3 + \frac{1}{63} t^7 + \frac{1}{2079} t^{11} + \frac{1}{59535} t^{15}.$$

若取 $\overline{R} = \{(t, x) : |t| \leqslant 2, |x| \leqslant 2\}$，则 $M = \max\limits_{(t,x) \in \overline{R}} |f(t, x)| = 8$. 这时定理 1.1.2 给出的

$$h = \min \left\{ a, \frac{b}{M} \right\} = \min \left\{ 2, \frac{2}{8} \right\} = \frac{1}{4}.$$

可见，尽管 f 的定义区域变大了，而定理 1.1.2 所给出解的存在区间反而变小了，解的实际存在区间比定理给出的要大.

最后，考虑定理 1.1.2 所给出的满足 $x(0) = 0$ 的解的最大存在区间. 令

$$\overline{R} = \{(t, x) : |t| \leqslant a, |x| \leqslant b\} \ (a > 0, b > 0),$$

则

$$M = \max\limits_{(t,x) \in \overline{R}} (t^2 + x^2) = a^2 + b^2, \ h = \min \left\{ a, \frac{b}{a^2 + b^2} \right\}.$$

由于 $a^2 + b^2 \geqslant 2ab$，所以当 $a = b$ 时，$\dfrac{b}{a^2 + b^2}$ 取得最大值 $\dfrac{b}{2ab} = \dfrac{1}{2a}$. 这时，$h = \min \left\{ a, \dfrac{1}{2a} \right\}$，当且仅当 $a = \dfrac{1}{2a}$，即 $a = b = \dfrac{\sqrt{2}}{2}$ 时，h 取最大值为 $\dfrac{\sqrt{2}}{2}$.

例 1.1.2 讨论初值问题 $\dfrac{dx}{dt} = 1 + x^2, x(0) = 0$ 解的存在且唯一的区间.

对任意给定的正数 a, b, 函数 $f(t, x) = 1 + x^2$ 均在矩形区域

$$\overline{R} = \{(t, x) : |t| \leqslant a, |x| \leqslant b\}$$

上连续且对 x 有连续的偏导数. 现计算:

$$M = \max_{(t,x) \in \overline{R}} |f(t, x)| = 1 + b^2, \quad h = \min\left\{a, \frac{b}{1 + b^2}\right\}.$$

由于 a, b 都可取任意正数, 我们先取 b, 使 $\dfrac{b}{1 + b^2}$ 最大, 显然 $b = 1$ 时 $\dfrac{b}{1 + b^2} = \dfrac{1}{2}$ 为 $\dfrac{b}{1 + b^2}$ 的最大值, 故可取 $a = 1, b = 1$, 此时依定理得到初值问题解存在唯一的区间是 $\left[-\dfrac{1}{2}, \dfrac{1}{2}\right]$.

应当注意, 定理 1.1.2 中的两个条件是保证解存在唯一的充分条件, 而非必要条件.

首先, 当方程右端函数 f 不连续时, 解也可能存在且唯一. 如方程

$$\frac{dx}{dt} = f(t, x) = \begin{cases} k, & x = kt, \ k \neq 0, \\ 0, & x \neq kt. \end{cases}$$

容易看出, 方程右端函数 f 在以原点为中心的任意矩形区域中均不连续, 但过原点的解存在且唯一, 其解为 $x = kt, k \neq 0$.

其次, 当方程右端函数 f 不满足 Lipschitz 条件时, 解也可能存在且唯一. 如方程

$$\frac{dx}{dt} = f(t, x) = \begin{cases} x \ln|x|, & x \neq 0, \\ 0, & x = 0. \end{cases}$$

因为

$$|f(t, x) - f(t, 0)| = |x \ln|x| - 0| = |\ln|x||x - 0||,$$

且当 $x \to 0$ 时, $|\ln|x|| \to +\infty$, 所以 $f(t, x)$ 在 $(t_0, 0)(\forall t_0 \in R)$ 的任何邻域内都不满足 Lipschitz 条件. 另一方面, 易求得所给方程的通解为 $x = \pm e^{ce^t}$ 和 $x = 0$. 可见方程过点 $(t_0, 0)(\forall t_0 \in R)$ 的解存在且唯一.

§1.2 解的延展性

对于微分方程的 Cauchy 问题 (1.1.2), 我们在 §1.1 介绍了当 $f(t, x)$ 满足一定条件时, Cauchy 问题 (1.1.2) 的解的局部存在性, 即在 $|t - t_0| \leqslant h(h > 0)$ 上存在.

这一局部存在定理在很大程度上限制了解的实用范围. 我们自然要问: 能否将一个在小区间上有定义的解延拓到较大的区间上呢? 若能延拓, 则延拓到多大的程度? 这便是本节要讨论的问题.

考虑微分方程的 Cauchy 问题

$$\begin{cases} \dfrac{dx}{dt} = f(t, x), \\ x(t_0) = x_0, \end{cases} \tag{1.2.1}$$

其中 $f \in C(G), (t_0, x_0) \in G, G \subset R^{n+1}$ 为某一区域.

定义 1.2.1 设 $x = \varphi(t)$ 是 Cauchy 问题 (1.2.1) 的定义在 (α, β) 上的解. 若存在问题 (1.2.1) 的另一个解 $x = \psi(t)$, 其定义区间为 (α_1, β_1), 并满足: $(\alpha, \beta) \subset (\alpha_1, \beta_1)$ 且 $(\alpha, \beta) \neq (\alpha_1, \beta_1)$ 以及 $\psi(t) = \varphi(t), t \in (\alpha, \beta)$, 则称解 $x = \varphi(t), t \in (\alpha, \beta)$ 是可延展的, 并称 $x = \psi(t)$ 是 $x = \varphi(t)$ 在 (α_1, β_1) 上的一个延展. 相反, 若不存在满足上述条件的解 $x = \psi(t)$, 则称解 $x = \varphi(t), t \in (\alpha, \beta)$ 是 (1.2.1) 的一个饱和解 (或不可延展解), 此时 (α, β) 称为解的最大存在区间.

例 1.2.1 考虑 Cauchy 问题

$$\begin{cases} \dfrac{dx}{dt} = x, \quad -\infty < t, x < +\infty, \\ x(t_0) = x_0. \end{cases}$$

显见其解为 $x(t) = x_0 e^{t-t_0}$, 解的最大存在区间为 $(-\infty, +\infty)$.

例 1.2.2 考虑 Cauchy 问题

$$\begin{cases} \dfrac{dx}{dt} = 1 + x^2, \quad -\infty < t, x < +\infty, \\ x(0) = 0. \end{cases}$$

易知其解为 $x = \tan t$, 解的最大存在区间为 $\left(-\dfrac{\pi}{2}, \dfrac{\pi}{2} \right)$.

例 1.2.3 考虑 Cauchy 问题

$$\begin{cases} \dfrac{dx}{dt} = x^2, \quad -\infty < t, x < +\infty, \\ x(0) = 1. \end{cases}$$

其解可直接解得 $x(t) = \dfrac{1}{1-t}$, 它在 $-1 < t < 1$ 上可以向左无限延展, 但不可向右延展. 解的最大存在区间为 $(-\infty, 1)$.

例 1.2.4 考虑 Cauchy 问题

$$\begin{cases} \dfrac{dx}{dt} = x^{\frac{1}{3}}, \quad -\infty < t, x < +\infty, \\ x(0) = 0. \end{cases}$$

容易看出其解 $\varphi(t) = 0$ 在 $-1 < t < 1$ 上可以向左和向右无限延展, 而且延展方式不止一种. 如

$$\psi_1(t) = 0, \ -1 < t < +\infty,$$

$$\psi_2(t) = \begin{cases} 0, & -1 < t < 1, \\ \left(\dfrac{2(t-1)}{3}\right)^{\frac{3}{2}}, & t \geqslant 1 \end{cases}$$

都是 $\varphi(t)$ 在 $(-1, +\infty)$ 上的一个延展. 类似地, 可以将 $\varphi(t)$ 向左延展.

下面给出解可延展的充分条件, 即

定理 1.2.1 设 $f(t, x) \in C(G)$. 若 $x = \varphi(t), t \in (\alpha, \beta)$ 是 (1.2.1) 的解且 $\|f(t, \varphi(t))\| \leqslant M < +\infty, t \in (\alpha, \beta), M > 0$ 为一常数, 则

$$\varphi(\alpha+) = \lim_{t \to \alpha+} \varphi(t), \ \varphi(\beta-) = \lim_{t \to \beta-} \varphi(t)$$

都存在且当 $(\alpha, \varphi(\alpha+)) \in G((\beta, \varphi(\beta-)) \in G)$ 时, 解 $x = \varphi(t), t \in (\alpha, \beta)$ 还可以从 $\alpha(\beta)$ 向左 (右) 延展.

证明 由于

$$\varphi(t) = x_0 + \int_{t_0}^{t} f(s, \varphi(s)) ds, \ t \in (\alpha, \beta),$$

所以

$$\|\varphi(t_2) - \varphi(t_1)\| = \left\| \int_{t_1}^{t_2} f(s, \varphi(s)) ds \right\| \leqslant M |t_2 - t_1|, \ \forall t_2, t_1 \in (\alpha, \beta).$$

令 $t_2, t_1 \to \alpha+$, 得 $\varphi(t_2) - \varphi(t_1) \to 0$. 由 Cauchy 准则知, $\varphi(\alpha+) = \lim\limits_{t \to \alpha+} \varphi(t)$ 存在且有限. 同理可证 $\varphi(\beta-) = \lim\limits_{t \to \beta-} \varphi(t)$ 存在且有限.

设 $(\alpha, \varphi(\alpha+)) \in G$. 由于区域 G 为开集, 所以存在 $a > 0, b > 0$, 使得

$$\overline{R} = \{(t, x) : |t - \alpha| \leqslant a, \|x - \varphi(\alpha+)\| \leqslant b\} \subset G.$$

考虑如下的 Cauchy 问题:

$$\begin{cases} \dfrac{dx}{dt} = f(t, x), \\ x(\alpha) = \varphi(\alpha+). \end{cases}$$

由 Peano 定理知, 上问题存在一个左行局部连续解 $x = \psi(t), t \in (\alpha - \delta, \alpha](\delta > 0)$. 定义函数 $\varphi_1(t)$ 如下:

$$\varphi_1(t) = \begin{cases} \psi(t), \ t \in (\alpha - \delta, \alpha], \\ \varphi(t), \ t \in (\alpha, \beta). \end{cases}$$

则 $x = \varphi_1(t), t \in (\alpha - \delta, \beta)$ 是 Cauchy 问题 (1.2.1) 的一个解, 从而 (1.2.1) 的解 $x = \varphi(t), t \in (\alpha, \beta)$ 可以从 α 向左延展.

事实上, 当 $t \in (\alpha, \beta)$ 时, 显见

$$\varphi(t) = x_0 + \int_{t_0}^{t} f(s, \varphi(s))ds. \tag{1.2.2}$$

令 $t \to \alpha+$, 得

$$\varphi(\alpha+) = x_0 + \int_{t_0}^{\alpha} f(s, \varphi(s))ds.$$

当 $t \in (\alpha - \delta, \alpha]$ 时,

$$
\begin{aligned}
\varphi_1(t) &= \psi(t) = \varphi(\alpha+) + \int_{\alpha}^{t} f(s, \psi(s))ds \\
&= x_0 + \int_{t_0}^{\alpha} f(s, \varphi(s))ds + \int_{\alpha}^{t} f(s, \varphi_1(s))ds \\
&= x_0 + \int_{t_0}^{\alpha} f(s, \varphi_1(s))ds + \int_{\alpha}^{t} f(s, \varphi_1(s))ds \\
&= x_0 + \int_{t_0}^{t} f(s, \varphi_1(s))ds.
\end{aligned}
\tag{1.2.3}
$$

这样, 由式 (1.2.2) 和式 (1.2.3) 知, 对 $\forall t \in (\alpha - \delta, \beta)$, 均有

$$\varphi_1(t) = x_0 + \int_{t_0}^{t} f(s, \varphi_1(s))ds.$$

由 $\varphi_1(t), f(t, x)$ 为连续函数知, $f(t, \varphi_1(t))$ 也是连续函数, 从而 $\varphi_1'(t) = f(t, \varphi_1(t)), t \in (\alpha - \delta, \beta)$.

同理可证当 $(\beta, \varphi(\beta-)) \in G$ 时, 解 $x = \varphi(t), t \in (\alpha, \beta)$ 还可以从 β 向右延展. 证毕.

定理 1.2.1 告诉我们: Cauchy 问题 (1.2.1) 任一饱和解 $x = \varphi(t)$ 的存在区间必为开区间 (α, β). 因为如果这个区间的右端点是闭的, 则 β 便是一个有限数, 而且点 $(\beta, \varphi(\beta-)) \in G$. 由定理 1.2.1 知, 解 $x = \varphi(t)$ 还可以向右延展, 从而它是非饱和的. 对左端点可同样讨论.

在一定条件下, 通过反复利用 Peano 定理, (1.2.1) 的解总可以向左或向右延展. 当这种过程继续下去时, 必能得到 (1.2.1) 的一个饱和解.

如何判定一个给定解是否为饱和解? 如下定理给出了回答.

定理 1.2.2　设 G 是 (t, x) 空间的任意区域, $f(t, x)$ 在 G 内连续, 则 $x = \varphi(t), t \in (\alpha, \beta)$ 是 (1.2.1) 的饱和解的充要条件是当 $t \to \alpha+$ 和 $t \to \beta-$ 时,

$$\lim \left\{ \rho(t) + \frac{1}{d(M(t), \partial G)} \right\} = +\infty, \tag{1.2.4}$$

其中 $\rho(t) = \left(t^2 + \sum_{k=1}^{n} \varphi_k^2(t)\right)^{\frac{1}{2}}, M(t) = (t, \varphi(t)), d(M(t), \partial G)$ 表示积分曲线上的点 $M(t)$ 与 G 的边界之间的距离. 若 G 为整个空间, 则 ∂G 为空集, 此时定义 $\dfrac{1}{d(M(t), \partial G)} = 0$.

证明 充分性. 采用反证法. 若 (1.2.1) 的解 $x = \varphi(t), t \in (\alpha, \beta)$ 还可以从 β 向右延展, 则 $\beta, \varphi(\beta-)$ 为有限数, 且 $(\beta, \varphi(\beta-)) \in G$. 从而当 $t \to \beta-$ 时, $\rho(t) \to$ 有限数, $d(M(t), \partial G)$不趋于零. 这与式 (1.2.4) 矛盾! 同理可证, (1.2.1) 的解 $x = \varphi(t), t \in (\alpha, \beta)$ 不可以从 α 向左延展.

必要性. 采用反证法. 不妨设当 $t \to \beta-$ 时, 式 (1.2.4) 不成立. 于是 $\exists K > 0$ 及 $\{t_m\}_{m=1}^{\infty} \subset (\alpha, \beta)$ 单调递增趋于 β, 使得

$$\rho(t_m) + \frac{1}{d(M(t_m), \partial G)} \leqslant K < +\infty, \ \forall m \in N_+.$$

从而 $\exists K_1 > 0, K_2 > 0$, 使得对 $\forall m \in N_+$ 有

$$\rho(t_m) \leqslant K_1, \tag{1.2.5}$$

$$d(M(t_m), \partial G) \geqslant K_2. \tag{1.2.6}$$

由 (1.2.5) 知, $t_m \leqslant K_1(\forall m \in N_+)$, 故 $\beta < +\infty$(因为 $\lim\limits_{m \to \infty} t_m = \beta-$); 又 $\|\varphi(t_m)\| \leqslant K_1(\forall m \in N_+)$, 从而 $\{\varphi(t_m)\}_{m=1}^{\infty}$ 有收敛子列. 为方便计, 不妨设

$$\lim_{m \to \infty} \varphi(t_m) = x^*. \tag{1.2.7}$$

由 (1.2.6) 知, $(\beta, x^*) \in G$. 下证

$$\varphi(\beta-) = \lim_{t \to \beta-} \varphi(t) = x^*. \tag{1.2.8}$$

假如这一点得到证明, 根据定理 1.2.1, 解 $x = \varphi(t), t \in (\alpha, \beta)$ 还可以从 β 向右延展, 而这与它是饱和解的假设矛盾!

因为 $(\beta, x^*) \in G$, 而 G 为开集, 所以 $\exists \delta > 0$, 使得

$$\overline{R} : |t - \beta| \leqslant \delta, \ \|x - x^*\| \leqslant \delta$$

完全包含在 G 内. 令 $M = \max\limits_{(t,x) \in R} \|f(t, x)\|$. 由 $\{t_m\}_{m=1}^{\infty}$ 单调递增趋于 β 及 (1.2.7) 知, $\exists m_0$ 充分大, 使得

$$\beta - t_m < \frac{\delta}{2(M+1)}, \quad \|\varphi(t_m) - x^*\| < \frac{\delta}{2}, \ \text{当 } m \geqslant m_0 \text{ 时}. \tag{1.2.9}$$

为证 (1.2.8) 成立, 只需证明: 对 $m \geqslant m_0$ 有

$$\|\varphi(t) - x^*\| < \delta, \quad \text{当 } t_m \leqslant t < \beta \text{ 时}. \tag{1.2.10}$$

因为上式成立时, $(t, \varphi(t)) \in \overline{R}$ (当 $t_m \leqslant t < \beta$ 时), 从而 $\|f(t, \varphi(t))\| \leqslant M$, 这样

$$\|\varphi(t) - \varphi(t_m)\| \leqslant \int_{t_m}^{t} \|f(s, \varphi(s))\| ds \leqslant M(t - t_m), \text{当 } t_m \leqslant t < \beta \text{ 时},$$

结合 (1.2.7), 即得 (1.2.8).

为证 (1.2.10), 采用反证法. 若存在 $t \in [t_m, \beta)$, 使得 $\|\varphi(t) - x^*\| \geqslant \delta$, 则 $\{t \in [t_m, \beta) : \|\varphi(t) - x^*\| \geqslant \delta\}$ 是一个非空有界集, 故其下确界存在. 令 $\eta = \inf\{t \in [t_m, \beta) : \|\varphi(t) - x^*\| \geqslant \delta\}$. 显见,

$$\eta \in (t_m, \beta), \quad \|\varphi(\eta) - x^*\| = \delta, \tag{1.2.11}$$

且

$$\|\varphi(t) - x^*\| < \delta, \quad \text{当 } t \in [t_m, \eta) \text{ 时}. \tag{1.2.12}$$

这样, 一方面由 (1.2.9) 的第二式, (1.2.11) 的第二式, 得

$$\|\varphi(\eta) - \varphi(t_m)\| \geqslant \|\varphi(\eta) - x^*\| - \|x^* - \varphi(t_m)\| > \frac{\delta}{2}, \ m \geqslant m_0.$$

另一方面, 由 (1.2.12), (1.2.11) 的第一式和 (1.2.9) 的第一式, 得

$$\|\varphi(\eta) - \varphi(t_m)\| \leqslant \int_{t_m}^{\eta} \|f(s, \varphi(s))\| ds \leqslant M(\eta - t_m) \leqslant M(\beta - t_m) < \frac{\delta}{2}, \ m \geqslant m_0.$$

矛盾! 所以, (1.2.10) 成立. 证毕.

推论 1.2.1　设 $f(t, x)$ 在 (t, x) 的全空间连续. 若 (1.2.1) 的饱和解 $x = \varphi(t), t \in (\alpha, \beta)$ 是有界的, 则 $\alpha = -\infty, \beta = +\infty$.

证明　由定理 1.2.2 知, 当 $t \to \alpha+$ 和 $t \to \beta-$ 时, $\lim \rho(t) = +\infty$. 由于解 $x = \varphi(t), t \in (\alpha, \beta)$ 是有界的, 所以由 $\rho(t)$ 的定义知, $\alpha = -\infty, \beta = +\infty$. 证毕.

推论 1.2.2　设 G 是 (t, x) 空间的一有界域, $f(t, x)$ 在 G 上连续. 若 $x = \varphi(t), t \in (\alpha, \beta)$ 是 (1.2.1) 的饱和解, 则当 $t \to \alpha+$ 和 $t \to \beta-$ 时, $\lim d(t) = 0$, 其中 $d(t)$ 表示积分曲线上的点 $(t, \varphi(t))$ 与 ∂G 的距离.

证明　因为 $(t, \varphi(t)) \in G$, 而 G 是 (t, x) 空间的有界域, 所以 $\exists K > 0$, 使得

$$\rho(t) = \left(t^2 + \sum_{k=1}^{n} \varphi_k^2(t)\right)^{\frac{1}{2}} \leqslant K.$$

由定理 1.2.2 知, 当 $t \to \alpha+$ 和 $t \to \beta-$ 时,

$$\lim \frac{1}{d(M(t), \partial G)} = +\infty,$$

从而 $t \to \alpha+$ 和 $t \to \beta-$ 时, $\lim d(M(t), \partial G) = 0$, 即 $\lim d(t) = 0$. 证毕.

推论 1.2.3 若 $f(t,x) \in C(G)$, 而 G 是 (t,x) 空间的任一区域, 则方程 (1.2.1) 的任一饱和解都必越出含在 G 内的任一有界闭域 $\overline{G_0}$.

证明 设 $x = \varphi(t), t \in (\alpha, \beta)$ 是 (1.2.1) 的任一饱和解. 若 $x = \varphi(t), t \in (\alpha, \beta)$ 始终含在有界闭域 $\overline{G_0}$ 内, 则当 $t \to \alpha+$ 和 $t \to \beta-$ 时,

$$\rho(t) = \left(t^2 + \sum_{k=1}^{n} \varphi_k^2(t)\right)^{\frac{1}{2}}$$

必是一有界量. 这样, 应用定理 1.2.2 知, 当 $t \to \alpha+$ 和 $t \to \beta-$ 时,

$$\lim \frac{1}{d(M(t), \partial G)} = +\infty,$$

从而 $t \to \alpha+$ 和 $t \to \beta-$ 时, $\lim d(M(t), \partial G) = 0$.

另一方面, 由于 $d(\partial G, \overline{G_0}) > 0$, 而 $x = \varphi(t), t \in (\alpha, \beta)$ 始终含在有界闭域 $\overline{G_0}$ 内, 所以

$$d(M(t), \partial G) \geqslant d(\partial G, \overline{G_0}) > 0.$$

矛盾! 证毕.

推论 1.2.4 设 $f(x) \in C(D)$, 而 D 是 x 空间的任一区域. 若 Cauchy 问题

$$\begin{cases} \dfrac{dx}{dt} = f(x), \\ x(t_0) = x_0 \end{cases}$$

的饱和解 $x = \varphi(t), t \in (\alpha, \beta)$ 始终含在 D 内的有界闭域 $\overline{D_0}$ 内, 则 $\alpha = -\infty, \beta = +\infty$.

证明 函数 $f(x)$ 在 (t,x) 空间的定义域为 $G = (-\infty, +\infty) \times D$, 根据定理 1.2.2, 当 $t \to \alpha+$ 与 $t \to \beta-$ 时, 解 $x = \varphi(t), t \in (\alpha, \beta)$ 可与 G 的边界任意接近, 即 $x = \varphi(t)$ 趋于 D 的边界或 $|t| \to +\infty$. 由已知条件知, 解 $x = \varphi(t)$ 的存在区间为 $(-\infty, +\infty)$. 证毕.

通常将解的存在唯一性定理及解的延展定理结合起来确定微分方程初值问题解的最大存在区间 (尤其是无穷区间). 对于一阶微分方程 $\dfrac{dx}{dt} = f(t,x)$, 即使右端函数 $f(t,x)$ 连续且对 x 满足 Lipschitz 条件, 也不能保证解的存在区间为 $(-\infty, +\infty)$. 例如, $\dfrac{dx}{dt} = x^2$ 过点 $(1,1)$ 的解为 $x = \dfrac{1}{2-t}$, 其存在区间为 $(-\infty, 2)$. 根据定理 1.2.2

及其推论, 需要对方程右端的函数再附加一定的条件才能保证解的存在区间为无穷区间. 附加的限制性条件通常有三种:

条件 1: 右端函数 $f(t,x)$ 的有界性条件, 如例 1.2.5;

条件 2: 一个解和右端函数常号条件, 如例 1.2.6;

条件 3: 两个解的限制条件, 如例 1.2.7.

此外, 当考虑 t 趋于解的存在区间端点时解的性状时, 常用 "积分反证法", 如例 1.2.8.

例 1.2.5　设 $f(t,x)$ 在 (t,x) 平面上连续、有界, 则 $\dfrac{dx}{dt} = f(t,x)$ 的任一饱和解的存在区间都为 $(-\infty, +\infty)$.

证明　对 $\forall (t_0, x_0) \in R^2$. 令方程 $\dfrac{dx}{dt} = f(t,x)$ 过此点的饱和解为 $x = x(t), t \in (\alpha, \beta)$.

若 $\beta < +\infty$, 由于 $f(t,x)$ 有界, 即 $\exists M > 0$, 使得 $|f(t,x)| \leqslant M, \forall (t,x) \in R^2$ 以及

$$x(t) = x_0 + \int_{t_0}^{t} f(s, x(s)) ds, \quad t \in [t_0, \beta),$$

所以

$$|x(t)| \leqslant |x_0| + \left| \int_{t_0}^{t} f(s, x(s)) ds \right| \leqslant |x_0| + M|t - t_0| \leqslant |x_0| + M(\beta - t_0) < +\infty, \ t \in [t_0, \beta).$$

此示方程的饱和解 $x = x(t)$ 有界. 这与推论 1.2.1 矛盾! 故 $\beta = +\infty$. 同理可证 $\alpha = -\infty$. 证毕.

例 1.2.6　考虑微分方程 $\dfrac{dx}{dt} = f(x)$. 若 $f(x) \in C(R)$ 且关于 x 满足 Lipschitz 条件以及

$$xf(x) > 0 \quad (x \neq 0),$$

则对 $\forall (t_0, x_0) \in R^2$, 方程 $\dfrac{dx}{dt} = f(x)$ 过此点的解在 $(-\infty, t_0]$ 上存在.

证明　显然, 方程满足解的存在唯一性定理及解的延展定理的条件. 由于

$$f(x) \in C(R) \text{ 且 } xf(x) > 0 \ (x \neq 0),$$

所以 $f(0) = 0$, 从而 $x = 0$ 是方程的解. 此外

$$\frac{dx}{dt} = f(x) > 0, \text{ 当 } x > 0 \text{ 时;}$$

$$\frac{dx}{dt} = f(x) < 0, \text{ 当 } x < 0 \text{ 时.}$$

若 $x_0 = 0$, 则方程过 (t_0, x_0) 的解为 $x = 0$, 显见解在 $(-\infty, t_0]$ 上存在.

若 $x_0 > 0$, 由于方程过 (t_0, x_0) 的解 $x = x(t)$ 在上半平面 $x > 0$ 是单调递增的, 从而当 t 减小时, $x = x(t)$ 逐渐减小; 由解的唯一性, 它又不能向下越过 $x = 0$; 由解的延展定理, 解曲线无限远离坐标原点, 所以解必在 $(-\infty, t_0]$ 上存在.

同理可证 $x_0 < 0$ 时, 方程过 (t_0, x_0) 的解在 $(-\infty, t_0]$ 上也存在. 证毕.

例 1.2.7 试证微分方程 $\dfrac{dx}{dt} = (2 - x - x^2)e^{2t}$ 过点 $(t_0, x_0) \in R^2(-2 \leqslant x_0 \leqslant 1)$ 的解的存在区间为 $(-\infty, +\infty)$.

证明 容易看出所给方程满足解的存在唯一性定理及解的延展定理的条件. 令 $2 - x - x^2 = 0$, 得 $x = -2, x = 1$. 可见, $x = -2, x = 1$ 是方程的两个解.

若 $x_0 = -2$(或$x_0 = 1$), 则过点 (t_0, x_0) 的解为 $x = -2$(或$x = 1$), 其存在区间为 $(-\infty, +\infty)$.

若 $-2 < x_0 < 1$, 记过 (t_0, x_0) 的解为 $x = x(t)$. 由解的延展定理知, 解曲线可以向无穷远处无限延伸; 由解的存在唯一性定理知, 解曲线向下不能穿过 $x = -2$, 向上不能穿过 $x = 1$, 所以解的存在区间为 $(-\infty, +\infty)$. 证毕.

例 1.2.8 在例 1.2.6 中, 解 $x = x(t), t \in (-\infty, t_0]$ 满足 $\lim\limits_{t \to -\infty} x(t) = 0$.

证明 采用 "积分反证法". 若 $x_0 = 0$, 显见结论成立. 下证 $x_0 > 0$ 情形, $x_0 < 0$ 类似可证. 由例 1.2.6 知, $x = x(t)$ 在 $(-\infty, t_0]$ 上有下界 ($x = 0$ 就是一个下界) 且随着 t 的减小而减小, 故 $\lim\limits_{t \to -\infty} x(t)$ 存在. 令 $\lim\limits_{t \to -\infty} x(t) = a$, 则 $a \in [0, x_0)$.

由 $\dfrac{dx}{dt} = f(x)$, 得 $\dfrac{dx}{f(x)} = dt$. 两边积分, 得

$$\int_{x_0}^{x(t)} \frac{ds}{f(s)} = \int_{t_0}^{t} ds.$$

若 $a > 0$, 在上式两端取极限, 得

$$\text{有限值} = \int_{x_0}^{a} \frac{ds}{f(s)} = \lim_{t \to -\infty} \int_{x_0}^{x(t)} \frac{ds}{f(s)} = \lim_{t \to -\infty} \int_{t_0}^{t} ds = -\infty.$$

矛盾! 故 $a = 0$. 证毕.

例 1.2.9 试证微分方程

$$\frac{dx}{dt} = t^2 + x^2$$

的任一解的存在区间都是有限的.

证明 令 $f(t, x) = t^2 + x^2$, 则 $f(t, x)$ 在整个 (t, x) 平面上连续且对 x 有连续的偏导数. 故由解的存在唯一性定理及延展定理知, 所给微分方程过平面上任何一点 $P_0(t_0, x_0)$ 的解 $x = x(t)$ 存在唯一且可伸展到无穷远. 但这并不意味着解关于 t

可以无限延展. 令 $J^+ = [t_0, \beta)$ 为解的右侧最大存在区间, 其中 $\beta > t_0$.

若 $\beta \leqslant 0$, 则显见 J^+ 为有限区间.

若 $\beta > 0$, 选取正数 t_1, 使得 $[t_1, \beta) \subset J^+$, 从而解 $x = x(t)$ 在 $[t_1, \beta)$ 上满足微分方程, 即

$$\frac{dx(t)}{dt} = t^2 + x^2(t), \quad 0 < t_1 \leqslant t < \beta.$$

故

$$\frac{dx(t)}{dt} \geqslant t_1^2 + x^2(t), \quad 0 < t_1 \leqslant t < \beta,$$

即

$$\frac{dx(t)}{t_1^2 + x^2(t)} \geqslant dt, \quad 0 < t_1 \leqslant t < \beta.$$

两端从 t_1 到 t 积分, 得

$$\frac{1}{t_1}\left[\arctan\frac{x(t)}{t_1} - \arctan\frac{x(t_1)}{t_1}\right] \geqslant t - t_1, \quad 0 < t_1 \leqslant t < \beta.$$

由于

$$\arctan\frac{x(t)}{t_1} - \arctan\frac{x(t_1)}{t_1} \leqslant \pi, \quad 0 < t_1 \leqslant t < \beta,$$

所以

$$t - t_1 \leqslant \frac{\pi}{t_1}, \quad 0 < t_1 \leqslant t < \beta.$$

可见 β 是一有限数, 即 $J^+ = [t_0, \beta)$ 为有限区间.

同理可证左方最大存在区间也为有限区间. 证毕.

例 1.2.10　设 $f(t,x) \in C(R^2)$, 试证: 对 $\forall t_0 \in R$, 只要 $|x_0|$ 充分小, 方程

$$\frac{dx}{dt} = (x^2 - e^{2t})f(t,x)$$

过点 (t_0, x_0) 的任一饱和解都在 $[t_0, +\infty)$ 上存在.

证明　令 $F(t,x) = (x^2 - e^{2t})f(t,x)$, 则 $F(t,x) \in C(R^2)$, 从而方程 $\dfrac{dx}{dt} = F(t,x)$ 过点 (t_0, x_0) 的右行饱和解存在. 下证: 只要 $|x_0|$ 充分小, 其右行饱和解的存在区间均为 $[t_0, +\infty)$.

采用反证法. 若不然, 即存在过点 (t_0, x_0) 的右行饱和解 $x = x(t)$(取 $|x_0| < e^{t_0}$), 其存在区间为 $[t_0, \beta), \beta < +\infty$. 由解的延展定理知, 当 $t \to \beta-$ 时, $|x(t)| \to +\infty$. 注意到, $|x_0| < e^{t_0}, e^{\beta}$ 为有限数, 所以解曲线 $x = x(t)$ 必在 t_0 到 β 的某一时刻向上穿过凸曲线 $x = e^t$ 或向下穿过凹曲线 $x = -e^t$, 即

$$\exists\, t_1 \in [t_0, \beta), \text{使得}\ x(t_1) = e^{t_1} \quad \text{或} \quad x(t_1) = -e^{t_1},$$

且

$$x'(t_1) > \frac{d}{dt}(e^t)|_{t=t_1} = e^{t_1} > 0 \quad \text{或} \quad x'(t_1) < \frac{d}{dt}(-e^t)|_{t=t_1} = -e^{t_1} < 0.$$

但另一方面, 由于 $x'(t) = (x^2(t) - e^{2t})f(t, x(t))$, 所以在曲线 $x = \pm e^t$ 上, 解曲线的斜率为零, 即 $x'(t_1) = 0$, 矛盾. 所以, 对 $\forall t_0 \in R$, 只要 $|x_0|$ 充分小, 方程 $\frac{dx}{dt} = (x^2 - e^{2t})f(t, x)$ 过点 (t_0, x_0) 的任一饱和解都在 $[t_0, +\infty)$ 上存在. 证毕.

在应用解的延展定理时, 注意特殊曲线上积分曲线的性质. 用类似于例 1.2.10 的方法, 我们可以证明: 若 $x(t)$ 是初值问题

$$\begin{cases} \dfrac{dx}{dt} = x(t^2 + x - x^2), \\ x(0) = x_0 \end{cases}$$

的解, 其中 $0 < x_0 < 1$, 则 $x(t)$ 的最大右行存在区间是 $[0, +\infty)$.

§1.3 解的连续性、可微性

本节讨论解与参数 (或初值) 的关系. 例如方程

$$\begin{cases} \dfrac{dx}{dt} = \lambda x, \\ x(t_0) = x_0 \end{cases} \quad (\lambda \text{为参数})$$

的解为 $x = x_0 e^{\lambda(t-t_0)}$. 这个解是 t, λ, t_0, x_0 的函数. 当参数或初值发生变化时, 相应的解是如何变化的呢? 我们知道, 在应用上微分方程是描述某种物理过程的. 而将一个物理过程化成微分方程问题时, 不论初始值的测量还是参数的测量不可避免地会出现一些小的误差, 且一个实际系统在变化过程中还会受到外界环境的各种干扰. 这些因素都会影响系统的变化, 若在有限时间内初值和参数的微小扰动引起系统的解发生较大的变化, 那么所求系统的解的可靠性就很小, 所求的解就将失去应用价值. 这就是本节所研究问题的重要意义.

定理 1.3.1(解对参数的连续性) 考虑微分方程的初值问题

$$\begin{cases} \dfrac{dx}{dt} = f(t, x, \lambda), \\ x(t_0) = x_0, \end{cases} \tag{1.3.1}$$

这里 $x_0, x, f \in R^n, \lambda \in R^m (m, n \in N_+), t_0, t \in R$. 若 $f(t, x, \lambda)$ 在区域

$$G: |t - t_0| \leqslant a, \|x - x_0\| \leqslant b, \|\lambda - \lambda_0\| \leqslant c \quad (a, b, c > 0)$$

上连续且关于 x 满足 Lipschitz 条件:

$$\|f(t, x_1, \lambda) - f(t, x_2, \lambda)\| \leqslant L\|x_1 - x_2\|, \ \forall (t, x_1, \lambda), (t, x_2, \lambda) \in G(L > 0).$$

令 $M = \max_G \|f(t, x, \lambda)\|, h = \min\left\{a, \dfrac{b}{M}\right\}$, 则对 $\forall \lambda : \|\lambda - \lambda_0\| \leqslant c$, (1.3.1) 的解 $x = x(t; \lambda)$ 在区间 $J : |t - t_0| \leqslant h$ 上存在且唯一, 并且关于 (t, λ) 是连续的.

证明　根据解的存在唯一性定理即 Picard 定理知, 对 $\forall \lambda : \|\lambda - \lambda_0\| \leqslant c$, (1.3.1) 的解 $x = x(t; \lambda)$ 在区间 $J : |t - t_0| \leqslant h$ 上存在且唯一.

由于在 Picard 逼近序列中的第 n 次逼近解 $x = \varphi_n(t; \lambda)$ 是 (t, λ) 的连续函数且关于 (t, λ) 在 $|t - t_0| \leqslant h, \|\lambda - \lambda_0\| \leqslant c$ 上是一致收敛的, 所以其极限函数 $x = \varphi(t; \lambda)$ 是 (t, λ) 的连续函数. 证毕.

Grownwall 引理　设函数 $g(t), \varphi(t) \in C[t_0, b]$ 且非负, 又常数 $\alpha > 0, \beta > 0$. 若函数 $\varphi(t)$ 满足

$$\varphi(t) \leqslant \alpha + \int_{t_0}^{t} [g(s)\varphi(s) + \beta]ds, \ t \in [t_0, b], \tag{1.3.2}$$

则

$$\varphi(t) \leqslant (\alpha + \beta T)e^{\int_{t_0}^{t} g(s)ds}, \ t \in [t_0, b],$$

其中 $T = b - t_0$.

证明　令 $H(t) = \alpha + \displaystyle\int_{t_0}^{t} [g(s)\varphi(s) + \beta]ds, t \in [t_0, b]$. 显见 $H(t) \in C[t_0, b]$ 且

$$\varphi(t) \leqslant H(t), \quad H'(t) = g(t)\varphi(t) + \beta, \ t \in [t_0, b].$$

由于 $g(t)$ 是非负函数, 所以 $H'(t) \leqslant g(t)H(t) + \beta, t \in [t_0, b]$. 这样, 不等式两边同乘 $e^{-\int_{t_0}^{t} g(s)ds}$ 并移项得

$$\frac{d}{dt}\left(H(t)e^{-\int_{t_0}^{t} g(s)ds}\right) \leqslant \beta e^{-\int_{t_0}^{t} g(s)ds},$$

从而根据 $g(t) \geqslant 0$ 便得

$$\frac{d}{dt}\left(H(t)e^{-\int_{t_0}^{t} g(s)ds}\right) \leqslant \beta.$$

上式两端分别从 t_0 到 t 积分, 并注意到 $H(t_0) = \alpha$ 得

$$H(t)e^{-\int_{t_0}^{t} g(s)ds} - \alpha \leqslant \beta(t - t_0) \leqslant \beta T,$$

于是

$$H(t) \leqslant (\alpha + \beta T)e^{\int_{t_0}^{t} g(s)ds}, \ t \in [t_0, b],$$

故 $\varphi(t) \leqslant (\alpha + \beta T)e^{\int_{t_0}^t g(s)ds}, t \in [t_0, b]$. 证毕.

    注   由定理的证明过程知, 对 $\alpha = 0$ 或 $\beta = 0$, Grownwall 引理仍成立.

    定理 1.3.2(解对参数的可微性定理)   对于微分方程初值问题 (1.3.1), 若 $f(t, x, \lambda) \in C(G)(G$ 的定义同定理 1.3.1) 且 $\dfrac{\partial f}{\partial x_j}(j = 1, 2, \cdots, n), \dfrac{\partial f}{\partial \lambda_i}(i = 1, 2, \cdots, m)$ 连续, 则对 $\forall \lambda : \|\lambda - \lambda_0\| \leqslant c$, (1.3.1) 的解 $x = x(t; \lambda)$ 在区间 $J : |t - t_0| \leqslant h$ 上存在、唯一且关于 (t, λ) 是连续的 (h 的定义同定理 1.3.1). 此外, $x = x(t; \lambda)$ 对参数 $\lambda_i(i = 1, 2, \cdots, m)$ 有连续的偏导数.

    证明   因为 $\dfrac{\partial f}{\partial x_j}(j = 1, 2, \cdots, n)$ 在有界闭域 G 上连续, 从而有界; 利用多元函数微分中值定理, 易知 f 关于变量 x 满足 Lipschitz 条件. 应用定理 1.3.1 即知, 对 $\forall \lambda : \|\lambda - \lambda_0\| \leqslant c$, (1.3.1) 的解 $x = x(t; \lambda)$ 在区间 $J : |t - t_0| \leqslant h$ 上存在、唯一且关于 (t, λ) 是连续的. 下证 $x = x(t; \lambda)$ 关于 λ 是可微的.

    从微商的定义出发, 我们设法证明: 当 $\Delta\lambda \to 0$ 时, 差商

$$\frac{\Delta x}{\Delta \lambda} = \frac{x(t; \lambda + \Delta\lambda) - x(t; \lambda)}{\Delta\lambda} \tag{1.3.3}$$

的极限存在并且在 G 上连续.

    首先, 从形式上分析 $\dfrac{\partial x}{\partial \lambda}$ 满足的方程.

    由于解 $x = x(t; \lambda)$ 满足积分方程

$$x(t; \lambda) = x_0 + \int_{t_0}^t f(s, x(s; \lambda), \lambda)ds, \tag{1.3.4}$$

形式上在上式两端对 λ 求导, 得

$$\frac{\partial x}{\partial \lambda} = \int_{t_0}^t [f_x(s, x(s; \lambda), \lambda)\frac{\partial x}{\partial \lambda} + f_\lambda(s, x(s; \lambda), \lambda)]ds.$$

可见, 若令 $z = \dfrac{\partial x}{\partial \lambda}$, 并注意到 $\dfrac{\partial x}{\partial \lambda}|_{t=t_0} = 0$, 则 z 应是方程 (1.3.4) 关于 λ 的变分方程的初值问题

$$\begin{cases} \dfrac{dz}{dt} = f_x(t, x(t; \lambda), \lambda)z + f_\lambda(t, x(t; \lambda), \lambda), \\ z(t_0) = 0 \end{cases} \tag{1.3.5}$$

的解. 显见, 上述线性方程的初值问题的解存在、唯一且是连续的. 根据以上分析, 我们只需证明: 差商 (1.3.3) 的极限存在且等于 (1.3.5) 的解 $z(t; \lambda)$ 即可.

    其次, 计算 Δx.

    由 (1.3.4) 得

$$\Delta x = x(t; \lambda + \Delta\lambda) - x(t; \lambda)$$

$$= \int_{t_0}^{t} [f(s, x(s; \lambda + \Delta\lambda), \lambda + \Delta\lambda) - f(s, x(s; \lambda), \lambda)]ds$$

$$= \int_{t_0}^{t} [f(s, x(s; \lambda) + \Delta x, \lambda + \Delta\lambda) - f(s, x(s; \lambda), \lambda)]ds$$

$$= \int_{t_0}^{t} [f_x(s, x(s; \lambda), \lambda) + \varepsilon_1]\Delta x ds + \int_{t_0}^{t} [f_\lambda(s, x(s; \lambda), \lambda) + \varepsilon_2]\Delta\lambda ds.$$

上式最后一步利用了微分中值定理, 其中 ε_1 是 $n \times n$ 矩阵, ε_2 是 $n \times m$ 矩阵, $f_x = \left[\dfrac{\partial f_i}{\partial x_j}\right]_{n\times n}$, $f_\lambda = \left[\dfrac{\partial f_i}{\partial \lambda_j}\right]_{n\times m}$, 而且当 $\Delta\lambda \to 0$ 时, $\|\varepsilon_1\|, \|\varepsilon_2\|$ 一致地趋于零.

最后, 证明 $\lim\limits_{\Delta\lambda \to 0} \dfrac{\|\Delta x - z(t; \lambda)\Delta\lambda\|}{\|\Delta\lambda\|} = 0$, 从而 $\dfrac{\partial x}{\partial \lambda}$ 存在且等于 $z(t; \lambda)$.

由前面的计算及 (1.3.5), 得

$$\Delta x - z(t; \lambda)\Delta\lambda = \int_{t_0}^{t} [(f_x(s, x(s; \lambda), \lambda) + \varepsilon_1)(\Delta x - z(t; \lambda)\Delta\lambda) + (\varepsilon_1 z + \varepsilon_2)\Delta\lambda]ds.$$

令 $\Delta u = \Delta x - z(t; \lambda)\Delta\lambda$, 则上式变为

$$\Delta u = \int_{t_0}^{t} [(f_x(s, x(s; \lambda), \lambda) + \varepsilon_1)\Delta u + (\varepsilon_1 z + \varepsilon_2)\Delta\lambda]ds,$$

故

$$\|\Delta u\| \leqslant |\int_{t_0}^{t} [\|f_x(s, x(s; \lambda), \lambda) + \varepsilon_1\|\|\Delta u\| + \|\varepsilon_1 z + \varepsilon_2\|\|\Delta\lambda\|]ds|.$$

令 $N = \max\limits_{G} \|f_x\|$, 注意到 $z(t; \lambda)$ 有界, 可取正数 δ_1, δ_2, 使得 $\|\varepsilon_1\| \leqslant \delta_1, \|\varepsilon_1 z + \varepsilon_2\| \leqslant \delta_2$, 且当 $\|\Delta\lambda\| \to 0$ 时, $\delta_1, \delta_2 \to 0$. 于是上式可化为

$$\|\Delta u\| \leqslant |\int_{t_0}^{t} [(N + \delta_1)\|\Delta u\| + \delta_2\|\Delta\lambda\|]ds|.$$

由 Grownwall 引理知

$$\|\Delta u\| \leqslant \delta_2\|\Delta\lambda\|he^{(N+\delta_1)h}.$$

可见 $\lim\limits_{\|\Delta\lambda\| \to 0} \dfrac{\|\Delta u\|}{\|\Delta\lambda\|} = 0$, 即 $\lim\limits_{\|\Delta\lambda\| \to 0} \dfrac{\|\Delta x - z(t; \lambda)\Delta\lambda\|}{\|\Delta\lambda\|} = 0$. 证毕.

定理 1.3.3(解对初值的连续性、可微性)　　考虑微分方程的初值问题

$$\begin{cases} \dfrac{dx}{dt} = f(t, x), \\ x(t_0) = \eta \quad \left(\|\eta - x_0\| \leqslant \dfrac{b}{2}\right), \end{cases} \tag{1.3.6}$$

其中 $f(t,x)$ 在区域 $D: |t - t_0| \leqslant a, \|x - x_0\| \leqslant b(a, b > 0)$ 上连续, 且对 x 满足 Lipschitz 条件

$$\|f(t,x) - f(t,y)\| \leqslant L\|x - y\|, \ \forall (t,x), (t,y) \in D, L > 0.$$

令 $M = \max\limits_{D} \|f(t,x)\|, h = \min\left\{a, \dfrac{b}{M}\right\}$, 则对所有 $\eta \left(\|\eta - x_0\| \leqslant \dfrac{b}{2}\right)$, (1.3.6) 的解 $x = x(t; \eta)$ 均在区间 $J: |t - t_0| \leqslant \dfrac{h}{2}$ 上存在、唯一, 且解 $x = x(t; \eta)$ 是 (t, η) 的连续函数. 此外, 若 $\dfrac{\partial f}{\partial x}$ 在 D 上也连续, 则解 $x = x(t; \eta)$ 对 η 有连续的偏导数.

证明 作变量代换 $y = x - \eta$, 则 (1.3.6) 可化为

$$\begin{cases} \dfrac{dy}{dt} = F(t, y, \eta), \\ y(t_0) = 0, \end{cases} \tag{1.3.7}$$

其中 $F(t, y, \eta) = f(t, y + \eta)$, 在区域

$$G: |t - t_0| \leqslant a, \ \|y\| \leqslant \frac{b}{2}, \ \|\eta - x_0\| \leqslant \frac{b}{2}$$

上连续且关于 y 满足 Lipschitz 条件.

将定理 1.3.1 和定理 1.3.2 应用于 (1.3.7) 就能得出所要证的结论. 证毕.

由以上定理可知, (1.3.1) 的解与初始点 (t_0, x_0) 及参数 λ 有关, 因此 (1.3.1) 的解可记为 $x = x(t; t_0, x_0, \lambda)$. 下面推导解对初值与参数的导数表达式.

由 (1.3.5) 知, $\dfrac{\partial x}{\partial \lambda}$ 是如下问题的解

$$\begin{cases} \dfrac{dz}{dt} = f_x(t, x(t; t_0, x_0, \lambda), \lambda)z + f_\lambda(t, x(t; t_0, x_0, \lambda), \lambda), \\ z(t_0) = 0. \end{cases}$$

故

$$\frac{\partial x}{\partial \lambda} = e^{\int_{t_0}^{t} f_x(s, x(s; t_0, x_0, \lambda), \lambda) ds} \int_{t_0}^{t} f_\lambda(s, x(s; t_0, x_0, \lambda), \lambda) e^{-\int_{t_0}^{s} f_x(\tau, x(\tau; t_0, x_0, \lambda), \lambda) d\tau} ds. \tag{1.3.8}$$

特别地,

$$\frac{\partial x}{\partial \lambda}\Big|_{t=t_0} = 0.$$

由于

$$x(t; t_0, x_0, \lambda) = x_0 + \int_{t_0}^{t} f(s, x(s; t_0, x_0, \lambda), \lambda) ds, \tag{1.3.9}$$

所以

$$\frac{\partial x}{\partial x_0} = 1 + \int_{t_0}^{t} f_x(s, x(s; t_0, x_0, \lambda), \lambda) \frac{\partial x}{\partial x_0} ds.$$

可见, $\dfrac{\partial x}{\partial x_0}$ 满足如下 Cauchy 问题:

$$\begin{cases} \dfrac{dz}{dt} = f_x(t, x(t; t_0, x_0, \lambda), \lambda) z, \\ z(t_0) = 1. \end{cases}$$

解之, 得

$$\frac{\partial x}{\partial x_0} = e^{\int_{t_0}^{t} f_x(s, x(s; t_0, x_0, \lambda), \lambda) ds}. \tag{1.3.10}$$

特别地, 有

$$\frac{\partial x}{\partial x_0}\Big|_{t=t_0} = 1.$$

类似地, 在 (1.3.9) 中两端分别对 t_0 求导, 得

$$\frac{\partial x}{\partial t_0} = -f(t_0, x(t_0; t_0, x_0, \lambda), \lambda) + \int_{t_0}^{t} f_x(s, x(s; t_0, x_0, \lambda), \lambda) \frac{\partial x}{\partial t_0} ds.$$

注意到 $x(t_0; t_0, x_0, \lambda) = x_0$, 所以 $\dfrac{\partial x}{\partial t_0}$ 满足如下 Cauchy 问题:

$$\begin{cases} \dfrac{dz}{dt} = f_x(t, x(t; t_0, x_0, \lambda), \lambda) z, \\ z(t_0) = -f(t_0, x_0, \lambda). \end{cases}$$

解之, 得

$$\frac{\partial x}{\partial t_0} = -f(t_0, x_0, \lambda) e^{\int_{t_0}^{t} f_x(s, x(s; t_0, x_0, \lambda), \lambda) ds}. \tag{1.3.11}$$

特别地, 有

$$\frac{\partial x}{\partial t_0}\Big|_{t=t_0} = -f(t_0, x_0, \lambda).$$

例 1.3.1   考虑微分方程

$$\frac{dx}{dt} = \lambda(1 + \sin^2 t + \sin^2 x) + x$$

过点 $(t_0, x_0) = (0, 0)$ 的解对初值 x_0 及 t_0 的偏导数.

令 $f(t, x, \lambda) = \lambda(1 + \sin^2 t + \sin^2 x) + x$, 则由前面的计算公式 (1.3.10)、(1.3.11) 知

$$\frac{\partial x}{\partial x_0}\Big|_{(t_0, x_0)=(0,0)} = e^{\int_0^t (1 + \lambda \sin 2x) ds},$$

$$\frac{\partial x}{\partial t_0}\Big|_{(t_0, x_0)=(0,0)} = -f(0, 0, \lambda) e^{\int_0^t f_x(s, x(s; 0, 0, \lambda), \lambda) ds} = -\lambda e^{\int_0^t (1 + \lambda \sin 2x) ds}.$$

§1.4 解的整体存在性

本节研究方程

$$\frac{dx}{dt} = f(t, x), \tag{1.4.1}$$

其中 $t \in R, f \in R^n$, 且 $f(t, x)$ 在空间 R^{n+1} 中某一区域

$$G: T_0 < t < T_1, \quad \|x\| < +\infty$$

上连续 (这里允许 $T_0 = -\infty, T_1 = +\infty$). 由 §1.2 可知, 对 $\forall (t_0, x_0) \in G$, 方程 (1.4.1) 过此点都有一个饱和解存在, 但所有这些饱和解的存在区间未必都是 (T_0, T_1). 例如, 一阶方程 $\dfrac{dx}{dt} = x^2$, 它的右端函数 $f(t, x) = x^2$ 在整个平面区域

$$|t| < +\infty, \quad |x| < +\infty$$

上连续, 但方程除解 $x(t) = 0$ 的存在区间为 $(-\infty, +\infty)$ 外, 其他解的存在区间均不是 $(-\infty, +\infty)$.

但另一方面, 由于实际问题的需要, 常常要求我们回答如下问题: 当 f 满足什么条件时, (1.4.1) 的任何一个饱和解的存在区间均为 (T_0, T_1)? 这就是本节要研究的主题.

为此, 我们先给出微分方程的最大 (小) 解和两个常用微分不等式, 然后讨论微分方程 (1.4.1) 有整体解存在的充分条件.

首先考虑一般平面区域 G 上的一阶微分方程

$$\frac{dx}{dt} = f(t, x), \tag{1.4.2}$$

其中 $f \in C(G)$.

由 Peano 定理及延展定理知, 方程 (1.4.2) 过每一点 $(t_0, x_0) \in G$ 都至少存在一个饱和解. 若过点 (t_0, x_0) 的解不唯一, 则过此点就存在一族饱和解. 从直观上看, 这族解中必有一个最大的和一个最小的. 其严格定义如下.

定义 1.4.1(最大解与最小解) 设 $\varphi_M(t)(\varphi_m(t))$ 是方程 (1.4.2) 过点 $(t_0, x_0) \in G$ 且在某一区间 J 上有定义的一个解. 如果对于过点 $(t_0, x_0) \in G$ 的所有其他解 $\varphi(t)$ 而言, 当 t 属于 $\varphi_M(t)(\varphi_m(t))$ 与 $\varphi(t)$ 的共同存在区间时, 总有

$$\varphi_M(t) \geqslant \varphi(t) \quad (\varphi_m(t) \leqslant \varphi(t)),$$

则称 $\varphi_M(t)(\varphi_m(t))$ 是方程 (1.4.2) 过点 $(t_0, x_0) \in G$ 且在区间 J 上有定义的最大解 (最小解).

下面列出饱和最大 (小) 解的存在定理及两个常用的微分不等式, 其证明可参阅文献 [50].

定理 1.4.1(饱和最大 (小) 解的存在定理)   设 $f \in C(G)$, 而 G 是某一平面区域, 则对 $\forall (t_0, x_0) \in G$, 初值问题

$$
\begin{cases}
\dfrac{dx}{dt} = f(t, x), \\
x(t_0) = x_0
\end{cases}
$$

都存在唯一的饱和最大解与饱和最小解.

定理 1.4.2(微分不等式)   设函数 $\varphi(t)$ 在区间 $[t_0, \beta)$ 上连续, 右导数 $D_+\varphi(t)$ 存在且满足

$$
D_+\varphi(t) \leqslant F(t, \varphi(t)) \quad (D_+\varphi(t) \geqslant F(t, \varphi(t))),
$$

其中 $F(t, x)$ 是在含曲线 $x = \varphi(t), t \in [t_0, \beta)$ 的某区域 G 内定义的连续函数. 若 $x = \Phi(t)$ 是方程

$$
\frac{dx}{dt} = F(t, x)
$$

之过点 $(t_0, x_0) \in G$ 的右行最大 (小) 解, 而 $\varphi(t_0) \leqslant x_0(\varphi(t_0) \geqslant x_0)$, 则有

$$
\varphi(t) \leqslant \Phi(t), \quad t \in [t_0, \beta) \quad (\varphi(t) \geqslant \Phi(t), t \in [t_0, \beta)).
$$

定理 1.4.3(微分不等式)   设函数 $\varphi(t)$ 在区间 $(\alpha, t_0]$ 上连续, 左导数 $D_-\varphi(t)$ 存在且满足

$$
D_-\varphi(t) \geqslant F(t, \varphi(t)) \quad (D_-\varphi(t) \leqslant F(t, \varphi(t))),
$$

其中 $F(t, x)$ 是在含曲线 $x = \varphi(t), t \in (\alpha, t_0]$ 的某区域 G 内定义的连续函数. 若 $x = \Phi(t)$ 是方程

$$
\frac{dx}{dt} = F(t, x)
$$

之过点 $(t_0, x_0) \in G$ 的左行最大 (小) 解, 而 $\varphi(t_0) \leqslant x_0(\varphi(t_0) \geqslant x_0)$, 则有

$$
\varphi(t) \leqslant \Phi(t), \quad t \in (\alpha, t_0] \quad (\varphi(t) \geqslant \Phi(t), t \in (\alpha, t_0]).
$$

下面考虑微分方程 (1.4.1), 我们给出其整体解存在的充分条件.

定理 1.4.4   设 $f(t, x) \in C(G)$, 且在 G 上满足不等式

$$
\|f(t, x)\| \leqslant \omega(t, \|x\|),
$$

而 $\omega(t, r)$ 是定义在

$$
\Omega : T_0 < t < T_1, 0 \leqslant r < +\infty
$$

上的非负连续实值函数, 且使方程

$$\frac{dr}{dt} = \omega(t, r) \tag{1.4.3}$$

和

$$\frac{dr}{dt} = -\omega(t, r) \tag{1.4.4}$$

的解在 $T_0 < t < T_1$ 上分别右边和左边整体存在, 则方程 (1.4.1) 的解在 $T_0 < t < T_1$ 上整体存在.

说明: 所谓方程 (1.4.3) 的解在 $T_0 < t < T_1$ 上右边整体存在, 指的是对 $\forall (t_0, r_0) \in \Omega$, (1.4.3) 过此点的右行饱和解的存在区间都是 $t_0 \leqslant t < T_1$. 解的左边整体存在性及解的整体存在性可类似定义.

证明　首先, 证明 (1.4.1) 的解在 $T_0 < t < T_1$ 上右边整体存在.

对 $\forall (t_0, x_0) \in G$, 令 $x = x(t)$ 是 (1.4.1) 过点 (t_0, x_0) 的任一右行饱和解, 其存在区间为 $[t_0, \beta) \subset (T_0, T_1)$, 并设 $r_0 = \|x_0\|$. 易知

$$D_+ \|x(t)\| \leqslant \|D_+ x(t)\| = \|f(t, x(t))\| \leqslant \omega(t, \|x(t)\|), \ t_0 \leqslant t < \beta,$$

其中 D_+ 表示函数右导数.

令 $r = r(t)$ 是 (1.4.3) 过点 (t_0, r_0) 的右行饱和最大解, 由已知条件它在 $t_0 \leqslant t < T_1$ 上有定义. 由微分不等式即定理 1.4.2 知

$$\|x(t)\| \leqslant r(t), \ t_0 \leqslant t < \beta. \tag{1.4.5}$$

下证: $\beta = T_1$. 采用反证法. 若 $\beta < T_1$, 由延展定理知, $\lim\limits_{t \to \beta-} \|x(t)\| = +\infty$; 但另一方面, $r = r(t)$ 在 $t_0 \leqslant t < \beta$ 上是有界的, 故由 (1.4.5) 知, $x = x(t)$ 在 $t_0 \leqslant t < \beta$ 上是有界的. 矛盾! 这样 (1.4.1) 的解在 $T_0 < t < T_1$ 上右边整体存在.

其次, 证明 (1.4.1) 的解在 $T_0 < t < T_1$ 上左边整体存在.

对 $\forall (t_0, x_0) \in G$, 令 $x = x(t)$ 是 (1.4.1) 过点 (t_0, x_0) 的任一左行饱和解, 其存在区间为 $(\alpha, t_0] \subset (T_0, T_1)$, 并设 $r_0 = \|x_0\|$. 由于

$$D_- \|x(t)\| \geqslant -\|D_- x(t)\| = -\|f(t, x(t))\| \geqslant -\omega(t, \|x(t)\|), \ \alpha < t \leqslant t_0,$$

其中 D_- 表示函数左导数.

令 $r = r(t)$ 是 (1.4.4) 过点 (t_0, r_0) 的左行饱和最大解, 由已知条件它在 $T_0 < t \leqslant t_0$ 上有定义. 由微分不等式即定理 1.4.3 知

$$\|x(t)\| \leqslant r(t), \ \alpha < t \leqslant t_0.$$

用类似于证明 $\beta = T_1$ 的方法可证 $\alpha = T_0$. 从而 (1.4.1) 的解在 $T_0 < t < T_1$ 上整体存在. 证毕.

利用该定理证明本章的例 1.2.5, 即设 $f(t,x)$ 在 (t,x) 平面上连续、有界, 则 $\dfrac{dx}{dt} = f(t,x)$ 的任一饱和解的存在区间都为 $(-\infty, +\infty)$.

事实上, 由已知条件知, $\exists M > 0$, 使得 $\|f(t,x)\| \leqslant M$. 令 $\omega(t,r) = M$, 显见微分方程

$$\frac{dr}{dt} = \omega(t,r) \quad \text{与} \quad \frac{dr}{dt} = -\omega(t,r)$$

过任意点 $(t_0, r_0) : t_0 \in (-\infty, +\infty), r_0 \geqslant 0$ 都有唯一的饱和解, 分别为 $r(t) = r_0 + M(t - t_0)$ 和 $r(t) = r_0 - M(t - t_0)$, 存在区间均为 $(-\infty, +\infty)$. 由定理 1.4.4 知, 所给微分方程的任一饱和解的存在区间都为 $(-\infty, +\infty)$.

例 1.4.1   试证: 对 $\forall (t_0, x_0) \in R^2$, 方程 $\dfrac{dx}{dt} = \dfrac{t^2}{t^2 + x^2 + 1}$ 满足初始条件 $x(t_0) = x_0$ 的解都在 $(-\infty, +\infty)$ 上存在.

证明   令 $f(t,x) = \dfrac{t^2}{t^2 + x^2 + 1}$, 区域 $G : |t| < +\infty, |x| < +\infty, \omega(t,r) = 1$, 则显见

$$|f(t,x)| \leqslant \omega(t, |x|)$$

以及方程

$$\frac{dr}{dt} = \omega(t,r)$$

过任一点 $(t_0, r_0) : t_0 \in R, r_0 \geqslant 0$ 有唯一解 $r(t) = r_0 + t - t_0, t \in (-\infty, +\infty)$; 方程

$$\frac{dr}{dt} = -\omega(t,r)$$

过任一点 $(t_0, r_0) : t_0 \in R, r_0 \geqslant 0$ 有唯一解 $r(t) = r_0 - t + t_0, t \in (-\infty, +\infty)$.

应用定理 1.4.4 知, 所给方程的初值问题的解的存在区间为 $(-\infty, +\infty)$.

推论 1.4.1   设 $f(t,x) \in C(G)$, 且在 G 上满足不等式

$$\|f(t,x)\| \leqslant h(t)g(\|x\|),$$

其中 $h(t)$ 在 $T_0 < t < T_1$ 上非负连续, $g(r)$ 在 $r \geqslant 0$ 上连续且 $r > 0$ 时 $g(r) > 0$, 同时对 $\forall \delta > 0$ 有

$$\int_\delta^{+\infty} \frac{dr}{g(r)} = +\infty, \tag{1.4.6}$$

则方程 (1.4.1) 的解在 $T_0 < t < T_1$ 上整体存在.

证明 根据定理 1.4.4, 只需证明方程

$$\frac{dr}{dt} = h(t)g(r) \tag{1.4.7}$$

的解在 $T_0 < t < T_1$ 上右边整体存在以及

$$\frac{dr}{dt} = -h(t)g(r) \tag{1.4.8}$$

的解在 $T_0 < t < T_1$ 上左边整体存在.

令 $r = r(t)$ 是 (1.4.7) 过点 $(t_0, r_0) : T_0 < t_0 < T_1, r_0 \geqslant 0$ 的任一右行饱和解, 存在区间为 $[t_0, \beta)$, 其中 $\beta \in (t_0, T_1]$. 下证: $\beta = T_1$.

若 $\beta < T_1$, 则由 (1.4.7) 知, 在区间 $[t_0, \beta)$ 上 $r'(t) = h(t)g(r(t)) \geqslant 0$, 从而 $r(t)$ 递增. 由定理 1.2.2 知, $\lim\limits_{t \to \beta-} r(t) = +\infty$. 因此, 对 $\forall n \in N_+, n > r_0 + 1$, 必 $\exists t_n \in (t_0, \beta)$, 使得 $r(t_n) \geqslant n$. 由 $r(t)$ 的连续性知, $\exists t_n' \in (t_0, t_n)$, 使得 $r(t_n') = r_0 + 1$ 且在 $t \in [t_n', t_n]$ 上 $r(t) > 0$.

通过对 (1.4.7) 分离变量并积分, 得

$$\int_{t_n'}^{t_n} h(s)ds = \int_{t_n'}^{t_n} \frac{r'(s)}{g(r(s))}ds = \int_{r_0+1}^{r(t_n)} \frac{d\tau}{g(\tau)}.$$

由于 $r_0 + 1 > 0, r(t_n) \to +\infty (n \to +\infty)$, 根据 (1.4.6) 当 $n \to +\infty$ 时, 上式右端积分趋于无穷大. 另一方面, 显见 $\left| \int_{t_n'}^{t_n} h(s)ds \right| \leqslant \int_{t_0}^{\beta} h(s)ds < +\infty$, 矛盾! 故 $\beta = T_1$, 即 (1.4.7) 的解在 $T_0 < t < T_1$ 上右边整体存在.

令 $r_1 = r_1(t)$ 是 (1.4.8) 过点 $(t_0, r_0) : T_0 < t_0 < T_1, r_0 \geqslant 0$ 的任一左行饱和解, 存在区间为 $(\alpha, t_0]$, 其中 $\alpha \in [T_0, t_0)$. 下证: $\alpha = T_0$.

若 $\alpha > T_0$, 则由 (1.4.8) 知, 在区间 $(\alpha, t_0]$ 上 $r_1'(t) = -h(t)g(r_1(t)) \leqslant 0$, 从而 $r_1(t)$ 递减. 由定理 1.2.2 知, $\lim\limits_{t \to \alpha+} r_1(t) = +\infty$. 因此, 对 $\forall n \in N_+, n > r_0 + 1$, 必 $\exists t_n \in (\alpha, t_0)$, 使得 $r(t_n) \geqslant n$. 由 $r(t)$ 的连续性知, $\exists t_n' \in (t_n, t_0)$, 使得 $r(t_n') = r_0 + 1$ 且在 $t \in [t_n, t_n']$ 上 $r(t) > 0$.

通过对 (1.4.8) 分离变量并积分, 得

$$-\int_{t_n'}^{t_n} h(s)ds = \int_{t_n'}^{t_n} \frac{r'(s)}{g(r(s))}ds = \int_{r_0+1}^{r(t_n)} \frac{d\tau}{g(\tau)}.$$

类似于前面的分析, 上式左端积分有限, 而右端积分可以任意大, 矛盾! 故 $\alpha = T_0$, 即 (1.4.8) 的解在 $T_0 < t < T_1$ 上左边整体存在.

例 1.4.2 设 $h(t)$ 是在 $[\alpha, +\infty)$ 上的正的连续函数, $0 < \beta \leqslant 1$, 则对 $\forall (t_0, x_0):$

$t_0 \geqslant \alpha, x_0 > 0$, Cauchy 问题

$$\begin{cases} \dfrac{dx}{dt} = h(t)x^\beta, \\ x(t_0) = x_0 \end{cases}$$

的任一饱和解的存在区间均为 $[\alpha, +\infty)$.

证明   取 $g(r) = r^\beta$, 显见当 $0 < \beta \leqslant 1$ 时, 对 $\forall r_0 > 0$ 有

$$\int_{r_0}^{+\infty} \frac{dr}{g(r)} = \int_{r_0}^{+\infty} \frac{dr}{r^\beta} = +\infty.$$

应用推论 1.4.1, 本例结论成立.

定理 1.4.5   设 $f(t, x)$ 在 (t, x) 全空间连续且对 x 满足局部 Lipschitz 条件, 以及存在常数 $N > 0$, 使得

$$\|f(t, x)\| \leqslant N\|x\|,$$

则对 $\forall(t_0, x_0) \in R \times R^n$, 方程 (1.4.1) 过点 (t_0, x_0) 的解的存在区间均为 $(-\infty, +\infty)$.

证明   设 $x = x(t)$ 是方程 (1.4.1) 过点 (t_0, x_0) 的任一解, 其右行饱和解的存在区间为 $[t_0, \beta)$. 下证: $\beta = +\infty$.

若 $x = x(t), t \in [t_0, \beta)$ 有界, 则由定理 1.2.2 知, $\beta = +\infty$.

若 $x = x(t), t \in [t_0, \beta)$ 无界, 由于

$$x(t) = x_0 + \int_{t_0}^{t} f(s, x(s))ds,$$

所以

$$\|x(t)\| \leqslant \|x_0\| + \int_{t_0}^{t} \|f(s, x(s))\|ds \leqslant \|x_0\| + N\int_{t_0}^{t} \|x(s)\|ds, \quad t \in [t_0, \beta).$$

由 Grownwall 引理, 得

$$\|x(t)\| \leqslant \|x_0\|e^{N(t-t_0)}, \quad t \in [t_0, \beta).$$

这样, 若 $\beta < +\infty$, 则由上式知 $x = x(t)$ 有界, 与假设矛盾, 故 $\beta = +\infty$. 因此右行饱和解的存在区间为 $[t_0, +\infty)$.

同理可证左行饱和解的存在区间为 $(-\infty, t_0]$. 证毕.

定理 1.4.6(Wintner)   若 $f(t, x)$ 在区域

$$G: \quad T_0 < t < T_1, \quad \|x\| < +\infty$$

内连续且满足条件

$$\|f(t, x)\| \leqslant L(r), \quad r = \left(\sum_{i=1}^{n} x_i^2\right)^{\frac{1}{2}},$$

其中 $L(r)$ 在 $r \geqslant 0$ 上连续, 在 $r > 0$ 时为正, 且

$$\int_\alpha^{+\infty} \frac{dr}{L(r)} = +\infty \quad (\alpha > 0),$$

则方程 (1.4.1) 过点 (t_0, x_0) 的任一饱和解的存在区间均为 (T_0, T_1).

证明 设方程 (1.4.1) 过点 (t_0, x_0) 的饱和解 $x = \varphi(t) = (\varphi_1(t), \varphi_2(t), \cdots, \varphi_n(t))^{\mathrm{T}}$ 的存在区间为 (a, b). 下证 $a = T_0, b = T_1$.

采用反证法. 若 $b < T_1$, 则 b 为有限数. 根据定理 1.2.2 知, $\lim\limits_{t \to b-} \|\varphi(t)\| = +\infty$. 令

$$r(t) = \left(\sum_{i=1}^n \varphi_i^2(t) \right)^{\frac{1}{2}}.$$

显然, $r(t)$ 在 $[t_0, b)$ 上连续, 且在其不为零的点处连续可微. 由于 $\varphi(t)$ 在 $[t_0, b)$ 上无界, 所以对 $\forall k > r(t_0) + 1, \exists t_k \in (t_0, b)$, 使得 $r(t_k) \geqslant k$. 根据 $r(t)$ 的连续性, 必存在 $\tau_k \in (t_0, t_k)$, 使得 $r(\tau_k) = r(t_0) + 1$, 而且 $r(t) > 0, t \in [\tau_k, t_k]$.

由于

$$\frac{d\varphi_i(t)}{dt} = f_i(t, \varphi_1(t), \cdots, \varphi_n(t)) \quad (i = 1, 2, \cdots, n),$$

所以当 $t \in [\tau_k, t_k]$ 时有

$$\begin{aligned}
r(t) \frac{dr(t)}{dt} &= \sum_{i=1}^n \varphi_i(t) f_i(t, \varphi_1(t), \cdots, \varphi_n(t)) \\
&\leqslant \sum_{i=1}^n |\varphi_i(t)| |f_i(t, \varphi_1(t), \cdots, \varphi_n(t))| \\
&\leqslant \left(\sum_{i=1}^n \varphi_i^2(t) \right)^{\frac{1}{2}} \left(\sum_{i=1}^n f_i^2(t, \varphi_1(t), \cdots, \varphi_n(t)) \right)^{\frac{1}{2}} \\
&= r(t) \|f(t, \varphi(t))\| \\
&\leqslant r(t) L(r(t)).
\end{aligned}$$

从而

$$\frac{dr(t)}{dt} \leqslant L(r(t)), \ t \in [\tau_k, t_k].$$

以 $L(r(t))$ 除上式两端, 再对 t 从 τ_k 到 t_k 积分, 得

$$\int_{r(t_0)+1}^{r(t_k)} \frac{dr}{L(r)} \leqslant t_k - \tau_k \leqslant b - t_0 < +\infty.$$

因 $r(t_k) \geqslant k$ 可以任意大, 故由定理的条件知上式左端可以任意大, 但右端为有限数, 矛盾. 故 $b = T_1$.

同理可证 $a = T_0$. 证毕.

§1.5　非线性泛函微分方程基本理论

前面我们讨论了方程

$$\frac{dx}{dt} = f(t, x) \tag{1.5.1}$$

的解的一些基本属性. 用它作为数学模型的自然现象, 仅有一个自变量 t(一般表示时间), 通常假定事物的发展趋势仅由当前状态决定. 但早在 18 世纪就已发现, 有许多现象的发展趋势不仅依赖于当前的状态, 而且还与它的过去或将来或二者兼有的某一段时间中的状态有关. 描写这类现象的微分方程已不是我们前面所介绍的常微分方程, 它不仅含有自变量 t, 而且还含有有限个或无限个形如 $t - \sigma(t)$ 的带滞后的变元, 其中 $\sigma(t)$ 称为偏差. 由于 $t - \sigma(t)$ 并不是新的独立变量, 所以这类方程也不是偏微分方程, 我们称之为带滞后变元的微分方程 (或时滞微分方程). 当 $\sigma(t)$ 为常数时, 我们称此类方程为微分差分方程. 早在 1750 年, Euler 等在研究某些几何问题时, 就得到了带滞后变元的微分方程. 下面举两个实例来说明时滞微分方程在科学技术中的应用.

例 1.5.1　1973 年, W.P.London 和 J.A.Yorke 研究了麻疹传播的模型为

$$\frac{dS}{dt} = \beta(t)S(t)[S(t-12) - S(t-14) - 2r] + r,$$

其中 $S(t)$ 表示在时刻 t 无免疫力的个体数目, r 是这种个体在人口中所占的比例, $\beta(t)$ 为人口特征函数, 常数滞量 14 和 12 是潜伏周期的上限和下限.

例 1.5.2　在 1806 年, Poisson 提出了一个几何问题:

在 xOy 平面上求一条曲线, 使在其上任一点 $P(x, y)$ 的法线段 $\overline{PR}(R$ 为法线段与 x 轴的交点) 的平方与过点 R 的垂线段 $\overline{QR}(Q$ 为垂线与曲线的交点) 的平方之差等于常数 a. 如图 1.5.1 所示.

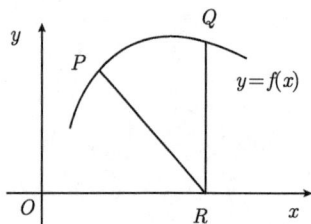

图 1.5.1　Poisson 几何问题

设所求曲线方程为 $y = y(x)$, 则过点 $P(x, y)$ 的法线方程为

$$Y - y = -\frac{1}{y'(x)}(X - x),$$

从而 $R(x + y(x)y'(x), 0)$. 由此易知 $Q(x + y(x)y'(x), y(x + y(x)y'(x)))$. 这样,

$$\overline{PR}^2 = [y(x)y'(x)]^2 + y^2(x),$$
$$\overline{RQ}^2 = [y(x + y(x)y'(x))]^2.$$

可见所求曲线方程为

$$y^2(x) + [y(x)y'(x)]^2 - [y(x + y(x)y'(x))]^2 = a.$$

这是一个带滞后变元的微分方程, 其中偏差 $\sigma(x) = -y(x)y'(x)$, 它依赖于解 $y(x)$ 及其导数 $y'(x)$.

时滞微分方程有着广泛的应用, 它涉及许多学科中的许多领域, 如医学问题、生物问题、人口理论、自动控制理论等许多方面. 时滞微分方程的形式也是多种多样的: 有线性系统, 也有非线性系统; 有一阶系统, 也有高阶系统; 有自治系统, 也有非自治系统. 时滞微分方程的分类与常微分方程类似, 但其中有一个重要特点是常微分方程所没有的, 就是偏差量的区别, 人们利用偏差量的区别把时滞微分方程分为滞后型、中立型、超前型、混合型等.

在例 1.5.2 中, 方程中出现的滞后量不是常数, 而是一个函数 $\sigma(x)$. 一般地, 人们把形如

$$\frac{dx}{dt} = f(t, x(t), x(t - \sigma_1(t)), x(t - \sigma_2(t)), \cdots, x(t - \sigma_n(t)))$$

的方程称为变时滞的微分方程.

1959 年, Красовский首先提出了一种新的观点, 把方程的右端函数定义在某一函数空间中, 即把方程右端的函数看做是定义在某一函数空间 C(一般取 C 为连续函数空间) 中的泛函, 应用泛函分析的观点来研究此类方程. 此时称这类方程为泛函微分方程 (简记为 FDE). 当各个 $\sigma_i(t)$ 有界时, 上方程可以写为

$$\frac{dx}{dt} = f(t, x_t).$$

这样一来, 泛函微分方程与常微分方程

$$\frac{dx}{dt} = f(t, x(t))$$

具有类似的形式, 所不同的是泛函微分方程中的 f 定义在 $R \times C$ 中, 而常微分方程中的 f 定义在 $R \times R^n$ 中. 因此, 泛函微分方程可以看做函数空间中的常微分方程.

自 1959 年以来, 泛函微分方程的发展非常迅速, 在解的基本理论、稳定性理论、振动理论和分支理论等许多方面都出现了重要的成果. 关于泛函微分方程的分类, 现在还没有一套完整的方法, 一般只作如下分类:

滞后型泛函微分方程:

$$\frac{dx}{dt} = f(t, x_t),$$

其中 $f : R \times C([-\tau, 0], R^n) \to R^n, x_t \in C([-\tau, 0], R^n), \tau > 0$ 为某一常数, $x_t(\theta) =$

$x(t+\theta)$.

超前型泛函微分方程：

$$\frac{dx}{dt} = f(t, x_t),$$

其中 $f: R \times C([-\tau, 0], R^n) \to R^n, x_t \in C([-\tau, 0], R^n), \tau > 0$ 为某一常数, $x_t(\theta) = x(t - \theta)$.

中立型泛函微分方程：

$$\frac{dx}{dt} = f\left(t, x_t, \frac{dx_t}{dt}\right),$$

其中 $f: R \times C([-\tau, 0], R^n) \times C([-\tau, 0], R^n) \to R^n, x_t \in C([-\tau, 0], R^n), \tau > 0$ 为某一常数, $x_t(\theta) = x(t + \theta), \frac{dx_t}{dt}(\theta) = \frac{d}{dt}x(t + \theta)$.

上述的分类方法是不完整的, 例如方程

$$\frac{dx}{dt} = ax(t - 1) + bx(t + 1)$$

就不属于上述的三种类型, 而且目前还有许多问题不好表示.

关于滞后型泛函微分方程 (Retarded Functional Differential Equation, 简写为 RFDE), 根据时滞量的不同一般分为三大类: 第一类是有界滞量的 RFDE; 第二类是无界滞量的 RFDE; 第三类是无穷延滞的 RFDE. 这三类方程的例子如下:

例 1.5.3　有界滞量的 RFDE.

$$\frac{dx}{dt} = f(t, x(t), x(t - \sigma(t))),$$

其中 $0 \leqslant \sigma(t) \leqslant \sigma$.

例 1.5.4　无界滞量的 RFDE.

$$\frac{dx}{dt} = \int_0^t f(t, t - s, x(t - s))ds,$$

这里 s 是滞量, 由于 $0 \leqslant s \leqslant t, s$ 随着 t 的增大而增大, 所以 s 是无界的.

例 1.5.5　无穷延滞的 RFDE.

$$\frac{dx}{dt} = \int_{-\infty}^t f(t, s, x(s))ds.$$

不论 t 多么大, 向后的延滞总是趋于 $-\infty$.

有关泛函微分方程的一些基本概念的严格描述由 J. K. Hale 给出. 本节主要给出有界滞量的 RFDE 的基本概念与基本理论. 关于其他类型的泛函微分方程的有关理论可参阅文献 [26] 和 [137]. 它们对泛函微分方程的若干成果进行了系统的总

结.

设 τ 为给定的非负实数, $a, b \in R$ 且 $a \leqslant b$. 在

$$C([a,b], R^n) = \{\varphi : \varphi \text{ 是 } [a,b] \text{ 到 } R^n \text{ 的连续映射}\}$$

中定义范数

$$\|\varphi\| = \sup_{t \in [a,b]} |\varphi(t)|,$$

其中 $|\cdot|$ 是 R^n 空间中的范数. 显然, $C([a,b], R^n)$ 是一个 Banach 空间.

设 $t_0 \in R, A \geqslant 0, x \in C([t_0 - \tau, t_0 + A], R^n)$, 则对 $\forall t \in [t_0, t_0 + A], \theta \in [-\tau, 0]$ 有 $t + \theta \in [t_0 - \tau, t_0 + A]$, 从而 $x(t + \theta)$ 有意义, 记为 $x_t(\theta)$, 即

$$x_t(\theta) = x(t + \theta), \ \theta \in [-\tau, 0].$$

显见, $x_t \in C([-\tau, 0], R^n)$.

定义 1.5.1(有界滞量的滞后型泛函微分方程) 设 $D \subset R \times C([-\tau, 0], R^n), f : D \to R^n$ 为给定的泛函, 则称

$$\frac{dx}{dt} = f(t, x_t) \tag{1.5.2}$$

为集合 D 上的具有有界滞量的滞后型泛函微分方程, 这里的导数指右导数.

为后面的叙述方便, 将 (1.5.2) 简记为 RFDE 或 RFDE(f). 本节后面的符号 D 若没有特别地说明其含义与本定义中的 D 相同.

注意当 $\tau = 0$ 时, (1.5.2) 就是普通的常微分方程 (1.5.1).

定义 1.5.2(泛函微分方程的解) 若 $\exists t_0 \in R, A > 0, x \in C([t_0 - \tau, t_0 + A], R^n)$, 使得 $t \in [t_0, t_0 + A]$ 时有

$$(t, x_t) \in D \quad \text{且} \quad \frac{dx}{dt} = f(t, x_t),$$

则称 $x(t)$ 为方程 (1.5.2) 在 $[t_0 - \tau, t_0 + A]$ 上的一个解.

定义 1.5.3 对于给定的 $(t_0, \varphi) \in D$, 我们说 $x(t)$ 是满足方程 (1.5.2) 及其初始条件 (t_0, φ) 的解, 是指存在 $A > 0$, 使得 $x(t)$ 为方程 (1.5.2) 在 $[t_0 - \tau, t_0 + A]$ 上的一个解且满足 $x_{t_0} = \varphi$. 我们亦称 $x(t)$ 是方程 (1.5.2) 的过点 (t_0, φ) 的解, 一般记之为 $x(t_0, \varphi, f)(t)$ 或 $x(t_0, \varphi)(t)$.

求方程 (1.5.2) 满足初始条件 (t_0, φ) 的解的问题称为初值问题或 Cauchy 问题, 记为

$$\begin{cases} \dfrac{dx}{dt} = f(t, x_t), \ t \geqslant t_0, \\ x_{t_0} = \varphi. \end{cases} \tag{1.5.3}$$

定义 1.5.4(饱和解)　设 x 是方程 (1.5.2) 在区间 $[t_0, a)(a > t_0)$ 上的一个解. 若存在 $b > a$, 且 $x_1(t)$ 是方程 (1.5.2) 在区间 $[t_0, b)$ 上的解, 使得 $x_1(t) = x(t)$, $t \in [t_0, a)$, 则称 $x_1(t)$ 是 $x(t)$ 的延展. 如果 $[t_0, a)$ 是解 $x(t)$ 存在的最大区间, 则称解 $x(t)$ 是 (1.5.2) 的饱和解或不可延展解.

定义 1.5.5(整体解)　若对 $\forall t_0 \in R, \varphi \in C([-\tau, 0], R^n)$, 方程 (1.5.2) 的过点 (t_0, φ) 的解 $x(t_0, \varphi)(t)$ 在 $[t_0 - \tau, +\infty)$ 上存在, 则称方程 (1.5.2) 的解整体存在.

从形式上看, 泛函微分方程 (1.5.2) 与常微分方程 (1.5.1) 是很类似的, 其区别只是前者的 f 定义在 $R \times C([-\tau, 0], R^n)$ 空间, 而后者的 f 定义在 $R \times R^n$ 空间. 因此, 常微分方程的许多理论都可以平移到泛函微分方程中来. 另一方面, 注意到 $C([-\tau, 0], R^n)$ 是无穷维空间, 不具备有限维空间 R^n 许多良好的性质, 如在 R^n 中有界闭集等价于紧集, 而 $C([-\tau, 0], R^n)$ 空间不具有此性质, 故常微分方程中的许多性质在泛函微分方程中是没有的. 目前, 泛函微分方程的理论仍在完善中.

首先, 我们给出两个引理.

引理 1.5.1　若 $x \in C([t_0 - \tau, t_0 + a], R^n)(a > 0$为常数$)$, 则 x_t 是关于 t 在 $[t_0, t_0 + a]$ 上的连续函数.

证明　因 $x(t)$ 在闭区间 $[t_0 - \tau, t_0 + a]$ 上连续, 从而在其上一致连续, 故对 $\forall \varepsilon > 0, \exists \delta > 0$, 使得 $t_1, t_2 \in [t_0 - \tau, t_0 + a]$ 且 $|t_1 - t_2| < \delta$ 时, 有

$$|x(t_1) - x(t_2)| < \varepsilon.$$

这样, 对 $\forall t \in [t_0, t_0 + a]$, 当 $|\Delta t| < \delta$ 时便有

$$|x(t + \theta) - x(t + \theta + \Delta t)| < \varepsilon, \ \forall \theta \in [-\tau, 0].$$

因此, 由 x_t 的定义便知

$$\|x_t - x_{t+\Delta t}\| \leqslant \varepsilon \ (这里当 \ t = t_0 \ 时取 \ \Delta t > 0, 当 \ t = t_0 + a \ 时取 \ \Delta t < 0),$$

故当 $t \in [t_0, t_0 + a]$ 时, x_t 是 t 的连续函数. 证毕.

引理 1.5.2　设 $t_0 \in R, \varphi \in C([-\tau, 0], R^n), f \in C(D)$, 则 x 为初值问题 (1.5.3) 的解的充要条件是 x 满足如下积分方程

$$\begin{cases} x(t) = \varphi(0) + \displaystyle\int_{t_0}^t f(s, x_s)ds, & t \geqslant t_0, \\ x_{t_0} = \varphi. \end{cases} \tag{1.5.4}$$

证明　充分性. 由引理 1.5.1 知, x_s 是关于 s 的连续函数, 从而 $f(s, x_s)$ 是关于 s 的连续函数. 由微积分学基本定理得

$$\frac{dx}{dt} = f(t, x_t),$$

所以 $x(t)$ 是 (1.5.3) 的解.

必要性. 注意到由 $x_{t_0} = \varphi$ 可得 $\varphi(0) = x_{t_0}(0) = x(t_0)$, 对 (1.5.3) 中方程两端从 t_0 到 t 积分, 即得 (1.5.4) 中积分方程. 证毕.

令 $V \subset R \times C([-\tau, 0], R^n)$, 并引入两个符号:

$$C(V, R^n) = \{f : f \text{ 是 } V \to R^n \text{ 的连续函数}\},$$

$$C^0(V, R^n) = \{f : f \text{ 是 } V \to R^n \text{ 的连续有界函数}\}.$$

显见, $C^0(V, R^n) \subset C(V, R^n)$. 引入范数:

$$\|f\|_V = \sup_{(t,\varphi) \in V} |f(t,\varphi)|, \quad f \in C^0(V, R^n),$$

则 $C^0(V, R^n)$ 是一个 Banach 空间.

定理 1.5.1(解的存在性) 设 $\Omega \subset R \times C([-\tau, 0], R^n)$ 是一个开集, $f \in C^0(\Omega, R^n), (t_0, \varphi) \in \Omega$, 则 $\exists h > 0$, 初值问题 (1.5.3) 在 $[t_0 - \tau, t_0 + h]$ 上至少存在一个解 $x(t)$.

首先, 将泛函微分方程的初值问题转化为泛函积分方程的初值问题; 其次, 构造适当的非空凸闭集 K 及其上的全连续算子 T, 应用 Schauder 不动点定理证明 T 有不动点, 该不动点即为所求的 (1.5.3) 的解.

证明 首先, 构造满足定理要求的 h.

因为 $\Omega \subset R \times C([-\tau, 0], R^n)$ 是一个开集, $(t_0, \varphi) \in \Omega$, 所以 $\exists h_1 > 0, \beta > 0$, 使得闭集

$$N = \{(t, \phi) \in R \times C([-\tau, 0], R^n) : t \in [t_0, t_0 + h_1], \|\phi - \varphi\| \leqslant \beta\} \subset \Omega.$$

又 $f \in C^0(\Omega, R^n)$, 所以 $\exists M > 0$, 使得 $|f(t, \phi)| \leqslant M, \forall (t, \phi) \in \Omega$. 由于 φ 是 $[-\tau, 0]$ 上的连续函数, 从而它在 $[-\tau, 0]$ 上一致连续. 故对上述 $\beta > 0, \exists h_2 > 0$, 使得 $\theta_1, \theta_2 \in [-\tau, 0]$ 且 $|\theta_1 - \theta_2| < h_2$ 时,

$$|\varphi(\theta_1) - \varphi(\theta_2)| < \frac{\beta}{2}. \tag{1.5.5}$$

令 $0 < h < \min\left\{h_1, h_2, \dfrac{\beta}{2M}\right\}$. 由引理 1.5.2 知, (1.5.3) 的求解问题等价于 (1.5.4) 的求解问题. 因此只需证 (1.5.4) 有解即可.

其次, 构造 $C([t_0 - \tau, t_0 + h], R^n)$ 中的非空有界凸闭集 K.

令

$$K = \{x \in C([t_0 - \tau, t_0 + h], R^n) : \|x_t - \varphi\| \leqslant \beta, \ \forall t \in [t_0, t_0 + h]\}.$$

显见, K 是一有界凸闭集. 下证: K 是一非空集.

事实上, 我们定义函数

$$\omega(t) = \begin{cases} \varphi(t - t_0), & t \in [t_0 - \tau, t_0], \\ \varphi(0), & t \in [t_0, t_0 + h], \end{cases}$$

则 $\omega(t)$ 在 $[t_0 - \tau, t_0 + h]$ 上连续, 且当 $t \in [t_0, t_0 + h]$ 时, 对 $\theta \in [-\tau, 0]$ 有 $t + \theta \in [t_0 - \tau, t_0 + h]$, 这时,

$$|\omega_t(\theta) - \varphi(\theta)| = |\omega(t + \theta) - \varphi(\theta)| = \begin{cases} |\varphi(t + \theta - t_0) - \varphi(\theta)|, & t + \theta \in [t_0 - \tau, t_0], \\ |\varphi(0) - \varphi(\theta)|, & t + \theta \in [t_0, t_0 + h]. \end{cases}$$

若 $t + \theta \in [t_0 - \tau, t_0]$, 则 $|(t + \theta - t_0) - \theta| = |t - t_0| \leqslant h$; 若 $t + \theta \in [t_0, t_0 + h]$, 则由 $t \in [t_0, t_0 + h]$ 易知, $-h \leqslant \theta \leqslant 0$, 从而 $|\theta - 0| \leqslant h$. 这样由 (1.5.5) 得

$$|\omega_t(\theta) - \varphi(\theta)| < \frac{\beta}{2} < \beta.$$

故 $\omega \in K$, 即 K 是非空集合.

最后, 定义 K 上算子 T 如下:

$$(Tx)(t) = \begin{cases} \varphi(0) + \int_{t_0}^{t} f(s, x_s)ds, & t \in [t_0, t_0 + h], \\ \varphi(t - t_0), & t \in [t_0 - \tau, t_0]. \end{cases}$$

则 $T : K \to K$ 是全连续算子.

事实上, 对 $\forall x \in K$, 若 $s \in [t_0, t_0 + h]$, 则必有 $(s, x_s) \in N \subset \Omega$, 从而 $f(s, x_s)$ 在 $[t_0, t_0 + h]$ 上有定义且连续, 故 T 在 K 上有定义.

记 $y(t) = (Tx)(t)$, 则当 $\theta \in [-\tau, 0], t \in [t_0, t_0 + h]$ 时,

$$\begin{aligned} |y_t(\theta) - \varphi(\theta)| &= |y(t + \theta) - \varphi(\theta)| \\ &\leqslant |\omega_t(\theta) - \varphi(\theta)| + \int_{t_0}^{t_0 + h} |f(s, x_s)|ds \\ &\leqslant \frac{\beta}{2} + Mh \leqslant \beta. \end{aligned}$$

故 $\|y_t - \varphi\| \leqslant \beta$, 即 $y \in K$, 从而 $T : K \to K$.

设 $x, x_n \in K$ 且 $x_n \to x(n \to +\infty)$, 则 $x_n(t)$ 在 $[t_0 - \tau, t_0 + h]$ 上一致收敛于 $x(t)$. 因此, 在空间 $C([-\tau, 0], R^n)$ 内, $(x_n)_s \to x_s(n \to +\infty)$. 由已知条件, $f(t, \phi)$ 在 Ω 上连续, 所以

$$f(s, (x_n)_s) \to f(s, x_s) \ (n \to +\infty).$$

注意到 $|f(t, (x_n)_s)| \leqslant M$, 应用 Lebesgue 控制收敛定理得

$$\sup_{t \in [t_0, t_0+h]} |(Tx_n)(t) - (Tx)(t)| \leqslant \int_{t_0}^{t_0+h} |f(s, (x_n)_s) - f(s, x_s)| ds \to 0 \ (n \to +\infty).$$

又当 $t \in [t_0 - \tau, t_0]$ 时, $(Tx_n)(t) = \varphi(t - t_0) = (Tx)(t)$, 所以

$$Tx_n \to Tx \ (n \to +\infty),$$

即 $y = Tx$ 是连续算子.

又对 $\forall t_1, t_2 \in [t_0, t_0+h], x \in K$, 有

$$|(Tx)(t_1) - (Tx)(t_2)| \leqslant \left| \int_{t_1}^{t_2} |f(s, x_s)| ds \right| \leqslant M|t_1 - t_2|.$$

当 $t \in [t_0 - \tau, t_0]$ 时, $(Tx)(t) = \varphi(t - t_0)$, 而 $\varphi(t - t_0)$ 在 $[t_0 - \tau, t_0]$ 上是一致连续的. 可见, $\{(Tx)(t) : x \in K\}$ 在 $[t_0 - \tau, t_0 + h]$ 上是一致有界且等度连续的, 从而根据 Ascoli-Arzela 定理知, T 是全连续的.

这样应用 Schauder 不动点定理知, $\exists \, x \in K$, 使得 $Tx = x$, 即问题 (1.5.4) 在 $[t_0 - \tau, t_0 + h]$ 上存在一解 $x(t)$. 证毕.

推论 1.5.1 设 $\Omega \subset R \times C([-\tau, 0], R^n)$ 是一开集, $W \subset \Omega$ 是一紧致集, $f^0 \in C(\Omega, R^n)$, 则存在 W 的一个邻域 $V \subset \Omega$ 和 f^0 的一个邻域 $U(f^0) \subset C^0(V, R^n)$ 以及数 $h > 0$, 使得当 $f \in U(f^0)$ 及 $(t_0, \varphi) \in V$ 时, 初值问题 (1.5.3) 在 $[t_0 - \tau, t_0 + h]$ 上至少存在一个解.

证明 由于 f^0 在紧致集 $W \subset \Omega$ 上连续, 所以由有限覆盖定理易证, $\exists W$ 的一个开邻域 $V_W \subset \Omega$, 使得 f^0 在 V_W 上有界, 即 $f^0 \in C^0(V_W, R^n)$.

又紧致集 W 与闭集 V_W^C (V_W 的余集) 不相交, 故 W 与 V_W^C 的距离 $\rho(W, V_W^C) = 2d > 0$, 于是 W 的 d 邻域 (记作 $\overline{V}_W$) 与 V_W^C 的距离亦大于零, 所以, $\exists \beta > 0, h_1 > 0$, 使得当 $(t_0, \varphi) \in \overline{V}_W$ 时, 集合

$$N = \{(t, \phi) \in R \times C([-\tau, 0], R^n) : t \in [t_0, t_0 + h_1], \|\phi - \varphi\| \leqslant \beta\} \subset V_W \subset \Omega.$$

由于 W 是紧的, 因此

$$W_P = \{\phi : \exists t \in R, \text{使得} (t, \phi) \in W\} \subset C([-\tau, 0], R^n)$$

也是紧的. 故 $\exists h_2 > 0$, 使得 $|\theta_1 - \theta_2| < h_2, \theta_1, \theta_2 \in [-\tau, 0]$ 时, 对一切 $\varphi \in W_P$ 一致地有

$$|\varphi(\theta_1) - \varphi(\theta_2)| < \frac{\beta}{4}.$$

今取 $V = W_{\beta/8} \bigcap \overline{V}_W (W_{\beta/8}$ 表示 W 的 $\beta/8$ 邻域$)$. 显见, $V \subset V_W$. 因此, $f^0 \in C^0(V, R^n)$, 即 $\exists M_1 > 0$, 使得 $(t, \phi) \in V$ 时, $|f^0(t, \phi)| \leqslant M_1$. 令 $U(f^0) = \{f \in C^0(V, R^n) : \|f - f^0\| \leqslant 1\}$, 则当 $f \in U(f^0), (t, \phi) \in V$ 时, 有

$$|f(t, \phi)| \leqslant |f(t, \phi) - f^0(t, \phi)| + |f^0(t, \phi)| \leqslant 1 + M_1 = M.$$

取 $0 < h < \min\left\{h_1, h_2, \dfrac{\beta}{2M}\right\}$, 则由定理 1.5.1 的证明过程知, 对 $\forall(t_0, \varphi) \in V$ 及 $f \in U(f^0)$, 初值问题 (1.5.3) 在 $[t_0 - \tau, t_0 + h]$ 上至少存在一个解. 证毕.

定理 1.5.2(解的唯一性) 设 $\Omega \subset R \times C([-\tau, 0], R^n)$ 是一开集, $f \in C(\Omega, R^n)$ 且 $f(t, \phi)$ 在 Ω 的任一紧致子集上关于 ϕ 满足 Lipschitz 条件. 若 $(t_0, \varphi) \in \Omega$, 则初值问题 (1.5.3) 必存在唯一解.

证明 由定理 1.5.1 知, 初值问题 (1.5.3) 必有共同局部解存在. 下证唯一性.

设 (1.5.3) 存在两个解 $x(t)$ 与 $y(t)$, 他们的存在区间为 $[t_0 - \tau, t_0 + h](h > 0)$. 由于 $t \in [t_0 - \tau, t_0]$ 时, $x(t) = y(t) = \varphi(t)$, 所以只需证 $t \in [t_0, t_0 + h]$ 时, $x(t) = y(t)$ 即可.

由于 (1.5.3) 的求解问题等价于 (1.5.4) 的求解问题, 所以

$$x(t) - y(t) = \int_{t_0}^t [f(s, x_s) - f(s, y_s)]ds, \quad t \in [t_0, t_0 + h].$$

令 L 是 $f(t, \phi)$ 在包含点集 $\{(t, x_t) : t \in [t_0, t_0 + h]\}$ 与 $\{(t, y_t) : t \in [t_0, t_0 + h]\}$ 的某一紧致集上的 Lipschitz 常数, 并选 $\delta : 0 < \delta \leqslant h$, 使得 $L\delta < 1$. 于是, 当 $t \in [t_0, t_0 + \delta]$ 时,

$$|x(t) - y(t)| \leqslant \int_{t_0}^t L\|x_s - y_s\|ds \leqslant L\delta \sup_{s \in [t_0, t_0 + \delta]} \|x_s - y_s\| = L\delta \sup_{t \in [t_0, t_0 + \delta]} |x(t) - y(t)|.$$

注意到 $L\delta < 1$ 即得 $x(t) = y(t), t \in [t_0, t_0 + \delta]$.

同理可证 $x(t) = y(t), t \in [t_0 + \delta, t_0 + 2\delta]$. 这样继续下去便得, $x(t) = y(t), t \in [t_0, t_0 + h]$. 证毕.

为了更好地理解泛函微分方程解的唯一性, 我们考察如下两个实例.

例 1.5.6 考察纯量方程

$$\frac{dx}{dt} = \alpha(t)x(t - 1), \tag{1.5.6}$$

其中

$$\alpha(t) = \begin{cases} 0, & t \leqslant 0, \\ \cos 2\pi t - 1, & 0 < t \leqslant 1, \\ 0, & t > 1. \end{cases}$$

取 $t_0 = 0, \varphi(t) = C(-1 \leqslant t \leqslant 0), C$ 为常数. 考察 (1.5.6) 过点 $(0, \varphi)$ 的解.

由于当 $t \in [0,1]$ 时,

$$\frac{dx}{dt} = C(\cos 2\pi t - 1), \quad x(0) = C,$$

所以通过积分得

$$x(t) = C\left(\frac{1}{2\pi}\sin 2\pi t - t + 1\right), \quad t \in [0,1],$$

故 $x(1) = 0$.

又当 $t \in [1, +\infty)$ 时,

$$\frac{dx}{dt} = 0, \quad x(1) = 0,$$

所以

$$x(t) = 0, \quad t \in [1, +\infty).$$

方程 (1.5.6) 过点 $(0, \varphi)$ 的解曲线如图 1.5.2 所示. 由图可知, 不论初值 $\varphi(t) = C, t \in [-1,0]$ 是什么样的常数, 对应的解当 $t \geqslant 1$ 时均重合. 但这并不破坏泛函微分方程解的唯一性, 因为对每一个初值仍然有它唯一的一个解. 另外, 显见所给方程满足解的唯一性定理的条件, 所以对应每一个初值的解是唯一的. 这一点与常微分方程解的唯一性是不同的.

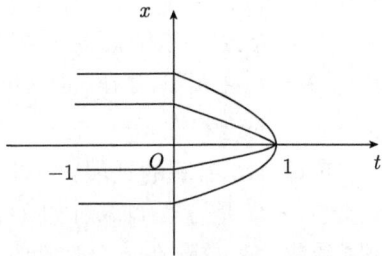

图 1.5.2 过点 (O, φ) 的解曲线

例 1.5.7 考察纯量方程

$$\frac{dx}{dt} = \beta(t)[x^{\frac{1}{2}}(t) - x(t - \tau)], \quad t \geqslant 0, \tag{1.5.7}$$

其中 $\tau > 0$,

$$\beta(t) = \begin{cases} 0, & t \leqslant \tau, \\ t - \tau, & t > \tau. \end{cases}$$

取 $t_0 = 0, \varphi(t) \in C[-\tau, 0], \varphi(0) = 0$. 考察 (1.5.7) 过点 $(0, \varphi)$ 的解.

由于当 $t \in [0, \tau]$ 时,

$$\frac{dx}{dt} = 0, \quad x(0) = 0,$$

所以它的解为 $x(t) \equiv 0, t \in [0, \tau]$.

又当 $t \in [\tau, 2\tau]$ 时,

$$\frac{dx}{dt} = (t - \tau)x^{\frac{1}{2}}(t), \quad x(\tau) = 0,$$

所以它存在两个解：

$$x_1(t) = 0, \quad x_2(t) = \frac{1}{16}(t - \tau)^4, \ t \in [\tau, 2\tau].$$

因此, 以 $\varphi(t)$ 为初值的解是不唯一的. 另外, 显见所给方程不满足泛函微分方程解的唯一性定理的条件.

定理 1.5.3(饱和解的端点性质)　设 $\Omega \subset R \times C([-\tau, 0], R^n)$ 是一开集, $f \in C(\Omega, R^n)$, 则初值问题 (1.5.3) 的解 $x(t), t \in [t_0 - \tau, \beta)$ 是右行饱和解的充要条件为: 若 $\exists t_n \to \beta-, \phi \in C([-\tau, 0], R^n)$, 使得 $\lim\limits_{n \to +\infty} (t_n, x_{t_n}) = (\beta, \phi)$, 则必有 $(\beta, \phi) \in \partial\Omega$.

证明　充分性. 采用反证法. 若 $x(t), t \in [t_0 - \tau, \beta)$ 不是饱和解, 则必有 $\lim\limits_{t \to \beta-} (t, x_t) = (\beta, x_\beta) \in \Omega$. 但根据假设条件知, $(\beta, x_\beta) \in \partial\Omega$, 矛盾.

必要性. 采用反证法. 若 $\exists t_n \to \beta-, \phi \in C([-\tau, 0], R^n)$, 使得 $\lim\limits_{n \to +\infty} (t_n, x_{t_n}) = (\beta, \phi)$, 但 $(\beta, \phi) \in \Omega$, 根据推论 1.5.1 知, 存在 $h > 0$ 及 (β, ϕ) 的一个邻域 $V \subset \Omega$, 使得对 $\forall (t_0, \varphi) \in V$, (1.5.3) 中方程过此点都至少在 $[t_0 - \tau, t_0 + h]$ 上存在一个解. 由于当 n 充分大时, $(t_n, x_{t_n}) \in V$, 因此 (1.5.3) 中的方程过点 (t_n, x_{t_n}) 的解将至少在 $[t_n - \tau, t_n + h]$ 上存在. 但 $\lim\limits_{n \to +\infty} (t_n + h) = \beta + h$, 即当 n 充分大时, $t_n + h > \beta$, 这与 $x(t)$ 的饱和性矛盾. 证毕.

定理 1.5.4(解的延展)　设 $\Omega \subset R \times C([-\tau, 0], R^n)$ 是一开集, $f : \Omega \to R^n$ 是连续的, $x(t)$ 是方程 (1.5.2) 过 $(t_0, \varphi) \in \Omega$ 在 $[t_0 - \tau, \beta)$ 上的饱和解, 则对 Ω 中的任何紧致集 W, 总存在一个时刻 t_W, 使得当 $t_W \leqslant t < \beta$ 时, $(t, x_t) \notin W$.

证明　采用反证法. 若不存在定理所要求的 t_W, 则必存在一个序列 $\{(t_n, x_{t_n})\}_{n=1}^\infty \subset W, t_n \to \beta - (n \to \infty)$. 由于 W 是紧致集, 故可由 $\{(t_n, x_{t_n})\}_{n=1}^\infty$ 中选出一个收敛的子列 $\{(t_{n_k}, x_{t_{n_k}})\}_{k=1}^\infty$. 根据 W 是紧致集从而为闭集知

$$\lim_{k \to \infty} (t_{n_k}, x_{t_{n_k}}) = (\beta, \phi) \in W \subset \Omega,$$

但由定理 1.5.3 知, $(\beta, \phi) \in \partial\Omega$, 矛盾. 证毕.

关于解的连续可微性有如下定理, 其证明可参阅文献 [137].

定理 1.5.5(解的连续可微性)　设 $\Omega \subset R \times C([-\tau, 0], R^n)$ 是一开集, $f \in C^r(\Omega, R^n), r \geqslant 1$, 则初值问题 (1.5.3) 的解是连续可微的.

解的整体存在性是研究解的全局性质的前提. 下面介绍利用比较法来判断 (1.5.2) 有整体解存在的充分条件.

设 $I \subset R$ 为开集, $V : I \times R^n \to R$ 连续, 对 $\forall t \in I, x \in C(R, R^n)$, 定义

$$D^+ V(t, x(t)) = \limsup_{h \to 0+} \frac{V(t + h, x(t + h)) - V(t, x(t))}{h},$$

$$D_-V(t, x(t)) = \liminf_{h \to 0+} \frac{V(t+h, x(t+h)) - V(t, x(t))}{h}.$$

引理 1.5.3　设 $V : [\sigma - \tau, T) \times R^n \to R$ 连续 ($T > \sigma$ 为某一常数), 使得对 $x \in C([\sigma - \tau, T), R^n)$, 若当 $t - \tau \leqslant s \leqslant t$ 且 $V(s, x(s)) \leqslant V(t, x(t))$ 时, 有

$$D^+V(t, x(t)) \leqslant \omega_2(t, \alpha_t), \tag{1.5.8}$$

其中

$$\alpha(t) = V(t, x(t)), \ \sigma - \tau \leqslant t < T; \ \omega_2 \in C([\sigma - \tau, T) \times C([-\tau, 0], R), [0, +\infty))$$

且满足: 对 $\forall u, v \in C([\sigma - \tau, T), R)$ 及 $t \in [\sigma, T)$, 当 $u(t) = v(t), u_t(\theta) \leqslant v_t(\theta), \theta \in [-\tau, 0]$ 时, 有

$$\omega_2(t, u_t) \leqslant \omega_2(t, v_t).$$

若以 $\overline{\eta}$ 表初值问题

$$\begin{cases} \dfrac{d\eta}{dt} = \omega_2(t, \eta_t), \ t \geqslant \sigma, \\ \eta_\sigma = \psi \end{cases}$$

的右行最大解, 则当 $\alpha(s) \leqslant \psi(s - \sigma), s \in [\sigma - \tau, \sigma], \psi(0) \geqslant \max\limits_{\sigma - \tau \leqslant s \leqslant \sigma} \alpha(s)$ 时,

$$V(t, x(t)) \leqslant \overline{\eta}(t)$$

在两者的公共存在区间上成立.

证明　只需证明对任意正整数 n, 初值问题

$$\begin{cases} \dfrac{d\eta_n}{dt} = \omega_2(t, \eta_{n_t}) + \dfrac{1}{n}, \ t \geqslant \sigma, \\ \eta_{n_\sigma} = \psi \end{cases} \tag{1.5.9}$$

的任意解 $\eta_n(t)$, 有 $V(t, x(t)) \leqslant \eta_n(t)$, 在两者的公共存在区间上成立.

采用反证法. 若不然, 则 $\exists n_0 \in N_+, t_1 \in [\sigma, \beta)$ ($[\sigma - \tau, \beta)$ 为方程 (1.5.9) 的最大解 (其中 $n = n_0$) 与 $V(t, x(t))$ 的公共存在区间), 使得

$$V(t, x(t)) \leqslant \eta_{n_0}(t), \quad t \in [\sigma, t_1]$$

且 $\exists t_n \to t_1^+$, 使得 $V(t_n, x(t_n)) \geqslant \eta_{n_0}(t_n)$. 由连续性有

$$V(t_1, x(t_1)) = \eta_{n_0}(t_1),$$

所以

$$D^+V(t_1, x(t_1)) \geqslant \limsup_{n \to \infty} \frac{V(t_n, x(t_n)) - V(t_1, x(t_1))}{t_n - t_1}$$

$$\geqslant \limsup_{n\to\infty} \frac{\eta_{n_0}(t_n) - \eta_{n_0}(t_1)}{t_n - t_1}$$

$$= \frac{d\eta_{n_0}}{dt}\Big|_{t=t_1} = \omega_2(t_1, \eta_{n_0 t_1}) + \frac{1}{n_0}. \tag{1.5.10}$$

另一方面, 根据 t_1 的定义, 对 $s \in [\sigma, t_1]$, 有

$$V(s, x(s)) \leqslant \eta_{n_0}(s) \leqslant \eta_{n_0}(t_1) = V(t_1, x(t_1)).$$

若 $t_1 - \tau < \sigma$, 则对 $s \in [t_1 - \tau, \sigma)$, 有

$$V(s, x(s)) \leqslant \psi(0) \leqslant \eta_{n_0}(t_1) = V(t_1, x(t_1)).$$

故对 $s \in [t_1 - \tau, t_1]$, 总有 $V(s, x(s)) \leqslant V(t_1, x(t_1))$, 从而

$$D^+ V(t_1, x(t_1)) \leqslant \omega_2(t_1, \alpha_{t_1}) \leqslant \omega_2(t_1, \eta_{n_0 t_1}).$$

这与 (1.5.10) 矛盾. 证毕.

由证明过程可知, 若 (1.5.8) 式当 $V(s, x(s)) \leqslant V(t, x(t))$, $\sigma \leqslant s \leqslant t < T$ 时成立, 则 $\psi(0) \geqslant \max\limits_{-\tau \leqslant s \leqslant 0} \alpha(\sigma + s)$ 可以去掉. 对右行最小解也有类似结论.

定理 1.5.6 设 $\exists V \in C(R \times R^n, R)$, $\lim\limits_{|x| \to +\infty} |V(t, x)| = +\infty$ 满足:

对 $\forall x \in C(R, R^n), t \in R$, 若当 $t - \tau \leqslant s \leqslant t$ 时, $V(s, x(s)) \leqslant V(t, x(t))$, 则

$$D^+ V(t, x(t)) \leqslant \omega_1(t, \alpha_t);$$

若当 $t - \tau \leqslant s \leqslant t$ 时, $V(s, x(s)) \geqslant V(t, x(t))$, 则

$$D_- V(t, x(t)) \geqslant \omega_2(t, \alpha_t),$$

其中 $\alpha(t) = V(t, x(t)), \omega_1, -\omega_2 \in C(R \times C([-\tau, 0], R), [0, +\infty))$ 且满足:
$\forall u, v \in C(R, R), t \in R,$ 当 $u_t(\theta) \leqslant v_t(\theta), \theta \in [-\tau, 0], u(t) = v(t)$ 时, 有

$$\omega_i(t, u_t) \leqslant \omega_i(t, v_t)(i = 1, 2).$$

则当

$$\frac{d\eta}{dt} = \omega_i(t, \eta_t)$$

的解整体存在 $(i = 1, 2)$ 时, 方程 (1.5.2) 的解整体存在.

证明 对 $\forall \sigma \in R, \varphi \in C([-\tau, 0], R^n)$, 记 (1.5.2) 过点 (σ, φ) 的解 $x(t) = x(\sigma, \varphi)(t), \alpha(t) = V(t, x(t)), t \in [\sigma - \tau, \beta)$. 设 $\eta_1(t)$ 是方程

$$\frac{d\eta}{dt} = \omega_1(t, \eta_t)$$

过 (σ, ψ) 的右行最大解; 设 $\eta_2(t)$ 是方程

$$\frac{d\eta}{dt} = \omega_2(t, \eta_t)$$

过 (σ, ξ) 的右行最小解, 其中 $\psi, \xi \in C([-\tau, 0], R)$, $\xi(s-\sigma) \leqslant \alpha(s) \leqslant \psi(s-\sigma)$, $s \in [\sigma - \tau, \sigma]$, $\xi(0) \leqslant \min\limits_{\sigma-\tau \leqslant s \leqslant \sigma} \alpha(s) \leqslant \max\limits_{\sigma-\tau \leqslant s \leqslant \sigma} \alpha(s) \leqslant \psi(0)$.

根据定理所给条件及引理 1.5.3 知

$$\eta_2(t) \leqslant \alpha(t) \leqslant \eta_1(t), \ t \in [\sigma - \tau, \beta).$$

若 $\beta < +\infty$, 则 $\exists t_n \to \beta-$, 使得 $|x(t_n)| \to +\infty, n \to \infty$, 因此 $|\alpha(t_n)| \to +\infty(n \to \infty)$, 这与 η_1, η_2 在 $[\sigma - \tau, \beta]$ 上有界相矛盾. 故 $\beta = +\infty$. 证毕.

类似可证如下定理.

定理 1.5.7 设 $\exists V \in C(R \times R^n, [0, +\infty))$, $\lim\limits_{|x| \to \infty} V(t, x) = +\infty$ 满足:

对 $\forall x \in C(R, R^n), t \in R$, 若当 $t - \tau \leqslant s \leqslant t$ 时, $V(s, x(s)) \leqslant V(t, x(t))$, 则

$$D^+ V(t, x(t)) \leqslant \omega_1(t, \alpha_t),$$

其中 $\alpha(t), \omega_1$ 与定理 1.5.6 所设相同. 则当

$$\frac{d\eta}{dt} = \omega_1(t, \eta_t)$$

的解整体存在时, 方程 (1.5.2) 的解整体存在.

推论 1.5.2 设 $\exists S \in C(R \times R^n, [0, +\infty))$ 满足:

(i) $S(t, x) = 0$ 当且仅当 $x = 0$;

(ii) $S(t, \lambda x) = \lambda S(t, x), S(t, x + y) \leqslant S(t, x) + S(t, y), \lambda \geqslant 0, x, y \in R^n$;

(iii) $\forall x \in C(R, R^n), t \in R$, 若当 $t - \tau \leqslant s \leqslant t$ 时, $S(s, x(s)) \leqslant S(t, x(t))$, 则

$$\frac{\partial}{\partial t} S(t, z)|_{z=x(t)} + S(t, f(t, x_t)) \leqslant \omega_1(t, \alpha_t),$$

其中 $\alpha(t) = S(t, x(t)), \omega_1$ 与定理 1.5.6 所设相同. 则当

$$\frac{d\eta}{dt} = \omega_1(t, \eta_t)$$

的解整体存在时, 方程 (1.5.2) 的解整体存在.

证明 注意到

$$\lim_{|x| \to +\infty} S(t, x) = \lim_{|x| \to +\infty} |x| S\left(t, \frac{x}{|x|}\right) \geqslant \lim_{|x| \to +\infty} |x| \cdot \min_{|y|=1} S(t, y) = +\infty,$$

以及

$$D^+S(t,x) \leqslant \frac{\partial}{\partial t}S(t,x) + S(t, D^+x),$$

由定理 1.5.7 知, 本推论成立. 证毕.

若令 $S(t,x) = |x|, \omega_1(t,z) = M(t) + N(t)z$, 则得如下推论.

推论 1.5.3   若 $\exists M, N \in C(R, [0, +\infty))$, 使得

$$|f(t,\varphi)| \leqslant M(t) + N(t)\|\varphi\|, \quad (t,\varphi) \in R \times C([-\tau, 0], R^n),$$

则方程 (1.5.2) 的解整体存在.

由本节可见, 有关 RFDE(f) 的概念和定理在叙述和证明上与常微分方程有许多相似之处. 但它与常微分方程也有许多重大区别. 在 RFDE(f) 中: 解的定义是"单向"的, 即要求解在 t_0 的右方满足微分方程; 决定一个解的初始条件是空间 $R \times C([-\tau, 0], R^n)$ 中的一个点 (t_0, φ), 这里 $\varphi \in C([-\tau, 0], R^n)$ 是一个函数; 研究解的"负向延展"(即左行解) 时, 遇到很大困难 ("正向延展"与常微分方程基本类似); 方程右端 f 是定义在无穷维空间上的泛函 (常微分方程中右端 f 是通常意义下的函数).

§1.6   非线性脉冲微分方程基本理论

脉冲现象作为一种瞬时突变现象, 在现代科技各领域的实际问题中是普遍存在的, 其数学模型往往可归结为脉冲微分系统. 鉴于这类新型非线性微分系统在现代诸多科技领域日益广泛的应用, 逐渐引起微分系统学者专家的关注与重视.

本节考虑脉冲微分方程的基本理论, 研究具依赖于状态的脉冲微分方程的局部解和整体解.

令 $\{S_k\}$ 是一列曲线: $S_k : t = \tau_k(x), k = 1, 2, \cdots$, 使得 $\tau_k(x) < \tau_{k+1}(x)$ 且 $\lim\limits_{k \to +\infty} \tau_k(x) = +\infty$. 考虑方程

$$\begin{cases} x' = f(t,x), & t \neq \tau_k(x), \\ \Delta x\big|_{t = \tau_k(x)} = I_k(x), \\ x(t_0^+) = x_0, \end{cases} \tag{1.6.1}$$

这里 $f : R \times R \to R, I_k : R \to R$. 该方程比固定时刻的脉冲微分方程更复杂.

定义 1.6.1   若函数 $x : (t_0, a] \to R$ 满足:

(1) $x(t_0^+) = x_0$;

(2) $x(t)$ 在 $t \in (t_0, a], t \neq \tau_k(x(t))$ 连续可微且满足 $x'(t) = f(t, x(t))$;

(3) 当 $t \in (t_0, a]$ 且 $t = \tau_k(x(t))$ 时, 有 $x(t^+) = x(t) + I_k(x(t))$, 且在这样的 t 点我们一直假设 $x(t)$ 是左连续, 且存在 $\delta_t > 0$ 使得对 $\forall s \in (t, t + \delta_t)$, $\forall j \geqslant 1$ 一定有 $s \neq \tau_j(x(s))$, 则称 $x(t)$ 是方程 (1.6.1) 的解, 记作 $x(t, t_0, x_0)$.

与一般微分方程不同, 方程 (1.6.1) 可能无解, 即使 f 是连续的 (或连续可微的), 因为 $x' = f(t, x)$, $x(t_0) = x_0$ 的解可能全部在某一 S_k 上.

例 1.6.1 考虑方程

$$\begin{cases} x' = 1, & t \neq \tau_k(x), t \geqslant 0, \\ \Delta x|_{t = \tau_k(x)} = x^2 \mathrm{sgn} x - x, & k = 0, 1, 2, \cdots, \\ x(0^+) = 0, \end{cases}$$

这里 $\tau_k(x) = x + 6k$, $S_k : t = \tau_k(x)$, $k = 0, 1, \cdots$, $|x| < 3$. 注意到 $(0, 0) \in S_0$. 函数 $x(t) = t$ 满足 $x'(t) = 1$, $t > 0$, 且 $x(0^+) = 0$, $\Delta x|_{t=0} = \tau_0(x(0)) = 0$. 可见该解一直在 S_0 上. 所以该方程无解.

下面我们给出方程 (1.6.1) 局部解存在的条件.

定理 1.6.1 设

(i) $f : (t_0, t_0 + a) \times R \to R$ 连续, 对每一个 $(t, x) \in R$, 存在函数 $l \in L^1_{\mathrm{loc}}$ 使得对 (t, x) 的某一邻域内的点 (s, y) 都有

$$|f(s, y)| \leqslant l(s);$$

(ii) 对每一个 k, 若 $t_1 = \tau_k(x_1)$, 则一定存在 $\delta > 0$ 使得对任意的 $(t, x) \in \{(t, x) : 0 < t - t_1 < \delta, |x - x_1| < \delta\}$ 都有

$$t \neq \tau_k(x). \tag{1.6.2}$$

则对每一 $(t_0, x_0) \in R^2$, 方程 (1.6.1) 存在解 $x(t)$, $t \in (t_0, t_0 + \alpha)$, $0 < \alpha \leqslant a$.

证明 若对任意的 k 都有 $t_0 \neq \tau_k(x_0)$, 则结论是显然的. 若存在某一个 k, 使 $t_0 = \tau_k(x_0)$, 则由 f 的连续性知 $\begin{cases} x' = f(t, x), \\ x(t_0^+) = x_0 \end{cases}$ 存在局部解 $x(t)$. 由于当 $i < j$ 时, $\tau_i(x) < \tau_j(x)$, 可见当 t 充分靠近 t_0 时一定有 $t \neq \tau_j(x(t))$ 对 $j \neq k$ 都成立. 另一方面, 由条件 (1.6.2) 知当 t 从右边靠近 t_0 时, $t \neq \tau_k(x(t))$. 所以 $x(t)$ 是方程 (1.6.1) 的局部解. 证毕.

显然条件 (1.6.2) 仅对某些非正则函数成立. 因为对于 $\tau_k(x)$, 只要 $\tau'(x_0) \neq 0$, 由隐函数定理知 (1.6.2) 肯定不成立. 然而, 下面的定理 $\tau_k(x)$ 满足正则性条件.

定理 1.6.2 设

(i) $f : (t_0, t_0 + a] \times R \to R$ 连续;

(ii) $\tau_k : R \to (0, +\infty)$ 可微, $k = 1, 2, \cdots$;

(iii) 对任给的 $t_1 = \tau_k(x_1)$, 存在 $\delta > 0$ 使得对任意的 $(t, x) \in \{(t, x) : 0 < t - t_1 < \delta, |x - x_1| < \delta\}$ 都有

$$\tau_k'(x) \cdot f(t, x) \neq 1.$$

则对每一个 $(t_0, x_0) \in R^2$, 方程 (1.6.1) 存在解 $x(t), t \in (t_0, t_0 + \alpha), 0 < \alpha \leqslant a$.

证明　若对任意的 k 都有 $t_0 \neq \tau_k(x_0)$, 则结论是显然的. 若存在某一个 k, 使 $t_0 = \tau_k(x_0)$, 则由 f 的连续性知 $\begin{cases} x' = f(t, x), \\ x(t_0^+) = x_0 \end{cases}$ 存在局部解 $x(t)$. 令 $\sigma(t) = t - \tau_k(x(t))$, 则 $\sigma(t_0^+) = 0$ 且当 t 从右边充分靠近 t_0 时

$$\sigma'(t) = 1 - \tau_k'(x(t)) f(t, x(t)) \neq 0.$$

因此在 t_0 的某一右邻域上 $\sigma(t)$ 是严格单调的, 从而在该右邻域中 $t \neq \tau_k(x(t))$, $t > t_0$. 剩余的证明和上定理一样. 证毕.

对于初值问题 (1.6.1), 注意下面两点:

(1) 若对任意的 k, $t_0 \neq \tau_k(x_0)$, 则方程 (1.6.1) 的局部解与过去无脉冲的情况一样;

(2) 若存在 k, $t_0 = \tau_k(x_0)$, 则方程 (1.6.1) 的局部解与 τ_k 的光滑性有关.

设方程 (1.6.1) 的解 $x(t, t_0, x_0)$ 在 $(t_0, t_0 + a)$ 上存在, 记其脉冲点为 $\{t_i\}, t_0 < t_i < t_0 + a, t_i < t_j, i < j$, 此时有

$$x(t, t_0, x_0) = \begin{cases} x(t, t_0, x_0), & t_0 \leqslant t \leqslant t_1, \\ x(t, t_1, x_1^+), & t_1 < t \leqslant t_2, \\ \vdots & \vdots \\ x(t, t_i, x_i^+), & t_i < t \leqslant t_{i+1}, \\ \vdots & \vdots \end{cases}$$

这里 $x_i^+ = x_i + I_k(x_i)$, $x_i = x(t_i)$. 因此, 即使对任意的 k, $t_0 \neq \tau_k(x_0)$, 仍可能存在某一 i, 使 $(t_i, x_i^+) \in S_j$. 在这种情况下方程 (1.6.1) 在区间 $(t_i, t_{i+1}]$ 上的解就是上面的注 2 意义下的解. 这表明即使 (t_0, x_0) 不在任何一个 S_k 上, 我们也要考虑在上面第二种情况的解.

下面我们考虑方程 (1.6.1) 局部解的右向延展. 同过去的一般方程的定义一样, 若 $x(t), t \in (t_0, a), y(t), t \in (t_0, b)$ 是方程 (1.6.1) 的解, 且 $b > a$, 当 $t \in (t_0, a)$ 时, $x(t) \equiv y(t)$, 则称 $y(t)$ 是 $x(t)$ 的右向延展. 若解 $x(t), t \in (t_0, a)$ 不存在右向延展,

则称 $x(t)$ 是方程 (1.6.1) 的右向饱和解, (t_0, a) 是该解的最大存在区间. 对于方程 (1.6.1) 饱和解的存在性, 我们有如下的定理.

定理 1.6.3 设

(i) $f : R^2 \to R$ 连续;

(ii) $I_k \in C(R, R)$, $\tau_k \in C(R, (0, +\infty))$, $\forall k \geqslant 1$.

若下面的三个条件之一成立:

(H_1) 对任意的 $k \geqslant 1$, 当 $t_1 = \tau_k(x_1)$ 时存在 $\delta > 0$ 使得对任意的 $(t, x) \in \{(t, x) : 0 < t - t_1 < \delta, |x - x_1| < \delta\}$, 都有 $t \neq \tau_k(x)$;

(H_2) 对所有的 $k \geqslant 1$, 当 $t_1 = \tau_k(x_1)$ 时有 $t_1 \neq \tau_j(x_1 + I_k(x_1))$, $\forall j \geqslant 1$;

(H_3) $\tau_k \in C^1(R, (0, +\infty))$, $\forall k \geqslant 1$, 且当 $t_1 = \tau_k(x_1)$ 时存在 j 使 $t_1 = \tau_j(x_1 + I_k(x_1))$ 及

$$\frac{d\tau_j(x_1^+)}{dx} \cdot f(t_1, x_1^+) \neq 1, \tag{1.6.3}$$

这里 $x_1^+ = x_1 + I_k(x_1)$, 而方程 (1.6.1) 的饱和解 $x(t)$ 的存在区间 (t_0, b) 是有限的, 则

$$\lim_{t \to b^-} |x(t)| = +\infty.$$

证明 反证法. 若结论不成立, 则存在严格单调递增序列 $\{t_n \geqslant t_0\}$, 当 $t_n \to b$ 时, $x(t_n) \to x^*$ 存在有限. 我们说若 (t, x) 满足对任意的 $k \geqslant 1$, 都有 $t \neq \tau_k(x)$, 则称 (t, x) 是正则点, 否则称为非正则点. 对 $(t, x) \in [0, a] \times R$, $t > 0$, 令

$$B_r(t, x) = \{(s, y) : |s - t| \leqslant r, |y - x| \leqslant r\}, B_r(x) = \{y : |y - x| \leqslant r\}.$$

首先假设 (b, x^*) 是正则点. 则存在 $r_1 > 0$ 使得所有的 $(t, x) \in B_{r_1}(b, x^*)$ 是正则点, 因为 $\tau_k(x)$ 关于 x 连续, 关于 k 单增. 由于 f 是连续的, 故方程

$$\begin{cases} y' = f(t, y), \\ y(s) = y_0 \end{cases} \tag{1.6.4}$$

存在解 $y(t) \in B_{r_1}(x^*)$, $t \in [s, s + r_2] (r_2 > 0)$, $s \in [t_0, b)$, $y_0 \in B_{r_2}(x^*)$. 进一步, 方程 (1.6.4) 所有解 $y(t) \in B_{r_1}(x^*)$, $t \in [s, s + r_2]$, $s \in [t_0, b)$.

取 n_0 使得 $(t_{n_0}, x(t_{n_0})) \in B_{r_2}(b, x^*)$. 由于 $(t_{n_0}, x(t_{n_0}))$ 是正则点, 因此 $x(t)$ 是方程 (1.6.4) 过 $(s, y_0) = (t_{n_0}, x(t_{n_0}))$ 的解. 由 r_2 的选择可知 $(t, x(t)) \in B_{r_1}(b, x^*)$, $\forall t \in [t_{n_0}, r_2]$, 即 $b \leqslant r_2$. 因此, 该解还可以向右延展. 此与饱和解相矛盾.

下面讨论 (b, x^*) 是非正则点. 也就是, 存在 $k \geqslant 1$ 使得 $b = \tau_k(x^*)$. 令 $x^+ = x^* + \tau_k(x^*)$.

在条件 (H_1) 下, 存在 $r_1 > 0$ 使得对所有的 $(t, x) \in B_{r_1}(b, x^*)$ 有 $t \neq \tau_k(x)$. 利用 $\tau_j(x)$ 的性质知, 存在 $r_2 < r_1$ 使得对所有 $(t, x) \in B_{r_2}(b, x^*)$ 有 $t \neq \tau_j(x)$. 利用相同的讨论可知, $\lim\limits_{t \to b^-} x(t) = x^*$, 从而 $x(t)$ 可以延展出去, 矛盾.

在条件 (H_2) 下, 则 $b \neq \tau_j(x^+)$, $\forall j \geqslant 1$. 易证存在 $r_1 > 0$ 使得对 $\forall (t, x) \in B_{r_1}(b, x^+)$ 有 $t \neq \tau_j(x)$, $\forall j \geqslant 1$. 与前面类似, 存在 $0 < r_2 < r_1$ 使得 (1.6.4) 的解 $y(t) \in B_{r_1}(b, x^+)$, $t_0 \leqslant s \leqslant b$, $y_0 \in B_{r_2}(x^+)$. 由于 $I_k(x)$, $\tau_j(x)$ 连续及 $b = \tau(x^*)$, 存在 $0 < r_3 < r_2$ 使得 $x + I_k(x) \in B_{r_2}(x^+)$, $x \in B_{r_3}(x^*)$, $t \neq \tau_j(x)$, $\forall (t, x) \in B_{r_3}(b, x^*)$, $j \neq k$. 与前面类似, 存在 $0 < r_4 < r_3$ 使得过 $(s, y_0) \in [t_0, b) \times B_{r_4}(x^*)$ 的解 $y(t)$ 都有 $y(t) \in B_{r_3}(x^*)$, $t \in [s, s + r_4]$. 现在, 固定 n_0 使得

$$(t_{n_0}, x(t_{n_0})) \in B_{r_4}(b, x^*).$$

我们有两种情况:

(a) $(t, x(t))$ 不是正则点, $x(t) \in B_{r_3}(x^*)$, $t \geqslant t_{n_0}$;

(b) $(t^*, x(t^*))$ 是正则点, $x(t^*) \in B_{r_3}(x^*)$, $t_{n_0} \leqslant t^* < b$.

在 (a) 的情况下, 相同的讨论可以得到 $x(t) \in B_{r_3}(x^*)$, $\forall t_{n_0} \leqslant t < b$ 及 $\lim\limits_{t \to b^-} x(t) = x^*$, 矛盾.

在 (b) 的情况下, $x(t)$ 满足 $t^* = \tau_k(x(t^*))$ 且

$$\begin{cases} x'(t) = f(t, x(t)), \\ x(t^{*+}) = y_0, \end{cases} \tag{1.6.5}$$

$\forall t \in (t^*, t^* + \delta)(\delta$ 由定理 1.6.1 给出), 这里 $y_0 = x(t^*) + I_k(x(t^*))$. 由于 $x(t^*) \in B_{r_3}(x^*)$, 知 $y_0 \in B_{r_2}(x^+)$. 由于当 $(t, x(t)) \in B_{r_1}(b, x^+)$, $(t, x(t))$ 是正则点, 同样的讨论可得 $x(t) \in B_{r_1}(x^+)$, $(t, x(t))$ 是正则点, $\forall t \in [t^*, b)$. 因此, $\lim\limits_{t \to b^-} x(t) = y \in B_{r_1}(x^+)$, 矛盾.

最后, 若 (H_3) 成立, 则对某一 $j \geqslant 1$, 有 $b = \tau_j(x^+)$. 取 $r_1 > 0$ 使得 $t \neq \tau_i(x)$, $\dfrac{d\tau_j(x)}{dx} \cdot f(t, x) \neq 1$, $\forall (t, x) \in B_{r_1}(b, x^+)$, $i \neq j$. 取 $0 < r_2 < r_1$ 使得过 $(s, y_0) \in [t_0, b) \times B_{r_2}(x^+)$ 的解 $y(t) \in B_{r_1}(x^+)$, $\forall t \in [s, s + r_2]$. 由于 $b = \tau_k(x^*)$, τ_i, I_i 连续, 存在 $r_2 > r_3 > 0$ 使得当 $(t, x) \in B_{r_3}(b, x^*)$ 有

$$(t, x + I_k(x)) \in B_{r_2}(b, x^+), t \neq \tau_i(x), \forall i \neq k.$$

取 $0 < r_4 < r_3$ 使得过 $(s, y_0) \in [t_0, b) \times B_{r_4}(x^*)$ 的解 $y(t) \in B_{r_3}(x^*)$, $\forall t \in [s, s + r_4]$. 现在对于过 $(t_{n_0}, x(t_{n_0})) \in B_{r_4}(b, x^*)$ 的解 $x(t)$, 有下面两种情况:

(c) $(t, x(t))$ 不是非正则点, $\forall x(t) \in B_{r_3}(x^*)$, $t_{n_0} \leqslant t < b$;

(d) $(t^*, x(t^*))$ 是非正则点, $x(t^*) \in B_{r_3}(x^*)$, $t_{n_0} \leqslant t^* < b$.

在情况 (c) 下, 相同的讨论可知 $x(t) \in B_{r_3}(x^*)$, $(t, x(t))$ 是正则的, $\forall t_{n_0} \leqslant t < b$. 所以 $\lim\limits_{t \to b^-} x(t) = x^*$, 矛盾.

在情况 (d) 下, 由于对 $i \neq k$ 时, $t^* \neq \tau_i(x(t^*))$, 所以 $t^* = \tau_k(x(t^*))$. 并且, 对 $y_0 = x(t^*) + I_k(x(t^*))$, $i \neq j$, 由于 $y_0 \in B_{r_2}(x^+)$ 知 $t^* = \tau_j(y_0)$. 因此由条件 (H_3) 知 $t^* = \tau_j(y_0)$. 进一步, 对足够小的 $\delta > 0$, $x(t)$ 满足 (1.6.5), $t \in (t^*, t^* + \delta)$. 令 $s \in (t^*, b)$ 使得当 $t \in (t^*, s)$ 时, $(t, x(t))$ 是正则点, 但是 $(s, x(s))$ 是非正则点, 显然 我们对 $t \in [t^*, s]$ 有 $(t, x(t)) \in B_{r_1}(b, x^+)$, $s = \tau_j(x(s))$.

现在, 令 $\sigma(t) = t - \tau_j(x(t))$, 可知

$$\sigma'(t) = 1 - \frac{d\tau_j(x(t))}{dx} f(t, x(t)) \neq 0, \quad \forall t \in [t^*, s],$$

此与 $\sigma(t^*+) = \sigma(s)$ 矛盾. 因此, $(t, x(t)) \in B_{r_1}(b, x^+)$ 且没有非正则点, $t \in [t^*, b)$, 从而, $\lim\limits_{t \to b^-} x(t) = y \in B_{r_1}(x^+)$, 矛盾. 证毕.

下面我们考虑解对初值的连续依赖性及可微性, 主要研究变时刻脉冲微分方程 的连续依赖性.

定义 1.6.2   设 $x(t, t_0, x_0)$ 是方程 (1.6.1) 的解, 且

(1) 当对所有的 $k \geqslant 1$, $t \neq \tau_k(x(t, t_0, x_0))$ 时, 一定有 $\lim\limits_{(\zeta, \eta) \to (t_0, x_0)} x(t, \zeta, \eta) = x(t, t_0, x_0)$;

(2) 对 $\forall \varepsilon > 0$, 存在闭集 $J_\varepsilon \subseteq J$ 和某一 $\delta > 0$ 使得 $m(J - J_\varepsilon) < \varepsilon$ 且 $|\zeta - t_0| + |\eta - x_0| < \delta$ 时

$$|x(t, \zeta, \eta) - x(t, t_0, x_0)| < \varepsilon, \quad t \in J_\varepsilon.$$

则称 $x(t, t_0, x_0)$ 连续依赖于 (t_0, x_0).

定理 1.6.4   假设

(i) $f \in C(J \times R, R)$, $I_k \in C(R, R)$, $\tau_k \in C^1(R, (0, +\infty))$ 且 $\forall x \in R$, 有 $\limsup\limits_{y \to x} |\tau_k(y) - \tau_k(x)| = 0$;

(ii) 考虑辅助 IVP

$$\begin{cases} u' = f(t, u), & t \geqslant t_0, \\ u(t_0) = x_0, & t_0 \geqslant 0. \end{cases} \tag{1.6.6}$$

(1.6.6) 的解 $u(t, t_0, x_0)$ 关于 (t_0, x_0) 具有古典意义下的连续依赖性;

(iii) 若对某一 $k \geqslant 1$, 有 $t = \tau_k(x)$, 则对所有 $j \geqslant 1$ 一定有 $t \neq \tau_j(x + I_k(x))$;

(iv) $\tau_k'(x) f(t, x) \neq 1$, $\forall k \geqslant 1$.

则 (1.6.1) 的解 $x(t, t_0, x_0)$ 在定义 1.6.2 下连续依赖于 (t_0, x_0).

证明   由条件 (ii) 可以得出方程 (1.6.1) 解的唯一性. 首先证明方程 (1.6.1) 的 解若碰到脉冲面 $S_j (j \geqslant 1)$, 则至多有限次相碰. 若结论不真, 则存在序列 $\{t_j\} \subseteq J$

使得

$$t_j = \tau_{n_j}(x(t_j)).\tag{1.6.7}$$

不失一般性, 令 $\lim\limits_{j \to +\infty} t_j = t^*$, 且要么 (a) $t_j > t^*$, $\forall j \geqslant 1$; 要么 (b) $t_j < t^*$, $\forall j \geqslant 1$. 由定义 1.6.1, (a) 不可能出现. 若 (b) 出现, 由于 $x(t)$ 左连续, 我们有 $\lim\limits_{j \to +\infty} x(t_j) = x(t^*) = x^*$. 我们可以假设存在 $n \geqslant 1$ 使得

$$|t^* - \tau_n(x^*)| < \min_{i \neq n}|t^* - \tau_i(x^*)|.\tag{1.6.8}$$

则由 (1.6.7), (1.6.8) 和条件 (i) 知对足够大的 j 一定有 $n_j = n$. 因此 $t^* = \tau_n(x^*)$, $I_n(x^*) = \lim\limits_{j \to +\infty} I_n(x(t_j)) = 0$. 可以推出 $t^* = \tau_n(x^* + I_n(x^*))$, 与条件 (iii) 矛盾. 所以, 我们可以假设 $x(t)$ 碰到 S_j 的次数为 p 次, 碰撞时刻为 t_j $(j = 1, 2, \cdots, p)$, t_j 是 $x(t)$ 碰到 S_j 的时刻, $t_0 < t_1 < \cdots < t_p < t_0 + a$.

定义 $\sigma(t, h) = t - \tau_1(u(t, t_0, x_0 + h))$, h 足够小. 由条件 (ii) 知

$$\sigma(t_1, 0) = t_1 - \tau_1(x(t_1, t_0, x_0)) = 0,$$

且 $\sigma(t, h)$ 关于 h 连续. 条件 (iv) 表明 $\dfrac{\partial \sigma}{\partial t}\big|_{t = t_1} \neq 0$. 因此由隐函数定理, $\forall \varepsilon > 0$, 存在 $0 < \delta_2 < \delta_1 < \varepsilon$ 使得存在唯一的函数 $t : \beta_{\delta_2}(0) = \{y \in R : |y| \leqslant \delta_2\} \to [t_0, +\infty)$ 连续且有

$$t(0) = t_1, \sigma(t(h), h) \equiv 0, h \in \beta_{\delta_2}(0).\tag{1.6.9}$$

特别地, 由 (1.6.8) 知 (1.6.1) 的解 $x(t, t_0, x_0 + h)$ 碰到 S_1, $t = t(h)$, $\forall h \in B_{\delta_2}(0)$, S_1 也正是 $x(t, t_0, x_0)$ 在 $t = t_1$ 所碰到的.

由于 I_1 是连续的, $t_1 \neq \tau_k(x(t_1) + I_1(x(t_1)))$, $k \geqslant 1$, 且 $\lim\limits_{h \to 0} t(h) = t_1$, 对任意给定的 $\delta > 0$ 都成立, 我们可取 $0 < \varepsilon < \delta$ 和相应的 $0 < \delta_2 < \delta_1 < \varepsilon$ 使得对每一 $h \in B_{\delta_2}(0)$, 都有 $x(t, t_0, x_0)$ 和 $x(t, t_0, x_0 + h)$ 在 $t \in [t_0, t_0 + \varepsilon]$ 碰到 S_1 仅一次. 更特殊地, 设 $x(t, t_0, x_0)$ 在 $t = t_1$ 碰到 S_1, $x(t, t_0, x_0 + h)$ 在 $t = t(h)$ 碰到 S_1, $|t(h) - t_1| < \delta_1$. 从而

$$\begin{cases} |x(t_1 + \varepsilon, t_0, x_0) - x(t_1 + \varepsilon, t_0, x_0 + h)| < \delta, \\ |x(t, t_0, x_0) - x(t, t_0, x_0 + h)| < \delta, t \in [t_0, t_1 - \delta_1]. \end{cases}\tag{1.6.10}$$

由 (1.6.10) 及 δ 的任意性, 我们可以在 $(t_2, \tau_2(x(t_2)))$ 上重复相同的步骤, 对任意给定的 $\delta > 0$, 取充分小的 $0 < \varepsilon < \delta$ 和相应的 $0 < \delta_2 < \delta_1 < \varepsilon$ 使得对每一 $h \in B_{\delta_2}(0)$, $x(t, t_0, x_0 + h)$ 在 $[t_0, t_2 + \varepsilon]$ 上仅碰到 S_j 两次, 也就是, 在 t_1^* 碰到 S_1 在 t_2^* 碰到 S_2, 这里 $|t_1^* - t_1| < \delta_1$, $|t_2^* - t_2| < \delta_1$. 从而

$$\begin{cases} |x(t_2 + \varepsilon, t_0, x_0) - x(t_2 + \varepsilon, t_0, x_0 + h)| < \delta, \\ |x(t, t_0, x_0) - x(t, t_0, x_0 + h)| < \delta, t \in J - J_2, \end{cases}\tag{1.6.11}$$

这里 $J_2 = (t_1 - \delta_1, t_1 + \delta_1) \bigcup (t_2 - \delta_1, t_2 + \delta_1)$.

这一过程可以重复下去, 由于 $x(t, t_0, x_0)$ 有有限次跳跃, 我们最终可取到 $\varepsilon > 0$ 满足 $0 < \varepsilon < \dfrac{\delta}{2p}$ 和相应的 $0 < \delta_2 < \delta_1 < \varepsilon$ 使得对 $h \in B_{\delta_2}(0)$, 有

$$|x(t, t_0, x_0) - x(t, t_0, x_0 + h)| < \delta, t \in J - J_0,$$

这里 $J_0 = \bigcup\limits_{i=1}^{p} (t_i - \delta_2, t_i + \delta_2)$. 显然 $m(J_0) = 2p\delta_1 < 2p\varepsilon < \delta$, 故得 $x(t, t_0, x_0)$ 关于 x_0 的连续依赖性. 同样, 可以证明 $x(t, t_0, x_0)$ 连续依赖于 t_0. 用 $\sigma^*(t, \lambda, h) = t - \tau_1(u(t, t_0 + \lambda, x_0 + h))$ 代替 $\sigma(t, h)$, 我们就可获得 $x(t, t_0, x_0)$ 关于 (t_0, x_0) 的连续依赖性. 证毕.

考虑初值问题 (1.6.1). 由于 (1.6.1) 的解在 $t = \tau_k(x(t, t_0, x_0))$ 不具有可微性, 所以我们给出新的定义.

定义 1.6.3　设 $x(t) = x(t, t_0, x_0)$ 是 (1.6.1) 的解. 若 $\dfrac{\partial x(t, t_0, x_0)}{\partial x_0}$ 和 $\dfrac{\partial x(t, t_0, x_0)}{\partial t_0}$ 存在, $t \neq \tau_k(x(t, t_0, x_0))$, $k = 1, 2, \cdots$, 则称 $x(t) = x(t, t_0, x_0)$ 关于 (t_0, x_0) 是可微的.

由于 $\dfrac{\partial x(t, t_0, x_0)}{\partial x_0}$ 对于 $t = \tau_k(x(t))$ 无意义, 我们定义

$$\frac{\partial x(t, t_0, x_0)}{\partial x_0} = \lim_{s \to t^-} \frac{\partial x(s, t_0, x_0)}{\partial x_0}, t = \tau_k(x(t)),$$

也就是, $\dfrac{\partial x(t, t_0, x_0)}{\partial x_0} = \dfrac{\partial x(t^-, t_0, x_0)}{\partial x_0}$. $\dfrac{\partial x(t, t_0, x_0)}{\partial t_0}$ 同样可以定义.

定理 1.6.5　设

(i) $f \in C(J \times R, R)$, $f_x(t, x)$ 存在连续, 这里 $J = [t_0, t_0 + a]$, $I_k \in C^1(R, R)$, $\tau_k \in C^1(R, (0, +\infty))$, $\lim\limits_{y \to x} \sup\limits_k |\tau_k(y) - \tau_k(x)| = 0$;

(ii) 当 $t = \tau_k(x)$, $k \geqslant 1$ 时有 $t \neq \tau_j(x + I_k(x))$, $\forall j \geqslant 1$;

(iii) $\dfrac{d\tau_k(x)}{dx} f(t, x) \neq 1$, $\forall k \geqslant 1$.

则方程 (1.6.1) 的解 $x(t, t_0, x_0)$ 关于 (t_0, x_0) 连续可微. 从而 $\Phi(t, t_0, x_0) = \dfrac{\partial x(t, t_0, x_0)}{\partial x_0}$ 是方程

$$\begin{cases} y' = f_x(t, x(t))y, & t \neq \tau_k(x(t)), \\ \Delta y|_t = \tau_k(x(t)) = H(t, x(t))y, & \\ y(t_0^+) = 1 & \end{cases} \tag{1.6.12}$$

的解, 这里

$$H(t, x(t)) = \frac{f(t, x(t)) - f(t, x(t^-))}{1 - \dfrac{d\tau_k(x(t))}{dx} f(t, x(t))} \cdot \frac{d\tau_k(x(t))}{dx}$$

$$+ \frac{dI_k(x(t))}{dx} \left(\frac{f(t, x(t)) \dfrac{d\tau_k(x(t))}{dx}}{1 - \dfrac{d\tau_k(x(t))}{dx} f(t, x(t))} + 1 \right).$$

证明　我们分四步来证明.

第一步. 由假设 (i), (1.6.1) 的解 $x(t, t_0, x_0)$ 是唯一的且在古典意义下连续依赖于 (t_0, x_0). 对于任意的 (t_0, x_0), 由定理 1.6.4 可知 (1.6.1) 的解有限次碰到 S_k, 从而我们可以假设 $x(t)$ 在 $t = t_1, t_2, \cdots, t_p$ 分别碰到 S_{n_1}, S_{n_2}, $\cdots$, S_{n_p}, 这里 $t_0 < t_1 < \cdots < t_p < t_0 + a$. 固定 $t \in [t_0, t_1)$, 则对足够小的 $|h| > 0$, $x(t, t_0, t_0 + h)$ 不会碰到任何的面, 因此 $x(t, t_0, x_0 + h) = u(t, t_0, x_0 + h)$, 即

$$\frac{\partial x(t)}{\partial x_0} = \frac{\partial u(t)}{\partial x_0}$$

存在. 下面证明对任意的 $t \in (t_1, t_2)$, $\dfrac{\partial x(t)}{\partial x_0}$ 存在.

第二步. 对固定的 i, 令 $h = h_0 e_i$, 这里 $h_0 \in R$, $\{e_i\}$ 是 R 中的标准基. 我们令 $x(t, h) = x(t, t_0, x_0 + h)$, $x_h(t) = \dfrac{x(t, t_0, x_0 + h) - x(t, t_0, x_0)}{h}$, 定义 $\sigma(t, h) = t - \tau_{n_1}(u(t, t_0, x_0 + h))$. 可见

$$\sigma(t_1, 0) = 0, \quad \frac{\partial \sigma}{\partial t}\bigg|_{t=t_1, h=0} = 1 - \frac{d\tau_{n_1}(dx(t_1))}{\partial x} f(t_1, x(t_1)),$$

$$\frac{\partial \sigma}{\partial h}\bigg|_{t=t_1, h=0} = -\frac{d\tau_{n_1}}{dx} \frac{\partial x(t_1)}{\partial x_0}.$$

因此, 由隐函数定理可知存在 $0 < \delta_1 < \delta_2$ 及其上的唯一函数 $t : B_{\delta_2}(0) \to (t_1 - \delta_1, t_1 + \delta_1)$ 连续可微, 对 $h \in B_{\delta_2}(0)$, $t(0) = t_1$, $\sigma(t(h), h) = 0$, 且

$$\frac{dt}{dh}\bigg|_{h=0} = \frac{\dfrac{d\tau_{n_1}(x(t_1))}{dx} \dfrac{\partial x(t_1)}{\partial x_0}}{1 - \dfrac{\tau_{n_1}(x(t))}{\partial x} f(t, x(t))} \overset{\text{def.}}{=\!=} \Omega.$$

第三步. 我们将证明 $g(h) = x(t_h, h)$ 在 $h = 0$ 的可微性, 这里 $t_h = t(h)$. 为此, 我们分别讨论两种情况.

(a) $t(h) > t_1$. 在这种情况下, 我们有

$$g(h) - g(0) = x(t_h, h) - x(t_1)$$
$$= (x(t_h, t_0, x_0 + h) - x(t_1, t_0, x_0 + h)) + (x(t_1, t_0, x_0 + h) - x(t_1, t_0, x_0)).$$

因此,

$$g'(0) = \lim_{h \to 0} \frac{g(h) - g(0)}{h}$$

$$= \lim_{h \to t_0^+} \frac{x(t_h, h) - x(t_1)}{h}$$

$$= \frac{\partial x}{\partial t}\Big|_{t=t_1} \frac{dt}{dh}\Big|_{h=0} + \frac{\partial x}{\partial x_0}\Big|_{t=t_1}$$

$$= f(t_1, x(t_1))\Omega + \frac{\partial x}{\partial x_0}\Big|_{t=t_1}.$$

(b) $h(t) < t_1$, 我们有

$$g(h) - g(0) = (x(t_h, t_0, x_0 + h) - x(t_h, t_0, x_0)) + (x(t_h, t_0, x_0) - x(t_1, t_0, x_0)).$$

这意味着

$$g'(0) = \frac{\partial x}{\partial x_0}\Big|_{t=t_1} + \frac{\partial x}{\partial t}\Big|_{t=t_1} \frac{dt}{dh}\Big|_{h=0}$$

$$= f(t_1, x(t_1)) \cdot \Omega + \frac{\partial x}{\partial x_0}\Big|_{t=t_1}.$$

综合 (a) 和 (b), 可知 $g'(0)$ 存在且

$$g'(0) = \lim_{h \to 0} \frac{x(t_h, h) - x(t_1)}{h} = f(t_1, x(t_1))\Omega + \frac{\partial x}{\partial x_0}\Big|_{t=t_1}.$$

第四步. 为了证明 $x(t)$ 当 $t \in (t_1, t_2)$ 时关于 x_0 的可微性, 我们再分两步.

(c) $t_h < t_1$. 对 $t \in (t_1, t_2)$, 我们有

$$\begin{cases} x_h'(t) = \dfrac{1}{h}[f(t, x(t, h)) - f(t, x(t))] = \displaystyle\int_0^1 f_x(t, sx(t, h) + (1-s)x(t))ds\, x_h(t), \\ x_h(t_1^+) = \dfrac{1}{h}[x(t_h, h) + I_{n_1}(x(t_h, h)) + \displaystyle\int_{t_h}^{t_1} f(s, x(s, h))ds - x(t_1) - I_{n_1}(x(t_1))]. \end{cases}$$

$$(1.6.13)$$

这里, 由第三步可得

$$\lim_{h \to 0} x_h(t_1) = (1 + \frac{dI_{n_1}}{dx})[f(t_1, x(t_1)) \cdot \Omega + \frac{\partial x(t_1)}{\partial x_0}] - f(t_1, x(t_1^+))\Omega,$$

且有对任给的 $[t_1, b] \subset [t_1, t_2)$, $\lim_{h \to 0} f_x(t, sx(t, h) + (1-s)x(t)) = f_x(t, x(t))$ 一致成立.

所以 $\lim_{h \to 0} x_h(t) = \Phi(t, t_0, x_0)$ 存在且是

$$\begin{cases} y' = f_x(t, x(t))y, \quad t \in (t_1, t_2), \\ y(t_1^+) = \Big(I + \dfrac{dI_{n_1}}{dx}\Big[f(t_1, x(t_1))\Omega + \dfrac{\partial x}{\partial x_0}(t_1)\Big] - f(t_1, x(t_1^+))\Big)\Omega \end{cases}$$

$$(1.6.14)$$

的解.

(d) $t_h > t_1$. 对于 $t \in (t_h, t_2)$, 我们有

$$x_h'(t) = \int_0^1 f_x(t, sx(t,h) + (1-s)x(t)) ds x_h(t),$$

$$x_h(t_h^+) = \frac{1}{h}\left[x(t_h, h) + I_{n_1}(x(t_h, h)) - x(t_1) - I_{n_1}(x(t_1)) - \int_{t_1}^{t_h} f(s, x(s)) ds\right].$$

由第三步可知

$$\lim_{h \to 0} x_h(t_h^+) = \left[f(t_1, x(t_1))\Omega + \frac{\partial x}{\partial x_0}\Big|_{t=t_1}\right] - f(t_1, x(t_1^+))\Omega.$$

所以和前面的讨论一样, $\lim\limits_{h \to 0} x_h(t) = \Phi^*(t, t_0, x_0)$ 存在且是 (1.6.14) 的解. 由于 (1.6.14) 的解是唯一的, 所以 $\Phi^*(t, t_0, x_0) = \Phi(t, t_0, x_0) = \dfrac{\partial x}{\partial x_0}(t, t_0, x_0)$. 最后, (1.6.14) 表明在 $t = t_1$,

$$\Delta\Phi = \frac{\partial x(t_1^+)}{\partial x_0} - \frac{\partial x(t_1)}{\partial x_0} = [f(t_1, x(t_1)) - f(t_1, x(t_1^+))]\Omega + \frac{dI_{n_1}}{dx}\left[f(t_1, x(t_1))\Omega + \frac{\partial x}{\partial x_0}\right]$$

且 (1.6.12) 的第二式满足. 依次类推, 在 (t_i, t_{i+1}) 上我们有同样的结论. 证毕.

附　　注

本章定理 1.2.1 和定理 1.2.2 取自文献 [50] 并参考了文献 [49]. 定理 1.3.1~ 定理 1.3.3 选自文献 [57], 并参考了文献 [49]. 定理 1.4.1~ 定理 1.4.3 引自文献 [50]; 定理 1.4.5 的证明参照了文献 [37]. 定理 1.5.1~ 定理 1.5.4 取自文献 [50], 并参考了文献 [26]; 定理 1.5.6 和定理 1.5.7 选自文献 [26].

和本章有关内容可参看本书后面所引的参考文献.

第 2 章   非线性微分方程几何理论

在 19 世纪中叶, 通过 Liouville(1809~1882) 的工作, 人们已经知道绝大多数微分方程不能用初等积分法求解. 这个结果对于微分方程理论的发展产生了极大影响, 使微分方程的研究发生了一个转折. 在 19 世纪 80 年代, 法国数学家 Poincaré(1854~1912) 创立了微分方程的几何理论, 即在不求出方程解的情况下, 通过研究方程的解在相空间中的拓扑结构或轨线分布来推断解的性质. 经过一个世纪的充实和发展, 这种有效方法已广泛应用于航天技术、生物技术、无线电技术、现代物理和经济学等许多领域.

本章重点阐述非线性微分方程的几何理论. §2.1 介绍关于自治系统、动力系统和极限集的概念、性质及基本定理. §2.2 至 §2.4 分别讨论奇点吸引子、极限环吸引子和混沌吸引子. §2.5 考虑自治泛函微分方程的周期轨问题. §2.6 研究脉冲微分系统的闭轨与混沌.

§2.1   自治系统、动力系统、极限集

考虑如下一阶非线性微分方程

$$\frac{dx}{dt} = F(t,x), \tag{2.1.1}$$

其中

$$x = \begin{pmatrix} x_1 \\ x_2 \\ \vdots \\ x_n \end{pmatrix}, \quad F(t,x) = \begin{pmatrix} f_1(t,x) \\ f_2(t,x) \\ \vdots \\ f_n(t,x) \end{pmatrix}, \quad \frac{dx}{dt} = \begin{pmatrix} \dfrac{dx_1}{dt} \\ \dfrac{dx_2}{dt} \\ \vdots \\ \dfrac{dx_n}{dt} \end{pmatrix}, \quad t \in R.$$

以下假设 $F \in C(R \times G)(G \subset R^n)$ 且满足解的存在唯一性条件. 于是对于任意 $(t_0, x_0) \in R \times G$, 方程 (2.1.1) 过此点有唯一解 $x = x(t; t_0, x_0)$(简记为 $x = x(t)$) 且有 $x_0 = x(t_0; t_0, x_0)$.

当方程 (2.1.1) 是描写质点运动时, t 代表时间, x 代表质点 P 在时刻 t 的坐标, $\dfrac{dx_i}{dt}(i = 1, 2, \cdots, n)$ 代表 (广义) 速度分量; 标志动点 P 位置的空间 R^n 称为相空间; 空间 $R \times R^n$ 叫做广义相空间, 它是解 $x = x(t)$ 所表示的曲线所在的空间; (2.1.1)

的解 $x = x(t)$ 代表质点的运动; $x = x(t)$ 在相空间 R^n 中确定的曲线 (或图形) 称为质点运动的轨线, 简称为相轨线或轨线. 轨线就是 $R \times R^n$ 内的解曲线在相空间 R^n 的投影. 轨线族在相空间上的图像称为 (2.1.1) 的相图.

如果方程 (2.1.1) 的右端函数显含自变量 t, 则称为非自治系统 (或非定常系统); 相应地把 (2.1.1) 右端函数不显含自变量 t 的方程, 即

$$\frac{dx}{dt} = F(x) \tag{2.1.2}$$

称为自治系统 (或定常系统).

自治系统与非自治系统有本质差异. 在解的存在唯一性定理条件满足的前提下, 易知自治系统不仅在广义相空间内任意两解曲线不会相交, 而且在相空间内其轨线也不可能相交; 但非自治系统尽管在广义相空间内任意两解曲线不会相交, 在相空间内它们的轨线却可能会相交. 这是二者的本质差异. 自治系统的这一特征, 使我们对它的研究一般放在相空间内进行, 把 t 看做参数去研究轨线的性态.

例 2.1.1　　考虑自治系统

$$\begin{cases} \dfrac{dx}{dt} = -y, \\[2mm] \dfrac{dy}{dt} = x. \end{cases}$$

显然, 该系统有一特解 $x = \cos t, y = \sin t$, 它满足 $x(0) = 1, y(0) = 0$. 它在三维空间 (t, x, y) 中表示的积分曲线是系统过点 $(0, 1, 0)$ 的一条螺线, 如图 2.1.1(a) 所示. 当 t 增加时, 螺线向上方盘旋. 如果上系统是描述质点在平面上运动的动力系统, 则其解在平面上的轨线是圆 $x^2 + y^2 = 1$, 恰好是上述积分曲线在 xOy 平面上的投影, 当 t 增加时, 轨线的方向如图 2.1.1(b) 所示. 它表明在时刻 $t = 0$ 时经过点 $(1, 0)$ 的质点作逆时针方向的周期运动.

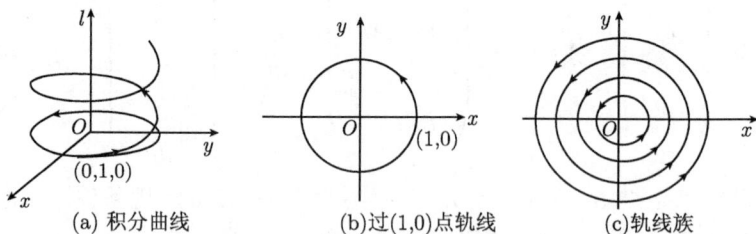

(a) 积分曲线　　　　　　(b)过(1,0)点轨线　　　　　　(c)轨线族

图 2.1.1　积分曲线和轨线 (族)

为了画出该系统在相平面上的相图, 先求出该系统的通解

$$\begin{cases} x = A\cos(t + \alpha), \\ y = A\sin(t + \alpha), \end{cases}$$

其中 A, α 为任意常数. 于是系统的轨线就是圆族 $x^2 + y^2 = A^2$, 如图 2.1.1(c) 所示. 特别, $x = 0, y = 0$ 是系统的解, 其轨线是原点 $O(0, 0)$.

自治系统 (2.1.2) 具有以下性质:

性质 1 积分曲线的平移不变性.

设 $x = x(t)$ 是自治系统 (2.1.2) 的一个解, 则对于任意常数 c, 函数 $x = x(t + c)$ 也是 (2.1.2) 的一个解.

证明 由于

$$\frac{dx(t + c)}{dt} = \frac{dx(t + c)}{d(t + c)} = F(x(t + c)),$$

所以函数 $x = x(t + c)$ 是 (2.1.2) 的一个解. 证毕.

由这一事实易知, 将 (2.1.2) 的积分曲线沿 t 轴任意平移后, 仍然是 (2.1.2) 的积分曲线, 从而它们所对应的轨线也相同. 例如在例 2.1.1 中, $x = \cos t, y = \sin t$ 与 $x = \cos(t + \alpha), y = \sin(t + \alpha)$ 都是系统的解, 有相同的轨线 $x^2 + y^2 = 1$; 不同之处在于时刻 $t = 0$ 时, 质点从单位圆上出发的位置不同, 前者从位置 $(1, 0)$ 出发, 后者从位置 $(\cos \alpha, \sin \alpha)$ 出发.

性质 2 轨线的唯一性.

自治系统 (2.1.2) 经过相平面上任意一点 x_0, 存在唯一的一条轨线.

证明 设 (2.1.2) 有两条轨线 $x = x(t; t_1, x_1)$ 和 $x = x(t; t_2, x_2)$ 在相空间中有公共点 x_0, 即存在时刻 T_1 和 T_2 有

$$x(T_1; t_1, x_1) = x(T_2; t_2, x_2) = x_0.$$

由性质 1 知, $x = x(t + T_1 - T_2; t_1, x_1)$ 也是 (2.1.2) 的解, 且有

$$x(t + T_1 - T_2; t_1, x_1)|_{t=T_2} = x(t; t_2, x_2)|_{t=T_2} = x_0.$$

由解的唯一性知

$$x(t + T_1 - T_2; t_1, x_1) = x(t; t_2, x_2).$$

这表示 $x = x(t; t_1, x_1)$ 和 $x = x(t; t_2, x_2)$ 在相空间中描出同一条轨线, 只是在时间参数上相差一个平移. 证毕.

今后为方便计, 我们用记号 $x(t, x_0)$ 表示 (2.1.2) 过点 x_0 的解, 即 $x(t, x_0) = x(t; 0, x_0)$.

性质 3 群性质.

对任意 $x_0 \in G$, 都有

$$x(t_2 + t_1, x_0) = x(t_2, x(t_1, x_0)). \tag{2.1.3}$$

证明   令 $x_1 = x(t_1, x_0)$. 由于

$$x(t + t_1, x_0)|_{t=0} = x(t, x_1)|_{t=0} = x_1,$$

故有

$$x(t + t_1, x_0) = x(t, x_1).$$

特别地, 令 $t = t_2$, 得

$$x(t_2 + t_1, x_0) = x(t_2, x_1) = x(t_2, x(t_1, x_0)).$$

证毕.

性质 3 说明对自治系统 (2.1.2) 而言, 当 $t = 0$ 时从 x_0 出发的解经过 t_1 到达 x_1, 然后从 x_1 出发经过 t_2 到达 x_2; 而当 $t = 0$ 时从 x_0 出发的解经过 $t_1 + t_2$ 也到达 x_2.

令 $f(P, t)$ 表示自治系统 (2.1.2) 的当 $t = 0$ 时过点 P 的解, 且设 $f(P, t)$ 的定义区间为 $(-\infty, +\infty)$, 则对每个固定的 $t, f(P, t)$ 定义了开区域 $G \subset R^n$ 到 G 自身的变换. 当 $t \in R$ 时, 对于 $\forall P \in G$, 有 $f(P, t) \in G$, 即

$$f(\cdot, t): \ G \to G, \quad t \in R,$$

或

$$f: G \times R \to G.$$

这时等式 (2.1.3) 可写成

$$f(P, t_1 + t_2) = f(f(P, t_1), t_2).$$

这说明对单参数变换 $f(\cdot, t)$ 可进行群的运算. 这是自治系统的一个重要性质.

综上所述, 若方程 (2.1.2) 中 $F(x)$ 在 $G \subset R^n$ 上连续, 且满足解的唯一性条件, 又设每个解的存在区间为 $(-\infty, +\infty)$, 则变换 f 具有下列性质:

   I $f(P, 0) = P$;

  II $f(P, t)$ 对 P, t 连续;

 III $f(f(P, t_1), t_2) = f(P, t_1 + t_2)$.

性质 I 说明 $t = 0$ 对应于恒等变换, 它是变换群里的单位元素; 由性质 I、性质 III 立即推得, 对每个变换 $f(\cdot, t_1)$, 存在逆变换 $f(\cdot, -t_1)$, 满足 $f(f(P, t_1), -t_1) = f(P, 0) = P$, 因而这些变换组成一个群; 性质 II 说明这些变换对于 (P, t) 是连续的, 故变换的全体 $\{f(\cdot, t): -\infty < t < +\infty\}$ 组成 $G \to G$ 的单参数连续变换群. 这些变换的全体叫做一个动力系统, 有时也把 (2.1.2) 叫做动力系统. 若 f 是可微的变换,

则 $\{f(P,t) : -\infty < t < +\infty\}$ 就是 G 上的光滑曲线, 这时 f 叫做 G 上的微分动力系统, 它是近 20 年来十分活跃的一个新分支.

当固定 P, 让 t 变化时, $f(P,t)$ 表示一条过 P 的轨线. 不同的 P 有不同的轨线通过, 所有这些轨线的全体构成 G 上的一个流 (flow), 通常称为连续流.

上述动力系统和连续流的概念是由微分方程 (2.1.2) 所引入的. 实际上, 若映射 f 满足上述性质 I~ 性质 III, f 就叫 G 上的一个抽象动力系统或拓扑动力系统. f 完全确定了 G 上随时间 t 演变的一个运动过程, 即对任一 $P \in G$, $\{f(P,t) : t \in R\}$ 代表一条过 P 的轨线, 所有这些轨线的全体描绘出了 G 上的运动过程, 它形成一个连续流. 形象地可以想象为区域 G 随着流连续移动而形成的实心流管.

固定一正数 t, 考虑 $f(P,t)$ 的正向和负向迭代:

$$\cdots, f(P,-2t), f(P,-t), f(P,0), f(P,t), f(P,2t), \cdots$$

其中 $f(P,-nt) = [f(P,t)]^{-n} = [f(P,t)]^{-1} \cdot [f(P,t)]^{-1} \cdots [f(P,t)]^{-1}$. 这实际上是把上述连续流离散化, 对每一个 P, $\{f(P,nt) : n = 0, \pm 1, \pm 2, \cdots\}$ 为过 P 的轨线, 叫做一条离散轨线, 所有这些离散轨线的全体组成一个离散流. 离散流也叫做离散动力系统.

定义 2.1.1 对于 $x_0 \in G$, 如果 $F(x_0) \neq 0$, 则称 x_0 为方程 (2.1.2) 的常点; 如果 $F(x_0) = 0$, 则称 x_0 为方程 (2.1.2) 的奇点.

显见, 方程 (2.1.2) 在常点处确定唯一的方向, 在相空间过一常点有且仅有一条轨线沿此方向通过; 在奇点 x_0 处, 由于 $F(x_0) = 0$, 所以 $x = x_0$ 是 (2.1.2) 的解. 此解不随 t 而变化, 在广义相空间中表示一条平行于 t 轴的直线, 它在相空间的投影为奇点 x_0, 所以奇点是一条特殊的轨线. 从动力学的观点来看, 在奇点 x_0 处的运动速度 $F(x_0) = 0$, 即质点不运动, 因而奇点也称为 (2.1.2) 的平衡点.

由解的唯一性知, 任何其他解不能在有限时间内到达奇点.

定义 2.1.2 设方程 (2.1.2) 是一个动力系统. 对固定的 P, $f(P,t)$ 叫做方程 (2.1.2) 过点 P 的运动. 集合

$$f(P,I) = \{f(P,t) : -\infty < t < +\infty\}$$

叫做运动 $f(P,t)$ 的轨线, 记做 L_P. 集合

$$f(P,I^+) = \{f(P,t) : 0 \leqslant t < +\infty\},$$

$$f(P,I^-) = \{f(P,t) : -\infty < t \leqslant 0\}$$

分别叫做运动 $f(P,t)$ 的正半轨线和负半轨线, 分别记做 L_P^+, L_P^-.

定义 2.1.3　若存在 $T > 0$, 使得对 $\forall t \in R$, 有 $f(P, t + T) = f(P, t)$, 则称 $f(P, t)$ 为周期运动. 若实数

$$\inf\{T > 0 : f(P, t + T) = f(P, t), t \in R\} > 0,$$

则称为 $f(P, t)$ 的最小正周期, 简称为周期.

　　由定义 2.1.1, 定义 2.1.3 易知, 奇点是周期运动, 但它没有最小正周期. 另外, 若一周期运动不存在最小正周期, 则它必定是奇点.

　　我们把奇点叫做平凡周期运动, 非奇点的周期运动叫做非平凡周期运动. 非平凡周期运动对应的轨线称为闭轨线, 简称为闭轨.

定义 2.1.4 (极限集)　如果存在时间序列 $\{t_n\}_{n=1}^{\infty}$, 当 $n \to +\infty$ 时, $t_n \to +\infty(-\infty)$ 且使得

$$\lim_{n \to +\infty} f(P, t_n) = Q,$$

则点 Q 称为 $f(P, t)$ 的 $\omega(\alpha)$ 极限点. $f(P, t)$ 的 $\omega(\alpha)$ 极限点的全体称为 $f(P, t)$ 的 $\omega(\alpha)$ 极限集, 记做 $\Omega_P(A_P)$.

　　显见, 若 $f(P, t)$ 是周期运动, 则 $\Omega_P = A_P = L_P$. 特别地, 若 P 是奇点, 则 $\Omega_P = A_P = P$.

定义 2.1.5 (不变集)　设有集合 B. 如果对 $\forall P \in B$, 对一切 $t \in (-\infty, +\infty)$ 都有 $f(P, t) \in B$, 则称 B 是 f 的不变集.

　　显见, 方程 (2.1.2) 的任何一条轨线都是 (2.1.2) 的不变集. (2.1.2) 的任何一个不变集都是由 (2.1.2) 的整条整条轨线组成.

　　事实上, 设 B 是整条轨线, 即 $\exists P \in R^n$, 使得

$$B = f(P, I) = \{Q : Q \in R^n, Q = f(P, t), t \in R\}.$$

对 $\forall Q \in B$, 由 B 的定义, $\exists t_1 \in R$, 使得 $f(P, t_1) = Q$. 考虑任一个 $t \in R$, 有

$$f(Q, t) = f(f(P, t_1), t) = f(P, t_1 + t) \in B,$$

所以 B 是不变集.

　　此外, 若存在某一个集合 B 包含着非整条轨线, 即 $\exists P_0 \in R^n, t_0 \in R$, 使得 $f(P_0, t_0) \notin B$, 根据不变集的定义, 则 B 不是不变集.

定义 2.1.6 (连通集)　如果不存在集合 M 的非空闭子集 M_1, M_2, 使得

$$M = M_1 \bigcup M_2, \quad M_1 \bigcap M_2 = \varnothing,$$

则集合 M 称为是连通集, 否则称为不连通集.

　　根据以上定义, 则 $\Omega_P(A_P)$ 具有如下性质:

定理 2.1.1　$\Omega_P(A_P)$ 是闭集.

证明 设 P_0 是 Ω_P 的极限点, 于是 $\exists P_n \in \Omega_P$, 使得 $\rho(P_n, P_0) < \dfrac{1}{n}$. 由于 $P_n \in \Omega_P$, 根据极限集的定义得, $\exists t_n > n$, 使得 $\rho(f(P, t_n), P_n) < \dfrac{1}{n}$. 可见, 存在一个趋于正无穷的时间序列 $\{t_n\}_{n=1}^{\infty}$, 使得

$$\rho(f(P, t_n), P_0) \leqslant \rho(f(P, t_n), P_n) + \rho(P_n, P_0) < \frac{2}{n},$$

从而

$$\lim_{n \to +\infty} f(P, t_n) = P_0.$$

故 $P_0 \in \Omega_P$, 即 Ω_P 是闭集. 同理可证 A_P 也是闭集. 证毕.

定理 2.1.2 若 $\Omega_P(A_P) \neq \varnothing$, 则 $\Omega_P(A_P)$ 是不变集. 从而 $\Omega_P(A_P)$ 是由整条整条轨线组成.

证明 设 $P_0 \in \Omega_P$. 根据极限集的定义, $\exists\, t_n \to +\infty (n \to +\infty)$, 使得 $\lim\limits_{n \to +\infty} f(P, t_n) = P_0$. 下证对任意固定的 $t \in R$, 均有 $f(P_0, t) \in \Omega_P$.

事实上, 根据变换 f 的性质 II 和性质 III 得

$$\lim_{n \to +\infty} f(P, t + t_n) = \lim_{n \to +\infty} f(f(P, t_n), t) = f(\lim_{n \to +\infty} f(P, t_n), t) = f(P_0, t).$$

故 $f(P_0, t) \in \Omega_P$. 根据 $P_0 \in \Omega_P$ 的任意性, 即得 Ω_P 是不变集. 同理可证 A_P 也是不变集. 证毕.

定理 2.1.3 若 $f(P, I^+)$ 有界, 则 Ω_P 是连通集; 若 $f(P, I^-)$ 有界, 则 A_P 是连通集.

证明 因为 $f(P, I^+)$ 有界, 所以 Ω_P 是非空有界集. 结合定理 2.1.1, Ω_P 还是闭集. 若 Ω_P 不连通, 则存在两个非空、不相交闭集 Ω_1, Ω_2, 使得 $\Omega_1 \bigcup \Omega_2 = \Omega_P$. 令 $d = \rho(\Omega_1, \Omega_2)$, 则 $d > 0$. 因为 Ω_1, Ω_2 中的点都是轨线 $f(P, I^+)$ 的 ω 极限点, 所以存在两个趋于正无穷的时间序列 $\{t_n'\}_{n=1}^{\infty}, \{t_n''\}_{n=1}^{\infty}$ 且

$$t_1' < t_1'' < t_2' < t_2'' < \cdots < t_n' < t_n'' < \cdots$$

使得

$$f(P, t_n') \in U\left(\Omega_1, \frac{d}{3}\right), \ f(P, t_n'') \in U\left(\Omega_2, \frac{d}{3}\right).$$

显见

$$\rho\left(U\left(\Omega_1, \frac{d}{3}\right), \ U\left(\Omega_2, \frac{d}{3}\right)\right) > \frac{d}{6}.$$

根据变换 f 的连续性, 必存在 $t_n \in (t_n', t_n'')$, 使得 $f(P, t_n) \notin U\left(\Omega_1, \dfrac{d}{3}\right)$ 和 $f(P, t_n) \notin U\left(\Omega_2, \dfrac{d}{3}\right)$. 由于 $\{f(P, t_n)\}_{n=1}^{\infty} \subset f(P, I^+)$, 所以在 $\{f(P, t_n)\}_{n=1}^{\infty}$ 中可选出收敛子

列 $\{f(P,t_{n_k})\}_{k=1}^{\infty}$. 令 $\lim\limits_{k\to+\infty} f(P,t_{n_k}) = P_0$, 则 $P_0 \in \Omega_P$. 另一方面, 显见 $P_0 \notin$ $\Omega_1 \bigcup \Omega_2 = \Omega_P$. 矛盾! 故 Ω_P 是连通集. 同理可证 A_P 也是连通集. 证毕.

定理 2.1.4 $\Omega_P(A_P) = \varnothing$ 当且仅当 $\lim\limits_{t\to+(-)\infty} \|f(P,t)\| = +\infty$.

证明   以括号外为例给出证明, 括号内情况类似可证.

充分性. 采用反证法. 若 $\Omega_P \neq \varnothing$, 则 $\exists P_0 \in \Omega_P, t_n \to +\infty(n \to +\infty)$, 使得

$$\lim_{n\to+\infty} f(P,t_n) = P_0.$$

既然 $\{f(P,t_n)\}_{n=1}^{\infty}$ 的极限存在, 所以 $\{f(P,t_n)\}_{n=1}^{\infty}$ 有界. 这与已知条件矛盾!

必要性. 采用反证法. 若 $\exists M > 0, t_n \to +\infty(n \to +\infty)$, 使得 $\|f(P,t_n)\| < M$, 则序列 $\{f(P,t_n)\}_{n=1}^{\infty}$ 有界, 从而有收敛子列 $\{f(P,t_{n_k})\}_{k=1}^{\infty}$. 令 $\lim\limits_{k\to+\infty} f(P,t_{n_k}) = P_0$, 则 $P_0 \in \Omega_P$. 矛盾! 证毕.

定理 2.1.5 $\Omega_P(A_P)$ 只有唯一一个点 P_0 当且仅当 $\lim\limits_{t\to+(-)\infty} f(P,t) = P_0$.

证明   充分性显然. 下证必要性.

采用反证法. 若不然, 则 $\exists \varepsilon_0 > 0$ 及 $t'_n \to +\infty(n \to +\infty)$, 使得 $\|f(P,t'_n) - P_0\| > \varepsilon_0$. 由于 P_0 是 $f(P,I^+)$ 的 ω 极限点, 所以 $\exists t''_n > t'_n$, 使得 $\|f(P,t''_n) - P_0\| < \varepsilon_0$. 由变换 f 的连续性知, $\exists t_n \in (t'_n, t''_n)$, 使得 $\|f(P,t_n) - P_0\| = \varepsilon_0$. 显见, $\{f(P,t_n)\}_{n=1}^{\infty}$ 是有界集, 故存在收敛子列 $\{f(P,t_{n_k})\}_{k=1}^{\infty}$. 令 $\lim\limits_{k\to+\infty} f(P,t_{n_k}) = Q_0$, 则 $Q_0 \in \Omega_P$ 且 $\|Q_0 - P_0\| = \varepsilon_0$. 这样, Ω_P 中含有两个点 P_0, Q_0, 与已知条件矛盾! 证毕.

根据 $\Omega_P(A_P)$ 的性质, 可将动力系统 (2.1.2) 的轨线分成三大类:

若 $\Omega_P(A_P) = \varnothing$, 则 $f(P,I)$ 叫做正 (负) 向远离轨线; 既正向又负向远离的轨线叫做远离轨线.

若 $\Omega_P(A_P) \neq \varnothing$, 则

(i) 当 $\Omega_P \bigcap f(P,I^+) = \varnothing$ $(A_P \bigcap f(P,I^-) = \varnothing)$ 时, $f(P,I)$ 叫做正 (负) 向渐近轨线; 既正向又负向的渐近轨线叫做渐近轨线;

(ii) 当 $\Omega_P \bigcap f(P,I^+) \neq \varnothing$ $(A_P \bigcap f(P,I^-) \neq \varnothing)$ 时, $f(P,I)$ 叫做正 (负) 向 Poisson 稳定轨线, 简称 $P^+(P^-)$ 稳定轨线; 既正向又负向的 Poisson 稳定轨线叫做 Poisson 稳定轨线, 或简称 P 式稳定轨线.

例 2.1.2   给定微分方程

$$\begin{cases} \dfrac{dx}{dt} = x, \\ \dfrac{dy}{dt} = -y. \end{cases}$$

其轨线图见图 2.1.2.

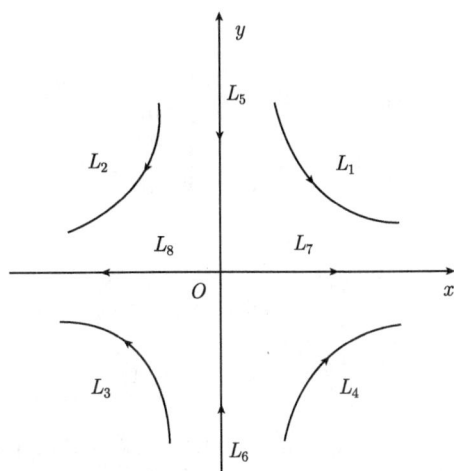

图 2.1.2 渐近、远离轨线

显见, L_1, L_2, L_3, L_4 为远离轨线; L_5, L_6 为正向渐近负向远离轨线; L_7, L_8 为负向渐近正向远离轨线; $O(0,0)$ 为 P 式稳定轨线.

例 2.1.3 给定微分方程

$$
\begin{cases}
\dfrac{dx}{dt} = y + x[1 - (x^2 + y^2)], \\[2mm]
\dfrac{dy}{dt} = -x + y[1 - (x^2 + y^2)].
\end{cases}
$$

作极坐标变换 $x = r\cos\theta, y = r\sin\theta$, 原
方程可化为

$$
\begin{cases}
\dfrac{dr}{dt} = r(1 - r^2), \\[2mm]
\dfrac{d\theta}{dt} = -1.
\end{cases}
$$

容易看出 $r = 0, r = 1$ 都是轨线, 而且
$(r-1)\dfrac{dr}{d\theta} > 0 (r \neq 1), \dfrac{d\theta}{dt} < 0$, 其轨线图见
图 2.1.3. 原点 $O(0,0)$ 和闭轨 $L(r = 1)$ 为
P 式稳定轨线; $L_P(0 < r(P) < 1)$ 为渐近
轨线; $L_P(r(P) > 1)$ 为正向渐近而负向远
离轨线.

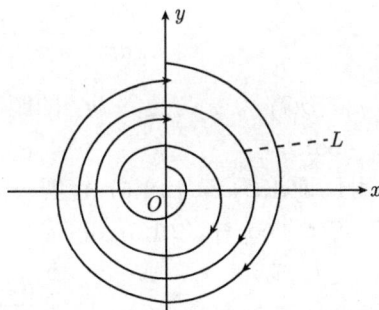

图 2.1.3 闭轨及其附近轨线

定义 2.1.7 (等价系统) 如果两个自治系统的轨线 (包括奇点) 完全相同 (轨线走向可以不同), 则称这两个自治系统是等价的.

例如, 方程

$$
\begin{cases}
\dfrac{dx}{dt} = -y, \\
\dfrac{dy}{dt} = x;
\end{cases}
\qquad
\begin{cases}
\dfrac{dx}{dt} = y, \\
\dfrac{dy}{dt} = -x;
\end{cases}
\qquad
\begin{cases}
\dfrac{dx}{dt} = -\beta y(x^2 + y^2 + 1), \\
\dfrac{dy}{dt} = \beta x(x^2 + y^2 + 1)
\end{cases}
$$

都是相互等价的. 而方程

$$
\begin{cases}
\dfrac{dx}{dt} = -y(x^2 + y^2 - 1), \\
\dfrac{dy}{dt} = x(x^2 + y^2 - 1)
\end{cases}
$$

与它们在区域 $x^2 + y^2 \neq 1$ 上是等价的, 但在整个 R^2 上是不等价的.

定理 2.1.6 设自治系统 (2.1.2) 的右侧函数 $F(x)$ 在开区域 $G \subset R^n$ 上连续, 且满足局部 Lipschitz 条件, 则必在 G 内存在一等价系统, 而它的所有解的存在区间都是 $(-\infty, +\infty)$.

证明 分两种情况证明.

首先, 若 $G = R^n$, 则取 (2.1.2) 的等价系统为

$$
\frac{dx}{dt} = \frac{F(x)}{\|F(x)\| + 1}. \tag{2.1.4}
$$

由于 (2.1.4) 右端函数连续有界, 且满足局部 Lipschitz 条件, 根据例 1.2.5 知, (2.1.4) 的一切解的最大存在区间均为 $(-\infty, +\infty)$.

其次, 若 $G \neq R^n$, 则 $\partial G \neq \varnothing$. 这时取 (2.1.2) 的等价系统为

$$
\frac{dx}{dt} = \frac{\rho(x, \partial G) F(x)}{(\rho(x, \partial G) + 1)(\|F(x)\| + 1)}, \tag{2.1.5}
$$

其中 $\rho(x, \partial G)$ 为 x 与边界 ∂G 的距离. 下证 (2.1.5) 的任一解的最大存在区间均为 $(-\infty, +\infty)$.

用反证法. 若 (2.1.5) 有解 $x = x(t; t_0, x_0)$, 其存在区间右端点有界, 设为 $[t_0, T), T < +\infty$, 由 (2.1.5) 知

$$
\left\| \frac{dx(t; t_0, x_0)}{dt} \right\| < 1,
$$

故轨线弧 $\{x(t; t_0, x_0) : t_0 \leqslant t < T\}$ 的长度有限, 从而存在唯一的有限极限

$$
\lim_{t \to T^-} x(t; t_0, x_0) = x^*.
$$

由延展定理 1.2.1, 必有 $x^* \in \partial G$.

令 $s(t)$ 表示从 x_0 到 $x(t; t_0, x_0)(t_0 \leqslant t < T)$ 的轨线弧的长度, s_0 表示 x_0 到 x^* 的长度 $s(T)$. 由弧的微分公式及 (2.1.5) 得

$$\frac{ds}{dt} = \sqrt{\sum_{i=1}^{n} \left(\frac{dx_i}{dt}\right)^2} \leqslant \rho(x, \partial G) \leqslant \rho(x, x^*) \leqslant s_0 - s,$$

从而

$$dt \geqslant \frac{ds}{s_0 - s},$$

即

$$t - t_0 \geqslant \ln \frac{s_0}{s_0 - s}. \tag{2.1.6}$$

当动点 P 沿轨线 $x = x(t; t_0, x_0)$ 趋于 x^* 时, 有 $s \to s_0$. 于是, 由 (2.1.6) 知 $t \to +\infty$, 这与 $T < +\infty$ 矛盾. 证毕.

上述证明的基本思想是构造了 (2.1.2) 的等价系统 (2.1.5), 使 G 的边界 ∂G 上的点都是 (2.1.5) 的奇点 (因为 $x \in \partial G$ 时, $\rho(x, \partial G) = 0$). 又 (2.1.5) 右端函数连续、有界, 所以根据延展定理 1.2.1 可知, 解必可趋于 G 的边界上的某一点 x^*. 由于 x^* 是 (2.1.5) 的奇点, 再根据其他轨线不可能在有限时间内到达奇点, 所以轨线 $x(t; t_0, x_0)$ 要进入奇点 x^*, 必须 $t \to +\infty$.

前面的有关结论在相空间为一般的 n 维欧氏空间 R^n 时均成立. 而当相空间为欧氏平面 R^2 时, 其主要结果是由 H.Poincaré 和 I.Bendixson 所得到的.

给定微分方程

$$\begin{cases} \dfrac{dx}{dt} = X(x, y), \\[2mm] \dfrac{dy}{dt} = Y(x, y), \end{cases} \tag{2.1.7}$$

其中 $X(x, y), Y(x, y)$ 在某一连通区域 $D \subset R^2$ 上连续, 并且满足条件以保证 (2.1.7) 初值问题的解唯一.

对于自治系统而言, 我们主要研究其轨线的性态, 因此研究给定的自治系统与研究其等价系统是一样的. 由定理 2.1.6, 我们可以认为 (2.1.7) 的每个解的存在区间均为 $(-\infty, +\infty)$, 因此 (2.1.7) 在 D 上定义了一个动力系统.

这类系统在物理学、力学等科学技术中大量出现. 例如, 具有黏性阻尼的物体作自由振动的微分方程是

$$m\frac{d^2 x}{dt^2} + \mu\frac{dx}{dt} + nx = 0, \tag{2.1.8}$$

其中 m, μ, n 都是正常数. 令 $y = \dfrac{dx}{dt}$, 则 (2.1.8) 化为

$$
\begin{cases}
\dfrac{dx}{dt} = y, \\[2mm]
\dfrac{dy}{dt} = -\dfrac{n}{m}x - \dfrac{\mu}{m}y,
\end{cases}
$$

这里 x 表示振动的位移, y 表示振动的速度.

研究平面轨线的一般趋势及其极限集合的构造的主要工具是 Poincaré 创用的不切线段以及 Jordan 定理.

Jordan 定理　平面 R^2 上的单闭曲线 J 将 R^2 分成两部分, 即开集 $R^2 - J$ 恰好有两个连通分支 D_1、D_2: D_1 是有界的 (称为 J 的内域), D_2 是无界的 (称为 J 的外域), J 是它们的共同边界.

显见, 自 D_1 内任何一点到 D_2 内任何一点的连续路径必定与 J 相交.

定义 2.1.8 (不切线段)　设 $\overline{N_1 N_2}$ 为闭线段. 如果凡是与 $\overline{N_1 N_2}$ 相交的方程 (2.1.7) 的轨线, 当 t 增加时只能都从 $\overline{N_1 N_2}$ 的同一侧到另一侧, 而且没有 (2.1.7) 的轨线与 $\overline{N_1 N_2}$ 相切, 则 $\overline{N_1 N_2}$ 叫做 (2.1.7) 的一个不切线段 (或无切线段).

显然, 过方程 (2.1.7) 的任意常点 P 都可作出一个不切线段.

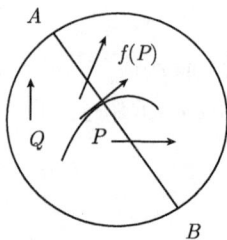

图 2.1.4　不切线段

事实上, 由向量 $(X(x,y), Y(x,y))$ 的连续性, 首先可以找到一个以 P 为中心, $\delta(> 0)$ 为半径的圆域 $U(P; \delta)$, 使得 $U(P; \delta)$ 内不含 (2.1.7) 的奇点; 而且当点 $Q \in U(P; \delta)$ 时, 向量 $(X(Q), Y(Q))$ 与向量 $(X(P), Y(P))$ 的夹角小于 $\dfrac{\pi}{2}$.

其次, 过点 P 作圆域 $U(P; \delta)$ 的直径 $\overline{AB}$, 使它垂直于向量 $(X(P), Y(P))$(为方便, 记此向量为 $f(P)$), 则 $\overline{AB}$ 就是 (2.1.7) 的一个不切线段. 如图 2.1.4 所示.

定义 2.1.9(流盒)　设 $\overline{N_1 N_2}$ 为方程 (2.1.7) 过常点 P_0 的一个不切线段, 作曲边四边形 $ABCD$, 其中 $\overline{AB}, \overline{DC}$ 均与 $\overline{N_1 N_2}$ 平行, $\widehat{AD}, \widehat{BC}$ 为系统 (2.1.7) 的轨线段. 若系统 (2.1.7) 从 $ABCD$ 内的任一点出发的轨线, 当它向两侧延伸时在越出曲边四边形 $ABCD$ 之前必分别与 $\overline{AB}, \overline{CD}$ 相交且仅相交一次, 则称此曲边四边形 $ABCD$ 为 (2.1.7) 的一个流盒, 记作 $\square \overline{N_1 N_2}$. 如图 2.1.5 所示.

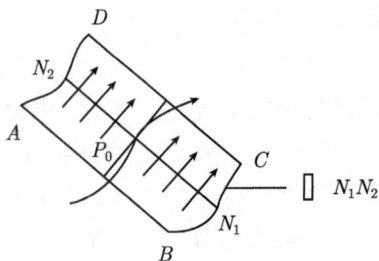

图 2.1.5　流盒

根据流盒定义知, 流盒内不含系统 (2.1.7) 的奇点, 且由系统 (2.1.7) 的轨线段或流的一部分构成.

定理 2.1.7 设 P_0 是方程 (2.1.7) 的常点, 则存在过 P_0 的不切线段 $\overline{N_1N_2}$ 与流盒 $\square\overline{N_1N_2}$.

证明 因为 P_0 是方程 (2.1.7) 的常点, 所以由 (2.1.7) 右端函数的连续性知,$\exists\,\delta_0 > 0$,使得 $\overline{U(P_0;\delta_0)}$ 中不包含 (2.1.7) 的奇点.

在此邻域内, 作过 P_0 点的轨线的法线段 $\overline{N_1N_2}$, 其方程为

$$Y(P_0)(y - y_0) + X(P_0)(x - x_0) = 0.$$

令

$$\lambda(x,y) = Y(P_0)(y - y_0) + X(P_0)(x - x_0) = C,$$

这是一组平行于 $\overline{N_1N_2}$ 的直线族. 它沿着方程 (2.1.7) 的全导数为

$$\frac{d\lambda}{dt} = Y(P_0)Y(x,y) + X(P_0)X(x,y).$$

由于

$$\left.\frac{d\lambda}{dt}\right|_{(x_0,y_0)} = Y^2(P_0) + X^2(P_0) > 0,$$

由连续性知 $\exists\,0 < \delta \leqslant \delta_0$,使得 $(x,y) \in \overline{U(P_0;\delta)}$ 时, $\dfrac{d\lambda}{dt} > 0$. 这表明,方程 (2.1.7) 的轨线在 $\overline{U(P_0;\delta)}$ 内若与平行直线族 $\lambda(x,y) = C$(包括 $\lambda(x,y) = 0$ 即 $\overline{N_1N_2}$) 相交, 则当 t 增加时均向 C 增大的方向穿过. 如图 2.1.6 所示. 因此,$\overline{N_1N_2}$ 中包含在 $\overline{U(P_0;\delta)}$ 内的部分即为方程 (2.1.7) 过点 P_0 的不切线段. 在 $\overline{U(P_0;\delta)}$ 中取两个直线段

$$\overline{AB}: \lambda(x,y) = C_1, \quad \overline{CD}: \lambda(x,y) = C_2, \quad C_1 \cdot C_2 < 0$$

及 (2.1.7) 的轨线段 $\widehat{AD}, \widehat{BC}$, 则曲边四边形 $ABCD$ 即为所求的流盒. 证毕.

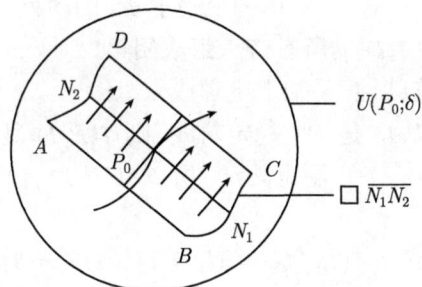

图 2.1.6 过 P_0 点不切线段与流盒

定理 2.1.8 设 $\overline{N_1N_2}$ 为方程 (2.1.7) 过点 P 的不切线段,$\square\overline{N_1N_2}$ 为流盒. 若 L_P^+ 多次进入此流盒并按时间顺序与 $\overline{N_1N_2}$ 交于 M_1, M_2, M_3, 则 M_2 必落在 M_1 和 M_3 之间.

证明　L_P^+ 与 $\overline{N_1N_2}$ 相交于 M_2 之后不能离开 (或进入) 由轨线弧 $\overparen{M_1SM_2}$ 与不切线段 $\overline{N_1N_2}$ 所围成的区域 D, 如图 2.1.7 所示. 因为根据解的唯一性, L_P^+ 不能与 $\overparen{M_1SM_2}$ 相交; 根据不切线段的定义, L_P^+ 也不能经过 $\overline{M_1M_2}$ 离开 (或进入)D. 既然 L_P^+ 自 M_2 之后永远停留在 D 内 (或外), M_3 就不能落在 M_1 和 M_2 之间, 所以 M_2 必落在 M_1 和 M_3 之间. 这时简称 L_P^+ 按次序与不切线段 $\overline{N_1N_2}$ 相交于 M_1, M_2, M_3. 证毕.

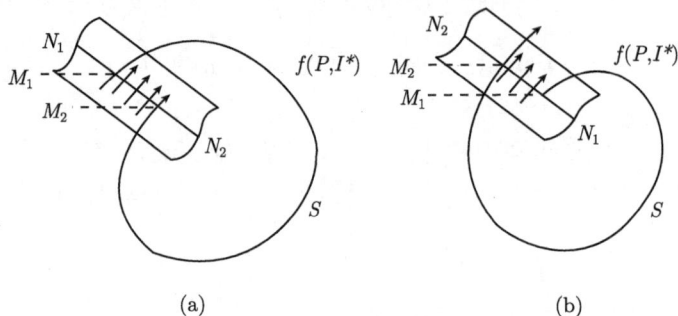

（a）　　　　　　　　　　　　　　　　　　（b）

图 2.1.7　轨线与不切线段单调相交

注意对于轨线 L_P^- 也有上述结论.

推论 2.1.1　任一闭轨 $f(P, I)$ 充其量与一个不切线段交于一点.

推论 2.1.2　任一非闭轨线 $f(P, I)$ 的正半轨 $f(P, I^+)$(或负半轨 $f(P, I^-)$) 之位于不切线段 $\overline{N_1N_2}$ 上的所有点, 当按对应的 t 值赋予顺序时, 必成为 $\overline{N_1N_2}$ 上的一个 (有限或无限) 单调序列.

推论 2.1.3　若常点 P_0 是某一非闭轨线 $f(P, I)$ 的 $\omega(\alpha)$ 极限点, 而 $\overline{N_1N_2}$ 是以 P_0 为其内点的不切线段, 则 $f(P, I)$ 的正 (负) 半轨线与 $\overline{N_1N_2}$ 的交点按照对应 t 值赋以顺序时构成一个在 $\overline{N_1N_2}$ 上单调地趋于 P_0 的序列.

定理 2.1.9　方程 (2.1.7) 的所有奇点组成闭集.

由 (2.1.7) 右端函数连续性, 易知上定理成立.

定理 2.1.10　设 $f(P, I)$ 是 P^+ 稳定轨线, 则 $f(P, I)$ 是奇点或闭轨线.

证明　因为 $f(P, I)$ 是 P^+ 稳定轨线, 所以 $f(P, I^+) \bigcap \Omega_P \neq \varnothing$. 任取 $M_1 \in f(P, I^+) \bigcap \Omega_P$.

若 M_1 是奇点, 则显然有 $f(P, I^+) = M_1 = P = \Omega_P = A_P$. 定理得证.

若 M_1 不是奇点, 过 M_1 作不切线段 $\overline{N_1N_2}$ 与流盒 $\square\overline{N_1N_2}$. 因 $M_1 \in \Omega_P$, 所以 $f(P, I^+)$ 与 $\overline{N_1N_2}$ 相交于 M_1 后将穿出流盒 $\square\overline{N_1N_2}$, 经过有限时间再次进入流盒 $\square\overline{N_1N_2}$, 即存在时刻 T, 使得 $f(P, T) \in \square\overline{N_1N_2}$. 根据流盒 $\square\overline{N_1N_2}$ 的性质知, $f(P, I^+)$ 在 T 附近向正向或负向延伸时, 必再次与 $\overline{N_1N_2}$ 相交, 令交点为 M_2, 且 $f(P, I^+)$ 在 M_1, M_2 穿过 $\overline{N_1N_2}$ 的方向相同. 于是, M_1, M_2 在 $\overline{N_1N_2}$ 上的相对位

置只能是下列三种情形之一: 图 2.1.7(a)、图 2.1.7(b) 或图 2.1.8. 若发生图 2.1.7(a)、图 2.1.7(b), 由定理 2.1.8, $f(P, I^+)$ 自 M_2 之后不可能再回到 M_1 的任意小邻域, 这样 $M_1 \notin \Omega_P$, 得矛盾! 故只能是图 2.1.8 情形, 即 $f(P, I)$ 是闭轨线. 证毕.

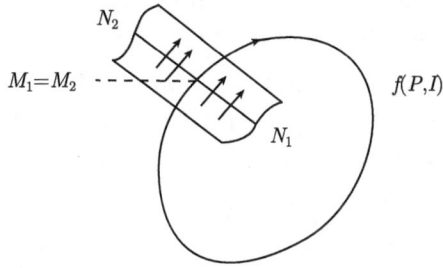

图 2.1.8 闭轨

若 $f(P, I)$ 是 P^- 稳定轨线, 则 $f(P, I)$ 是奇点或闭轨线. 其证明方法类似.

由于奇点或闭轨既是正向稳定轨线又是负向稳定轨线, 从而 R^2 上轨线是 P 式稳定轨线当且仅当轨线是奇点或闭轨. 若轨线 $f(P, I)$ 至少有一个极限点属于它本身, 则 $f(P, I)$ 必为闭轨或奇点.

定义 2.1.10 (盘旋逼近) 若对轨线 L 上任一点 M 和过 M 的任意一个不切线段 $\overline{N_1 N_2}$, 轨线 $f(P, I)$ 的正半轨 $f(P, I^+)$(或负半轨 $f(P, I^-)$) 都从某一时刻开始与 $\overline{N_1 N_2}$ 交于无穷多个点, 而且这些交点或都在 $\overline{N_1 M}$ 上或都在 $\overline{M N_2}$ 上, 则称轨线 $f(P, I)$ 当 $t \to +\infty (t \to -\infty)$ 时盘旋逼近于轨线 L.

定理 2.1.11 (Poincaré-Bendixson 定理) 若轨线 $f(P, I)$ 有界, 并且 $\Omega_P(A_P)$ 不含奇点, 则下列结论之一成立:

或者 $f(P, I)$ 本身是一个闭轨; 或者其极限集合 $\Omega_P(A_P)$ 是一个闭轨 L, 并当 $t \to +\infty (t \to -\infty)$ 时 $f(P, I)$ 盘旋逼近于 L.

证明 以括号外为例给出证明. 由于轨线 $f(P, I)$ 有界, 故 $\Omega_P \neq \varnothing$ 且有界. 又 Ω_P 不含奇点, 所以存在常点 $M \in \Omega_P$.

(i) 若 $M \in f(P, I^+)$, 则 $M \in f(P, I^+) \bigcap \Omega_P$, 从而 $f(P, I)$ 是 P^+ 稳定轨线. 因为 Ω_P 不含奇点, 所以根据定理 2.1.10 知, $f(P, I)$ 是一个闭轨线.

(ii) 若 $M \notin f(P, I^+)$, 由于 Ω_P 是不变集且 $M \in \Omega_P$, 故 $f(M, I) \subset \Omega_P$. 显见 $f(M, I^+)$ 有界, 故 $\Omega_M \neq \varnothing$. 由 Ω_P 是一个闭集知, $\Omega_M \subset \Omega_P$, 从而 Ω_M 内不含奇点 (因为 Ω_P 内不含奇点). 故存在常点 $Q \in \Omega_M$. 下证: $f(M, I)$ 为一闭轨线且 $f(M, I) = \Omega_P$ 以及 $f(P, I^+)$ 盘旋逼近于 Ω_P.

首先, $f(M, I)$ 为一闭轨线.

因为 Ω_M 为不变集, $Q \in \Omega_M$, 所以 $f(Q, I) \subset \Omega_M$. 任取常点 $R \in f(Q, I)$, 作过 R 的无切线段 $\overline{N_1 N_2}$ 及流盒 $\square \overline{N_1 N_2}$. 因为 $R \in \Omega_M$, 所以 $f(M, I^+)$ 必进

入流盒 $\square\overline{N_1N_2}$, 经延伸与 $\overline{N_1N_2}$ 相交于 R_1. 然后越出 $\square\overline{N_1N_2}$, 经有限时间再次进入 $\square\overline{N_1N_2}$ 与 $\overline{N_1N_2}$ 相交于 R_2. 若 R_2 与 R_1 重合, 则 $f(M, I)$ 为一闭轨线. 若 R_2 与 R_1 不重合, 则 $f(M, I^+)$ 将与 $\overline{N_1N_2}$ 有无穷多个交点, 而且按时间顺序在 $\overline{N_1N_2}$ 上单调排列, 例如交点为 $R_1, R_2, R_3, \cdots$. 因为 $f(M, I^+) \subset \Omega_P$ 中, 所以 $R_1, R_2, R_3, \cdots \in \Omega_P$. 这样, 存在三个趋于正无穷的时间序列 $\{t_n^k\}_{n=1}^{\infty} (k = 1, 2, 3)$, 使得 $f(P, t_n^k) \to R_k(n \to \infty)(k = 1, 2, 3)$. 但这是不可能的. 因为根据无切线段的性质及轨线的唯一性, 一旦 $f(P, I^+)$ 进入由线段 $\overline{R_1R_2}$ 及 $f(M, I)$ 的从 R_1 到 R_2 的轨线弧所围成的区域之内 (或外) 而向 R_3 靠近时, 就再也不能与 R_1 靠近了, 从而 $R_1 \notin \Omega_P$. 矛盾! 故 $f(M, I)$ 只能是闭轨线.

其次, $f(M, I) = \Omega_P$.

采用反证法. 若 $f(M, I) \neq \Omega_P$, 则至少存在一点 $P_0 \in \Omega_P$ 但 $P_0 \notin f(M, I)$, 且 P_0 为常点. 因 Ω_P 为不变集, 所以 $f(P_0, I) \subset \Omega_P$. 类似于前面的证明易知, $f(P_0, I)$ 为一闭轨且不可能与闭轨 $f(M, I)$ 相交. 这与 Ω_P 的连通性矛盾! 故 $\Omega_P = f(M, I)$. 这时, 显见 $f(P, I)$ 为非闭轨线.

最后, $f(P, I^+)$ 盘旋逼近于 Ω_P.

因为 Ω_P 为一闭轨线, 所以 $f(P, I^+)$ 只能位于 Ω_P 的内部或外部. 不妨设位于 Ω_P 的内部. 对 $\forall P_0 \in \Omega_P$, 过 P_0 作无切线段 $\overline{N_1N_2}$ 与流盒 $\square\overline{N_1N_2}$. 设 $\varepsilon > 0$ 为任意小的正数, 因为 $P_0 \in \Omega_P$, 所以 $f(P, I^+)$ 必在某一时刻进入 $U(P_0, \varepsilon) \bigcap \square\overline{N_1N_2}$. 根据流盒的性质, 轨线 $f(P, I^+)$ 必与无切线段 $\overline{N_1N_2}$ 相交于一点 P_1. 由于 $P_0 \in \Omega_P$, 所以 $f(P, I^+)$ 经有限时间后必再次进入 $U(P_0, \varepsilon) \bigcap \square\overline{N_1N_2}$. 根据流盒的性质, 轨线 $f(P, I^+)$ 必与无切线段 $\overline{N_1N_2}$ 相交于另一点 P_2 而且 P_2 位于 P_0 和 P_1 之间. 根据 $\varepsilon > 0$ 的任意性及点 $P_0 \in \Omega_P$ 的任意性知, $f(P, I^+)$ 盘旋逼近于 Ω_P. 证毕.

推论 2.1.4　若 $\Omega_P(A_P)$ 有界、非空且不包含奇点, 则 $\Omega_P(A_P)$ 必为闭轨线.

证明　因为 $\Omega_P(A_P)$ 有界、非空且不包含奇点, 所以存在常点 $M \in \Omega_P(A_P)$. 由定理 2.1.11 的证明过程 (i),(ii) 知, 本推论成立. 证毕.

定理 2.1.12 (Bendixson 定理)　在任何一个闭轨线 L_0 的内域里, 都至少含有一个奇点.

证明　采用反证法. 假设闭轨线 L_0 的内域里不含奇点, 记 L_0 所包含的区域为 D_0, 所围的面积为 S_{L_0}. 对 $\forall P_1 \in D_0$, 则 $f(P_1, I) \subset D_0$. 从而 Ω_{P_1} 与 A_{P_1} 均为有界、非空闭集且无奇点. 由推论 2.1.4 知, Ω_{P_1} 与 A_{P_1} 均是闭轨线. 因此在 D_0 内除闭轨线 L_0 外至少还存在一个闭轨线 $L_1 \subset D_0$. 记 L_1 所围的区域为 D_1, 所围的面积为 S_{L_1}. 用 D_1 代替上面的 D_0 进行同样的讨论知, 在 D_1 内除闭轨线 L_1 外至少还存在一个闭轨线 $L_2 \subset D_1$. 这种过程继续下去, 可得一个逐渐缩小的闭轨线序列 $\{L_n\}_{n=1}^{\infty}$:

$$L_0 \supset L_1 \supset L_2 \supset \cdots \supset L_n \supset \cdots,$$

即它们所围区域序列 $\{D_n\}_{n=1}^{\infty}$ 满足

$$D_0 \supset D_1 \supset D_2 \supset \cdots \supset D_n \supset \cdots$$

对 $\forall P(x,y) \in D_0$, 定义 D_0 上的函数

$$F(P) = \begin{cases} S_{L_0}, & \text{若} f(P,I) \text{不是闭轨线;} \\ S_{L_P}, & \text{若} f(P,I) \text{是闭轨线.} \end{cases}$$

显见,$F(P)$ 为 D_0 上的正的单值函数, 故有下确界

$$C = \inf_{P \in D_0} F(P). \tag{2.1.9}$$

显然, $0 \leqslant C < S_{L_0}$. 由于 $F(P)$ 在 D_0 上不一定连续, 所以 $F(P)$ 不一定达到下确界, 但根据下确界的定义, 必存在 D_0 上的一个点列 $\{P_n(x_n, y_n)\}_{n=1}^{\infty} \subset D_0$, 使得

$$\lim_{n \to +\infty} F(P_n) = C. \tag{2.1.10}$$

由于点列 $\{P_n\}_{n=1}^{\infty}$ 为平面上的有界点列, 所以存在收敛子列 $\{P_{n_k}\}_{k=1}^{\infty}$, 令其极限为 $P_0(x_0, y_0)$. 这样, 根据 D_0 为闭集及 (2.1.10) 得

$$P_0 \in D_0, \quad \lim_{k \to +\infty} F(P_{n_k}) = C. \tag{2.1.11}$$

由反证之假设, P_0 为系统的常点. 下面考察轨线 $f(P_0, I)$.

若 $f(P_0, I)$ 是一闭轨线, 则由前面的论述知, 在闭轨线 $f(P_0, I)$ 内部至少还有另两条闭轨线 L', L'' 满足

$$L'' \subset L' \subset f(P_0, I).$$

对充分小的 $\delta > 0$ 及 $Q(x,y) \in U(P_0, \delta) \subset D_0$, 若 $f(Q,I)$ 为闭轨线, 则

$$L'' \subset L' \subset f(Q, I).$$

根据 F 的定义, 得

$$F(Q) = S_{f(Q,I)} > S_{L'} > S_{L''}.$$

若 $f(Q,I)$ 为非闭轨线, 则

$$F(Q) = S_{L_0} > S_{L'} > S_{L''}.$$

因此, 由 (2.1.11) 得

$$\lim_{k \to +\infty} F(P_{n_k}) = C \geqslant S_{L'} > S_{L''}.$$

这与 C 为 F 在 D_0 上的下确界矛盾!

若 $f(P_0, I)$ 不是闭轨线, 则由解对初值的连续依赖性知, 必存在 P_0 的一个小邻域 $U(P_0, \delta_1)$, 使对 $\forall Q(x, y) \in U(P_0, \delta_1), f(Q, I)$ 均为非闭轨线, 从而

$$F(Q) = S_{L_0}, \quad \forall Q \in U(P_0, \delta_1).$$

这与 (2.1.11) 矛盾, 因为当 n_k 充分大时将有 $P_{n_k} \in U(P_0, \delta_1), F(P_{n_k})$ 无法趋于 C. 证毕.

为了彻底了解平面有界极限集的结构, 我们先给出如下定义及两个引理.

定义 2.1.11 (点列沿轨线单调) 如果有限或无限数列 $\{t_n\}$ 单调, 则称点列 $\{f(P, t_n)\}$ 沿轨线 $f(P, I)$ 单调.

引理 2.1.1 设 $P_0 \in \Omega_P(A_P)$, 则 $f(P_0, I)$ 与任意不切线段不多于一个交点.

根据定理 2.1.2, $\Omega_P(A_P)$ 是不变集, 极限集由整条整条轨线组成, 所以该引理也可叙述为: 极限轨线与任意不切线段不多于一个交点.

证明 采用反证法. 设 P_1, P_2 是极限轨线 $f(P_0, I)$ 与不切线段 $\overline{N_1 N_2}$ 的两个不同交点. 令 $\overline{U(P_k)}(k = 1, 2)$ 是 $P_k(k = 1, 2)$ 处的流盒且 $\overline{U(P_1)} \bigcap \overline{U(P_2)} = \varnothing$, 线段 $J_k = \overline{U(P_k)} \bigcap \overline{N_1 N_2}(k = 1, 2)$, 则 $J_1 \bigcap J_2 = \varnothing$.

由于极限集是不变集, 由整条整条轨线组成, 所以 $P_1, P_2 \in \Omega_P$, 故轨线 $f(P, I)$ 无穷多次进入流盒 $\overline{U(P_k)}$. 由流盒的性质, 轨线 $f(P, I)$ 无穷多次穿过 J_k. 因此存在一个点列

$$R_1, Q_1, R_2, Q_2, \cdots, R_n, Q_n, \cdots$$

在从 P 出发的轨线 $f(P, I)$ 上单调, 但 $R_n \in J_1, Q_n \in J_2(n = 1, 2, \cdots)$. 因为 J_1 与 J_2 不交, 这个点列不可能沿不切线段 $\overline{N_1 N_2}$ 单调, 这与推论 2.1.2 矛盾. 证毕.

引理 2.1.2 设非闭轨线 $f(P_0, I) \subset \Omega_P(A_P)$, 则 $f(P_0, I)$ 的极限集只能包含奇点.

该引理也可叙述为: 极限轨线的极限点只能是奇点.

证明 采用反证法. 若不然, 设 M 是 $f(P_0, I)$ 的极限点, 但 M 不是奇点. 令 $\overline{N_1 N_2}$ 是 M 处的不切线段, $\square\overline{N_1 N_2}$ 是流盒. 由于 M 是 $f(P_0, I)$ 的极限点, $f(P_0, I)$ 是非闭轨线, 所以 $f(P_0, I)$ 与不切线段 $\overline{N_1 N_2}$ 交于一串不同的点 R_n. 这与引理 2.1.1 矛盾. 证毕.

根据定理 2.1.11, 平面有界区域内任意轨线的极限集, 或者是闭轨, 或者包含奇点. 含奇点的又可能是只包含奇点或还包含着非闭的极限轨线 (不可能还包含着闭轨, 因为闭轨与其他轨线不能连通, 而极限集是连通集). 由于极限集有界, 所以其中的非闭轨线的极限集非空. 由引理 2.1.2, 这些非闭的极限轨线以奇点为极限点. 可见, 有界极限集中有非闭轨线时, 必也有奇点, 这些奇点同时也是这些极限轨线的极限点, 它们组成连通的闭的不变集.

根据以上分析可得如下定理:

定理 2.1.13　　若轨线 $f(P,I)$ 有界, 并且 $\Omega_P(A_P)$ 最多含有有限个奇点, 则下列结论之一成立:

或者 $\Omega_P(A_P)$ 仅由唯一一个奇点 P_0 构成. 此时, 当 $t \to +\infty(t \to -\infty)$ 时 $f(P,I)$ 趋于奇点 P_0;

或者 $\Omega_P(A_P)$ 是由一闭轨 L 构成. 此时, 当 $t \to +\infty(t \to -\infty)$ 时 $f(P,I)$ 盘旋逼近于 L;

或者 $\Omega_P(A_P)$ 是由有限个奇点和一些极限轨线构成. 此时, 当 $t \to +\infty(t \to -\infty)$ 时这些极限轨线都各自分别趋于这些奇点之一.

定义 2.1.12 (奇异闭轨线)　　若轨线 $f(P,I)$ 当 $t \to +\infty$ 与 $t \to -\infty$ 时趋于同一奇点 P_0, 则由 $f(P,I)$ 与 P_0 一起构成的一条闭曲线, 称为奇异闭轨线.

定义 2.1.13 (极限环)　　若一个闭轨是另一个轨线的极限集合, 则称这个闭轨为极限环.

本章例 2.1.3, 轨线 $r = 1$ 就是所给系统的一个极限环.

由定理 2.1.13 知, 要确定轨线族的全局分布, 关键在于确定极限环、奇点、奇异闭轨线等特殊轨线, 并分析它们的性状.

§2.2　奇点吸引子

系统的吸引子 (attractor) 理论是关于吸引子的科学理论. 那么什么是吸引子呢? 吸引子是一个数学概念, 它是混沌学的重要组成部分, 描写运动的收敛类型, 它存在于相平面. 吸引子是动力学方程的解在相空间中描绘出的轨迹终态集, 它是动力学系统在相空间中最后的稳定态. 简言之, 吸引子就是一个集合并且使得附近的所有轨道都收敛到这个集合上. 由于吸引子与混沌现象密不可分, 深入了解吸引子集合的性质, 对更好了解它们所描述的系统的解, 对揭示混沌的规律与结构有重要意义.

奇点吸引子是一种不动点吸引子. 为了说明奇点吸引子, 我们先看一个大家所熟知的阻尼振动的例子.

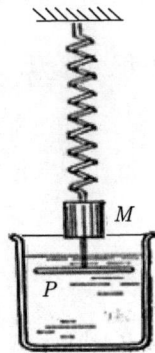

图 2.2.1　阻尼振动

如图 2.2.1 所示, 物体在某液体中作缓慢运动, 可以通过改变薄片的大小来调节阻力. 实验指出, 当物体以不太大的速率在黏性介质中运动时, 介质对物体的阻力 f 与物体的运动速率成正比, 方向与运动方向相反, 即

$$f = -\mu v = -\mu \frac{dx}{dt},$$

其中 μ 叫做阻尼系数, 它与物体的形状、大小及介质有关. 根据牛顿第二定律, 对弹簧振子 M 而言, 在弹性力及阻力的作用下, 物体 M 的运动方程为

$$m\frac{d^2x}{dt^2} = -kx - \mu\frac{dx}{dt},$$

其中 m 为物体 M 的质量, k 为弹簧的弹性系数. 令 $\omega_0^2 = \dfrac{k}{m}, 2\beta = \dfrac{\mu}{m}$, ω_0 即振动系统的固有角频率, β 称为阻尼因子, 代入上式可得

$$\frac{d^2x}{dt^2} + 2\beta\frac{dx}{dt} + \omega_0^2 x = 0.$$

在阻尼较小时, 即 $\beta < \omega_0$, 此方程的解为

$$x = A_0 e^{-\beta t}\cos(\omega t + \varphi_0),$$

其中 $\omega = \sqrt{\omega_0^2 - \beta^2}$, A_0, φ_0 为待定常数, 由初始条件决定. 此式包含两项, $A_0 e^{-\beta t}$ 表示不断随时间而衰减的振幅, $\cos(\omega t + \varphi_0)$ 表示以 ω 为角频率的周期运动, 二者相乘表示振幅不断变小的往复运动, 这种振动状态称为弱阻尼状态. 当时间 $t \to \infty$ 时, 振动质点 M 处于静止状态.

为了画出阻尼振动的相图, 引入变量 $y = \dfrac{dx}{dt}$, 则阻尼振动可化为如下方程

$$\begin{cases} \dfrac{dx}{dt} = y, \\ \dfrac{dy}{dt} = -\omega_0^2 x - 2\beta y. \end{cases}$$

引入极坐标变换

$$\begin{cases} x = r\cos\theta, \\ y = r\sin\theta. \end{cases}$$

则上方程可化为

$$\frac{dr}{r} = h(\theta)d\theta,$$

其中

$$h(\theta) = \frac{-\cos\theta + (\omega_0^2\cot\theta + 2\beta)\sin\theta}{\sin\theta + (\omega_0^2\cot\theta + 2\beta)\cos\theta}.$$

故

$$r = ce^{\int h(\theta)d\theta}.$$

这就是相图的极坐标表示. 显见, 它代表一种对数螺线. 结合 $\dfrac{dx}{dt}, \dfrac{dy}{dt}$ 的符号, 易知轨线不论从哪里出发, 随着时间的增大, 最终都趋向于原点 $O(0,0)$. 原点 $O(0,0)$ 是一个吸引子, 它把相空间中任意一点出发的轨线都吸引到 $O(0,0)$ 点上, $O(0,0)$ 点

是一个不动点, 故称为不动点吸引子. 又 $O(0,0)$ 点也是上方程的奇点, 所以又称为奇点吸引子. 其相图如图 2.2.2 所示.

我们首先考虑常系数线性方程组的奇点吸引子和它附近轨线的分布. 给定微分方程组

$$\begin{cases} \dfrac{dx}{dt} = ax + by, \\[2mm] \dfrac{dy}{dt} = cx + dy, \end{cases} \tag{2.2.1}$$

其中 a, b, c, d 是常数.

它的系数矩阵为

$$A = \begin{pmatrix} a & b \\ c & d \end{pmatrix}.$$

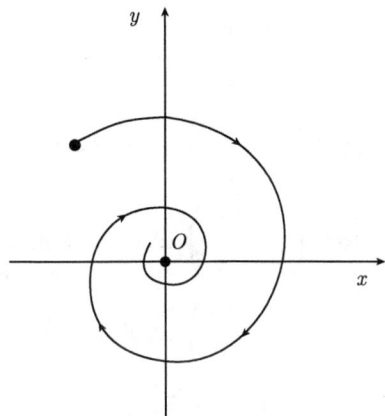

图 2.2.2　奇点吸引子

假定它的系数行列式 $\det A \neq 0$, 这时 $O(0,0)$ 是 (2.2.1) 的唯一奇点. 令

$$X = \begin{pmatrix} x \\ y \end{pmatrix}, \frac{dX}{dt} = \begin{pmatrix} \dfrac{dx}{dt} \\[2mm] \dfrac{dy}{dt} \end{pmatrix},$$

则 (2.2.1) 可写成向量形式

$$\frac{dX}{dt} = AX. \tag{2.2.2}$$

由线性代数理论可知, 存在非奇异矩阵

$$T = \begin{pmatrix} t_{11} & t_{12} \\ t_{21} & t_{22} \end{pmatrix}$$

使得

$$T^{-1}AT = J,$$

其中 J 为 Jordan 标准型. 作变换

$$X = TY, \quad Y = \begin{pmatrix} x' \\ y' \end{pmatrix},$$

则方程 (2.2.2) 变为

$$\frac{dY}{dt} = JY. \tag{2.2.3}$$

J 的形式由矩阵 A 的特征根决定, 必为下列各标准型之一:

(1) $\begin{pmatrix} \lambda & 0 \\ 0 & \mu \end{pmatrix}$ $(\mu < 0 < \lambda$, 两个异号实根$)$,

(2) $\begin{pmatrix} \lambda & 0 \\ 0 & \mu \end{pmatrix}$ $(\mu < \lambda < 0$ 或 $0 < \lambda < \mu$, 两个同号实根$)$,

(3) $\begin{pmatrix} \lambda & 0 \\ 0 & \lambda \end{pmatrix}$ $(\lambda \neq 0$, 重根$)$,

(4) $\begin{pmatrix} \lambda & 0 \\ 1 & \lambda \end{pmatrix}$ $(\lambda \neq 0$, 重根$)$,

(5) $\begin{pmatrix} \alpha & \beta \\ -\beta & \alpha \end{pmatrix}$ $(\alpha, \beta \neq 0$, 非零实部虚根$)$,

(6) $\begin{pmatrix} 0 & \beta \\ -\beta & 0 \end{pmatrix}$ $(\beta \neq 0$, 零实部虚根$)$.

A 的特征方程为

$$\begin{vmatrix} a - \lambda & b \\ c & d - \lambda \end{vmatrix} = \lambda^2 - (a + d)\lambda + (ad - bc) = 0.$$

令 $p = -(a + d) = -\mathrm{tr}A, q = ad - bc = \det A$, 则上述方程为 $\lambda^2 + p\lambda + q = 0$, 其根为 $\lambda = \dfrac{-p \pm \sqrt{p^2 - 4q}}{2}$.

下面研究奇点 $O(0,0)$ 附近轨线的分布.

(1) λ, μ 为两个异号实根 $(\mu < 0 < \lambda)(\Leftrightarrow q < 0)$.

此时, 方程 (2.2.3) 变为

$$\begin{cases} \dfrac{dx'}{dt} = \lambda x', \\ \dfrac{dy'}{dt} = \mu y', \end{cases} \tag{2.2.4}$$

其通解为

$$x' = C_1 e^{\lambda t}, \quad y' = C_2 e^{\mu t} \quad (\forall C_1, C_2 \in R).$$

显见 x' 轴的正、负半轴和 y' 轴的正、负半轴都是轨线. 消去参数 t, 得轨线方程为

$$y' = C|x'|^{\frac{\mu}{\lambda}}, \ \frac{\mu}{\lambda} < 0, \ C \text{为常数}.$$

故轨线属于双曲型曲线.

由通解表达式易知, 当 $t \to +\infty$ 时, y' 正、负半轴轨线趋于原点; x' 正、负半轴轨线无限远离原点; 其他轨线 $x' \to \infty, y' \to 0$. 在 $x'O'y'$ 相平面上的轨线分布如图 2.2.3 所示, 其中箭头表示 t 增加时轨线的走向. 这类奇点 O' 称为鞍点.

(2) λ, μ 为两个同号实根 ($\mu < \lambda < 0$ 或 $0 < \lambda < \mu$)($\Leftrightarrow q > 0, p > 0, p^2 - 4q > 0$ 或 $q > 0, p < 0, p^2 - 4q > 0$).

此时, 方程 (2.2.3) 变为 (2.2.4), 其通解为

$$x' = C_1 e^{\lambda t}, \quad y' = C_2 e^{\mu t} \quad (\forall C_1, C_2 \in R).$$

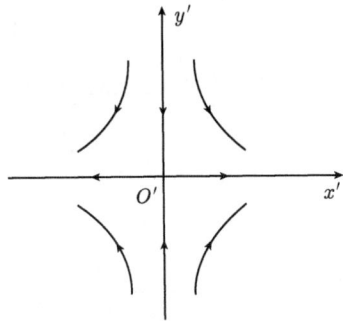

图 2.2.3 鞍点

容易看出 x' 轴的正、负半轴和 y' 轴的正、负半轴都是轨线. 消去参数 t, 得轨线方程为

$$y' = C|x'|^{\frac{\mu}{\lambda}}, \quad \frac{\mu}{\lambda} > 0, \quad C \text{为常数}.$$

可见, 轨线属于抛物型曲线.

由通解表达式易知, 若 $\mu < \lambda < 0$, 则当 $t \to +\infty$ 时, x', y' 轴的正、负半轴轨线趋于原点; 其他轨线 $x' \to 0, y' \to 0$, 且沿轨线的切线斜率

$$\frac{dy'}{dx'} = \frac{C_2 \mu}{C_1 \lambda} e^{(\mu - \lambda)t} \to 0,$$

所以轨线切 $O'x'$ 轴于原点.

在 $x'O'y'$ 相平面上的轨线分布如图 2.2.4 所示. 另一种情况与之类似, 其轨线分布如图 2.2.5 所示. 这类奇点 O' 称为正常结点, 简称为结点. 前者称为稳定结点, 后者称为不稳定结点.

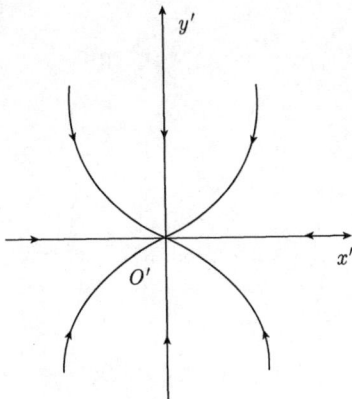

图 2.2.4 稳定结点

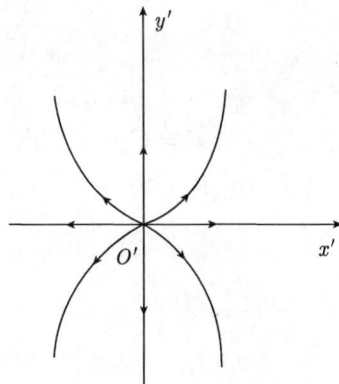

图 2.2.5 不稳定结点

(3) $\lambda \neq 0$ 为重根, $J = \begin{pmatrix} \lambda & 0 \\ 0 & \lambda \end{pmatrix}$ ($\Leftrightarrow q > 0, p^2 - 4q = 0, p \neq 0$).

此时, 方程 (2.2.3) 变为

$$
\begin{cases}
\dfrac{dx'}{dt} = \lambda x', \\[2mm]
\dfrac{dy'}{dt} = \lambda y',
\end{cases}
\tag{2.2.5}
$$

其通解为

$$x' = C_1 e^{\lambda t}, \quad y' = C_2 e^{\lambda t} \quad (\forall C_1, C_2 \in R),$$

即 $y' = Cx' (\forall C \in R)$. 它表示从原点 (不包含原点) 出发的半直线. 当 $C = 0$ 时, 它表示 x' 轴的正、负半轴; 当 $C = \infty$ 时, 它表示 y' 轴的正、负半轴.

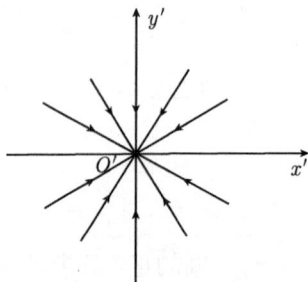

当 $\lambda < 0$ 时, $x' = C_1 e^{\lambda t} \to 0$, $y' = C_2 e^{\lambda t} \to 0 (t \to +\infty)$, 这样的奇点称为稳定临界结点, 如图 2.2.6 所示.

当 $\lambda > 0$ 时, $x' = C_1 e^{\lambda t} \to 0$, $y' = C_2 e^{\lambda t} \to 0 (t \to -\infty)$, 这样的奇点称为不稳定临界结点, 轨线图与图 2.2.6 类似, 只是方向相反.

图 2.2.6　稳定临界结点

(4) $\lambda \neq 0$ 为重根, $J = \begin{pmatrix} \lambda & 0 \\ 1 & \lambda \end{pmatrix}$ ($\Leftrightarrow q > 0, p^2 - 4q = 0, p \neq 0$).

此时, 方程 (2.2.3) 变为

$$
\begin{cases}
\dfrac{dx'}{dt} = \lambda x', \\[2mm]
\dfrac{dy'}{dt} = x' + \lambda y',
\end{cases}
\tag{2.2.6}
$$

其通解为

$$x' = C_1 e^{\lambda t}, \quad y' = (C_2 + C_1 t) e^{\lambda t} \quad (\forall C_1, C_2 \in R),$$

消去参数 t, 得轨线方程为

$$C_1 \lambda y' = (C_1 \ln |x'| + C_0) x' \quad (C_0 = C_2 \lambda - C_1 \ln |C_1|).$$

易知, 当 $t \to +\infty$ 时

$\lambda < 0:$　$x' \to 0$,　$y' \to 0$,　$\dfrac{dy'}{dx'} \to \infty$, 此类奇点称为稳定的退化结点;

$\lambda > 0:$　$x' \to \infty$,　$y' \to \infty$,　$\dfrac{dy'}{dx'} \to \infty$, 此类奇点称为不稳定的退化结点.

稳定退化结点的轨线图如图 2.2.7 所示 (不稳定退化结点的轨线图可类似画出).

(5) $\alpha, \beta \neq 0$, 非零实部虚根 ($\Leftrightarrow q > 0, p^2 - 4q < 0, p \neq 0$).

此时, 方程 (2.2.3) 变为

$$\begin{cases} \dfrac{dx'}{dt} = \alpha x' + \beta y', \\[2mm] \dfrac{dy'}{dt} = -\beta x' + \alpha y'. \end{cases} \qquad (2.2.7)$$

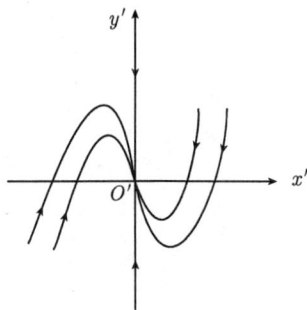

图 2.2.7 稳定退化结点

引入极坐标变换：$x' = r\cos\theta, y' = r\sin\theta$. 注意到

$$x'\frac{dx'}{dt} + y'\frac{dy'}{dt} = r\frac{dr}{dt}, \quad x'\frac{dy'}{dt} - y'\frac{dx'}{dt} = r^2\frac{d\theta}{dt},$$

则 (2.2.7) 可化为

$$\frac{dr}{dt} = \alpha r, \quad \frac{d\theta}{dt} = -\beta,$$

其解为

$$r = r_0 e^{\alpha t}, \quad \theta = \theta_0 - \beta t, \quad r_0(>0), \theta_0 为常数.$$

消去参数 t, 得轨线方程为

$$r = r_0 e^{-\frac{\alpha}{\beta}(\theta - \theta_0)} = C e^{-\frac{\alpha}{\beta}\theta}, \quad C = r_0 e^{\frac{\alpha}{\beta}\theta_0}.$$

故方程 (2.2.7) 的轨线是一族对数螺线. 此类奇点称为焦点.

由极坐标解表达式知, 当 $t \to +\infty$ 时

$$r = r_0 e^{\alpha t} \to \begin{cases} +\infty, & 若 \alpha > 0, \\ 0, & 若 \alpha < 0; \end{cases} \qquad \theta = \theta_0 - \beta t \to \begin{cases} -\infty, & 若 \beta > 0, \\ +\infty, & 若 \beta < 0. \end{cases}$$

这样即得轨线方向及稳定性, 稳定情况如图 2.2.8 所示. 不稳定情况如图 2.2.9 所示.

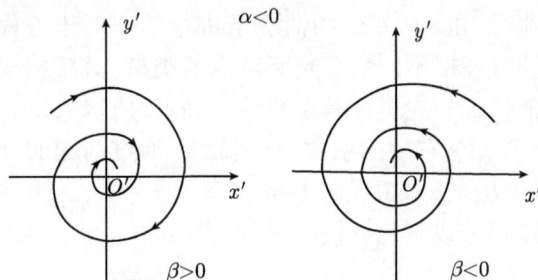

图 2.2.8 稳定焦点

$$\alpha > 0$$

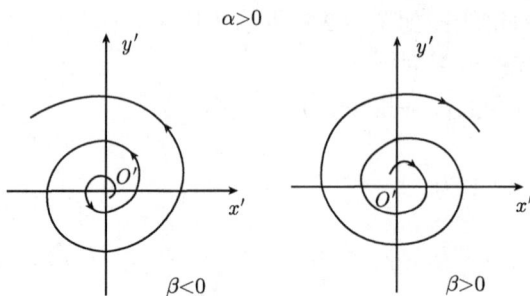

图 2.2.9　不稳定焦点

(6)　$\beta \neq 0$, 共轭纯虚根 $(\pm i\beta)$ $(\Leftrightarrow q > 0, p = 0)$.

此时相当于 (2.2.7) 中 $\alpha = 0$, 从而这时的极坐标通解为

$$r = r_0, \quad \theta = \theta_0 - \beta t, \quad r_0(> 0), \theta_0 \text{为常数}.$$

因此, 方程 (2.2.7)($\alpha = 0$ 时) 的轨线是以原点为中心的圆族, 如图 2.2.10 所示. 此类奇点称为中心.

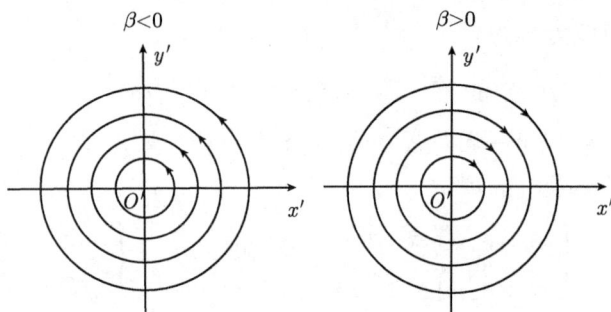

图 2.2.10　中心

以上讨论是在假定 $\det A \neq 0$ 的情况下进行的. 对于方程组 (2.2.1) 的奇点 $O(0,0)$, 可根据 A 的特征根不同情况判断奇点的类型, 并根据实部符号, 区分稳定或不稳定. 因为 A 的特征根完全由其系数唯一确定, 所以 (2.2.1) 奇点 $O(0,0)$ 的类型完全可由方程组 (2.2.1) 右端的系数唯一确定. 通过前面的分析, 所得结论可用 (p,q) 平面清楚地表示出来, 如图 2.2.11 所示.

当 $\det A = 0$ 时, 可分以下几种情况进行讨论:

$a = b = c = d = 0$. 此时, (x,y) 平面上每个点都是奇点.

$a = b = 0$, 但 $c^2 + d^2 \neq 0$. 此时, 解是 $x = \alpha(\forall \alpha \in R)$. 直线 $cx + dy = 0$ 上每一点都是奇点.

$c = d = 0$, 但 $a^2 + b^2 \neq 0$. 此时, 解是 $y = \beta (\forall \beta \in R)$. 直线 $ax + by = 0$ 上每一点都是奇点.

$a^2 + b^2 \neq 0, c^2 + d^2 \neq 0$. 由于 $\det A = 0$, 即 $ad - bc = 0$, 所以直线 $ax + by = 0, cx + dy = 0$ 重合. 此时直线 $ax + by = 0$ 上每一点都是奇点.

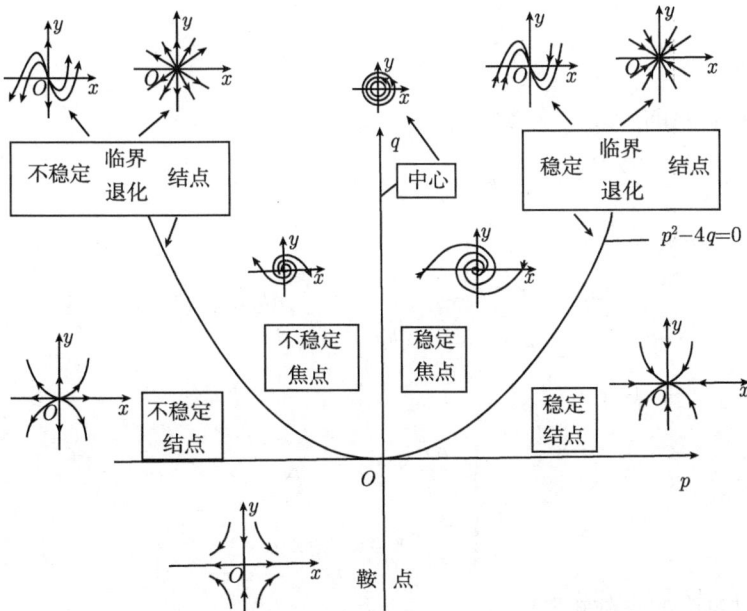

图 2.2.11 (p, q) 平面上的区域与奇点类型的关系

稳定焦点、稳定结点、稳定临界结点和稳定退化结点都是奇点吸引子, 这一类吸引子称为稳定的奇点吸引子. 而不稳定焦点、不稳定结点、不稳定临界结点和不稳定退化结点也是奇点吸引子, 这一类吸引子称为不稳定的奇点吸引子. 关于奇点吸引子概念的精确描述如下.

定义 2.2.1 (奇点吸引子) 方程组的奇点 $O(0,0)$ 叫做稳定 (不稳定) 吸引子, 如果 $\exists \delta > 0$, 使对任何解 $x = x(t), y = y(t)$, 当初值满足 $x^2(t_0) + y^2(t_0) < \delta$ 时, 便有

$$\lim_{t \to +\infty} [x^2(t) + y^2(t)] = 0 \quad \left(\lim_{t \to -\infty} [x^2(t) + y^2(t)] = 0 \right).$$

在以上的讨论中, 所有图形均是在 (x', y') 平面上画出的, 回到 (x, y) 平面, 对应于 $x' = 0, y' = 0$ 是两条过原点的斜线, 它们不一定正交, 故轨线的几何形状可能不同, 但拓扑性质不变. 对于奇点为结点和鞍点的情形, 为了在 (x, y) 平面上绘出轨线图, 注意到其他轨线是沿着某一直线 $y = kx$ 趋于或远离原点 (这时在 (x', y') 平面是沿 $x' = 0$ 或 $y' = 0$ 趋于或远离原点), 因此只需要求出 $x' = 0, y' = 0$ 在 (x, y)

平面所对应的直线的斜率 k.

注意到直线 $y = kx$ 是系统的一条积分曲线, 所以 k 的求法为: 将 $y = kx$ 代入方程 (2.2.1), 得

$$\frac{dx}{dt} = ax + bkx, \quad k\frac{dx}{dt} = cx + dkx,$$

从而有

$$k(ax + bkx) = cx + dkx.$$

这样便得关于 k 的一元二次方程:

$$bk^2 + (a - d)k - c = 0.$$

k 的另一求法为

$$k = \frac{dy}{dx}\bigg|_{y=kx} = \frac{cx + dy}{ax + by}\bigg|_{y=kx} = \frac{cx + dkx}{ax + bkx} = \frac{c + dk}{a + bk}, \text{ 从而 } bk^2 + (a - d)k - c = 0.$$

例 2.2.1　考虑如下方程组

$$\begin{cases} \dfrac{dx}{dt} = 2x + 3y, \\[2mm] \dfrac{dy}{dt} = 2x - 3y. \end{cases}$$

方程组对应的系数矩阵

$$A = \begin{pmatrix} 2 & 3 \\ 2 & -3 \end{pmatrix}.$$

显然,$\det A \neq 0$, 原点 $O(0,0)$ 是系统的唯一奇点. 由 A 的表达式易知

$$q = \det A = -12 < 0.$$

对照 (p, q) 平面上的区域与奇点类型的关系知, 奇点 $O(0,0)$ 是鞍点.

设轨线沿直线 $y = kx(k$ 为常数) 所指的方向无限远离原点 $O(0,0)$, 则

$$k = \frac{dy}{dx}\bigg|_{y=kx} = \frac{2x - 3kx}{2x + 3kx} = \frac{2 - 3k}{2 + 3k},$$

故

$$k_1 = -2, \ k_2 = \frac{1}{3}.$$

可很容易地计算向量场在几个特殊点处的向量: 例如点 $(1, 0)$ 处向量为 $(2, 2)$, 点 $(-1, 0)$ 处向量为 $(-2, -2)$, 点 $(0, 1)$ 处向量为 $(3, -3)$, 点 $(0, -1)$ 处向量为 $(-3, 3)$,

直线 $y = \dfrac{1}{3}x$ 上的点 $(3,1),(-3,-1)$ 处向量分别为 $(9,3),(-9,-3)$, 直线 $y = -2x$ 上的点 $(1,-2),(-1,2)$ 处向量分别为 $(-4,8),(4,-8)$. 从而可确定轨线走向. 再利用鞍点结构和非奇逆变换的性质即可确定出所给方程组在奇点 $O(0,0)$ 附近的轨线分布, 如图 2.2.12.

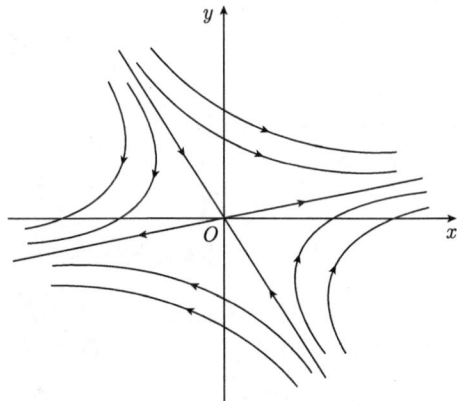

图 2.2.12　鞍点

例 2.2.2　考虑二阶微分方程

$$\frac{d^2x}{dt^2} + 2\frac{dx}{dt} + 5x = 0.$$

令 $\dfrac{dx}{dt} = y$, 则方程可化为下列方程组

$$\begin{cases} \dfrac{dx}{dt} = y, \\ \dfrac{dy}{dt} = -5x - 2y, \end{cases}$$

其系数矩阵为

$$A = \begin{pmatrix} 0 & 1 \\ -5 & -2 \end{pmatrix}.$$

显见,$\det A \neq 0$, 原点 $O(0,0)$ 是系统的唯一奇点.

判断奇点类型:

方法 1　特征根法. 易知特征方程为 $\lambda^2 + 2\lambda + 5 = 0$, 从而特征根为 $\lambda_1 = -1 + 2i, \lambda_2 = -1 - 2i$. 可见, 奇点 $O(0,0)$ 是稳定的焦点.

方法 2　系数法. 由 A 的表达式易知

$$q = \det A = 5 > 0, p = -\text{tr}A = -(0 - 2) = 2 > 0, p^2 - 4q = -16 < 0.$$

对照 (p,q) 平面上的区域与奇点类型的关系知, 奇点 $O(0,0)$ 是稳定的焦点.

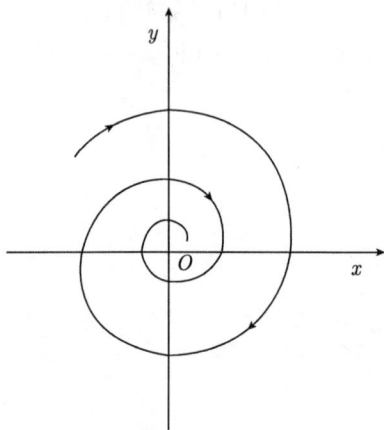

轨线方向：可计算向量场在几个特殊点处的向量, 如点 $(1,1)$ 处向量为 $(1,-7)$, 从而可知轨线为顺时针方向. 其相图如图 2.2.13 所示.

例 2.2.3　考察如下线性方程组

$$\begin{cases} \dfrac{dx}{dt} = y, \\ \dfrac{dy}{dt} = -2x - 3y, \end{cases}$$

其系数矩阵为

$$A = \begin{pmatrix} 0 & 1 \\ -2 & -3 \end{pmatrix}.$$

图 2.2.13　稳定焦点

$\det A = 2 \neq 0$, 原点 $O(0,0)$ 是唯一奇点. 通过计算知

$$q = \det A = 2 > 0, p = -\mathrm{tr}A = 3 > 0, p^2 - 4q = 1 > 0.$$

由 (p,q) 平面上的区域与奇点类型的关系知, 奇点 $O(0,0)$ 是稳定结点.

为了画出相图, 首先求出正半轨线进入奇点 $O(0,0)$ 时所切的方向直线 $y = kx(k$为常数$)$. 由于此直线是所给系统的特殊轨线, 所以 k 满足

$$k = \dfrac{dy}{dx}\bigg|_{y=kx} = \dfrac{-2x - 3kx}{kx} = \dfrac{-2 - 3k}{k},$$

故

$$k_1 = -2, k_2 = -1.$$

因此轨线进入奇点 $O(0,0)$ 时所切的方向直线为 $y = -2x$ 和 $y = -x$.

注意到结点的结构特点为：在一对方向上有无穷多条轨线切入; 另一对方向仅各有一条轨线切入. 如何判断哪对方向被无穷多条轨线切入呢?

考察所给系统的水平等斜线

$$L:\ -2x - 3y = 0.$$

它在第四象限位于 $y = -x$ 的上方, 当正半轨线水平穿过 L 后, 不能与 $y = -x$ 相交, 故只能沿 $y = -x$ 进入奇点 $O(0,0)$. 再根据对称性, 我们就可以画出所给方程组的相图, 如图 2.2.14 所示.

可以证明对于稳定 (不稳定) 焦点、稳定 (不稳定) 结点、稳定 (不稳定) 临界结点和稳定 (不稳定) 退化结点可以通过拓扑变换 (即双方单值连续的变换) 相互

转化, 因此它们属于同一拓扑类型. 这样, $p-q$ 平面被正 q 轴, 即 $p=0, q>0$ 和 p 轴, 即 $q=0$ 分成三个区域: 区域 I = $\{(p,q): q>0, p>0\}$; 区域 II= $\{(p,q): q>0, p<0\}$; 区域 III= $\{(p,q): q<0\}$. 区域 I 是稳定焦点、结点区; 区域 II 是不稳定焦点、结点区; 区域 III 是鞍点区. 每个区域内 O 点附近轨线的拓扑结构是一样的, 即当 (2.2.1) 的系数所对应的 (p,q) 属于上述三个区域之一时, 对系数作充分小的扰动后, 奇点附近轨线的拓扑结构不变, 轨线的全局结构也不变. 在此意义下我们说这三个区域内轨线的拓扑结构是稳定的. 但当 (2.2.1) 的系数所对应的 (p,q) 属于上述三个区域的边界时, 即 $q=0$ 或 $p=0, q>0$, 情形就完全不同了, 这时不论 (2.2.1) 的系数作多么微小的扰动, 都可能使奇点附近轨线的拓扑结构改变, 从而全局结构也改变, 例如, 当 (p,q) 位于直线 $p=0(q>0)$ 上时, O 为中心点, p 的任意微小的扰动将使 (p,q) 进入区域 I 或区域 II, 从而使奇点 O 变成焦点, 改变了相应轨线的拓扑结构, 这时方程 (2.2.1) 叫做对上述线性扰动而言是结构不稳定的.

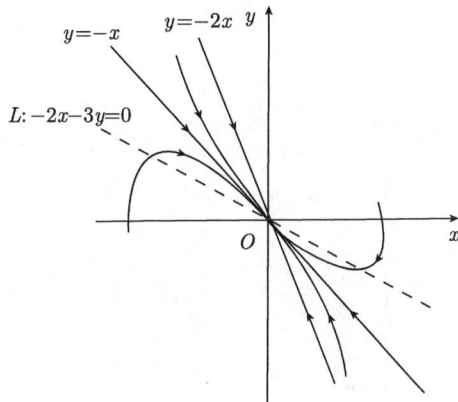

图 2.2.14 稳定结点

尽管稳定 (不稳定) 焦点、正常结点、临界结点和退化结点具有相同的拓扑结构, 但它们具有不同的定性结构, 因此在曲线 $p^2-4q=0$ 上的每点 (除 $p=q=0$ 外) 的足够下的邻域内的点, 它们所对应的方程的奇点附近轨线的拓扑结构相同, 但定性结构可能不同.

基于以上讨论, 我们已经清楚了线性方程 (2.2.1) 的奇点附近轨线的结构. 当方程 (2.2.1) 的右侧加上非线性项后奇点附近轨线的拓扑结构和定性结构又如何? 或考虑更一般的平面自治系统

$$\begin{cases} \dfrac{dx}{dt} = X(x,y), \\ \dfrac{dy}{dt} = Y(x,y) \end{cases} \tag{2.2.8}$$

奇点附近轨线的拓扑结构和定性结构. 我们可以通过对系统线性化的方法来考虑奇点附近轨线的分布.

设 (x_0, y_0) 为 (2.2.8) 的奇点, 作线性平移变换

$$
\begin{cases}
x = x_0 + x', \\
y = y_0 + y',
\end{cases}
$$

即可把奇点 (x_0, y_0) 移到原点 $O(0,0)$. 因此, 以下不妨假设 $O(0,0)$ 是 (2.2.8) 的奇点, 即 $X^2(0,0) + Y^2(0,0) = 0$. 现在我们来讨论如何根据函数 X, Y 的性质, 来确定 (2.2.8) 的轨线在奇点 $O(0,0)$ 附近的分布状况.

设 X, Y 在奇点 $O(0,0)$ 的某一个邻域内连续可微, 于是由 Taylor 定理, 得

$$
X(x,y) = ax + by + \Phi(x,y),
$$
$$
Y(x,y) = cx + dy + \Psi(x,y),
$$

其中

$$
a = \frac{\partial X(0,0)}{\partial x}, \quad b = \frac{\partial X(0,0)}{\partial y}, \quad c = \frac{\partial Y(0,0)}{\partial x}, \quad d = \frac{\partial Y(0,0)}{\partial y},
$$
$$
\Phi(x,y) = o(r), \quad \Psi(x,y) = o(r), \quad r = \sqrt{x^2 + y^2}.
$$

从而 (2.2.8) 变为

$$
\begin{cases}
\dfrac{dx}{dt} = ax + by + \Phi(x,y), \\[2mm]
\dfrac{dy}{dt} = cx + dy + \Psi(x,y).
\end{cases}
\tag{2.2.9}
$$

由上式右端线性部分组成的方程组

$$
\begin{cases}
\dfrac{dx}{dt} = ax + by, \\[2mm]
\dfrac{dy}{dt} = cx + dy
\end{cases}
\tag{2.2.10}
$$

称为 (2.2.8) 或 (2.2.9) 的一次近似, 有时也称 (2.2.10) 为 (2.2.9) 对应的线性方程或线性系统.

若系数矩阵

$$
A = \begin{pmatrix} a & b \\ c & d \end{pmatrix}
$$

是非奇异的, 即 $\det A \neq 0$, 则称奇点 $O(0,0)$ 为 (2.2.9) 的一次奇点或初等奇点, 否则称为高阶奇点 (或高次奇点).

例 2.2.4   方程组

$$
\begin{cases}
\dfrac{dx}{dt} = xy, \\[2mm]
\dfrac{dy}{dt} = y^2 - x^4
\end{cases}
$$

的奇点 $O(0,0)$ 就是高阶奇点.

关于非线性方程 (2.2.9) 与其一次近似方程 (2.2.10) 在奇点 $O(0,0)$ 附近轨线的分布状况之间的关系, 我们有如下结论.

定理 2.2.1(Perron 第一定理)   对于方程 (2.2.9), 若 $\Phi(0,0) = \Psi(0,0) = 0$ 且满足:

条件 1: Φ, Ψ 在原点 $O(0,0)$ 附近关于 x, y 具有一阶连续的偏导数;

条件 2: $\Phi(x,y) = o(r), \Psi(x,y) = o(r) \quad (r \to 0),\ r = \sqrt{x^2 + y^2}$;

条件 3: $\det A = ad - bc \neq 0$,

则当奇点 $O(0,0)$ 是对应线性方程 (2.2.10) 的焦点、鞍点或结点 (不包括临界和退化结点情况) 时, 奇点 $O(0,0)$ 也是非线性方程 (2.2.9) 的焦点、鞍点或结点, 而且对焦点和结点而言不改变稳定性.

证明   我们仅证奇点 $O(0,0)$ 是焦点情形, 其他两种情形的证明略.

设奇点 $O(0,0)$ 是线性方程 (2.2.10) 的焦点 (相应系数矩阵有非零实部虚根), 这时非线性方程 (2.2.9) 可以经过非退化的线性变换化为

$$
\begin{cases}
\dfrac{dx'}{dt} = \alpha x' + \beta y' + \Phi'(x', y'), \\[2mm]
\dfrac{dy'}{dt} = -\beta x' + \alpha y' + \Psi'(x', y'),
\end{cases}
\tag{2.2.11}
$$

其中 α, β 为非零常数, Φ', Ψ' 是 Φ, Ψ 的线性组合, 因而 Φ', Ψ' 也满足条件 1 和条件 2. 为方便起见, 设 $\alpha < 0, \beta < 0$, 其他情况可类似讨论.

作极坐标变换:

$$
x' = r \cos\theta, \quad y' = r \sin\theta,
$$

则经过简单计算并结合条件 2,(2.2.11) 可化为

$$
\begin{cases}
\dfrac{dr}{dt} = \alpha r + o(r), \\[2mm]
\dfrac{d\theta}{dt} = -\beta + o(1)
\end{cases}
\quad (r \to 0).
\tag{2.2.12}
$$

由 (2.2.12) 第二式知, 对 $\varepsilon_0 = \dfrac{|\beta|}{2}, \exists\ r_0 > 0$, 使得 $0 < r \leqslant r_0$ 时, 有

$$
-\beta - \varepsilon_0 < \frac{d\theta}{dt} < -\beta + \varepsilon_0.
\tag{2.2.13}
$$

又由 (2.2.12) 的第一式知, 非线性系方程 (2.2.9) 任一从点 $O(0,0)$ 附近出发的轨线 $r = \rho(t), \theta = \omega(t)$ 当 $t \to +\infty$ 时必有 $r = \rho(t) \to 0$, 故 $\exists T_0 > 0$, 使得 $t \geqslant T_0$ 时有 $0 < \rho(t) \leqslant r_0$. 由 (2.2.13) 知

$$-\beta - \varepsilon_0 < \frac{d\omega(t)}{dt} < -\beta + \varepsilon_0.$$

注意到 $0 < -\beta - \varepsilon_0$, 通过对上不等式左端积分便知 $\omega(t) \to +\infty (t \to +\infty)$. 这样, 奇点 $O(0,0)$ 是非线性方程 (2.2.9) 的焦点, 而且焦点是稳定的. 证毕.

例 2.2.5　确定如下方程奇点的类型与稳定性.

$$\begin{cases} \dfrac{dx}{dt} = y, \\ \dfrac{dy}{dt} = -ay + b\sin x \end{cases} \quad (b > 0). \qquad (2.2.14)$$

由于

$$\sin x = x - \frac{x^3}{3!} + \frac{x^5}{5!} - \cdots,$$

所以 (2.2.14) 可以写成

$$\begin{cases} \dfrac{dx}{dt} = y + \Phi(x, y), \\ \dfrac{dy}{dt} = bx - ay + \Psi(x, y), \end{cases}$$

其中

$$\Phi(x, y) = 0, \quad \Psi(x, y) = b\left(-\frac{x^3}{3!} + \frac{x^5}{5!} - \cdots\right).$$

显然, (2.2.14) 有奇点 $O(0,0)$ 且 Φ, Ψ 满足条件 1 和条件 2. 相应的一次近似方程为

$$\begin{cases} \dfrac{dx}{dt} = y, \\ \dfrac{dy}{dt} = bx - ay, \end{cases} \qquad (2.2.15)$$

其系数矩阵为

$$A = \begin{pmatrix} 0 & 1 \\ b & -a \end{pmatrix}.$$

由于 $b > 0$, 所以 $q = \det A = -b < 0$. 故线性方程 (2.2.15) 的奇点 $O(0,0)$ 是鞍点. 由定理 2.2.1, 非线性方程 (2.2.14) 的奇点 $O(0,0)$ 也是鞍点.

例 2.2.6　确定如下方程的奇点类型与稳定性.

$$\begin{cases} \dfrac{dx}{dt} = -y, \\ \dfrac{dy}{dt} = x(a^2 - x^2) + by \end{cases} \quad (a, b \neq 0, b^2 - 4a^2 \neq 0), \qquad (2.2.16)$$

这里 $\Phi(x,y)=0, \Psi(x,y)=-x^3$. 显然它有奇点 $O(0,0)$ 且 Φ, Ψ 满足条件 1 和条件 2(其验证一般采用极坐标变换), 即

$$\lim_{\sqrt{x^2+y^2}\to 0} \frac{\Phi(x,y)}{\sqrt{x^2+y^2}} = 0,$$

$$\lim_{\sqrt{x^2+y^2}\to 0} \frac{\Psi(x,y)}{\sqrt{x^2+y^2}} = \lim_{\sqrt{x^2+y^2}\to 0} \frac{-x^3}{\sqrt{x^2+y^2}} = \lim_{r\to 0} \frac{-r^3\cos^3\theta}{r} = -\lim_{r\to 0}(r^2\cos^3\theta) = 0.$$

相应的一次近似方程为

$$\begin{cases} \dfrac{dx}{dt} = -y, \\ \dfrac{dy}{dt} = a^2 x + by \end{cases} \qquad (a, b \neq 0, b^2 - 4a^2 \neq 0). \qquad (2.2.17)$$

其系数矩阵为

$$A = \begin{pmatrix} 0 & -1 \\ a^2 & b \end{pmatrix}.$$

计算:

$$p = -\mathrm{tr}A = -b, \quad q = \det A = a^2, \quad p^2 - 4q = b^2 - 4a^2.$$

(1) 若 $b > 0$, 则

当 $b^2 - 4a^2 > 0$ 时, $p < 0, q > 0, p^2 - 4q > 0$, 所以奇点 $O(0,0)$ 是线性方程 (2.2.17) 的不稳定结点, 从而也是非线性方程 (2.2.16) 的不稳定结点;

当 $b^2 - 4a^2 < 0$ 时, $p < 0, q > 0, p^2 - 4q < 0$, 所以奇点 $O(0,0)$ 是线性方程 (2.2.17) 的不稳定焦点, 从而也是非线性方程 (2.2.16) 的不稳定焦点.

(2) 若 $b < 0$, 则

当 $b^2 - 4a^2 > 0$ 时, $p > 0, q > 0, p^2 - 4q > 0$, 所以奇点 $O(0,0)$ 是线性方程 (2.2.17) 的稳定结点, 从而也是非线性方程 (2.2.16) 的稳定结点;

当 $b^2 - 4a^2 < 0$ 时, $p > 0, q > 0, p^2 - 4q < 0$, 所以奇点 $O(0,0)$ 是线性方程 (2.2.17) 的稳定焦点, 从而也是非线性方程 (2.2.16) 的稳定焦点.

例 2.2.7 考虑如下非线性方程

$$\begin{cases} \dfrac{dx}{dt} = -x + 3y - \sin x, \\ \dfrac{dy}{dt} = 2 - 2y - 2e^y. \end{cases}$$

令

$$\begin{cases} -x + 3y - \sin x = 0, \\ 2 - 2y - 2e^y = 0, \end{cases}$$

得唯一奇点为 $O(0,0)$. 将 $\sin x, e^y$ 分别在 $x = 0, y = 0$ 处按 Taylor 公式展开并代入所给方程, 得

$$
\begin{cases}
\dfrac{dx}{dt} = -x + 3y - x + \dfrac{1}{3!}x^3 - \dfrac{1}{5!}x^5 + \cdots = -2x + 3y + \Phi(x,y), \\
\dfrac{dy}{dt} = 2 - 2y - 2\left(1 + y + \dfrac{y^2}{2!} + \cdots\right) = -4y + \Psi(x,y).
\end{cases}
$$

容易看出,Φ, Ψ 满足定理 2.2.1 中的条件. 上面方程对应的线性方程为

$$
\begin{cases}
\dfrac{dx}{dt} = -2x + 3y, \\
\dfrac{dy}{dt} = -4y.
\end{cases}
$$

其系数矩阵为

$$
A = \begin{pmatrix} -2 & 3 \\ 0 & -4 \end{pmatrix}.
$$

计算: $q = \det A = 8 > 0, p = -\mathrm{tr}A = 6 > 0, p^2 - 4q = 4 > 0$, 所以对应的线性方程的奇点 $O(0,0)$ 为稳定结点. 根据定理 2.2.1, 所给非线性方程的奇点 $O(0,0)$ 也为稳定结点.

　　下例说明了相应的线性方程的奇点是临界结点时, 定理 2.2.1 中的条件 1、条件 2 和条件 3 不能保证非线性方程的奇点也是临界结点.

　　例 2.2.8　　考虑如下非线性方程

$$
\begin{cases}
\dfrac{dx}{dt} = -x + \dfrac{2y}{\ln(x^2 + y^2)}, & x^2 + y^2 \neq 0, \\
\dfrac{dy}{dt} = -y - \dfrac{2x}{\ln(x^2 + y^2)}, & x^2 + y^2 \neq 0, \\
\dfrac{dx}{dt} = \dfrac{dy}{dt} = 0, & x^2 + y^2 = 0.
\end{cases} \tag{2.2.18}
$$

作极坐标变换: $x = r\cos\theta, y = r\sin\theta$, 则经过简单计算后 (2.2.18) 化为

$$
\frac{dr}{dt} = -r, \quad \frac{d\theta}{dt} = -\frac{1}{\ln r}. \tag{2.2.19}
$$

先解第一个方程, 得

$$
r = ce^{-t} \ (\forall c > 0).
$$

将上式代入 (2.2.19) 中第二个方程, 得

$$
\frac{d\theta}{dt} = \frac{1}{t - \ln c}.
$$

从而

$$\theta(t) = \ln|t - \ln c| + c_1,$$

其中 $c_1 = \theta(t_0) - \ln|t_0 - \ln c|$ 为任意常数. 以上说明 $r = ce^{-t} \to 0$, $\theta(t) \to +\infty (t \to +\infty)$, 所以奇点 $O(0,0)$ 是稳定的焦点. 但易知,$O(0,0)$ 是 (2.2.18) 相应的线性方程的临界结点.

为了保证线性方程 (2.2.10) 的奇点 $O(0,0)$ 是临界结点、退化结点时, 奇点 $O(0,0)$ 也是相应的非线性方程 (2.2.9) 的临界结点、退化结点, 我们引入如下条件:

条件 2*: $\Phi(x,y) = o(r^{1+\delta})$, $\quad \Psi(x,y) = o(r^{1+\delta})$ $\quad (r \to 0)(r = \sqrt{x^2+y^2})$, 其中 $\delta > 0$ 为任意小正数.

这里我们只给出如下结果而不加以证明. 其详细证明可参阅文献 [57].

定理 2.2.2(Perron 第二定理) 对于方程 (2.2.9), 若 $\Phi(0,0) = \Psi(0,0) = 0$ 且满足条件 1、条件 2* 和条件 3, 则当奇点 $O(0,0)$ 是对应线性方程 (2.2.10) 的临界结点、退化结点时, 奇点 $O(0,0)$ 也是非线性方程 (2.2.9) 的临界结点、退化结点且不改变稳定性.

注 易知例 2.2.8 中的附加项 Φ, Ψ 满足条件 1、条件 2, 但不满足条件 2*.

当奇点 $O(0,0)$ 是线性方程 (2.2.10) 的中心时, 加上非线性项 Φ, Ψ 后, 奇点 $O(0,0)$ 可能是中心, 也可能是焦点或中心焦点. 这里所谓中心焦点是指在奇点 $O(0,0)$ 的任意小邻域内既有闭轨又有非闭轨. 下面先看几个例子.

例 2.2.9 奇点为线性方程的中心, 加上非线性项后仍为中心的例子.

$$\begin{cases} \dfrac{dx}{dt} = -y - y(x^2+y^2)^2, \\ \dfrac{dy}{dt} = x + x(x^2+y^2)^2. \end{cases} \quad (2.2.20)$$

作极坐标变换:

$$x = r\cos\theta, \quad y = r\sin\theta,$$

则 (2.2.20) 变成

$$\begin{cases} \dfrac{dr}{dt} = 0, \\ \dfrac{d\theta}{dt} = 1 + r^4. \end{cases}$$

其解为

$$r = c, \quad \theta = (1+c^4)t + c_1,$$

其中 c 为正常数,c_1 为常数. 故奇点 $O(0,0)$ 是非线性方程 (2.2.20) 的中心, 另外显见奇点 $O(0,0)$ 也是相应线性方程的中心.

例 2.2.10　　奇点为线性方程的中心, 加上非线性项后变为焦点的例子.

$$\begin{cases} \dfrac{dx}{dt} = -y + \alpha x(x^2 + y^2)^2, \\[2mm] \dfrac{dy}{dt} = x + \alpha y(x^2 + y^2)^2. \end{cases} \tag{2.2.21}$$

作极坐标变换：

$$x = r\cos\theta, \quad y = r\sin\theta,$$

则 (2.2.21) 变成

$$\begin{cases} \dfrac{dr}{dt} = \alpha r^5, \\[2mm] \dfrac{d\theta}{dt} = 1. \end{cases}$$

可见

$$\dfrac{dr}{dt} \begin{cases} > 0, & \alpha > 0, \\ < 0, & \alpha < 0, \end{cases} \qquad \dfrac{d\theta}{dt} = 1 > 0.$$

故奇点 $O(0,0)$ 是非线性方程 (2.2.21) 的焦点且 $\alpha < 0$ 时焦点是稳定的,$\alpha > 0$ 时焦点是不稳定的, 但奇点 $O(0,0)$ 是相应线性方程的中心.

例 2.2.11　　奇点为线性方程的中心, 加上非线性项后变为中心焦点的例子.

$$\begin{cases} \dfrac{dx}{dt} = -y + x(x^2 + y^2)^2 \sin\dfrac{\pi}{\sqrt{x^2 + y^2}}, & x^2 + y^2 \neq 0, \\[3mm] \dfrac{dy}{dt} = x + y(x^2 + y^2)^2 \sin\dfrac{\pi}{\sqrt{x^2 + y^2}}, & x^2 + y^2 \neq 0, \\[3mm] \dfrac{dx}{dt} = \dfrac{dy}{dt} = 0, & x^2 + y^2 = 0. \end{cases} \tag{2.2.22}$$

作极坐标变换：

$$x = r\cos\theta, \quad y = r\sin\theta,$$

则 (2.2.22) 变成

$$\begin{cases} \dfrac{dr}{dt} = r^5 \sin\dfrac{\pi}{r}, \\[2mm] \dfrac{d\theta}{dt} = 1. \end{cases}$$

显然, 沿 $r = \dfrac{1}{n}(n = 1, 2, \cdots)$ 有 $\dfrac{dr}{dt} = 0, \theta = t + \theta_0(\theta_0$ 为常数), 故 $r = \dfrac{1}{n}(n = 1, 2, \cdots)$ 为闭轨线; 而且

$$\dfrac{dr}{dt} \begin{cases} > 0, & \dfrac{1}{2n+1} < r < \dfrac{1}{2n}, \\[3mm] < 0, & \dfrac{1}{2n} < r < \dfrac{1}{2n-1}, \end{cases}$$

$$\theta = t + \theta_0,$$

其中 $n = 1, 2, \cdots, \theta_0$ 为常数. 因此, 在奇点 $O(0,0)$ 的外围有一个闭轨序列缩小趋于奇点 $O(0,0)$, 而且相邻的两个闭轨之间都有非闭轨线环绕. 故奇点 $O(0,0)$ 是非线性方程 (2.2.22) 的中心焦点, 但奇点 $O(0,0)$ 是相应线性方程的中心.

由以上三例可以看出, 奇点 $O(0,0)$ 是线性方程

$$
\begin{cases}
\dfrac{dx}{dt} = -y, \\[2mm]
\dfrac{dy}{dt} = x
\end{cases}
$$

的中心, 但加上不同的非线性项后, 奇点 $O(0,0)$ 可能是中心, 也可能是焦点或中心焦点. 下面证明当非线性项满足一定的条件时, 上述结论具有一般性.

定理 2.2.3 设 $O(0,0)$ 是 (2.2.10) 的中心. 若 Φ, Ψ 满足

$$
\Phi(x,y) = o(r), \quad \Psi(x,y) = o(r) \quad (r \to 0), \quad r = \sqrt{x^2 + y^2},
$$

则 $O(0,0)$ 只能是 (2.2.9) 的中心、焦点或中心焦点之一.

证明 由于 $O(0,0)$ 是 (2.2.10) 的中心, 所以线性方程 (2.2.10) 的系数矩阵对应的特征根为纯虚根 $\pm \beta i (\beta \neq 0)$, 以下不妨假定 $\beta > 0$. 因此经非退化的线性变换可将 (2.2.9) 和 (2.2.10) 分别化成

$$
\begin{cases}
\dfrac{dx'}{dt} = \beta y' + \Phi'(x', y'), \\[2mm]
\dfrac{dy'}{dt} = -\beta x' + \Psi'(x', y')
\end{cases}
\tag{2.2.23}
$$

和

$$
\begin{cases}
\dfrac{dx'}{dt} = \beta y', \\[2mm]
\dfrac{dy'}{dt} = -\beta x',
\end{cases}
\tag{2.2.24}
$$

其中 Φ', Ψ' 是 Φ, Ψ 的线性组合. 由于

$$
\Phi = o(r), \quad \Psi = o(r), \quad r = \sqrt{x^2 + y^2},
$$

所以

$$
\Phi' = o(r), \quad \Psi' = o(r), \quad r = \sqrt{(x')^2 + (y')^2}.
$$

作极坐标变换

$$
x' = r \cos \theta, \quad y' = r \sin \theta,
$$

则 (2.2.23) 可化为

$$
\begin{cases}
\dfrac{dr}{dt} = \cos\theta\,\Phi'(r\cos\theta, r\sin\theta) + \sin\theta\,\Psi'(r\cos\theta, r\sin\theta) = o(r), \\[3mm]
\dfrac{d\theta}{dt} = -\beta + \dfrac{\cos\theta\,\Psi'(r\cos\theta, r\sin\theta) - \sin\theta\,\Phi'(r\cos\theta, r\sin\theta)}{r} = -\beta + o(1).
\end{cases}
\tag{2.2.25}
$$

由 (2.2.25) 知, $\exists \delta > 0$, 使得 $0 < r \leqslant \delta$ 时, $|-\beta + o(1)| \geqslant \dfrac{\beta}{2}$ 且在 $O(0,0)$ 点的 δ 邻域 $U(O,\delta)$ 内仅有唯一奇点 $O(0,0)$. 这样, 轨线所满足的微分方程可写为

$$
\frac{1}{r}\frac{dr}{d\theta} = \frac{o(1)}{-\beta + o(1)}, \quad r \to 0.
\tag{2.2.26}
$$

对 $\forall \theta_0 \in [0, 2\pi)$, 令 $\triangle \widehat{OAB}$ 表示如下的扇形区域:

$$
\triangle \widehat{OAB}: \; 0 \leqslant r \leqslant \delta, \; \theta_0 \leqslant \theta \leqslant \theta_0 + 2\pi.
$$

显见, $\dfrac{o(1)}{-\beta + o(1)}$ 在 $\triangle \widehat{OAB}$ 上有界, 令

$$
M = \sup_{(r,\theta) \in \triangle \widehat{OAB}} \left| \frac{o(1)}{-\beta + o(1)} \right|.
$$

对 (2.2.26) 分离变量并进行积分, 得

$$
\left| \int_{r(\theta_0)}^{r(\theta)} \frac{dr}{r} \right| = \left| \int_{\theta_0}^{\theta} \frac{o(1)}{-\beta + o(1)} d\theta \right| \leqslant M(\theta - \theta_0) \leqslant 2\pi M, \quad \theta_0 \leqslant \theta \leqslant \theta_0 + 2\pi,
$$

从而

$$
-2\pi M \leqslant \ln \frac{r(\theta)}{r(\theta_0)} \leqslant 2\pi M,
$$

即

$$
r(\theta_0) e^{-2\pi M} \leqslant r(\theta) \leqslant r(\theta_0) e^{2\pi M}.
\tag{2.2.27}
$$

从 (2.2.25) 的第二式知, 当 $t \to +\infty$ 时, $\theta \to -\infty$. 由 (2.2.27) 左端不等式知, 在 $\triangle \widehat{OAB}$ 内, $r(\theta)$ 不趋于零, 即轨线不会进入奇点 $O(0,0)$. 从 (2.2.27) 的右端不等式知, 当 $r(\theta_0) \ll 1$ 时, 相应轨线进入 $\triangle \widehat{OAB}$ 后必从另一侧边跑出.

若对 $\forall P_0(r_0, \theta_0) \in U(O, \delta), f(P_0, I)$ 都是闭轨线, 则 $O(0,0)$ 为 (2.2.9) 的中心.

若 $\exists P_0(r_0, \theta_0) \in U(O, \delta)$, 使得 $f(P_0, I^+)$ 为非闭轨线, 则由于 $f(P_0, I^+)$ 有界, 所以 $f(P_0, I^+)$ 的 ω 极限集 $\Omega_{P_0} \neq \varnothing$. 以下分两种情况进行讨论.

若 Ω_{P_0} 内含有奇点 $O(0,0)$, 则 Ω_{P_0} 不可能是奇异闭集合, 否则当 δ 足够小时, 由前面的分析知从 $U(O, \delta)$ 内出发的轨线必与该奇异闭集合相交, 矛盾! 从而 $\Omega_{P_0} = O$. 由定理 2.1.13 知, $O(0,0)$ 为焦点.

若 Ω_{P_0} 不含奇点, 注意到 Ω_{P_0} 是非空有界集, 根据推论 2.1.4 知, Ω_{P_0} 是一个闭轨线 L_{P_0}. 再讨论从 L_{P_0} 内出发的轨线, 重复前面的讨论定理即得证. 证毕.

推论 2.2.1 设定理 2.2.3 的条件满足, 并且 (2.2.9) 中 Φ, Ψ 均在 $O(0,0)$ 点的邻域内解析, 则 $O(0,0)$ 点只能是 (2.2.9) 的中心或焦点.

证明 由已知条件知, 函数

$$F(r,\theta) = \frac{o(r)}{-\beta + o(1)}$$

是一解析函数. 令 $r = r(\theta; r_0, \theta_0)$ 是方程 (2.2.26) 过点 (r_0, θ_0) 的解, 则 $r = r(\theta; r_0, \theta_0)$ 是 θ 的解析函数, 从而

$$h(r_0) = r(\theta_0 - 2\pi; r_0, \theta_0) - r_0$$

也是 r_0 的解析函数. 系统 (2.2.26) 的闭轨线对应于 $h(r_0) = 0$ 的根. 显然, $h(0) = 0$, 根据复变函数的有关理论知, 在 $0 < r < \delta (\delta > 0$充分小$)$ 内, 或者 $h(r_0) \neq 0$; 或者 $h(r_0) \equiv 0$. 这说明 $O(0,0)$ 点或为焦点, 或为中心. 证毕.

定理 2.2.4 (对称原理) 设 (2.2.8) 中 $X, Y \in C^1(D)$, 其中 D 为平面 R^2 上包含原点的一个区域. 若 $O(0,0)$ 点是对应的线性方程 (2.2.10) 的中心, 而且由 (2.2.8) 所定义的线素场 (X, Y) 满足

$$\begin{cases} X(x, -y) = -X(x, y), \\ Y(x, -y) = Y(x, y) \end{cases} \tag{2.2.28}$$

或

$$\begin{cases} X(-x, y) = X(x, y), \\ Y(-x, y) = -Y(x, y). \end{cases} \tag{2.2.29}$$

则 $O(0,0)$ 点必为 (2.2.8) 的中心.

证明 仅证 (2.2.28) 式成立时定理结论成立, 另一种情况类似可证.

根据定理 2.2.3 知, $O(0,0)$ 点只能是 (2.2.8) 的中心、焦点或中心焦点. 因此, 欲证 $O(0,0)$ 点是 (2.2.8) 的中心, 只需证明轨线关于 x 轴对称且走向一致即可.

令 (x, y) 是 (2.2.8) 所确定的轨线上任一点, 则

$$\frac{dy}{dx} = \frac{Y(x,y)}{X(x,y)}.$$

从而, 结合 (2.2.28) 得

$$\frac{d(-y)}{dx} = \frac{Y(x,y)}{-X(x,y)} = \frac{Y(x,-y)}{X(x,-y)}.$$

上式表明 (x,y) 关于 x 轴的对称点 $(x,-y)$ 也在 (2.2.8) 所确定的轨线上. 由条件 (2.2.28) 易知当 t 增大时, 轨线上点的走向是一致的. 故 $O(0,0)$ 点为 (2.2.8) 的中心. 证毕.

根据推论 2.2.1, 当 X,Y 在原点 $O(0,0)$ 的小邻域内解析时, 若 $O(0,0)$ 是对应的线性方程 (2.2.10) 的中心, 则 $O(0,0)$ 点只能是非线性方程 (2.2.8) 的中心或焦点. 何时为中心, 何时为焦点, 且焦点时稳定性如何? 这就是中心焦点的判定问题. 定理 2.2.4 解决了当 (X,Y) 所确定的线素场关于 x 或 y 轴对称时中心焦点的判定问题. 那么, 对于一般的解析函数 X,Y 如何去判定奇点 $O(0,0)$ 是中心还是焦点呢? 为此先给出一个引理.

引理 2.2.1　设 $h(\theta)$ 是以 l 为周期的连续周期函数, 则

$$H(\theta) = \int_0^\theta h(s)ds = g\theta + \varphi(\theta), \tag{2.2.30}$$

其中 $\varphi(\theta)$ 仍以 l 为周期, $g = \dfrac{1}{l}\displaystyle\int_0^l h(s)ds$.

证明　令

$$\varphi(\theta) = \int_0^\theta h(s)ds - \frac{\theta}{l}\int_0^l h(s)ds,$$

则

$$\begin{aligned}
\varphi(\theta + l) &= \int_0^{\theta+l} h(s)ds - \frac{\theta+l}{l}\int_0^l h(s)ds \\
&= \int_0^\theta h(s)ds + \int_\theta^{\theta+l} h(s)ds - \int_0^l h(s) - \frac{\theta}{l}\int_0^l h(s)ds \\
&= \int_0^\theta h(s)ds - \frac{\theta}{l}\int_0^l h(s)ds \\
&= \varphi(\theta),
\end{aligned}$$

即 $\varphi(\theta)$ 是以 l 为周期的周期函数且 (2.2.30) 成立. 证毕.

设方程 (2.2.9) 的右端函数在原点 $O(0,0)$ 的某个小邻域内解析, 且对应的线性近似方程 (2.2.10) 的奇点 $O(0,0)$ 为中心 (即 (2.2.10) 对应的系数矩阵有一对纯虚根 $\pm\beta i$), 从而经过适当的非奇异线性变换可将 (2.2.9) 化成

$$\begin{cases}
\dfrac{dx'}{dt} = \beta y' + \Phi'(x',y'), \\[2mm]
\dfrac{dy'}{dt} = -\beta x' + \Psi'(x',y'),
\end{cases} \tag{2.2.31}$$

其中 Φ',Ψ' 是 Φ,Ψ 的线性组合. 故 Φ',Ψ' 是 x',y' 的幂级数, 且从二次项开始. 取 $\delta > 0$ 充分小, 使得 Φ',Ψ' 在 $U(O,\delta)$ 内收敛.

作极坐标变换:

$$x' = r\cos\theta, \quad y' = r\sin\theta,$$

方程 (2.2.31) 化为

$$\begin{cases} \dfrac{dr}{dt} = \Phi'(r\cos\theta, r\sin\theta)\cos\theta + \Psi'(r\cos\theta, r\sin\theta)\sin\theta = rR(r,\theta), \\[2mm] \dfrac{d\theta}{dt} = -\beta + \dfrac{1}{r}[\Psi'(r\cos\theta, r\sin\theta)\cos\theta - \Phi'(r\cos\theta, r\sin\theta)\sin\theta] = -\beta + Q(r,\theta), \end{cases}$$
$$(2.2.32)$$

其中 R、Q 满足:

当 r 充分小时 $R(r,\theta)$、$Q(r,\theta)$ 为 r 的幂级数, 从 r 的一次项开始, 系数为 $\cos\theta, \sin\theta$ 的多项式, 当 $r \leqslant \delta$ 时收敛; $R(r, \theta + 2\pi) = R(r,\theta), Q(r, \theta + 2\pi) = Q(r,\theta)$.

取 $0 < \delta_0 < \delta$, 使得当 $0 \leqslant r \leqslant \delta_0$ 时, 对一切 $\theta \in (-\infty, +\infty)$ 有

$$-\beta + Q(r,\theta) \neq 0.$$

为方便起见, 不妨假定 $\beta < 0$, 从而 $\dfrac{d\theta}{dt} > 0$. 由 (2.2.32), 消去参数 t, 得轨线的极坐标方程为

$$\frac{dr}{d\theta} = \frac{rR(r,\theta)}{-\beta + Q(r,\theta)}.$$

它的右端函数在 $0 \leqslant r \leqslant \delta_0, -\infty < \theta < +\infty$ 上解析, 故可展成 r 的幂级数. 从而上式可表示为

$$\frac{dr}{d\theta} = R_2(\theta)r^2 + R_3(\theta)r^3 + \cdots, \tag{2.2.33}$$

其中系数 $R_2, R_3, \cdots$ 为 $\cos\theta, \sin\theta$ 的多项式, 故 $R_i(r, \theta + 2\pi) = R_i(r,\theta), i = 2, 3, \cdots$.

由于 $\dfrac{d\theta}{dt} > 0$, 所以对 $\forall c \in (0, \delta_0]$, 过点 $(0, c)$ 的正半轨随 θ 的增大而围绕 $O(0,0)$ 逆时针盘旋. 因为 (2.2.33) 的满足初始条件 $r(0) = 0$ 的解是 $r(\theta) \equiv 0, -\infty < \theta < +\infty$, 根据解对初值的连续依赖性, $\exists \bar{c} \in (0, \delta_0)$, 使得 $c \in [0, \bar{c}]$ 时, 满足初始条件 $r(0, c) = c$ 的解 $r = r(\theta, c)$ 至少在 $[-4\pi, 4\pi]$ 上有定义, 且为解析函数. 记 $r(2\pi, c) = P(c)$, 它对应于轨线逆时针绕行一周后与极轴的下一个交点. P 定义了 $[0, \bar{c}]$ 内的一个映射, 在奇点与周期解的研究中起着重要作用. 显见, 映射 P 有如下性质:

$P(O) = O$ 对应于奇点 O, $P(c) = c$ 对应于 (2.2.9) 的闭轨线. 我们定义

$$F(c) = P(c) - c.$$

显然, $F(c)$ 的非零零点对应于 (2.2.9) 的闭轨线. 下面通过分析函数 $F(c)$ 的性质来判定奇点 $O(0,0)$ 为中心或焦点.

由于 $r(\theta, c)$ 是 c 的解析函数, 所以可以展成 c 的幂级数:

$$r(\theta, c) = r_1(\theta)c + r_2(\theta)c^2 + \cdots \tag{2.2.34}$$

由 $r(0, c) = c$, 得

$$r_1(0) = 1, \ r_2(0) = r_3(0) = \cdots = 0. \tag{2.2.35}$$

将 (2.2.34) 代入 (2.2.33), 得恒等式

$$r_1'(\theta)c + r_2'(\theta)c^2 + r_3'(\theta)c^3 + \cdots$$
$$= R_2(\theta)(r_1(\theta)c + r_2(\theta)c^2 + \cdots)^2 + R_3(\theta)(r_1(\theta)c + r_2(\theta)c^2 + \cdots)^3 + \cdots$$

比较 c 的同次幂系数, 得

$$\begin{aligned}
r_1'(\theta) &= 0, \\
r_2'(\theta) &= R_2(\theta)r_1^2(\theta), \\
r_3'(\theta) &= R_3(\theta)r_1^3(\theta) + 2R_2(\theta)r_1(\theta)r_2(\theta), \\
&\cdots\cdots
\end{aligned} \tag{2.2.36}$$

根据 (2.2.35) 和 (2.2.36) 可逐个求出它们的解

$$\begin{aligned}
r_1(\theta) &= 1, \\
r_2(\theta) &= \int_0^\theta R_2(s)ds, \\
r_3(\theta) &= \int_0^\theta [R_3(s) + 2R_2(s)r_2(s)]ds, \\
&\cdots\cdots
\end{aligned}$$

由于 $R_2(\theta)$ 是以 2π 为周期的周期函数, 所以由引理 2.2.1 得

$$r_2(\theta) = g_2\theta + \varphi_2(\theta),$$

$$g_2 = \frac{1}{2\pi}\int_0^{2\pi} R_2(s)ds,$$

$$\varphi_2(\theta + 2\pi) = \varphi_2(\theta).$$

若 $g_2 = 0$, 则 $r_2(\theta) = \varphi_2(\theta)$. 从而 $r_2(\theta)$ 是以 2π 为周期的周期函数, 进而 $R_3(\theta) + 2R_2(\theta)r_2(\theta)$ 也是以 2π 为周期的周期函数. 再应用引理 2.2.1, 得

$$r_3(\theta) = g_3\theta + \varphi_3(\theta),$$

$$g_3 = \frac{1}{2\pi}\int_0^{2\pi} [R_3(s) + 2R_2(s)r_2(s)]ds,$$

$$\varphi_3(\theta + 2\pi) = \varphi_3(\theta).$$

若 $g_3 = 0$, 则 $r_3(\theta) = \varphi_3(\theta)$. 从而 $r_3(\theta)$ 是以 2π 为周期的周期函数.

上述过程继续下去, 必将出现两种可能:

(1) $g_i = 0, i = 2, 3, \cdots$.

此时, $r_i(\theta)(i = 1, 2, \cdots)$ 都是以 2π 为周期的周期函数. 于是对充分小的正数 c, 解 $r(\theta, c)$ 对 θ 而言, 是以 2π 为周期的周期函数, 即 $O(0,0)$ 点附近 (2.2.31) 的轨线全是闭轨线. 故 $O(0,0)$ 点是 (2.2.31) 的中心.

(2) 存在正整数 m, 使得 $g_1 = g_2 = \cdots = g_{m-1} = 0, g_m \neq 0$.

此时,

$$r(\theta, c) = c + r_2(\theta)c^2 + \cdots + r_{m-1}(\theta)c^{m-1} + r_m(\theta)c^m + o(c^m)$$
$$= c + r_2(\theta)c^2 + \cdots + r_{m-1}(\theta)c^{m-1} + g_m\theta c^m + \varphi_m(\theta)c^m + o(c^m),$$

其中 $r_2, r_3, \cdots, r_{m-1}, \varphi_m$ 都是 θ 的周期函数, 其周期为 2π. 因此

$$F(c) = P(c) - c = r(2\pi, c) - r(0, c) = 2\pi g_m c^m + o(c^m). \tag{2.2.37}$$

可见, $F(c)$ 的符号主要由上式右端第一项的符号, 亦即 g_m 的符号决定.

若 $g_m < 0$, 则当 c 充分小时, $F(c) < 0$ 即 $r(2\pi, c) < r(0, c)$, 点 $O(0,0)$ 附近的轨线均向里盘旋逼近 $O(0,0)$, 故 $O(0,0)$ 是稳定的焦点.

若 $g_m > 0$, 则当 c 充分小时, $F(c) > 0$ 即 $r(2\pi, c) > r(0, c)$, 故 $O(0,0)$ 是不稳定的焦点.

以上解决了解析系统中心焦点的判定问题. 此外, 若上述第二种情况发生, 则 m 一定为奇数. 下面给出一个直观说明.

把 c 延拓到负数 $c', |c'|$ 很小. 若轨线如图 2.2.15 所示, 则有

$$F(c) = r(2\pi, c) - r(0, c) > 0.$$

由轨线唯一性, 轨线不能自身相交, 所以

$$F(c') = r(2\pi, c') - r(0, c') < 0.$$

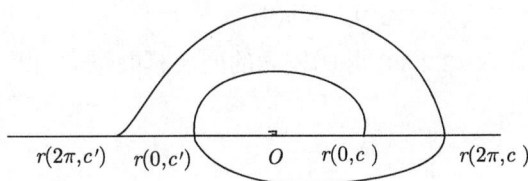

图 2.2.15 焦点

可见,$F(c)$ 随 c 变号而变号, 所以 m 不能为偶数. 令 $m = 2n + 1$, 则 n 称为这个焦点的阶数或重数, (2.2.37) 中系数 $2\pi g_m$ 称为相应阶数的焦点量, 此类焦点称为细焦点. 相对地, 当对应的线性系统的特征根为 $\alpha \pm \beta i (\alpha \neq 0)$ 时, 则称这类焦点为粗焦点.

例 2.2.12　判断如下方程在奇点 $O(0,0)$ 的性态.

$$\begin{cases} \dfrac{dx}{dt} = -y - \alpha xy - y^2, \\[2mm] \dfrac{dy}{dt} = x + \alpha x^2, \end{cases} \tag{2.2.38}$$

其中 $\alpha \neq 0$.

显见,$O(0,0)$ 是所给方程对应的线性方程的中心. 作极坐标变换:

$$x = r\cos\theta, \quad y = r\sin\theta,$$

则 (2.2.38) 可化为

$$\begin{cases} \dfrac{dr}{dt} = -r^2 \sin^2\theta\cos\theta, \\[2mm] \dfrac{d\theta}{dt} = 1 + (\alpha\sin^2\theta + \alpha\sin^2\theta\cos\theta + \sin^3\theta)r. \end{cases}$$

上式消去参数 t, 得系统的轨线方程为

$$\frac{dr}{d\theta} = (-r^2\sin^2\theta\cos\theta)[1 + (\alpha\sin^2\theta + \alpha\sin^2\theta\cos\theta + \sin^3\theta)r]^{-1}.$$

利用 $(1+x)^\alpha = 1 + \alpha x + \dfrac{\alpha(\alpha-1)}{2!}x^2 + \cdots$, 易将上式右端展开成关于 r 的幂级数, 上式可改写为

$$\frac{dr}{d\theta} = -(\sin^2\theta\cos\theta)r^2 + (\alpha\sin^2\theta\cos^4\theta + \alpha\sin^4\theta\cos^2\theta + \sin^5\theta\cos\theta)r^3 + \cdots \tag{2.2.39}$$

对充分小的正数 c, 求上式关于 $\theta = 0$ 时 $r = c$ 的解

$$r(\theta, c) = c + r_2(\theta)c^2 + r_3(\theta)c^3 + \cdots,$$

其中

$$r_2(0) = r_3(0) = \cdots = 0. \tag{2.2.40}$$

将 $r(\theta, c)$ 的表达式代入 (2.2.39) 并比较 c 的同次幂的系数, 得

$$\frac{dr_2}{d\theta} = -\sin^2\theta\cos\theta,$$

$$\frac{dr_3}{d\theta} = \alpha\sin^2\theta\cos^4\theta + \alpha\sin^4\theta\cos^2\theta + \sin^5\theta\cos\theta - 2\sin^2\theta\cos\theta \cdot r_2(\theta), \tag{2.2.41}$$

$$\cdots\cdots$$

由 (2.2.40) 和 (2.2.41), 得

$$r_2(\theta) = -\frac{1}{3}\sin^3\theta,$$

$$r_3(\theta) = g_3\theta + \varphi_3, \tag{2.2.42}$$

$$\cdots\cdots$$

其中 $g_3 = \dfrac{\alpha}{8}, \varphi_3(\theta) = \dfrac{\alpha}{16}\sin 2\theta - \dfrac{\alpha}{4}\sin\theta\cos^3\theta + \dfrac{5}{18}\sin^6\theta.$

可见, 当 $\alpha < 0$ 时, $O(0,0)$ 为系统 (2.2.38) 的稳定焦点; 当 $\alpha > 0$ 时, $O(0,0)$ 为系统 (2.2.38) 的不稳定焦点.

§2.3 极限环吸引子

除了奇点外, 另一类特殊的轨线就是闭轨. 奇点和闭轨分别反映了客观世界中重要的静止平衡状态和周期状态, 有着重要的应用价值. 本节主要研究的对象是一种特殊的闭轨线, 它在线性方程中不会出现, 而是某些非线性方程所特有, 这就是极限环. 在研究动力系统的局部结构时, 奇点占有特殊重要的地位, 而在研究动力系统的全局结构时, 除奇点外, 极限环也占有特殊重要的地位. 为此, 先看下面的例子.

例 2.3.1 考虑如下方程的轨线分布

$$\begin{cases} \dfrac{dx}{dt} = y + x[1 - (x^2 + y^2)], \\ \dfrac{dy}{dt} = -x + y[1 - (x^2 + y^2)]. \end{cases}$$

首先, 第一个方程两端乘以 x, 第二个方程两端乘以 y, 然后相加得

$$x\frac{dx}{dt} + y\frac{dy}{dt} = (x^2 + y^2)[1 - (x^2 + y^2)].$$

其次, 第一个方程两端乘以 y, 第二个方程两端乘以 x, 然后相减得

$$y\frac{dx}{dt} - x\frac{dy}{dt} = x^2 + y^2.$$

作极坐标变换

$$x = r\cos\theta, \quad y = r\sin\theta,$$

则上两式可以改写为

$$\begin{cases} \dfrac{dr}{dt} = r(1 - r^2), \\ \dfrac{d\theta}{dt} = -1. \end{cases}$$

显见, 它有两个特殊解

$$\begin{cases} r = 0, \\ \theta = \theta_0 - (t - t_0), \end{cases} \qquad \begin{cases} r = 1, \\ \theta = \theta_0 - (t - t_0). \end{cases}$$

它们分别对应于奇点 $r = 0$ 即 $O(0,0)$ 与闭轨 $r = 1$ 即 $x^2 + y^2 = 1$.

由于 $\dfrac{dr}{dt} = r(1 - r^2)$, 所以当 $0 < r < 1$ 时, $\dfrac{dr}{dt} > 0$, $r(t)$ 是 t 的严格单调递增函数; 当 $r > 1$ 时, $\dfrac{dr}{dt} < 0$, $r(t)$ 是 t 的严格单调递减函数. 因此, 所给方程的轨线图见图 2.3.1. 显见, $r = 1$ 两侧的轨线均螺旋式地向 $r = 1$ 逼近. 换句话说, 闭轨 $r = 1$(图中虚线部分) 是一个吸引子, 它把除点 $O(0,0)$ 外的任意轨线都吸引到闭轨 $r = 1$ 上. 显见, 这种孤立的闭轨线不同于中心点外围的闭轨线, 它有着特殊的重要地位. 我们把这种孤立的闭轨线称为极限环吸引子.

要通过研究闭轨或极限环来确定方程

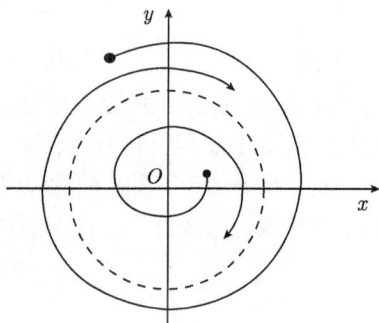

图 2.3.1　极限环吸引子

$$\begin{cases} \dfrac{dx}{dt} = X(x, y), \\ \dfrac{dy}{dt} = Y(x, y) \end{cases} \tag{2.3.1}$$

的轨线分布, 首先要确定是否有极限环存在; 进一步判定极限环的个数、位置和稳定性等. 这是常微分方程定性理论研究的主要课题之一.

定义 2.3.1　设 L 为方程 (2.3.1) 的闭轨.

若 L 为孤立的闭轨线且从 L 的某一双侧邻域出发的轨线均以 L 为它们的公共极限集, 则称这种孤立的闭轨 L 为极限环吸引子.

若从 L 的某一双侧邻域内出发的轨线均以 L 为它们的公共 ω 极限轨线, 则称 L 为稳定极限环. 这种极限环也称为稳定极限环吸引子.

若从 L 的某一双侧邻域内出发的轨线均以 L 为它们的公共 α 极限轨线, 则称 L 为不稳定极限环. 这种极限环也称为不稳定极限环吸引子.

若从 L 的某一侧邻域内出发的轨线均以 L 为它们的公共 ω 极限轨线, 而从另一侧的某一邻域内出发的轨线均以 L 为它们的公共 α 极限轨线, 则称 L 为半稳定极限环. 这种极限环也称为半稳定的极限环吸引子.

若 L 的某一双侧邻域为闭轨所充满, 则称 L 为周期环.

若在 L 的任意小邻域内都有闭轨线, 亦有非闭轨线, 则称 L 为复合环.

注　在物理上, 稳定的极限环对应着可实现的周期振荡, 这在无线电技术等领域中具有特别重要的意义, 而在一些工程领域 (例如机械振动、土木工程等) 中, 有时又要排除或回避这种运动状态. 因此, 对极限环的研究具有重要的现实意义.

定理 2.3.1(Poincaré-Bendixson 环域定理) 设 G 是由两条简单闭曲线 Γ_1, Γ_2 所围成的环域, Γ_1 在 Γ_2 的内域, 若方程 (2.3.1) 凡是与 Γ_1, Γ_2 相交的轨线都在 t 增加 (或减少) 时从 G 的外部进入其内部, 且 G 内不含方程 (2.3.1) 的奇点, 则在 G 内至少存在方程 (2.3.1) 的一个极限环, 包含 G 的内边界线 Γ_1 于其内域.

证明 如图 2.3.2 所示, 任取方程 (2.3.1) 的一条轨线 $f(P, I)$, 它经过 G 的外边界 Γ_2 在 t 增加 (或减少) 时从 G 的外部进入它的内部. 下证: $\Omega_P(A_P)$ 就是一个极限环.

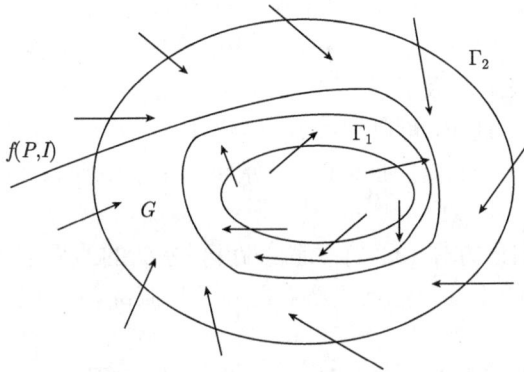

图 2.3.2 环域

事实上, 由于轨线 $f(P, I)$ 在 t 增加 (或减少) 时从 G 的外部一旦进入它的内部, 就永远停留在 G 内, 因此它是正向 (或负向) 有界的, 从而 $\Omega_P(A_P) \neq \varnothing$ 且 $\Omega_P(A_P) \subset G$. 又由于 G 内无奇点, 应用定理 2.1.11, 或者 $f(P, I)$ 是一闭轨; 或者 $\Omega_P(A_P)$ 是一个闭轨 L, 并当 $t \to +\infty(-\infty)$ 时 $f(P, I)$ 盘旋逼近于 L. 由于 $f(P, I)$ 不能从 G 的内部穿过它的外边界 Γ_2 进入它的外部, 所以 $f(P, I)$ 是一非闭轨, 故 $\Omega_P(A_P)$ 是一个极限环 L. 若 L 及其内部全部包含在 G 内, 则由定理 2.1.12 知, L 内至少含有一个奇点 P^*, 显见 $P^* \in G$, 这与假设矛盾! 从而 L 包含 G 的内边界线 Γ_1 于其内域. 证毕.

通常把 Γ_1, Γ_2 称为 Poincaré-Bendixson 环域的内、外境界线.

根据该定理, 若能找到一个非常小且又满足定理要求的环域, 那么就确定了一个极限环以及它的大体位置.

确定满足定理要求的环域 G 的常用方法: 构造一族闭曲线 $V(x, y) = C$, 求该曲线族沿着方程 (2.3.1) 的全导数, 根据导数的符号来判断方程的轨线沿 G 的边界是进入还是离开 G.

环域定理的物理解释: 如果把方程 (2.3.1) 看作一个平面流体的运动方程, 则环域定理表明, 若流体从环域 G 的边界流入 G 内, 而在 G 内又没有渊和源, 那么流体在 G 内存在环流.

环域定理的条件 "方程 (2.3.1) 凡是与 Γ_1, Γ_2 相交的轨线都在 t 增加 (或减少) 时从 G 的外部进入其内部" 还可以减弱为: 只要进入的正半轨 $f(P, I^+)$ 或负半轨 $f(P, I^-)$ 既不越出 G 又不以 ∂G 为 $\omega(\alpha)$ 极限集, 定理结论仍成立. 这一减弱意味着 G 的边界 ∂G 可以包含方程的轨线段, 但内、外境界线不能全由轨线构成.

若所有与 G 的边界 Γ_1, Γ_2 相交的轨线都在 t 增加时从 G 的外部进入其内部, 则在 G 内存在方程 (2.3.1) 的一个外稳定的极限环和一个内稳定的极限环, 二者可能重合. 当二者重合时就得到一个稳定的极限环吸引子. 若所有与 G 的边界 Γ_1, Γ_2 相交的轨线都在 t 减少时从 G 的外部进入其内部, 则在 G 内存在方程 (2.3.1) 的一个外不稳定的极限环和一个内不稳定的极限环, 二者可能重合. 当二者重合时就得到一个不稳定的极限环吸引子.

环域 G 的内境界线 Γ_1 可以缩小成一个不稳定 (或稳定) 的奇点 M. 因为这时可在 M 的足够小邻域内作闭曲线 Γ_1, 使系统的正半轨穿入 (或出) 环域 G. 因此, 可得如下推论.

推论 2.3.1　　如果方程 (2.3.1) 的轨线在区域 D 的边界上总是自外向内, 又 D 内除去方程 (2.3.1) 的不稳定焦点或结点之外无其他奇点, 则在 D 内至少有一个极限环.

例 2.3.2　　应用定理 2.3.1 来确定例 2.3.1 所给方程

$$\begin{cases} \dfrac{dx}{dt} = y + x[1 - (x^2 + y^2)], \\[2mm] \dfrac{dy}{dt} = -x + y[1 - (x^2 + y^2)] \end{cases} \tag{2.3.2}$$

的极限环存在性及其位置.

我们考察函数族

$$V(x, y) = x^2 + y^2 = C, \quad \text{其中 } C \text{ 为参数.}$$

求 V 沿着方程组的全导数

$$\left. \frac{dV}{dt} \right|_{(2.3.2)} = 2x\{y + x[1 - (x^2 + y^2)]\} + 2y\{-x + y[1 - (x^2 + y^2)]\}$$

$$= 2(x^2 + y^2)[1 - (x^2 + y^2)].$$

显然, $\left. \dfrac{dV}{dt} \right|_{(2.3.2)}$ 在圆周 $x^2 + y^2 = r_1^2 < 1$ 上为正, 而在 $x^2 + y^2 = r_2^2 > 1$ 上为负. 因此, 令

$$\Gamma_1 = \{(x, y) : x^2 + y^2 = r_1^2 < 1\},$$
$$\Gamma_2 = \{(x, y) : x^2 + y^2 = r_2^2 > 1\}.$$

G 为由 Γ_1 和 Γ_2 所围成的环域, 则 G 满足定理 2.3.1 的条件. 由于 r_1, r_2 可与 1 任意接近, 所以单位圆 $x^2 + y^2 = 1$ 就是 (2.3.2) 的一个极限环, 而且是一个稳定的极限环, 从而是一个极限环吸引子.

例 2.3.3　证明 van der Pol 方程

$$\frac{d^2x}{dt^2} + (x^2 - 1)\frac{dx}{dt} + x = 0 \tag{2.3.3}$$

或它的等价方程

$$\begin{cases} \dfrac{dx}{dt} = y, \\ \dfrac{dy}{dt} = -x + (1 - x^2)y \end{cases} \tag{2.3.4}$$

存在极限环.

证明　显见, 方程 (2.3.4) 有唯一奇点 $O(0,0)$. 应用 Perron 第一定理 (即定理 2.2.1) 知, 奇点 $O(0,0)$ 是 (2.3.4) 的不稳定焦点. 由 Poincaré-Bendixson 环域定理的推论 2.3.1 知, 只需作出一条适当的外境界线即可.

方程 (2.3.4) 的水平等倾线方程为

$$-x + (1 - x^2)y = 0.$$

它由三个分支 L_1, L_2, L_3 组成, 相应地以 $x = \pm 1, y = 0$ 为渐近线, 如图 2.3.3 所示.

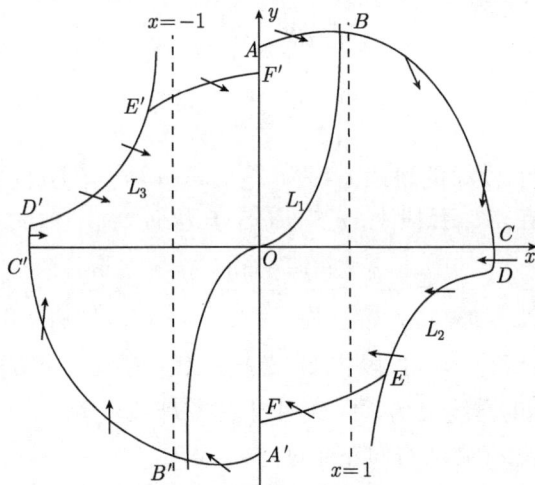

图 2.3.3　外境界线

构造环域的外境界线的基本思路为: 借助微分不等式及比较定理, 在不同的区域内, 通过把方程 (2.3.4) 中 $\dfrac{dy}{dt}$ 的右端函数略去某一项以得到一个可积方程. 求出相应的可积方程的积分曲线段, 把它们及某些等倾线上的适当弧段连接起来构成所需的外境界线.

首先, 在 y 轴正半轴上任取一点 $A(0, y_0)(y_0 > 0)$, 考虑比较方程

$$\begin{cases} \dfrac{dx}{dt} = y, \\[2mm] \dfrac{dy}{dt} = (1 - x^2)y, \end{cases} \tag{2.3.5}$$

消去参数 t, 得 (2.3.5) 的轨线方程为

$$\frac{dy}{dx} = 1 - x^2.$$

从而过点 $A(0, y_0)$ 的右行轨线为

$$y = x - \frac{1}{3}x^3 + y_0,$$

它与 $x = 1$ 交于点 $B(1, y_1)$, 其中 $y_1 = \dfrac{2}{3} + y_0$. 由于在 $\overset{\frown}{AB}$ 弧段上, $1 > x > 0, y > 0$, 从而

$$\left.\frac{dy}{dx}\right|_{(2.3.4)} = \frac{-x + (1 - x^2)y}{y} < \frac{(1 - x^2)y}{y} = \left.\frac{dy}{dx}\right|_{(2.3.5)}.$$

根据比较定理, 方程 (2.3.4) 的轨线若与 $\overset{\frown}{AB}$ 弧段相交, 必从左向右穿过 $\overset{\frown}{AB}$ 弧段, 如图 2.3.3 所示.

其次, 考虑比较方程

$$\begin{cases} \dfrac{dx}{dt} = y, \\[2mm] \dfrac{dy}{dt} = -x. \end{cases} \tag{2.3.6}$$

显见 (2.3.6) 过点 $B(1, y_1)$ 的轨线方程为 $x^2 + y^2 = 1 + y_1^2$, 它向右交 x 轴的正半轴于 $C(\sqrt{1 + y_1^2}, 0)$. 在 $\overset{\frown}{BC}$ 弧段上, $x > 1, y > 0$, 从而

$$\left.\frac{dy}{dx}\right|_{(2.3.4)} = \frac{-x + (1 - x^2)y}{y} < \frac{-x}{y} = \left.\frac{dy}{dx}\right|_{(2.3.6)}.$$

因此 (2.3.4) 的轨线若与 $\overset{\frown}{BC}$ 弧段相交, 必从左上方穿到右下方, 如图 2.3.3 所示.

过点 C 作 x 轴的垂线交 L_2 于 D, 由于在 $\overline{CD}$ 线段上, $\dfrac{dx}{dt} < 0$, 所以 (2.3.4) 的轨线若与 $\overline{CD}$ 线段相交必从右向左穿过它.

在 L_2 上 D 的左下方取一适当点 E, 考虑比较方程

$$\begin{cases} \dfrac{dx}{dt} = y, \\[2mm] \dfrac{dy}{dt} = -x + y. \end{cases} \tag{2.3.7}$$

易证此方程过点 E 的轨线必与 y 轴的负半轴相交, 令交点为 F. 在 $\widehat{EF}$ 弧段上, 有

$$\left.\frac{dy}{dx}\right|_{(2.3.4)} - \left.\frac{dy}{dx}\right|_{(2.3.7)} = \frac{-x+(1-x^2)y}{y} - \frac{-x+y}{y} = -x^2 < 0,$$

即

$$\left.\frac{dy}{dx}\right|_{(2.3.4)} < \left.\frac{dy}{dx}\right|_{(2.3.7)}.$$

根据比较定理, 方程 (2.3.4) 的轨线若与 $\widehat{EF}$ 弧段相交必从右下方穿到左上方.

这样在右半平面已经作出外境界线弧段 $\widehat{ABCDEF}$, 当 y_0 增大时, D 在 L_2 上向右移动, 故 $|y_D|$ 减小. 又 $|y_E|$ 也可取得适当小, 使在 $\widehat{EF}$ 弧段上 $|y_F| - |y_E|$ 为有限值. 这样可取 y_0 足够大, 使 $y_0 > |y_F|$, 从而 A 关于原点 $O(0,0)$ 的对称点 A' 应在 F 点的下方.

由方程 (2.3.4) 知, 此方程所确定的线素场关于原点对称. 故把弧段 $\widehat{ABCDEF}$ 关于原点 $O(0,0)$ 作中心对称得弧段 $\widehat{A'B'C'D'E'F'}$, 连同 y 轴上的 $\overline{AF'}$ 和 $\overline{FA'}$ 一起组成的单闭曲线即可作为外境界线. 方程 (2.3.4) 的轨线穿过它时均从外部进入内部. 由推论 2.3.1 知, 本题结论成立. 证毕.

关于方程 (2.3.1) 极限环不存在的判别准则通常用下面的定理.

定理 2.3.2(Bendixson) 若 X, Y 在单连通区域 G 内存在一阶连续偏导数、$\frac{\partial X}{\partial x} + \frac{\partial Y}{\partial y}$ 不变号且在任何子区域内不恒等于零, 则 (2.3.1) 在 G 内没有闭轨, 因而更没有极限环.

证明 采用反证法. 设 (2.3.1) 在 G 内有闭轨 $L : x = x(t), y = y(t), 0 \leqslant t \leqslant T$, 这里 T 为 L 的最小正周期. 令 Ω 为 L 所围成的区域, 于是由格林公式, 得

$$\iint_{\Omega} \left(\frac{\partial X}{\partial x} + \frac{\partial Y}{\partial y}\right) dx dy = \oint_L (X dy - Y dx)$$
$$= \int_0^T \left(X \frac{dy}{dt} - Y \frac{dx}{dt}\right) dt$$
$$= \int_0^T (XY - YX) dt = 0.$$

由假设条件知, 上式左端 $\neq 0$. 矛盾! 证毕.

定理 2.3.3(Poincaré 的切性曲线法) 设 $F(x,y) = C$ 为一曲线族, $F(x,y) \in C^1(G)$, 且满足以下条件:

(i) $\left.\frac{dF}{dt}\right|_{(2.3.1)} = X \frac{\partial F}{\partial x} + Y \frac{\partial F}{\partial y}$ 在 G 上保持常号;

(ii) $X \frac{\partial F}{\partial x} + Y \frac{\partial F}{\partial y} = 0$ 不包含 (2.3.1) 的整条轨线,

则 (2.3.1) 在 G 中不存在闭轨线.

证明　采用反证法. 若 (2.3.1) 有闭轨线 $\Gamma \subset G$, 则

$$\oint_\Gamma \left(X\frac{\partial F}{\partial x} + Y\frac{\partial F}{\partial y} \right) dt = \oint_\Gamma \frac{dF}{dt} dt.$$

根据 $F(x,y)$ 的单值性, 上式右端 $= 0$; 而左端的被积函数在 Γ 上常号且不恒为零, 所以左端的积分 $\neq 0$. 矛盾! 证毕.

注　当 $\dfrac{\partial F}{\partial y} \neq 0$ 时, $X\dfrac{\partial F}{\partial x} + Y\dfrac{\partial F}{\partial y} = 0$ 当且仅当 $-\dfrac{F_x}{F_y} = \dfrac{Y}{X}$. 因此, $X\dfrac{\partial F}{\partial x} + Y\dfrac{\partial F}{\partial y} = 0$ 表示曲线族 $F(x,y) = C$ 与方程 (2.3.1) 的轨线相切点的轨迹, 称为方程 (2.3.1) 的切性曲线, 这便是本定理的由来.

定理 2.3.4 (Bendixson-Dulac)　若在单连通区域 $G \subset R^2$ 中, 方程 (2.3.1) 右端函数 $X, Y \in C^1(G)$, 存在 $B(x,y) \in C^1(G)$ 使得 $\dfrac{\partial(BX)}{\partial x} + \dfrac{\partial(BY)}{\partial y} \geqslant 0$(或 $\leqslant 0$), 且不在任何子区域内恒为零, 则方程 (2.3.1) 在 G 中不存在闭轨线. 函数 $B(x,y)$ 常称为 Dulac 函数.

证明　采用反证法. 若 (2.3.1) 有闭轨线 $\Gamma \subset G$, 设 D 是由 Γ 所围区域, 则由格林公式知

$$\oint_\Gamma (BX\,dy - BY\,dx) = \int\int_\Omega \left(\frac{\partial(BX)}{\partial x} + \frac{\partial(BY)}{\partial y} \right) dxdy.$$

因沿 Γ 有 $X\,dy = Y\,dx$, 所以上式左端 $= 0$, 但上式右端 $\neq 0$. 矛盾! 证毕.

例 2.3.4　考虑非线性振动方程

$$m\frac{d^2x}{dt^2} + c\frac{dx}{dt} - \alpha\left(\frac{dx}{dt}\right)^2 + nx - \beta x^2 = 0, \tag{2.3.8}$$

其中 m, n, α, β, c 是常数.

为方便起见, 取单位质量即 $m = 1$. 令 $y = \dfrac{dx}{dt}$, 则方程 (2.3.8) 可化为与之等价的方程

$$\begin{cases} \dfrac{dx}{dt} = y = X(x,y), \\[2mm] \dfrac{dy}{dt} = -nx - cy + \beta x^2 + \alpha y^2 = Y(x,y). \end{cases} \tag{2.3.9}$$

取 $B(x,y) = ce^{-2\alpha x}$, 则经过简单计算知

$$\frac{\partial(BX)}{\partial x} + \frac{\partial(BY)}{\partial y} = -c^2 e^{-2\alpha x}.$$

故由定理 2.3.4 知, 方程 (2.3.9) 进而方程 (2.3.8) 在 $c \neq 0$ 时不存在闭轨, 从而更没有极限环.

注 适当选取 Dulac 函数来判断具体方程不存在闭轨线是一个非常有效的方法.

例 2.3.5 考虑如下方程:

$$\begin{cases} \dfrac{dx}{dt} = x + y + x(x^2 + y^2), \\[2mm] \dfrac{dy}{dt} = -x + y + y(x^2 + y^2). \end{cases}$$

取 $F(x,y) = x^2 + y^2$, 则

$$\begin{aligned} X\frac{\partial F}{\partial x} + Y\frac{\partial F}{\partial y} &= 2x[x + y + x(x^2 + y^2)] + 2y[-x + y + y(x^2 + y^2)] \\ &= 2(x^2 + y^2)[1 + (x^2 + y^2)] \geqslant 0, \forall (x,y) \in R^2 \end{aligned}$$

且当且仅当 $x = y = 0$ 时才为零, 所以根据定理 2.3.3 知, 所给方程在全平面上不存在闭轨线.

定理 2.3.5 若在单连通区域 $G \subset R^2$ 中,(2.3.1) 右端函数 $X, Y \in C^1(G)$, 且满足 $\dfrac{\partial X}{\partial x} + \dfrac{\partial Y}{\partial y} = 0$, 即 $Xdy - Ydx = 0$ 是一个全微分方程,则方程 (2.3.1) 没有极限环.

证明 因为 $Xdy - Ydx = 0$ 是一个全微分方程, 所以存在 $\Phi(x,y) \in C^1(G)$, 使得

$$d\Phi(x,y) = Xdy - Ydx = 0,$$

从而方程 (2.3.1) 的通积分为 $\Phi(x,y) = C$.

假设存在常数 C^*, 使得 $\Phi(x,y) = C^*$ 对应于方程 (2.3.1) 的一个极限环 L, 则对于任一异于 L 的轨线 $\Phi(x,y) = C, C \neq C^*$, 当 $t \to \infty$ 时, 该轨线不能趋于 L. 否则, 由连续性将导致 $C = C^*$. 矛盾! 所以方程 (2.3.1) 没有极限环.

最后, 我们来考察平面自治系统极限环的稳定性.

对于方程

$$\begin{cases} \dfrac{dx}{dt} = X(x,y), \\[2mm] \dfrac{dy}{dt} = Y(x,y), \end{cases} \tag{2.3.10}$$

设 $X, Y \in C^k(G), G \subset R^2$ 是一个区域,k 是足够大的正整数, L 是 (2.3.10) 的一条闭轨线, 其方程为

$$L: \ x = x(t), \ y = y(t),$$

$x(t), y(t)$ 是周期为 T 的周期函数.

令 $P_0 \in L$. 由于 L 是方程 (2.3.10) 的一条闭轨线, 所以其上每一点都是方程 (2.3.10) 的常点. 过 P_0 作 L 的法线, 正方向朝外, 在 L 的足够小的邻域 $U(L, \delta)$ 内的法线段必是无切线段. 以下局限于在 $U(L, \delta)$ 内讨论.

如图 2.3.4 所示, 在过 P_0 的无切线段 $\overline{N_1 N_2}$ 上任取一点 Q_0, 设从 P_0 到 Q_0 的有向距离为 n_0(规定 Q_0 在闭轨线 L 的外法线上时为正, 内法线上时为负), 由解对初值的连续依赖性知, 只要 n_0 足够小, 从 Q_0 出发的轨线必保持在 L 的邻近, 因此与 $\overline{N_1 N_2}$ 将再次相交于 P_0 的邻近一点 Q_1. 如此确定的 $\overline{N_1 N_2}$ 上由点 Q_0 到 Q_1 的映射称为 L 邻近的 Poincaré 映射 (简记为 P 映射). 记 P_0 与 Q_1 的有向距离为 n, 则 n 是 n_0 的函数, 记作 $n = T(n_0)$. 当 $X, Y \in C^k(G)$ 时, $T(n_0) \in C^k$.

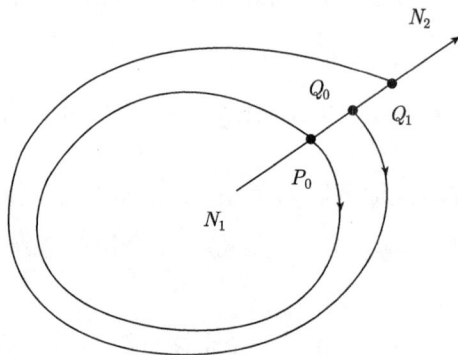

图 2.3.4　Poincaré映射

我们称前面所定义的 Q_1 为 Q_0 的后继点; $T(n_0)$ 为后继函数, 有时也称 $N(n_0) = T(n_0) - n_0$ 为后继函数. 显见, 后继函数有如下性质:

$N(0) = 0$; 若 n_0 是后继函数 $T(n_0)$ 的不动点: $T(n_0) = n_0$, 即 $N(n_0) = 0$, 则过以 n_0 为坐标的点 Q_0 的轨线是一个闭轨.

若 $N'(0) \neq 0$, 则 L 是一个孤立闭轨; 且当 $N'(0) < 0$ 时, L 是稳定的极限环; 当 $N'(0) > 0$ 时, L 是不稳定的极限环.

事实上, 设 $N'(0) < 0$, 由连续函数的保号性知, 当 n 与 0 充分近时, $N'(n) < 0$. 根据微分中值定理, 得

$$N(n) = N(n) - N(0) = N'(\theta n)n, \quad \theta \in (0, 1).$$

从而 $N(n)$ 与 n 反号, 即

$$n > 0时, \quad N(n) < 0, \quad 即 T(n) < n;$$
$$n < 0时, \quad N(n) > 0, \quad 即 T(n) > n.$$

这表明, 从 P_0 附近的点 $Q(P_0$ 到 Q 的有向距离为 n) 出发的轨线再次与 $\overline{N_1 N_2}$

相交的交点 Q' 必在 P_0 与 Q 之间, 所以 L 是稳定的极限环. 类似地, 可以证明当 $N'(0) > 0$ 时, L 是不稳定的极限环.

若 $N(0) = N'(0) = N''(0) = \cdots = N^{(k-1)}(0) = 0, N^{(k)}(0) \neq 0$, 则

(i) 当 k 是奇数时, 如果 $N^{(k)}(0) < 0$, 则 L 是稳定的极限环; 如果 $N^{(k)}(0) > 0$, 则 L 是不稳定的极限环;

(ii) 当 k 是偶数时, 如果 $N^{(k)}(0) < 0$, 则 L 是外稳定内不稳定的半稳定极限环; 如果 $N^{(k)}(0) > 0$, 则 L 是内稳定外不稳定的半稳定极限环.

事实上, 根据 Taylor 公式, 有

$$N(n) = N(n) - N(0) = \frac{1}{k!} N^{(k)}(\theta n) n^k, \quad \theta \in (0,1).$$

类似于前面的分析即得本结论.

定义 2.3.2 若后继函数 $N(n)$ 满足 $N(0) = N'(0) = N''(0) = \cdots = N^{(k-1)}(0) = 0, N^{(k)}(0) \neq 0$, 则称 L 为 k 重极限环. $k = 1$ 时称 L 为简单极限环.

设 L 是方程 (2.3.10) 的负定向闭轨线 (即当 t 增加时, 轨线朝顺时针方向盘旋), 正定向时类似. 在 L 的足够小邻域 $U(L,\delta)$ 内, 我们建立曲线坐标如下:

对 $\forall Q \in U(L,\delta)$, 过 Q 作 L 的法线与 L 相交于点 P, 如图 2.3.5 所示. 在 L 上任取一个固定点 P_0, 令 s 表示从点 P_0 沿 L 顺时针方向到达点 P 的有向弧长 (顺时针方向为正, 逆时针方向为负), n 表示线段 PQ 的有向长度, 当点 Q 在 L 的外部区域时, n 取正值; 当点 Q 在 L 的内部区域时, n 取负值. 于是, $U(L,\delta)$ 内的点 Q 与数组 (s,n) 之间是一一对应的, 称 (s,n) 为点 Q 的曲线坐标. 下面给出点 Q 的直角坐标 (x,y) 与曲线坐标 (s,n) 的关系.

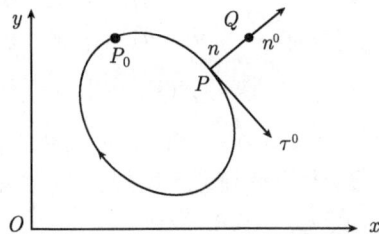

图 2.3.5 曲线坐标

设闭轨 L 以弧长 s 为参数的方程为

$$x = \varphi(s), \quad y = \psi(s), \quad s \in [0, l],$$

其中 l 为闭轨 L 的弧长. 这样点 P 的直角坐标为 $P(\varphi(s), \psi(s))$. L 在点 $P(\varphi(s), \psi(s))$ 的单位切向量为

$$\vec{\tau^0} = (\varphi'(s), \psi'(s)),$$

从而单位法向量为

$$\vec{n^0} = (-\psi'(s), \varphi'(s)).$$

因为

$$\overrightarrow{OQ} = \overrightarrow{OP} + \overrightarrow{PQ},$$

即

$$(x, y) = (\varphi(s), \psi(s)) + n(-\psi'(s), \varphi'(s)),$$

所以

$$\begin{cases} x = \varphi(s) - n\psi'(s), \\ y = \psi(s) + n\varphi'(s), \end{cases} \quad s \in [0, l]. \tag{2.3.11}$$

为方便起见, 我们记

$$\begin{cases} u(s) = \varphi(s) - n\psi'(s), \\ v(s) = \psi(s) + n\varphi'(s), \end{cases} \quad s \in [0, l],$$

这里

$$\begin{cases} \varphi'(s) = \dfrac{dx}{ds}\Big|_P = \dfrac{X(\varphi(s), \psi(s))}{\sqrt{X^2(\varphi(s), \psi(s)) + Y^2(\varphi(s), \psi(s))}}, \\[3mm] \psi'(s) = \dfrac{dy}{ds}\Big|_P = \dfrac{Y(\varphi(s), \psi(s))}{\sqrt{X^2(\varphi(s), \psi(s)) + Y^2(\varphi(s), \psi(s))}}. \end{cases} \tag{2.3.12}$$

坐标变换 (2.3.11) 的 Jacobi 行列式为

$$D = \frac{\partial(x, y)}{\partial(s, n)} = \begin{vmatrix} u'_s & u'_n \\ v'_s & v'_n \end{vmatrix} = \begin{vmatrix} \varphi'(s) - n\psi''(s) & -\psi'(s) \\ \psi'(s) + n\varphi''(s) & \varphi'(s) \end{vmatrix}$$

$$= [\varphi'(s)]^2 + [\psi'(s)]^2 + n[\psi'(s)\varphi''(s) - \varphi'(s)\psi''(s)].$$

由于 $\psi'(s)\varphi''(s) - \varphi'(s)\psi''(s) \in C[0, l]$, 所以 $\psi'(s)\varphi''(s) - \varphi'(s)\psi''(s)$ 有界. 又闭轨 L 上没有奇点, 所以当 $s \in [0, l]$ 时, $[\varphi'(s)]^2 + [\psi'(s)]^2 = X^2(\varphi(s), \psi(s)) + Y^2(\varphi(s), \psi(s)) > 0$. 令

$$\alpha = \min_{s \in [0, l]}[X^2(\varphi(s), \psi(s)) + Y^2(\varphi(s), \psi(s))],$$

则 $\alpha > 0$. 从而存在充分小的正数 δ_0, 使得当 $|n| \leqslant \delta_0$ 时, $D > 0$. 这样, 前面的 δ 只要满足 $\delta \leqslant \delta_0$, 在闭轨 L 的 δ 邻域 $U(L, \delta)$ 内, 坐标变换 (2.3.11) 必保持轨线的定向.

我们把曲线坐标中的 n 看做 s 的函数, 下面推导方程 (2.3.10) 轨线的曲线坐标方程. 将 (2.3.11) 代入 (2.3.10), 得

$$\begin{aligned} \frac{dy}{dx} &= \frac{\dfrac{dy}{ds}}{\dfrac{dx}{ds}} = \frac{\psi'(s) + n\varphi''(s) + \varphi'(s)\dfrac{dn}{ds}}{\varphi'(s) - n\psi''(s) - \psi'(s)\dfrac{dn}{ds}} \\[3mm] &= \frac{Y(\varphi(s) - n\psi'(s), \psi(s) + n\varphi'(s))}{X(\varphi(s) - n\psi'(s), \psi(s) + n\varphi'(s))}. \end{aligned}$$

由此解出

$$\frac{dn}{ds} = \frac{Y\varphi' - X\psi' - n(X\varphi'' + Y\psi'')}{X\varphi' + Y\psi'} = F(s, n), \qquad (2.3.13)$$

其中

$$\varphi''(s) = -\frac{Y_0}{(X_0^2 + Y_0^2)^2}[X_0^2 Y_{x_0} + X_0 Y_0(Y_{y_0} - X_{x_0}) - Y_0^2 X_{y_0}],$$

$$\psi''(s) = \frac{X_0}{(X_0^2 + Y_0^2)^2}[X_0^2 Y_{x_0} + X_0 Y_0(Y_{y_0} - X_{x_0}) - Y_0^2 X_{y_0}],$$

X_0, Y_0 分别表示 X, Y 在 $n = 0$ 的值,$X_{x_0}, X_{y_0}, Y_{x_0}, Y_{y_0}$ 分别表示 X, Y 的偏导数在 $n = 0$ 的值 (上表达式根据 (2.3.12), 利用导数的求导法则易得).

由于 $\varphi(s), \psi(s)$ 是以 l 为周期的周期函数, 所以方程 (2.3.13) 是以 l 为周期的周期系数的一阶微分方程. 显然 $F(s, 0) = 0$, 在 $s = 0$ 时, 从 $n = 0$ 出发的解是 $n \equiv 0$, 即极限环 L. 当 $X, Y \in C^1$ 时, $F \in C^1$. 将 $F(s, n)$ 关于 n 在 $n = 0$ 处展开成带 Peano 余项的式子, 得

$$\frac{dn}{ds} = F_n'(s, 0)n + o(n), \qquad (2.3.14)$$

其中

$$F_n'(s, 0) = \frac{X_0^2 Y_{y_0} - X_0 Y_0(X_{y_0} + Y_{x_0}) + X_{x_0} Y_0^2}{(X_0^2 + Y_0^2)^{\frac{3}{2}}} \equiv H(s).$$

故 (2.3.14) 的一次近似方程为

$$\frac{dn}{ds} = H(s)n. \qquad (2.3.15)$$

它在 $s = 0$ 时, 从 $n = n_0$ 出发的解 $n = n(s, n_0)$ 为

$$n = n_0 e^{\int_0^s H(\tau)d\tau}.$$

设闭轨线 L 的周期为 T_0, 根据弧长的微分公式 $ds = \sqrt{\left(\frac{dx}{dt}\right)^2 + \left(\frac{dy}{dt}\right)^2}\, dt$, 故 $H(s)$ 沿闭轨线 L 的积分为

$$\begin{aligned}
\int_0^l H(s)ds &= \int_0^{T_0} \frac{X_0^2 Y_{y_0} - X_0 Y_0(X_{y_0} + Y_{x_0}) + X_{x_0} Y_0^2}{X_0^2 + Y_0^2} dt \\
&= \int_0^{T_0} \left[X_{x_0} + Y_{y_0} - \frac{X_0^2 X_{x_0} + X_0 Y_0(X_{y_0} + Y_{x_0}) + Y_0^2 Y_{y_0}}{X_0^2 + Y_0^2}\right] dt \\
&= \int_0^{T_0} (X_{x_0} + Y_{y_0})dt - \frac{1}{2}\oint_L \frac{d(X_0^2 + Y_0^2)}{X_0^2 + Y_0^2} dt \\
&= \int_0^{T_0} (X_{x_0} + Y_{y_0})dt. \qquad (2.3.16)
\end{aligned}$$

定理 2.3.6　若沿方程 (2.3.10) 的闭轨线 L 有

$$\int_0^{T_0} \left(\frac{\partial X}{\partial x} + \frac{\partial Y}{\partial y} \right) dt < 0 (> 0), \tag{2.3.17}$$

则 L 是稳定 (不稳定) 的极限环, 其中 T_0 为 L 的周期.

　　证明　设闭轨线 L 的弧长为 l, 对 (2.3.14) 积分, 得

$$\int_0^l \frac{dn}{n} = \int_0^l H(s) ds + \int_0^l \frac{o(n)}{n} ds.$$

故

$$n(l, n_0) = n_0 e^{\int_0^l H(\tau) d\tau} e^{\int_0^l \frac{o(n)}{n} d\tau}.$$

后继函数

$$N(n_0) = n(l, n_0) - n_0 = n_0 [e^{\int_0^l H(\tau) d\tau} e^{\int_0^l \frac{o(n)}{n} d\tau} - 1].$$

显然, $N(0) = 0$, 而

$$N'(0) = \lim_{n_0 \to 0} \frac{N(n_0) - N(0)}{n_0} = e^{\int_0^l H(\tau) d\tau} - 1.$$

注意到 (2.3.16) 即得, 当

$$\int_0^{T_0} \left(\frac{\partial X}{\partial x} + \frac{\partial Y}{\partial y} \right) dt < 0 (> 0)$$

时, $N'(0) < 0 (> 0)$. 根据后继函数的性质, 得 L 是稳定 (不稳定) 的极限环.

　　推论 2.3.2　L 为方程 (2.3.10) 的半稳定极限环或复合环, 或 L 包含在周期环域中, 其必要条件是

$$\int_0^{T_0} \left(\frac{\partial X}{\partial x} + \frac{\partial Y}{\partial y} \right) dt = 0.$$

§2.4　混沌吸引子

　　混沌是由确定性的非线性动力学系统产生的一种貌似无规则, 类似随机的现象. 更确切的讲, 混沌是确定性系统的伪随机性. 混沌不是简单的无序而是没有明显的周期和对称, 但却具有丰富的内部层次的有序结构. 混沌只能在非线性系统中产生, 它是非线性系统中的一种新的存在形式. 虽然混沌要求非线性, 但非线性并不保证有混沌. 然而, 任何混沌系统必然是非线性的.

　　本节我们讨论混沌吸引子. 首先介绍著名的 Smale 映射和 Henon 映射, 然后给出两个产生混沌的著名模型 —Logistic 映射和 Lorenz 系统, 并给出混沌的几种定义及其基本特性.

动力系统理论中一个重要发现是认识到一个非常简单、可逆的可微动力系统, 可以具有相当复杂的闭不变集, 它们含有无穷多个周期轨道和无穷多个非周期轨道. Smale 构造了这种系统最著名的例子. 它提供了平面上具不变集 Λ 的可逆离散动力系统, Λ 中的点与所有具两个符号的双向无穷序列一一对应. 这个不变集 Λ 并不是一个流形. 此外, 这个系统在不变集上的限制, 在某种意义下是如下的符号动力系统:

考虑所有可能的由两个符号, 例如 $\{1,2\}$ 所构成的双向无穷序列集合 Ω_2, 点 $\omega \in X(X$ 为状态空间) 为序列

$$\omega = \{\cdots, \omega_{-2}, \omega_{-1}, \omega_0, \omega_1, \omega_2, \cdots\},$$

其中 $\omega_i \in \{1,2\}$, 注意序列中的零位置必须指出, 例如, 存在两个不同周期的序列, 它们都可写为 $\omega = \{\cdots, 1, 2, 1, 2, 1, 2, \cdots\}$, 但其中之一 $\omega_0 = 1$, 另一个 $\omega_0 = 2$.

考虑映射 $\sigma : X \to X$, 将序列

$$\omega = \{\cdots, \omega_{-2}, \omega_{-1}, \omega_0, \omega_1, \omega_2, \cdots\} \in X$$

映为序列 $\theta = \sigma(\omega)$:

$$\theta = \{\cdots, \theta_{-2}, \theta_{-1}, \theta_0, \theta_1, \theta_2, \cdots\} \in X,$$

其中 $\theta_k = \omega_{k+1}, k \in Z$. 映射 σ 仅仅将序列向左移动了一个位置, 称之为移位映射. 这个移位映射定义了一个离散动力系统, 称为符号动力学. 它是可逆的. 可以验证它是如何具有无穷多个环的. 下面介绍 Smale 映射.

考虑图 2.4.1 的几何结构. 在平面上取正方形 S(图 2.4.1(a)), 沿水平方向将它压缩, 沿铅直方向将它拉伸 (图 2.4.1(b)), 沿中间弯曲 (图 2.4.1(c)) 并把它放到原

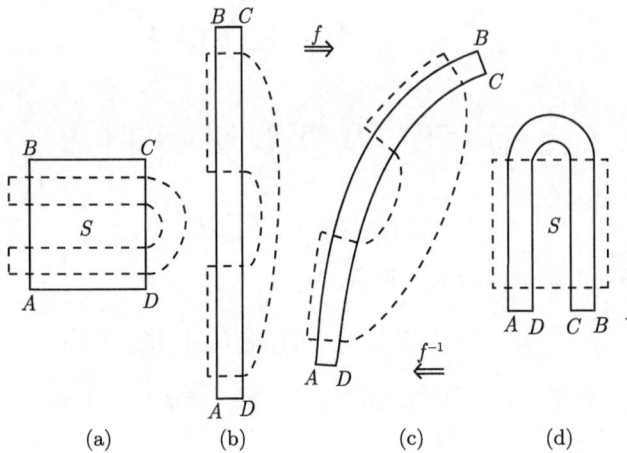

图 2.4.1 马蹄映射的结构

正方形 S 内, 使得与 S 相交于两铅直带 (图 2.4.1(d)). 这个过程定义了一个映射 $f: R^2 \to R^2$. 正方形 S 在此变换下的像 $f(S)$ 像一个马蹄, 这就是称它为马蹄映射的原因. 图像 $f(S)$ 的确切样子无关紧要. 然而, 为简单起见, 假定压缩和拉伸都是线性的, 使得两条铅直带与 S 相交成两个长方形. 也可以对映射 f 求其逆, 它和它的逆都是光滑的. 逆映射 f^{-1} 将马蹄 $f(S)$ 通过图 2.4.1 中的步骤 (d)~(a) 映回正方形 S. 逆变换 f^{-1} 映图 2.4.1(d) 所示的点线正方形 S 为图 2.4.1(a) 所示的点线水平马蹄, 这里假定交原正方形 S 于两水平长方形.

　　以 V_1 和 V_2 记交集 $S \bigcap f(S)$ 的两个铅直长条:

$$S\bigcap f(S) = V_1 \bigcup V_2$$

(图 2.4.2(a)). 现在作最重要的一步: 作映射 f 的第二次迭代. 在这次迭代下, 铅直长条 $V_{1,2}$ 变 "细马蹄", 它们交正方形 S 于四条窄铅直长条: V_{11}, V_{21}, V_{22} 和 V_{12} (见图 2.4.2(b)).

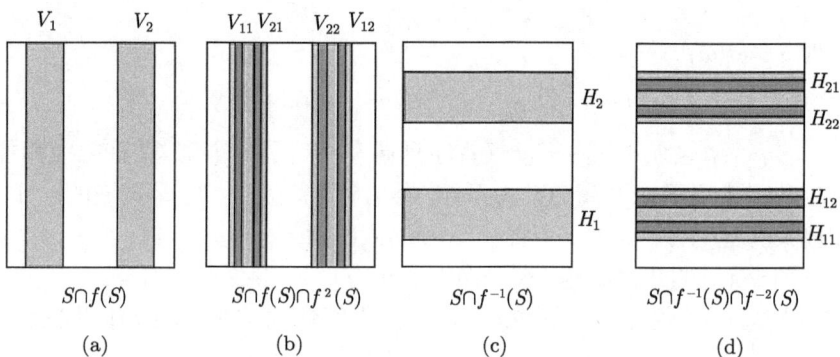

图 2.4.2　铅直长条与水平长条

　　记这一步

$$S\bigcap f(S)\bigcap f^2(S) = V_{11}\bigcup V_{21}\bigcup V_{22}\bigcup V_{12}.$$

类似地

$$S\bigcap f^{-1}(S) = H_1\bigcup H_2,$$

其中 $H_{1,2}$ 是图 2.4.2(c) 中的水平长条, 且

$$S\bigcap f^{-1}(S)\bigcap f^{-2}(S) = H_{11}\bigcup H_{12}\bigcup H_{22}\bigcup H_{21},$$

它们是四条水平长条 H_{ij} (图 2.4.2(d)). 注意, $f(H_i) = V_i(i = 1, 2), f^2(H_{ij}) = V_{ij}(i, j = 1, 2)$(图 2.4.3).

　　逐次作 f 的迭代, 得到交集 $S\bigcap f^k(S)(k = 1, 2, \cdots)$, 它是 $2k$ 条铅直长条. 类似地, f^{-1} 的迭代给出交集 $S\bigcap f^{-k}(S)(k = 1, 2, \cdots)$, 它是 $2k$ 条水平长条.

在 f 或 f^{-1} 迭代下正方形 S 许多点离开 S. 把这些点忘却, 代之以考虑平面上在 f 和 f^{-1} 所有迭代下仍留在正方形内的点构成的集合:

$$\Lambda = \{x \in S : f^k(x) \in S, \forall k \in Z\}.$$

显然, 如果集 Λ 非空, 那它是由 f 所定义的离散动力系统的一个不变集, 此集可交替地表示为一无穷交

$$\Lambda = \cdots \bigcap f^{-k}(S) \bigcap \cdots \bigcap f^{-2}(S) \bigcap f^{-1}(S) \bigcap S \bigcap f(S) \bigcap f^2(S) \bigcap \cdots \bigcap f^k(x) \bigcap \cdots$$

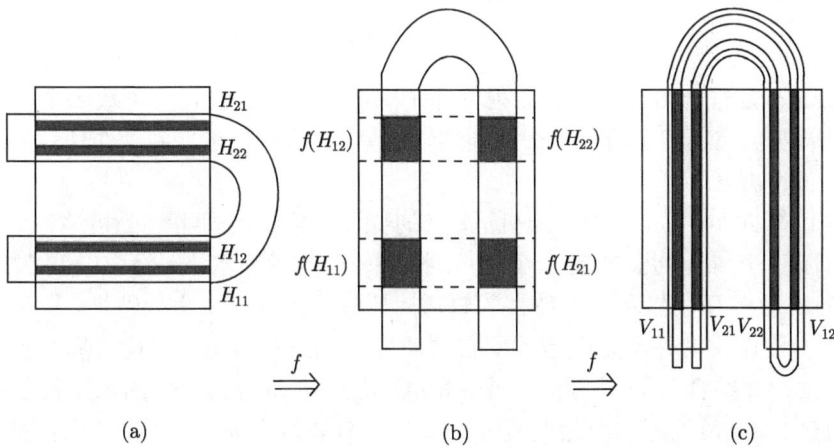

图 2.4.3　变换 $f^2(H_{ij}) = V_{ij}, i, j = 1, 2$

(任一点 $x \in \Lambda$ 必属于它所包含的每一个集合). 显然, 由此表达式, 集合 Λ 具有独特的形状. 事实上, 它应该在

$$f^{-1}(S) \bigcap S \bigcap f(S)$$

的内部. 而这是由四个小正方形构成 (图 2.4.4(a)). 其次, 它又应该在

$$f^{-2}(S) \bigcap f^{-1}(S) \bigcap S \bigcap f(S) \bigcap f^2(S)$$

的内部, 而这又是 16 个更小的正方形的并 (图 2.4.4(b)), 等等. 在极限情形, 得到一个 Cantor(分形) 集.

引理 2.4.1　集合 Λ 的点与所有具两符号的双向无穷序列 Ω_2 的点之间存在一一对应: $h : \Lambda \to \Omega_2$.

引理 2.4.2　对一切 $x \in \Lambda$, 有 $h(f(x)) = \sigma(h(x))$, 其中 σ 为移位映射.

上述两个引理的证明参见文献 [51]. 结合引理 2.4.1, 引理 2.4.2 以及在 Ω_2 上移位动力学的明显性质, 可以得到下面对马蹄映射的性态更为完全的描述:

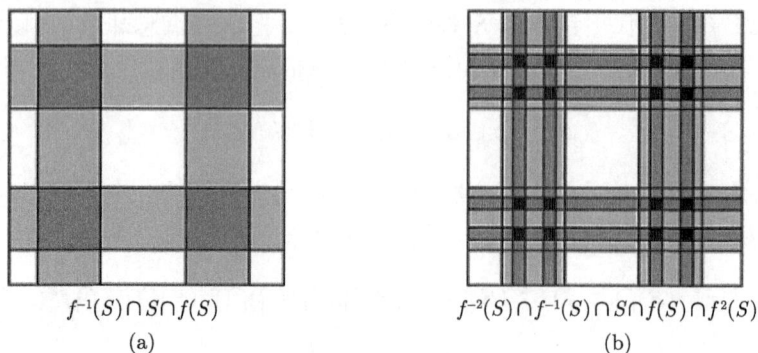

$f^{-1}(S) \cap S \cap f(S)$　　　　　　　　　$f^{-2}(S) \cap f^{-1}(S) \cap S \cap f(S) \cap f^2(S)$
(a)　　　　　　　　　　　　　　　　　　　　　　(b)

图 2.4.4　不变集的位置

Smale 定理(1963)　　马蹄映射 f 有闭不变集 Λ, 它包含有可数多个具任意长周期的周期轨道集和不可数多个非周期轨道集, 在这些轨道之间存在任意接近于 Λ 中任意点的轨道.

Λ 上的动力学具有某些 "随机运动" 的特性. 事实上, 可以 "随机地" 产生两个符号的任何序列, 因此, 指定一个相点, 按某种次序考察水平长条 H_1 和 H_2, 在组成 Λ 的轨道中存在显示这个特性的轨道. 马蹄例子的一个重要特性, 是对所构造的映射 f 稍作扰动并不定性地改变它的动力学. 显然, Smale 的构造基于相当强的压缩和拉长并结合弯曲. 因此, 一个 (光滑) 扰动 $\bar{f}$ 将得到类似的水平长条和铅直长条, 它们不再是长方形而是曲线区域. 但是, 只要扰动充分小, 这些长条缩小到的曲线仅仅稍微偏离水平线和铅直线. 因此, 构造可逐字逐句地进行. 扰动映射 $\bar{f}$ 将有不变集 $\bar{\Lambda}$, 其上的动力学将由在序列空间 Ω_2 上的移位映射 σ 完全描述.

下面介绍 Henon 映射. 考虑依赖于两个参数的平面二次映射:

$$f_{\alpha,\beta}(x,y) = \begin{pmatrix} y \\ \alpha - \beta x - y^2 \end{pmatrix}.$$

一个等价映射是由 Henon(1976) 作为具有 "随机动力学" 的最简单映射而引入. 如果 $\beta \neq 0$, 映射 $f_{\alpha,\beta}$ 可逆. 在某些参数范围内, 这个映射具有马蹄映射基本的拉伸和弯曲性质.

例如, 固定 $\alpha = 4.5, \beta = 0.2$, 考虑长方形 R 的开始的两个像 $f_{\alpha,\beta}(R)$ 和 $f_{\alpha,\beta}^2(R)$, 如图 2.4.5 所示. 类似于图 2.4.3(c) 的性质是显然的.

确定性的系统可以有确定的结果, 也可以有不确定的结果, 用简单的模型也可以得到复杂的非周期的结果. Logistic 模型就说明这种情况的离散映射典型的例子.

在生态系统中, 描述单物种虫口数量关系可表示为

$$x_{n+1} = \mu x_n(1 - x_n) = f(x_n), \tag{2.4.1}$$

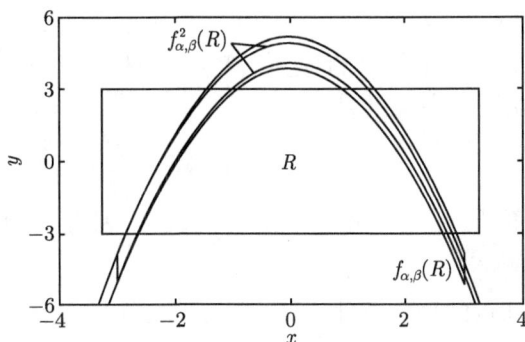

图 2.4.5 Henon 映射中的 Smale 马蹄

其中 x_n 和 x_{n+1} 分别表示第 n 代 (亲代) 和第 $n+1$ 代 (子代) 虫口的数量; μ 是与昆虫生活条件有关的一个控制参数; 函数 f 称为一维 Logistic 映射.

如果控制参数 μ 的值在 $0 \sim 4$ 之间, Logistic 映射 f 的作用是把任何值 $x_n \in [0,1]$ 仍然映射到该区间, 即 $x_{n+1} = f(x_n) \in [0,1]$, 这是自身映射. 由于函数 $f(x_n)$ 是非线性的, 不能单值的定义逆映射 $x_n = f^{-1}(x_{n+1})$, 所以这类非线性映射可以看做简单的耗散系统.

下面通过对 Logistic 映射进行分析, 研究控制参数 μ 对昆虫长时间行为的影响.

1. 不动点及其稳定性

(1) 一个不动点的情况. 取 x_n 为横轴,x_{n+1} 为纵轴, 做过原点的射线 $x_{n+1} = x_n$. 令 $\mu = 0.5, x_0 = 0.5$, 过 x_0 做平行于纵轴的虚线与曲线交与 A_1; 过 A_1 做横轴平行线交直线与 B_1; 过 B_1 再做纵轴平行线交曲线于 A_2, 交横轴于 x_1. 重复以上步骤, 可以依次找出与曲线的交点 $A_1, A_2, \cdots, A_n, \cdots$, 在横轴与其对应的点 $x_1, x_2, \cdots, x_n, \cdots$, 这就是迭代序列, 表示出每年的昆虫数, 如图 2.4.6 所示.

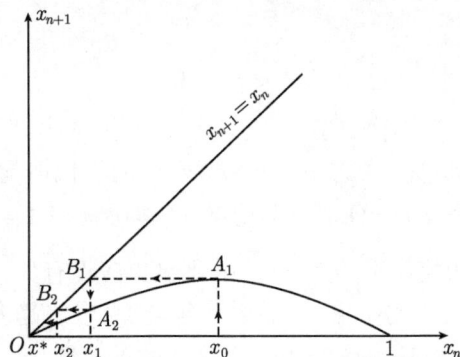

图 2.4.6 一个不动点的作图法

从图 2.4.6 可以看出, 在参数 $\mu = 0.5$ 时, 昆虫数会随着 n 的增长很快地趋于零. 一旦达到零就再也不动, 因此将 x_n 的这个极限状态 $x^*=0$ 称为稳定的不动点. 根据式 (2.4.1), 不动点 x^* 满足方程

$$x^* = f(x^*) = \mu x^*(1 - x^*). \tag{2.4.2}$$

由此可以解出两个不动点: $x^* = 0, \bar{x}^* = 1 - \dfrac{1}{\mu} = -1$. 因为 $\bar{x}^*$ 不在昆虫数的实际变化区间 [0,1], 所以舍去.

下面来讨论不动点的稳定条件. 在稳定的不动点 x^* 附近, 把每次的迭代结果表示为

$$x_n = x^* + \varepsilon_n, \tag{2.4.3}$$

其中 ε_n 为偏差. 将式 (2.4.3) 代入 (2.4.1) 后, 并按 Taylor 级数展开到 ε_n 项

$$x^* + \varepsilon_{n+1} = f(x^* + \varepsilon_n) \approx f(x^*) + f'(x^*)\varepsilon_n. \tag{2.4.4}$$

利用不动点方程 (2.4.2) 消去方程 (2.4.4) 两边的第一项后, 得到稳定性条件为

$$|\frac{\varepsilon_{n+1}}{\varepsilon_n}| = |f'(x^*)| < 1, \tag{2.4.5}$$

其中

$$f'(x^*) = \left(\frac{\partial f}{\partial x}\right)_{x^*} = \mu(1 - 2x^*). \tag{2.4.6}$$

把 $x^* = 0$ 代入式 (2.4.6), 并考虑到式 (2.4.5), 可得到不动点的稳定条件是

$$0 < \mu < 1. \tag{2.4.7}$$

显然, 另一个不动点 $\bar{x}^* = 1 - \dfrac{1}{\mu}$ 不满足上述稳定条件. 要使 $\bar{x}^*$ 满足式 (2.4.5) 稳定条件, 稳定的不动点 $\bar{x}^*$ 应满足

$$|\mu[1 - 2(1 - \frac{1}{\mu})]| = |-\mu + 2| < 1,$$

即

$$1 < \mu < 3.$$

在这种情况下, x^* 又变为不稳定了.

(2) 两个不动点的情况. 考虑 $\mu = 2, x_0 = 0.1$ 的迭代情况, 如图 2.4.7 所示.

曲线与直线有两个交点, 分别是不动点 $x^* = 0, \bar{x}^* = 1 - \dfrac{1}{\mu} = 0.5$. 这两个不动点与初值 x_0 无关. 若初值在不动点 $x^* = 0$, 则昆虫应没有卵, 就不会产生新一代虫. 只要 x_0 不完全为零, 迭代的结果 x_n 就会逐年增加, 最终趋向稳定的不动点 $\bar{x}^*$.

由 $\bar{x}^*$ 的稳定条件是 $1 < \mu < 3$ 可知, 当 μ 超过 3 时, $\bar{x}^*$ 也变为不稳定.

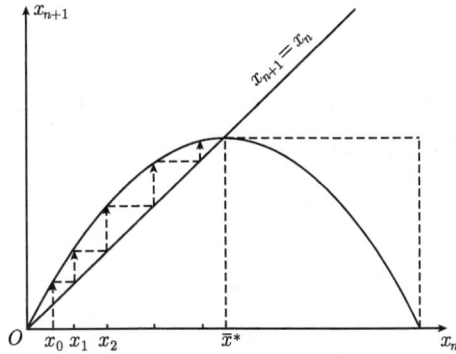

图 2.4.7 两个不动点的作图法

2. 周期点及其稳定性

(1) 二周期点的情况. 考虑 $\mu = 3.14 > 3, x_0 = 0.08$ 的迭代情况, 如图 2.4.8 所示.

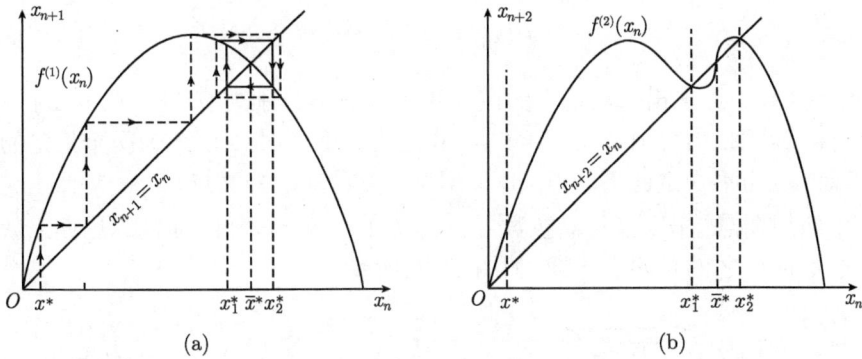

(a)   (b)

图 2.4.8 二周期点的作图法

从 x_0 开始经过几次迭代后, 就会在两个昆虫数 x_1^* 和 x_2^* 交替重复出现. 它们分别满足如下方程

$$\begin{cases} x_1^* = f(x_2^*) = \mu x_2^*(1 - x_2^*), \\ x_2^* = f(x_1^*) = \mu x_1^*(1 - x_1^*). \end{cases} \tag{2.4.8}$$

并可解得

$$\begin{cases} x_1^* = \dfrac{1 + \mu - \sqrt{(\mu + 1)(\mu - 3)}}{2\mu}, \\ x_2^* = \dfrac{1 + \mu + \sqrt{(\mu + 1)(\mu - 3)}}{2\mu}. \end{cases} \tag{2.4.9}$$

上述 x_1^* 和 x_2^* 之间出现振荡, 称为二周期点. 由式 (2.4.1) 两次迭代, 可以写出

$$x_{n+2} = \mu x_{n+1}(1 - x_{n+1}) = f^2(x_n) = \mu[\mu x_n(1 - x_n)][1 - \mu x_n(1 - x_n)]. \tag{2.4.10}$$

方程 (2.4.10) 是一个一元四次代数方程, 它有四个根 $x^*, x_1^*, \bar{x}^*, x_2^*$. 下面来讨论它们的稳定性. 二点周期的稳定条件与一个不动点的稳定条件相类似, 即稳定条件为 $|(f^2)'(x_n)| < 1$; 不稳定条件为 $|(f^2)'(x_n)| > 1$; 临界条件为 $|(f^2)'(x_n)| = 1$.

根据复合函数求导法则, 可以求得稳定条件式

$$|f'(x_1^*)f'(x_2^*)| < 1. \tag{2.4.11}$$

由式 (2.4.1) 得

$$f'(x_1^*)f'(x_2^*) = \mu^2(1 - 2x_1^*)(1 - x_2^*). \tag{2.4.12}$$

将式 (2.4.9) 中的 x_1^*, x_2^* 代入式 (2.4.12) 得

$$f'(x_1^*)f'(x_2^*) = -\mu^2 + 2\mu + 4. \tag{2.4.13}$$

由临界条件, 将

$$f'(x_1^*)f'(x_2^*) = \pm 1$$

代入式 (2.4.13), 可求出二周期点的控制参数 μ 的值分别为 $\mu_1 = 3, \mu_2 = 1 + \sqrt{6}$. 由稳定条件式可知, 当 μ 在 $3 < \mu < 1 + \sqrt{6}$ 范围内取值时, x_1^*, x_2^* 为两个稳定的不动点, 而 $x^*, \bar{x}^*$ 为不稳定的不动点. $\mu_1 = 3$ 为二点周期的分叉点.

(2) 四周期点情况. 当控制参数 $\mu > \mu_2 = 1 + \sqrt{6} \approx 3.4495$ 时, 二周期点就变为不稳定, 取而代之的是四点周期, 如图 2.4.9 所示.

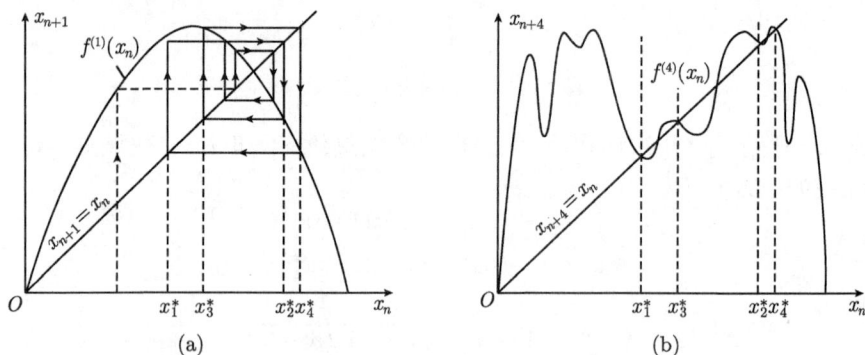

图 2.4.9　四周期点的作图法

这时有四个稳定点 $x_1^*, x_2^*, x_3^*, x_4^*$ 交替出现形成四点周期. 四个稳定点之间的关系满足

$$x_{n+4} = f^{(4)}(x_n). \tag{2.4.14}$$

将式 (2.4.1) 代入式 (2.4.14), 可得到 x_{n+4} 与 x_n 之间的关系. 曲线 $f^{(4)}(x_n)$ 与 $x_{n+4} = x_n$ 有八个交点. 根据四点周期的稳定条件

$$\left| \prod_{i=1}^{4} f'(x_i^*) \right| < 1$$

判定 $x_1^*, x_2^*, x_3^*, x_4^*$ 是稳定的. 再由四点周期的临界条件

$$\left| \prod_{i=1}^{4} f'(x_i^*) \right| = 1$$

求出产生四点周期的控制参数 μ 的取值范围 $\mu_2 < \mu < \mu_3$, 计算求得 $\mu_3 \approx 3.544$.

当 $\mu > \mu_3$ 时, 四点周期运动变为不稳定的, 被八点周期取代, 依次类推, 每到分叉点 μ_n, 就会出现 2^n 点周期. 这种依照次序出现的周期加倍的分岔现象, 称为倍周期分岔.

3. 从倍周期分岔到混沌

(1) 倍周期分岔. 在由式 (2.4.1) 表示的 Logistic 映射过程中, 当控制参数 μ 值增加到 $\mu_1 = 3$ 时, 出现 2 点周期; 当 μ 值增加到 $\mu_2 = 1 + \sqrt{6}$ 时, 出现 4 点周期; 当 μ 值增加到 $\mu_3 \approx 3.544$ 时, 出现 8 点周期; 当 $\mu = \mu_4 = 3.564$ 时, 出现 16 点周期等. 这样一分为二, 二分为四, 四分为八 …… 的周期加倍的分岔现象, 称为倍周期分岔, 又称倍周期分支, 如图 2.4.10 所示.

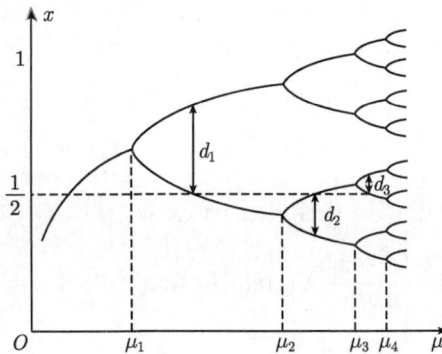

图 2.4.10　倍周期分岔

上述倍周期分岔一直进行到 μ 取极限值

$$\mu_\infty = 3.570$$

时, 迭代会出现 $\lim\limits_{n \to \infty} 2^n = \infty$ 长周期, 即表明运动成为非周期, 也就是进入混沌区.

上述的 Logistic 映射式 (2.4.1) 具有一维相空间和一维参数空间, 它是通过倍周期分岔的路径通向混沌. 这是形成混沌的一类最简单最基本的映射方式.

(2) 混沌. 美国著名气象学家、麻省理工学院 (MIT) 的 E.N.Lorenz 教授在 20 世纪 60 年代提出了用来刻画热对流不稳定性的模型——Lorenz 系统, 他开辟了混沌发展的新纪元, 而被誉为 "混沌之父". Lorenz 系统作为第一个混沌的物理和数学模型, 成为后人研究混沌理论的出发点和基石. Lorenz 系统的提出极大地激励和推动了混沌学的理论发展和后来混沌在许多工程学科中的应用. 它是混沌学发展史上的一个重要的起点和转折点, 具有一个里程碑的意义.

Lorenz 系统可以简单描述如下:

考虑处于均匀重力场中并且底部温度高于顶部温度的流层中的对流问题. 它由 Navier-Stokes 方程与热传导方程来描述, 其中流函数 ψ 及温度 (对称性分布) 偏离 θ 为变量. 其无量纲形式的方程组为

$$\begin{cases} \partial_t \zeta + u_x \partial_x \zeta + u_y \partial_y \zeta = \partial_x^2 \zeta + \partial_y^2 \zeta - \dfrac{Ra}{Pr} \partial_x \theta, \\[2mm] \partial_x^2 \psi + \partial_y^2 \psi = \zeta, \\[2mm] u_x = \partial_y \psi, u_y = \partial_x \psi, \\[2mm] \partial_t \theta + u_x \partial_x \theta + u_y \partial_y \theta = \dfrac{1}{Pr}(\partial_x^2 \theta + \partial_y^2 \theta), \end{cases} \tag{2.4.15}$$

其中 ζ 为涡度; u 为速度; Pr 为 Prandtl 数; Ra 为 Rayleigh 数.

下面求满足光滑边界条件

$$\begin{aligned} \psi(x, y = 0) &= \psi(x, y = 1) \\ &= \theta(x, y = 0) = \theta(x, y = 1) \\ &= \zeta(x, y = 0) = \zeta(x, y = 1) = 0 \end{aligned} \tag{2.4.16}$$

的解. 将流函数 ψ 与温度偏离 θ 作 Fourier 展开, 并取如下两个模

$$\psi(x, y, t) = \frac{k^2 + \pi^2}{\pi k Pr} X(t) \sin(kx) \sin(\pi y),$$

$$\theta(x, y, t) = \frac{Ra_c}{\pi Ra}[\sqrt{2}Y(t)\cos(kx)\sin(\pi y) - Z(t)\sin(2\pi y)], \tag{2.4.17}$$

其中 k 为流函数 ψ 在 x 的方向矢量之模, $Ra_c = 27\pi^2/4$ 为临界 Rayleigh 常数.

将方程 (2.4.17) 代入方程 (2.4.15), 利用 $\sin(kx)\sin(\pi y), \cos(kx)\sin(\pi y)$ 和 $\sin(2\pi y)$ 的系数, 可得 $X(t), Y(t), Z(t)$ 应满足的方程为

$$\begin{cases} \dot{X} = -PrX + PrY, \\ \dot{Y} = rX - XZ - Y, \\ \dot{Z} = XY - bZ, \end{cases} \tag{2.4.18}$$

其中 $r = Ra/Ra_c$; X 称为速度模; Y 称为温度模; Z 称为温度梯度模; b 是常系数 (没有直接的物理意义).

在方程 (2.4.18) 中, 分别记 X, Y, Z 为 x, y, z, 并令 $a = -Pr, c = r$, 则得到著名的正则化后的 Lorenz 方程

$$\begin{cases} \dot{x} = a(y - x), \\ \dot{y} = cx - xz - y, \\ \dot{z} = xy - bz, \end{cases} \tag{2.4.19}$$

参数取值为 $a = 10, b = 8/3, c = 28$ 时, Lorenz 系统有一个混沌吸引子, 如图 2.4.11 所示.

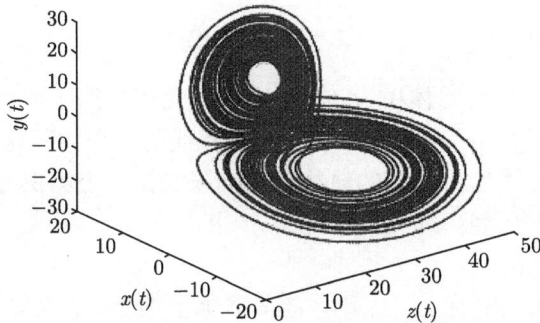

图 2.4.11 Lorenz 吸引子

下面简单介绍一下 Lorenz 系统一些最基本的动力学行为.

(a) 对称性和不变性. 首先我们注意到系统(2.4.19)在变化 $(x, y, z) \to (-x, -y, z)$ 下具有不变性, 即系统 (2.4.19) 关于 z 轴具有对称性, 且这种对称性对所有的系统参数都成立. 显然, z 轴本身也是系统的一条解轨线, 即若 $t = 0$ 时有 $x = y = 0$, 则对所有的 $t > 0$ 有 $x = y = 0$. 进一步, 当 $t \to +\infty$ 时, z 轴上所有的解轨线均趋于原点.

(b) 耗散性和吸引子的存在性. 系统 (2.4.19) 在条件 $c < 1$ 下关于原点是全局、一致和渐近稳定的. 为证明这一点, 不妨选取如下的Ляпунов 函数:

$$V(x, y, z) = \frac{1}{2}(x^2 + ay^2 + az^2).$$

容易验证

$$\dot{V} = -\frac{a(1 + c)}{2}(x - y)^2 - \frac{a(1 - c)}{2}(x^2 + y^2) - abz^2 < 0.$$

另外, 当 $x \to \infty$ 时, 考虑如下方程

$$\frac{d}{dt}\frac{1}{2}[x^2 + y^2 + (z - a - c)^2]$$

$$=x\frac{dx}{dt}+y\frac{dy}{dt}+(z-a-c)\frac{dz}{dt}$$

$$=-ax^2-y^2-b(z-\frac{a+c}{2})^2+b\frac{(a+c)^2}{4}<0.$$

可见, 当 x 足够大且 t 增加时, $\frac{1}{2}[x^2+y^2+(z-a-c)^2]$ 是一个正定函数. 因此, 在相平面上, 它的轨线趋于点 $(0,0,a+c)$.

同时, 对于系统 (2.4.19), 有

$$\nabla V=\frac{\partial \dot{x}}{\partial x}+\frac{\partial \dot{y}}{\partial y}+\frac{\partial \dot{z}}{\partial z}=-(a+b+1)<0.$$

由于 $a+b+1>0$, 所以系统 (2.4.19) 始终是耗散的, 并以指数形式

$$\frac{dV}{dt}=e^{-(a+b+1)}$$

收敛. 也就是说, 一个初始体积为 $V(0)$ 的体积元在时间 t 时收缩为体积元 $V(0)$ $e^{-(a+b+1)}$. 这意味着, 当 $t\to\infty$ 时, 包含系统轨线的每个体积元以指数因子 $-(a+b+1)$ 收缩到 0. 因此, 所有系统的轨线最终会限制在一个体积为 0 的点集合上, 并且它的渐近动力行为会被固定在一个吸引子上.

(c) 平衡点和分岔.

在系统 (2.4.19) 中, 若 $c>1$, 则系统具有如下的三个平衡点:

$$S_0=(0,0,0),$$
$$S_+=(\sqrt{b(c-1)},\sqrt{b(c-1)},c-1),$$
$$S_-=(-\sqrt{b(c-1)},-\sqrt{b(c-1)},c-1).$$

当 $c=1$ 时, 我们能够观察到原点出现叉式分岔. 若参数 a 和 b 固定, 而 c 变化, 则两个非平凡点 S_+ 和 S_- 对称的落在 z 轴的两边.

在原点线性化系统 (2.4.19), 得到线性化后的系统, 其矩阵的三个特征值为

$$\lambda_1=-b,$$
$$\lambda_{2,3}=\frac{a+1}{2}\pm\frac{1}{2}\sqrt{(a+1)^2+4a(c-1)}.$$

因此, 若 $c>1$, 有 $\lambda_1=-b,\lambda_2>0>\lambda_3$, 故零解不稳定, 且 S_0 为三维空间中的鞍点; 若 $c<1$, 则三特征根均满足 $\mathrm{Re}(\lambda)<0$, 故原点是唯一的平衡点并且是汇点.

其次, 在另外两个非零平衡点上线性化系统 (2.4.19), 得到对应的特征多项式

$$f(\lambda)=\lambda^3+(a+b+1)\lambda^2+b(a+c)\lambda+2ab(c-1)=0. \tag{2.4.20}$$

由于 $a+b+1>0$, 上面三次多项式的系数均为正, 因此对任意的 $\lambda>0$, 有 $f(\lambda)>0$. 所以, 平衡点是不稳定的 $(\mathrm{Re}(\lambda)>0)$ 当且仅当方程 (2.4.20) 有两个正实部的复共轭特征根.

若 $c = 1$, 则 f 的三个特征根为: $\lambda = 0, -b, -(a+1)$. 当 c 从上趋于 1 时,第一个特征根满足 $\lambda \sim -2\dfrac{a(c-1)}{a+c}$. 所以, 当 c 从上趋于 1 时, 在极限状态下, 系统将失去稳定性. 在 c 从 1 逐渐增大的过程中仅当 $\mathrm{Re}(\lambda) = 0$ 时, 不稳定性才可能出现, 且此时 f 的两个特征根分别为 $\lambda_{1,2} = \pm\omega i$, 其中 ω 为实数.

再由 (2.4.20) 可知, 三次多项式 f 的三个根之和为

$$\lambda_1 + \lambda_2 + \lambda_3 = -(a+b+1).$$

因此, 在稳定性的边缘, 有 $\lambda_{1,2} = \pm\omega i, \lambda_3 = -(a+b+1)$. 此时得到下面等式

$$0 = f(-(a+b+1)) = bc(a-b-1) - ab(a+b+3),$$

即

$$c_h = \frac{a(a+b+3)}{a-b-1}.$$

这样, 只有当 $c > 1$ 时, 不稳定性才可能出现.

因此, 非零平衡点 $S_\pm$ 稳定的充分必要条件是

$$a < b+1 \text{ 且 } c > 1$$

或

$$a > b+1 \text{ 且 } 1 < c < c_h,$$

其中 $c_h \in (1, \infty)$ 是 Hopf 分岔值, 下面再详细讨论.

事实上, 若出现不稳定的情况, 则随着参数 c 从 1 逐渐增大, 可以观察到如下现象: λ_1 从 0 逐渐减小直到与 λ_2 相等 (此时 $\lambda_1 = \lambda_2 < 0$); 然后它们变成一个复共轭对, 其实部从负数逐渐增加并且穿过 0; 但 λ_3 对所有的 $c > 1$ 保持为负数. 因此, 对于平衡点 S_+ 和 S_-, 当它们变为不稳定时, 必然出现一个负实根和一对正实部的共轭虚根. 此时, 这两个平衡点都是三维空间中的鞍焦点.

若 $c = c_h > 1$, 则系统 (2.4.19) 出现 Hopf 分岔,这时两个共轭纯虚根 $\lambda = \pm\sqrt{\dfrac{2ab(a+1)}{a-b-1}}i$; 若 c 进一步变大, 则对一定范围的参数 a, b, 系统将在平衡点 $S_\pm$ 上出现次临界的 Hopf 分岔. 若 $1 < c < c_h$, 则 S_+ 和 S_- 均为稳定的汇; 若 $c > c_h > 1$, 则两个非零平衡点变为不稳定的鞍点.

下面, 固定参数 $a = 10, b = 8/3$, 而让 c 逐渐变化. 计算表明, 当 $1 < c < 13.926$ 时, 不稳定流形最终螺旋式地趋于与之同侧的平衡点 S_- 或 S_+. 当 c 从 1 逐渐增大时, 这种螺旋圈逐步增大; 当 $c = 13.926$ 时, 不稳定流形刚好无限趋于原点 S_0, 即出现同宿轨道; 当 $c > 13.926$ 时, 不稳定流形将绕到同一侧, 最终趋于与之异侧的平衡点 S_+ 或 S_-. 因此,$c = 13.926$ 是一个同宿分支点, 见表 2.4.1.

表 **2.4.1**　Lorenz 系统中的分岔与混沌 $\left(a = 10, b = \dfrac{8}{3}\right)$

参数 c 的范围	解的性质
< 1	趋向无对流的定态
$1 \sim 13.926$	趋向三个平衡点之一, 在 13.926 处出现同宿轨道
$13.926 \sim 24.06$	存在无穷多个周期和混沌轨道
$24.06 \sim 24.74$	奇怪吸引子与一对稳定平衡点共存
$24.74 \sim 148.4$	混沌区, 其中有:
$\quad\quad 99.526 \sim 100.79$	为一个内嵌的倍周期序列
$\quad\quad 145.9 \sim 148.4$	为倍周期分岔序列
$148.8 \sim 166.07$	周期区
$166.07 \sim 233.5$	混沌区, 其中有:
$\quad\quad 166.07 \sim 169$	从周期到混沌的阵发过渡
$\quad\quad 233.5$ 附近	与 148.4 附近类似的分岔序列
$233.5 \sim +\infty$	周期区, 由 $c = +\infty$ 往下的倍周期序列

研究混沌动力学的首要问题便是如何给出混沌的定义. 1975 年李天岩和 Yorke 首先给出了一个混沌的定义, 第一次运用 "chaos" 这个词来描述区间上的连续映射具有的复杂动力学行为.

定理 2.4.1　若 $F : J \to J$ 是连续映射, J 是 R 中的一个闭区间, 假设存在 $a \in J$ 满足: $b = F(a), c = F^2(a), d = F^3(a)$, 并且 $d \leqslant a < b < c$(或 $d \geqslant a > b > c$), 那么以下性质成立:

(i) 对于任意自然数 $k = 1, 2, \cdots$, 区间 J 上具有 F 的周期为 k 的周期点;

(ii) 存在一个不包含 F 周期点的不可数集合 $S \subset J$, 满足对任意的 $p, q \in S, p \neq q$, 有

(a) $\lim\limits_{n \to +\infty} \sup |F^n(p) - F^n(q)| > 0$;

(b) $\lim\limits_{n \to +\infty} \inf |F^n(p) - F^n(q)| = 0$;

(iii) 对于任意 $p \in S$, 周期点 $q \in J$, 有

$$\lim_{n \to +\infty} \sup |F^n(p) - F^n(q)| = 0.$$

注意: $F^0(x)$ 表示 $x, F^{n+1}(x)$ 表示 $F(F^n(x))(n = 0, 1, \cdots)$. 称 p 为 F 的 n 周期点, 如果存在 $p \in J, F^n(p) = p, F^k(p) \neq p, 1 \leqslant k < n$. 特别地, 当 $n = 1$ 时, p 为不动点. 称 q 为 F 的最终周期点, 如果存在周期点 p 及自然数 m, 使得 $p = F^m(q)$.

如果映射满足定理中所具有的性质, 则被称为混沌映射.

下面从上述三个性质解释混沌的含义.

指出迭代 $F^n(x) = x$ 的周期点的周期无上限, 即可以找到周期任意大的周期点. 每一个具体的自然数是有限的, 但是一切自然数的总体是无限的. 既然有了周期点就有一切周期点, 所以 3 周期点的迭代系统是符合性质 (i) 的.

说明 k 内的任意二条轨线有时要相互分开, 有时要无限靠近. 这一条件表明混

沌运动时确定性系统中局限于有限相空间的轨道高度不稳定的运动. 这种轨道的高度不稳定性导致相邻相空间的轨道之间的距离时而会指数地增大, 时而会无限地减小, 从而使系统长时间的行为呈现出某种混乱性.

说明周期轨道不是渐近的. 因此, 区间 I 在映射 F 的不断作用下, 呈现出一片混乱的运动状态. 其中一部分是周期的运动, 而更多的是杂乱无章的运动, 它们时分时合. 尽管在完全确定的映射 F 的一次次迭代下, 却出现了类似随机的状态.

根据定理 2.4.1, 李天岩和 Yorke 给出了有名的 Li-Yorke 定理: 如果 F 存在 3 周期点, 则 F 是混沌的.

1978 年, Marotto 将 Li-Yorke 定理进一步推广到 R^m 中的连续可微映射的情形, 使得判断一般的 n 维映射的复杂动力学行为的存在性成为了可能. 下面给出 Marotto 的定义与定理.

定义 2.4.1 如果 R^m 中连续可微映射 $\mathbf{F}$ 的不动点 x^* 满足以下条件:

(1) 如果存在一个实数 $r > 0$, 对于 $B_r(x^*)$ (以点 x^* 为中心, 半径为 $r > 0$ 的闭区域) 中的任意一点 x 的 Jacobi 矩阵 $DF(\mathbf{x})$ 的所有特征值的模大于 1;

(2) 存在 $B_r(x^*)$ 中的一个点 $x_0 \neq x^*$, 存在大于 1 的自然数 $N > 0$, 使得 $\mathbf{F^N}(x_0) = x^*$, 并且点 x_0 是非退化的, 即 $\det\{DF^{\mathbf{N}}(x_0)\} \neq 0$.

则称不动点 x^* 是映射 $\mathbf{F}$ 的一个排斥回归子.

定理 2.4.2 如果 R^m 中连续可微的映射 $\mathbf{F}$ 具有一个排斥回归子, 那么以下性质成立:

(i) 给定自然数 N, 对于任意 $p \leqslant N$, $\mathbf{F}$ 具有周期为 p 的周期点;

(ii) 存在一个不包含 $\mathbf{F}$ 周期点的不可数集合 $\mathbf{S}$, 满足:

(a) $\mathbf{F(S)} \subset \mathbf{S}$,

(b) $\lim\limits_{k \to +\infty} \sup |\mathbf{F^k(x)} - \mathbf{F^k(y)}| > 0, \forall \mathbf{x} \neq \mathbf{y} \in \mathbf{S}$,

(c) $\lim\limits_{k \to +\infty} \sup |\mathbf{F^k(x)} - \mathbf{F^k(y)}| = 0, \forall \mathbf{x} \in \mathbf{S}, \mathbf{y}$ 是 $\mathbf{F}$ 的周期点;

(iii) 存在 $\mathbf{S}$ 的子集 $\mathbf{S^0}$, 对于任意 $\mathbf{x}, \mathbf{y} \in \mathbf{S^0}$, 有

$$\lim_{k \to +\infty} \sup |\mathbf{F^k(x)} - \mathbf{F^k(y)}| = 0.$$

Marotto 对高维系统混沌的定义, 事实上就是按照 Li-Yorke 定义而来的, 但是他给出了一个相对容易验证的条件. 近 30 年来, Marotto 定理被许多学者用来分析具体的高维系统的复杂动力学行为.

除了 Li-Yorke 的混沌定义, 美国数学家 Robert L.Devancy 从拓扑的角度总结了一个更为全面的混沌定义. 下面我们给出定义, 定义中的 (χ, ρ) 是一度量空间, f 是 χ 上的一个映射.

定义 2.4.2 $f : \chi \to \chi$ 是拓扑传递的, 如果对任意的两个开集 $U, V \in \chi$, 存在自然数 k, 使得 $f^k(U) \bigcap V \neq \varnothing$.

在拓扑学中, 映射的拓扑传递与映射具有一个稠密的轨道是等价的.

定义 2.4.3 $f : \chi \to \chi$ 是初值敏感依赖的, 如果存在 $\delta > 0$, 对于任何的 $x \in \chi$ 与 x 的一个邻域 B, 存在 $y \in B$ 和自然数 k, 使得 $\rho(f^k(x), f^k(y)) > \delta$.

定义 2.4.4   称映射 $f : \chi \to \chi$ 是混沌的, 如果以下三条性质成立:

(1) 映射 f 是拓扑传递的;

(2) 映射 f 是初值敏感依赖的;

(3) 映射 f 的周期点在 χ 中是稠密的.

事实上, Devancy 给出的混沌定义中的前两条是非常关键的, 涉及到混沌的本质特征. 这个混沌定义往往是数学工作者们研究和探讨混沌应用最多的.

下面给出混沌的基本特性.

混沌是一种有结构的无序, 表面上看起来杂乱无规则的混沌是有其内在规律性的.

1. 各态历经性

在式 (2.4.1) 中, 我们从 $\mu = 4$ 时的混沌区进行方向观察, 从 $[0,1]$ 中任取一个数作为初始值, 利用迭代

$$x_{n+1} = 4x_n(1 - x_n)$$

可求出以后各年的昆虫数 $x_1, x_2, \cdots, x_n, \cdots$, 这些值几乎布满了 $(0,1)$ 整个的区间. 不管在 $[0,1]$ 内取什么值为初始值, 都是如此. 这种现象在物理上被称为各态经历. 根据初始值无法预测多少年后 x_n 是多少, 即当混沌发生时, 对系统的长时间行为不可预测, 这是混沌表现无序的一面.

2. 轨道的不稳定性

混沌运动具有轨道的不稳定性是指对某些控制参数值, 在几乎所有的初始条件下, 都能产生非周期性动力学过程.

混沌是指在确定性系统中出现的无规则性或不规则性, 混沌运动是确定性系统中局限于有限相空间的高度不稳定性运动. 所谓轨道高度不稳定, 是指随着时间的发展, 相邻的相空间轨道之间的距离会指数地增大. 正是这种不稳定性, 从而使系统长时间的行为会显示出某种混乱性.

轨道的不稳定性是混沌的一个显著特征, 其实质就是混沌内在的随机性. 内随机性的另一方面是局部不稳定性. 所谓局部不稳定性是指系统运动的某些方面 (如某些维上) 的行为强烈地依赖于初始条件.

一个系统要进化, 要达到一个新的演化状态, 应在系统整体稳定的前提下允许局部的不稳定性, 这些部分不稳或失稳正是进化的基础. 这种情况在耗散系统中是普遍存在的, 可见耗散系统中这种局部不稳定性和整体稳定性的结合就构成了混沌.

　　轨道不稳定使轨道局部分离, 而耗散性使相空间收缩到低维的、结构 "紊乱" 的混沌吸引子上. 一般用 Ляпунов 指数刻画混沌吸引子中相邻轨道分离的快慢.

　　在一维非线性动力系统 $x_{n+1} = F(x_n)$ 中, 初始两点迭代后是相互分离的, 还是靠拢的, 关键取决于导数 $\left|\dfrac{dF}{dx}\right|$ 的值.

　　若 $\left|\dfrac{dF}{dx}\right| > 1$, 则迭代使得两点分离; 若 $\left|\dfrac{dF}{dx}\right| < 1$, 则迭代使得两点靠拢. 但在不断迭代过程中, $\left|\dfrac{dF}{dx}\right|$ 的值也随之变化, 使得两点时而分离时而靠拢. 为了从整体上衡量相邻两种状态分离的情况, 必须对时间 (或迭代次数) 取平均.

　　设平均每次迭代所引起指数分离中的指数为 λ, 与初值为 x_0 的点相距 ε 的两点经过一次迭代后距离变为 $\varepsilon e^{\lambda(x_0)}$, 经过 n 次迭代后距离为

$$\varepsilon e^{n\lambda(x_0)} = |f^n(x_0 + \varepsilon) - f^n(x_0)|.$$

若取极限 $\varepsilon \to 0, n \to \infty$, 则

$$\lambda(x_0) = \lim_{n \to \infty} \lim_{\varepsilon \to 0} \frac{1}{n} \ln \left| \frac{f^n(x_0 + \varepsilon) - f^n(x_0)}{\varepsilon} \right|$$

$$= \lim_{n \to \infty} \frac{1}{n} \ln \left| \frac{df^n(x)}{dx} \right|_{x=x_0}.$$

通过变形可以将上式简化为

$$\lambda = \lim_{n \to \infty} \frac{1}{n} \sum_{i=0}^{n-1} \ln \left| \frac{df(x)}{dx} \right|_{x=x_i}.$$

称 λ 为 Ляпунов 指数, 它与初始值 x_0 的选取没有关系. 它表示系统在多次迭代过程中平均每次迭代引起指数分离中的指数.

　　将上述定义的一维 Ляпунов 指数推广大 N 维动力系统的情况, 可得到 N 个 Ляпунов 指数, 按其从大到小的次序排列为

$$\lambda_1 \geqslant \lambda_2 \geqslant \lambda_3 \geqslant \cdots \geqslant \lambda_N,$$

这 N 个实数 $\lambda_i (i = 0, 1, 2, \cdots, N)$ 称为 Ляпунов 指数谱.

　　若 $\lambda_i < 0$, 则表明相邻点最终要靠拢合并成一点, 这对应于稳定的不动点或周期运动; 若 $\lambda_i > 0$, 则表明相邻点最终要分离, 这导致轨道的局部不稳定性. 若系统还存在整体稳定因素作用下的反复折叠, 则最终形成混沌吸引子.

　　3. 对初始条件的敏感依赖性

　　确定性系统由于初始值 "差之毫厘, 失之千里", 不断迭代的结果, 系统才会变得不可捉摸, 看起来就像随机过程一样, 其实是假的随机过程, 又称伪随机过程. 粗

略地讲, 随机过程是短期内就无法预测的现象, 而伪随机过程确实短期内可以预测, 长期才不可预测的现象 — 混沌现象. 混沌对初始条件敏感依赖性的本质, 不在于产生初始条件的误差, 而是非线性系统本身的固有属性, 是大自然的内在规律性.

4. 具有分形的性质

混沌不是简单的无序和混乱, 而是没有明显的周期和对称, 更像是没有周期的次序, 但它却具备了丰富的内部层次的有序状态. 在理想的模型中, 它可能包含着无穷的内在层次, 层次之间存在着自相似性或不尽相似.

混沌吸引子实际上是轨道在相空间中经过无数次靠拢又分离, 分离再折叠, 再靠拢, 来回拉伸与折叠形成的几何图形, 具有无穷层次的自相似性. 由于耗散系统运动在相空间的收缩, 使混沌吸引子维数小于相空间的维数. 因此, 可以通过混沌吸引子的空间维数, 来研究它的几何性质. 混沌吸引子经过无穷拉伸、折叠的细线, 既不是二维也不是一维, 而是介于二和一之间的分数维. 可用分形几何对混沌吸引子加以研究.

分形几何是以非规则几何形体为研究对象的几何学. 所谓分形是指 n 维空间一个点集的一种几何性质. 它们具有无限精细的结构, 在任何尺度下, 都有自相似部分和整体相似性质, 具有小于所在空间维数 n 的非整数维数, 这种点集称为分形. 分维就是用分数维来定量地描述分形的基本特性. 混沌吸引子就是分形集, 所以混沌具有分形的性质.

§2.5 泛函微分自治系统的周期轨

本节讨论自治泛函微分方程的周期轨问题. 考虑如下自治泛函微分方程

$$x'(t) = f(x_t), \tag{2.5.1}$$

其中 $f : C \to R^n$ 是连续的, 并且其 Fréchet 导数也连续. 若函数 $p(t) = p(t + w)(-\infty < t < +\infty)$ 且在 $-\infty < t < \infty$ 上满足系统 (2.5.1), 则称其是系统 (2.5.1) 的一个周期解. 若 p 是系统 (2.5.1) 的非常量周期解, 则对 $\forall t, p'_t \neq 0$ 且 p 的轨线 $\Gamma = \bigcup\limits_t p_t$ 是闭曲线. 反之, 任意一条这样的闭轨也对应着系统 (2.5.1) 的一个非常量周期解.

若 $p(t)$ 是系统 (2.5.1) 的非常量 ω 周期解, p 的变分方程定义为

$$y'(t) = L(t, y_t), \tag{2.5.2}$$

其中 $L(t, \phi) = f'(p_t)\phi, f'(\psi)$ 是 f 在 ψ 处的 Fréchet 导数. 那么这个线性变分方程是周期为 ω 的线性周期系统. 另外, 由 $p'(t) = f(p_t), -\infty < t < \infty$, 可得 p'' 存在且 $p''(t) = f'(p_t)p'_t$. 所以 $p'(t)$ 是方程 (2.5.2) 的 ω 周期解. 由假设 $p'_t \neq 0$, 可得 $\mu = 1$

是方程 (2.5.2) 的一个特征乘因子. 如果这个特征乘因子 $\mu = 1$ 是简单的, 称这个周期轨 Γ 是非退化的.

因为 (2.5.1) 是自治系统, 对任意实数 α, $p(t + \alpha)$ 也是系统 (2.5.1) 的 ω 周期解, 并且这个解的轨线仍是 Γ. 因此, $p(t + \alpha)$ 的线性变分方程形如

$$y'(t) = L(t + \alpha, y_t) , \tag{2.5.3}$$

其中 $L(t, \phi)$ 的定义同方程 (2.5.2) 中的定义. 若 $T(t, \sigma)$ 是方程 (2.5.2) 的解算子, 则 $T(t + \alpha, \sigma + \alpha)$ 就是方程 (2.5.3) 的解算子. 由此可见, Γ 的非退化性质不依赖于 α.

对任意固定的 α, 对应于乘因子 $\mu = 1$, C 可以分解为 $C = E(\alpha) \oplus K(\alpha)$, 其中 $E(\alpha) = E_1(\alpha)$, $K(\alpha) = K_1(\alpha)$(集合 $E_1(\alpha)$ 和 $K_1(\alpha)$ 的定义参看文献 [137] 中第 8 章), 且 P_α' 是一维空间 $E(\alpha)$ 的一个基.

若集合 $K(\alpha)$ 与非退化周期轨 Γ 在 P_α 处相接, 则这两个集合的交集在 Γ 的邻域内形成一个坐标系. 下面引理将给出具体描述.

引理 2.5.1 如果 Γ 是一个非退化 ω 周期轨, $\Gamma = \{p_\alpha : 0 \leqslant \alpha < \omega\}$, 那么

(i) 存在 Γ 的一个邻域 W, 使得 $W \bigcap \bigcup\limits_{\alpha \in [0, \omega)} [p_\alpha + K(\alpha)] = W$ 且对 $\forall \psi \in W$, 存在唯一 $\alpha \in [0, \omega)$ 和 $\phi \in K(\alpha)$ 满足 $\psi = p_\alpha + \phi$.

(ii) 对 $\forall [\alpha_1, \alpha_2] \subset [0, \omega), \alpha_1 < \alpha_2$, 集合 $V \doteq W \bigcap \bigcup\limits_{\alpha \in [\alpha_1, \alpha_2]} [p_\alpha + K(\alpha)]$ 与 $[0, 1] \times K(0)$ 同胚. 若 f 有连续的二阶导数, 则 V 与 $[0, 1] \times K(0)$ 微分同胚.

该引理的证明可参看文献 [137] 中第 8 章.

下面给出一些关于非退化轨的基本结果.

定理 2.5.1 若 Γ 是时滞微分方程 (RFDE(f)) 的一个非退化周期轨, 则存在 Γ 的一个邻域 V 使得 $V \backslash \Gamma$ 没有 ω 周期轨.

证明 若系统 (2.5.1) 中 $x(t) = p(t) + z(t)$, 则

$$z'(t) = L(t, z_t) + N(t, z_t), \tag{2.5.4}$$

其中 $L(t, \phi)$ 的定义同方程 (2.5.2), 对 $\forall t, \phi$ 有 $N(t + \omega, \phi) = N(t, \phi)$ 且

$$N(t, \phi) = f(p_t + \phi) - f(p_t) - L(t, \phi). \tag{2.5.5}$$

从而 $N(t, 0) = 0, N(t, \phi)$ 关于 ϕ 有连续的 Fréchet 导数, 并且 $N_\phi'(t, 0) = 0$.

将常变分公式应用于方程 (2.5.4), 可知 $z = z(\sigma, \phi)$ 满足 $z_\sigma(\sigma, \phi) = \phi$ 时是 (2.5.4) 的解当且仅当 z 满足

$$z_t = T(t, \sigma)\phi + \int_\sigma^t T(t, s) X_0 N(s, z_s) ds, t \geqslant \sigma, \tag{2.5.6}$$

其中线性算子 $T(t,\sigma) : C \to C$ 定义为 $T(t,\sigma)\psi = y_t(\sigma,\psi)$, $y(\sigma,\psi)$ 是方程 (2.5.2) 的解, 并有 $y_\sigma(\sigma,\psi) = \psi$; X_0 是一个 $n \times n$ 矩阵函数: 当 $-r \leqslant \theta < 0(r > 0)$ 时有 $X_0(\theta) = 0$, 当 $\theta = 0$ 时有 $X_0(\theta) = I$(单位矩阵).

C 中元素 ψ 是系统 (2.5.1) 的 ω 周期解的初值当且仅当 $\psi = p_0 + \phi$, 其中 ϕ 是方程 (2.5.4) 的 ω 周期解的初值. 因此由方程 (2.5.6) 和方程的周期性, 上述结论等价于 ϕ 满足

$$(I - U)\phi = \int_0^\omega T(\omega,s)X_0N(s,z_s)ds, \tag{2.5.7}$$

其中 z_s 满足方程 (2.5.6) 且 $U = T(\omega,0)$.

相应于方程 (2.5.2) 的特征乘因子 $\mu = 1$, C 可分解为 $C = E \oplus K$, 其中 $E = E_1(0)$, $K = K_1(0)$. 假设 $P : C \to C$ 是这个分解所产生的 C 到 K 上的射影. 令 M 是满足 $(I - P)M = 0$ 的 $I - U$ 的有界的右逆矩阵. 若 $\phi = \phi^E + \phi^K$, 其中 $\phi^E \in E, \phi^K \in K$, 则由 $U = T(\omega,0), T(\omega,0)E \subseteq E, T(\omega,0)K \subseteq K$ 可推出

$$P(I - U)\phi = (I - U)\phi^K,$$

$$(I - P)(I - U)\phi = (I - U)\phi^E = 0.$$

因此, 方程 (2.5.7) 有解当且仅当

$$F(\phi^E, \phi^K) \doteq \phi^K - MP\int_0^\omega T(\omega,s)X_0N(s,z_s(0,\phi^E + \phi^K))ds = 0, \tag{2.5.8a}$$

$$G(\phi^E, \phi^K) \doteq (I - P)\int_0^\omega T(\omega,s)X_0N(s,z_s(0,\phi^E + \phi^K))ds = 0, \tag{2.5.8b}$$

其中 $z_s(0,\phi)$ 对 $\sigma = 0$ 满足方程 (2.5.6).

容易验证 (2.5.8a) 中的 F 满足以下恒等式性质: $F(0,0) = 0, \partial F(0,0)/\partial\phi^K = I$. 由隐函数存在定理可知, 存在方程 (2.5.8a) 的连续可微的解 $\phi_*^K(\phi^E)$, 并且该解是在零点的某邻域内满足 $\phi_*^K(0) = 0$ 的唯一解. 因此方程 (2.5.8) 在这个邻域内有解当且仅当 $G(\phi^E, \phi_*^K(\phi^E)) = 0$. 由于后一方程有解 $\phi^E = 0$, 因此方程 (2.5.7) 在 K 内有解 ϕ, 满足 $\phi = 0$. 还可知这个对应于 $\phi^E = 0$ 的解是零点的充分小邻域内的唯一解. 所以, 除 $z_0 = 0$ 时有周期解 $x(t) = p(t) + z(t)$ 外, 对 $\forall z_0 \in K$ 在 0 的充分小邻域内都不存在周期解.

对 $x(t) = p(t + \alpha) + z(t)$, 应用类似的证明可得以下结论: 满足初值 $\psi = p_\alpha + \phi, \phi \in K(\alpha)$ 的系统 (2.5.1) 在 $\phi = 0$ 的充分小邻域内除 $\phi = 0$ 外没有 ω 周期解. 由引理 2.5.1, 在 Γ 的充分小邻域内具有初值 ψ 的所有解一定对某个 α 和 $\phi \in K(\alpha)$ 满足 $\psi = p_\alpha + \phi$. 证毕.

为证明下面的结果, 需要引入以下引理. 该引理的证明将用到压缩映像原理.

引理 2.5.2 F 是 Banach 空间 X 上的闭子集, $F^\circ \neq \phi$, Λ 是 Banach 空间 Y 上的开子集, 其中 F° 是 F 的内部. 假设 $T: F \times \Lambda \to F$ 满足如下条件:

(i) $T(x, \cdot): \Lambda \to F$ 连续;

(ii) $T(\cdot, \lambda): F \to F$ 连续, 且对每个 λ 有唯一的不动点 $x(\lambda)$ 关于 λ 连续;

(iii) 若 $x(\Lambda) = F_1 \subset F$, 有 $T(x, \lambda)$ 对 $(x, \lambda) \in F_1 \times \Lambda$ 关于 λ 连续可微;

(iv) 存在开集 $F_2 \subset X$ 使得 $F \subset F_2$, 且 $T(x, \lambda)$ 关于 x 的偏导数 $\dfrac{\partial T(x, \lambda)}{\partial x}$ 满足

$$\left| \frac{\partial T(x, \lambda)}{\partial x} \right| \leqslant \delta < 1, (x, \lambda) \in F_2 \times \Lambda,$$

则 $T(x, \lambda)$ 的不动点 $x(\lambda) \in F, \lambda \in \Lambda$ 关于 λ 连续可微.

定理 2.5.2 假设由系统 (2.5.1) 的周期解 p 生成的轨道 Γ 是非退化的, n 维向量函数 $G(\phi, \varepsilon)$ 关于 ϕ, ε 连续, 且对 $\phi \in C, G(\phi, \varepsilon)$ 连续可微, $0 \leqslant |\varepsilon| < \varepsilon_0, G(\phi, 0) = f(\phi)$, 则存在 $\varepsilon_1 > 0$ 和 Γ 的邻域 W 使得

$$\dot{x}(t) = G(x_t, \varepsilon). \tag{2.5.9}$$

在 W 上有以 $\omega(\varepsilon)$ 为周期的非退化周期轨道 Γ_ε, $0 \leqslant |\varepsilon| < \varepsilon_1$, $\Gamma_\varepsilon, \omega(\varepsilon)$ 关于 ε 连续, $\Gamma_0 = \Gamma, \omega(0) = \omega$, 当 $\varepsilon \to 0$ 时 Γ_ε 是 W 上以 ω 为周期的周期轨道.

证明 对实数 $\beta > -1$, 令 $t = (1+\beta)\tau, x(t) = y(\tau)$, 可得 $x(t+\theta) = y\left(\tau + \dfrac{\theta}{1+\beta}\right)$, $-r \leqslant \theta \leqslant 0$. 定义 $y_{\tau,\beta}$ 是空间 $C([-r, 0], R^n)$ 中的元素, $y_{\tau,\beta}(\theta) = y\left(\tau + \dfrac{\theta}{1+\beta}\right), -r \leqslant \theta \leqslant 0$, 则方程 (2.5.9) 变为

$$\frac{dy(\tau)}{d\tau} = (1+\beta)G(y_{\tau,\beta}, \varepsilon). \tag{2.5.10}$$

若方程 (2.5.10) 有周期为 w 的周期解, 则方程 (2.5.9) 有以 $(1+\beta)\omega$ 为周期的周期解. 相反地, 如果 $y(\tau) = p(\tau) + z(\tau)$, 那么

$$\frac{dz(\tau)}{d\tau} = L(\tau, Z_{\tau,0}) + H(\tau, Z, \varepsilon, \beta),$$

$$H(\tau, z, \varepsilon, \beta) = N(\tau, z_{\tau,0}) + (1+\beta)G(p_{\tau,\beta} + z_{\tau,\beta}, \varepsilon) - f(p_{\tau,0} + z_{\tau,0}), \tag{2.5.11}$$

其中 N 如方程 (2.5.5) 中的定义.

令 $C(2r) = C([-2r, 0], R^n)$. 由于 $|\beta| \leqslant \dfrac{1}{2}$, 可将方程 (2.5.11) 看做在 $C(2r)$ 上的泛函微分方程. 当 $H = 0$ 时, 线性方程 (2.5.11) 有关于周期解 $\dot{p}$ 的特征乘因子. 根据定理 2.5.1 的证明可以将 $C(2r)$ 分解成 $C(2r) = E \oplus K$. 定义相应的投影算子 $P: C \to K$. 用方程 (2.5.11) 中 H 代替方程 (2.5.7) 中的 N, 可以得到方程 (2.5.11) 以 ϕ 为初值的 ω 周期解的充要条件.

类似于定理 2.5.1 的证明来研究方程 (2.5.7). 令 Ω_0 是 R^n 中的 ω 周期连续函数集, 且满足 $|z|_0 = \sup\limits_t |z(t)|, z \in \Omega_0$, 则非齐次线性方程

$$\frac{dz(\tau)}{d\tau} = L(\tau, z_{\tau,0}) + h(\tau), \quad h \in \Omega_0$$

在 Ω_0 上有解当且仅当

$$\int_0^\omega q(\tau)h(\tau)d\tau = 0,$$

其中 $q(\tau)$ 是方程 (2.5.2) 的伴随方程的非零的 ω 周期解. 假设 $\int_0^\omega q(\tau)q^{\mathrm{T}}(\tau)d\tau = 1$, 其中 q^{T} 是 q 的转置. 对任意的 $h \in \Omega_0$, 令 $\gamma(h) = \int_0^\omega q(\tau)h(\tau)d\tau$, 则 $\gamma : \Omega_0 \to R$ 是连续线性映射.

对任意的 $h \in \Omega_0$, 方程

$$\frac{dz(\tau)}{d\tau} = L(\tau, z_{\tau,0}) + h(\tau) - \gamma(h)q^{\mathrm{T}}(\tau)$$

在 Ω_0 上有解, 且唯一解, 其在映射 $(I - P)$ 下的投影是零. 用 $\mathscr{K}h$ 表示这个解, 则 $\mathscr{K}h$ 是 $\Omega_0 \to \Omega_0$ 上的连续线性算子.

对任意的 $\varepsilon, \beta, u \in \Omega_0$, 考虑

$$R(u, \varepsilon, \beta) = u - \mathscr{K}[H(\cdot, u, \varepsilon, \beta) - \gamma(H(\cdot, u, \varepsilon, \beta))q^{\mathrm{T}}(\cdot)] = 0. \tag{2.5.12}$$

由隐函数定理可知存在正数 $\varepsilon_1, \beta_1, \delta_1$ 充分小, (2.5.12) 有唯一解 $u^*(\varepsilon, \beta) \in \Omega_0$, $|u^*(\varepsilon, \beta)| \leqslant \delta_1, |\varepsilon| \leqslant \varepsilon_1, |\beta| \leqslant \beta_1, u^*(\varepsilon, \beta)$ 关于 ε, β 连续, $u^*(0, 0) = 0$, 并且 $u^*(\varepsilon, \beta)$ 满足

$$\frac{dz(\tau)}{d\tau} = L(\tau, z_{\tau,0}) + H(\tau, z, \varepsilon, \beta) - B(\varepsilon, \beta)q^{\mathrm{T}}(\tau), \tag{2.5.13}$$

其中

$$B(\varepsilon, \beta) = \int_0^\omega q(\tau)H(\tau, u^*(s, \beta)(\tau), \varepsilon, \beta)d\tau.$$

因此 $u^*(\varepsilon, \beta)(t)$ 关于 t 连续可微. 由引理 2.5.2 可得 $u^*(\varepsilon, \beta)$ 关于 β 具有连续的一阶导数.

事实上, $\dfrac{\partial u^*(\varepsilon, \beta)}{\partial \beta}$ 是方程

$$\dot{\nu}(\tau) = L(\tau, \nu_{\tau,0}) + L_1(\tau, \nu, \varepsilon, \beta) + L_2(\tau, \varepsilon, \beta) - \frac{\partial B(\varepsilon, \beta)}{\partial \beta}q^{\mathrm{T}}(\tau) \tag{2.5.14}$$

的 ω 周期解, 其中

$$L_1(\tau, \nu, \varepsilon, \beta) = (1 + \beta)G'_\phi(w^*_{\tau,\beta}(\varepsilon, \beta), \varepsilon)\nu_{\tau,\beta} - f'(p_{\tau,0})\nu_{\tau,0},$$

$$L_2(\tau, \varepsilon, \beta) = G(w^*_{\tau,\beta}(\varepsilon, \beta), \varepsilon) - \frac{1}{1 + \beta}G'_\phi(w^*_{\tau,\beta}(\varepsilon, \beta), \varepsilon) \cdot [(\cdot)\dot{u}^*_{\tau,\beta}(\varepsilon, \beta) + (\cdot)\dot{p}_{\tau,\beta}],$$

且 $w^*(\varepsilon,\beta) = u^*(\varepsilon,\beta) + p$. 当 $\varepsilon \to 0, \beta \to 0$ 时, 有 $\dot{u}^*_{\tau,\beta}(\varepsilon,\beta) \to 0$, 并且 $L_1(\tau,\nu,0,0) = 0, L_2(t,0,0) = J(t,p)$, 这里 $J(t,\dot{p})$ 定义为

$$J(t,p) = p(t) - L(t,(\cdot)p_t).$$

因为方程 (2.5.14) 有 ω 周期解 $\dfrac{\partial u^*(\varepsilon,\beta)}{\partial\beta}$, 则

$$\frac{\partial B(\varepsilon,\beta)}{\partial\beta} = \int_0^\omega q(\tau)[L_1(\tau,\nu,\varepsilon,\beta) + L_2(\tau,\varepsilon,\beta)]d\tau,$$

$$\frac{\partial B(0,0)}{\partial\beta} = \int_0^\omega q(\tau)J(\tau,\dot{p})d\tau. \tag{2.5.15}$$

若 (2.5.15) 是非零的, 记 x 是方程 (2.5.2) 的解. 如果 $z(t) = x(t) + tp(t)$, 那么

$$\dot{z}(t) = L(t,z_t) + J(t,\dot{p}).$$

若 (2.5.15) 为零, 则此方程具有非平凡的 ω 周期解 z. 当 z,p 是 ω 周期函数时, 方程 (2.5.2) 有解 $x(t) = z(t) - tp(t)$.

注意 $B(0,0) = 0, \dfrac{\partial B(0,0)}{\partial\beta} \neq 0$, 由隐函数定理可知存在正数 $\varepsilon_2 \leqslant \varepsilon_1$ 和连续函数 $\beta(\varepsilon), |\beta(\varepsilon)| \leqslant \beta_1, |\varepsilon| \leqslant \varepsilon_2$, 使得 $\beta(0) = 0, B(\varepsilon,\beta(\varepsilon)) = 0$. 由于 $u^*(\varepsilon,\beta)$ 是方程 (2.5.13) 的解, 所以 $u^*(\varepsilon,\beta(\varepsilon))$ 是方程 (2.5.11) 的 ω 周期解. 这就证明了方程 (2.5.10) 存在以 ω 为周期的周期解 $y^*(\varepsilon)$. 于是方程 (2.5.9) 具有周期 $\omega(\varepsilon) = 1 + \beta(\varepsilon)$ 的解 $x^*(\varepsilon)$, 且当 $0 \leqslant |\varepsilon| < \varepsilon_2, x^*(0) = p$ 时关于 ε 连续. 从而 $x^*(t)$ 的线性变分函数关于 ε 连续, 且当 $0 \leqslant |\varepsilon| \leqslant \varepsilon_3 \leqslant \varepsilon_2$ 时, 相应有广义一维特征空间. 定理 2.5.1 的条件成立且存在由解 $x^*(t), 0 \leqslant |\varepsilon| \leqslant \varepsilon_4 \leqslant \varepsilon_3$ 生成轨道 Γ_ε 的邻域 W_ε, 使得方程 (2.5.9) 在 $W_\varepsilon \backslash \Gamma_\varepsilon$ 中没有 ω 周期轨道. 根据定理 2.5.1 的证明可以选择 W 不依赖于 $\varepsilon, 0 \leqslant |\varepsilon| \leqslant \varepsilon_4$. 证毕.

定理 2.5.2 可以推广到如下情况: f 依赖于 Banach 空间中一个无限维参数 λ. 那么被扰动的轨线关于 λ 与 f 一样光滑.

§2.6 脉冲微分自治系统的闭轨与混沌

关于脉冲微分系统几何理论的研究尚处于起步阶段, 从几何理论角度看, 脉冲可以对微分系统的吸引子产生影响, 导致其轨线相图的拓扑结构发生本质的变化. 本节主要从具有固定时刻脉冲的自治系统闭轨的存在性与脉冲自治系统的混沌两个方面阐述脉冲微分系统几何理论的基本结果.

考虑如下脉冲自治系统

$$\begin{cases} x' = f(x), t \neq t_i, \\ \triangle x|_{t=t_i} = I_i(x), i = 1, 2, \cdots, \\ x(t_0 + 0) = x_0 + I_0(x_0), \end{cases} \tag{2.6.1}$$

这里 $\triangle x|_{t=t_i} = x(t_i + 0) - x(t_i), 0 < t_1 < t_2 < \cdots < t_i < \cdots$ 且 $\lim\limits_{i \to +\infty} t_i = +\infty$. 设系统的解是整体存在唯一的. 下面就研究这一系统闭轨的存在性.

定义 2.6.1　设 $x(t, x_0)$ 为系统 (2.6.1) 的解.

(1) 若存在 $T > 0$, 使得对任意 $t \geqslant 0$ 有 $x((t+T) \pm 0, x_0) = x(t \pm 0, x_0)$, 则称 $x(t, x_0)$ 为系统 (2.6.1) 的一个周期解.

(2) 若 $x(t, x_0)$ 为系统 (2.6.1) 的一个平凡解, 称其轨道 $\{x(t \pm 0, x_0) : t \geqslant 0\}$ 为系统 (2.6.1) 的一个周期闭轨, 简称闭轨.

(3) 称集合

$$\{y : 存在 s_k > 0, \lim_{k \to +\infty} s_k = +\infty 且 \lim_{k \to +\infty} x(s_k + 0, x_0) = y$$

或

$$\lim_{k \to +\infty} x(s_k - 0, x_0) = y\}$$

为 $x(t, x_0)$ 的极限点集合, 记为 $\omega(x_0)$.

(4) 称系统 (2.6.1) 的某一闭轨为吸引的, 若存在区间 (a, b), 使得对任意的 $x_0 \in (a, b)$, 系统 (2.6.1) 的解 $x(t, x_0)$ 的极限点集合为该闭轨; 否则称为不吸引的. 在吸引的情况下, 若 $(a, b) = R^+(R^-)$, 则称为全局吸引的.

由于本节考虑的仅是一维脉冲微分系统, 从而闭轨是 x 轴上的一个闭区间.

本节仅仅考虑 $t_i = i\tau, I_i(x) = I(x)(i = 1, 2, \cdots), \tau > 0$ 的情况, 即

$$\begin{cases} x' = f(x), t \neq i\tau, \\ \triangle x|_{t=t_i} = I(x), t_i = i\tau, i = 1, 2, \cdots, \\ x(0 + 0) = x_0 + I(x_0). \end{cases} \tag{2.6.2}$$

本节总假设条件 $(H_1), (H_2)$ 成立:

(H_1) $f(0) = 0, f(x) \neq 0, x \in R - \{0\}, f \in C(R)$;

(H_2) $I(0) = 0, h(x) = x + I(x), h \in C(R)$ 是 R 上的递减函数且 $xh(x) < 0$.

由于总假设系统 (2.6.2) 的解整体存在唯一, 容易证明, 对任意 $x \neq 0$, 存在唯一的 $y \in R$ 满足

$$yh(x) > 0, \int_{h(x)}^{y} \frac{ds}{f(s)} = \tau.$$

因此可以将这个对应关系定义为 $y = F(x), x \neq 0$. 同时令

$$G(x) = F \circ F(x) - x, x \neq 0.$$

利用 $F(x), G(x)$ 的性质可建立关于闭轨存在的主要结果.

首先, 给出系统 (2.6.2) 周期解的有关性质.

引理 2.6.1 若 $x(t, x_0)(x_0 > 0)$ 是系统 (2.6.2) 的周期解, 则必存在 $T = m_0\tau(m_0 \in N)$ 是 $x(t, x_0)$ 的一个周期.

证明 记 $x(t) = x(t, x_0)$, 若 $x(t) \equiv \mathrm{const}$, 那么引理 2.6.1 的结论显然成立. 而当 $x(t)$ 是系统 (2.6.2) 的正常数周期解时, 由一阶微分自治系统的性质知, $I(x(i\tau))(i \geqslant 0)$ 不全为零. 否则 $x(t)$ 为 $x' = f(x(t))$ 在 $[0, +\infty)$ 上的一个非平凡周期解, 显然这是不可能的. 从而当 $x(t) \neq \mathrm{const}$, 令 $T > 0$ 为周期, 选取 $k_0 \geqslant 0$, 使得 $I(x(k_0\tau)) \neq 0$, 那么由周期解的定义知

$$x((k_0\tau + T) \pm 0) = x(k_0\tau \pm 0),$$

则有

$$x((k_0\tau + T) + 0) = x(k_0\tau) + I(x(k_0\tau)) = x(k_0\tau + T) + I(x(k_0\tau + T)),$$

且

$$I(x(k_0\tau + T)) = I(x(k_0\tau)) \neq 0.$$

上式说明, $k_0\tau + T$ 仍是系统 (2.6.2) 的脉冲时刻, 即存在 $n_0 > k_0$, 使得 $k_0\tau + T = n_0\tau$, 从而 $T = m_0\tau(m_0 = n_0 - k_0)$. 证毕.

引理 2.6.2 系统 (2.6.2) 的解是以 2τ 为最小正周期的解的充要条件是 $F \circ F(x)$ 有不动点, 或 $G(x)$ 有零点.

证明 充分性. 设 $x_0 = F \circ F(x_0)(x_0 \neq 0)$, 则由 $F(x)$ 的定义知

$$\int_{h(F(x_0))}^{x_0} \frac{1}{f(s)} ds = \tau.$$

又 $x(t, x_0)$ 为系统 (2.6.2) 的解, 故

$$\int_{h(x_0)}^{x(\tau)} \frac{1}{f(s)} ds = \tau, \quad \int_{h(x(\tau))}^{x(2\tau)} \frac{1}{f(s)} ds = \tau, \tag{2.6.3}$$

即

$$x(\tau) = F(x_0), \quad x(2\tau) = F(x(\tau)) = F \circ F(x_0) = x_0.$$

同理可证对任意的 $k \geqslant 0, x(2k\tau) = x_0, x((2k+1)\tau) = x(\tau)$. 由常微分方程的基本理论可证明 $x(t + 2\tau) = x(t), t \geqslant 0$.

必要性. 设系统 (2.6.2) 的解 $x(t) = x(t, x_0)$ 是以 2τ 为最小正周期的解, 由 (2.6.3) 可知

$$x_0 = x(0) = x(2\tau) = F(x(\tau)) = F \circ F(x_0),$$

即 x_0 为 $F \circ F(x)$ 的不动点. 证毕.

引理 2.6.3　$F \circ F(x)$ 是 x 的单增函数, 即 $F \circ F(x_1) \geqslant F \circ F(x_2), \forall x_1 \geqslant x_2, x_1, x_2 \neq 0$.

证明　只需证明 $F(x)$ 是 x 的单减函数. 任取 $x_1, x_2 \in R$ 且 $x_1, x_2 \neq 0, x_1 > x_2$.

若 $x_1 > 0 > x_2$, 由 $h(x)$ 的定义及已知条件知, $h(x_1) < 0 < h(x_2)$. 因为 $F(x)h(x) > 0$, 故 $F(x_1) < 0 < F(x_2)$.

若 $x_1 > x_2 > 0$, 则 $h(x_1) \leqslant h(x_2) < 0$. 由 $F(x)$ 的定义知

$$\int_{h(x_1)}^{F(x_1)} \frac{1}{f(s)} ds = \int_{h(x_2)}^{F(x_2)} \frac{1}{f(s)} ds = \tau,$$

即

$$\int_{F(x_2)}^{F(x_1)} \frac{1}{f(s)} ds = \int_{h(x_2)}^{h(x_1)} \frac{1}{f(s)} ds. \tag{2.6.4}$$

注意到 $F(x_k)h(x_k) > 0$, 从而由 $f(x)$ 的条件知, $f(x)$ 在区间 $[F(x_1), F(x_2)]$(或 $[F(x_2), F(x_1)]$) 和 $[h(x_1), h(x_2)]$ 上是同号的, 则由 (2.6.4) 知 $F(x_1) \leqslant F(x_2)$. 证毕.

引理 2.6.4　系统 (2.6.2) 的任何周期解均以 2τ 为最小正周期.

证明　下面分三步完成定理的证明:

(i) 任何周期解不以 τ 为周期. 设 $x(t) = x(t, x_0)$ 为系统 (2.6.2) 的解, 则

$$\int_{h(x_0)}^{x(\tau)} \frac{1}{f(s)} ds = \tau.$$

由 $h(x)$ 的条件知 $x_0 h(x_0) < 0$, 从而 $x(\tau)x_0 < 0$, 即 $x(\tau) \neq x_0$.

(ii) 任何周期解的周期必是 $2m_0\tau, m_0$ 为正整数. 设 $x(t) = x(t, x_0)$ 为系统 (2.6.2) 的周期解. 由引理 2.6.1 知, 其周期 $T = n_0\tau$. 下证 $n_0 = 2m_0$. 由 (i) 的证明可以看出 $x((k+1)\tau) \cdot x(k\tau) < 0$, 从而 $x((2k+1)\tau) \cdot x(0) < 0$. 由于 $x(n_0\tau) = x(0)$, 若 $n_0 = 2m_0 + 1$, 则 $x((2m_0 + 1)\tau) \cdot x(0) < 0$, 从而 $x^2(0) < 0$, 矛盾.

(iii) 任何周期解必以 2τ 为周期. 由 (i)、(ii) 的证明, 可设解 $x(t)$ 的周期为 $2m_0\tau$, 记

$$x_k = x(k\tau), \quad x_k^+ = h(x_k), \tag{2.6.5}$$

则由 $F(x)$ 及 $G(x)$ 的定义知

$$x_2 = F \circ F(x_0) \Rightarrow x_2 - x_0 = F \circ F(x_0) - x_0 = G(x_0),$$

······

$$x_{2m_0} = F \circ F(x_{2m_0-2}) \Rightarrow x_{2m_0} - x_{2m_0-2} = G(x_{2m_0-2}). \tag{2.6.6}$$

由于 $x_{2m_0} = x_0$, 将 (2.6.6) 依次相加得 $0 = \sum\limits_{i=0}^{m_0-1} G(x_{2i})$.

下证 $G(x_{2k}) = 0(0 \leqslant k \leqslant m_0 - 1)$.

若不然, 必存在 $0 \leqslant i \leqslant m_0 - 1$, 使得 $G(x_{2i}) \cdot G(x_{2i+2}) < 0$. 事实上, 若对任意的 $0 \leqslant k \leqslant m_0 - 1, G(x_{2k}) \neq 0$, 则上述论断成立. 若存在 $k_0, 0 < k_0 \leqslant m_0 - 1$, 使得 $G(x_{2k_0}) = 0$, 则对任意的 $k_0 \leqslant k \leqslant m_0 - 1$, 有 $x_{2k} = x_{2k_0} \Rightarrow G(x_{2k}) = 0$. 从而, 将 $\sum\limits_{i=0}^{m_0-1} G(x_{2i}) = 0$ 中的 m_0 以 k_0 代替并不影响下面的讨论.

因为 $x_{2i} \cdot x_{2i+2} > 0$, 结合 $G(x)$ 的连续性知, 存在 η 介于 x_{2i} 与 x_{2i+2}, 使得 $G(\eta) = 0$, 即 $\eta = F \circ F(\eta)$. 注意到 $x_{2i+2} = F \circ F(x_{2i})$, 利用引理 2.6.3 知

$$(x_{2i} - \eta)(x_{2i+2} - \eta) = (x_{2i} - \eta)(F \circ F(x_{2i}) - F \circ F(\eta)) \geqslant 0.$$

由于 $x_{2i}, x_{2i+2} \neq \eta$(否则与 $G(x_{2i})G(x_{2i+2}) < 0$ 矛盾), 从而, 要么 $x_{2i}, x_{2i+2} > \eta$, 要么 $x_{2i}, x_{2i+2} < \eta$, 矛盾. 证毕.

由引理 2.6.1 ∼ 引理 2.6.4 可得本节的主要结果.

定理 2.6.1 (i) 系统 (2.6.2) 存在周期解的充要条件是 $G(x)$ 有零点.

(ii) 系统 (2.6.2) 的任何周期解均以 2τ 为最小正周期.

定理 2.6.2 系统 (2.6.2) 的解 $x(t, K_0)$ 所确定的轨道是吸引闭轨的充要条件是

$$\lim_{x \to K_0} \operatorname{sgn}[G(x)(x - K_0)] = -1, \tag{2.6.7}$$

其中 $\operatorname{sgn}(x)$ 为符号函数.

证明 充分性. 若 (2.6.7) 成立, 则存在 $\delta > 0$ 满足 $G(x)(x - K_0) < 0, x \in (K_0 - \delta, K_0) \bigcup (K_0, K_0 + \delta)$, 从而 $G(K_0) = 0$. 由定理 2.6.1 知 $x(t, x_0)$ 为系统 (2.6.2) 的一个闭轨. 下证其轨道是吸引的.

任取 $x_0 \in \bigcup^{\circ}(K_0, \delta)$, 考虑系统 (2.6.2) 的解 $x(t) = x(t, x_0)$. 由 (2.6.3)、(2.6.5) 可知 $x_{2k+2} = F \circ F(x_{2k})(k \geqslant 0)$. 不妨设 $x_0 \geqslant K_0$, 则有

$$x_2 - x_0 = F \circ F(x_0) - x_0 = G(x_0) < 0 \Rightarrow x_2 < x_0.$$

再利用引理 2.6.3 知 $x_2 > K_0$, 从而 $K_0 < x_2 < x_0$. 同理可证 $K_0 < x_{2k+2} < x_{2k}(k \geqslant 0)$. 这样 $\{x_{2k}\}$ 为递减有下界数列. 在 $x_{2k+2} = F \circ F(x_{2k})$ 中, 令 $k \to +\infty$, 知

$$x^* = \lim_{k \to +\infty} x_{2k+2} = F \circ F(x^*) \Rightarrow G(x^*) = 0.$$

由 $G(x)$ 在 $[K_0, K_0 + \delta)$ 上零点的唯一性知 $x^* = K_0$. 同理可证 $x^* = \lim\limits_{k \to +\infty} x_{2k+1} = F(K_0) = K_0$.

下证对任意的 $x_0 \in (K_0 - \delta, K_0 + \delta), \omega(x_0) = \omega(K_0)$.

(i) 先证 $\omega(x_0) \subset \omega(K_0)$. 对任意的 $y \in \omega(x_0)$, 由 $\omega(x_0)$ 的定义知, 存在 $s_n \to +\infty$, 使得

$$y = \lim_{n \to +\infty} x(s_n + 0) \ \text{或} \ \ y = \lim_{n \to +\infty} x(s_n - 0).$$

不失一般性, 设 $y = \lim\limits_{n \to +\infty} x(s_n + 0)$, 并选取 s_n 的一子列适合 $s_n = 2k_n\tau + t_n$ 或 $s_n = 2k_n\tau + \tau + t_n (0 \leqslant t_n < \tau)$. 仍不失一般性, 设 $s_n = 2k_n\tau + t_n$, 注意到

$$\int_{x(2k_n\tau + 0)}^{x(s_n + 0)} \frac{1}{f(s)} ds = t_n \Rightarrow \int_{h(x_{2k_n})}^{x(s_n + 0)} \frac{1}{f(s)} ds = t_n.$$

在上式中, 令 $n \to +\infty$, 知 $\int_{h(K_0)}^{y} \frac{1}{f(x)} dx = t^*, t^* = \lim\limits_{n \to +\infty} t_n$.

若 $t^* = 0$ 或 τ, 易知 $y = h(K_0)$ 或 $y = F(K_0) \in \omega(K_0)$.

若 $t^* \in (0, \tau)$, 由于 $\int_{h(K_0)}^{x(t^*, K_0)} \frac{1}{f(s)} ds = t^*$, 则 $y = x(t^*, K_0) \in \omega(K_0)$.

(ii) 再证 $\omega(K_0) \subset \omega(x_0)$. 对任意的 $y \in \omega(K_0)$, 若 $y = K_0$ 或 $y = h(K_0)$, 注意到 $x_{2k} \to K_0, h(x_{2k}) \to h(K_0)$, 则此时必有 $y \in \omega(x_0)$. 若 $y = x(t_0, K_0)(t_0 \in (0, \tau) \bigcup (\tau, 2\tau))$, 不妨设 $t_0 \in (0, \tau)$, 取 $s_n = 2k\tau + t_0$, 则容易证明 $x(s_n, x_0) \to y(n \to +\infty)$, 即 $y \in \omega(x_0)$.

必要性. 由定理 2.6.1 知, 显然有 $G(K_0) = 0$. 容易看出, $G(x)$ 在 K_0 的某个邻域上的零点仅有 K_0; 否则, 利用定理 2.6.1 及 $\omega(K_0)$ 的吸引性可推出矛盾. 下证存在 K_0 的邻域 $U^\circ(K_0)$, 使得

$$G(x)(x - K_0) < 0, \quad x \in U^\circ(K_0).$$

若上式不成立, 由于 $G(x)$ 在 $U^\circ(K_0)$ 上无零点, 不妨设 $G(x) > 0, x \in (K_0, K_0 + \delta)(\delta > 0)$. 令 $\overline{\delta} = \sup\{\delta : G(x) > 0, x \in (K_0, K_0 + \delta)\}$.

若 $\overline{\delta} < +\infty$, 则 $G(K_0 + \overline{\delta}) = 0$. 由 (2.6.5) 中 x_k 的定义知, $x_{2k+2} = F \circ F(x_{2k})(k \geqslant 0)$. 因为 $G(x) > 0, x \in (K_0, K_0 + \overline{\delta})$, 则

$$x_2 - x_0 = G(x_0) > 0 \Rightarrow x_2 > x_0.$$

再由引理 2.6.3 及 $G(K_0 + \overline{\delta}) = 0$ 知, $x_2 < K_0 + \overline{\delta}$. 重复上述证明过程可知

$$K_0 + \overline{\delta} > x_{2k+2} > x_{2k} > x_0. \tag{2.6.8}$$

若 $\overline{\delta} = +\infty$, 同理可证 (2.6.8) 成立, 这显然与 $\omega(K_0)$ 是吸引的矛盾. 证毕.

类似可得下面关于闭轨在 R^+ 或 R^- 上全局吸引的结论.

定理 2.6.3 设 $K_0 > 0$, 则系统 (2.6.2) 的轨道在 R^+ 上全局吸引的充要条件是

$$G(x)(x - K_0) < 0, \quad x \in (0, +\infty).$$

定理 2.6.4 (i) 若 $x(t, K_0)$ 是系统 (2.6.2) 的吸引闭轨, 则 $x(t, h(K_0))$ 也是系统 (2.6.2) 的吸引闭轨.

(ii) 若 $x(t, K_0)$ 是系统 (2.6.2) 的在 R^+(或 R^-) 上的全局吸引闭轨, 则 $x(t, h(K_0))$ 也是系统 (2.6.2) 的在 R^+(或 R^-) 上的全局吸引闭轨.

以上是具固定时刻脉冲的微分自治系统的闭轨的存在性的结果. 下面讨论脉冲自治系统的横截轨道与混沌, 首先根据 Marotto 给出的排斥回归子的定义, 类似给出排斥异宿子的概念.

定义 2.6.2 称 x_1, x_2 是映射 F 的排斥异宿子, 如果以下三个条件成立:

(1) x_1, x_2 都是映射 F 的不稳定的平衡点, 即对于每一个不动点, 都存在局部不稳定流形 $W_{\text{loc}}^u(x_i), i = 1, 2$;

(2) 存在均大于 1 的自然数 $M_1 > 1, M_2 > 1$ 及 $y_1 \in W_{\text{loc}}^u(x_1), y_2 \in W_{\text{loc}}^u(x_2)$, 满足:

$$F^{M_1}(y_1) = x_2, \quad F^{M_1}(y_2) = x_1;$$

(3) $\det[F^{M_i}(y_i)] \neq 0, i = 1, 2$.

定理 2.6.5 若离散映射 $F : R^m \to R^m$ 具有一对排斥异宿子, 那么以下性质成立:

(i) 存在自然数 N 满足对任意整数 $p \leqslant N, F$ 具有周期为 p 的周期点;

(ii) 存在两个不包含 F 周期点的不可数集合 $S_i, i = 1, 2, S_1 \bigcap S_2 = \varnothing$ 满足:

(a) $F(S_i) \subset S_i, i = 1, 2$;

(b) 对任意的 $x \neq y \in S_i$, $\lim\limits_{k \to \infty} \sup \|F^k(x) - F^k(y)\| > 0$;

(c) 对任意的 $x \in S_i, y$ 是 F 的任意一个周期点, $\lim\limits_{k \to \infty} \sup \|F^k(x) - F^k(y)\| > 0$;

(iii) 存在 S_i 的子集 $S_i^\circ, i = 1, 2$ 满足对任意 $x, y \in S_i^\circ, \lim\limits_{k \to \infty} \inf \|F^k(x) - F^k(y)\| = 0$.

证明 定理证明的关键在于对给定的自然数 N, 及任何 $p \geqslant N$, 总可以在任何一个排斥不动点的不稳定流形中寻找一个集合, 并且在这个集合上构造一个不变映射, 从而保证在这个集合中存在映射 F 的周期为 p 的周期点.

因为 $F^{M_1}(y_1) = x_2$, $\det[F^{M_1}(y_1)] \neq 0$, 则一定存在 x_2 的一个邻域 $B_1(x_2) \subset W_{\text{loc}}^u(x_2)$ 和 y_1 的一个邻域 $B_2(y_1) \subset W_{\text{loc}}^u(x_1)$, 存在映射 $f^{-M_1} : B_1(x_2) \to B_2(y_1)$, f^{-M_1} 在 $B_1(x_2)$ 上是连续的而且是 $1-1$ 的. 类似地, 存在 x_1 的邻域 $B_3(x_1)$ 和 y_2 的邻域 $B_4(y_2)$ 满足 $f^{-M_2} : B_3(x_1) \to B_4(y_2), f^{-M_2}$ 在 $B_3(x_1)$ 上是连续的而且是 $1-1$ 的.

因为 $B_2(y_1) \subset W^u_{\text{loc}}(x_1)$, 根据不稳定流形的定义, 可以找到一个自然数 $\mu^* > 0$, 当 $\mu \geqslant \mu^*$, 有 $F^{-\mu}(B_2(y_1)) \subset B_3(x_1)$. 既然 $f^{-M_2} : B_3(x_1) \to B_4(y_2)$, 令

$$A \doteq F^{-M_2}[F^{-\mu}(B_2(y_1))] \subset B_4(y_2) \subset W^u_{\text{loc}}(x_2).$$

同理可得自然数 $\nu^* > 0$. 当 $\nu \geqslant \nu^*$ 时, $F^{-\nu}(A) \subset B_1(x_2)$. 定义映射

$$R_{\mu,\nu} = F^{-\nu} F^{-M_2} F^{-\mu} F^{-M_1} : B_1(x_2) \to B_1(x_2).$$

根据映射的构造过程, 容易验证, 映射 $R_{\mu,\nu}$ 在 $B_1(x_2)$ 上是连续且是 $1-1$ 的. 根据 Brouwer 不动点原理, 存在 $p \in F^{-\nu}(A) \subset B_1(x_2)$ 满足 $R_{\mu,\nu}(p) = p$, 即

$$F^{\nu}(p) = F^{\nu}[R_{\mu,\nu}(p)] = F^{-M_2} F^{-\mu} F^{-M_2}(p),$$

也就是

$$F^{M_1+M_2+\mu+\nu}(p) = p.$$

当 $B_1(x_2)$ 充分小的时候, $F^{-\nu}(A) \bigcap F^{-\nu+1}(A) = \varnothing$, 于是

$$p \in F^{-\nu}(A), \quad p = F^{M_1+M_2+\mu+\nu}(p) \in F^{-\nu+1}(A).$$

所以 p 是周期为 $M_1+M_2+\mu+\nu$ 的周期点, 于是可以把 N 取成 $M_1+M_2+\mu^*+\nu^*$. 其他性质可以类似于 Marotto 定理的证明. 同样, 也可以考虑并证明 T 在邻域 $B_3(x_1)$ 上的映射及相应的周期点. 证毕.

在以后的讨论中, 称由排斥异宿子产生的混沌为推广的 Marotto 混沌.

如果离散系统存在横截同宿点, 那么其有限次迭代与符号动力系统中的双边移位算子是拓扑共轭, 从而可以知道映射在不变集上具有混沌动力学行为. Marotto 意义下的混沌映射与符号动力系统中的有限性移位算子是拓扑共轭的, 下面讨论 Marotto 混沌映射和横截异宿轨道的关系.

下面利用一个推广 Marotto 意义下混沌的离散映射 $F : R^m \to R^m$, 构造一个新的 $2m$ 维的映射

$$\begin{cases} x_{n+1} = F(x_n) + aG(x_n, y_n), \\ y_{n+1} = bx_n + cT(x_n + y_n), \end{cases} \tag{2.6.9}$$

其中 a, b, c 均为常数, $y \in R^m, G : R^m \times R^m \to R^m, T : R^m \times R^m \to R^m$ 是充分光滑的函数而且均不依赖于 a 和 c. 考虑在怎样的条件下, 这个映射还是具有复杂的动力学行为. 下面提到的横截异宿轨道是指一个不动点的局部不稳定流形和另一个不动点的稳定流形横截相交. 横截异宿轨道的定义可以参考横截同宿轨道. 首先给出一个引理:

引理 2.6.5 假设 $a = b = c, F$ 有一对排斥异宿子, 则存在 $r > 0$ 满足系统 (2.6.9) 的 r 次迭代具有横截异宿轨道.

证明 因为 $a = b = c$, 则系统 (2.6.9) 可以写成 $T : (x, y) \to (F(x), 0)$. 不动点 $(x_1, 0)$ 和 $(x_2, 0)$ 的稳定流形分别是曲面 $x = x_1$ 和 $x = x_2$, 它们都和平面 $y = 0$ 是垂直的, 所以 $W^s(x_1, 0)$ 和 $W^s(x_2, 0)$ 都和平面 $y = 0$ 横截相交.

由于映射 F 是推广意义下的 Marotto 意义下混沌的, 故存在

$$y_1 \in W^u_{\text{loc}}(x_1), \quad y_2 \in W^u_{\text{loc}}(x_2)$$

和整数 $M_1 > 1$, $M_2 > 1$ 满足 $F^{M_1}(y_1) = x_2$, $F^{M_2}(y_2) = x_1$, 而且 $\det[F^{M_i}(y_i)] \neq 0 (i = 1, 2)$. 令 $r = \max(M_1, M_2)$, 不失一般性, 假设 $M_1 \geqslant M_2$, 则

$$r = M_1, \quad F^r(y_1) = x_2, \quad F^r(y_2) = x_1,$$

而且

$$\det[F^r(y_1)] = \det[F^{M_1}(y_1)] \neq 0,$$

$$\det[F^r(y_2)] = \det[[F^{M_2}(y_2)] \det[F^{r-M_2}(x_1)] \neq 0.$$

于是有 $F^r(V_1) \subset \{(x, y) \in R^m \times R^m : y = 0\}$ 与 $W^s(x_2, 0)$ 横截相交, $F^r(V_2) \subset \{(x, y) \in R^m \times R^m : y = 0\}$ 与 $W^s(x_1, 0)$ 横截相交. 也就是说, 一个不动点局部不稳定流形上的一个片断与另一个不动点的稳定流形是横截相交的. 而

$$W^s(x_1, 0), W^u_{\text{loc}}(x_1, 0) \text{和} W^s(x_2, 0), W^u_{\text{loc}}(x_2, 0)$$

仍然是映射 F^r 相应的稳定和局部不稳定流形, 而且

$$(F^r)^t(y_1) \to x_2, \quad (F^r)^t(y_2) \to x_1, \quad t \to +\infty,$$

$$(F^r)^t(y_1) \to x_1, \quad (F^r)^t(y_2) \to x_2, \quad t \to +\infty.$$

于是引理 2.6.5 得证.

根据双曲流形的可微依赖性, 可得如下定理:

定理 2.6.6 若映射 F 是推广 Marotto 意义下混沌的, 则存在充分小的正数 a', b', c' 满足 $|a| < a', |b| < b', |c| < c'$, 及 $r > 0$, 系统 (2.6.9) 的 r 次迭代具有横截异宿轨道.

定理 2.6.7 假设 $a = c = 0$, 映射 F 是推广 Marotto 意义下混沌的, 那么一定存在 $r' > 0$, 系统 (2.6.9) 的 r' 次迭代具有横截异宿轨道.

证明 对任意 b, 令

$$\begin{cases} z_n = \beta x_n, \\ y_n = y_n, \end{cases}$$

则系统 (2.6.9) 变成

$$\begin{cases} z_{n+1} = \beta I \circ F(\beta^{-1} I z_n) = H(z_n), \\[2mm] y_{n+1} = \dfrac{b}{\beta} z_n. \end{cases} \tag{2.6.10}$$

易见, 映射 H 仍然是推广 Marotto 意义下混沌的. 于是根据定理 2.6.6, 存在充分小的 $b' > 0$ 以及充分大的 $r' > 0$, 当 $|\dfrac{b}{\beta}| < b'$ 时, 系统 (2.6.10) 的 r' 次迭代具有横截异宿轨道. 只要取 $\beta > \dfrac{|b|}{b'}$ 即可, 而且上述变换显然是可逆的线性变换, 所以系统 (2.6.9) 的 r' 次迭代具有横截异宿轨道. 证毕.

上述定理的一个应用, 将在下面讨论一类脉冲微分系统的混沌理论时给出.

根据上面的结论, 可以给出一类脉冲微分系统产生混沌动力学行为的条件.

定义 2.6.3   考虑如下常微分方程的初值问题

$$\begin{cases} \dfrac{dx}{dt} = f(t, x), \\[2mm] x(t_0 + 0) = x_0, \end{cases} \tag{2.6.11}$$

其中 $f(t, x) : [0, +\infty) \times D \to R^m$. 如果存在 $\beta > 0$, 对任何 $t_0 \in [0, +\infty)$ 与 $x_0 \in D$, 使系统 (2.6.11) 在 $(t_0, t_0 + \beta)$ 上都有唯一解 $\vec{\varphi}(\cdot; t_0, x_0) : (t_0, t_0 + \beta) \to R^m$, 而且 $\vec{\varphi}$ 关于初值 x_0 是连续依赖的, 则称初值问题 (2.6.11) 是可解的. 特别地, 当 f 不显含时间 t 时, 称 (2.6.11) 是自治可解的.

定义 2.6.4   若初值问题可解, 考虑如下系统

$$\begin{cases} \dfrac{dx}{dt} = f(t, x), & t \neq \tau_k, k = 0, 1, 2, \cdots, \\[2mm] \Delta x(t) = I_k(t, x(t)), & t = \tau_k, k = 0, 1, 2, \cdots, \\[2mm] x(0 + 0) = x^*, \end{cases} \tag{2.6.12}$$

其中

$$f(t, x) : [0, +\infty) \times D \to R^m,$$
$$I_k(t, x) : [0, +\infty) \times D \to R^m, \quad k = 0, 1, 2, \cdots$$

脉冲时间序列为 $\{\tau_k\}_{k=0}^{\infty}$, $\{\tau_k\}_{k=0}^{\infty} \subset [0, \infty)$ 是一列严格单调递增的序列, 而且

$$\sup\{\tau_{k+1} - \tau_k\} < \beta, \quad \Delta x(t) = x(t + 0) - x(t),$$

则称系统 (2.6.12) 是可解的脉冲微分系统. 当 $\tau_{k+1} - \tau_k \equiv T$ 时, 系统 (2.6.12) 称为周期脉冲输入系统.

当常微分系统被加入特定的脉冲信号后, 可能会产生混沌动力学行为.

假设 (2.6.12) 自治可解, 且是周期为 T 的脉冲输入系统, 脉冲周期输入系统具有如下形式

$$I_k = H(y_k + \varepsilon x) - x, \quad t = \tau_k, \quad k = 0, 1, 2, \cdots.$$

记系统的积分曲线和 Poincaré 的栅栏的交点坐标为 $(t, x_k), k = 0, 1, 2, \cdots$. 下面要确立 x_k 和 x_{k+1} 的关系.

根据脉冲微分系统的定义, 有

$$\triangle x = x(\tau_k+) - x(\tau) = H(y_k + \varepsilon x(\tau_k)) - x(\tau_k),$$

所以 $x(\tau_k+) = H(y_k + \varepsilon x(\tau_k))$. 当 $\tau_k = kT$, 根据自治系统解的定义可知

$$
\begin{aligned}
x_{k+1} &= x((k+1)T) = \overrightarrow{\varphi}((k+1)T; X(kT+), kT) = \overrightarrow{\varphi}(T; x(kT+), 0) \\
&\doteq \Psi_T(x(kT+)) = \Psi_T(H(y_k + \varepsilon x(kT))) = \Psi(H(y_k + \varepsilon x_k)) \\
&\doteq K(y_k + \varepsilon x_k).
\end{aligned}
$$

于是

$$
\begin{cases}
x_{k+1} = H(y_k + \varepsilon x_k), \\
y_{k+1} = G(y_k).
\end{cases}
\tag{2.6.13}
$$

根据微分方程解的理论, Ψ_T 是一个同胚; 如果假设 H 是同胚, 那么 K 也是同胚. 当 $|\varepsilon| < \varepsilon_1 (\varepsilon$ 是充分小的正数), 对 (2.6.13) 的第一式在 y_k 处进行展开

$$x_{k+1} = K(y_k) + \varepsilon DK(y_k)x_k + \varepsilon O(\|x_k\|). \tag{2.6.14}$$

因为 K 是同胚, 则

$$y_k = G(y_{k-1}) = G(K^{-1}(x_k) - \varepsilon x_{k-1}). \tag{2.6.15}$$

由 (2.6.14) 和 (2.6.15) 得到

$$x_{k+1} = K(G(K^{-1}(x_k) - \varepsilon x_{k-1})) + \varepsilon DK(y_k)x_k + \varepsilon^2 O(\|x_k\|^2). \tag{2.6.16}$$

当 $|\varepsilon| < \varepsilon_3 = \min(\varepsilon_1, \varepsilon_2)$(其中 ε_2 是使 KG 可以在 $K^{-1}(x_k)$ 展开的充分小的正数), 将 (2.6.16) 在 $K^{-1}(x_k)$ 展开后, 有

$$
\begin{aligned}
x_{k+1} ={}& KGK^{-1}(x_k) - \varepsilon D(KG)(K^{-1}(x_k))x_{k-1} + \varepsilon DK(G(K^{-1}(x_k) - \varepsilon x_{k-1}))x_k \\
&+ \varepsilon^2 O(\|x_k\|^2) + \varepsilon^2 O(\|x_{k-1}\|^2).
\end{aligned}
$$

令 $z_k = x_{k-1}$, 则 Poincaré 映射可以写成

$$
\begin{cases}
x_{k+1} = KGK^{-1}(x_k) + \varepsilon N(x_k, z_k), \\
z_{k+1} = x_k.
\end{cases}
\tag{2.6.17}
$$

当 $\varepsilon = 0, \{x_k\}, \{y_k\}$ 具有相同的动力学行为, 因为它们是拓扑共轭的. 假设 $\{y_k\}$ 是推广 Marotto 意义下的混沌, 那么 $\{x_k\}$ 也是推广 Marotto 意义下的混沌. 由定义 2.6.4, 系统 (2.6.17) 的足够大次迭代具有横截异宿轨道. 于是, 根据流形的可微依赖性, 一定存在 ε_4, 当 $|\varepsilon| < \varepsilon_4$ 时使得系统 (2.6.17) 一个不动点的局部不稳定流形上闭的片断与另一个不动点的流形横截相交. 从而当 $\varepsilon^* = \min(\varepsilon_3, \varepsilon_4)$ 时, 系统 (2.6.17) 具有横截异宿轨道. 于是可以给出如下定理:

定理 2.6.8　　假设系统 (2.6.12) 是自治可解的, 且是周期为 T 的脉冲输入系统. 脉冲输入函数有如下形式

$$I_k(x) = H(y_k + \varepsilon x) - x, \quad t = \tau_k, \quad k = 0, 1, 2, \cdots,$$

其中 $\{y_k\}$ 满足 $y_{k+1} = G(y_k), k = 0, 1, 2, \cdots$. 如果以下条件成立:

(i) $H : D \to D$ 是一个 C^2 的同胚;

(ii) 映射 $G : y \to y \subset D$ 是一个推广意义下的 C^2 混沌映射,

则存在 $\varepsilon^* > 0$, 当 $0 < |\varepsilon| < \varepsilon^*$ 时, 因横截异宿轨道的存在而使系统 (2.6.12) 是混沌的; 当 $\varepsilon = 0$ 时, 系统 (2.6.12) 是推广 Marotto 意义下混沌的.

上述定理说明, 当系统 (2.6.12) 的状态 x 在作为脉冲函数的输入时, 即使有微小的偏差, 也可以保证输入脉冲后的系统所产生的混沌动力学行为与脉冲生成函数中输入的混沌信号是拓扑共轭的.

附　　注

本章定理 2.1.1～ 定理 2.1.5, 定理 2.1.13 和引理 2.1.1～ 引理 2.1.2 取自文献 [53], 并参考文献 [57] 和文献 [37]; 定理 2.1.6 和定理 2.1.11 选自文献 [37], 并参考了文献 [57]; 定理 2.1.7～ 定理 2.1.10 和定理 2.1.12 引自文献 [57], 并参考了文献 [37]. 定理 2.2.3～ 定理 2.2.4 选自文献 [37], 并参照了文献 [36]. 定理 2.3.2～ 定理 2.3.5 取自文献 [36]; 定理 2.3.6 引自文献 [37]. §2.4 中关于 Smale 马蹄映射及 Henon 映射的内容引自文献 [51]; 关于 Logistic 映射的内容引自文献 [27]; 关于 Lorenz 系统的内容引自文献 [1]; 关于混沌基本特性的内容取自文献 [27]. 本章内容还参考了 [25, 40, 42, 143] 等有关文献. §2.5 的全部内容引自文献 [137]. §2.6 的内容选自文献 [10,29,119], 还参考了文献 [13,14].

和本章有关内容可看本书后面所引的参考文献.

第 3 章　非线性微分方程稳定性理论

本章阐述非线性微分方程的稳定性理论. 我们着重考虑由初始状态变化所引起的非线性微分方程对应解的变化问题. 在实际中, 影响初始状态的干扰力总是不可避免地存在着. 因此关于稳定性问题的研究具有很重要的理论和实际意义. Ляпунов 在他的经典著作 "稳定性的一般问题" 中提出了两类方法. 第一类方法是归结为把一般解表示成某种级数的形式. 这类方法称为 Ляпунов 第一方法. 第二类方法是归结为寻找具有某种特性的辅助函数 $V(t, x)$. 这类方法称之为 Ляпунов 第二方法或直接方法. 本章研究都基于Ляпунов 第二方法. 在 §3.1 首先介绍Ляпунов 第二方法的基本思想, 然后给出关于自治系统稳定性的基本结果.§3.2 阐述了非自治系统稳定性的基本结果. §3.3 介绍关于稳定性研究的比较方法. §3.4 利用 Ляпунов 第二方法研究方程的有界性, 并给出了有界性的基本结果. §3.5 给出关于两个测度的稳定性的基本概念, 然后给出关于两个测度的稳定性的基本结果. §3.6 采用部分变元 Ляпунов 函数方法给出了非线性泛函微分方程 Razumikhin 型稳定性定理. §3.7 利用 Ляпунов 函数广义二阶导数方法和变分 Ляпунов 函数方法研究了非线性脉冲微分系统的稳定性和有界性.

§3.1　自治系统的稳定性

本节首先介绍Ляпунов函数方法的基本思想, 然后介绍自治系统Ляпунов稳定性的基本定理, 其中包括著名的Барбашин-Красовский定理, 最后介绍 Lasalle 不变性原理, 并用几个例子说明定理的应用.

考虑自治系统

$$x' = f(x), \tag{3.1.1}$$

其中 f 和 $\dfrac{\partial f}{\partial x_i}(i = 1, 2, \cdots, n)$ 在区域 $D \subset R^n$(这里 D 可以是整个 R^n) 内连续, $x = 0$ 在 D 的内部, $x = 0$ 是孤立的平衡位置, $f(0) = 0$.

首先我们给出关于自治系统 (3.1.1) 零解稳定性的定义.

定义 3.1.1　称系统 (3.1.1) 的零解是稳定的, 若对 $\forall \varepsilon > 0$, $\forall t_0 \geqslant 0$, 存在 $\delta = \delta(t_0, \varepsilon) > 0$, 使得当 $\forall x_0 : |x_0| < \delta$ 时有 $|x(t; t_0, x_0)| < \varepsilon, \forall t \geqslant t_0$.

定义 3.1.2　称系统 (3.1.1) 的零解是一致稳定的, 若定义 3.1.1 中 δ 的选取与 t_0 无关.

定义 3.1.3　称系统 (3.1.1) 的零解是渐近稳定的, 若

(1) 系统 (3.1.1) 的零解是稳定的;

(2) 系统 (3.1.1) 的零解是吸引的, 即对 $\forall\, t_0 \geqslant 0$, 存在 $\delta = \delta(t_0) > 0$, 对 $\forall\, \varepsilon > 0, \forall x_0 : |x_0| < \delta$, 系统 (3.1.1) 相应的解 $x(t) \doteq x(t, t_0, x_0)$ 在 $[t_0, +\infty)$ 上存在, 且 $\exists\, T = T(t_0, x_0, \varepsilon)$, 使得 $|x(t)| < \varepsilon, \forall t \geqslant t_0 + T$.

定义 3.1.4　称系统 (3.1.1) 的零解是全局渐近稳定的, 若

(1) 系统 (3.1.1) 的零解是稳定的;

(2) 系统 (3.1.1) 的零解是全局吸引的, 即 $\forall\, t_0 \geqslant 0, \forall\, \varepsilon > 0, \forall\, x_0 \in R^n$, 系统 (3.1.1) 相应的解 $x(t) \doteq x(t, t_0, x_0)$ 在 $[t_0, +\infty)$ 上存在, 且 $\exists\, T = T(t_0, x_0, \varepsilon)$, 使得 $|x(t)| < \varepsilon, \forall t \geqslant t_0 + T$.

研究自治系统 (3.1.1) 零解的稳定性, 就是讨论从相空间中原点附近出发的解随着时间的变化是怎样变化的, 原点附近的相轨线是趋于原点还是远离原点. 如何判断这一点, 对于一维直线上的相轨线, 只要度量点 $x(t)$ 到原点的距离就可以判断稳定; 对于 n 维情形, 可以通过度量向量 $x(t)$ 的模 $|x(t)|$ 来判断其稳定性.

从几何的角度看, $|x| = c(c$ 为任意常数) 表示一族以原点为球心、c 为半径的同心球面. 假设 $x(t)$ 为系统 (3.1.1) 的解, 考虑其相应相空间中的轨线. 当 $t = t_1$ 时, $|x(t_1)| = c_1$, 表示此轨线在时刻 t_1 位于球心为原点、半径为 c_1 的球面上; 当 $t = t_2 > t_1$ 时, $|x(t_2)| = c_2$ 表示此轨线在时刻 t_2 位于球心为原点、半径为 c_2 的球面上; 当 $c_1 > c_2$ 时, 表明此轨线沿同心球面族从外向里运动; 当 $c_1 < c_2$ 时, 表明此轨线沿同心球面族从里向外运动. 若 $\dfrac{d|x(t)|}{dt} < 0$, 则 $|x(t)|$ 作为 t 的函数是单调下降的, 反映相轨线从外向里运动. 若 $\dfrac{d|x(t)|}{dt} > 0$, 则 $|x(t)|$ 作为 t 的函数是单调上升的, 反映相轨线从里向外运动.

Ляпунов 函数方法的基本思想是: 类似于同心球面族的思想, 考虑一族封闭曲面 $V(x) = c$(这族封闭曲面必须包含原点, 一个套一个, 且 $c \to 0$ 时收缩到原点) 使其具有同心球面族类似的性质, 从而可结合 $\dfrac{dV(x(t))}{dt}$ 的符号, 判断轨线的走向, 进而达到判断零解稳定性的目的. 这里的函数 $V(x)$ 可以选择, $V = c$ 可以是较广泛的含原点的闭曲面, 因此更具灵活性. 这种方法的本质是, 不求解方程, 只需找到一个所谓的Ляпунов函数 $V(x)$, 借助 $V(x)$ 及 $\dfrac{dV(x(t))}{dt}$ 的符号来判断轨线的走向, 以此判断解的稳定性.

可以证明, 若函数 $V(x)$ 是定号函数, 则可保证 $V(x) = c$ 当 c 充分小时是包含原点的一族封闭曲面, 且当 $c \to 0$ 时, 这一族封闭曲面收缩到原点.

下面介绍如何用函数 $V(x)$ 研究零解的稳定、渐近稳定及不稳定. 适当选取一个Ляпунов函数 $V(x)$, 使得 $V(x) = c$ 能够表示为包含原点的一族封闭曲面, 而外

面的闭曲面的 c 值比里面的大, 不妨设 $V(0) = 0$. 另一方面, 把相轨线 $x(t)$ 代入函数 V 得到 t 的函数 $V(x(t))$, 它反映了在时刻 t 相轨线 $x(t)$ 经过哪一个闭曲面. 如果 $V(x(t))$ 是 t 的单调递减函数且趋向于零, 也就证明了 $x(t)$ 由外向里穿过闭曲面而趋向于平衡位置, 即平衡位置是渐近稳定的.

如果 $V(x(t))$ 至少不增加, 那么相轨线就不会越出初始的那个闭曲面 $V(x) = V(x(t_0))$, 因此初始时刻与平衡位置充分接近的相轨线仍然在平衡位置的附近, 即平衡位置是稳定的.

研究不稳定现象, 仍然用上述的一族曲面, 沿着轨线 $x(t)$, 函数 $V(x(t))$ 不断增长. 但是此时只需在平衡位置的任意邻域存在远离原点的解, 而不必要求所有的解都远离原点. 因此只要在原点邻近的部分区域中建立一族曲面, 如果在原点任意邻近处存在解 $x(t)$, 它停留在这个区域中, 且 $V(x(t))$ 不断增加, 则平衡位置是不稳定的.

综上所述, 可以用一族曲面 $V = c$ 在相空间中建立一种广义的尺度, 用它度量相轨线与原点的位置关系, 去研究轨线的走向.

下面给出自治系统的几个Ляпунов基本定理.

假定 $V(x)(x \in D)$ 有连续的偏导数, $V(0) = 0$. 函数 $V(x)$ 通过方程 (3.1.1) 对 t 的全导数定义为

$$\frac{dV}{dt} = \sum_{i=1}^{n} \frac{\partial V}{\partial x_i} f_i(x),$$

为方便记, 简记为 $\dfrac{dV(x)}{dt}$ 或 $\left.\dfrac{dV}{dt}\right|_{(3.1.1)}$ 或 $\dfrac{dV}{dt}$ 或 $\dfrac{dV(x(t))}{dt}$.

定理 3.1.1 假设存在 $V(x), x \in B(h) = \{x : x \in R^n, |x| \leqslant h\}$ 连续可微, $V(0) = 0$, 满足:

(i) $V(x)$ 正定, $x \in B(h)$;

(ii) $\dfrac{dV(x)}{dt}$ 常负 (或恒为零), $x \in B(h)$,

则系统(3.1.1) 的零解是稳定的.

证明 $\forall \varepsilon < h$, 由 $V(x)$ 的连续性及条件 (i), 取 $\min\limits_{\varepsilon \leqslant |x| \leqslant h} V(x) = l > 0$, 对上述 $l > 0$, 由 $V(0) = 0$ 及 $V(x)$ 在 $x = 0$ 的连续性可知, $\exists 0 < \delta < \varepsilon$, 当 $\forall x : |x| < \delta$ 时, 有

$$V(x) < \frac{l}{2}. \tag{3.1.2}$$

对上述 $\delta, \forall x_0 : |x_0| < \delta$, 考虑系统 (3.1.1) 过 x_0 的解 $\varphi(t) = \varphi(t; t_0, x_0)$, 根据定义 3.1.1, 只需证明

$$|\varphi(t)| < \varepsilon, \ \forall \, t \geqslant t_0. \tag{3.1.3}$$

若不然, 则 $\exists t_1 > t_0$, 使得

$$|\varphi(t)| < \varepsilon, t_0 \leqslant t < t_1 \tag{3.1.4}$$

且
$$|\varphi(t_1)| = \varepsilon. \tag{3.1.5}$$

由条件 (ii) 知 $\dfrac{dV(\varphi(t))}{dt} \leqslant 0$(或 $\equiv 0$).

现考虑 $\varphi(t), t \in [t_0, t_1]$, 对 $\dfrac{dV(\varphi(t))}{dt} \leqslant 0$ 两边从 t_0 到 t_1 积分, 有

$$V(\varphi(t_1)) \leqslant V(\varphi(t_0)). \tag{3.1.6}$$

因 $|\varphi(t_1)| = \varepsilon, \min\limits_{\varepsilon \leqslant |x| \leqslant h} V(x) = l$, 所以

$$V(\varphi(t_1)) \geqslant l. \tag{3.1.7}$$

又由 $|\varphi(t_0)| = |x_0| < \delta$ 及 (3.1.2), 知

$$V(\varphi(t_1)) \leqslant V(\varphi(t_0)) < \frac{l}{2}. \tag{3.1.8}$$

这与式 (3.1.7) 矛盾. 证毕.

定理 3.1.2　　假设存在 $V(x), x \in B(h) = \{x : x \in R^n, |x| \leqslant h\}$ 连续可微,
$V(0) = 0$, 满足：

(i) $V(x)$ 正定, $x \in B(h)$;

(ii) $\dfrac{dV(x)}{dt}$ 负定, $x \in B(h)$,

则系统 (3.1.1) 的零解是渐近稳定的.

证明　　由定理 3.1.1 可知, 系统 (3.1.1) 的零解稳定.

只须证明零解是吸引的, 即系统 (3.1.1) 过 x_0 的解 $\varphi(t) = \varphi(t; t_0, x_0)$ 满足
$\lim\limits_{t \to +\infty} \varphi(t; t_0, x_0) = 0$. 对 $h > 0$, 由零解的稳定性知, $\exists \delta_0 = \delta_0(t_0) > 0$, 使得 $\forall x_0 :$
$|x_0| < \delta_0$, 相应过 x_0 的解 $\varphi(t)$ 有 $|\varphi(t)| \leqslant h, \forall t \geqslant t_0$.

先证

$$\lim_{t \to +\infty} V(\varphi(t)) = 0. \tag{3.1.9}$$

事实上, 由条件 (i), (ii) 知 $V(\varphi(t)) \geqslant 0$ 且 $V(\varphi(t))$ 单减, 于是 $\exists \alpha \geqslant 0$, 使得

$$\lim_{t \to +\infty} V(\varphi(t)) = \alpha.$$

若 $\alpha > 0$, 则 $V(\varphi(t)) \geqslant \alpha > 0$, $\forall t \geqslant t_0$. 由 $V(x)$ 在 $x = 0$ 的连续性及
$V(0) = 0$ 知, $\exists 0 < \lambda < h$, 使得 $|\varphi(t)| \geqslant \lambda$. 由条件 (ii) 知 $-\dfrac{dV(x)}{dt}$ 正定, 可取
$m = \min\limits_{\lambda \leqslant |x| \leqslant h} \left\{ -\dfrac{dV(x)}{dt} \right\} > 0$, 沿 $\varphi(t)$ 对 $\dfrac{dV(x)}{dt}$ 从 t_0 到 t 积分有

$$V(\varphi(t)) - V(\varphi(t_0)) \leqslant -m(t - t_0) \to -\infty, \quad t \to +\infty. \tag{3.1.10}$$

这与 V 正定矛盾.

再证 $\lim\limits_{t \to +\infty} |\varphi(t)| = 0$(从而 $\lim\limits_{t \to +\infty} \varphi(t) = 0$).

若不然, 则 $\exists \, \varepsilon_0 > 0, \exists \{t_m\} : t_m \to +\infty (m \to +\infty), \exists \widetilde{x_0} : |\widetilde{x_0}| < \delta_0$, 相应过 $\widetilde{x_0}$ 的解 $\varphi(t; t_0, \widetilde{x_0})$ 满足

$$|\varphi(t_m; t_0, \widetilde{x_0})| \geqslant \varepsilon_0, \tag{3.1.11}$$

$$V(\varphi(t_m; t_0, \widetilde{x_0})) \geqslant \min_{\varepsilon_0 \leqslant |x| \leqslant h} \{V(x)\} > 0. \tag{3.1.12}$$

所以 $\lim\limits_{m \to +\infty} V(\varphi(t_m; t_0, \widetilde{x_0})) > 0$. 这与 (3.1.9) 矛盾. 证毕.

定理 3.1.3 假设存在 $V(x), x \in R^n$ 连续可微, $V(0) = 0$, 满足:

(i) $V(x)$ 正定, $x \in R^n$;

(ii) $\dfrac{dV(x(t))}{dt}$ 负定, $x \in R^n$;

(iii) $V(x)$ 具有无限大性质, 即函数 $V(x)$ 满足条件 $\lim\limits_{\|x\| \to +\infty} V(x) = +\infty, x \in R^n$, 则系统 (3.1.1) 的零解是全局渐近稳定的.

证明 由定理 3.1.1 可知, 系统 (3.1.1) 的零解是稳定的.

$\forall \, x_0 \in R^n$, 系统 (3.1.1) 过 x_0 的解记为 $\varphi(t) = \varphi(t; t_0, x_0)$. 由条件 (ii) $\dfrac{dV}{dt} < 0$, 由 t_0 到 t 积分有 $V(\varphi(t)) < V(\varphi(t_0))$, 从而 $V(\varphi(t))$ 有界. 由条件 (iii) 可知 $\exists \, h_0 > 0$ 使得

$$|\varphi(t)| \leqslant h_0, \quad \forall t \geqslant t_0. \tag{3.1.13}$$

分两步证明.

先证 $\lim\limits_{t \to +\infty} V(\varphi(t)) = 0$.

事实上, 由条件 (i)、(ii), 可知 $\exists \, \alpha \geqslant 0$, 使得 $\lim\limits_{t \to +\infty} V(\varphi(t)) = \alpha \geqslant 0$.

若 $\alpha > 0$, 此时有 $V(\varphi(t)) \geqslant \alpha > 0, \quad \forall \, t \geqslant t_0$, 则由 $V(x)$ 在 $x = 0$ 的连续性知, $\exists \, \lambda > 0$, 使得

$$|\varphi(t)| \geqslant \lambda. \tag{3.1.14}$$

不妨假设 $\lambda < h$, 由条件 (ii) 知, $-\dfrac{dV}{dt}$ 正定. 取 $m = \min\limits_{\lambda \leqslant |x| \leqslant h} \left\{ -\dfrac{dV(x)}{dt} \right\} > 0$, 沿 $\varphi(t)$ 对 $\dfrac{dV}{dt}$ 从 t_0 到 t 积分有

$$\int_{t_0}^{t} \frac{dV(\varphi(s))}{ds} ds \leqslant -m(t - t_0),$$

$$V(\varphi(t)) - V(\varphi(t_0)) \leqslant -m(t - t_0) \to -\infty, \quad t \to +\infty. \tag{3.1.15}$$

与 V 正定矛盾, 所以 $\alpha = 0$.

再证 $\lim\limits_{t\to+\infty}|\varphi(t)|=0$, 从而 $\lim\limits_{t\to+\infty}\varphi(t)=0$.

类似定理 3.1.2 可证, 从略. 证毕.

下面给出一个例子说明定理 3.1.2 的应用.

例 3.1.1 考虑自治系统

$$\begin{cases} \dfrac{dx}{dt}=y-ax(x^2+y^2), \\ \dfrac{dy}{dt}=-x-ay(x^2+y^2), \quad a>0. \end{cases} \tag{3.1.16}$$

令 $V(x,y)=x^2+y^2$ 作为 Ляпунов 函数, 易见 $V(x,y)$ 是正定的. 下面求函数 $V(x,y)$ 沿系统 (3.1.16) 的积分曲线的变化率.

$$\begin{aligned} \frac{dV(x,y)}{dt} &=2x\frac{dx}{dt}+2y\frac{dy}{dt} \\ &=2x[y-ax(x^2+y^2)]+2y[-x-ay(x^2+y^2)] \\ &=-2a(x^2+y^2)^2=-2aV^2<0, \end{aligned}$$

可见 $\dfrac{dV(x,y)}{dt}$ 是负定的. 因此, 由定理 3.1.2 可知, 系统 (3.1.16) 的零解是渐近稳定的.

为了介绍 Барбашин-Красовский 定理, 首先引入极限点、极限集的相关知识.

我们知道系统 (3.1.1) 的满足 $x(t_0)=x_0$ 的解必满足 $x(t;t_0,x_0)=x(t-t_0;0,x_0)$. 于是, 不失一般性, 可取 $t_0=0$, 此时系统 (3.1.1) 满足 $x(0)=x_0$ 的解记为 $x(t,x_0)$.

定义 3.1.5 相空间中的点 y 称为点 x_0 的 ω 极限点, 如果存在时间序列 $\{t_n\}:t_n\to+\infty(n\to\infty)$, 使得 $x(t_n,x_0)\to y(n\to\infty)$.

定义 3.1.6 称点 x_0 的所有 ω 极限点的集合为 ω 极限集, 记为 $\Omega(x_0)$.

定义 3.1.7 相空间中的点 y 称为点 x_0 的 α 极限点, 如果存在时间序列 $\{t_n\}:t_n\to-\infty(n\to\infty)$, 使得 $x(t_n,x_0)\to y(n\to\infty)$.

定义 3.1.8 称点 x_0 的所有 α 极限点的集合为 α 极限集.

引理 3.1.1 给定点的 ω 极限点的集合是由整条轨线组成的闭集合.

引理 3.1.2 如果在区域 D 内存在有下界的 Ляпунов 函数 V, 并且这个函数关于时间 t 的导数在这个区域内取负号, 那么给定轨线的全部 ω 极限点当 $t\to\infty$ 时不离开区域 D, 并位于函数 V 的同一个曲面上 (即 $V=$ 常量的曲面上).

引理 3.1.1, 3.1.2 的证明可参考文献 [39].

下面给出 Барбашин-Красовский 基本定理.

定理 3.1.4 (Барбашин-Красовский 渐近稳定定理) 假设存在 $V(x),x\in B(h)$ 连续可微, $V(0)=0$, 满足:

(i) $V(x)$ 正定, $x\in B(h)$;

(ii) $\dfrac{dV(x(t))}{dt}$ 常负, $x \in B(h)$;

(iii) 集合 $\left\{ x : \dfrac{dV(x(t))}{dt} = 0 \right\}$ 不含非零正半轨,

则系统 (3.1.1) 的零解是渐近稳定的.

证明 由条件 (i)、(ii) 及定理 3.1.1 可知, 系统 (3.1.1) 的零解稳定. 下证零解是吸引的.

先证 $\Omega(x_0)$ 非空. 由零解是稳定的可知, 对 $\forall\, 0 < \varepsilon < h, \exists \delta > 0, \forall x_0 : |x_0| < \delta$ 时有

$$|\varphi(t, x_0)| < \varepsilon, \quad \forall t \geqslant t_0.$$

可见轨线 $\{\varphi(t_n, x_0)\}$ 有界 ($t_n \geqslant t_0$ 且 $t_n \to +\infty (n \to \infty)$), 从而存在收敛子列 $\{\varphi(t_{n_k}, x_0)\}$, 满足

$$\varphi(t_{n_k}, x_0) \to y (k \to \infty).$$

所以 $y \in \Omega(x_0)$, 即点 x_0 的 ω 极限点的集合 $\Omega(x_0)$ 是非空的.

再证 $\Omega(x_0) = \{0\}$.

若不然, 存在 $0 \neq y \in \Omega(x_0)$, 即 $\exists \{t_n\} : t_n \to +\infty (n \to \infty)$, 使得

$$\varphi(t_n, x_0) \to y \neq 0 (n \to \infty).$$

由条件 (i)、(ii) 知, $\lim\limits_{t \to \infty} V(\varphi(t, x_0)) = \alpha$ 存在, 所以

$$V(y) = V(\lim_{n \to \infty} \varphi(t_n, x_0)) = \lim_{n \to \infty} V(\varphi(t_n, x_0)) = \alpha.$$

由引理 3.1.1 可知对上述 y, 过 y 的整条轨线含于 $\Omega(x_0)$ 且 $\Omega(x_0)$ 是闭集, 于是沿 y 的整条轨线有 $V \equiv \alpha$, 从而沿 y 的整条轨线有 $\dfrac{dV}{dt} = 0$, 这与条件 (iii) 矛盾.

因此对 $\forall \{t_n\} : t_n \to +\infty (n \to \infty)$, 有 $\varphi(t_n, x_0) \to 0 (n \to \infty)$, 即 $\lim\limits_{t \to \infty} \varphi(t, x_0) = 0$. 证毕.

定理 3.1.5 假设存在 $V(x), x \in R^n$ 连续可微, $V(0) = 0$, 满足:

(i) $V(x)$ 正定, $x \in R^n$;

(ii) $\dfrac{dV(x(t))}{dt}$ 常负, $x \in R^n$;

(iii) 集合 $\left\{ x : \dfrac{dV(x(t))}{dt} = 0 \right\}$ 不含非零正半轨;

(iv) $V(x)$ 具有无限大性质,

则系统 (3.1.1) 的零解是全局渐近稳定的.

证明 由条件 (i)、(ii) 及定理 3.1.1 可知, 系统 (3.1.1) 的零解稳定. 下证零解是全局吸引的.

先证 $\Omega(x_0)$ 非空. $\forall x_0 \in R^n$, 由条件 (ii) 有 $V(\varphi(t, x_0)) \leqslant V(x_0)$, 即 $V(\varphi(t, x_0))$ 有界.

由 $V(x)$ 具有无限大性质可知, $\exists h_0 > 0$ 使得 $|\varphi(t, x_0)| \leqslant h_0, \forall t \geqslant t_0$. 可见轨线 $\{\varphi(t_n, x_0)\}(t_n \to +\infty, n \to \infty)$ 有界, 从而存在收敛子列 $\{\varphi(t_{n_k}, x_0)\}$, 满足

$$\varphi(t_{n_k}, x_0) \to y(k \to \infty).$$

所以 $y \in \Omega(x_0)$, 即点 x_0 的 ω 极限点的集合 $\Omega(x_0)$ 是非空的.

类似定理 3.1.4 可证 $\Omega(x_0) = \{0\}$, 从略. 证毕.

在本节最后, 我们介绍 Lasalle 不变性原理. 首先给出相关的基本概念.

定义 3.1.9　设 M 是 R^n 中的点集. 如果从 M 出发的系统 (3.1.1) 的每一个解, 对于所有的时间 (对于一切 $t \geqslant 0$) 仍停留在 M 中, 即轨线 $x(t, x_0) \subset M, \forall t \geqslant t_0$, 那么称 M 是关于系统 (3.1.1) 的不变集 (正不变集).

定义 3.1.10　设 M 是 R^n 中的点集. 若对任何 $\varepsilon > 0$, 存在 $T > 0$, 当 $t > T$ 时, 存在 $p \in M$, 使得 $|x(t) - p| < \varepsilon$, 则称当 $t \to \infty$ 时, 解 $x(t) \to M$.

注意到 §2.1 的有关结果, 易证如下引理.

引理 3.1.3　若解 $x(t)$ 对一切 $t \geqslant 0$ 有界, 则

(i) 它的 ω 极限集 Ω 是非空, 紧的不变集;

(ii) 当 $t \to \infty$ 时, $x(t) \to \Omega$.

定理 3.1.6 (Lasalle 不变性原理)　设 D 是一个有界闭集, 从 D 出发的解一直停留在 D 中; 如果存在函数 $V(x)$, 它在 D 内有连续的一阶偏导数, 使得在 D 中. 设 $E = \left\{ x : \dfrac{dV(x(t))}{dt} = 0, x \in D \right\}$, M 是 E 的关于系统 (3.1.1) 的最大不变子集. 则当 $t \to \infty$ 时从 D 出发的系统 (3.1.1) 的每一个解 $x(t)$ 当 $t \to \infty$ 时趋近于集合 M.

证明　设 $x(t)$ 是从 D 出发的解, Ω 是 $x(t)$ 的 ω 极限集, 在 D 中 $\dfrac{dV(x(t))}{dt} \leqslant 0$, 所以 $V(x(t))$ 是 t 的非增函数. 又 $V(x)$ 在紧集 D 上连续, 故在 D 上有下界. 因此 $\lim\limits_{t \to \infty} x(t)$ 存在. 又因为 V 在 D 上连续, 故在 Ω 上 $V(x) \equiv c$, 在 Ω 上 $\dfrac{dV(x(t))}{dt} = 0$, 即 $\Omega \subset E$. 因 Ω 是 E 中的不变集, M 是最大不变集, 故 $\Omega \subset M$. 所以当 $t \to \infty$ 时, $x(t) \to M$. 即当 $t \to \infty$ 时, 一切从 D 出发的解都趋向于 M. 证毕.

Lasalle 不变性原理与Барбашин-Красовский 定理相比较, 有以下特点: 函数 $V(x)$ 不必正定, 只要求 $V'(x)$ 常负. 如果 M 就是原点, 则不变性原理给出原点的渐近稳定域 (吸引域). Lasalle 不变性原理证明的主要思想是利用解的正极限集 Ω 的不变性, 来确定它的位置: $\Omega \subset M \subset E \subset D$.

下面利用定理 3.1.6 建立系统 (3.1.1) 的稳定性结论.

定理 3.1.7　假设对于系统 (3.1.1), 存在定义于包含原点的某集合 $D \subset R^n$ 上

的连续可微、实值、正定函数 V. 设在 D 上 $\left.\dfrac{dV(x(t))}{dt}\right|_{(3.1.1)} \leqslant 0$. 假定原点是集合

$E = \left\{ x \in D : \left.\dfrac{dV(x(t))}{dt}\right|_{(3.1.1)} \leqslant 0 \right\}$ 的关于系统 (3.1.1) 的唯一不变子集, 那么系统

(3.1.1) 的零解 $x = 0$ 是渐近稳定的.

证明 由定理 3.1.1 可知, 系统 (3.1.1) 的零解 $x = 0$ 是稳定的. 又由定理 3.1.6, 从 D 中出发的任何解当 $t \to \infty$ 时趋于原点. 证毕.

下面再给出一个全局渐近稳定的定理, 证明不再赘述.

定理 3.1.8 假设存在连续可微、正定, 并且具有无限大性质的函数 $V : R^n \to R$, 使得

(i) 对一切 $x \in R^n$, $\left.\dfrac{dV(x(t))}{dt}\right|_{(3.1.1)} \leqslant 0$;

(ii) 原点是集合 $E = \left\{ x \in R^n : \left.\dfrac{dV(x(t))}{dt}\right|_{(3.1.1)} = 0 \right\}$ 的唯一不变子集,

则系统 (3.1.1) 的零解 $x = 0$ 是全局渐近稳定的.

下面给出一个例子说明定理的应用.

例 3.1.2 讨论方程

$$x'' + ax' + bx + x^2 = 0 \tag{3.1.17}$$

的零解 $x = x' = 0$ 的稳定性 $(a > 0, b > 0)$.

将方程 (3.1.17) 化为等价的方程组

$$\begin{cases} x' = y, \\ y' = -bx - ay - x^2. \end{cases} \tag{3.1.18}$$

取 $V(x, y) = \dfrac{1}{2}bx^2 + \dfrac{1}{2}by^2 + \dfrac{x^2}{3}$, 下面我们做一个有界闭区域 D, 使得从 D 出发的解在 $t > 0$ 时一直停留在 D 内. D 为下列区域

$$\begin{cases} V \leqslant \dfrac{1}{2}a^2\beta^2, \\ W_1 = x \geqslant -\beta, \\ W_2 = y + ax \geqslant -a\beta, \ \beta > 0. \end{cases} \tag{3.1.19}$$

若解 $x(t)$ 离开区域 D, 必与 $V = \dfrac{1}{2}a^2\beta^2$ 或 $W_1 = -\beta$ 或 $W_2 = -a\beta$ 相交. 因为 $V' = 0$, 所以没有解穿过 $V = \dfrac{1}{2}a^2\beta^2$. 而 $W_1' = y$, $W_2' = -x(b + x)$, 因为在 D 的边界的 $W_1 = -\beta$ 部分, $y \geqslant 0$, 所以 $W_1' \geqslant 0$. 同样, 沿着 D 的边界 $W_2 = -a\beta$ 部分, $x \leqslant 0$. 所以当 $0 < \beta < b$ 时 $W_2' \geqslant 0$. 因此解不能穿过 $W_2 = -a\beta$, 于是从 D 出发的解一直停留在 D 中. 又 $V'|_{(3.1.18)} = -ay^2$, 所以 $E = \{y = 0\}$, $M = (0, 0)$. 由定

理 3.1.6 得, 当 $0 < \beta < b$ 时, 从 D 出发的每一个解都趋向原点 $(t \to \infty)$, 而零解又是稳定的, 故零解渐近稳定. 同时给出渐近稳定域 (吸引域) 大小的估计:

$$
\begin{cases}
\dfrac{1}{2}y^2 + \dfrac{1}{2}bx^2\dfrac{x^3}{3} < \dfrac{1}{2}a^2b^2, \\
x > -b, \\
y + ax \geqslant -ab.
\end{cases}
$$

§3.2　非自治系统的稳定性

本节考虑非自治系统

$$
\frac{dx}{dt} = f(t, x), \tag{3.2.1}
$$

其中 $x \in R^n, x = \mathrm{col}(x_1, x_2, \cdots, x_n), t \in I = \{t \in R_+ : t \geqslant t_0 > 0\}, f \in C[I \times R^n, R^n], f = \mathrm{col}(f_1, f_2, \cdots, f_n), f$ 满足一定的条件保证 (3.2.1) 的解整体存在且唯一, $f(t, 0) = 0, B(h) = \{x \in R^n : |x| \leqslant h\}$. 过 $\forall(t_0, x_0) \in I \times B(h)$, 方程 (3.2.1) 存在唯一的解 $x(t, t_0, x_0)$, 记 $x(t) = x(t, t_0, x_0)$.

对于非自治系统 (3.2.1), 我们仍利用 Ляпунов 第二方法来讨论其零解的稳定性问题.

首先给出一些定义.

假定 $V(t, x)$ 有连续的偏导数, $V(t, 0) = 0$. 函数 $V(t, x)$ 通过方程 (3.2.1) 对 t 的全导数定义为

$$
\frac{dV}{dt} = \frac{\partial V}{\partial t} + \sum_{i=1}^n \frac{\partial V}{\partial x_i} f_i(t, x).
$$

定义 3.2.1　设 $R_+ = [0, +\infty)$, 若函数 $a(t) : R_+ \to R_+$ 连续, 关于 t 是严格单调递增的, 且 $a(0) = 0$, 则称函数 a 为 K 类函数, 记为 $a \in K$.

定义 3.2.2　设函数 $V(t, x)$ 在 $I \times B(h)$ 上只能取具有一定符号的值, 但它可以在

$$
\sum_{i=1}^n x_i^2 \neq 0
$$

时取零值, 则称函数 $V(t, x)$ 是常号的 (正的或负的).

由此可见, 关于常号性的定义与自治方程中的定义是一样的. 但关于定号性的概念就有所不同.

定义 3.2.3　设函数 $V(t, x)$ 在 $I \times B(h)$ 上连续可微, 满足 $V(t, 0) = 0$, 且存在某个正定函数 $W(x)$, 使得

$$
V(t, x) \geqslant W(x),
$$

则称函数 $V(t, x)$ 是正定的; 若 $V(t, x) \leqslant -W(x)$, 则称 $V(t, x)$ 是负定的.

定义 3.2.4 如果对于任一正数 η, 存在另一正数 λ, 对一切 $t \geqslant t_0, |x| < \lambda$, 有 $|V(t,x)| < \eta$, 则称 V 具有无穷小上界.

定义 3.2.5 称方程 (3.2.1) 的零解是稳定的, 若对任意的 $\varepsilon > 0$, 任意的 $t_0 \geqslant 0$, 存在 $\delta = \delta(t_0, \varepsilon) > 0$, 使得当 $\forall x_0 : |x_0| < \delta$ 时, 相应的解 $x(t) = x(t, t_0, x_0)$ 都有 $|x(t)| < \varepsilon, \forall t \geqslant t_0$.

定义 3.2.6 称方程 (3.2.1) 的零解是不稳定的, 若存在某个 $\varepsilon_0 > 0$, 对任意小的 $\delta = \delta(t_0, \varepsilon_0) > 0$, $\exists x_0 : |x_0| < \delta$, 存在某个 $t' > t_0$, 使得 $|x(t', t_0, x_0)| \geqslant \varepsilon_0$.

定义 3.2.7 称方程 (3.2.1) 的零解是渐近稳定的, 若

(1) 方程 (3.2.1) 的零解是稳定的;

(2) 零解是吸引的, 即存在 $\delta_0 = \delta_0(t_0) > 0$, 对任意的 $\varepsilon > 0$, 存在 $T = T(t_0, x_0, \varepsilon)$, 使得当 $\forall x_0 : |x_0| < \delta_0$ 时, 相应的解 $x(t) = x(t, t_0, x_0)$ 都有 $|x(t)| < \varepsilon, \forall t \geqslant t_0 + T$.

定义 3.2.8 称方程 (3.2.1) 的零解是一致稳定的, 若定义 3.2.5 中 δ 的选取与 t_0 无关.

定义 3.2.9 称方程 (3.2.1) 的零解是一致渐近稳定的, 若

(i) 方程 (3.2.1) 的零解是一致稳定的;

(ii) 零解是一致吸引的, 即存在 $\delta_0 > 0$, 对任意给定的 $\varepsilon > 0$, 存在 $T = T(\varepsilon)$, 使得当 $\forall x_0 : |x_0| < \delta_0, t_0 \geqslant 0$ 时, 相应的解 $x(t) = x(t, t_0, x_0)$ 都有 $|x(t)| < \varepsilon, \forall t \geqslant t_0 + T$.

定义 3.2.10 称方程 (3.2.1) 的零解是按指数稳定的, 若存在 $\nu > 0$, 对任意的 $\varepsilon > 0$, 存在 $\delta = \delta(\varepsilon) > 0$, 使当 $t_0 \geqslant 0, \forall x_0 : |x_0| < \delta$ 时, 相应的解 $x(t) = x(t, t_0, x_0)$ 都有 $|x(t)| < \varepsilon e^{-\nu(t-t_0)}, \forall t \geqslant t_0$.

下面利用 Ляпунов 第二方法给出非自治系统 (3.2.1) 零解稳定的一些基本定理.

定理 3.2.1 设存在 $V(t,x)$ 在 $I \times B(h)$ 上连续可微, $V(t, 0) = 0$, 满足:

(i) V 是正定的;

(ii) $\dfrac{dV}{dt}$ 是常负的,

则方程 (3.2.1) 的零解是稳定的.

证明 由 V 是正定的, 存在正定函数 $w(x)$, 使得

$$V(t, x) \geqslant w(x). \tag{3.2.2}$$

设 ε 是任意小的正数, 不妨设 $\varepsilon < h$. 令

$$l = \inf_{|x| = \varepsilon} w(x).$$

由 w 是正定的, 数 l 是异于零的正数. 根据 (3.2.2), 当 $|x| = \varepsilon$ 时有

$$V(t,x) \geqslant w(x) \geqslant l. \tag{3.2.3}$$

对上述的 $l > 0$, 由 $V(t,0) = 0$ 及 V 在 $x = 0$ 的连续性知, 存在 $\delta < \varepsilon$, 当 $|x_0| < \delta$ 时有

$$V(t_0, x_0) < l. \tag{3.2.4}$$

对上述的 $\delta > 0, \forall x_0 : |x_0| < \delta$, 下证方程 (3.2.1) 过 (t_0, x_0) 的解 $x(t)$ 满足 $|x(t)| < \varepsilon, \forall t \geqslant t_0$.

若不然, 则 $\exists x(t)$, 存在 $t_1 > t_0$, 使得

$$|x(t_1)| = \varepsilon.$$

根据 (3.2.3) 知

$$V(t_1, x(t_1)) \geqslant l. \tag{3.2.5}$$

另一方面, 由 $\varepsilon < h$, 及条件 (ii) 可知

$$V(t_1, x(t_1) \leqslant V(t_0, x_0).$$

根据 (3.2.4)

$$V(t_1, x(t_1)) < l,$$

这与 (3.2.5) 矛盾. 因此 $|x(t)| < \varepsilon, \forall t \geqslant t_0$.

定理 3.2.2　　设存在 $V(t,x)$ 在 $I \times B(h)$ 上连续可微, $V(t,0) = 0$, 满足:

(i) $a(|x|) \leqslant V(t,x) \leqslant b(|x|), a, b \in K$;

(ii) $\dfrac{dV}{dt} \leqslant 0$,

则方程 (3.2.1) 的零解是一致稳定的.

证明　　对任意给定的 $\varepsilon > 0$, 取 $\delta = \delta(\varepsilon)$, 使得 $b(\delta) < a(\varepsilon)$, 设 $\forall x_0 : |x_0| < \delta$, 记系统 (3.2.1) 过 (t_0, x_0) 的解为 $x(t) = x(t, t_0, x_0)$. 由条件 (ii) 知

$$V(t, x(t)) \leqslant V(t_0, x_0).$$

因此

$$a(|x(t)|) \leqslant V(t, x(t)) \leqslant V(t_0, x_0) \leqslant b(|x_0|) < b(\delta) < a(\varepsilon).$$

由 $a \in K$ 知当 $t \geqslant t_0$ 时有 $|x(t)| < \varepsilon$.

下面给出定理 3.2.2 的一个具体应用.

例 3.2.1　　考察 Liénard 方程:

$$x'' + f(x)x' + g(x) = 0, \tag{3.2.6}$$

其中 $f(x), g(x)$ 在 $x \in R$ 上连续, $g(0) = 0$. 假设

(i) $g(x)F(x) > 0$ $(x \neq 0)$, 这里

$$F(x) = \int_0^x f(u)du;$$

(ii) $xg(x) > 0$ $(x \neq 0)$;

(iii) $G(x) = \int_0^x g(u)du \to \infty (|x| \to \infty)$.

考虑等价的方程

$$\begin{cases} x' = y - F(x), \\ y' = -g(x). \end{cases} \tag{3.2.7}$$

作Ляпунов函数

$$V(t, x, y) = G(x) + \frac{y^2}{2}.$$

显然 V 满足定理 3.2.2 中的条件 (i), 并且有

$$V'(t, x, y) = g(x)(y - F(x)) + y(-g(x)) = -g(x)F(x) \leqslant 0.$$

因此由定理 3.2.2 可知, 方程 (3.2.7) 的零解是一致稳定的.

定理 3.2.3　设存在 $V(t, x)$ 在 $I \times B(h)$ 上连续可微, $V(t, 0) = 0$, 满足:

(i) V 是正定的;

(ii) $\dfrac{dV}{dt}$ 是负定的;

(iii) 函数 V 具有无穷小上界,

则方程 (3.2.1) 的零解是渐近稳定的.

证明　由条件 (i)、(ii) 知 (3.2.2) 成立, 且不等式

$$\frac{dV}{dt} \leqslant -w_1(x) \tag{3.2.8}$$

也成立, 这里 w_1 是不依赖于 t 的正定的函数.

由定理 3.2.1 知方程 (3.2.1) 的零解是稳定的, 故对于 $h > 0, \exists \delta_0 = \delta_0(t_0) > 0$, 使得当 $\forall x_0 : |x_0| < \delta_0$, 方程 (3.2.1) 相应的过 (t_0, x_0) 的解 $x(t) = x(t, t_0, x_0)$ 有 $|x(t)| < h, \forall t \geqslant t_0$.

下证 $\lim\limits_{t \to +\infty} x(t) = 0$. 先证 $\lim\limits_{t \to +\infty} V(t, x(t)) = 0$.

事实上, 由 V 正定, $\dfrac{dV}{dt}$ 负定, 可推知极限 $\lim\limits_{t \to +\infty} V(t, x(t)) = \alpha$ 存在且 $\alpha \geqslant 0$.

若 $\alpha > 0$, 则

$$V(t, x(t)) \geqslant \alpha > 0, \forall t \geqslant t_0. \tag{3.2.9}$$

由 V 有无穷小上界和 (3.2.9) 可知, 存在足够小的 $\lambda > 0$, 使得

$$|x(t)| \geqslant \lambda.$$

设 l_1 是 w_1 在 $\{x \in R^n : \lambda \leqslant |x| \leqslant h\}$ 上的下确界, 从而有

$$\frac{dV}{dt} \leqslant -l_1.$$

对上式沿 $x(t)$ 从 t_0 到 t 积分得

$$V(t, x(t)) = V(t_0, x_0) + \int_{t_0}^{t} \frac{dV}{ds} ds \leqslant V(t_0, x_0) - l_1(t - t_0),$$

即

$$\lim_{t \to +\infty} V(t, x) = -\infty.$$

这与 V 正定矛盾. 从而 $\lim_{t \to +\infty} V(t, x(t)) = 0$. 结合 (3.2.2) 可以得到

$$\lim_{t \to +\infty} x(t) = 0,$$

故方程的零解是渐近稳定的. 证毕.

从以上定理可以看出, 非自治系统的渐近稳定性定理与自治系统的不同之处, 不仅在于正定和负定的定义不同, 而且要求 $V(t, x)$ 具有无穷小上界. 下面的例子表明, 仅由 $V(t, x)$ 正定, $\frac{dV}{dt}$ 负定, 不能保证零解是渐近稳定的.

例 3.2.2　设函数 $f : [0, +\infty) \to R$ 连续可微, 在 t 取整数时到达峰值 1, 而在其余点与 e^{-t} 重合, $f^2(t)$ 对应于横坐标 n 的峰值的宽度假定小于 $\frac{1}{2^n}$.

考虑下列微分方程

$$x' = \frac{f'(t)}{f(t)} x.$$

这个方程通过 (t_0, x_0) 的解

$$x(t) = \frac{f(t)}{f(t_0)} x_0$$

不趋于零 (当 $t \to +\infty$), 故零解不是渐近稳定的. 作Ляпунов函数

$$V(t, x) = \frac{x^2}{f^2(t)} \left[3 - \int_0^t f^2(s) ds \right]$$

$$\geqslant \frac{x^2}{f^2(t)} \geqslant x^2 > 0 \quad (x \neq 0).$$

故 $V(t,x)$ 正定. 因为

$$\int_0^{+\infty} f^2(s)ds < \int_0^{+\infty} e^{-s}ds + \sum_{n=1}^{\infty}\frac{1}{2^n}$$

$$= 1 + \frac{\dfrac{1}{2}}{\left(1-\dfrac{1}{2}\right)} = 2,$$

$$\frac{dV}{dt} = \frac{\partial V}{\partial t} + \frac{\partial V}{\partial x}\frac{dx}{dt}$$

$$= \frac{2\times\left[3-\displaystyle\int_0^t f^2(s)ds\right]}{f^2(t)}\cdot\frac{f'(t)}{f(t)}x$$

$$+ \frac{-x^2f^4(t) - x^2\left[3-\displaystyle\int_0^t f^2(s)ds\right]2f(t)f'(t)}{f^4(t)}$$

$$= -x^2 < 0 \quad (x \neq 0),$$

但找不到正定函数 $W(x)$, 使

$$V(t,x) \leqslant W(x),$$

故 $V(t,x)$ 没有无穷小上界. 此例说明定理 3.2.3 中, $V(t,x)$ 具有无穷小上界的假设是非常重要的.

定理 3.2.4 (Marchkoff) 设存在 $V(t,x)$ 在 $I\times B(h)$ 上连续可微, $V(t,0)=0$, 满足:

(i) V 是正定的;

(ii) $\dfrac{dV}{dt}$ 是负定的;

(iii) 函数 $f(t,x)$ 在 $I\times B(h)$ 上有界,

则方程 (3.2.1) 的零解是渐近稳定的.

证明 由定理 3.2.1 知方程 (3.2.1) 的零解是稳定的. 下面只需证明零解是吸引的, 即 $\exists\delta_0>0$, 对 $\forall x_0 : |x_0|<\delta_0$, 有 $\lim\limits_{t\to+\infty} x(t)=0$.

若不然, 则 $\exists x(t)$, 存在序列 $\{t_n\} : t_n\to\infty\ (n\to\infty)$, 使得对某个 $\varepsilon>0$, 有

$$|x(t_n,t_0,x_0)| \geqslant \varepsilon > 0.$$

而由 $f(t,x)$ 的有界性, 存在常数 $M>0$, 使

$$|f(t,x)| < M.$$

可取 $\varepsilon > 0$ 足够小, 使区间 $\left[t_n - \dfrac{\varepsilon}{2M}, t_n + \dfrac{\varepsilon}{2M}\right], n = 1, 2, \cdots$, 互不相交, 且 $t_1 - \dfrac{\varepsilon}{2M} > t_0$.

对方程 (3.2.1), 从 t_n 到 t 积分得

$$x(t) - x(t_n) = \int_{t_n}^{t} f(s, x(s)) ds,$$

从而 $t \in \left[t_n - \dfrac{\varepsilon}{2M}, t_n + \dfrac{\varepsilon}{2M}\right]$ 时有

$$|x(t)| \geqslant |x(t_n)| - \left| \int_{t_n}^{t} f(s, x(s)) ds \right|$$

$$\geqslant \varepsilon - M(t - t_n)$$

$$\geqslant \varepsilon - M\left(\frac{\varepsilon}{2M}\right) = \frac{\varepsilon}{2}.$$

故有

$$\frac{\varepsilon}{2} \leqslant |x(t)| \leqslant h, \quad t \in \left[t_n - \frac{\varepsilon}{2M}, t_n + \frac{\varepsilon}{2M}\right].$$

由条件 (ii) 知存在正定函数 $w(x)$, 使 $\dfrac{dV}{dt} \leqslant -w(x)$.

取 $c = \inf\limits_{\frac{\varepsilon}{2} \leqslant |x(t)| \leqslant h} w(x)$, 则沿 $x(t)$ 有

$$\frac{dV}{dt} \leqslant -c, \quad t \in \left[t_n - \frac{\varepsilon}{2M}, t_n + \frac{\varepsilon}{2M}\right], n = 1, 2, \cdots$$

故有

$$V\left(\left(t_n + \frac{\varepsilon}{2M}\right), x\left(t_n + \frac{\varepsilon}{\partial M}\right)\right) - V(t_0, x_0) = \int_{t_0}^{t_n + \frac{\varepsilon}{2M}} \frac{dV}{dt} dt \leqslant \sum_{k=1}^{n} \int_{t_k - \frac{\varepsilon}{2M}}^{t_k + \frac{\varepsilon}{2M}} \frac{dV}{dt} dt$$

$$\leqslant -cn\frac{\varepsilon}{M} \to -\infty \ (n \to \infty).$$

这与 V 是正定的矛盾, 故方程的零解是渐近稳定的.

定理 3.2.5　设存在 $V(t, x)$ 在 $I \times B(h)$ 上连续可微, $V(t, 0) = 0$, 满足：

(i) $V(t, x) \geqslant a(|x|), a \in K$;

(ii) $\dfrac{dV}{dt} \leqslant -c(V(t, x)), c \in K$,

则方程 (3.2.1) 的零解是渐近稳定的.

证明　由条件 (i) 可知, $V(t, x)$ 是正定的. 由 $c \in K$ 及条件 (i) 有

$$-c(V(t, x)) \leqslant -c(a|x|),$$

$$\frac{dV}{dt} \leqslant -c(V(t,x)) \leqslant -c(a|x|),$$

所以 $\frac{dV}{dt}$ 是负定的. 故由定理 3.2.1 知方程 (3.2.1) 的零解是稳定的, 进而对于 $h > 0, \exists \delta_0 = \delta_0(t_0) > 0$, 使得当 $\forall x_0 : |x_0| < \delta_0$ 时, 相应过 (t_0, x_0) 的解 $x(t) = x(t, t_0, x_0)$ 有 $|x(t)| < h, \forall t \geqslant t_0$.

下证 $\lim\limits_{t \to +\infty} x(t) = 0$.

对

$$\frac{dV(t, x(t))}{dt} \leqslant -c(V(t, x(t))),$$

沿着过 (t_0, x_0) 的解 $x(t)$ 有

$$\int_{V(t_0, x_0)}^{V(t, x(t, t_0, x_0))} \frac{dV}{c(V)} \leqslant -(t - t_0).$$

当 $t \to +\infty$ 时, 这个积分趋于 $-\infty$, 即积分是发散的. 注意到沿解 $x(t)$ 有

$$\frac{dV(t, x(t))}{dt} \leqslant 0, \quad V(t, x(t)) \geqslant 0,$$

故 $\lim\limits_{t \to \infty} V(t, x(t, t_0, x_0))$ 存在且有限.

另一方面, $c(V) \in K, c(0) = 0$ 当且仅当 $V = 0$, 且有 $V \to 0, \frac{1}{c(V)}$ 无界. 从而由瑕积分的定义知 $V = 0$ 是被积函数的瑕点, 所以 $\lim\limits_{t \to \infty} V(t, x(t, t_0, x_0)) = 0$. 再由 $V(t, x(t, t_0, x_0)) \geqslant a(|x(t, t_0, x_0)|)$ 可得

$$\lim\limits_{t \to \infty} a(|x(t, t_0, x_0)|) = 0,$$

进而有

$$\lim\limits_{t \to \infty} |x(t, t_0, x_0)| = 0.$$

故方程 (3.2.1) 的零解是渐近稳定的. 证毕.

定理 3.2.6 设存在 $V(t, x)$ 在 $I \times B(h)$ 上连续可微, $V(t, 0) = 0$, 满足:

(i) $a(|x|) \leqslant V(t, x) \leqslant b(|x|), a, b \in K$;

(ii) $\frac{dV}{dt} \leqslant -c(|x|), c \in K$,

则方程 (3.2.1) 的零解是一致渐近稳定的.

证明 任给 $\varepsilon > 0$, 可以取 $\delta = \delta(\varepsilon) > 0$, 使得

$$a(\varepsilon) > b(\delta(\varepsilon)).$$

若 $|x_0| < \delta(\varepsilon), t_0 > 0, t \geqslant t_0$, 相应的解记为 $x(t) = x(t, t_0, x_0)$. 由 $\dfrac{dV}{dt}$ 是负定的可知

$$\left. \frac{dV(t, x(t))}{dt} \right|_{t=t_0} < 0,$$

故有

$$a(|x(t)|) \leqslant V(t, x(t)) \leqslant V(t_0, x_0) \leqslant b(|x_0|) < b(\delta(\varepsilon)) < a(\varepsilon).$$

由 $a \in K$ 得到当 $t \geqslant t_0$ 时有

$$|x(t)| < \varepsilon.$$

故零解是一致稳定的.

下面证明系统 (3.2.1) 的零解是一致吸引的.

取 $\delta_0 = \delta_0(\varepsilon) : 0 < \delta_0 < \delta$, 定义 $T(\varepsilon) = \dfrac{b(\delta)}{c(\delta_0)}$. 对上述的 $\delta, T, \varepsilon, \forall x_0 : |x_0| < \delta$, 记相应的解 $x(t) = x(t, t_0, x_0)$, 要证 $|x(t)| < \varepsilon, \forall t \geqslant t_0 + T(\varepsilon)$, 只需证 $\exists t^* \in [t_0, t_0 + T(\varepsilon)]$, 有 $|x(t)| < \varepsilon, \forall t \geqslant t^*$.

先证存在 $t^* \in [t_0, t_0 + T(\varepsilon)]$, 使 $|x(t^*, t_0, x_0)| < \delta_0$.

若不然, 则对 $\forall t \in [t_0, t_0 + T(\varepsilon)]$, 都有 $|x(t, t_0, x_0)| \geqslant \delta_0$. 则由 $\dfrac{dV}{dt} \leqslant -c(|x|)$ 知

$$\frac{dV(t, x(t))}{dt} \leqslant -c(\delta_0),$$

所以

$$V(t, x(t)) \leqslant V(t_0, x_0) - c(\delta_0) \cdot (t - t_0)$$
$$\leqslant b(\delta(\varepsilon)) - c(\delta_0) \cdot (t - t_0),$$

$$V(t, x(t))|_{t=t_0+T(\varepsilon)} \leqslant V(t_0, x_0) - c(\delta_0) \cdot (t - t_0)|_{t=t_0+T(\varepsilon)}$$
$$\leqslant b(\delta) - b(\delta) = 0.$$

这与 $V(t, x)$ 的正定性矛盾. 故在区间 $[t_0, t_0 + T(\varepsilon)]$ 上必有 t^*, 使得 $|x(t^*, t_0, x_0)| < \delta_0$.

又因为对 $\forall t \geqslant t^*$,

$$a(x(t)) \leqslant V(t, x(t)) \leqslant V(t^*, x(t^*)) \leqslant b(|x(t^*)|) < b(\delta_0) < a(\varepsilon).$$

故 $|x(t, t_0, x_0)| < \varepsilon, t \geqslant t^*$, 且 $|x(t, t_0, x_0)| < \varepsilon, t \geqslant t_0 + T(\varepsilon)$. 注意到 $T(\varepsilon)$ 与初始时刻 t_0 的选取无关, 故得方程 (3.2.1) 的零解是一致渐近稳定的. 证毕.

以上我们给出了几个判断零解渐近稳定的定理, 下面给出判断零解指数稳定的一个充分条件.

定理 3.2.7 设存在 $V(t,x)$ 在 $I \times B(h)$ 上连续可微, $V(t,0) = 0$, 满足:

(i) $a(|x|) \leqslant V(t,x) \leqslant b(|x|), a,b \in K$;

(ii) $\dfrac{dV}{dt} \leqslant -\lambda V$,

则方程 (3.2.1) 的零解是指数稳定的.

证明 由条件 (i) 可知, 函数 $V(t,x)$ 是正定的, 对任意的 $\varepsilon > 0$, 存在 $\delta > 0$, 使当 $|x_0| < \delta$ 时, 相应的解 $x(t) = x(t,t_0,x_0)$ 有

$$b(\delta) < \varepsilon, V(t_0,x_0) < b(\delta) < \varepsilon.$$

对

$$\frac{dV(t,x(t))}{dt} \leqslant -\lambda V(t,x(t))$$

两端从 t_0 到 t 积分得

$$V(t,x(t)) \leqslant V(t_0,x_0)e^{-\lambda(t-t_0)} \leqslant \varepsilon e^{-\lambda(t-t_0)}.$$

故方程 (3.2.1) 的零解是指数稳定的. 证毕.

零解的不稳定是零解稳定的反面, 它刻画原点附近的轨线具有某种性质, 即存在某 $\varepsilon_0 > 0$, 无论 $\delta > 0$ 取得多么小, 总可以找到初值 $x_0: |x_0| < \delta$, 使由 x_0 出发的解 $x(t,t_0,x_0)$, 当 $t \geqslant t_0$ 时总会越出区域 $|x| < \varepsilon_0$.

首先给出Ляпунов两个不稳定定理.

在 R^n 空间的坐标原点邻域 $|x| \leqslant h$ 内, 任何由曲面 $V = 0$ 界限的、函数 V 在其内大于零的区域称为 $V > 0$ 的区域.

定理 3.2.8 设存在 $V(t,x)$ 在 $I \times B(h)$ 上连续可微, $V(t,0) = 0$, 满足:

(i) 对 $\forall t \geqslant t_0$, 在原点附近有 $V > 0$ 的区域;

(ii) $V(t,x)$ 具有无穷小上界;

(iii) $\dfrac{dV}{dt}$ 正定,

则方程 (3.2.1) 的零解是不稳定的.

证明 因为 $\dfrac{dV}{dt}$ 是正定的, 于是有

$$\frac{dV}{dt} \geqslant w(x),$$

其中 $w(x)$ 是不依赖于 t 的正定函数.

设 δ 是任意小的正数, 由于 $V(t,x)$ 在原点附近有 $V > 0$ 的区域, 我们可以取 x_0 满足 $|x_0| \leqslant \delta, V(t_0,x_0) > 0$. 方程 (3.2.1) 过 (t_0,x_0) 的解记为 $x(t) = x(t,t_0,x_0)$.

取 $0 < \varepsilon_0 < h$, 下证存在 $t' > t_0$, 使得 $|x(t',t_0,x_0)| > \varepsilon_0$.

若不然, 则对所有的 $t \geqslant t_0$, 有 $|x(t)| \leqslant \varepsilon_0$. 注意到 (iii), 有

$$V(t, x(t)) > V(t_0, x_0), t \geqslant t_0.$$

再由 $V(t, x)$ 具有无穷小上界, 存在 $\lambda > 0 (\lambda < \varepsilon_0)$, 使得

$$|x(t)| \geqslant \lambda.$$

令 $l = \inf\limits_{\lambda \leqslant |x| \leqslant \varepsilon_0} w(x)$, 则

$$\frac{dV(t, x(t))}{dt} \geqslant w(x) \geqslant l.$$

从而有

$$V(t, x(t)) = V(t_0, x_0) + \int_{t_0}^{t} \frac{dV}{ds} ds \geqslant V(t_0, x_0) + l(t - t_0).$$

当 $t \to +\infty$ 时有 $V(t, x) \to +\infty$, 这与 $V(t, x)$ 具有无穷小上界矛盾. 所以方程 (3.2.1) 的零解是不稳定的. 证毕.

定理 3.2.8 称为Ляпунов第一不稳定定理.

例 3.2.3 考虑方程

$$\begin{cases} x_1' = c_1 x_1 + x_1 x_2, \\ x_2' = -c_2 x_2 + x_1^2, \end{cases} \tag{3.2.10}$$

这里 $c_1 > 0, c_2 < 0$ 是常数. 选取

$$V(x) = x_1^2 - x_2^2.$$

易知

$$\left. \frac{dV}{dt} \right|_{(3.2.10)} = 2(c_1 x_1^2 - c_2 x_2^2).$$

因为 V 是不定号的, 又 $\left. \dfrac{dV}{dt} \right|_{(3.2.10)}$ 是正定的, 符合定理 3.2.8 的条件, 所以方程 (3.2.10) 的零解是不稳定的.

下面的结论称为Ляпунов第二不稳定性定理.

定理 3.2.9 设存在 $V(t, x)$ 在 $I \times B(h)$ 上连续可微, $V(t, 0) = 0$, 满足:

(i) 在原点任意邻域内有 $V > 0$ 的区域;

(ii) $V(t, x)$ 有界;

(iii) $\dfrac{dV}{dt} = \lambda V + W(t, x)$, 其中 $\lambda > 0, W(t, x) \geqslant 0, t \geqslant t_0$,

则方程 (3.2.1) 的零解是不稳定的.

证明 设 δ 是任意小的正数, 由于 $V(t,x)$ 在原点附近有 $V > 0$ 的区域, 我们可以取 x_0 满足

$$|x_0| \leqslant \delta, V(t_0, x_0) > 0.$$

记方程 (3.2.1) 过 (t_0, x_0) 的解为 $x(t) = x(t, t_0, x_0)$. 由条件 (iii) 可知

$$V(t, x(t)) \geqslant V(t_0, x_0) > 0.$$

再由 $V(t,x)$ 具有无穷小上界, 存在 $\lambda > 0$, 使得

$$|x(t)| \geqslant \lambda.$$

取 $0 < \varepsilon_0 < h$, 下证存在 $t' > t_0$, 使得 $|x(t', t_0, x_0)| > \varepsilon_0$.

若不然, 则对所有的 $t \geqslant t_0$, 有 $|x(t)| \leqslant \varepsilon_0$. 对

$$\frac{dV(t, x(t))}{dt} = \lambda V(t, x(t)) + W(t, x(t))$$

两端从 t_0 到 t 积分得

$$V(t, x(t)) = V(t_0, x_0)e^{\lambda(t-t_0)} + \int_{t_0}^{t} e^{\lambda(t-s)} W(s, x(s))ds \geqslant V(t_0, x_0)e^{\lambda(t-t_0)}.$$

当 $t \to +\infty$ 时有 $V(t, x(t)) \to +\infty$, 这与 $V(t,x)$ 有界矛盾. 所以方程 (3.2.1) 的零解是不稳定的. 证毕.

例 3.2.4 考虑方程

$$\begin{cases} x_1' = x_1 + x_2 + x_1 x_2^4, \\ x_2' = x_1 + x_2 - x_1^2 x_2. \end{cases} \tag{3.2.11}$$

选取

$$V(x) = \frac{1}{2}(x_1^2 - x_2^2).$$

可推得

$$\left.\frac{dV}{dt}\right|_{(3.2.11)} = \lambda V(x) + W(x),$$

这里 $W(x) = x_1^2 x_2^4 + x_1^2 x_2^2, \lambda = 2$. 由定理 3.2.9 可知方程 (3.2.11) 的零解是不稳定的.

下面给出 Четаев 定理, 它是上述两个 Ляпунов 不稳定定理的推广.

定理 3.2.10 设存在 $V(t,x)$ 在 $I \times B(h)$ 上连续可微, $V(t,0) = 0$, 满足:

(i) 在原点任意邻域内有 $V > 0$ 的区域;

(ii) 在 $V > 0$ 的区域, 函数 $V(t,x)$ 有界;

(iii) 在 $V > 0$ 的区域, $\dfrac{dV}{dt}$ 取正值, 且对 $\forall \alpha > 0, \exists l > 0$, 使得当 $V \geqslant \alpha > 0$ 时, 对一切 $t \geqslant t_0$ 有

$$\left.\frac{dV}{dt}\right|_{(3.2.1)} \geqslant l > 0,$$

则方程 (3.2.1) 的零解是不稳定的.

证明　设 δ 是任意小的正数, 由于 $V(t, x)$ 在原点附近有 $V > 0$ 的区域, 故可取 x_0 满足

$$|x_0| \leqslant \delta, V(t_0, x_0) > 0.$$

记方程 (3.2.1) 过 (t_0, x_0) 的解为 $x(t) = x(t, t_0, x_0)$.

取 $0 < \varepsilon_0 < h$, 下证存在 $t' > t_0$, 使得 $|x(t', t_0, x_0)| > \varepsilon_0$.

若不然, 则对所有的 $t \geqslant t_0$, 有 $|x(t)| \leqslant \varepsilon_0$. 由 $\dfrac{dV}{dt} > 0$ 知

$$V(t, x(t)) > V(t_0, x_0) > 0, t \geqslant t_0.$$

由条件 (ii) 可知, 存在 $\alpha > 0$, 使得 $V(t, x) \geqslant \alpha$. 结合条件 (iii) 可以得到

$$\frac{dV(t, x(t))}{dt} \geqslant l > 0.$$

故

$$V(t, x(t)) = V(t_0, x_0) + \int_{t_0}^t \frac{dV(s, x(s))}{dt} ds \geqslant V(t_0, x_0) + l(t - t_0).$$

当 $t \to +\infty$ 时有 $V(t, x) \to +\infty$, 这与 $V(t, x)$ 有界矛盾. 所以方程 (3.2.1) 的零解是不稳定的. 证毕.

下面给出例子说明定理的应用.

例 3.2.5　考虑非线性方程

$$\begin{cases} x' = 2x^2 - 2y^2, \\ y' = xy \end{cases} \tag{3.2.12}$$

的零解 $x = y = 0$ 的稳定性.

取 $V(x, y) = \dfrac{1}{4}x^2 - \dfrac{1}{2}y^2$, 得

$$V'(x, y) = x(x^2 - y^2) - xy^2 = x(x^2 - 2y^2) = 4xV.$$

区域 $V > 0$ 是在 y 轴右方, 且由直线 $x = \pm\sqrt{2}y$ 所包围的区域, 在区域 $V > 0$ 内, 任给 $\alpha > 0$, 当 $V \geqslant \alpha$ 时, $\dfrac{dV}{dt} \geqslant 8\alpha^{\frac{3}{2}}$. 所以由定理 3.2.10 知, 方程 (3.2.11) 的零解是不稳定的.

§3.3 稳定性比较定理

本节给出了纯量方程的第一比较定理和第二比较定理, 并将其推广到 n 维方程, 得到关于 n 维方程稳定性的比较定理.

首先, 我们给出最大解和最小解的定义.

考虑方程

$$x' = f(t, x), \tag{3.3.1}$$

其中 $f \in C[R_+ \times R, R]$.

定义 3.3.1 设 $\gamma(t)$ 为方程 (3.3.1) 过点 (t_0, x_0) 且在某区间 J 上有定义的一个解. 如果对方程 (3.3.1) 过点 (t_0, x_0) 且在 J 上有定义的所有解 $x(t) = x(t, t_0, x_0)$ 总有下式成立

$$x(t) \leqslant \gamma(t), t \in J,$$

则称 $\gamma(t)$ 为方程 (3.3.1) 过点 (t_0, x_0) 且在 J 上有定义的最大解.

类似的我们可以给出最小解的定义.

定义 3.3.2 设 $\rho(t)$ 为方程 (3.3.1) 过点 (t_0, x_0) 且在某区间 J 上有定义的一个解. 如果对方程 (3.3.1) 过点 (t_0, x_0) 且在 J 上有定义的所有解 $x(t) = x(t, t_0, x_0)$ 总有下式成立

$$x(t) \geqslant \rho(t), t \in J,$$

则称 $\rho(t)$ 为方程 (3.3.1) 过点 (t_0, x_0) 且在 J 上有定义的最小解.

关于最大解和最小解的存在性, 可以参阅文献 [50].

下面我们给出两个基本的比较定理, 第一比较定理和第二比较定理.

定理 3.3.1(第一比较定理) 设 $f(t, x)$ 和 $F(t, x)$ 都是在平面区域 G 上连续的纯量函数, 且满足不等式

$$f(t, x) < F(t, x), (t, x) \in G.$$

若 $x = \varphi(t), x = \phi(t)$ 分别是一阶方程

$$x' = f(t, x), x' = F(t, x)$$

过同一点 $(t_0, x_0) \in G$ 的解, 则

(i) 当 $t > t_0$, 且 t 属于两者公共存在区间时有 $\varphi(t) < \phi(t)$;

(ii) 当 $t < t_0$, 且 t 属于两者公共存在区间时有 $\varphi(t) > \phi(t)$.

证明 记函数 $g(t) = \phi(t) - \varphi(t)$, 则

$$g(t_0) = 0, g'(t_0) = \phi'(t_0) - \varphi'(t_0) = F(t_0, x_0) - f(t_0, x_0) > 0.$$

所以当 $t > t_0$ 且与 t_0 充分靠近的时候有 $g(t) > 0$.

假设 (i) 不成立, 则存在 $t > t_0$, 且 t 属于 $\phi(t)$ 和 $\varphi(t)$ 的公共存在区间, 使得 $\varphi(t) \geqslant \phi(t)$. 令 $\alpha = \inf\{t > t_0 : t$ 属于 ϕ 和 φ 的共同存在区间且 $\phi(t) \leqslant \varphi(t)\}$, 于是有

$$t_0 < \alpha, g(\alpha) = 0, g(t) > 0, t \in (t_0, \alpha),$$

从而得到 $g'(\alpha) \leqslant 0$.

另一方面, 由 $g(\alpha) = 0$, 即 $\varphi(\alpha) = \phi(\alpha)$ 可得

$$g'(\alpha) = \phi'(\alpha) - \varphi'(\alpha) = F(\alpha, \phi(\alpha)) - f(\alpha, \varphi(\alpha)) > 0,$$

矛盾. 故结论 (i) 成立.

同理可证结论 (ii) 也成立. 证毕.

定理 3.3.2(第二比较定理)　设纯量函数 $f(t, x)$ 和 $F(t, x)$ 在平面区域 G 上连续的且满足不等式

$$f(t, x) \leqslant F(t, x).$$

若 $x = \varphi(t), x = \phi(t)$ 分别是一阶方程

$$x' = f(t, x), x' = F(t, x)$$

过同一点 $(t_0, x_0) \in G$ 且定义在区间 $a < t < b$ 上的解, 并且 $x = \phi(t)$ 在 $t_0 \leqslant t < b$ 上是后一个方程过点 (t_0, x_0) 的最大解, 而在 $a < t \leqslant t_0$ 上是最小解, 则有

(i) $\varphi(t) \leqslant \phi(t), t \in [t_0, b)$;

(ii) $\varphi(t) \geqslant \phi(t), t \in (a, t_0]$.

证明　首先证明存在 $\tau \in [t_0, b)$, 使得 t 在闭区间 $[t_0, \tau]$ 上有 $\varphi(t) \leqslant \phi(t)$. 为此, 我们考虑初值问题

$$x' = F(t, x) + \varepsilon, x(t_0) = x_0. \tag{3.3.2}$$

则当 $\varepsilon > 0$ 充分小时, 不妨设 $0 < \varepsilon < \delta$, 方程 (3.3.2) 的每个饱和解 $\phi_\varepsilon(t)$ 都在区间 $t_0 \leqslant t \leqslant \tau < b$ 上有定义, 并且当 $\varepsilon \to 0_+$ 时, $\phi_\varepsilon(t)$ 一致收敛于方程 $x' = F(t, x)$ 过点 (t_0, x_0) 的最大解 $\phi(t)$(见文献 [50]).

下证对任意给定的 $0 < \varepsilon < \delta$, 当 $t \in [t_0, \tau]$ 时有

$$\varphi(t) \leqslant \varphi_\varepsilon(t). \tag{3.3.3}$$

反证. 若不然, 则存在 $t_1 \in (t_0, \tau)$, 使 $\varphi(t_1) > \varphi_\varepsilon(t_1)$. 于是, 由 $\phi_\varepsilon(t)$ 的连续性, 必存在 $t_2 \in [t_0, t_1)$, 使 $\varphi(t_2) = \phi_\varepsilon(t_2), \varphi(t) > \phi_\varepsilon(t), t \in (t_2, t_1]$. 于是可得

$$f(t_2, \varphi(t_2)) \leqslant F(t_2, \varphi(t_2)) = F(t_2, \phi_\varepsilon(t_2)) < F(t_2, \phi_\varepsilon(t_2)) + \varepsilon,$$

从而当 $t > t_2$ 充分靠近 t_2 时, 有 $\varphi(t) < \phi_\varepsilon(t)$, 矛盾. 故当 $t_0 \leqslant t \leqslant \tau$ 时, (3.3.3) 成立. 再令 $\varepsilon \to 0_+$, 便可证明存在 τ, 使得 $t \in [t_0, \tau]$ 时, $\varphi(t) \leqslant \phi(t)$.

假设所有这样区间的右端点的上确界为 b'. 显然 $t_0 < b' \leqslant b, \varphi(b') = \phi(b')$. 下证 $b' = b$. 即结论 (i) 成立.

反证. 假设结论不真, 则必然有 $b' < b$. 此时, 以 $(b', \varphi(b'))$ 代替 (t_0, x_0), 重复上述过程, 就可以得到, 存在 $b' < b'' \leqslant b$, 使得在区间 $[t_0, b'']$ 上有 $\varphi(t) \leqslant \phi(t)$, 这与 b' 的定义矛盾. 得证.

完全类似地可以证明结论 (ii) 也成立. 证毕.

前面我们讨论了纯量方程同纯量方程的比较, 得到了纯量方程的第一、第二比较定理. 下面我们将这些结果推广到 n 维方程同一个纯量方程的比较上去. 首先先以引理的形式给出两个微分不等式.

考虑 n 维方程

$$x' = f(t, x), x(t_0) = x_0, \tag{3.3.4}$$

其中 $f \in C[R_+ \times R^n, R^n], f(t, 0) = 0$. 同时考虑纯量比较方程

$$u' = g(t, u), u(t_0) = u_0, \tag{3.3.5}$$

其中 $g \in C[R_+ \times R, R], g(t, 0) = 0, u_0 \geqslant 0$.

引理 3.3.1 假设 $g \in C[R_+ \times R, R], \gamma(t) = \gamma(t, t_0, u_0)$ 是方程 (3.3.5) 在区间 J 上有定义的最大解, $m \in C[R_+, R_+]$, 且 $Dm(t) \leqslant g(t, m(t)), t \in J$, 这里 D 表示任意一个确定的 Dini 导数. 则若 $m(t_0) \leqslant u_0$ 就有

$$m(t) \leqslant \gamma(t), \quad t \in J.$$

引理 3.3.2 假设 $g \in C[R_+ \times R, R], \rho(t) = \rho(t, t_0, u_0)$ 是方程 (3.3.5) 在区间 J 上有定义的最小解, $m \in C[R_+, R_+]$, 且 $Dm(t) \geqslant g(t, m(t)), t \in J$. 则若 $m(t_0) \geqslant u_0$ 就有

$$m(t) \geqslant \rho(t), \quad t \in J.$$

这两个引理的证明见文献 [50].

下面我们利用上述两个引理结合Ляпунов函数, 建立比较原理. 然后利用比较原理建立比较定理, 得到判断方程 (3.3.4) 零解稳定性的一些比较结果.

定理 3.3.3 假设 $V \in C[R_+ \times R^n, R_+], V(t, x)$ 对任意的 $t \in R_+$ 关于 x 满足局部 Lipschitz 条件, 并且

$$D^+V(t, x) \leqslant g(t, V(t, x)), (t, x) \in R_+ \times R^n, \tag{3.3.6}$$

这里 $g \in C[R_+ \times R, R], \gamma(t) = \gamma(t, t_0, u_0)$ 是方程 (3.3.5) 在区间 J 上有定义的最大解. 则对方程 (3.3.4) 在区间 J 上有定义的任意解 $x(t) = x(t, t_0, x_0)$, 若 $V(t_0, x_0) \leqslant u_0$, 就有

$$V(t, x(t)) \leqslant \gamma(t), t \in J. \tag{3.3.7}$$

证明　令 $m(t) = V(t, x(t))$, 这里 $x(t) = x(t, t_0, x_0)$ 是方程 (3.3.4) 存在于区间 J 满足 $V(t_0, x_0) \leqslant u_0$ 的一个解. 因为 $V(t, x)$ 关于 x 满足局部 Lipschitz 条件, 结合条件 (3.3.6) 可以得到

$$D^+ m(t) \leqslant g(t, m(t)), m(t_0) \leqslant u_0, t \in J.$$

由引理 3.3.1 知 $m(t) \leqslant \gamma(t), t \in J$, 即

$$V(t, x(t)) \leqslant \gamma(t), t \in J.$$

证毕.

现在我们利用定理 3.3.3, 得到判断方程 (3.3.4) 零解稳定性的一些充分条件, 我们称之为关于方程 (3.3.4) 稳定性的比较定理.

定理 3.3.4　假设

(i) $V(t, x) \in C[R_+ \times R^n, R_+]$ 正定, 且关于 x 满足局部 Lipschitz 条件, $V(t, 0) = 0$;

(ii) $g \in C[R_+ \times R, R], g(t, 0) \equiv 0$;

(iii) $D^+ V(t, x) \mid_{(3.3.4)} \leqslant g(t, V(t, x))$,

则有如下结论：

i) 由方程 (3.3.5) 的零解稳定可以得到方程 (3.3.4) 的零解稳定;

ii) 由方程 (3.3.5) 的零解渐近稳定可以得到方程 (3.3.4) 的零解渐近稳定;

若 V 还具有无穷小上界, 则

iii) 由方程 (3.3.5) 的零解一致稳定可以得到方程 (3.3.4) 的零解一致稳定;

iv) 由方程 (3.3.5) 的零解一致渐近稳定可以得到方程 (3.3.4) 的零解一致渐近稳定;

进一步再假设存在 $a > 0, b > 0$ 使 $a \mid x \mid^b \leqslant V(t, x)$, 则

v) 由方程 (3.3.5) 的零解指数稳定可以得到方程 (3.3.4) 的零解指数稳定.

证明　假设 $x(t) = x(t, t_0, x_0)$ 是方程 (3.3.4) 的任意解, $u(t) = u(t, t_0, u_0)$ 是方程 (3.3.5) 的任意解, $\gamma(t, t_0, u_0)$ 是方程 (3.3.5) 的最大解. 以下证明我们总取 $u_0 = V(t_0, x_0)$.

由 $V(t, x)$ 正定知存在 $\phi \in K$, 使得

$$V(t, x) \geqslant \phi(\mid x \mid). \tag{3.3.8}$$

由条件 (i), 条件 (iii) 及假设 $u_0 = V(t_0, x_0)$, 利用定理 3.3.3, 就可以得到

$$V(t, x(t)) \leqslant \gamma(t, t_0, u_0), t \geqslant t_0. \tag{3.3.9}$$

i) 对任意 $\varepsilon > 0, t_0 \in R_+$, 由方程 (3.3.5) 的零解稳定可知对 $\phi(\varepsilon) > 0$, 存在 $\delta_1 = \delta_1(t_0, \varepsilon)$, 使得对任意 $0 < u_0 < \delta_1$ 有

$$u(t, t_0, u_0) \leqslant \phi(\varepsilon), t \geqslant t_0. \tag{3.3.10}$$

因为 $V(t, x)$ 连续, $V(t, 0) = 0$, 故对上述 δ_1, 存在 $\delta = \delta(t_0, \varepsilon)$, 当 $\mid x_0 \mid < \delta$ 时, 有 $0 < V(t_0, x_0) < \delta_1$. 于是可以利用 (3.3.10) 得到

$$\gamma(t, t_0, u_0) < \phi(\varepsilon). \tag{3.3.11}$$

结合 (3.3.8), (3.3.9), (3.3.11) 得到, 当 $\mid x_0 \mid < \delta$ 时有

$$\phi(\mid x \mid) \leqslant V(t, x(t)) \leqslant \gamma(t, t_0, u_0) < \phi(\varepsilon).$$

从而

$$\mid x \mid < \varepsilon.$$

故方程 (3.3.4) 的零解是稳定的.

ii) 由 (i) 的证明我们知方程 (3.3.4) 的零解是稳定的, 故只需证明方程 (3.3.4) 的零解是吸引的即可.

由方程 (3.3.5) 的零解是渐近稳定的知存在 $\sigma(t_0) > 0$, 对任意的 $u_0 : \mid u_0 \mid < \sigma$ 时, 有 $\lim_{t \to \infty} u(t) = 0$. 再由 $V(t, x)$ 连续, $V(t, 0) = 0$, 可知对上述 $\sigma(t_0) > 0$, 存在 $\delta_0 = \delta_0(t_0) > 0$, 当 $\mid x_0 \mid < \delta_0$ 时, 有 $0 < V(t_0, x_0) < \sigma$, 即 $u_0 < \sigma$, 于是 $\lim_{t \to \infty} \gamma(t, t_0, u_0) = 0$. 再结合 (3.3.8) 及 (3.3.9) 便可得到当 $\mid x_0 \mid < \delta_0$ 时有 $\lim_{t \to \infty} x(t, t_0, x_0) = 0$. 故方程 (3.3.4) 的零解是渐近稳定的.

iii) 由 $V(t, x)$ 具有无穷小上界知存在 $\psi \in K$, 使得

$$V(t, x) \leqslant \psi(\mid x \mid). \tag{3.3.12}$$

对任意的 $\varepsilon > 0$, 由方程 (3.3.5) 的零解的一致稳定可知, 对 $\phi(\varepsilon) > 0$, 存在 $\eta = \eta(\varepsilon)$, 使得对任意 $0 < u_0 < \eta$ 有 (3.3.10) 成立. 取 $\delta = \delta(\varepsilon) > 0$, 满足 $\psi(\delta) \leqslant \eta$. 当 $\mid x_0 \mid < \delta$ 时, 由 (3.3.12) 知 $u_0 = V(t_0, x_0) \leqslant \psi(\mid x_0 \mid) < \psi(\delta) \leqslant \eta$, 所以 (3.3.10) 成立. 类似 i) 的证明, 可以得到当 $\mid x_0 \mid < \delta$ 时有

$$\phi(\mid x \mid) \leqslant V(t, x(t)) \leqslant \gamma(t, t_0, u_0) < \phi(\varepsilon),$$

故有 $\mid x \mid < \varepsilon$. 所以方程 (3.3.4) 的零解是一致稳定的.

iv) 由上知方程 (3.3.4) 的零解是一致稳定的, 下证其是一致吸引的.

由方程 (3.3.5) 的零解是一致渐近稳定的知存在 $\sigma_1 > 0$, 对任意的 $\varepsilon > 0, t_0 \in R_+$, 存在 $T(\varepsilon) > 0$, 使得对任意的 $u_0 < \sigma_1$ 有

$$u(t, t_0, u_0) < \phi(\varepsilon), t \geqslant t_0 + T(\varepsilon). \tag{3.3.13}$$

取 $\delta_0 > 0$, 使得 $\psi(\delta_0) \leqslant \sigma_1$. 当 $| x_0 | < \delta_0$ 时, 由 (3.3.12) 知 $u_0 = V(t_0, x_0) \leqslant \psi(|x_0|) < \psi(\delta_0) \leqslant \sigma_1$, 故

$$\gamma(t, t_0, u_0) < \phi(\varepsilon), t \geqslant t_0 + T(\varepsilon).$$

再由 (3.3.8), (3.3.9) 就可以证得

$$| x | < \varepsilon, t \geqslant t_0 + T(\varepsilon).$$

所以方程 (3.3.4) 的零解是一致吸引的, 从而方程 (3.3.4) 的零解是一致渐近稳定.

v) 由方程 (3.3.5) 的零解是指数稳定, 故存在 $\alpha > 0$, 对任意的 $\varepsilon > 0$, 存在 $\hat{\delta} = \hat{\delta}(\varepsilon) > 0$, 当 $u_0 \leqslant \hat{\delta}$ 时有

$$u(t, t_0, u_0) < \varepsilon e^{-\alpha(t-t_0)}, t \geqslant t_0. \tag{3.3.14}$$

取 $\delta = \delta(\varepsilon)$, 使 $\psi(\delta) \leqslant \hat{\delta}$. 于是当 $| x_0 | < \delta$ 时, $u_0 = V(t_0, x_0) \leqslant \psi(| x_0 |) < \psi(\delta) \leqslant \hat{\delta}$, 故 $\gamma(t, t_0, u_0) < \varepsilon e^{-\alpha(t-t_0)}, t \geqslant t_0$. 再由条件得

$$a | x(t) |^b \leqslant V(t, x(t)) \leqslant \gamma(t, t_0, u_0) < \varepsilon e^{-\alpha(t-t_0)},$$

即

$$| x(t) | < \left(\frac{\varepsilon}{a}\right)^{\frac{1}{b}} e^{-\frac{\alpha}{b}(t-t_0)}, t \geqslant t_0.$$

从而方程 (3.3.4) 的零解是指数稳定. 证毕.

对于不稳定定理, 也可以用这种方法加以证明, 这里不再赘述.

当 $g(t, u)$ 取某些特殊的函数时, 比较定理可以包含前面得到的一些直接结果. 下面我们以推论的形式给出.

推论 3.3.1　假设定理 3.3.4 的条件都成立, 且

(i) $g(t, u) \equiv 0$, 则方程 (3.3.4) 的零解是稳定的;

(ii) $g(t, u) \equiv 0$, V 具有无穷小上界, 则方程 (3.3.4) 的零解是一致稳定的;

(iii) $g(t, u) = \lambda(t)u, \lambda \in C[R_+, R]$, 则

(a) 若对任意的 $t_0 \geqslant 0$, $\int_{t_0}^{\infty} \lambda(s)ds < +\infty$, 那么方程 (3.3.4) 的零解是稳定的;

(b) 若对任意的 $t_0 \geqslant 0$, $\int_{t_0}^{\infty} \lambda(s)ds = -\infty$, 那么方程 (3.3.4) 的零解是渐近稳定的;

(iv) $g(t,u) = -\varphi(u), \varphi \in K, V$ 具有无穷小上界, 则方程 (3.3.4) 的零解是一致渐近稳定的.

证明 (i) 若 $g(t,u) \equiv 0$, 则方程 (3.3.5) 的解为 $u(t) = u_0, t \geqslant t_0$. 显然方程 (3.3.5) 的零解是稳定的. 由定理 3.3.4 的结论 i) 知, 方程 (3.3.4) 的零解是稳定的.

(ii) 类似 (i) 即可证得结论成立.

(iii) 若 $g(t,u) = \lambda(t)u$, 则可得方程 (3.3.5) 的解为

$$u(t,t_0,u_0) = u_0 e^{\int_{t_0}^t \lambda(s)ds}, t \geqslant t_0.$$

若条件 (a) 成立, 记 $N(t_0) = \int_{t_0}^\infty \lambda(s)ds < +\infty$, 则 $u(t) \leqslant u_0 e^{N(t_0)}$. 对任意的 $\varepsilon > 0$, 取 $\delta = \delta(t_0,\varepsilon) < \varepsilon e^{-N(t_0)}$, 可得当 $u_0 < \delta$ 时, $u(t) < \delta e^{N(t_0)} < \varepsilon$. 故方程 (3.3.5) 的零解是稳定的. 由定理 3.3.4 的结论 i) 知, 方程 (3.3.4) 的零解是稳定的.

若条件 (b) 成立, 则对任意的 $t \geqslant t_0, e^{\int_{t_0}^t \lambda(s)ds}$ 有界, 记为 M. 对任意的 $\varepsilon > 0$, 取 $\delta = \delta(t_0,\varepsilon) = \dfrac{\varepsilon}{M}$. 便可得到当 $u_0 < \delta$ 时, $u(t) < \varepsilon$. 所以方程 (3.3.5) 的零解是稳定的.

又由 $\int_{t_0}^\infty \lambda(s)ds = -\infty$ 可得 $\lim\limits_{t\to\infty} u(t) = 0$, 故方程 (3.3.5) 的零解是渐近稳定的. 由定理 3.3.4 的结论 ii) 知, 方程 (3.3.4) 的零解是渐近稳定的.

(iv) 显然方程 (3.3.5) 的零解是一致稳定. 定义

$$J(u) = \begin{cases} \int_0^u \dfrac{ds}{\varphi(s)}, & \int_0^u \dfrac{ds}{\varphi(s)} < \infty, \\ \int_\delta^u \dfrac{ds}{\varphi(s)}, & \int_0^u \dfrac{ds}{\varphi(s)} = \infty, \end{cases}$$

其中 $\delta > 0$ 为一个很小的常数. 于是可以得到方程 (3.3.5) 的解为

$$u(t,t_0,u_0) = J^{-1}[J(u_0) - (t-t_0)], t \geqslant t_0,$$

其中 J^{-1} 表示的是 J 的反函数. 假设 $u_0 < \delta, \delta > 0$, 对任意的 $\varepsilon > 0$, 取 $T = T(\varepsilon) > J(\delta) - J(\varepsilon)$, 我们可以得到

$$u(t,t_0,u_0) < \varepsilon, t \geqslant t_0 + T.$$

故方程 (3.3.5) 的零解是一致渐近稳定的. 由定理 3.3.4 的结论 iv) 知, 方程 (3.3.4) 的零解是一致渐近稳定的. 证毕.

显然, 推论的结论 (i)、(ii) 就是前面介绍的定理 3.2.1 和定理 3.2.2. 由此看出比较方法是十分有用的方法. 这种方法使我们可以从一个简单的纯量的比较方程的稳定性性质来推断一个高维的方程的稳定性性质, 在应用上更具灵活性.

下面给出例子说明比较方法的优越性.

例 3.3.1   考虑方程

$$
\begin{cases}
x_1' = (-3 + 8\sin t)x_1 + (\sin t)x_2, \\
x_2' = (\cos t)x_1 + (-3 + 8\sin t)x_2.
\end{cases}
\tag{3.3.15}
$$

作Ляпунов函数

$$
V = \frac{1}{2}(x_1^2 + x_2^2),
$$

显然 V 是正定的. 考虑 V 沿方程 (3.3.15) 的导数

$$
\frac{dV}{dt}\bigg|_{(3.3.15)} = (-3 + 8\sin t)x_1^2 + (\sin t)x_1 x_2 + (\cos t)x_1 x_2 + (-3 + 8\sin t)x_2^2,
$$

显然它是变号的, 故不能用前面讲过的定理来判断稳定性. 我们考虑将其变成微分不等式

$$
\begin{aligned}
\frac{dV}{dt}\bigg|_{(3.3.15)} &\leqslant (-3 + 8\sin t)x_1^2 + x_1^2 + x_2^2 + (-3 + 8\sin t)x_2^2 \\
&= (-2 + 8\sin t)x_1^2 + (-2 + 8\sin t)x_2^2 \\
&\leqslant 2(-2 + 8\sin t)V.
\end{aligned}
$$

同时考虑纯量方程

$$
\begin{cases}
u' = 2(-2 + 8\sin t)u, \\
u(t_0) = V(t_0).
\end{cases}
\tag{3.3.16}
$$

易得方程 (3.3.16) 的零解是渐近稳定的. 从而由定理 3.3.4 我们知道方程 (3.3.15) 的零解是渐近稳定的.

§3.4   非自治系统的有界性

上几节中我们介绍了Ляпунов稳定性的一些基本概念和定理, 很多实际问题的研究中, 不仅要研究该方程解的稳定性, 还要研究该方程解的有界性, 例如研究方程的周期解首先就要考虑方程的有界性. 本节我们将介绍有关方程有界性的一些基本结果.

考虑非线性方程

$$
x' = f(t, x),
\tag{3.4.1}
$$

其中 $f \in C[R_+ \times S(\rho), R^n]$, 且关于 x 满足局部 Lipschitz 条件. 这里 $S(\rho) = \{x \in R^n : |x| < \rho\}$, $|\cdot|$ 是 R^n 的范数, $x(t, t_0, x_0)$ 表示 (3.4.1) 过初值 (t_0, x_0) 的一个解, 简记为 $x(t)$.

与各种稳定性概念相对应, 下面给出各种有界性概念.

定义 3.4.1 称方程 (3.4.1) 过点 (t_0, x_0) 的解 $x(t)$ 是有界的, 若对任意 $(t_0, x_0) \in R_+ \times S(\rho)$, 存在 $\beta = \beta(t_0, x_0) > 0$, 使得 $|x(t, t_0, x_0)| < \beta$, $t \geqslant t_0$.

定义 3.4.2 称方程 (3.4.1) 的解是等界的, 若对任意 $\alpha > 0$, 任意 $t_0 \geqslant 0$, 存在 $\beta = \beta(t_0, \alpha) > 0$, 使得当 $|x_0| < \alpha$ 时, 有 $|x(t, t_0, x_0)| < \beta$, $t \geqslant t_0$.

定义 3.4.3 称方程 (3.4.1) 的解是一致有界的, 若定义 3.4.2 中的 β 的选取与 t_0 无关.

定义 3.4.4 称方程 (3.4.1) 的解是最终有界的, 若存在 $B > 0$, 对任意 $(t_0, x_0) \in R_+ \times S(\rho)$, 存在 $T = T(t_0, x_0)$, 使得 $|x(t, t_0, x_0)| < B$, $t \geqslant t_0 + T$.

定义 3.4.5 称方程 (3.4.1) 的解是等度最终有界的, 若存在 $B > 0$, 对任意 $t_0 \geqslant 0$, 任意 $\alpha > 0$, 任意 $x_0 : |x_0| < \alpha$, 存在 $T = T(t_0, \alpha)$, 使得 $|x(t, t_0, x_0)| < B$, $t \geqslant t_0 + T$.

定义 3.4.6 称方程 (3.4.1) 的解是一致最终有界的, 若定义 3.4.5 中的 T 的选取与 t_0 无关.

方程 (3.4.1) 解的界限一般与初值 (t_0, x_0) 有关, 即 $\beta = \beta(t_0, x_0)$; 对同一个 t_0, β 的大小仅仅由 x_0 的大小来决定, 这就是等界性, 对不同的 t_0 等界程度也不一样; 如果 β 根本与 t_0 无关, 这种有界性才叫做一致有界性. 解的最终有界性是针对给定的界限 B 而言的, 不同的解要经过不同的时刻 T 才能进入区域 $|x| \leqslant B$, 也就是说 $T = T(t_0, x_0)$; 如果对某一特定的 t_0, T 的大小仅由 x_0 的范围来定, 这就是等度最终有界性, 对不同的 t_0, T 的等界程度也不一样; 如果 T 的大小根本与 t_0 无关, 而仅由 x_0 的范围来定, 这就是一致最终有界性.

利用 Ляпунов 函数方法可得下列有关有界性的充分条件.

定理 3.4.1 假设

(i) $V(t, x) \in C[R_+ \times S(\rho), R^+]$, 且 $V(t, x)$ 关于 x 满足局部 Lipschitz 条件;

(ii) 存在 $b \in K$, 且 $\lim\limits_{r \to \infty} b(r) = \infty$, 使得 $V(t, x) \geqslant b(|x|)$;

(iii) $V'(t, x) \leqslant 0$,

则方程 (3.4.1) 的解是等界的.

证明 对 $\forall t_0 \geqslant 0, \forall 0 < \alpha \leqslant \rho$, 由 $V(t, x)$ 的连续性知, $\exists M = M(t_0, \alpha) > 0$, 使得当 $|x_0| < \alpha$ 时有

$$V(t_0, x_0) \leqslant M. \tag{3.4.2}$$

取 $\beta = \beta(t_0, \alpha) > 0$, 使 $b(\beta) > M$.

下证当 $|x_0| < \alpha$ 时, $|x(t, t_0, x_0)| < \beta$, $t \geqslant t_0$.

由条件 (iii) 知

$$V(t, x(t, t_0, x_0)) \leqslant V(t_0, x_0), \quad t \geqslant t_0, \tag{3.4.3}$$

结合条件 (ii) 知

$$b(|x(t, t_0, x_0)|) \leqslant V(t, x(t, t_0, x_0)) \leqslant V(t_0, x_0) \leqslant M < b(\beta), \quad t \geqslant t_0,$$

即

$$b(|x(t, t_0, x_0)|) < b(\beta), \quad t \geqslant t_0. \tag{3.4.4}$$

又 $b \in K$, 所以 $|x(t, t_0, x_0)| < \beta, \ t \geqslant t_0$.

因此方程 (3.4.1) 的解是等界的. 证毕.

定理 3.4.2　假设

(i) $V(t, x) \in C[R_+ \times S^C(\rho), R^+]$, 且 $V(t, x)$ 关于 x 满足局部 Lipschitz 条件;

(ii) 存在 $a, b \in K$, 且 $\lim\limits_{r \to \infty} b(r) = \infty$, 使得

$$b(|x|) \leqslant V(t, x) \leqslant a(|x|), \ (t, x) \in R_+ \times S^C(\rho);$$

(iii)$V'(t, x) \leqslant 0, \ (t, x) \in R_+ \times S^C(\rho)$,

则方程 (3.4.1) 的解是一致有界的.

证明　对 $\forall t_0 \geqslant 0, \forall \alpha > \rho > 0$, 取 $\beta = \beta(\alpha) > 0$, 使

$$b(\beta) > a(\alpha). \tag{3.4.5}$$

下面证明对上述 $\beta > 0$, 定理结论成立, 即当 $|x_0| < \alpha$ 时, 方程过 (t_0, x_0) 的任意解 $x(t, t_0, x_0)$ 都有 $|x(t, t_0, x_0)| < \beta, \ t \geqslant t_0$. 若不然, 则对某一满足 $|x_0| < \alpha$ 的解 $x(t) = x(t, t_0, x_0)$, 存在 $t_2 > t_1 \geqslant t_0$, 使得

$$|x(t_1)| = \alpha, \quad |x(t_2)| = \beta$$

且

$$\alpha \leqslant |x(t)| \leqslant \beta, \quad t \in [t_1, \ t_2],$$

即

$$x \in S^C(\alpha) \bigcap S(\beta), \quad t \in [t_1, \ t_2]. \tag{3.4.6}$$

由条件 (iii) 知

$$V(t_2, x(t_2)) \leqslant V(t_1, x(t_1)). \tag{3.4.7}$$

结合条件 (ii) 有

$$b(\beta) = b(|x(t_2)|) \leqslant V(t_2, x(t_2)) \leqslant V(t_1, x(t_1)) \leqslant a(|x(t_1)|) = a(\alpha),$$

即

$$b(\beta) \leqslant a(\alpha), \tag{3.4.8}$$

与 (3.4.5) 矛盾.

因此, 方程 (3.4.1) 的解是一致有界的. 证毕.

定理 3.4.3 假设

(i) $V(t,x) \in C[R_+ \times S^C(\rho), R^+]$, 且 $V(t,x)$ 关于 x 满足局部 Lipschitz 条件;

(ii) 存在 $a, b \in K$, 且 $\lim\limits_{r \to \infty} b(r) = \infty$, 使得

$$b(|x|) \leqslant V(t,x) \leqslant a(|x|), \ (t,x) \in R_+ \times S^C(\rho);$$

(iii) 存在 $c \in K$, 使得 $V'(t,x) \leqslant -c(|x|), \ (t,x) \in R_+ \times S^C(\rho)$,

则方程 (3.4.1) 的解是一致最终有界的.

证明 根据定理 3.4.2 知, 方程 (3.4.1) 的解是一致有界的, 即对 $\forall \alpha > \rho > 0$, 存在 $\beta = \beta(\alpha) > 0$, 使当 $|x_0| < \alpha$ 时有 $|x(t, t_0, x_0)| < \beta, \ t \geqslant t_0$. 取 $T = T(\alpha) = \dfrac{a(\alpha) + 1}{c(\rho)}$, 下证 $|x_0| < \alpha$ 时有 $|x(t, t_0, x_0)| < \beta, \ t \geqslant t_0 + T$. 我们只需证明存在 $t^* \in [t_0, \ t_0 + T]$, 使得 $|x(t^*, t_0, x_0)| < \rho$. 若不然, 则存在某个解 $x(t) = x(t, t_0, x_0)$ 对所有 $t \in [t_0, \ t_0 + T]$ 均有 $|x(t)| \geqslant \rho$, 此时, $(t,x) \in R_+ \times S^C(\rho), t \in [t_0, \ t_0 + T]$. 由条件 (iii) 知

$$\int_{t_0}^{t_0+T} V'(t,x)dt \leqslant \int_{t_0}^{t_0+T} (-c(|x|))dt,$$

所以

$$\begin{aligned}
V(t_0 + T, x(t_0 + T)) &\leqslant V(t_0, x(t_0)) - \int_{t_0}^{t_0+T} c(|x|)dt \\
&\leqslant V(t_0, x(t_0)) - T \cdot c(\rho) \\
&\leqslant a(|x_0|) - T \cdot c(\rho) \\
&\leqslant a(\alpha) - c(\rho) \cdot \frac{a(\alpha) + 1}{c(\rho)} < 0,
\end{aligned}$$

得矛盾. 因此方程 (3.4.1) 的解是一致最终有界的. 证毕.

下面我们将给出有关有界性的比较定理, 为此首先引入方程 (3.4.9) 的有界性概念.

考虑纯量微分方程

$$u' = g(t,u), \quad u(t_0) = u_0, \tag{3.4.9}$$

其中 $g \in C[R_+ \times R, \ R], \ g(t,0) \equiv 0$.

定义 3.4.7 称方程 (3.4.9) 的解是等界的, 若对任意 $\alpha > 0$, 存在 $\beta = \beta(t_0, \alpha) > 0$, 使得当 $0 \leqslant u_0 \leqslant \alpha$ 时有 $|u(t, t_0, u_0)| < \beta, \ t \geqslant t_0$.

定义 3.4.8 称方程 (3.4.9) 的解是一致有界的, 若定义 3.4.7 中的 β 的选取与 t_0 无关.

类似定义其他有界性概念.

定理 3.4.4 假设

(i) $V(t,x) \in C[R_+ \times S^C(\rho), R^+]$, 且 $V(t,x)$ 关于 x 满足局部 Lipschitz 条件;

(ii) 存在 $a, b \in K$, 且 $\lim\limits_{r \to \infty} b(r) = \infty$, 使得

$$b(|x|) \leqslant V(t,x) \leqslant a(|x|), \ (t,x) \in R_+ \times S^C(\rho);$$

(iii) $V'(t,x) \leqslant g(t, V(t,x)), \ (t,x) \in R_+ \times S^C(\rho),$

则

(a) 由方程 (3.4.9) 解的一致有界性能推知方程 (3.4.1) 相应的解的一致有界性;

(b) 由方程 (3.4.9) 解的一致最终有界性能推知方程 (3.4.1) 相应的解的一致最终有界性.

证明 (a) 由方程 (3.4.9) 的解是一致有界的知, 对 $\forall \alpha > \rho > 0$, $\exists \beta = \beta(\alpha) > 0$, 使得 $b(\beta) > a(\alpha)$, 且当 $0 \leqslant u_0 \leqslant a(\alpha)$ 时有 $|u(t, t_0, u_0)| < b(\beta)$, $t \geqslant t_0$.

下证对上述 $\beta > 0$, 结论成立, 即当 $|x_0| < \alpha$ 时有 $|x(t, t_0, x_0)| < \beta$, $t \geqslant t_0$. 若不然, 则对某个解 $x(t) = x(t, t_0, x_0)$ 存在 $t_2 > t_1 \geqslant t_0$, 使得

$$|x(t_1)| = \alpha, \quad |x(t_2)| = \beta$$

且

$$\alpha \leqslant |x(t)| \leqslant \beta, \quad t \in [t_1, \ t_2],$$

即

$$x \in S^C(\alpha) \bigcap S(\beta), \quad t \in [t_1, \ t_2].$$

由条件 (iii) 知

$$V(t, x(t)) \leqslant r(t, t_1, V(t_1, x(t_1))), \ t \in [t_1, \ t_2],$$

其中 $r(t, t_1, u_1)$ 为方程 (3.4.9) 在 $[t_1, \ t_2]$ 上的最大解, 且 $u_1 = V(t_1, x(t_1)) \leqslant a(|x(t_1)|) = a(\alpha)$. 从而当 $t = t_2$ 时有

$$V(t_2, x(t_2)) \leqslant r(t_2, t_1, V(t_1, x(t_1))) < b(\beta),$$

这与 $V(t_2, x(t_2)) \geqslant b(|x(t_2)|) = b(\beta)$ 矛盾. 因此方程 (3.4.1) 的解是一致有界的.

(b) 由方程 (3.4.9) 的解是一致最终有界的知, $\exists B > 0$, 对 $\forall \alpha > 0$, $\exists T = T(\alpha) > 0$, 使得当 $0 \leqslant u_0 \leqslant a(\alpha)$ 时有 $|u(t, t_0, u_0)| < B$, $t \geqslant t_0 + T$. 取 $\rho > 0$, 使 $b(\rho) > B$. 根据结论 (a) 知方程 (3.4.1) 的解是一致有界的, 即 $\exists \beta_0 > 0$, 当 $|x_0| < \rho$ 时有 $|x(t, t_0, x_0)| < \beta_0$, $t \geqslant t_0$.

下证对上述 $\beta_0 > 0$, $\alpha > 0$, $T = T(\alpha) > 0$, 当 $|x_0| \leqslant \alpha$ 时, 方程过 (t_0, x_0) 的任一解 $x(t, t_0, x_0)$ 都有 $|x(t, t_0, x_0)| < \beta_0$, $t \geqslant t_0 + T$. 我们只需证明存在 $t^* \in [t_0, \ t_0 + T]$,

使得 $|x(t^*, t_0, x_0)| < \rho$. 若不然, 则存在某个满足 $|x_0| \leqslant \alpha$ 的解 $x(t) = x(t, t_0, x_0)$ 对所有 $t \in [t_0, t_0 + T]$ 均有 $|x(t)| \geqslant \rho$. 此时 $(t, x) \in R_+ \times S^C(\rho)$, $t \in [t_0, t_0 + T]$. 由条件 (iii) 知

$$V(t, x(t)) \leqslant r(t, t_0, V(t_0, x(t_0))), \ t \in [t_0, t_0 + T].$$

注意到 $V(t_0, x(t_0)) \leqslant a(|x(t_0)|) \leqslant a(\alpha)$, 我们有

$$V(t_0 + T, x(t_0 + T)) \leqslant r(t_0 + T, t_0, V(t_0, x(t_0))) \leqslant B < b(\rho),$$

这与 $V(t_0 + T, x(t_0 + T)) \geqslant b(|x(t_0 + T)|) \geqslant b(\rho)$ 矛盾. 因此方程 (3.4.1) 的解是一致最终有界的. 证毕.

例 3.4.1 (Wintner[39]) 考虑

$$x' = F(t, x), \tag{3.4.10}$$

其中 $F(t, x)$ 满足不等式

$$F(t, x) \leqslant \lambda(t)\varphi(|x|),$$

这里 $\lambda(t), \varphi(|x|)$ 分别是确定在 $0 \leqslant t < +\infty$ 及 $0 \leqslant |x| < +\infty$ 上的正连续函数, 且满足下列不等式

$$\int_0^\infty \lambda(t)dt < +\infty, \quad \int_{R_0}^\infty \frac{dr}{\varphi(r)} = +\infty(R_0 > 0),$$

则 (3.4.10) 的解是一致有界的.

证明 令

$$V(t, x) = \exp\left[\int_{R_0}^r \frac{dr}{\varphi(r)} - n\int_0^t \lambda(s)ds\right],$$

其中 $r = |x|$, 此函数是定义在 $R_+ \times S^C(R_0)$ 上的正函数. 显见

$$V(t, x) \leqslant \exp\int_{R_0}^r \frac{dr}{\varphi(r)} = a(r) = a(|x|),$$

$a(r)$ 是连续的正的增函数. 又

$$V(t, x) = \exp\left[\int_{R_0}^r \frac{dr}{\varphi(r)} - n\int_0^t \lambda(s)ds\right]$$

$$\geqslant \exp\left[\int_{R_0}^r \frac{dr}{\varphi(r)} - n\int_0^\infty \lambda(s)ds\right] = b(r),$$

$b(r)$ 是连续的、增长的正函数, 且 $\lim\limits_{r \to \infty} b(r) = +\infty$,

$$V'(t, x) = \left\{\exp\left[\int_{R_0}^r \frac{dr}{\varphi(r)} - n\int_0^t \lambda(s)ds\right]\right\} \times \left(-n\lambda(t) + \frac{1}{\varphi(r)}\frac{dr}{dt}\right).$$

由

$$r^2 = |x|^2 = \sum_{i=1}^{n} x_i^2,$$

得

$$2r\frac{dr}{dt} = 2|x|\frac{d|x|}{dt} = \sum_{i=1}^{n} 2x_i \frac{dx_i}{dt},$$

$$|x|\frac{d|x|}{dt} = x^T \frac{dx}{dt} = x^T F(t,x) \leqslant |x|\lambda(t)\varphi(|x|),$$

$$\frac{dr}{dt} = \frac{d|x|}{dt} \leqslant \frac{|x|}{|x|}\lambda(t)\varphi(|x|)$$

$$< n\lambda(t)\varphi(|x|) = n\lambda(t)\varphi(r),$$

$$V'(t,x) \leqslant \left\{ \exp\left[\int_{R_0}^{r} \frac{dr}{\varphi(r)} - n\int_0^t \lambda(s)ds\right]\right\} \times \left[-n\lambda(t) + \frac{1}{\varphi(r)}\frac{dr}{dt}\right]$$

$$\leqslant \left\{ \exp\left[\int_{R_0}^{r} \frac{dr}{\varphi(r)} - n\int_0^t \lambda(s)ds\right]\right\} \times \left[-n\lambda(t) + \frac{1}{\varphi(r)}n\lambda(t)\varphi(r)\right] \leqslant 0.$$

由定理 3.4.2 知方程 (3.4.10) 的解是一致有界的.

§3.5 关于两个测度的稳定性

两个测度稳定性概括了目前研究的许多具体的稳定性. Ляпунов意义下的稳定性也是它的一种特殊情况. 在研究实际问题的稳定性时, 往往可以根据实际问题的特点适当构造映射, 来研究其在两个测度意义下的稳定性, 从而使问题得到解决. 因此研究关于两个测度的稳定性更具一般性和灵活性. 本节首先介绍关于两个测度稳定性的基本概念, 然后给出关于两个测度稳定性的基本结果.

本节考虑微分方程

$$\begin{cases} x' = f(t, x(t)), \\ x(t_0) = x_0, \quad t_0 \geqslant 0, \end{cases} \tag{3.5.1}$$

其中 $f \in C[R_+ \times R^n, R^n]$, 方程 (3.5.1) 的解表示为 $x(t) = x(t, t_0, x_0)$, 假设函数 f 足够光滑以保证方程 (3.5.1) 解的整体存在唯一性并且对初值具有连续依赖性.

首先给出以下函数类:

$K = \{a \in C[R_+, R_+] : a(u)$ 对 u 是严格递增的, 且 $a(0) = 0\}$;

$L = \{\sigma \in C[R_+, R_+] : \sigma(u)$ 对 u 是严格递减的, 且 $\lim\limits_{u \to \infty} \sigma(u) = 0\}$;

$CK = \{a \in C[R_+^2, R_+] : a(t, s) \in K, \forall t \in R_+\}$;

$KL = \{a \in C[R_+^2, R_+] : a(t, s) \in K, \ \forall s \in R_+; a(t, s) \in L, \ \forall t \in R_+\}$;

$CL = \{a \in C[R_+^2, R_+] : a(t, s) \in K, \ \forall t \in R_+\}$;

$\Gamma = \{h \in C[R_+ \times R^n, R_+] : \inf_{(t,x)} h(t,x) = 0\};$

$\Gamma_0 = \{h \in \Gamma : \inf_{x} h(t,x) = 0, \quad \forall t \in R_+\}.$

下面我们给出方程 (3.5.1) 在两个测度 $h_0, h \in \Gamma$ 下的稳定性的概念.

定义 3.5.1　称方程 (3.5.1) 是

(S_1)　(h_0, h) 稳定的: 若对任给的 $\varepsilon > 0, t_0 \in R_+$, 存在 $\delta(t_0, \varepsilon) > 0$, 对任意的 x_0, 当 $h_0(t_0, x_0) < \delta$ 时, 相应的解 $x(t) \doteq x(t, t_0, x_0)$ 有 $h(t, x(t)) < \varepsilon, \quad \forall t \geqslant t_0$;

(S_2)　(h_0, h) 一致稳定的: 若对任给的 $\varepsilon > 0, t_0 \in R_+$, 存在 $\delta(\varepsilon) > 0$, 对任意的 x_0, 当 $h_0(t_0, x_0) < \delta$ 时, 相应的解 $x(t) \doteq x(t, t_0, x_0)$ 有 $h(t, x(t)) < \varepsilon, \quad \forall t \geqslant t_0$;

(S_3)　(h_0, h) 吸引的: 若对任意的 $t_0 \in R_+$, 存在 $\delta_0 = \delta_0(t_0) > 0$, 对任意的 x_0, 当 $h_0(t_0, x_0) < \delta_0$ 时, 相应的解 $x(t) \doteq x(t, t_0, x_0)$ 有 $\lim_{t \to \infty} h(t, x(t)) = 0$;

(S_4)　(h_0, h) 渐近稳定的: (S_1) 与 (S_3) 同时成立;

(S_5)　(h_0, h) 一致吸引的: 若存在 $\delta_0 > 0$, 对任意的 $\varepsilon > 0, t_0 \in R_+$, 存在 $T = T(\varepsilon) > 0$, 当 $h_0(t_0, x_0) < \delta_0$ 时, 相应的解 $x(t) \doteq x(t, t_0, x_0)$ 有 $h(t, x(t)) < \varepsilon, \quad \forall t \geqslant t_0 + T$;

(S_6)　(h_0, h) 一致渐近稳定的: (S_2) 与 (S_5) 同时成立;

(S_7)　(h_0, h) 不稳定的: 若 (S_1) 不成立.

注意若取 $h(t, x) = h_0(t, x) = \|x\|$, 则定义 3.5.1 变为Ляпунов意义下的零解的稳定性.

定义 3.5.2　设 $h_0, h \in \Gamma$, 那么称

(i) h_0 比 h 好: 若存在 $\rho > 0, \varphi \in CK$, 当 $h_0(t, x) < \rho$ 时有 $h(t, x) \leqslant \varphi(t, h_0(t, x))$;

(ii) h_0 比 h 一致好: 若存在 $\rho > 0, \varphi \in K$, 当 $h_0(t, x) < \rho$ 时有 $h(t, x) \leqslant \varphi(h_0(t, x))$;

(iii) h_0 比 h 渐好: 若存在 $\rho > 0, \varphi \in KL$, 当 $h_0(t, x) < \rho$ 时有 $h(t, x) \leqslant \varphi(h_0(t, x), t)$.

定义 3.5.3　设 $V \in C[R_+ \times R^n, R_+^N], N \geqslant 1, V_0 = \sum_{i=1}^{N} V_i(t, x)$, 则称 V 是

(i) h 正定的: 若存在 $\rho > 0, b \in K$, 当 $h(t, x) < \rho$ 时有 $b(h(t, x)) \leqslant V_0(t, x)$;

(ii) h 渐小的: 若存在 $\rho > 0, a \in K$, 当 $h(t, x) < \rho$ 时有 $V_0(t, x) \leqslant a(h(t, x))$;

(ii) h 弱渐小的: 若存在 $\rho > 0, a \in CK$, 当 $h(t, x) < \rho$ 时有 $V_0(t, x) \leqslant a(t, h(t, x))$.

若 $V \in C[R_+ \times R^n, R_+]$, 定义

$$D^+ V(t, x) = \lim_{\delta \to 0^+} \sup \frac{1}{\delta}[V(t + \delta, x + \delta f(t, x)) - V(t, x)], \quad (t, x) \in R_+ \times R^n. \quad (3.5.2)$$

同样可定义其他的广义导数, 如

$$D_-V(t,x) = \lim_{\delta \to 0^-} \inf \frac{1}{\delta}[V(t+\delta, x+\delta f(t,x)) - V(t,x)], \quad (t,x) \in R_+ \times R^n. \quad (3.5.3)$$

容易推知若 $V \in C[R_+ \times R^n, R_+], V(t,x)$ 关于 x 满足局部 Lipschitz 条件, 且 $x(t)$ 是方程 (3.5.1) 的解, 那么有

$$\lim_{\delta \to 0^+} \sup \frac{1}{\delta}[V(t+\delta, x(t+\delta)) - V(t, x(t))]$$

$$= \lim_{\delta \to 0^+} \sup \frac{1}{\delta}[V(t+\delta, x(t) + \delta f(t, x(t))) - V(t, x(t))]; \quad (3.5.4)$$

$$\lim_{\delta \to 0^+} \inf \frac{1}{\delta}[V(t+\delta, x(t+\delta)) - V(t, x(t))]$$

$$= \lim_{\delta \to 0^+} \inf \frac{1}{\delta}[V(t+\delta, x(t) + \delta f(t, x(t))) - V(t, x(t))]. \quad (3.5.5)$$

下面用多个Ляпунов函数方法和比较方法来研究关于两个测度的稳定性.

引理 3.5.1　设

(i)$h_0, h \in \Gamma, h_0$ 比 h 好;

(ii)$V \in C[R_+ \times R^n, R_+]$, 且 $V(t,x)$ 关于 x 满足局部 Lipschitz 条件, V 是 h 正定的, h_0 弱渐小的;

(iii) $D^+V(t,x) \leqslant 0, (t,x) \in S(h,\rho)$, 其中 $S(h,\rho) = \{(t,x) \in R_+ \times R^n : h(t,x) < \rho, \quad \rho > 0\}$, 则方程 (3.5.1) 是 (h_0, h) 稳定的.

证明　由于 $V(t,x)$ 是 h_0 弱渐小的, 有 $\forall t_0 \in R^+, \forall x_0 \in R^n, \exists \delta_0 = \delta_0(t_0) > 0, a \in CK$, 使得

$$h_0(t_0, x_0) < \delta_0 \Rightarrow V(t_0, x_0) \leqslant a(t_0, h_0(t_0, x_0)).$$

由于 $V(t,x)$ 是 h 正定的, 可知存在 $b \in K, \rho_0 \in (0, \rho)$, 使得

$$b(h(t,x)) \leqslant V(t,x), \quad h(t,x) < \rho_0.$$

由于 h_0 比 h 好, 可知存在 $\delta_1 = \delta_1(t_0) > 0, \varphi \in CK$, 使得

$$\varphi(t_0, \delta_1) < \rho_0,$$

$$h(t_0, x_0) \leqslant \varphi(t_0, h_0(t_0, x_0)), \quad h_0(t_0, x_0) < \delta_1.$$

对 $\forall 0 < \varepsilon < \rho, \quad t_0 \in R_+$, 由 $a \in CK$ 知存在 $\delta_2 = \delta_2(t_0, \varepsilon) > 0$, 使得 $a(t_0, \delta_2) < b(\varepsilon)$. 取 $\delta = \delta(t_0, \varepsilon) = \min\{\delta_0, \delta_1, \delta_2\}$, 则当 $h_0(t_0, x_0) < \delta$ 时有

$$b(h(t_0, x_0)) \leqslant V(t_0, x_0) \leqslant a(t_0, h_0(t_0, x_0)) \leqslant a(t_0, \delta) < b(\varepsilon).$$

下证当 $h_0(t_0, x_0) < \delta$ 时有 $h(t, x(t)) < \varepsilon$, $t \geqslant t_0$, 其中 $x(t) = x(t, t_0, x_0)$ 是方程 (3.5.1) 满足 $h_0(t_0, x_0) < \delta$ 的解.

否则, $\exists x(t)$ 且 $\exists t_1 > t_0$, 使得

$$h(t_1, x(t_1)) = \varepsilon, \quad (t, x(t)) \in S(h, \varepsilon), t \in [t_0, t_1).$$

令 $m(t) = V(t, x(t))$, 当 $t \in [t_0, t_1)$ 时有

$$\begin{aligned}
D^+ m(t) &= \limsup_{\delta \to 0^+} \frac{m(t + \delta) - m(t)}{\delta} \\
&\doteq \limsup_{\delta \to 0^+} \frac{V(t + \delta, x(t + \delta)) - V(t, x(t))}{\delta} \\
&= \limsup_{\delta \to 0^+} \frac{V(t + \delta, x(t) + \delta f(t, x(t))) - V(t, x(t))}{\delta} \\
&= D^+ V(t, x(t)) \leqslant 0.
\end{aligned}$$

所以 $m(t)$ 在 $t \in [t_0, t_1]$ 上是非增的, 故有

$$b(\varepsilon) = b(h(t_1, x(t_1))) \leqslant V(t_1, x(t_1)) = m(t_1) \leqslant m(t_0) = V(t_0, x_0) < b(\varepsilon).$$

矛盾. 所以方程 (3.5.1) 是 (h_0, h) 稳定的. 证毕.

定义 3.5.4 设 $\lambda : R_+ \to R_+$ 为可测函数, 若

$$\int_I \lambda(s) ds = \infty,$$

其中 $I = \bigcup_{i=1}^{\infty} [\alpha_i, \beta_i]$, $\alpha_i < \beta_i < \alpha_{i+1}$, 且 $\beta_i - \alpha_i \geqslant \delta > 0$, 则称 $\lambda(t)$ 是积分正的.

定理 3.5.1 设

(i) $h_0, h \in \Gamma$, h_0 比 h 好;

(ii) $V \in C[R_+ \times R^n, R_+]$ 且关于 x 满足局部 Lipschitz 条件, 且 V 是 h 正定, h_0 弱渐小的;

(iii) $D^+ V(t, x) \leqslant -\lambda(t) C(h(t, x))$, $(t, x) \in S(h, \rho)$, 其中 $\lambda(t)$ 是积分正的, 且 $C \in K$;

(iv) $W_1, W_2, \cdots, W_m \in C[R_+ \times R^n, R^n], \forall i = 1, 2, \cdots, m, W_i(t, x)$ 关于 x 满足局部 Lipschitz 条件, $D^+ W_i(t, x)$ 在 $S(h, \rho)$ 上是有上界或者下界, 且 $\exists a, b \in K$, 使

$$b(h(t, x)) \leqslant \sum_{i=1}^{m} W_i^2(t, x) \leqslant a(h(t, x)), \quad (t, x) \in S(h, \rho),$$

则方程 (3.5.1) 是 (h_0, h) 渐近稳定的.

证明　由引理 3.5.1 知方程 (3.5.1) 是 (h_0, h) 稳定的.

下证方程 (3.5.1) 是 (h_0, h) 吸引的.

令 $\varepsilon = \rho, t_0 \in R_+$. 由方程 (3.5.1) 的 (h_0, h) 稳定性知 $\exists \delta_0 = \delta_0(t_0, \rho) > 0$, 使得当 $h_0(t_0, x_0) < \delta_0$ 时有

$$h(t, x(t)) < \rho, \quad t \geqslant t_0,$$

其中 $x(t) = x(t, t_0, x_0)$ 是满足 $h_0(t_0, x_0) < \delta_0$ 的解.

要证 $\lim\limits_{t \to \infty} h(t, x(t)) = 0$, 只需证 $\lim\limits_{t \to \infty} \sum\limits_{i=1}^{m} W_i^2(t, x(t)) = 0$.

事实上, 若 $\lim\limits_{t \to \infty} \sum\limits_{i=1}^{m} W_i^2(t, x(t)) \neq 0$, 则 $\exists i, 1 \leqslant i \leqslant m$, 使得 $\lim\limits_{t \to \infty} W_i^2(t, x(t)) \neq 0$. 那么, 可以找到序列 $\{t_k\}$:

$$t_0 \leqslant t_1 \leqslant t_2 \leqslant \cdots \leqslant t_k \leqslant \cdots$$

$t_k - t_{k-1} \geqslant \alpha > 0, \lim\limits_{k \to \infty} t_k = \infty$, 满足

$$W_i(t_k, x(t_k)) \geqslant l > 0,$$

或

$$W_i(t_k, x(t_k)) \leqslant -l < 0.$$

因为

$$W_i(t, x(t)) = W_i(t_k, x(t_k)) + \int_{t_k}^{t} D^+ W_i(s, x(s)) ds,$$

再由 (iv), $\exists \delta > 0, 0 < \delta < \alpha$, 使得

$$\left| W_i(t, x(t)) \right| \geqslant \frac{l}{2}, t \in [t_k - \delta, t_k], k = 1, 2, \cdots$$

由 $\sum\limits_{i=1}^{m} W_i^2(t, x) \leqslant a(h(t, x))$, 有

$$h(t, x(t)) \geqslant a^{-1} \left(\frac{l^2}{4} \right), t \in [t_k - \delta, t_k], k = 1, 2, \cdots$$

令 $I = \bigcup\limits_{k=1}^{\infty} \left[t_k - \dfrac{\delta}{m}, t_k \right]$, 由 (iii) 知

$$\lim\limits_{t \to \infty} V(t, x(t)) \leqslant V(t_0, x_0) - \int_{t_0}^{\infty} D^+ V(s, x(s)) ds$$

$$\leqslant V(t_0, x_0) - C\left(a^{-1}\left(\frac{l^2}{4}\right)\right)\int_I \lambda(s)ds = -\infty.$$

矛盾. 所以, $\lim\limits_{t\to\infty}\sum\limits_{i=1}^{m} W_i^2(t, x(t)) = 0$.

再由 $b(h(t, x(t))) \leqslant \sum\limits_{i=1}^{m} W_i^2(t, x(t)), b \in K$ 知

$$\lim_{t\to\infty} h(t, x(t)) = 0.$$

所以, 方程 (3.5.1) 是 (h_0, h) 吸引的. 综上可得, 方程 (3.5.1) 是 (h_0, h) 渐近稳定的. 证毕.

下面给出一个例子来说明这个定理的应用.

例 3.5.1 考虑非线性微分方程

$$\begin{cases} y_1' = -y_1 + 2y_2 + y_3 + y_1 y_3^2 e^t, \\ y_2' = -2y_1 - y_2 + y_4 - y_2 y_4^2 e^t, \\ y_3' = -y_1 + 2y_4 - y_1^2 y_3 e^t, \\ y_4' = -y_2 - 2y_3 + y_2^2 y_4 e^t. \end{cases} \tag{3.5.6}$$

令 $V(t, y) = \frac{1}{2}(y_1^2 + y_2^2 + y_3^2 + y_4^2), h(t, y) = y_1^2 + y_2^2, h_0(t, y) = y_1^2 + y_2^2 + y_3^2 + y_4^2, W_1 = \frac{1}{2}y_1^2, W_2 = \frac{1}{2}y_2^2$. 那么, 我们可以验证 $V(t, y)$ 是 h 正定, h_0 渐小的. 经计算易得

$$D^+V(t, y) = -y_1^2 - y_2^2,$$

$$D^+W_1(t, y) = -y_1^2 + 2y_1 y_2 + y_1 y_3 + y_1^2 y_3^2 e^t \geqslant -4\rho^2,$$
$$D^+w_2(t, y) = -2y_1 y_2 - y_2^2 + y_2 y_4 - y_2^2 y_4^2 e^t < 4\rho^2,$$

其中 $\max\limits_{1\leqslant i\leqslant 4} |y_i| \leqslant \rho$. 那么, 由定理 3.5.1 知方程 (3.5.6) 是 (h_0, h) 渐近稳定的.

定理 3.5.2 设

(i) $h_0, h \in \Gamma_0, h_0$ 比 h 好;

(ii) $V_1, V_2 \in C[R_+ \times R^n, R_+], V_1(t, x)$ 和 $V_2(t, x)$ 关于 x 满足局部 Lipschitz 条件, $V_1(t, x)$ 是 h 正定的, $V_1(t, x) + V_2(t, x)$ 是 h_0 弱渐小的, 且

$$D^+V(t, x) \leqslant -\lambda(t)C(V_1(t, x)), (t, x) \in S(h, \rho),$$

其中 $V = V_1 + V_2, \lambda(t)$ 是积分正的, 且 $C \in K$;

(iii) 对方程 (3.5.1) 的任一解 $x(t) = x(t, t_0, x_0)$, 函数

$$\int_0^t [D^+V_2(s, x(s))]_{\pm}ds,$$

在 R_+ 上是一致连续的, 其中 $[\,\cdot\,]_{\pm}$ 表示对 $\forall s \in R_+$ 或者是取正的部分 $[\,\cdot\,]_+$, 或者是取负的部分 $[\,\cdot\,]_-$,

则方程 (3.5.1) 是 (h_0, h) 渐近稳定的, 且对方程 (3.5.1) 满足 $(t, x(t)) \in S(h, \rho)$ 的任意解 $x(t) = x(t, t_0, x_0)$ 有 $\lim\limits_{t \to \infty} V_2(t, x(t))$ 存在且有限.

证明　先证方程 (3.5.1) 是 (h_0, h) 稳定的.

由 V_1 是 h 正定的, 则 $V = V_1 + V_2 \geqslant V_1$, 所以可知 V 是 h 正定的. 又 V 是 h_0 弱渐小的, 且

$$D^+ V(t, x) \leqslant -\lambda(t) C(V_1(t, x)) < 0,$$

则由引理 3.5.1 知, 方程 (3.5.1) 是 (h_0, h) 稳定的.

取 $\varepsilon = \rho$, 由方程 (3.5.1) 的 (h_0, h) 稳定性知 $\exists \delta_0 = \delta_0(t_0, \rho)$, 使得当 $h_0(t_0, x_0) < \delta_0$ 时, 相应的解 $x(t) \doteq x(t, t_0, x_0)$ 有 $h(t, x(t)) < \rho, t \geqslant t_0$.

下证方程 (3.5.1) 是 (h_0, h) 吸引的.

取 $\delta = \delta_0$, 当 $h_0(t_0, x_0) < \delta$ 时, 有 $h(t, x(t)) < \rho$, 即 $(t, x(t)) \in S(h, \rho)$. 由于 $V_1(t, x(t))$ 是 h 正定的, 则 $V_1(t, x(t)) \geqslant b(h(t, x(t))), \ b \in K$.

要证 $\lim\limits_{t \to \infty} h(t, x(t)) = 0, \ t \geqslant t_0$, 只需证 $\lim\limits_{t \to \infty} V_1(t, x(t)) = 0$.

设 $m_1(t) = V_1(t, x(t)), \quad m_2(t) = V_2(t, x(t)), \quad m = m_1 + m_2 = V_1 + V_2$, 由条件 (ii) 有 $D^+ m(t) < 0$, 又 $m(t) \geqslant 0$, 所以 $\lim\limits_{t \to \infty} m(t) = \sigma < +\infty$.

先证 $\lim\limits_{t \to \infty} \inf m_1(t) = 0$. 否则, 设 $\lim\limits_{t \to \infty} \inf m_1(t) = \alpha > 0$, 则 $\exists T, t > T$ 时, $\inf m_1(t) > \dfrac{\alpha}{2}$.

由条件 (ii)

$$\int_T^t D^+ m(s) ds \leqslant -\int_T^t D^- \lambda(s) C(m_1(s)) ds,$$

故

$$m(t) \leqslant m(T) - C\left(\frac{\alpha}{2}\right) \int_T^t D^- \lambda(s) ds \to -\infty, \quad t \to +\infty.$$

矛盾.

再证 $\lim\limits_{t \to \infty} m_1(t) = 0$. 否则, 若 $\lim\limits_{t \to \infty} m_1(t) \neq 0$, 则 $\exists r > 0$, 使得 $\lim\limits_{t \to \infty} \sup m_1(t) > 3r$. 由于 $\lim\limits_{t \to \infty} m(t) = \sigma, m(t)$ 非增, 所以 $\exists M > 0$, 使得

$$\sigma \leqslant m(t) \leqslant \sigma + r, \quad t \geqslant t_0 + M. \tag{3.5.7}$$

由于 $m_1(t)$ 连续, 可选取以下数列

$$t_0 < M < \alpha_1 < \beta_1 < \cdots < \alpha_i < \beta_i < \cdots$$

使得对 $\forall i = 1, 2, \cdots$ 有

$$m_1(\alpha_i) = 3r, \quad m_1(\beta_i) = r, \quad r < m_1(t) \leqslant 3r \quad t \in [\alpha_i, \beta_i]. \tag{3.5.8}$$

由 (3.5.7), (3.5.8), 则有

$$m_2(\alpha_i) = m(\alpha_i) - m_1(\alpha_i) \leqslant \sigma + r - 3r = \sigma - 2r,$$

$$m_2(\beta_i) = m(\beta_i) - m_1(\beta_i) \geqslant \sigma - r,$$

所以

$$0 < r = (\sigma - r) - (\sigma - 2r) \leqslant m_2(\beta_i) - m_2(\alpha_i)$$
$$= \int_{\alpha_i}^{\beta_i} D^+ m_2(s) ds \leqslant \int_{\alpha_i}^{\beta_i} [D^+ m_2(s)]_+ ds. \qquad (3.5.9)$$

不妨设条件 (iii) 对

$$\int_0^t [D^+ m_2(s, x(s))]_+ ds$$

成立, 由一致连续的定义知, 对 $\forall \varepsilon > 0, \exists d > 0$, 使得当 $\beta_i - \alpha_i < d$ 时有

$$\left| \int_0^{\beta_i} [D^+ m_2(s, x(s))]_+ ds - \int_0^{\alpha_i} [D^+ m_2(s, x(s))]_+ ds \right| < \varepsilon,$$

即

$$\left| \int_{\alpha_i}^{\beta_i} [D^+ m_2(s, x(s))]_+ ds \right| < \varepsilon.$$

由 (3.5.9) 有

$$\int_{\alpha_i}^{\beta_i} [D^+ m_2(s, x(s))]_+ ds \geqslant r > 0,$$

所以 $\beta_i - \alpha_i > d$.

取 $I = \bigcup_{i=1}^{\infty} [\alpha_i, \beta_i]$, 由 $\lambda(t)$ 是积分正的, 知 $\int_I \lambda(s) ds = \infty$. 从而

$$m(t) = m(t_0) + \int_{t_0}^t D^+ m(s) ds \leqslant m(t_0) + \int_{t_0}^t -\lambda(s) C(m(s)) ds \leqslant m(t_0) - C(r) \int_{t_0}^t \lambda(s) ds,$$

$$\lim_{t \to \infty} m(t) \leqslant m(t_0) - C(r) \int_{t_0}^{\infty} \lambda(s) ds \leqslant m(t_0) - C(r) \int_I \lambda(s) ds = -\infty.$$

矛盾. 所以

$$\lim_{t \to \infty} m_1(t) = 0.$$

因此方程 (3.5.1) 是 (h_0, h) 渐近稳定的, 且有

$$\lim_{t \to \infty} V_2(t, x(t)) = \lim_{t \to \infty} m_2(t) = \lim_{t \to \infty} (m(t) - m_1(t)) = \sigma < +\infty.$$

证毕.

下面给出例子说明定理的应用

例 3.5.2　考虑方程

$$x'' + a(t)g(x, x')x' + b(t)f(x) = 0, \qquad (3.5.10)$$

或者等价形式

$$\begin{cases} x' = y, \\ y' = -a(t)g(x, y)y - b(t)f(x), \end{cases} \qquad (3.5.11)$$

其中 $a \in C[R_+, R_+]$, $g \in C[R^2, R_+]$, $f \in C[R, R]$, $b \in C^1[R_+, [0, \infty)]$, 且有
$F(x) = \int_0^x f(u)du > 0$, $\forall x \in R - \{0\}$, 并满足以下条件:

(i) $b'(t) \leqslant 0, t \in R_+$;

(ii) $f(x)$ 在 R 上有界;

(iii) $\forall 0 < \gamma_0 < \gamma, \exists g_0 > 0$ 使得当 $\gamma_0 \leqslant h \leqslant \gamma$ 时有 $g(x, y) \geqslant g_0$.

令 $V_1(x, y) = \dfrac{1}{2}y^2$, $V_2(t, x, y) = b(t)F(x)$, $V = V_1 + V_2$, 则

$$\begin{aligned} D^+ V(t, x, y) &= -a(t)g(x, y)y^2 + b'(t)F(x) \\ &= -2a(t)g(x, y)V_1(x, y) + \frac{b'(t)}{b(t)}V_2(t, x, y), \end{aligned}$$

$$D^+ V_2(t, x, y) = \frac{b'(t)}{b(t)}V_2(t, x, y) + b(t)f(x)y.$$

令 $h = |y|$, $h_0 = \sqrt{x^2 + y^2}$. 可以验证 $V_1(x, y)$ 是 h 正定的, $V(t, x, y)$ 是 h_0 弱渐小的, 由定理 3.5.2 可知方程 (3.5.11) 是 (h_0, h) 渐近稳定的, 且函数 $b(t)F(f(t))$ 当 $t \to \infty$ 时是有限的.

下面利用纯量的比较方法给出一个一致渐近稳定的定理.

考虑纯量的比较方程

$$\begin{cases} u' = g(t, u), \\ u(t_0) = u_0 \geqslant 0, \end{cases} \qquad (3.5.12)$$

其中 $g \in C[R_+ \times R, R]$, 且 $g(t, 0) \equiv 0$.

首先给出一个比较原理, 其证明见文献 [15].

引理 3.5.2　设 $V \in C[R_+ \times R^n, R_+], V(t, x)$ 对 $\forall t \in R_+$ 关于 x 满足局部 Lipschitz 条件, 且

$$D^+ V(t, x) \leqslant g(t, V(t, x)), (t, x) \in R_+ \times R^n,$$

其中 $g \in C[R_+ \times R, R]$. 又设 $r(t) = r(t, t_0, u_0)$ 是方程 (3.5.12) 在区间 J 上的最大解, 方程 (3.5.1) 存在在区间 J 上的任意解为 $x(t) = x(t, t_0, x_0)$. 若 $V(t_0, x_0) \leqslant u_0$, 则有 $V(t, x(t)) \leqslant r(t), t \in J$.

定理 3.5.3 设

(i) $h_0, h \in \Gamma_0, h_0$ 比 h 一致好;

(ii) $V_1 \in C[R_+ \times R^n, R_+], V_1(t,x)$ 关于 x 满足局部 Lipschitz 条件, $V_1(t,x)$ 是 h_0 渐小的, 且

$$D^+ V_1(t,x) \leqslant g_1(t, V_1(t,x)), (t,x) \in S(h,\rho),$$

其中 $g_1 \in C[R_+ \times R, R], g_1(t,0) \equiv 0$;

(iii) $\forall \eta > 0, \exists V_{2\eta} \in C[S(h,\rho) \bigcap S^C(h_0,\eta), R_+], V_{2\eta}(t,x)$ 关于 x 满足局部 Lipschitz 条件, 且满足下列不等式:

(a_1) $b(h(t,x)) \leqslant V_{2\eta} \leqslant a(h_0(t,x)), (t,x) \in S(h,\rho) \bigcap S^C(h_0,\eta)$, 其中 $a, b \in K$;

(a_2) $D^+ V_1(t,x) + D^+ V_{2\eta}(t,x) \leqslant g_2(t, V_1(t,x) + V_{2\eta}(t,x))$, 其中 $g_2 \in C[R_+ \times R, R], g_2(t,0) \equiv 0$;

(iv) 微分方程

$$\begin{cases} u' = g_1(t,u), \\ u(t_0) = u_0 \geqslant 0 \end{cases} \tag{3.5.13}$$

的零解是一致稳定的, 并且微分方程

$$\begin{cases} \omega' = g_2(t,\omega), \\ \omega(t_0) = \omega_0 \geqslant 0 \end{cases} \tag{3.5.14}$$

的零解是一致稳定的;

(v) 满足下列条件之一:

(a_3) $D^+ V_1(t,x) + C(h_0(t,x)) \leqslant g_1(t, V_1(t,x)), C \in K, g_1(t,u)$ 关于 u 非减;

(a_4) $D^+ V_1(t,x) + D^+ V_{2\eta}(t,x) + C(h_0(t,x)) \leqslant g_2(t, V_1(t,x) + V_{2\eta}(t,x)), C \in K, g_2(t,u)$ 关于 u 非减.

则方程 (3.5.1) 是 (h_0, h) 一致渐近稳定的.

证明 先证方程 (3.5.1) 是 (h_0, h) 一致稳定的.

由于 h_0 比 h 一致好, 可知存在 $r_0 > 0, \varphi_0 \in K$, 使得

$$h(t,x) \leqslant \varphi_0(h_0(t,x)), \quad h_0(t,x) < r_0. \tag{3.5.15}$$

由于 $V_1(t,x)$ 是 h_0 渐小的, 可知存在 $r_1 > 0, \varphi_1 \in K$, 使得

$$V_1(t,x) \leqslant \varphi_1(h_0(t,x)), \quad h_0(t,x) < r_1. \tag{3.5.16}$$

对 $\forall 0 < \varepsilon < \rho, t_0 \in R_+$, 由于方程 (3.5.14) 零解是一致稳定的, 故对 $b(\varepsilon) > 0$, 存在 $\delta_0 = \delta_0(\varepsilon) > 0$, 使得

$$\omega_0 < \delta_0 \Rightarrow |\omega(t, t_0, x_0)| < b(\varepsilon), \quad t \geqslant t_0. \tag{3.5.17}$$

由于 $a \in K, \varphi_0 \in K$, 可知存在 $\delta_1 = \delta_1(\varepsilon) > 0$, 使得 $a(\delta_1) < \dfrac{\delta}{2}, \varphi_0(\delta_1) < \varepsilon, a(\delta_1) < b(\varepsilon)$.

由于方程 (3.5.13) 的零解是一致稳定的, 可知对 $\dfrac{\delta_0}{2} > 0$, 存在 $\delta_2 = \delta_2(\varepsilon)$, 使得

$$u_0 < \delta_2 \Rightarrow |u(t, t_0, u_0)| < \frac{\delta_0}{2}, \quad t \geqslant t_0. \tag{3.5.18}$$

由于 $\varphi_1 \in K$ 及 (3.5.16), 则存在 $0 < \delta_3 = \delta_3(\varepsilon) < r_1$, 使得

$$V_1(t_0, x_0) \leqslant \varphi_1(h_0(t_0, x_0)) < \varphi_1(\delta_3) < \delta_2, \quad h_0(t_0, x_0) < \delta_3. \tag{3.5.19}$$

取 $\delta = \min\{r_1, r_2, \delta_1, \delta_3\} = \delta(\varepsilon) > 0$, 下证当 $h_0(t_0, x_0) < \delta$ 时有 $h(t, x) < \varepsilon, t \geqslant t_0$.

首先, 当 $t = t_0$ 时有 $h_0(t_0, x_0) < \delta < r_2$, 由 (3.5.15) 知 $h(t_0, x_0) \leqslant \varphi_0(h_0(t_0, x_0)) < \varphi_0(\delta) < \varepsilon$.

然后证明 $h(t, x(t)) < \varepsilon, t \geqslant t_0$.

否则, $\exists x(t)$ 并 $\exists t_2 > t_1 > t_0$, 使得

$$h_0(t_1, x(t_1)) = \delta, \quad h(t_2, x(t_2)) = \varepsilon, \quad (t, x(t)) \in S(h, \varepsilon) \bigcap S^C(h_0, \delta), t \in [t_1, t_2].$$

令 $\eta = \delta$, 由条件 (iii) 知, $\exists V_{2\eta}$ 满足 $(a_1), (a_2)$. 令 $m(t) = V_1(t, x(t)) + V_{2\eta}(t, x(t)), t \in [t_1, t_2]$, 则

$$D^+ m(t) \leqslant g_2(t, m(t)), \quad t \in [t_1, t_2].$$

由引理 3.5.2, 有 $m(t) \leqslant r_2(t, t_1, m(t_1)), t \in [t_1, t_2]$, 其中 $r_2(t, t_1, m(t_1))$ 是方程 (3.5.14) 的最大解.

同样可得, $V_1(t, x(t)) \leqslant r_1(t, t_0, V_1(t_0, x_0)), t \in [t_0, t_1]$, 其中 $r_1(t, t_0, V_1(t_0, x_0))$ 是方程 (3.5.13) 的最大解.

由 (3.5.18) 知 $V_1(t, x(t)) \leqslant r_1(t, t_0, V_1(t_0, x_0)) < \dfrac{\delta_0}{2}$.

由 (a_1) 及 (3.5.17) 知 $V_{2\eta}(t_1, x(t_1)) \leqslant a(h_0(t_1, x(t_1))) < a(\delta_1) < \dfrac{\delta_0}{2}$,

$$m(t_1) = V_1(t_1, x(t_1)) + V_{2\eta}(t_1, x(t_1)) < \frac{\delta_0}{2} + \frac{\delta_0}{2} < \delta_0.$$

由 (3.5.16) 知 $m(t_2) \leqslant r_2(t_2, t_1, m(t_1)) < b(\varepsilon)$,

$$b(\varepsilon) = b(h(t_2, x(t_2))) \leqslant V_{2\eta}(t_2, x(t_2)) \leqslant m(t_2) < b(\varepsilon).$$

矛盾. 所以, 方程 (3.5.1) 是 (h_0, h) 一致稳定的.

下证方程 (3.5.1) 是 (h_0, h) 一致吸引的.

令 $\varepsilon = \rho$. 由方程 (3.5.1) 是 (h_0, h) 一致稳定的, 知 $\exists \delta^* = \delta^*(\rho) > 0$, 使得 $h_0(t_0, x_0) < \delta^*$ 时有

$$h(t, x) < \rho, \quad t \geqslant t_0.$$

对 $\forall 0 < \varepsilon < \rho$, 取 $\delta = \delta(\varepsilon)$ (δ 的取法与 (h_0, h) 一致稳定的取法相同). $T = \dfrac{\delta_0}{2C(\delta)} + 1$.

下证 $\exists t^* \in [t_0, t_0 + T]$, 使得 $h_0(t_0, x_0) < \delta^*$ 时有

$$h_0(t^*, x(t^*)) < \delta.$$

否则, 当 $h_0(t_0, x_0) < \delta^*$ 时, 对 $\forall t \in [t_0, t_0 + T]$ 都有 $h_0(t, x(t)) \geqslant \delta$.

设 (a_3) 成立. 令 $m(t) = V_1(t, x) + \displaystyle\int_{t_0}^{t} C(h_0(s, x(s)))ds$, 有

$$D^+ m(t) = D^+ V_1(t, x) + C(h_0(t, x)) \leqslant g_1(t, V_1(t, x)) \leqslant g_1(t, m(t)).$$

令 $u_0 = V_1(t_0, x_0) = m(t_0)$. 由引理 3.5.2 有

$$m(t) = V_1(t, x) + \int_{t_0}^{t} C(h_0(s, x(s)))ds \leqslant r_1(t, t_0, V_1(t_0, x_0)), \quad t \in [t_0, t_0 + T]. \tag{3.5.20}$$

由 (3.5.19), 得

$$h_0(t_0, x_0) < \delta^* < \delta_3 \Rightarrow V_1(t_0, x_0) < \delta_2 \Rightarrow u_0 < \delta_2.$$

由 (3.5.18), 得

$$r_1(t, t_0, u_0) < \frac{\delta_0}{2}. \tag{3.5.21}$$

由 (3.5.20) 及 (3.5.21) 知

$$\int_{t_0}^{t} C(h_0(s, x(s)))ds \geqslant C(\delta)T = C(\delta)\left(\frac{\delta_0}{2C(\delta)} + 1\right) = \frac{\delta_0}{2} + C(\delta) > \frac{\delta_0}{2}.$$

矛盾. 所以 $h(t, x(t)) < \varepsilon, \quad \forall t \geqslant t_0 + T$.

设 (a_4) 成立. 取 $m(t) = V_1(t, x) + V_{2\eta}(t, x) + \displaystyle\int_{t_0}^{t} C(h_0(s, x(s)))ds$, 与 (a_3) 的证明类似可得 $h(t, x(t)) < \varepsilon, \quad \forall t \geqslant t_0 + T$.

因此, 方程 (3.5.1) 是 (h_0, h) 一致吸引的. 证毕.

下面我们利用向量 Ляпунов 函数比较方法研究微分方程 (3.5.1) 关于两个测度的稳定性质。

首先介绍下面的定义.

定义 3.5.5 设 $F \in C[R^n, R^n]$, 称函数 F 是拟单调非减的: 若 $x \leqslant y$, 对于 $1 \leqslant i \leqslant n, x_i = y_i$, 有 $F_i(x) \leqslant F_i(y)$.

定理 3.5.4 设 $V \in C(R_+ \times R^n, R_+^N)$, $V(t,x)$ 关于 x 满足局部 Lipschitz 条件. 若

$$D^+V(t,x) = \lim_{h \to 0^+} \sup \frac{1}{h}[V(t+h, x+hf(t,x)) - V(t,x)]$$
$$\leqslant g(t, V(t,x)), \quad (t,x) \in R_+ \times R^n,$$

其中 $g \in C(R_+ \times R^N, R^N), g(t,u)$ 关于 u 拟单调非减. 设 $r(t) = r(t,t_0,u_0)$ 是

$$\begin{cases} u' = g(t,u), \\ u(t_0) = u_0, \quad t_0 \in R_+ \end{cases} \tag{3.5.22}$$

在 $[t_0, +\infty)$ 上的最大解, 且 $V(t_0, x_0) \leqslant u_0$, 则 $V(t, x(t)) \leqslant r(t), t \geqslant t_0$, 其中 $x(t) = x(t,t_0,x_0)$ 是方程 (3.5.1) 的在 $[t_0, +\infty)$ 的任意解.

对于比较方程 (3.5.22), 类似给出其零解稳定性定义.

该定理的证明见文献 [157].

定义 3.5.6 称比较方程 (3.5.22) 的零解是稳定的: 若对任意 $\varepsilon > 0, t_0 \in R_+$, 存在 $\delta = \delta(t_0, \varepsilon) > 0$, 使得当 $\sum_{i=1}^N |u_{0_i}| < \delta$ 时, 有

$$\sum_{i=1}^N |u_i(t, t_0, u_0)| < \varepsilon, \quad t \geqslant t_0,$$

其中 $u(t) = u(t, t_0, u_0)$ 是比较方程 (3.5.22) 的任意解.

下面我们将给出一些经典的比较结果, 它们是利用向量 Ляпунов 函数方法得到的方程 (3.5.1) 关于两个测度稳定性的充分条件.

定理 3.5.5 若

(i) $h_0, h \in \Gamma, h_0$ 比 h 一致好;

(ii) $V \in C(R_+ \times R^n, R_+^N)$, $V(t,x)$ 关于 x 满足局部 Lipschitz 条件, 且是 h 正定, h_0 渐小;

(iii) $g \in C(R_+ \times R^N, R^N), g(t,u)$ 关于 u 拟单调非减, 且 $g(t,0) \equiv 0$;

(iv) $D^+V(t,x) \leqslant g(t, V(t,x)), (t,x) \in S(h, \rho)$,

则由比较方程 (3.5.22) 零解的稳定性质可以推知方程 (3.5.1) 相应的 (h_0, h) 稳定性质.

证明 这里我们仅以方程 (3.5.1) 的 (h_0, h) 渐近稳定为例. 假设比较方程 (3.5.22) 零解是渐近稳定的. 首先证明 (h_0, h) 稳定. 因为 V 是 h 正定的, 即存在

$\rho_0 \in (0, \rho], b \in K$, 使得

$$b(h(t, x)) \leqslant V_0(t, x) = \sum_{i=1}^{N} V_i(t, x), \quad (t, x) \in S(h, \rho_0). \tag{3.5.23}$$

令 $0 < \varepsilon < \rho_0$, 给定 $t_0 \in R_+$, 由于方程 (3.5.22) 零解是稳定的, 于是给定 $b(\varepsilon) > 0, t_0 \in R_+$, 存在 $\delta_1 = \delta_1(t_0, \varepsilon)$, 使得当 $\sum_{i=1}^{N} |u_{0_i}| < \delta_1$ 时有

$$\sum_{i=1}^{N} |u_i(t, t_0, u_0)| < b(\varepsilon), \quad t \geqslant t_0, \tag{3.5.24}$$

其中 $u(t) = u(t, t_0, u_0)$ 是比较方程 (3.5.22) 的任意解.

令 $u_0 = V(t_0, x_0)$. 因为 V 是 h_0 渐小的, 且 h_0 比 h 一致好, 因此存在 $\sigma_0 > 0$, 存在 $a \in K$, 使得对任意 $(t_0, x_0) \in S(h_0, \sigma_0)$, 有

$$h(t_0, x_0) < \rho_0, \quad V_0(t_0, x_0) \leqslant a(h_0(t_0, x_0)). \tag{3.5.25}$$

再由 (3.5.23), 有

$$b(h(t_0, x_0)) \leqslant V_0(t_0, x_0) \leqslant a(h_0(t_0, x_0)), \quad (t_0, x_0) \in S(h_0, \sigma_0). \tag{3.5.26}$$

适当选取 $\delta = \delta(t_0, \varepsilon)$, 使得 $\delta \in (0, \sigma_0), a(\delta) < \delta_1$. 令 $h_0(t_0, x_0) < \delta$. 则由于 $\delta_1 < b(\varepsilon)$, 及式 (3.5.26), 可得

$$b(h(t_0, x_0)) \leqslant V_0(t_0, x_0) \leqslant a(h_0(t_0, x_0)) < a(\delta) < \delta_1 < b(\varepsilon),$$

从而 $h(t_0, x_0) < \varepsilon$.

那么可以证明当 $h_0(t_0, x_0) < \delta$ 时有 $h(t, x(t)) < \varepsilon, t \geqslant t_0$, 其中 $x(t) = x(t, t_0, x_0)$ 是方程 (3.5.1) 满足 $h_0(t_0, x_0) < \delta$ 的任意解.

若不然, 则存在 $t_1 > t_0$ 及方程 (3.5.1) 的一个解, 使得

$$\begin{cases} h(t_1, x_1) = \varepsilon, \\ h(t, x(t)) < \varepsilon, \quad t_0 \leqslant t < t_1. \end{cases} \tag{3.5.27}$$

事实上, 若 $h_0(t_0, x_0) < \delta$, 则 $h(t_0, x_0) < \varepsilon$. 于是对于 $t \in [t_0, t_1], (t, x(t)) \in S(h, \rho)$, 根据定理 3.5.4, 有

$$V(t, x(t)) \leqslant r(t, t_0, u_0), \quad t_0 \leqslant t \leqslant t_1, \tag{3.5.28}$$

其中 $r(t) = r(t, t_0, u_0)$ 是比较方程 (3.5.22) 的最大解. 于是由式 (3.5.23), (3.5.24), (3.5.27) 和 (3.5.28), 得

$$b(\varepsilon) \leqslant V_0(t_1, x(t_1)) \leqslant \sum_{i=1}^{N} r_i(t, t_0, u_0) < b(\varepsilon),$$

矛盾. 因此方程 (3.5.1) 是 (h_0, h) 稳定的.

假设比较方程 (3.5.22) 零解是吸引的. 由于方程 (3.5.1) 是 (h_0, h) 稳定的, 令 $\varepsilon = \rho_0$, 则 $\widehat{\delta_0} = \delta(t_0, \rho_0)$. 令 $0 < \eta < \rho_0$. 由于方程 (3.5.2) 零解是吸引的, 于是给定 $b(\eta) > 0, t_0 \in R_+$, 存在正数 $\delta_1^* = \delta_1^*(t_0)$ 及 $T = T(t_0, \eta) > 0$, 使得当 $\sum_{i=1}^{N} |u_{0_i}| < \delta_1^*$ 时, 有

$$\sum_{i=1}^{N} |u_i(t, t_0, u_0)| < b(\eta), \quad t \geqslant t_0 + T. \tag{3.5.29}$$

令 $u_0 = V(t_0, x_0)$. 类似于前面的证明, 选取适当 $\delta_0^* = \delta_0^*(t_0)$, 使得 $\delta_0^* \in (0, \sigma_0), a(\delta_0^*) < \delta_1^*$. 令 $\delta_0 = \min(\delta_0^*, \widehat{\delta_0})$, 当 $h_0(t_0, x_0) < \delta_0$ 时有 $h(t, x(t)) < \rho_0, t \geqslant t_0$, 且对于任意的 $t \geqslant t_0$, 式 (3.5.28) 成立, 即 $V(t, x(t)) \leqslant r(t, t_0, u_0), t \geqslant t_0$.

下面证明当 $h_0(t_0, x_0) < \delta$ 时, 有 $h(t, x(t)) < \varepsilon, t \geqslant t_0 + T$.

假如不成立, 则存在序列 $\{t_k\}, t_k \geqslant t_0 + T, \lim_{k \to \infty} t_k = \infty$, 使得 $\eta \leqslant h(t_k, x(t_k))$, 其中 $x(t) = x(t, t_0, x_0)$ 是方程 (3.5.1) 满足 $h_0(t_0, x_0) < \delta_0$ 的一个解. 由式 (3.5.28) 和 (3.5.29), 可推知

$$b(\eta) < b(h(t_k, x(t_k))) \leqslant V_0(t_k, x(t_k))) \leqslant \sum_{i=1}^{N} r_i(t_k, t_0, u_0) < b(\eta).$$

得矛盾. 因此方程 (3.5.1) 是 (h_0, h) 吸引的.

综上, 方程 (3.5.1) 是 (h_0, h) 渐近稳定的. 证毕.

向量 Ляпунов 函数比较方法与纯量 Ляпунов 函数比较方法不同, 它要求所选用比较方程的右端函数必须满足拟单调性质. 拟单调性质比单调性质相对要弱, 例如拟单调非减, 当向量 $x \leqslant y$ 时, 并不要求其函数值的每个分量都有相应的增长, 而仅对两个向量中相等分量所对应的函数值有增长的要求.

下面通过一个例子来说明定理的应用.

例 3.5.3　考虑微分方程

$$\begin{cases} x_1' = e^{-t} x_1 + x_2 \sin t - (x_1^3 + x_1 x_2^2) \sin^2 t, \\ x_2' = x_1 \sin t + e^{-t} x_2 - (x_1^2 x_2 + x_2^3) \sin^2 t. \end{cases} \tag{3.5.30}$$

令 $h_0 = h = \sqrt{x_1^2 + x_2^2}$. 选取一个纯量 Ляпунов 函数 V,

$$V(t, x) = x_1^2 + x_2^2.$$

于是

$$D^+ V(t, x) \leqslant 2(e^{-t} + |\sin t|) V(t, x).$$

由不等式 $2|ab| \leqslant a^2 + b^2$ 知, $(x_1^2 + x_2^2)\sin^2 t \geqslant 0$. 显然纯量微分方程

$$u' = 2(e^{-t} + |\sin t|)u, \quad u(t_0) = u_0$$

的零解是不稳定的, 从而得不到关于方程 (3.5.30)(h_0, h) 稳定的结果, 需改进 $V(t, x)$. 选取带参数二次型的 V 函数

$$V(t, x) = \frac{1}{2}[x_1^2 + 2Bx_1x_2 + Ax_2^2], \tag{3.5.31}$$

则

$$
\begin{aligned}
D^+V(t, x) &= x_1 x_1' + B(x_1 x_2' + x_1' x_2) + Ax_2 x_2' \\
&= x_1^2(e^{-t} + B\sin t) + x_1 x_2[2Be^{-t} + (A+1)\sin t] + x_2^2(Ae^{-t} + B\sin t) \\
&\quad - \sin^2 t(x_1^2 + x_2^2)(x_1^2 + 2Bx_1x_2 + Ax_2^2).
\end{aligned}
$$

令

$$
\begin{aligned}
w_1(t, x) &= x_1^2(e^{-t} + B\sin t) + x_1 x_2[2Be^{-t} + (A+1)\sin t] + x_2^2(Ae^{-t} + B\sin t), \\
w_2(t, x) &= -\sin^2 t(x_1^2 + x_2^2)(x_1^2 + 2Bx_1x_2 + Ax_2^2).
\end{aligned}
$$

于是 $V(t, x) = w_1(t, x) + w_2(t, x)$. 对于任意的 A, B, 式 (3.5.31) 所定义的 $V(t, x)$ 并不满足 Ляпунов 函数的性质. 若要满足纯量比较定理的条件, 则需 $w_1(t, x) = \lambda(t)V(t, x)$. 此等式成立有两种情况:

(1) 当 $V_1(t, x) = \frac{1}{2}(x + y)^2$ 时, $A_1 = 1, B_1 = 1, \lambda_1(t) = 2(e^{-t} + \sin t)$, 此时 $w_1(t, x) = (x_1 + x_2)^2(e^{-t} + \sin t)$;

(2) 当 $V_2(t, x) = \frac{1}{2}(x - y)^2$ 时, $A_2 = 1, B_2 = -1, \lambda_2(t) = 2(e^{-t} - \sin t)$, 此时 $w_1(t, x) = (x_1 - x_2)^2(e^{-t} - \sin t)$.

显然函数 V_1, V_2 均不是 h 正定的, 从而不能满足纯量的比较定理的条件. 下面我们考虑用向量 Ляпунов 函数方法解决. 事实上, 取 $a = h^2, b = |h|$ 时有

(a) $V_1(t, x) \geqslant 0, V_2(t, x) \geqslant 0, V_0(t, x) = \sum_{i=1}^{2} V_i(t, x) = x^2 + y^2, h \leqslant V_0(t, x) \leqslant h_0^2$,

因此 $V(t, x)$ 是 h 正定、h_0 渐小的;

(b) 取

$$g_1(t, u_1, u_2) = 2(e^{-t} + \sin t)u_1,$$

$$g_2(t, u_1, u_2) = 2(e^{-t} - \sin t)u_2,$$

则 $D^+V(t, x) = w_1 + w_2 \leqslant w_1 \leqslant g(t, V(t, x))$, 显然 $g(t, u)$ 关于 u 是拟单调非减的, 而且 $u' = g(t, u)$ 的零解是稳定的, 根据定理 3.5.5, 方程 (3.5.30) 是 (h_0, h) 稳定的.

同样也可以用向量 Ляпунов函数比较方法研究方程 (3.5.1) 关于两个测度的有界性. 先给出下列的 (h_0, h) 有界的定义.

定义 3.5.7　$h_0, h \in \Gamma$, 称方程 (3.5.1) 是

(1) (h_0, h) 有界: 若对任意 $\alpha > 0, t_0 \in R_+$, 存在 $\beta = \beta(t_0, \alpha)$, 使得当 $h_0(t_0, x_0) < \alpha$ 时, 有 $h(t, x(t)) < \beta, t \geqslant t_0$, 其中 $x(t) = x(t, t_0, x_0)$ 是方程 (3.5.1) 的任意解;

(2) (h_0, h) 一致有界: 若 (1) 中的 β 与 t_0 无关;

(3) (h_0, h) 拟最终有界: 存在 $N > 0$, 若对任意 $\alpha > 0, t_0 \in R_+$, 存在 $T = T(t_0, \alpha)$, 使得当 $h_0(t_0, x_0) < \alpha$ 时, 有 $h(t, x(t)) < N, t \geqslant t_0 + T$;

(4) (h_0, h) 拟一致最终有界: 若 (3) 中的 T 与 t_0 无关;

(5) (h_0, h) 最终有界: 若 (1) 与 (3) 同时成立;

(6) (h_0, h) 一致最终有界: 若 (2) 与 (4) 同时成立.

定义 3.5.8　若对任意 $\alpha > 0, t_0 \in R_+$, 存在 $\beta = \beta(t_0, \alpha)$, 使得当 $\sum\limits_{i=1}^{N} |u_{0_i}| < \alpha$ 时, 有

$$\sum_{i=1}^{N} |u_i(t, t_0, u_0)| \leqslant \beta, \quad t \geqslant t_0,$$

则称比较方程 (3.5.22) 是有界的, 其中 $u(t) = u(t, t_0, u_0)$ 是比较方程 (3.5.22) 的任意解. 若 β 与 t_0 无关, 则称比较方程 (3.5.22) 是一致有界的.

我们也可给出比较方程 (3.5.22) 的其他有界性概念, 这里不再赘述.

下面介绍一个利用向量 Ляпунов 函数比较方法得到的关于两个测度的有界性的比较结果. 其证明见文献 [157].

定理 3.5.6　若

(i) $h_0, h \in \Gamma, h(t, x) = \phi(h_0(t, x))$, 其中 $\phi \in K$;

(ii) $V \in C(R_+ \times S^C(h, \rho), R_+^N)$, $V(t, x)$ 关于 x 满足局部 Lipschitz 条件, 且

$$D^+ V(t, x) \leqslant g(t, V(t, x)), \ (t, x) \in S(h, \rho),$$

其中 $g \in C(R_+ \times R_+^N, R^N), g(t, u)$ 关于 u 拟单调非减;

(iii) 当 $h(t, x) \geqslant \rho$ 时有 $b(h(t, x)) \leqslant V_0(t, x) = \sum\limits_{i=1}^{N} V_i(t, x)$;

当 $h_0(t, x) \geqslant \rho_0$ 时有 $V_0(t, x) \leqslant a(h_0(t, x))$, 其中 $\phi(\rho_0) \geqslant \rho, a, b \in K$.

则由比较方程 (3.5.22) 的有界性质可以推知方程 (3.5.1) 的相应的 (h_0, h) 有界性质.

再来看微分方程关于两个测度的实际稳定性.

在研究非线性方程的稳定性时, 常会遇到这样的情形: 由于实际条件的限制, 一个具体方程在严格意义上是不稳定的. 但当初值有界时, 该方程的解从初始时刻

开始在一定范围内变化, 此时从实际角度来看, 我们可以认为该方程是稳定的, 这便是实际稳定性概念的由来. 这里我们仍然运用向量 Ляпунов 函数来研究方程 (3.5.1) 的关于两个测度的实际稳定性.

下面给出微分方程 (3.5.1) 关于两个测度的实际稳定性的比较结果.

定义 3.5.9 $h_0, h \in \Gamma$, 称方程 (3.5.1) 是

(1) (h_0, h) 实际稳定: 若对给定的 $(\lambda, A) : 0 < \lambda < A$, 对某个 $t_0 \in R_+$, 当 $h_0(t_0, x_0) < \lambda$ 时有 $h(t, x(t)) < A, t \geqslant t_0$, 其中 $x(t) = x(t, t_0, x_0)$ 是方程 (3.5.1) 的任意解;

(2) (h_0, h) 一致实际稳定: 如 (1) 对任意的 $t_0 \in R_+$ 成立;

(3) (h_0, h) 拟实际稳定: 若对给定的 (λ, B, T), 对某个 $t_0 \in R_+$, 当 $h_0(t_0, x_0) < \lambda$ 时有 $h(t, x(t)) < B, t \geqslant t_0 + T$;

(4) (h_0, h) 拟一致实际稳定: 如 (3) 对任意的 $t_0 \in R_+$ 成立;

(5) (h_0, h) 强实际稳定: 若 (1) 与 (3) 同时成立;

(6) (h_0, h) 强一致实际稳定: 若 (2) 与 (4) 同时成立;

(7) (h_0, h) 实际渐近稳定: 若 (1) 成立, 同时, 对任意 $\varepsilon > 0, t_0 \in R_+$, 都存在 $T = T(t_0, \varepsilon) > 0$, 使得当 $h_0(t_0, x_0) < \lambda$ 时有 $h(t, x(t)) < \varepsilon, t \geqslant t_0 + T$;

(8) (h_0, h) 一致实际渐近稳定: 若 (2) 成立, 同时, (7) 中的 T 与 t_0 无关.

定义 3.5.10 若对给定的 $(\lambda, A) : 0 < \lambda < A$, 对某个 $t_0 \in R_+$, 当 $\sum\limits_{i=1}^{N} |u_{0_i}| < \lambda$ 时有

$$\sum_{i=1}^{N} |u_i(t, t_0, u_0)| \leqslant A, \quad t \geqslant t_0,$$

则称比较方程 (3.5.22) 实际稳定, 其中 $u(t) = u(t, t_0, u_0)$ 是方程 (3.5.22) 的任意解.

其他实际稳定性定义可类似给出, 此处不再详述.

定理 3.5.7 若

(i) $0 < \lambda < A, h_0, h \in \Gamma$, 当 $h_0(t, x) < \lambda$ 时有 $h(t, x) \leqslant \phi(h_0(t, x)), \phi \in K$;

(ii) $V \in C(R_+ \times R^n, R_+^N)$, $V(t, x)$ 关于 x 满足局部 Lipschitz 条件, 且

$$D^+ V(t, x) \leqslant g(t, V(t, x)), \quad (t, x) \in S(h, A),$$

其中 $g \in C(R_+ \times R_+^N, R^N), g(t, u)$ 关于 u 拟单调非减;

(iii) 当 $h(t, x) < A$ 时有 $b(h(t, x)) \leqslant V_0(t, x) = \sum\limits_{i=1}^{N} V_i(t, x)$,

当 $h_0(t, x) < \lambda$ 时有 $V_0(t, x) \leqslant a(h_0(t, x))$, 其中 $a, b \in K$;

(iv) $\phi(\lambda) < A, \quad a(\lambda) < b(A),$

则由比较方程 (3.5.22) 的实际稳定性质可以推知方程 (3.5.1) 的相应的 (h_0, h) 实际稳定性质.

证明   首先证明在比较方程 (3.5.22) 实际稳定的前提下, 方程 (3.5.1) 是 (h_0, h) 实际稳定的.

给定 $(a(\lambda), b(A))$, 当 $\sum\limits_{i=1}^{N} |u_{0_i}| < a(\lambda)$ 时有

$$\sum_{i=1}^{N} |u_i| < b(A), \quad t \geqslant t_0. \tag{3.5.32}$$

令 $h_0(t_0, x_0) < \lambda$, 那么由条件 (i) 和 (iv), 知

$$h(t_0, x_0) \leqslant \phi(h_0(t_0, x_0)) < \phi(\lambda) < A. \tag{3.5.33}$$

设 $x(t) = x(t, t_0, x_0)$ 是方程 (3.5.1) 的任意解, 则有 $h(t, x(t)) < A, t \geqslant t_0$. 若不然, 则存在 $t_1 > t_0$, 及方程 (3.5.1) 满足 $h_0(t_0, x_0) < \lambda$ 的一个解, 满足

$$h(t_1, x_1) = A, h(t, x(t)) \leqslant A, \quad t_0 \leqslant t \leqslant t_1.$$

由条件 (iii),

$$b(A) \leqslant V_0(t_1, x(t_1)). \tag{3.5.34}$$

令 $u_0 = V(t_0, x_0)$. 由条件 (ii), 根据定理 3.5.4, 知

$$V(t, x(t)) \leqslant r(t, t_0, u_0), t_0 \leqslant t \leqslant t_1, \tag{3.5.35}$$

其中 $r(t) = r(t, t_0, u_0)$ 是比较方程 (3.5.22) 的最大解. 从而 $\sum\limits_{i=1}^{N} |u_{0_i}| = V_0(t_0, x_0) \leqslant a(h_0(t_0, x_0)) < a(\lambda)$, 再由式 (3.5.32), (3.5.34) 和 (3.5.35), 得

$$b(A) \leqslant V_0(t_1, x(t_1)) \leqslant r_0(t_1, t_0, u_0) < b(A),$$

矛盾. 因此方程 (3.5.1) 是 (h_0, h) 实际稳定的.

下面证明在比较方程 (3.5.22) 强实际稳定的前提下, 方程 (3.5.1) 是 (h_0, h) 强实际稳定的.

假设比较方程 (3.5.22) 对 $(a(\lambda), b(A), b(B), T) > 0$ 是强实际稳定的, 要证方程 (3.5.1) 对 $(\lambda, A, B, T) > 0$ 是 (h_0, h) 强实际稳定的. 根据前面的证明, 现在只需要证方程 (3.5.1) 是 (h_0, h) 实际拟稳定的即可. 因比较方程 (3.5.22) 是强实际稳定的, 于是当 $\sum\limits_{i=1}^{N} |u_{0_i}| < a(\lambda)$ 时有

$$\sum_{i=1}^{N} |u_i(t, t_0, u_0)| < b(B), t \geqslant t_0 + T. \tag{3.5.36}$$

令 $h_0(t_0, x_0) < \lambda$. 根据前面的证明知, 方程 (3.5.1)(h_0, h) 实际稳定, 因此 $h(t, x(t)) < A$, $t \geqslant t_0$, 且

$$V(t, x(t)) \leqslant r(t, t_0, u_0), t \geqslant t_0, \tag{3.5.37}$$

从而有

$$b(h(t, x(t))) \leqslant V_0(t, x(t)) \leqslant r_0(t, t_0, u_0) < b(B), t \geqslant t_0 + T.$$

又因 $b \in K$, 所以当 $h_0(t_0, x_0) < \lambda$ 时有 $h(t, x(t)) < B, t \geqslant t_0 + T$. 因此方程 (3.5.1) 是 (h_0, h) 实际拟稳定的.

综上, 方程 (3.5.1) 是 (h_0, h) 强实际稳定的. 证毕.

§3.6　泛函微分方程的稳定性

对于泛函微分方程的研究, Ляпунов直接法是一种十分重要而且有效的工具, 在Ляпунов直接法中有两种较重要的思想方法: 一种利用Ляпунов泛函; 另一种利用Ляпунов函数以及 Razumikhin 条件. 在应用中可以看出, 后者不仅更为有效且更易于应用, 而且为保证所需稳定性所加的条件限制较少. 下面我们来介绍利用Ляпунов函数以及 Razumikhin 条件研究泛函微分方程解的稳定性的结果.

设 $D \subseteq R \times C, f : D \to R^n$ 为给定的函数, 则关系式

$$x'(t) = f(t, x_t) \tag{3.6.1}$$

称为具有界滞量的滞后型泛函微分方程, 其中 $x'(t)$ 表示对 $x(t)$ 的右导数.

首先给出泛函微分方程稳定性的概念.

定义 3.6.1　设对一切 $t \in R$, $f(t, 0) \equiv 0$. 如果对任何的 $t_0 \in R$ 及任意的 $\varepsilon > 0$, 存在 $\delta = \delta(\varepsilon, t_0) > 0$, 使得当 $\|\varphi\| < \delta$ 时就有 $|x(t_0, \varphi)(t)| < \varepsilon$ 对 $t \geqslant t_0$ 时成立, 则称方程 (3.6.1) 的零解是稳定的, 其中 $x(t_0, \varphi)(t)$ 为 (3.6.1) 过 (t_0, φ) 的解.

定义 3.6.2　如果定义 3.6.1 中的 δ 与 t_0 无关, 则称方程 (3.6.1) 的零解是一致稳定的.

定义 3.6.3　如果方程 (3.6.1) 的零解为稳定的, 且对任意的 $t_0 \in R$, 存在 $b_0 = b_0(t_0)$, 使得 $\|\varphi\| \leqslant b_0$ 时有 $\lim_{t \to \infty} x(t_0, \varphi)(t) = 0$, 则称方程 (3.6.1) 的零解是渐近稳定的.

定义 3.6.4　对任意的 $\varepsilon > 0$ 和任何的 $t_0 \in R$, 如果存在 $\delta_0 = \delta_0(t_0) > 0$ 和 $T = T(t_0, \varepsilon) > 0$, 使得当 $\|\varphi\| < \delta_0$ 时对一切 $t \geqslant t_0 + T$ 都有 $|x(t_0, \varphi)(t)| < \varepsilon$, 则称方程 (3.6.1) 的零解是拟等度渐近稳定的.

定义 3.6.5　如果方程 (3.6.1) 的零解为稳定且拟等度渐近稳定, 则称它是等度渐近稳定的.

定义 3.6.6　如果定义 3.6.4 中的 δ_0 和 T 与 t_0 无关, 则称方程 (3.6.1) 的零解是拟一致渐近稳定的.

定义 3.6.7　如果方程 (3.6.1) 的零解是一致稳定和拟一致渐近稳定的, 则称它是一致渐近稳定的.

定义 3.6.8　如果存在常数 $M > 0$, 且对应于 $H > 0$ 及 $t_0 \in R$, 存在 $T = T(t_0, H) > 0$, 使得当 $\|\varphi\| \leqslant H$ 时对一切的 $t \geqslant t_0 + T$ 都有 $|x(t_0, \varphi)(t)| < M$, 则称方程 (3.6.1) 的解为等度最终有界.

定义 3.6.9　如果定义 3.6.8 中的 T 与 t_0 无关, 则称方程 (3.6.1) 的解为一致最终有界.

值得注意的是泛函微分方程的稳定性定义形式上与常微分方程无异, 实际上有许多实质上的不同: 在常微分稳定性定义中初值 x_0 在泛函微分方程中代之以初始函数 φ, 因而初值的范数与 x 的范数可以不同. 比如 $\|\varphi\|$ 是 C 中的上确界模或最大值模, $|x(t)|$ 表示 R^n 中的模. 常微分方程对应于滞量为 0 的情形, 而泛函微分方程中滞量不恒等于 0, 因而存在稳定性对时滞的依赖关系. 常微分方程的零解稳定与否同初始时刻的选择无关, 但泛函微分方程则不然. 也就是在方程的解存在且唯一的前提下, 常微分方程的零解如果在 t_0 处稳定, 则在 $t_1 > t_0$ 处也一定稳定, 但是泛函微分方程却不一定成立.

例如纯量方程
$$x'(t) = b(t) x \left(t - \frac{3\pi}{2} \right),$$
其中
$$b(t) = \begin{cases} g(t), & t \leqslant 0, \\ 0, & 0 \leqslant t \leqslant \dfrac{3\pi}{2}, \\ -\cos t, & \dfrac{3\pi}{2} \leqslant t \leqslant 3\pi, \\ 1, & t \geqslant 3\pi \end{cases}$$
为连续函数.

当 $t_0 = 0$ 及 $\varphi \in C\left(\left[-\dfrac{3\pi}{2}, 0 \right], R \right)$ 时有解
$$x(t) = \begin{cases} \varphi(0), & 0 \leqslant t \leqslant \dfrac{3\pi}{2}, \\ (-\sin t)\varphi(0), & t \geqslant \dfrac{3\pi}{2}. \end{cases}$$

因此零解在 $t_0 = 0$ 处是稳定的. 但对于 $t_1 > 3\pi$, 方程化为

$$x'(t) = x\left(t - \frac{3\pi}{2}\right), \quad t \geqslant 3\pi.$$

它有解为 $x(t) = ae^{\lambda_0 t}$, 其中 a 为任意常数, $\lambda_0 > 0$ 是满足 $\lambda = e^{-\frac{3\pi}{2}\lambda}$ 的解. 因此零解对任何 $t_1 > 3\pi$ 是不稳定的.

这种现象在实际应用上是很不方便的, 所以只好加强稳定性的定义, 即要求泛函微分方程零解的稳定性等价于每一个时刻的零解都稳定. 这是和常微分方程有所区别的.

考虑具有界滞量的泛函微分方程 (3.6.1) 的初值问题:

$$\begin{cases} x' = f(t, x_t), \\ x_{t_0} = \varphi. \end{cases}$$

定义 3.6.10　$V : R \times C \to R^+$ 沿着 (3.6.1) 的解的导数定义为

$$V'(t, \varphi(0)) = \lim_{h \to 0^+} \sup \frac{V(t + h, x(t_0, \varphi)(t + h)) - V(t, \varphi(0))}{h},$$

其中 $x(t_0, \varphi)(t)$ 为 (3.6.1) 的过 (t_0, φ) 的解.

首先给出一个利用Ляпунов泛函给出的方程 (3.6.1) 的一致稳定和一致渐近稳定的结果.

引理 3.6.1　设 $f : D \to R^n$ 把 D 有界集映入 R^n 中的有界集, $u, v \in K$, $w : R^+ \to R^+$ 连续. 若存在一个 $R \times C \to R$ 的连续泛函 $V(t, \varphi)$ 使得

$$u(|\varphi(0)|) \leqslant V(t, \varphi) \leqslant v(\|\varphi\|),$$

$$V'(t, \varphi) \leqslant -w(|\varphi(0)|),$$

则方程 (3.6.1) 的零解是一致稳定的; 若当 $s > 0$ 时 $w(s) > 0$, 则 (3.6.1) 的零解是一致渐近稳定的.

下面我们给出利用Ляпунов函数及 Razumkhin 条件得到的一致稳定性和一致渐近稳定的结果.

定理 3.6.1　设 $f : D \to R^n$ 把 D 有界集映入 R^n 中的有界集, $u, v \in K$, $w : R^+ \to R^+$ 连续. 若存在一个连续函数 V 使得 $t \in R, x \in R^n$ 时有

$$u(|x|) \leqslant V(t, x) \leqslant v(|x|), \tag{3.6.2}$$

当 $V(t + s, \varphi(s)) \leqslant V(t, \varphi(0)), s \in [-r, 0]$ 时

$$V'(t, \varphi(0)) \leqslant -w(|\varphi(0)|) \tag{3.6.3}$$

成立, 则 (3.6.1) 的零解是一致稳定的.

　　证明　对 $t \in R, \varphi \in C$, 定义

$$\bar{V}(t,\varphi) = \sup_{s \in [-r,0]} V(t+s,,\varphi(s)), \tag{3.6.4}$$

则存在 $s_0 \in [-r,0]$ 使得

$$\bar{V}(t,\varphi) = V(t+s_0,\varphi(s_0)),$$

其中 $s_0 = 0$ 或 $s_0 < 0$.

　　当 $s_0 < 0$ 时, 有 $V(t+s,\varphi(s)) < V(t+s_0,\varphi(s_0))$, $s \in [s_0,0]$. 故对充分小的 $h > 0$ 有

$$\bar{V}(t+h, x_{t+h}(t,\varphi)) = \bar{V}(t,\varphi) \Rightarrow \bar{V}' = 0.$$

　　当 $s_0 = 0$ 时, 由条件 (3.6.3) 推出 $\bar{V}' \leqslant 0$. 此外, 对 $t \in R$, $\varphi \in C$, (3.6.2) 成立, 即

$$u(|\varphi(0)|) \leqslant \bar{V}(t,\varphi) \leqslant v(\|\varphi\|).$$

由引理 3.6.1 可知, (3.6.1) 的零解一致稳定. 证毕.

　　定理 3.6.2　设定理 3.6.1 的条件全部成立, 且设当 $s > 0$ 时, $w(s) > 0$. 若存在一个连续非减函数 $p(s) > s(s > 0)$, 使得当 $V(t+s,\varphi(s)) \leqslant p(V(t,\varphi(0))), s \in [-r,0]$ 时有

$$V'(t,\varphi(0)) \leqslant -w(|\varphi(0)|), \tag{3.6.5}$$

则方程 (3.6.1) 的零解是一致渐近稳定的. 若 $s \to \infty$ 时, $u(s) \to \infty$, 则零解是全局吸引的.

　　证明　由定理 3.6.1 可知, 零解一致稳定. 设 $\delta > 0, H > 0$ 满足 $v(\delta) = u(H)$. 事实上, 由 $v(0) = 0$, 有 $0 < u(s) \leqslant v(s), s > 0$. 取定 H, 再确定 δ 使 $v(\delta) = u(H)$ 是可行的. 若当 $s \to \infty$ 时, $u(s) \to \infty$, 则对任意的 δ 可确定 H 使 $v(\delta) = u(H)$. 由此及以下的论证可以说明系统零解的一致渐近稳定性并且是全局吸引的.

　　设 $v(\delta) = u(H)$, 由定理 3.6.1 的证明知道, 若 $\|\varphi\| \leqslant \delta$, 则

$$|x_t(t_0,\varphi)| \leqslant H, V(t, x(t_0,\varphi)(t)) < v(\delta),$$

对 $\forall t \geqslant t_0 - r$ 成立. 设 $0 < \eta \leqslant H$ 为任一给定的数, 我们要证明存在 $T = T(\eta,\delta)$ 使得对 $\forall t_0 \geqslant 0, \|\varphi\| \leqslant \delta$, (3.6.1) 的解 $x(t_0,\varphi)(t)$ 当 $t \geqslant t_0 + T + r$ 时有

$$|x_t(t_0,\varphi)(t)| \leqslant \eta.$$

若我们能证明当 $t \geqslant t_0 + T$ 时 $V(t, x(t_0, \varphi)(t)) \leqslant u(\eta)$, 则上述结论得证. 为方便起见记 $x(t) = x(t_0, \varphi)(t)$.

由 $p(s)$ 的性质, $\exists a > 0$ 使得对 $u(\eta) \leqslant s \leqslant v(\delta)$, 成立 $p(s) - s > a$. 记 N 为满足 $u(\eta) + Na \geqslant v(\delta)$ 的最小正整数, 并且记

$$r = \inf_{v^{-1}(u(\eta)) \leqslant s \leqslant H} w(s), \quad T = \frac{Nv(\delta)}{r}.$$

我们指出对 $\forall t \geqslant t_0 + T, V(t, x(t)) \leqslant u(\eta)$.

首先, 对 $t \geqslant t_0 + \dfrac{v(\delta)}{r}$ 有

$$V(t, x(t)) \leqslant u(\eta) + (N-1)a.$$

若 $t_0 \leqslant t \leqslant t_0 + \dfrac{v(\delta)}{r}$, 则 $u(\eta) + (N-1)a < V(t, x(t))$, 因为对 $\forall t \geqslant t_0 - r$ 有 $V(t, x(t)) \leqslant v(\delta)$, 从而

$$p(V(t, x(t))) > V(t, x(t)) + a \geqslant u(\eta) + Na \geqslant v(\delta) \geqslant V(t+\theta, x(t+\theta)),$$

其中 $t_0 \leqslant t \leqslant t_0 + \dfrac{v(\delta)}{r}, \theta \in [-r, 0]$.

由条件 (3.6.5) 得

$$V'(t, x(t)) \leqslant -w(|x(t)|) \leqslant -r, \quad t_0 \leqslant t \leqslant t_0 + \frac{v(\delta)}{r}.$$

因此有

$$V(t, x(t)) \leqslant V(t_0, x(t_0)) - r(t - t_0) \leqslant v(\delta) - r(t - t_0), \ t_0 \leqslant t \leqslant t_0 + \frac{v(\delta)}{r}.$$

由 V 的正定性, (3.6.2) 意味着 $t = t_1 = t_0 + \dfrac{v(\delta)}{r}$ 时有

$$V(t, x(t)) \leqslant u(\eta) + (N-1)a.$$

但由条件 (3.6.5) 知道当 $V(t, x(t)) = u(\eta) + (N-1)a$ 时 $V'(t, x(t))$ 为负, 所以对 $\forall t \geqslant t_0 + \dfrac{v(\delta)}{r}$ 有

$$V(t, x(t)) \leqslant u(\eta) + (N-1)a.$$

今设 $T_j = \dfrac{jv(\delta)}{r}(j = 1, 2, \cdots, N), T_0 = 0$, 并设对某一整数 $k \geqslant 1$, 在区间 $T_{k-1} \leqslant t - t_0 \leqslant T_k$ 上有

$$u(\eta) + (N-k)a \leqslant V(t, x(t)) \leqslant u(\eta) + (N-k+1)a.$$

同理有

$$V'(t, x(t)) \leqslant -r, T_{k-1} \leqslant t - t_0 \leqslant T_k,$$

以及当 $t - t_0 - T_{k-1} \geqslant \dfrac{v(\delta)}{r}$ 时有

$$V(t, x(t)) \leqslant V(t_0 + T_{k-1}, x(t_0 + T_{k-1})) - r(t - t_0 - T_{k-1})$$
$$\leqslant v(\delta) - r(t - t_0 - T_{k-1}) \leqslant 0.$$

因此

$$V(t_0 + T_k, x(t_0 + T_k)) \leqslant u(\eta) + (N - k)a.$$

最后得到当 $t \geqslant t_0 + T_k$ 时有

$$V(t, x(t)) \leqslant u(\eta) + (N - 1)a.$$

用归纳法有 $V(t, x(t)) \leqslant u(\eta)$ 对 $\forall t \geqslant t_0 + \dfrac{Nv(\delta)}{r}$ 成立. 证毕.

以上结论使用了Ляпунов函数和 Razumikhin 条件, 所以称为 Razumikhin 型定理. 尽管 Razumikhin 型定理相对更为有效, 但是在应用时通常必须选取适当的函数 p 并将状态变量 x 的所有变元置于同一个函数 $V(t, x)$ 中. 鉴于选取适当的函数 p 有时颇为困难且加在一个Ляпунов函数 $V(t, x)$ 上的条件也较严格, 这就减弱了 Razumikhin 型定理的优越性. 因此, 我们可以通过采用数个Ляпунов函数 V_j, 每个 V_j 包含 x 的部分变元, 从而改进关于泛函微分方程的已知结果.

以下将 $x = (x_1, x_2, \cdots, x_n)^{\mathrm{T}}$, 分成 m 个向量:

$$(x_1^{(1)}, \cdots, x_{n_1}^{(1)})^{\mathrm{T}}, (x_1^{(2)}, \cdots, x_{n_2}^{(2)})^{\mathrm{T}}, \cdots, (x_1^{(m)}, \cdots, x_{n_m}^{(m)})^{\mathrm{T}}$$

使得 $n_1 + n_2 + \cdots + n_m = n$ 且

$$(x_1^{(1)}, \cdots, x_{n_1}^{(1)}, x_1^{(2)}, \cdots, x_{n_2}^{(2)}, \cdots, x_1^{(m)}, \cdots, x_{n_m}^{(m)}) = (x_1, x_2, \cdots, x_n).$$

为方便起见, 记 $J = \{1, 2, \cdots, m\}$; $x^{(j)} = (x_1^{(j)}, \cdots, x_{n_j}^{(j)})^{T}, j \in J$ 及 $x = (x^{(1)}, x^{(2)}, \cdots, x^{(m)})^{\mathrm{T}}$. 令 $|x^{(j)}| = \max\{|x_k^{(j)}| : 1 \leqslant k \leqslant n_j\}, j \in J$. 从而 $|x| = \max\{|x^{(j)}| : j \in J\}$.

令 $C = C([-r, 0], R^n)$ 为将 $[-r, 0]$ 映入 R^n 中的连续函数所组成的 Banach 空间, $\|\varphi\| = \max\{|\varphi(\theta)| : -r \leqslant \theta \leqslant 0\}$. 对于 $\forall H > 0$, 令 $C_H = \{\varphi \in C : \|\varphi\| < H\}$.

定义 3.6.11　函数 $V : R \times R^{n_j} \to R^+$(对某个 $j \in J$) 称为 (3.6.1) 的部分Ляпунов函数, 如果它是连续且关于 $x^{(j)}$ 满足局部的 Lipschitz 条件.

V 沿着 (3.6.1) 的解的导数定义为

$$V'(t, x^{(j)}(t)) = \limsup_{h \to 0} \frac{V(t + h, x^{(j)}(t + h)) - V(t, x^{(j)}(t))}{h},$$

其中 $x(t) = (x^{(1)}(t), \cdots, x^{(j)}(t), \cdots, x^{(m)}(t))$ 为 (3.6.1) 的过 $(t_0, \varphi) \in R \times C_H$ 的解.

特别地, 若 $x^{(j)} = x$, 则以上定义的 $V : R \times R^n \to R^+$ 就是 (3.6.1) 的通常的 Ляпунов函数.

定理 3.6.3 假设存在部分Ляпунов函数 $V_j(t, x^{(j)})(j \in J)$ 及常数 $\beta_0 > 0$ 使得

(i) $u_j(|x^{(j)}|) \leqslant V_j(t, x^{(j)}) \leqslant v_j(|x^{(j)}|), j \in J$;

(ii) 对任给 $\alpha, 0 < \alpha \leqslant \beta_0$ 及任给 $\sigma > 0$, 存在 $\mu = \mu(\alpha, \sigma) > 0$, 使得当 $V_i(t, x^{(i)}(t)) = \max\{V_j(t, x^{(j)}(t)) : j \in J\}$ 时, 若 $\alpha \leqslant V_i(t, x^{(i)}(t))$ 及 $V_i(t+s, x^{(i)}(t+s)) \leqslant \min\{\beta_0, V_i(t, x^{(i)}(t)) + \mu\}$, $s \in [-r, 0]$, 有

$$V_i'(t, x^{(i)}(t)) \leqslant -\lambda_i(t)(w_i(|x^{(i)}(t)|) - \sigma),$$

其中 $u_j, v_j(j \in J)$ 均为 K 类函数, $w_j : R^+ \to R^+$ 为连续且当 $s > 0$ 时 $w_j(s) > 0(j \in J)$, $\lambda_j : R^+ \to R^+$ 为连续且 $\int_0^\infty \lambda_j(s)ds = \infty(j \in J)$, 而 $x(t) = (x^{(1)}(t), \cdots, x^{(m)}(t))^{\mathrm{T}}$ 为 (3.6.1) 的解, 则 (3.6.1) 的零解为一致稳定且等度渐近稳定的.

进一步, 如果对任一 $M > 0$, 存在 $l = l(M) > 0$, 使得

$$\int_t^{t+l} \lambda_j(s)ds > M, \quad 对 j \in J 及 t \in R,$$

则 (3.6.1) 的零解为一致渐近稳定的.

证明 先证一致稳定. 设 $x(t) = (x^{(1)}(t), \cdots, x^{(m)}(t))^{\mathrm{T}}$ 为 (3.6.1) 的一个解. 记

$$V_j(t) = V_j(t, x^{(j)}(t)) \quad 及 \quad V_j'(t) = V_j'(t, x^{(j)}(t)), j \in J.$$

定义

$$V(t) = \max\{V_j(t) : j \in J\}. \tag{3.6.6}$$

显然, $V(t)$ 对所有 $t \geqslant t_0 - r$ 为连续.

对于任给的 $\varepsilon > 0(\varepsilon < H)$, 可假定 $u_j(\varepsilon) < \beta_0, j \in J$. 令 $\varepsilon^* = \min\{u_j(\varepsilon) : j \in J\}$. 此时 $\varepsilon^* > 0$, 取 $\delta > 0$ 使得

$$v_j(\delta) < \frac{\varepsilon^*}{2}, j \in J.$$

对于任一 $t_0 \in R$ 及 $\varphi \in C_\delta$, 记 $x(t) = x(t_0, \varphi)(t)$ 及 $V(t) = V(t, x(t_0, \varphi)(t))$. 我们断言

$$V(t) < \frac{\varepsilon^*}{2}, 对所有 t \geqslant t_0. \tag{3.6.7}$$

注意到根据假设 (i), 对每个 $j \in J$, 有

$$V_j(t) \leqslant v_j(|x^{(j)}(t)|) < v_j(\delta) < \frac{\varepsilon^*}{2}, 对 t_0 - r \leqslant t \leqslant t_0.$$

假若 $V_j(t) < \dfrac{\varepsilon^*}{2}$ 对每个 $j \in J$ 及所有 $t \geqslant t_0$ 成立, 则 (3.6.7) 显然成立.

不然, 则将有某个 $i \in J$ 及某个 $t_1 > t_0$ 使得

$$V_i(t_1) = \max\{V_j(t_1) : j \in J\}, V_i(t) < V_i(t_1) = \frac{\varepsilon^*}{2}, \ t_0 - r \leqslant t < t_1 \qquad (3.6.8)$$

且

$$V_i'(t_1) > 0.$$

但此时由 $v_i(|x^{(i)}(t_1)|) \geqslant V_i(t_1) = \dfrac{\varepsilon^*}{2} > v_i(\delta)$ 可推出 $|x^{(i)}(t_1)| \geqslant \delta$, 而由 $u_i(|x^{(i)}(t_1)|) \leqslant V_i(t_1) < \varepsilon^* \leqslant u_i(\varepsilon)$ 可推出 $|x^{(i)}(t_1)| \leqslant \varepsilon$.

今设 $\sigma > 0$ 使得 $\sigma < \inf\{w(s) : \delta \leqslant s \leqslant \varepsilon\}$, 其中 $w(s) = \min\{w_j(s) : j \in J\}$, 而令 $\alpha = \min\{v_j(\delta) : j \in J\}$. 易见 $\alpha \leqslant v_j(\delta) < \varepsilon^* \leqslant u_j(\varepsilon) < \beta_0$. 由 (3.6.8) 推得

$$\alpha \leqslant v_i(\delta) \leqslant V_i(t_1),$$

$$V_i(t_1 + s) \leqslant \frac{\varepsilon^*}{2} < \beta_0, V_i(t_1 + s) \leqslant V_i(t_1) + \mu, \forall \mu > 0 及 s \in [-r, 0].$$

因而根据假设 (ii) 及 $\delta \leqslant |x^{(j)}(t_1)| \leqslant \varepsilon$ 有

$$V_i'(t_1) \leqslant -\lambda_i(t_1)(w_i(|x^{(i)}(t_1)|) - \sigma) \leqslant -\lambda_i(t_1)(w(|x^{(i)}(t_1)|) - \sigma) \leqslant 0, \qquad (3.6.9)$$

导致矛盾. 所以 (3.6.7) 成立. 于是由 (i) 及 (3.6.7) 有

$$u_j(|x^{(j)}(t)|) \leqslant V_j(t) \leqslant V(t) < \varepsilon^*, \quad 对每个 j \in J 及 t \geqslant t_0,$$

由此根据 ε 的定义可推出

$$|x^{(j)}(t)| < \varepsilon, \quad 对 j \in J 及 t \geqslant t_0.$$

因而

$$|x(t)| = \max\{|x^{(j)}(t)| : j \in J\} < \varepsilon, \quad 对 t \geqslant t_0.$$

这就证明了 (3.6.1) 的零解是一致稳定的.

下面证明等度渐近稳定. 设 $h < H$ 使得 $u_j(h) < \beta_0, j \in J$. 对 $\varepsilon = h$, 由一致稳定可找到相应的 $\delta(h) > 0 (\delta < h)$, 而令 $\eta = \delta(h)$. 于是由 $t_0 \in R, \|\varphi\| < \eta, t \geqslant t_0 - r$ 可推出

$$V(t) < \frac{h^*}{2} < \beta_0 \ 及 \ |x(t)| < h, \qquad (3.6.10)$$

其中 $h^* = \min\{u_j(h) : j \in J\}$. 对于任给的 $\gamma > 0 (\gamma < h)$, 将找到 $T(\gamma) > 0$ 使得由 $t_0 \in R, \|\varphi\| < \eta, t \geqslant t_0 - r$ 可推出 $|x(t)| = |x(t_0, \varphi)(t)| < \gamma$.

令 $u(s) = \min\{u_j(s) : j \in J\}, v(s) = \max\{v_j(s) : j \in J\}$ 及 $w(s) = \min\{w_j(s) : j \in J\}$. 选取

$$\sigma = \inf\{w(s) : v^{-1}(u(\gamma)) \leqslant s \leqslant h\}/2$$

及 $\alpha = u(\gamma)(< u(h) < \beta_0)$. 此时由假设 (ii) 知存在相应的 $\mu = \mu(\alpha, \sigma) > 0$ 具有所指定的性质.

令 N 为满足下面条件的最小正整数

$$u(\gamma) + N\mu > \beta_0. \tag{3.6.11}$$

取 $t_k \geqslant t_{k-1} + r$, 使得

$$\int_{t_{k-1}+r}^{t_k} \lambda(s)ds = \frac{\beta_0}{\sigma}, \quad k = 1, 2, \cdots, N, \tag{3.6.12}$$

其中 $\lambda(t) = \min\{\lambda_j(t) : j \in J\}$.

我们断言,

$$V(t) < u(\gamma) + (N-k)\mu, \quad \forall t \geqslant t_k, k = 0, 1, 2, \cdots, N. \tag{3.6.13}$$

显然鉴于 (3.6.10) 和 (3.6.11), 对于 $k = 0$, (3.6.13) 成立. 现假设对某个 $k, 0 \leqslant k < N$, (3.6.13) 成立. 我们要证明

$$V(t) < u(\gamma) + (N-k-1)\mu, \quad 对 t \geqslant t_{k+1}. \tag{3.6.14}$$

为此可以首先证明: 必存在某个 $\bar{t} \in [t_k + r, t_{k+1}]$ 使得

$$V(\bar{t}) < u(\gamma) + (N-k-1)\mu. \tag{3.6.15}$$

若不然, 对所有 $t \geqslant t_k + r$, 有

$$V(t) \geqslant u(\gamma) + (N-k-1)\mu. \tag{3.6.16}$$

另一方面, 根据所设

$$V(t) < u(\gamma) + (N-k)\mu, \quad 对所有 t \geqslant t_k. \tag{3.6.17}$$

根据 $V_j(t)$ 的连续性, 可以假定存在开区间 $I_1, I_2, \cdots$ (I_i 的个数可以是有限的) 使得 $I_i \bigcap I_j, i \neq j$ 且 $\bigcup_i \overline{I_i} = [t_k + r, \infty)$ ($\overline{I_i}$ 表示 I_i 的闭包), 而在每个 I_i 上对某个 $j_i \in J$, 有 $V(t) = V_{j_i}(t)$.

现从 (3.6.16), (3.6.10) 以及 (3.6.17) 推出: 在每个 I_i 上有

$$V_{j_i}(t) = V(t) \geqslant u(\gamma) = \alpha, \ V_{j_i}(t+s) \leqslant V(t+s) < \beta_0, \quad s \in [-r, 0],$$

以及

$$V_{j_i}(t+s) \leqslant V(t+s) < u(\gamma) + (N-k)\mu \leqslant V(t) + \mu = V_{j_i}(t) + \mu, \quad s \in [-r, 0].$$

于是, 根据假设 (ii) 及 σ 的定义, 因由 $V(|x^{(j_i)}(t)|) \geqslant u(\gamma)$ 及 $|x^{(j_i)}(t)| \leqslant |x(t)| < h$ 可推出 $v^{-1}(u(\gamma)) \leqslant |x^{(j_i)}(t)| \leqslant h$, 而成立

$$V_{j_i}'(t) \leqslant -\lambda_{j_i}(t)(w_{j_i}(|x^{(j_i)}(t)|) - \sigma) \leqslant -\lambda(t)(w(|x^{(j_i)}(t)|) - \sigma) \leqslant -\sigma\lambda(t).$$

因而除了 t 的至多可数点的集合外将成立

$$V'(t) \leqslant -\sigma\lambda(t), \quad \text{对所有} t \geqslant t_k + r.$$

因此对于 $t > t_{k+1}$, 有

$$V(t) \leqslant V(t_k + r) - \sigma \int_{t_k+r}^{t} \lambda(s)ds < \beta_0 - \sigma(\beta_0/\sigma) = 0.$$

但这是不可能的. 这就证明了必存在某个 $\bar{t} \in [t_k + r, t_{k+1}]$ 使得 (3.6.14) 成立.

进而可以证明

$$V(t) \leqslant u(\gamma) + (N-k-1)\mu, \quad \text{对所有} t \geqslant \bar{t}. \tag{3.6.18}$$

否则, 则必有某个 $\tilde{t} > \bar{t}$ 使得,

$$V(\tilde{t}) \geqslant u(\gamma) + (N-k-1)\mu, \text{且} V'(\tilde{t}) > 0.$$

而且, 可假设 $\tilde{t} \in I_i$, 在 I_i 内 $V(t) = V_{j_i}(t)$, 且使得 $V'(\tilde{t}) = V_{j_i}'(\tilde{t})$ 存在, 这是因为使 $V'(t)$ 不存在的点是至多可数的.

注意到

$$V_{j_i}(\tilde{t}) = V(\tilde{t}) \geqslant u(\gamma) = \alpha, \ V_{j_i}(\tilde{t}+s) \leqslant V(\tilde{t}+s) < \beta_0, \quad \text{对} s \in [-r, 0],$$

且

$$V_{j_i}(\tilde{t}+s) \leqslant V(\tilde{t}+s) < u(\gamma) + (N-k)\mu \leqslant V(\tilde{t}) + \mu = V_{j_i}(\tilde{t}) + \mu, \text{对} s \in [-r, 0].$$

于是, 根据假设 (ii), 有

$$V_{j_i}'(\tilde{t}) \leqslant -\lambda_{j_i}(\tilde{t})(w_{j_i}(|x^{(j_i)}(\tilde{t})|) - \sigma) \leqslant -\sigma\lambda_{j_i}(\tilde{t}) \leqslant 0. \tag{3.6.19}$$

这就导致矛盾. 因此 (3.6.18) 成立, 从而 (3.6.14) 也成立. 按归纳法得出

$$u_j(|x^{(j)}(t)|) \leqslant V_j(t) \leqslant V(t) < u(\gamma), \quad 对 j \in J 及 t \geqslant t_N = t_0 + N(r + \beta_0/\sigma).$$

由此推出

$$|x(t)| < \gamma \quad 对 t \geqslant t_0 + \widetilde{T},$$

这里 $\widetilde{T} = t_N - t_0$ 可能与 t_0 有关. 于是证明了 (3.6.1) 的零解是等度渐近稳定的. 但未必一致渐近稳定.

但是, 如果对任何 $M > 0$, 存在 $l = l(M) > 0$, 使得

$$\int_t^{t+l} \lambda_j(s)ds > M, \quad 对 j \in J 及 t \in R,$$

则可取 $M = \beta_0/\sigma$, 并找出相应的 $l(M) > 0$ 使得

$$\int_t^{t+l} \lambda_j(s)ds > \beta_0/\sigma, \quad 对 j \in J 及 t \in R.$$

现在如 (3.6.12) 中那样定义 $t_k(k = 1, 2, \cdots, N)$, 这就推出

$$t_k - t_{k-1} - r < l 或 t_k < l + t_{k-1} + r, k = 1, 2, \cdots, N,$$

因而

$$t_N < t_0 + N(l + R), 即 t_N - t_0 < N(l + r).$$

则可取 $T = N(l + r)$, 它与 t_0 及 φ 无关, 此时

$$|x(t)| < \gamma, \quad 对 t \geqslant t_0 + T.$$

这就证明了 (3.6.1) 的零解一致渐近稳定. 证毕.

作为定理 3.6.3 的一种特殊情形, 可得出下面的

定理 3.6.4 假设存在部分Ляпунов函数 $V_j(t, x^{(j)})(j \in J)$ 及常数 $\beta_0 > 0$ 使得

(i) $u_j(|x^{(j)}|) \leqslant V_j(t, x^{(j)}) \leqslant v_j(|x^{(j)}|), j \in J$;

(ii) 对任给 $\alpha : 0 < \alpha \leqslant \beta_0$ 及任给 $\sigma > 0$, 存在 $\mu = \mu(\alpha, \sigma) > 0$, 使得当 $V_i(t, x^{(i)}(t)) = \max\{V_j(t, x^{(j)}(t)) : j \in J\}$ 时, 若 $\alpha \leqslant V_i(t, x^{(i)}(t))$ 及

$$V_i(t + s, x^{(i)}(t + s)) \leqslant \min\{\beta_0, V_i(t, x^{(i)}(t)) + \mu\}, \ s \in [-r, 0],$$

有

$$V_i'(t, x^{(i)}(t)) \leqslant -w_i(|x^{(i)}(t)|) + \sigma,$$

其中 $u_j, v_j, w_j (j \in J)$ 及 $x(t) = (x^{(1)}(t), \cdots, x^{(m)}(t))^{\mathrm{T}}$ 同定理 3.6.3,
则 (3.6.1) 的零解为一致渐近稳定的.

推论 3.6.1　假设存在部分Ляпунов函数 $V_j(t, x^{(j)})(j \in J)$ 及连续函数 $p_j :$
$R^+ \to R^+, p_j(s) > s, s > 0 (j \in J)$ 使得

(i) $u_j(|x^{(j)}|) \leqslant V_j(t, x^{(j)}) \leqslant v_j(|x^{(j)}|), j \in J$;

(ii)$_1$ 当 $V_i(t, x^{(i)}(t)) = \max\{V_j(t, x^{(j)}(t)) : j \in J\}$ 时, 若

$$V_i(t+s, x^{(i)}(t+s)) < p_i(V_i(t, x^{(i)})), \quad s \in [-r, 0],$$

便有

$$V_i'(t, x^{(i)}(t)) \leqslant -w_i(|x^{(i)}(t)|),$$

其中 $u_j, v_j, w_j (j \in J)$ 及 $x(t) = (x^{(1)}(t), \cdots, x^{(m)}(t))^{\mathrm{T}}$ 同定理 3.6.3,
则 (3.6.1) 的零解为一致渐近稳定的.

推论 3.6.2　假设存在Ляпунов函数 $V(t, x)$ 及常数 β_0 使得

(i)$_2$ $u(|x|) \leqslant V(t, x) \leqslant v(|x|)$;

(ii)$_2$ 对任给 $\alpha : 0 < \alpha \leqslant \beta_0$ 及任给 $\sigma > 0$, 存在 $\mu = \mu(\alpha, \sigma) > 0$, 使得若
$\alpha \leqslant V(t, x(t))$ 且 $V(t+s, x(t+s)) \leqslant \min\{\beta_0, V(t, x(t)) + \mu\}$ 对 $s \in [-r, 0]$ 成立, 便
有

$$V'(t, x(t)) \leqslant -w(|x(t)|) + \sigma,$$

其中 $u_j, v_j, w_j (j \in J)$ 及 $x(t) = (x^{(1)}(t), \cdots, x^{(m)}(t))^{\mathrm{T}}$ 同定理 3.6.3.
则 (3.6.1) 的零解为一致渐近稳定的.

推论 3.6.3　假设均同定理 3.6.4. 此时在定理 3.6.4 中的假设 (i) 以及

(ii)$_3$ 当 $V_i(t, x^{(i)}(t)) = \max\{V_j(t, x^{(j)}(t)) : j \in J\}$ 时成立

$$V_i'(t, x^{(i)}(t)) \leqslant G_i[V_i(t, x^{(i)}(t)), \sup_{-r \leqslant s \leqslant 0} V_i(t+s, x^{(i)}(t+s))],$$

其中 $G_j : R^+ \times R^+ \to R$ 为连续函数且当 $y > 0$ 时有 $G_j(y, y) \leqslant -w_j(y)$.
则 (3.6.1) 的零解是一致渐近稳定的.

对于稳定性而言, 从定理 3.6.3 的证明中可见: 只需要求对于充分小的 $s >$
$0, w_j(s)$ 为连续且 $w_j(s) > 0 (j \in J)$. 正如后面例子所表明的, 这给推论 3.6.3 的应
用带来了方便.

例 3.6.1　考虑如下系统

$$\begin{cases} x_1'(t) = a_1(t)x_1^3(t) + b_1(t)x_1^2(t)x_2(t) + c_1(t)x_1^3(t - r_1(t)), \\ x_2'(t) = a_2(t)x_1^3(t) + b_2(t)x_2^3(t) + c_2(t)x_2^4(t - r_2(t)), \end{cases} \tag{3.6.20}$$

其中 a_i, b_i, c_i 及 $r_i (i = 1, 2)$ 均为 R 上的连续函数.

假设存在正的常数 r, p_i 及 $q_i(i = 1, 2)$ 使得

$$0 \leqslant r_i(t) \leqslant r, \quad a_i(t) + |b_i(t)| \leqslant -p_i, \quad |c_i(t)| \leqslant q_i (i = 1, 2),$$

且 $p_1 > q_1$, 则此时 (3.6.20) 的零解为一致渐近稳定的.

事实上, 取 $V_i(t, x_i) = |x_i| (i = 1, 2)$, 则定理 3.6.3 中的假设 (i) 显然满足, 并且, 当 $V_1(t, x_1(t)) = \max\{V_1(t, x_1(t)), V_2(t, x_2(t))\}$, 即 $|x_1(t)| \geqslant |x_2(t)|$ 时, 有

$$\begin{aligned}
V_1'(t, x_1(t)) &\leqslant a_1(t)|x_1(t)|^3 + |b_1(t)||x_1(t)|^2|x_2(t)| + |c_1(t)||x_1(t - r_1(t))|^3 \\
&\leqslant (a_1(t) + |b_1(t)|)|x_1(t)|^3 + |c_1(t)|\|x_{1t}\|^3 \\
&\leqslant -p_1|x_1(t)|^3 + q_1\|x_{1t}\|^3 \\
&\equiv G_1(V_1(t, x_1(t)), \sup_{-r \leqslant s \leqslant 0} V_1(t + s, x_1(t + s))),
\end{aligned}$$

其中 $G_1(y, z) = -p_1 y^3 + q_1 z^3$. 显然, $G(y, z)$ 在 $R^+ \times R^+$ 上连续, 且 $G_1(y, y) = -(p_1 - q_1)y^3 \equiv -w_1(y)$ 为连续函数, 又因 $p_1 > q_1$ 而有 $w_1(y) > 0$ 对 $y > 0$.

另一方面, 当 $V_2(t, x_2(t)) = \max\{V_1(t, x_1(t)), V_2(t, x_2(t))\}$, 即 $|x_2(t)| \geqslant |x_1(t)|$ 时, 同样可得

$$V_2'(t, x_2(t)) \leqslant G_2(V_2(t, x_2(t)), \sup_{-r \leqslant s \leqslant 0} V_2(t + s, x_2(t + s))),$$

其中 $G_2(y, z) = -p_2 y^3 + q_2 z^4$. 显然 $G_2(y, z)$ 在 $R^+ \times R^+$ 上连续, 又 $G_2(y, y) = -p_2 y^3 + q_2 y^4 \equiv -w_2(y)$ 为连续且对充分小的 $y > 0$ 有 $w_2(y) > 0$.

因此, 应用推论 3.6.3, 可推得 (3.6.20) 的零解是一致渐近稳定的.

§3.7 脉冲微分方程的稳定性

本节给出了脉冲微分方程稳定性和有界性的判定结果, 并重点介绍了 Ляпунов 函数广义二阶导数方法和变分 Ляпунов 函数方法.

为方便起见, 引进下列函数类:

$\Gamma = \{h : R_+ \times R^n \to R_+$, 在 $(t_{k-1}, t_k] \times R^n$ 上连续, 对 $\forall x \in R^n$, $\lim\limits_{(t,x) \to (t_k^+, x)} h(t, x) = h(t_k^+, x)$ $(k = 1, 2, \cdots)$, 存在且 $\inf h(t, x) = 0\}$;

$V_0 = \{V : R_+ \times R^n \to R_+$, 在 $(t_{k-1}, t_k] \times R^n$ 上连续, 在 t_k 处左连续, 关于 x 满足局部 Lipschitz 条件, 对任意的 $x \in R^n$, $\lim\limits_{(t,x) \to (t_k^+, x)} V(t, x) = V(t_k^+, x)$ 存在, $k = 1, 2, \cdots\}$;

$V_0' = \{V : R_+ \times R^n \to R_+$, 在 $(t_{k-1}, t_k] \times R^n$ 上连续, 在 t_k 处左连续且其一阶导数可积, 关于 x 满足局部 Lipschitz 条件, 对任意的 $x \in R^n$, $\lim\limits_{(t,x) \to (t_k^+, x)} V(t, x) = V(t_k^+, x)$ 存在, $k = 1, 2, \cdots\}$;

$K = \{\sigma\colon \sigma \in C[R_+, R_+], \sigma(0) = 0, \sigma(s)$ 严格递增 $\}$;

$K_0 = \{\sigma\colon \sigma \in C[R_+, R_+], \sigma(0) = 0$ 且当 $s > 0$ 时 $\sigma(s) > 0\}$;

$KR = \{\sigma\colon \sigma \in K$ 且 $\lim\limits_{s \to \infty} \sigma(s) = \infty\}$;

$P = \{\sigma\colon \sigma \in C[R_+, R_+],$ 当 $s \geqslant 0$ 时 $\sigma(s) \geqslant 0, \sigma(0) = 0,$ 且 σ 不减 $\}$;

$PC = \{\sigma\colon R_+ \to R_+,$ 在 (t_{k-1}, t_k) 连续且 $\lim\limits_{t \to t_k^+} \sigma(t) = \sigma(t_k^+)$ 存在 $\}$;

$PCK = \{\sigma\colon R_+ \times R_+ \to R_+,$ 对于 $\forall u \in R_+, \sigma(\cdot, u) \in PC,$ 对于 $\forall t \in R_+, \sigma(t, \cdot) \in K\}$, 其中 $t_k(k = 1, 2, \cdots)$ 为脉冲时刻.

Ляпунов 函数广义二阶导数方法是在 Ляпунов 函数的广义二阶导数满足一定条件的前提下, 通过对方程的离散及连续部分设置混合条件, 进行综合估计. 这种方法不需要 Ляпунов 函数沿轨线的导数常负或定负, 允许 Ляпунов 函数沿轨线的连续部分递增, 而在脉冲时刻跳跃后变小, 但必须有条件限制其不能增长太快. 因此当 Ляпунов 函数的一阶导数符号不确定, 而广义二阶导数存在且符号确定时, 使用此方法研究脉冲微分方程是有效的. 在利用这种方法研究稳定性时引入了函数在某一区间上或在其间断点处有界增长的概念, 限制 Ляпунов 函数的增长.

考虑如下脉冲微分方程

$$\begin{cases} x' = f(t, x(t)), & t \neq t_k, \\ \Delta x = I(t, x), & t = t_k, \end{cases} \tag{3.7.1}$$

其中脉冲时刻满足 $t_1 < t_2 < \cdots < t_k < \cdots, \lim\limits_{k \to \infty} t_k = \infty, f, I : R_+ \times R^n \to R^n$ 在 $(t_{k-1}, t_k] \times R^n$ 上连续, 且 $f(t_k^+, x), I(t_k^+, x)$ 存在, $k = 1, 2, \cdots$. 设 $x(t) = x(t, \tau_0, x_0)$ 为满足 $x(\tau_0^+) = x_0$ 的方程 (3.7.1) 的任一解, $\lim\limits_{t \to t_k^-} x(t) = x(t_k), \lim\limits_{t \to t_k^+} x(t) = x(t_k^+), \Delta x(t_k) = x(t_k^+) - x(t_k)$. 我们假设方程 (3.7.1) 的解 $x(t)$ 在 $[\tau_0, +\infty)$ 上存在且唯一.

定理 3.7.1　假设

(i) $h_0, h \in \Gamma$, 且 h_0 比 h 好;

(ii) 存在 $0 < \rho_0 < \rho$, 使得当 $(t_k, x) \in S(h, \rho_0)$ 时, 有 $(t_k^+, x + I(t_k, x)) \in S(h, \rho)$;

(iii) $V \in V_0, V(t, x)$ 为 h 正定, h_0 弱渐小;

(iv) 对所有 $k = 1, 2, \cdots$, 有 $\Delta t_k \dot{V}(t_k, x) + \Delta V(t_k, x) \leqslant 0, (t_k, x) \in S(h, \rho)$;

(v) $D^- \dot{V}(t, x(t)) \geqslant 0, (t, x) \in S(h, \rho)$;

(vi) $V(t, x(t))$ 在 (t_{k-1}, t_k) 上一致有界增长;

(vii) $V(t, x(t))$ 在 t_k 处有界增长,

则方程 (3.7.1) 为 (h_0, h) 稳定的.

证明　由于 $V(t, x)$ 为 h 正定, h_0 弱渐小, 则存在函数 $a \in PCK, b \in K,$ 常数

$\delta_0 > 0, \alpha_0 \in (0, \rho]$, 使得当 $h(t, x) < \alpha_0$ 时, 有

$$V(t, x) \geqslant b(h(t, x)); \tag{3.7.2}$$

当 $h_0(t, x) < \delta_0$ 时, 有

$$V(t, x) \leqslant a(t, h_0(t, x)). \tag{3.7.3}$$

由 (i), 存在函数 $\varphi \in PCK$, 常数 $\delta_1 > 0$, 使得当 $h_0(t, x) < \delta_1$ 时有

$$h(t, x) \leqslant \varphi(t, h_0(t, x)). \tag{3.7.4}$$

$\forall \varepsilon \in (0, \rho^*), \rho^* = \min(\rho_0, \alpha_0)$, 由 V 在 (t_{k-1}, t_k) 上一致有界增长, 则存在函数 $d_k \in P$, 使得

$$\dot{V}(t, x) \leqslant d_k(V(t, x)), \quad (t, x) \in S(h, \rho), t \in (t_{k-1}, t_k), \tag{3.7.5}$$

且存在常数 $\upsilon_1 = \upsilon_1(\varepsilon) \leqslant b(\varepsilon)$ 使得

$$\int_{\upsilon_1}^{b(\varepsilon)} \frac{ds}{d_k(s)} \geqslant \Delta t_k, \quad k = 1, 2, \cdots \tag{3.7.6}$$

令 $q = \min\{k : t_k \geqslant \tau_0\}$, 其中 τ_0 为初始时刻. 由于 V 在 $t_k(k = 1, 2, \cdots)$ 处有界增长, 则存在常数 $\upsilon_2 = \upsilon_2(\tau_0, \varepsilon) < \upsilon_1$, 使得当 $V(t_q, x(t_q)) < \upsilon_2$ 时有

$$V(t_q^+, x(t_q^+)) < \upsilon_1. \tag{3.7.7}$$

再一次利用 V 在 (t_{k-1}, t_k) 上有界增长, 则存在常数 $\upsilon_0 = \upsilon(\tau_0, \varepsilon) < \upsilon_2$, 使得

$$\int_{\upsilon_0}^{\upsilon_2} \frac{ds}{d_q(s)} \geqslant \Delta t_q. \tag{3.7.8}$$

选取常数 $\delta_2 = \delta_2(\tau_0, \varepsilon) > 0, \delta_3 = \delta_3(\tau_0, \varepsilon) > 0$ 使得

$$a(\tau_0^+, \delta_2) < \upsilon_0, \quad \varphi(\tau_0^+, \delta_3) < \varepsilon. \tag{3.7.9}$$

令 $\delta = \min\{\delta_0, \delta_1, \delta_2, \delta_3\}$. 设 $h(\tau_0^+, x_0) < \delta$, 则由 (3.7.3) 及 (3.7.9) 得

$$V(\tau_0^+, x_0) \leqslant a(\tau_0^+, h_0(\tau_0^+, x_0)) < a(\tau_0^+, \delta) < \upsilon_0. \tag{3.7.10}$$

设 $x(t) = x(t, \tau_0, x_0)$ 为方程 (3.7.1) 的满足 $h_0(\tau_0^+, x_0) < \delta$ 的任一解, 则由 (3.7.4), (3.7.9) 得

$$h(\tau_0^+, x_0) \leqslant \varphi(\tau_0^+, h_0(\tau_0^+, x_0)) < \varphi(\tau_0^+, \delta) \leqslant \varepsilon. \tag{3.7.11}$$

下证：　$h(t, x(t)) < \varepsilon, \quad t \geqslant \tau_0.$

否则, 存在方程 (3.7.1) 满足 $h_0(\tau_0^+, x_0) < \delta$ 的某解 $x(t)$ 及 $t^0 > \tau_0, t_j < t^0 \leqslant t_{j+1}$, 某 $j \in N$, 使得

$$h(t^{0+}, x(t^{0+})) \geqslant \varepsilon \text{且} h(t, x(t)) < \varepsilon, \quad t \in [\tau_0, t_j].$$

由于 $\varepsilon \in (0, \rho^*)$, 由 (ii) 得 $h(t_j^+, x(t_j^+)) = h(t_j^+, x(t_j + I(t_j, x(t_j)))) < \rho$. 由此, 能找到 $\widetilde{t}$ 使得

$$\varepsilon \leqslant h(\widetilde{t}, x(\widetilde{t})) < \rho \text{且} h(t, x(t)) < \rho, \quad t \in [\tau_0, \widetilde{t}].$$

$1° j \geqslant q$ 情形.

若 $j > q$, 对 $k = q + 1, \cdots, j$, 有

$$
\begin{aligned}
&V(t_k^+, x(t_k^+)) - V(t_{k-1}^+, x(t_{k-1}^+)) \\
&= V(t_k^+, x(t_k^+)) - V(t_k, x(t_k)) + V(t_k, x(t_k)) - V(t_{k-1}^+, x(t_{k-1}^+)) \\
&= \Delta V(t_k, x(t_k)) + \int_{t_{k-1}}^{t_k} \dot{V}(t, x(t)) dt.
\end{aligned}
$$

由 (v), $\dot{V}(t, x(t))$ 在 $(t_{k-1}, t_k]$ 上不减, 结合 (iv) 得

$$
\begin{aligned}
&V(t_k^+, x(t_k^+)) - V(t_{k-1}^+, x(t_{k-1}^+)) \\
&\leqslant \Delta V(t_k, x(t_k)) + \int_{t_{k-1}}^{t_k} \dot{V}(t, x(t)) dt \\
&= \Delta V(t_k, x(t_k)) + \Delta t_k \dot{V}(t_k, x(t_k)) \\
&\leqslant 0.
\end{aligned}
$$

故

$$V(t_k^+, x(t_k^+)) \leqslant V(t_{k-1}^+, x(t_{k-1}^+)).$$

因此得

$$V(t_j^+, x(t_j^+)) \leqslant V(t_q^+, x(t_q^+)), \quad j \geqslant q.$$

下证：　$V(t_q^+, x(t_q^+)) < \upsilon_1, \quad j \geqslant q.$

由 (3.7.10), (3.7.5) 得

$$\int_{\upsilon_0}^{V(t_q, x(t_q))} \frac{ds}{d_q(s)} < \int_{V(\tau_0^+, x_0)}^{V(t_q, x(t_q))} \frac{ds}{d_q(s)} \leqslant t_q - \tau_0 \leqslant \Delta t_q.$$

由 (3.7.8) 得 $V(t_q, x(t_q)) < \upsilon_2$. 由 (3.7.7) 得 $V(t_q^+, x(t_q^+)) < \upsilon_1$. 故

$$V(t_j^+, x(t_j^+)) < \upsilon_1.$$

2° $j < q$ 情形. 此时有 $t_j < \tau_0$.

令 $t^* = \max(t_j, \tau_0)$, 其中 $j < q$. 由于 $v_0 < v_1$, 故

$$V(t^{*+}, x(t^{*+})) < v_1. \tag{3.7.12}$$

易知 $\widetilde{t} \in [t^*, t_{j+1})$. 若 $\widetilde{t} > t^*$, 则 $\widetilde{t}$ 为 $x(t)$ 的连续点, 从而 $x(\widetilde{t}^+) = x(\widetilde{t})$. 由 (3.7.5), (3.7.6), (3.7.12) 得

$$\begin{aligned}
\Delta t_{j+1} \geqslant \widetilde{t} - t^* &\geqslant \int_{V(t^{*+}, x(t^{*+}))}^{V(\widetilde{t}^+, x(\widetilde{t}^+))} \frac{ds}{d_{j+1}(s)} \\
&> \int_{v_1}^{b(h(\widetilde{t}^+, x(\widetilde{t}^+)))} \frac{ds}{d_{j+1}(s)} \geqslant \int_{v_1}^{b(\varepsilon)} \frac{ds}{d_{j+1}(s)} \\
&\geqslant \Delta t_{j+1},
\end{aligned}$$

矛盾. 若 $\widetilde{t} = t^*$, 则 $b(\varepsilon) \leqslant b(h(\widetilde{t}^+, x(\widetilde{t}^+))) \leqslant V(\widetilde{t}^+, x(\widetilde{t}^+)) < v_1 \leqslant b(\varepsilon)$, 矛盾. 所以结论成立.

定理 3.7.2 在定理 3.7.1 中, 若另设 V 为 h_0 渐小且 $V(t, x(t))$ 在 t_k 处一致有界增长, h_0 比 h 一致好, 则方程 (3.7.1) 为 (h_0, h) 一致稳定.

证明 若 h_0 比 h 一致好, V 为 h_0 渐小, $V(t, x(t))$ 在 t_k 处一致有界增长, 则在定理 3.7.1 中, 取 $\varphi \in K, a \in K, \delta_0, \delta_1, v_2$ 与 τ_0 无关, 从而 v_0, δ_2, δ_3 也与 τ_0 无关, 取 $\delta = \min\{\delta_0, \delta_1, \delta_2, \delta_3\} = \delta(\varepsilon)$. 以下证明类似定理 3.7.1. 从而方程 (3.7.1) 为 (h_0, h) 一致稳定的. 证毕.

定理 3.7.3 若定理 3.7.2 中各条件成立, 且进一步设

(i) Δt_k 一致有界, V 为 h 渐小;

(ii) 存在函数 $c \in K_0$, 常数 $u_k \geqslant 0$, 使得

$$\Delta t_k \dot{V}(t_k, x) + \Delta V(t_k, x) \leqslant -u_k c(h(t_k, x)), \quad (t_k, x) \in S(h, \rho);$$

(iii) 对任意给定正数 C, 存在正整数 N, 使得

$$\sum_{k=q+1}^{q+N} u_k > C, \quad \forall q \geqslant 0,$$

则方程 (3.7.1) 为 (h_0, h) 一致渐近稳定.

证明 由定理 3.7.2 知, 只需证方程 (3.7.1) 为 (h_0, h) 一致吸引.

由 $V(t, x)$ 为 h 渐小, 存在函数 $d \in K$, 常数 $\delta_1 > 0$, 使得 $h(t, x) < \delta_1$ 时, 有

$$V(t, x) < d(h(t, x)). \tag{3.7.13}$$

由方程 (3.7.1) 为 (h_0, h) 一致稳定知对 $\rho_1 \in (0, \min(\rho, \delta_1))$, 存在 $\delta_0 = \delta_0(\rho_1)$ 使得当 $h_0(\tau_0^+, x_0) < \delta_0$ 时有

$$h(t, x(t, \tau_0, x_0)) < \rho_1, \quad t \geqslant \tau_0. \tag{3.7.14}$$

由定理 3.7.2 及 (i) 知方程 (3.7.1) 为 (h_0, h) 一致稳定. $\forall \varepsilon \in (0, \rho_1), \delta = \delta(\varepsilon)$ 由 (h_0, h) 一致稳定定义确定. 设 $x(t) = x(t, \tau_0, x_0)$ 为方程 (3.7.1) 的满足 $h_0(\tau_0^+, x_0) < \delta_0$ 的任一解. 利用 (ii) 及定理 3.7.1 中 (v), 类似定理 3.7.1 证明过程得

$$V(t_k^+, x(t_k^+)) \leqslant V(t_{k-1}^+, x(t_{k-1}^+)) - u_k c(h(t_k, x(t_k))). \tag{3.7.15}$$

由于 $c \in K_0$ 必在 $[\delta, \rho_1]$ 上取得最小值, 设最小值点为 M. 令 $q = \min\{k : t_k \geqslant \tau_0\}$. 由 (iii), 存在 $N = N(\varepsilon)$, 使得

$$\sum_{k=q+1}^{q+N} u_k > \frac{d(\rho_1)}{c(M)}.$$

由 (3.7.13), (3.7.14) 知

$$V(t_q^+, x(t_q^+)) < d(h(t_q^+, x(t_q^+))) < d(\rho_1).$$

令 $T = (N+1)A$, 其中 $\Delta t_k < A, k = 1, 2, \cdots$. 注意到 $t_{q+N} \leqslant \tau_0 + T$.

下证：   存在 $t^* \in [\tau_0, \tau_0 + T]$ 使得 $h(t^*, x(t^*)) < \delta$.

若结论不成立, 则有 $h(t, x(t)) \geqslant \delta, t \in [\tau_0, \tau_0 + T]$. 由 (3.7.15) 得

$$V(t_{q+N}^+, x(t_{q+N}^+)) \leqslant V(t_q^+, x(t_q^+)) - \sum_{k=q+1}^{q+N} c(h(t_k, x(t_k)))$$

$$< d(\rho_1) - c(M) \sum_{k=q+1}^{q+N} u_k$$

$$< 0,$$

矛盾. 由 (h_0, h) 一致稳定知 $h(t, x(t)) < \varepsilon, t \geqslant t^*$. 故 $h(t, x(t)) < \varepsilon, t \geqslant \tau_0 + T$. 所以方程 (3.7.1) 为 (h_0, h) 一致渐近稳定. 证毕.

例 3.7.1   考虑脉冲微分方程

$$\begin{cases} x_1' = \dfrac{1}{10}x_1 + \dfrac{1}{2}x_2, & t \neq k, \\[2mm] x_2' = \dfrac{2}{5}x_1 - \dfrac{3}{4}x_2, & t \neq k, \\[2mm] \Delta x_1 = -\dfrac{4}{5}x_1 - \dfrac{\sqrt{3}}{5}x_2, & t = k, \\[2mm] \Delta x_2 = -\dfrac{13}{20}x_1 + \dfrac{13\sqrt{3} - 20}{20}x_2, & t = k, k = 1, 2, \cdots \end{cases}$$

选取 $V(t,x) = x_1^2 + x_2^2$, 则

$$\dot{V}(t,x) = \frac{1}{5}x_1^2 + \frac{9}{5}x_1x_2 - \frac{3}{2}x_2^2 \leqslant 2(x_1^2 + x_2^2),$$

$$\ddot{V}(t,x) = \frac{19}{25}x_1^2 - \frac{217}{100}x_1x_2 + \frac{63}{20}x_2^2 \geqslant 0,$$

$$\begin{aligned} \Delta t_k \dot{V}(t_k,x) + \Delta V(t_k,x) &= -\frac{16}{25}x_1^2 + \frac{19}{25}x_1x_2 - \frac{81}{100}x_2^2 \\ &\leqslant -\frac{16}{25}x_1^2 + \frac{19}{50}(x_1^2 + x_2^2) - \frac{81}{100}x_2^2 \\ &\leqslant -\frac{43}{100}(x_1^2 + x_2^2). \end{aligned}$$

我们令 $h_0(t,x) = h(t,x) = |x|, \mu_k = \dfrac{43}{100}, c(s) = s^2$. 这样定理 3.7.1 的所有条件均成立, 故方程是 (h_0, h) 一致渐近稳定的.

可以看出上面的研究方法是对方程的离散与连续部分设置混合条件. 下面我们采用对方程的离散与连续部分分别设置条件的典型方法来研究脉冲微分方程关于两个测度的有界性.

考虑脉冲微分方程

$$\begin{cases} x' = f(t,x), & t \neq \tau_k, \\ \triangle x = I(t,x), & t = \tau_k, \end{cases} \tag{3.7.16}$$

其中 $\triangle x(\tau_k) = x(\tau_k^+) - x(\tau_k)(k = 1, 2, \cdots), 0 = \tau_0 < \tau_1 < \tau_2 < \cdots < \tau_k < \cdots, \lim\limits_{k \to \infty} \tau_k = \infty, f, I : R_+ \times R^n \to R^n$ 在 $(\tau_{k-1}, \tau_k] \times R^n$ 上连续, 且 $f(\tau_k^+, x), I(\tau_k^+, x)$ 存在, $f(\cdot, 0) = I(\cdot, 0) \equiv 0$.

定理 3.7.4 假设

(i)$h_0, h \in \Gamma, h(t,x) \leqslant \varphi(h_0(t,x)), \varphi \in C[R_+, R_+]$;

(ii)$V \in V_0$, 存在函数 $a \in KR, b \in C[R_+, R_+]$ 及一个正常数 ρ, 满足

$$a(h(t,x)) \leqslant V(t,x) \leqslant b(h_0(t,x)), \qquad (t,x) \in S^c(h_0, \rho);$$

(iii) 存在函数 $C_k \in K_0$ 及常数 $\mu_k(k = 1, 2, \cdots)$, 满足

$$D^+V(t,x) \leqslant \frac{\mu_k}{\Delta\tau_k}C_k(V(t,x)), (t,x) \in (\tau_{k-1}, \tau_k) \times R^n \cap S^c(h_0, \rho), \tag{3.7.17}$$

$$s \geqslant \mu_k C_k(s), \quad s \geqslant 0,$$

其中 $\Delta\tau_k = \tau_k - \tau_{k-1}$;

(iv) 存在常数 υ_k 及函数 $d_k \in K_0, k = 1, 2, \cdots$, 满足

$$|\upsilon_k| < M,$$

$$\Delta V(\tau_k, x) \leqslant v_k d_k(V(\tau_k, x)), \quad (\tau_k, x) \in S^c(h_0, \rho), \tag{3.7.18}$$

其中 M 为一正常数;

(v)$\forall \alpha > 0, \eta = \eta(\alpha)$, 满足

$$d_k(s) < \eta, \quad s \in [0, \alpha];$$

(vi) 存在常数 $\gamma_k \geqslant 0, k = 1, 2, \cdots$, 满足

$$\mu_k + \int_{\sigma}^{\sigma + v_k d_k(\sigma)} \frac{ds}{C_k(s)} \leqslant -\gamma_k, \quad \sigma \geqslant 0; \tag{3.7.19}$$

(vii)$\forall \alpha > 0$, 存在常数 $\gamma = \gamma(\alpha) > 0$, 使得当 $h_0(\tau_k, x) \leqslant \alpha$ 时有

$$h_0(\tau_k^+, x + I(\tau_k, x)) < \alpha + \gamma(\alpha),$$

则方程 (3.7.16) 是 (h_0, h) 一致有界的.

证明　　$\forall t_0 \in R_+, \alpha > \rho > 0$, 我们选取 $\beta_1 = \beta_1(\alpha)$, 满足

$$\beta_1 > \max\{m + M\eta(m), \max_{s \in [0, \alpha + \gamma(\alpha)]} \varphi(s) + 1\}, \tag{3.7.20}$$

其中 $m = \max\limits_{s \in [0, \alpha + \gamma(\alpha)]} b(s)$. 选取 $\beta = \beta(\alpha)$, 满足 $\beta > \max\{\beta_1, \alpha^{-1}(e\beta_1) + 1\}$. 则由条件 (i), 如果 $h_0(t_0^+, x_0) < \alpha$, 有

$$h(t_0^+, x_0) \leqslant \varphi(h_0(t_0^+, x_0)) < \beta.$$

可证对于方程 (3.7.16) 的满足 $h_0(t_0^+, x_0) < \alpha$ 的任意解 $x(t) = x(t, t_0^+, x_0)$ 有

$$h(t, x(t)) < \beta, \quad t \geqslant t_0.$$

若不然, 必存在方程 (3.7.16) 的一个解 $x(t) = x(t, t_0^+, x_0), h_0(t_0^+, x_0) < \alpha$ 及时刻 $t_0 < t_1 < t_2$, 满足

$$\alpha \leqslant h_0(t, x(t)), \quad t \in [t_1, t_2] \quad \text{且} \quad t \neq t_k,$$

$$h_0(t_1, x(t_1)) < \alpha + \gamma(\alpha),$$

$$h_0(t_2^+, x(t_2^+)) > \alpha + \gamma(\alpha) \quad \text{及} \quad h(t_2^+, x(t_2^+)) \geqslant \beta - 1.$$

令 $q = \min\{k : \tau_k \geqslant t_1\}, j = \max\{k : \tau_k \leqslant t_2\}$. 如果 $j > q$, 则对于 $k = q + 1, \cdots, j$, 由 (3.7.17), (3.7.18) 得

$$\int_{V(\tau_{k-1}^+, x(\tau_{k-1}^+))}^{V(\tau_k, x(\tau_k))} \frac{ds}{C_k(s)} \leqslant \mu_k,$$

及

$$\int_{V(\tau_k,x(\tau_k))}^{V(\tau_k^+,x(\tau_k^+))} \frac{ds}{C_k(s)} \leqslant \int_{V(\tau_k,x(\tau_k))}^{V(\tau_k,x(\tau_k))+\upsilon_k d_k(V(\tau_k,x(\tau_k)))} \frac{ds}{C_k(s)},$$

与 (3.7.19) 联立可知

$$\int_{V(\tau_{k-1}^+,x(\tau_{k-1}^+))}^{V(\tau_k^+,x(\tau_k^+))} \frac{ds}{C_k(s)} \leqslant 0.$$

故

$$V(\tau_k^+,x(\tau_k^+)) \leqslant V(\tau_{k-1}^+,x(\tau_{k-1}^+)), \quad k=q+1,q+2,\cdots,j,$$

$$V(\tau_j^+,x(\tau_j^+)) \leqslant V(\tau_q^+,x(\tau_q^+)). \tag{3.7.21}$$

可证

$$V(\tau_q^+,x(\tau_q^+)) < \beta_1. \tag{3.7.22}$$

如果 $\tau_q = t_1$, 由 (3.7.20) 知 (3.7.22) 显然成立. 否则 $\tau_{q-1} < t_1 < \tau_q$. 如果 $\mu_q \leqslant 0$, 则由 (3.7.17) 得

$$V(\tau_q,x(\tau_q)) < m.$$

由 (3.7.18), (3.7.20) 得

$$V(\tau_q^+,x(\tau_q^+)) \leqslant m + M\eta(m) < \beta_1.$$

另一方面, 如果 $\mu_q > 0$, 由 (3.7.17) 知

$$\int_m^{V(\tau_q,x(\tau_q))} \frac{ds}{C_q(s)} \leqslant \int_{V(t_1^+,x)}^{V(\tau_q,x(\tau_q))} \frac{ds}{C_q(s)} \leqslant \mu_q \frac{\tau_q - t_1}{\Delta \tau_q} < \mu_q,$$

与 (3.7.18), (3.7.19) 联立得

$$\int_m^{V(\tau_q,x(\tau_q))} \frac{ds}{C_q(s)} \leqslant \int_{V(t_1^+,x)}^{V(\tau_q,x(\tau_q))+\upsilon_q d_q(V(\tau_q,x(\tau_q)))} \frac{ds}{C_q(s)} \leqslant -\gamma_q,$$

所以 (3.7.22) 成立. 进一步, 由 (3.7.21) 得当 $j \geqslant q$ 时有

$$V(\tau_j^+,x(\tau_j^+)) < \beta_1.$$

令 $\hat{t} = \max\{t_1,\tau_j\}$, 则不论 j 的值如何, 我们有

$$V(\hat{t}^+,x(\hat{t}^+)) < \beta_1. \tag{3.7.23}$$

显然, $\tilde{t} \in [\hat{t},\tau_{j+1})$. 如果 $\tilde{t} = \hat{t}$ 或者 $\tilde{t} > \hat{t}$ 且 $\mu_{j+1} \leqslant 0$, 则由 (3.7.17), (3.7.23) 得

$$V(\tilde{t}^+,x(\tilde{t}^+)) \leqslant V(\hat{t}^+,x(\hat{t}^+)) < \beta_1,$$

则有

$$a(\beta - 1) \leqslant a(h(\tilde{t}^+, x(\tilde{t}^+))) \leqslant V(\tilde{t}, x(\hat{t})) < \beta_1 < a(\beta - 1),$$

矛盾.

另一方面, 如果 $\tilde{t} > \hat{t}, \mu_{j+1} > 0$, 则

$$\mu_{j+1} \geqslant \int_{V(\hat{t}^+, x(\hat{t}^+))}^{V(\hat{t}, x(\hat{t}))} \frac{ds}{C_{j+1}(s)} > \int_{\beta_1}^{a(\beta-1)} \frac{ds}{C_{j+1}(s)} \geqslant \mu_{j+1},$$

矛盾. 于是, 必有 $h(t, x) < \beta, t \geqslant t_0$. 所以方程 (3.7.16) 是 (h_0, h) 一致有界的. 证毕.

定理 3.7.5　假定定理 3.7.4 的所有条件成立, 且满足：

(i) $\varphi \in KR, C_k \in K$;

(ii) 存在正数 $A, \bar{\rho}$ 及函数 $\Psi \in C[R_+, R_+]$, 满足

$$\Delta\tau_k < A, \quad a(h(t, x)) \leqslant V(t, x) \leqslant \Psi(h(t, x)), \quad (t, x) \in S^c(h, \bar{\rho});$$

(iii) $\forall \beta > \bar{\rho}, c > 0$, 存在正整数 N, 满足

$$\sum_{k=q+1}^{q+N} \gamma_k C_k(\beta) > c, \quad q \geqslant 0;$$

(iv) $\forall \alpha > 0$, 存在常数 $\eta = \eta(\alpha) > 0$, 满足

$$当 h(\tau_k, x) \leqslant \alpha 时, \quad h(\tau_k^+, x + I(\tau_k, x)) \leqslant \alpha + \eta(\alpha),$$

则方程 (3.7.16) 是 (h_0, h) 一致最终有界的.

证明　由定理 3.7.4 得, 方程 (3.7.16) 是 (h_0, h) 一致有界的, 我们只需证明方程 (3.7.16) 是 (h_0, h) 拟一致最终有界的. 由方程 (3.7.16) 是 (h_0, h) 一致有界的知, 任给 $\bar{\alpha} > \bar{\rho}$ 且 $a(\bar{\alpha}) > \bar{\rho}$, 必存在 $\bar{\beta} = \bar{\beta}(\bar{\alpha}) > 0$, 使得

$$当 h(t_0^+, x_0) < \bar{\alpha} \quad 时, \quad h(t, x(t)) < \bar{\beta},$$

其中 $x(t) = x(t, t_0^+, x_0)$ 是方程 (3.7.16) 的任意解. 任给 $t_0 \in R_+, \alpha > 0$, 由条件 (iii), 存在正整数 N, 满足

$$\sum_{k=q+1}^{q+N} \gamma_k C_k(a(\bar{\alpha})) > \beta_1 > \max\{m + M\eta(m), \rho\}, \quad q \geqslant 0, \tag{3.7.24}$$

其中 β_1 是一正常数, $m = \max_{s \in [0, \alpha]} b(s)$. 令 $T = NA$, 我们将证明存在 $\tilde{t} \in [t_0, t_0 + T)$, 使得当 $h_0(t_0^+, x_0) < \alpha$ 时有

$$h(\tilde{t}^+, x(\tilde{t}^+)) < \bar{\alpha}.$$

如果结论不成立, 存在方程 (3.7.16) 的解 $x(t) = x(t, t_0^+, x_0), h_0(t_0^+, x_0) < \alpha$, 满足当 $h(t^+, x(t^+)) \geqslant \bar{\alpha}$ 时, 有 $t \in [t_0, t_0 + T]$.

由条件 (i), 可得

$$h_0(t^+, x(t^+)) \geqslant \varphi^{-1}(\bar{\alpha}), \quad t \in [t_0, t_0 + T].$$

选取 $\bar{\alpha}$ 充分大, 使得 $h_0(t^+, x(t^+)) > \varphi^{-1}(\bar{\alpha}) > \rho$, 则由定理条件得

$$\int_{V(\tau_{k-1}^+, x(\tau_{k-1}^+))}^{V(\tau_k^+, x(\tau_k^+))} \frac{ds}{C_k(s)} \leqslant -\gamma_k, \quad \tau_{k-1}, \tau_k \in [t_0, t_0 + T].$$

故

$$V(\tau_{k-1}^+, x(\tau_{k-1}^+)) \leqslant V(\tau_k^+, x(\tau_k^+)) - \gamma_k C_k(a(\bar{\alpha})). \tag{3.7.25}$$

类似于定理 3.7.4 的证明可得

$$V(\tau_q^+, x(\tau_q^+)) \leqslant \beta_1,$$

其中 $q = \min\{k : \tau_k \geqslant t_0\}$. 上式连同 (3.7.24) 及 (3.7.25) 导致矛盾.

$$V(\tau_{q+N}^+, x(\tau_{q+N}^+)) \leqslant V(\tau_q^+, x(\tau_q^+)) - \sum_{k=q+1}^{q+N} \gamma_k C_k(a(\bar{\alpha})) < 0.$$

所以必存在 $\tilde{t} \in [t_0, t_0 + T)$, 满足 $h(\tilde{t}^+, x(\tilde{t}^+)) < \bar{\alpha}$. 由 (h_0, h) 一致有界性知

$$h(t, x(t)) < \bar{\beta}(\bar{\alpha}), \quad t \geqslant t_0 + T.$$

如果定理中的条件 (iii) 减弱为

$$\sum_{k=1}^{\infty} \gamma_k C_k(\sigma) = \infty, \quad \forall \sigma > 0,$$

则我们仅能得到方程 (3.7.16) 的 (h_0, h) 等度最终有界性. 证毕.

作为应用, 我们给出下面一个例子.

例 3.7.2 考虑脉冲微分方程

$$\begin{cases} x_1' = \dfrac{1}{4}x_1 - x_2, & t \neq \dfrac{k\pi}{2}, \\ x_2' = x_1 + \dfrac{1}{4}x_2, & t \neq \dfrac{k\pi}{2}, \\ \triangle x_1 = -\dfrac{1}{2}x_1, & t = \dfrac{k\pi}{2}, \\ \triangle x_2 = -\dfrac{1}{2}x_2, & t = \dfrac{k\pi}{2}. \end{cases}$$

令 $V(t,x) = \frac{1}{2}(x_1^2 + x_2^2)$, 则

$$V'(t,x) = x_1\left(\frac{1}{4}x_1 - x_2\right) + x_2\left(x_1 + \frac{1}{4}x_2\right) = \frac{1}{2}V(t,x), \quad t \neq \frac{k\pi}{2}.$$

$$\Delta V(t,x) = \frac{1}{2}\left[\left(x_1 - \frac{1}{2}x_1\right)^2 + \left(x_2 - \frac{1}{2}x_2\right)^2 - (x_1^2 + x_2^2)\right] = -\frac{3}{4}V(t,x), \quad t = \frac{k\pi}{2}.$$

选取 $\mu_k = \frac{\pi}{4}, \upsilon_k = -\frac{3}{4}, C_k(s) = d_k(s) = s, h(t,x) = h_0(t,x) = |x|$, 有

$$\mu_k + \int_\sigma^{\sigma + \upsilon_k d_k(\sigma)} \frac{ds}{C_k(s)} = \frac{\pi}{4} - \ln 4 < 0.$$

定理 3.7.4 的所有条件都成立, 故方程是 (h_0, h) 一致最终有界的. 然而, 易证它所包含的连续方程是无界的. 这说明脉冲可以引起方程有界性的变化.

前面我们已经提出了脉冲微分方程稳定性以及有界性的部分定理, 下面我们就利用变分Ляпунов函数方法, 研究脉冲摄动微分方程关于两个测度的稳定性.

考虑如下脉冲微分方程

$$\begin{cases} y' = F(t,y), & t \neq \tau_k, \\ \Delta y = I_k(y), & t = \tau_k, \\ y(t_0^+) = x_0, & k = 1, 2, \cdots \end{cases} \tag{3.7.26}$$

$$\begin{cases} x' = f(t,x), & t \neq \tau_k, \\ \Delta x = h_k(x), & t = \tau_k, \\ x(t_0^+) = x_0, & k = 1, 2, \cdots \end{cases} \tag{3.7.27}$$

其中 $f(t,x) = F(t,x) + R(t,x), h_k(x) = I_k(x) + Q_k(x), R(t,x)$ 与 $Q_k(x)$ 均为摄动项, F, f, I_k, h_k 满足一定的条件以保证方程 (3.7.26), (3.7.27) 的解整体存在唯一, 并且对所有的 k, 当 $t \in (\tau_k, \tau_{k+1}]$ 时, 方程 (3.7.26), (3.7.27) 的解关于初值具有连续依赖性. 同时脉冲时刻满足: $0 = \tau_0 < \tau_1 < \tau_2 < \cdots < \tau_k < \cdots$ 且 $\lim\limits_{k \to \infty} \tau_k = \infty$. 设 $y(t) = y(t, t_0, x_0)$ 及 $x(t) = x(t, t_0, x_0)$ 分别为方程 (3.7.26), (3.7.27) 的任意解.

我们给出如下条件:

$(A_1) F : R_+ \to R^n$, 对所有的 k, F 在 $(\tau_{k-1}, \tau_k] \times R^n$ 上连续, 并且在其上具有连续偏导数 $\frac{\partial F}{\partial x}$;

(A_2) 对每一个 $x \in R^n, k = 1, 2, \cdots$, 当 $(t, y) \to (\tau_k, x)$ 时, $F, \frac{\partial F}{\partial x}$ 具有有限极限;

$(A_3) I_k : R^n \to R^n$ 连续可微.

引理 3.7.1　假设条件 $(A_1) \sim (A_3)$ 成立, 设 $y(t) = y(t, t_0, x_0)$ 是方程 (3.7.26) 定义在 $[t_0, \infty)$ 上的任意解, 则有

(i) $\dfrac{\partial y}{\partial x_0}(t, t_0, x_0)$ 存在且是初值问题

$$\begin{cases} Z' = F_y(t, y(t, t_0, x_0))Z, & t \neq \tau_k, \\ \triangle Z = \dfrac{\partial I_k}{\partial y}, & t = \tau_k, \\ Z(t_0^+) = I, & k = 1, 2, \cdots \end{cases} \tag{3.7.28}$$

的解, 并使得 $\dfrac{\partial y}{\partial x_0}(t, t_0, x_0)$ 为单位矩阵;

(ii) $\dfrac{\partial y}{\partial t_0}(t, t_0, x_0)$ 存在且是 (3.7.28) 的解并满足

$$\frac{\partial y}{\partial x_0}(t, t_0, t_0) = -\frac{\partial y}{\partial x_0}(t, t_0, x_0)F(t_0, x_0), t \geqslant t_0.$$

对所有的 k, 当 $s \in (\tau_k, \tau_{k+1}]$ 时, 在引理 3.7.1 的条件下, $\dfrac{\partial y(t, s, x(s))}{\partial x_0}, \dfrac{\partial y(t, s, x(s))}{\partial t_0}$ 存在并连续.

下面阐述变分Ляпунов函数方法的思想.

若令 $P(s) = y(t, s, x(s)), t_0 \leqslant s \leqslant t$, 对所有的 k 当 $s \in (\tau_k, \tau_{k+1}]$ 时 $P(s)$ 左连续, 此时

$$P'(s) = \frac{\partial y(t, s, x(s))}{\partial t_0} + \frac{\partial y(t, s, x(s))}{\partial x_0}f(t, x) \doteq G(t, s, x).$$

两边对 s 从 t_0 到 t 积分, 得

$$\int_{t_0}^t P'(s)ds = \int_{t_0}^t G(t, s, x)ds,$$

而同时有

$$\int_{t_0}^t P'(s)ds = \int_{t_0}^{\tau_1} P'(s)ds + \int_{\tau_1}^{\tau_2} P'(s)ds + \cdots + \int_{\tau_{n-1}}^{\tau_n} P'(s)ds + \int_{\tau_n}^t P'(s)ds$$

$$= P(\tau_1) - P(t_0) + P(\tau_2) - P(\tau_1^+) + \cdots + P(\tau_n) - P(\tau_{n-1}^+) + P(t) - P(\tau_n^+)$$

$$= P(t) - P(t_0) - \sum_{t_0 < \tau_k < t} \Delta P(\tau_k),$$

从而得 $P(t) = P(t_0) + \displaystyle\int_{t_0}^t G(t, s, x)ds + \sum_{t_0 < \tau_k < t} \Delta P(\tau_k)$. 由 $P(s)$ 的取法知

$$x(t) = y(t) + \int_{t_0}^t G(t, s, x)ds + \sum_{t_0 < \tau_k < t} \Delta P(\tau_k).$$

若令 $P(s) = |y(t, s, x(s)|^2, t_0 \leqslant s \leqslant t$, 对所有的 k, 当 $s \in (\tau_k, \tau_{k+1}]$ 时, 有

$$P'(s) = 2y(t, s, x(s))G(t, s, x).$$

两边对 s 从 t_0 到 t 积分, 同样可得

$$P(t) = P(t_0) + \int_{t_0}^t 2y(t, s, x(s))G(t, s, x)ds + \sum_{t_0 < \tau_k < t} \Delta P(\tau_k),$$

即

$$|x(t)|^2 = |y(t)|^2 + \int_{t_0}^t 2y(t, s, x(s))G(t, s, x)ds + \sum_{t_0 < \tau_k < t} \Delta P(\tau_k).$$

不失一般性, 令 $P(s) = V(s, y(t, s, x(s))), t_0 \leqslant s \leqslant t$, 其中 $V : R_+ \times R^n \to R_+$, 对所有的 k, V 在 $s \in (\tau_k, \tau_{k+1}] \times R^n$ 上连续且其一阶导数可积, 并对每一个 $x \in R^n$, 存在 $\lim_{(t,y)\to(\tau_k^+,x)} V(t, y) = V(\tau_k^+, x)$. 类似前面的讨论, 同样有

$$V(t, x(t)) = V(t_0, y(t)) + \int_{t_0}^t \frac{dV}{ds}(s, y(t, s, x(s))) + \sum_{t_0 < \tau_k < t} \Delta V(\tau_k),$$

其中 $s \in (\tau_k, \tau_{k+1}], k = 1, 2, \cdots$.

进一步由引理 3.7.1 知

$$\begin{aligned}
x(t) =& y(t) + \int_{t_0}^t G(t, s, x)ds + \sum_{t_0 < \tau_k < t} \Delta P(\tau_k) \\
=& y(t) + \int_{t_0}^t \left[\frac{\partial y(t, s, x(s))}{\partial t_0} + \frac{\partial y}{\partial x_0}(t, s, x(s))F(s, x(s))\right. \\
& \left. + \frac{\partial y}{\partial x_0}(t, s, x(s))R(s, x(s))\right]ds + \sum_{t_0 < \tau_k < t} \Delta P(\tau_k) \\
=& y(t) + \int_{t_0}^t \frac{\partial y}{\partial x_0}(t, s, x(s))R(s, x(s))ds + \sum_{t_0 < \tau_k < t} \Delta P(\tau_k).
\end{aligned}$$

要估计 $|x(t)|$, 将必须估计 $|\frac{\partial y}{\partial x_0}(t, s, x(s))|, |R(s, x(s))|$ 及 $|\Delta P(\tau_k)|$, 这便影响了摄动项的一些性质, 但若利用上面的结果, 就有

$$|x(t)|^2 = |y(t)|^2 + \int_{t_0}^t 2y(t, s, x(s))\frac{\partial y}{\partial x_0}(t, s, x(s))R(s, x(s))ds + \sum_{t_0 < \tau_k < t} \Delta P(\tau_k).$$

从而克服了这一缺点.

假设

(B₁)$f : R_+ \to R^n$ 在 $(\tau_k, \tau_{k+1}] \times R^n$ 上连续, 且对每一个 $x \in R(k = 1, 2, \cdots)$, 有

$$\lim_{(t,y) \to (\tau_k^+, x)} f(t, y) = f(\tau_k^+, x);$$

(B₂) 对每一个 $x \in R(k = 1, 2, \cdots)$, 有 $\lim\limits_{(t,y) \to (\tau_k^+, x)} F(t, y) = F(\tau_k^+, x);$

(B₃) $h_k : R^n \to R^n$.

下面始终假设条件 (A₁) ∼ (A₃) 及 (B₁) ∼ (B₃) 成立, 并假设其 Dini 导数为

$$D^+V(t, s, x)$$
$$= D^+V(s, y(t, s, x))$$
$$= \lim_{h \to 0^+} \sup \frac{1}{h}[V(s + h, y(t, s + h, x + hf(s, x))) - V(s, y(s, y(t, s, x)))],$$

其中 $y(t, s, x)$ 是方程 (3.7.27) 的满足 $y(s, s, x) = x$ 的任意解.

下面我们利用此方法研究上述方程的稳定性及有界性.

定理 3.7.6 假设 $V : R_+ \times R^n \to R_+^N, V \in V_0'$ 且对每一个 $(t, s), y(t, s, x)$ 关于 x 满足局部 Lipschitz 条件, 又

$$\begin{cases} D^+V(s, y(t, s, x)) \leqslant g(t, s, V(s, y(t, s, x))), & s \neq \tau_k, \\ V(s, y(t, s, x + h_k(x))) \leqslant \Psi_k(V(s, y(t, s, x))), & s = \tau_k, k = 1, 2, \cdots, \end{cases}$$

其中 $g : R_+^2 \times R_+^N \to R^N$ 在 $(\tau_k, \tau_{k+1}](k = 1, 2, \cdots)$ 上关于 s 连续, 且对每一个 $t \in R_+, u \in R_+^N$, 对所有的 k 都有 $\lim\limits_{(t,s,\omega) \to (t,\tau_k^+, u)} g(t, s, \omega) = g(t, \tau_k^+, u)$ 成立, 并且 $g(t, s, u)$ 关于 u 拟单调不减, $\Psi_k : R_+^N \to R_+^N$ 不减. 设 $\gamma(t, s, t_0, u_0)$ 是方程

$$\begin{cases} \dfrac{du}{ds} = g(t, s, u), & s \neq \tau_k, \\ u(\tau_k^+) = \Psi_k(u(\tau_k)), & s = \tau_k, \\ u(t_0^+) = u_0, & k = 1, 2, \cdots \end{cases} \tag{3.7.29}$$

定义在 $(t_0, t]$ 上的最大解, 则当 $V(t_0, y(t, t_0, x_0)) \leqslant u_0$ 时, 有

$$V(t, x(t, t_0, x_0)) \leqslant \gamma_0(t, t_0, u_0), \quad t \geqslant t_0,$$

其中 $\gamma_0(t, t_0, u_0) \equiv \gamma(t, t, t_0, u_0), y(t, t_0, x_0)$ 及 $x(t, t_0, x_0)$ 分别为方程 (3.7.26), (3.7.27) 的解.

证明 设 $y(t) = y(t, s, x(s))$ 是方程 (3.7.26) 的在 $(t_0, t]$ 上的以 $(s, x(s))$ 为初始值的任一解, 并有 $V(t_0, y(t, t_0, x_0)) \leqslant u_0$. 令 $m(t, s) = V(s, y(t, s, x))$, 从而对所有

的 k, 当 $s \neq \tau_k$ 时, 对充分小的 $h > 0$, 有

$$m(t, s+h) - m(t, s)$$
$$= V(s+h, y(t, s+h, x(s+h))) - V(s, y(t, s, x))$$
$$= V(s+h, y(t, s+h, x(s+h))) - V(s+h, y(t, s+h, x+hf(s, x(s))))$$
$$+ V(s+h, y(t, s+h, x+hf(s, x(s)))) - V(s, y(t, s, x)).$$

由于对每一个 $(t, s), V(t, x)$ 及 $y(t, s, x)$ 关于 x 满足局部 Lipschitz 条件, 从而有

$$D^+ m(t, s) \leqslant g(t, s, m(t, s)), \quad s \neq \tau_k, \quad t_0 \leqslant s \leqslant t. \tag{3.7.30}$$

而另一方面, 当 $s = \tau_k$ 时有

$$m(t, \tau_k^+) = V(\tau_k^+, y(t, \tau_k^+, x(\tau_k^+))) = V(\tau_k^+, y(t, \tau_k^+, x(\tau_k) + h(x(\tau_k)))) \leqslant \Psi_k(m(t, \tau_k)).$$

因此当 $s \in [t_0, \tau_1]$ 时有

$$m(t, s) \leqslant \gamma(t, s, t_0, u_0), \quad s \leqslant t.$$

由于 Ψ_k 不减且 $m(t, \tau_1) \leqslant \gamma(t, \tau_1, t_0, u_0)$, 从而

$$m(t, \tau_1^+) \leqslant \Psi_1(m(t, \tau_1)) \leqslant \Psi_1(\gamma(t, \tau_1, t_0, u_0)) = \gamma(t, \tau_1^+, t_0, u_0). \tag{3.7.31}$$

因此当 $s \in (\tau_1, \tau_2]$ 时由 (3.7.30), (3.7.31) 知

$$m(t, s) \leqslant \gamma(t, s, t_0, u_0), \quad s \leqslant t.$$

以此类推, 可得结果

$$m(t, s) \leqslant \gamma(t, s, t_0, u_0), \quad t_0 \leqslant s \leqslant t.$$

特别地, 当 $s = t$, 有

$$V(t, x(t, t_0, x_0)) \leqslant \gamma_0(t, t_0, u_0), \quad t \geqslant t_0.$$

证毕.

定理 3.7.7　设 $h_0, h_1, h \in \Gamma$, 且

(i) $V \in V_0'$, 并对每一个 $(t, s), y(t, s, x)$ 关于 x 满足局部 Lipschitz 条件;

(ii) 存在函数 $b \in KR$, 使得

$$b(h(t, x(t))) \leqslant V(t, x(t)), \quad (t, x) \in R_+ \times R^n;$$

(iii) 存在函数 $a \in K$, 使得

$$V(t, x(t)) \leqslant a(h_1(t, x(t))), \quad (t, x) \in R_+ \times R^n;$$

(iv) 存在一有界可微函数 $M(s)$, 使得 $M'(s) = m(s)$ 且

$$D^+V(t, s, x) \leqslant m(s)V(t, s, x), \quad t \neq \tau_k, \quad t_0 \leqslant s \leqslant t;$$

(v)$V(\tau_k^+, x + h_k(x)) \leqslant d_k V(\tau_k, x)$, 其中 $d_k > 0$ 对所有的 k 成立且 $\prod_{k=1}^{\infty} d_k$ 收敛,

则由方程 (3.7.26) 的 (h_0, h_1) 有界性质可以推知方程 (3.7.27) 的 (h_0, h) 有界性质.

证明 只须证明在方程 (3.7.26) 为 (h_0, h_1) 等度有界的条件下, 方程 (3.7.27) 是 (h_0, h) 等度有界的. 方程 (3.7.27) 的其他 (h_0, h) 有界性质可类似得到.

由于方程 (3.7.26) 是 (h_0, h_1) 等度有界的, 则对任意的 $\alpha > 0, t_0 \in R_+$ 都存在 $\beta_1 = \beta_1(t_0, \alpha) > 0$, 使得当 $h_0(t_0^+, x_0) < \alpha$ 时有

$$h_1(t_0^+, y(t)) < \beta_1, \quad t \geqslant t_0.$$

又因为 $M(t)$ 为一有界函数, 从而存在常数 $K > 0$ 使得

$$|M(t)| < K, \quad t \geqslant t_0.$$

又由 $d_k > 0$ 对所有的 k 成立, 且 $\prod_{k=1}^{\infty} d_k$ 收敛, 则存在 $N > 0$ 使得

$$\prod_{k=1}^{\infty} d_k \leqslant N.$$

从而对上述的 $\alpha > 0, t_0 \in R_+$, 取 $\beta = \beta(t_0, \alpha) > 0$ 使得

$$b(\beta) \geqslant a(\beta_1)N \exp(K - M(t_0)).$$

下面证明当 $h_0(t_0^+, x_0) < \alpha$ 时, 有 $h(t, x(t)) < \beta, t \geqslant t_0$. 由条件 (iv), (v) 知

$$V(t, x(t)) \leqslant [V(t_0, y(t, t_0, x_0)) \prod_{t_0 < \tau_k < t} d_k] \exp[M(t) - M(t_0)], \quad t \geqslant t_0.$$

进一步由条件 (ii), (iii) 及以上所得结论知

$$\begin{aligned}
b(h(t, x(t))) &\leqslant V(t, x(t)) \\
&\leqslant [V(t_0, y(t, t_0, x_0)) \prod_{t_0 < \tau_k < t} d_k] \exp[M(t) - M(t_0)] \\
&< [a(h_1(t_0, y(t))) \prod_{t_0 < \tau_k < t} d_k] \exp[M(t) - M(t_0)] \\
&< a(\beta_1)N \exp(K - M(t_0)) \\
&\leqslant b(\beta),
\end{aligned}$$

从而有 $h(t, x(t)) < \beta, t \geqslant t_0$, 证毕.

例 3.7.3 考虑如下方程

$$
\begin{cases}
y' = -1 - y^2, & t \neq \dfrac{k\pi}{4}, \\[2mm]
\Delta y = 1, & t + \dfrac{k\pi}{4}, \\[2mm]
y(0^+) = 0, & k = 1, 2, \cdots;
\end{cases}
\tag{3.7.32}
$$

$$
\begin{cases}
x' = -1 - x^2 + \dfrac{x + 6t(1 + x^2)}{3(1 + t^2)}, & t \neq \dfrac{k\pi}{4}, \\[2mm]
\Delta x = \beta_k x = 1 + \beta_k x - 1, & t + \dfrac{k\pi}{4}, \\[2mm]
x(0^+) = 0, & k = 1, 2, \cdots,
\end{cases}
\tag{3.7.33}
$$

其中 β_k 满足 $\displaystyle\prod_{k=1}^{\infty}(1 + \beta_k)^2$ 收敛.

取 $h_0 = h_1 = h = |x|$, 易知方程 (3.7.32) 是 (h_0, h_1) 等度有界的.

取 $V(t, x) = x^2$, 则有

$$
\begin{aligned}
D^+ V(t, x) &= 2x \cdot x' = 2x \left[-1 - x^2 + \frac{x + 6t(1 + x^2)}{3(1 + t^2)} \right] \\
&\leqslant 2|x| \cdot \left| -1 - x^2 + \frac{x + 3(1 + t^2)(1 + x^2)}{3(1 + t^2)} \right| \\
&= \frac{2x^2}{3(1 + t^2)} \\
&\leqslant \frac{1}{1 + t^2} V(t, x),
\end{aligned}
$$

$$
V(\tau_k^+, x + h_k(x)) = (x + \beta_k x)^2 = (1 + \beta_k)^2 x^2 = (1 + \beta_k)^2 V(\tau_k, x),
$$

即存在有界可微函数 $M(t) = \arctan t$ 及数列 $d_k = (1 + \beta_k)^2$, 使得方程 (3.7.32) 及 V 函数满足定理 3.7.7 的所有条件, 从而由定理 3.7.7 知, 方程 (3.7.33) 是 (h_0, h) 等度有界的.

定理 3.7.8 设 $h_0, h_1, h \in \Gamma$, 且

(i) $V \in V_0'$ 且对每一个 $(t, s), y(t, s, x)$ 关于 x 满足局部 Lipschitz 条件;

(ii) $D^+ V(s, y(s, s, x)) \leqslant 0, s \neq \tau_k$, 其中 $(s, x) \in S(h, \rho) = \{(s, x) | h(s, x) < \rho, (s, x) \in R_+ \times R^n\}$;

(iii) $V(\tau_k^+, x + h_k(x)) \leqslant V(\tau_k, x), k = 1, 2, \cdots$;

(iv) V 是 h 正定, h_1 渐小的;

(v) h_0 比 h_1, h 好, 即存在 $\phi_1, \Phi \in K$, 使得当 $h_0(t, x) < \rho_1$ 时有 $h_1(t, x) <$

$\phi_1(h_0(t, x)), h(t, x) \leqslant \phi(h_0(t, x))$, 其中 ρ_1 满足 $\phi_1(\rho_1) \leqslant \rho$;

(vi) 存在 $\rho_0 \in (0, \rho)$, 使得当 $h(\tau_k, x) < \rho_0$ 时有 $h(\tau_k^+, x + h_k(x)) < \rho$.

则由方程 (3.7.26) 的 (h_0, h_1) 稳定性质可以推知方程 (3.7.27) 的相应的 (h_0, h) 稳定性质.

证明 首先证明在方程 (3.7.26) 为 (h_0, h_1) 稳定的前提下, 方程 (3.7.27) 是 (h_0, h) 稳定的.

由于 V 是 h 正定的, 则存在 $\rho > 0$ 及 $b \in K$, 使得

$$b(h(t, x)) \leqslant V(t, x), \quad h(t, x) < \rho.$$

另一方面, 由于 V 是 h_1 渐小的, 从而存在 $\lambda_1 > 0, a \in K$, 使得当 $h_1(t_0^+, x(t)) < \lambda_1$ 时有 $V(t_0^+, x(t)) < a(h_1(t_0^+, x(t)))$, 又因为 h_0 比 h_1, h 好即存在 $\lambda_0 > 0$, 满足 $\phi_1(\lambda_0) < \lambda_1, \phi(\lambda_0) < \rho$, 使得当 $h_0(t_0^+, x_0) < \lambda_0$ 时有 $h_1(t_0^+, x_0) < \lambda_1, h(t_0^+, x_0) < \rho$, 由上述条件可以得到当 $h_0(t_0^+, x_0) < \lambda_0$ 时有

$$b(h(t_0^+, x_0)) \leqslant V(t_0^+, x_0) \leqslant a(h_1(t_0^+, x_0)). \tag{3.7.34}$$

令 $0 < \varepsilon < \lambda^* = \min(\rho_0, b^{-1}(a(\lambda_1))), t_0 \in R_+$, 由于方程 (3.7.26) 是 (h_0, h_1) 稳定的, 从而对 $a^{-1}(b(\varepsilon)) > 0, t_0 \in R_+$, 存在 $\delta_1 = \delta_1(t_0, \varepsilon) > 0$, 满足 $\delta_1 < b(\varepsilon)$, 使得当 $h_0(t_0^+, x_0) < \delta_1$ 时有

$$h_1(t_0^+, y(t)) < a^{-1}(b(\varepsilon)), \quad t \geqslant t_0. \tag{3.7.35}$$

取 $\delta = \delta(t_0, \varepsilon)$, 使得 $\delta \in (0, \lambda_0)$ 且满足 $a(\phi_1(\delta)) < \delta_1$, 从而当 $h_0(t_0^+, x_0) < \delta$ 时, 由 (3.7.34), (3.7.35) 及条件 (v) 得

$$b(h_0(t_0^+, x_0)) \leqslant V(t_0^+, x_0) \leqslant a(h_1(t_0^+, x_0))$$

$$\leqslant a(\phi_1(h_0(t_0^+, x_0))) \leqslant a(\phi_1(\delta)) < \delta_1 < b(\varepsilon),$$

即 $h_0(t_0^+, x_0) < \varepsilon$.

下面证明当 $h_0(t_0^+, x_0) < \delta$ 时有 $h(t, x(t)) < \varepsilon, t \geqslant t_0$.

若不然, 则存在方程 (3.7.27) 的满足 $h_0(t_0^+, x_0) < \delta$ 的某一解 $x(t) = x(t, t_0, x_0)$ 及 $t^* > t_0$, 满足对某一 k, 有 $\tau_k < t^* \leqslant \tau_{k+1}$, 使得

$$\varepsilon \leqslant h(t^*, x(t^*)), \quad h(t, x(t)) < \varepsilon, \quad t_0 \leqslant t \leqslant \tau_k.$$

由于 $0 < \varepsilon < \rho_0$, 所以由条件 (vi) 知

$$h(\tau_k^+, x_k^+) = h(\tau_k^+, x_k + h_k(x_k)) < \rho,$$

其中 $x_k = x(\tau_k)$, 从而可找到 t^0, 满足 $\tau_k < t^0 < t^*$, 使得

$$\varepsilon \leqslant h(t^0, x(t^0)) < \rho \text{ 且 } h(t, x(t)) < \rho, \quad t \in [t_0, t^0].$$

故由条件 (ii), (iii) 知, 在 $t_0 \leqslant t \leqslant t^0$ 上有

$$V(t, x(t, t_0, x_0)) \leqslant V(t_0, y(t, t_0, x_0)).$$

进一步由条件 (iv) 知

$$b(\varepsilon) \leqslant b(h(t^0, x(t^0))) \leqslant V(t^0, x(t^0, t_0, x_0)) \leqslant V(t_0, y(t^0, t_0, x_0))$$

$$\leqslant a(h_1(t_0, y(t^0, t_0, x_0))) < a(a^{-1}b(\varepsilon)) = b(\varepsilon),$$

矛盾. 因此方程 (3.7.27) 是 (h_0, h) 稳定的.

　　下面证明若方程 (3.7.26) 为 (h_0, h_1) 渐近稳定, 则方程 (3.7.27) 是 (h_0, h) 渐近稳定的.

　　由上面的证明可知, 系统 (3.7.27) 是 (h_0, h) 稳定的. 于是对 $\varepsilon = \rho, t_0 \in R_+$, 存在 $\delta_1 = \delta_1(t_0, \varepsilon) > 0$, 使得当 $h_0(t_0^+, x_0) < \delta_1$ 时有 $h(t, x(t)) < \rho$.

　　对任意 $\varepsilon \in (0, \lambda^*), t_0 \in R_+$, 由于方程 (3.7.26) 是 (h_0, h_1) 吸引的, 即对 $a^{-1}b(\varepsilon) > 0, t_0 \in R_+$, 存在 $\delta_1^* = \delta_1^*(t_0) > 0, T = T(t_0, \varepsilon) > 0$, 使得 $h_0(t_0^+, x_0) < \delta_1^*$ 时有 $h_1(t_0^+, y(t)) < a^{-1}(b(\varepsilon)), t \geqslant t_0 + T$.

　　取 $\delta_0 = \min(\delta_1, \delta_1^*)$, 则当 $h_0(t_0^+.x_0) < \delta_0$ 时, 有 $h(t, x(t)) < \rho, t \geqslant t_0$.

　　下证对上述的 $\varepsilon > 0, t_0 \in R^+$, 方程 (3.7.27) 是 (h_0, h) 吸引的.

　　若结论不成立, 则存在序列 $\{t^{(n)}\}, t^{(n)} \geqslant t_0 + T$ 且当 $n \to \infty$ 时, $t^{(n)} \to \infty$ 并满足

$$\varepsilon \leqslant h(t^{(n)}, x(t^{(n)})) < \rho,$$

其中 $x(t) = x(t, t_0, x_0)$ 是方程 (3.7.27) 的满足 $h_0(t_0^+, x_0) < \delta_0$ 的某一解, 从而有

$$b(\varepsilon) \leqslant b(h(t^{(n)}, x(t^{(n)}))) \leqslant V(t^{(n)}, x(t^{(n)})) \leqslant V(t_0, y(t^{(n)}))$$

$$\leqslant a(h_1(t_0, y(t^{(n)}))) < a(a^{-1}b(\varepsilon)) = b(\varepsilon),$$

矛盾. 因此方程 (3.7.27) 是 (h_0, h) 吸引的.

　　综上可知, 方程 (3.7.27) 是 (h_0, h) 渐近稳定的. 证毕.

附　　注

　　本章 §3.1 中引理 3.1.1、引理 3.1.2 和例 3.1.1 引自 [39]; 定理 3.1.1~ 定理 3.1.5 引自文献 [30, 39]; 定理 3.1.6 参考了文献 [30, 157]; 定理 3.1.7 和定理 3.1.8 选自

[30]. §3.2 中定理 3.2.1, 定理 3.2.3, 定理 3.2.5 和定理 3.2.6 取自文献 [39]; 定理 3.2.2 和定理 3.2.4 引自文献 [31, 39]; 本节关于不稳定性的定理参考了文献 [30, 39]. §3.3 中定理 3.3.1 和定理 3.3.2 来自文献 [50]; 引理 3.3.1, 引理 3.3.2 和定理 3.3.3 引自文献 [157]; 定理 3.3.4 和例 3.3.1 出自文献 [31]. §3.4 内容选自文献 [39, 157]. §3.5 全部内容引自文献 [157]. §3.6 关于泛函微分方程稳定性概念的内容取自文献 [26]; 引理 3.6.1、定理 3.6.1 和定理 3.6.2 出自文献 [59]; 定理 3.6.3、定理 3.6.4 及其推论选自文献 [56]. §3.7 中引理 3.7.1 取自文献 [156]; 定理 3.7.1 和定理 3.7.2 来自文献 [95]：其余内容选自文献 [13].

　　和本章有关内容可参看本书后面所引的参考文献.

第 4 章   非线性微分方程振动理论

本章阐述非线性微分方程振动理论. 关于非线性微分方程振动性的研究具有重要的理论意义和应用价值, 对其研究备受关注且十分活跃. 本章先在 §4.1 介绍经典的 Sturm 定理. 然后分别在 §4.2 至 §4.3 介绍一阶和二阶时滞微分方程振动性的基本结果. 在 §4.4 给出了高阶脉冲微分系统振动性的最新结果. 在 §4.5 得到了抛物型脉冲偏微分系统的振动准则. 最后在 §4.6 考虑了双曲型脉冲偏微分系统的振动性, 分别在 Dirichlet 边界条件和 Robin 边界条件下, 借助特征函数与脉冲时滞微分不等式得到解振动的若干充分条件.

§4.1   Sturm 比较定理

本节讨论二阶线性微分方程解的零点分布及振动性质. 主要考虑如下形式的方程

$$p_0(x)y'' + p_1(x)y' + p_2(x)y = 0, \tag{4.1.1}$$

其中 $p_0(x), p_1(x), p_2(x)$ 是区间 (a,b) 中的连续函数且 $p_0(x) \neq 0$.

为了便于进行研究, 可先化简方程形式. 可以将其化简为

$$\frac{d}{dx}\left(p\frac{dy}{dx}\right) + qy = 0 \tag{4.1.2}$$

的形式; 或更进一步化为

$$y'' + Q(x)y = 0. \tag{4.1.3}$$

要把 (4.1.1) 化为 (4.1.2), 利用积分因子法, 不难看出, 只需用

$$\mu(x) = \frac{1}{p_0(x)}e^{\int \frac{p_1}{p_0}dx} \tag{4.1.4}$$

乘 (4.1.1) 的两端, 即可得

$$\frac{d}{dx}\left(e^{\int \frac{p_1}{p_0}dx}\frac{dy}{dx}\right) + \frac{p_2}{p_0}e^{\int \frac{p_1}{p_0}dx}y = 0. \tag{4.1.5}$$

(4.1.5) 中已具有 (4.1.2) 的形式, 其中

$$p = e^{\int \frac{p_1}{p_0}dx}, q = \frac{p_2}{p_0}e^{\int \frac{p_1}{p_0}dx}, \tag{4.1.6}$$

q 是 x 的连续函数, 而 p 是一次连续可微.

如果再作自变量的代换

$$\xi = \int \frac{dx}{p(x)}, \text{从而} \quad \frac{d\xi}{dx} = \frac{1}{p(x)} = e^{-\int \frac{p_1}{p_0} dx} > 0, \tag{4.1.7}$$

则有

$$\frac{dy}{d\xi} = \frac{dy}{dx}\frac{dx}{d\xi} = p\frac{dy}{dx}, \quad \frac{d}{dx} = \frac{1}{p}\frac{d}{d\xi}.$$

于是 (4.1.2) 式化为

$$\frac{1}{p}\frac{d^2y}{d\xi^2} + qy = 0 \quad \text{或} \quad \frac{d^2y}{d\xi^2} + pqy = 0, \tag{4.1.8}$$

其中 pq 可借 (4.1.7) 化为 ξ 的函数, 因而 (4.1.8) 已具有 (4.1.3) 的形式.

除此之外, 有时也可用未知函数的线性代换直接把 (4.1.1) 化成 (4.1.3) 的形式. 即令 $y = u(x)z$, 代入 (4.1.1), 并且要求变换后的方程中 z' 的系数等于 0. 这样可得

$$u = e^{-\frac{1}{2}\int \frac{p_1}{p_0} dx}. \tag{4.1.9}$$

而所得到的 z 的微分方程是

$$z'' + \left(-\frac{1}{4}\frac{p_1^2}{p_0^2} - \frac{1}{2}\left(\frac{p_1}{p_0}\right)' + \frac{p_2}{p_0}\right)z = 0. \tag{4.1.10}$$

下面给出一个解的零点存在性定理.

定理 4.1.1 如果在区间 (a,b) 上恒有 $Q(x) < 0$, 则 (4.1.3) 的任一非平凡 (不恒等于零) 解 $y(x)$ 在 (a,b) 上最多有一个零点.

证明 设对 (a,b) 上的某点 x_0 有 $y(x_0) = 0$. 于是 $y'(x_0) \neq 0$, 否则按唯一性定理将有 $y(x) \equiv 0$.

若 $y'(x_0) > 0$, 则首先 $y(x)$ 至少在 x_0 的某右邻域 $(x_0, x_0 + \delta]$ 上为正, 从而

$$y'' = -Q(x)y(x) > 0,$$

因此当 $x \in (x_0, x_0 + \delta]$ 时 $y'(x), y(x)$ 都单调增加. 由此可见, 在整个区间 (x_0, b) 上 $y'(x)$ 与 $y(x)$ 都必定是单调增加的.

上面的推理表明, 当 $y(x)$ 在此区间上由正变为零以前 $y'(x)$ 总在增加, 因此总保持为正, 而这又反过来说明了 $y(x)$ 也总在增加.

若 $y'(x_0) > 0$, 则 $y(x)$ 在 x_0 的右侧 (同理在左侧一样) 必定不会再有零点.

若 $y'(x_0) < 0$, 则只须将刚才的结论用于 $-y(x)$(显然, $-y(x)$ 也是解). 这样一来就证明了任一非平凡解 $y(x)$ 至多在 (a,b) 上有一零点. 证毕.

从上面结论可以看出, 为了得到进一步的结果, 应该将 $Q(x)$ 的大小考虑在内而不仅仅是考虑其符号. 如何做到这一点呢? Sturm(斯图姆) 提出了一种比较方法, 即将所讨论的方程 (4.1.3) 与另一方程

$$\frac{d^2w}{dx^2} + P(x)w = 0 \tag{4.1.11}$$

进行比较. 从而得到了如下的经典定理.

定理 4.1.2(Sturm 比较定理)   设 $P(x)$ 与 $Q(x)$ 都在同一区间 (a,b) 上连续, 而且在其上恒有 $Q(x) \leqslant P(x)$. 于是若 α, β 为 (4.1.3) 的任一非平凡解 $y(x)$ 的相邻两个零点, 则不论 $w(x)$ 为 (4.1.11) 的哪一个解, 都必定在 $\alpha \leqslant x \leqslant \beta$ 上至少有一零点.

在证明此定理前, 先指出如下事实: 方程 (4.1.3) 的任一非平凡解 $y(x)$, 在系数连续的区间 (a,b) 的任一闭子区间 $[a_1, b_1]$ 上, 最多有有限个零点. 实际上, 在 $[a_1, b_1]$ 上任一点 x_0 处, 按唯一性定理, $y(x_0)$ 与 $y'(x_0)$ 总有一个不等于零, 因此总存在 x_0 的某邻域, 在其内要么 $y(x) \neq 0$, 要么 $y'(x) \neq 0$, 从而 $y(x)$ 是单调的, 最多一次为零. 由有限覆盖定理即知, $y(x)$ 在 $[a_1, b_1]$ 上充其量有限次为零.

依上述事实, 如果 (4.1.3) 的某非平凡解有两个以上的零点, 则在任两个零点之间充其量不过有有限个其他零点. 因此 $y(x)$ 在 (a,b) 中最多有可数多个零点, 而且这些零点不会在 (a,b) 中有聚点. 所以给了一个零点后, 如果其右 (左) 还有零点, 则必有最靠近的一个. 此零点与原来那个零点就是相邻的. 因此定理 4.1.2 中 "α, β 为 (4.1.3) 的任一非平凡解 $y(x)$ 得相邻两个零点" 是确定的.

证明   用 w 和 y 分别乘 (4.1.3) 和 (4.1.11) 然后相减得

$$wy'' - w''y = (P - Q)wy,$$

即

$$\frac{d}{dt}(wy' - w'y) = (P - Q)wy.$$

而从 α 到 β 积分此式便得

$$w(\beta)y'(\beta) - w(\alpha)y'(\alpha) = \int_\alpha^\beta [P(x) - Q(x)]w(x)y(x)dx. \tag{4.1.12}$$

又按假设 $y(\alpha) = y(\beta) = 0$, $y(x) \neq 0$ 当 $\alpha < x < \beta$ 时, 所以根据唯一性定理与微商的正负之间的关系知:

或者 $y'(\alpha) > 0, y'(\beta) < 0, y(x) > 0$ 当 $\alpha < x < \beta$ 时,

或者 $y'(\alpha) < 0, y'(\beta) > 0, y(x) < 0$ 当 $\alpha < x < \beta$ 时.

为确定起见, 可设前者成立, 后一情形只需以 $-y(x)$ 换 $y(x)$ 而进行同样讨论. 这样就已经看出, $w(x)$ 不可能在区间 $\alpha \leqslant x \leqslant \beta$ 上始终保持为正 (或负) 了; 否则等式 (4.1.12) 左端将为负 (正), 而右端确是非负 (或非正) 的. 证毕.

推论 4.1.1　如果在上述定理中还假定在 $a < x < b$ 的任意闭子区间上都有 $P(x) \neq Q(x)$, 则结论可以加强为 $w(x)$ 在 $\alpha < x < \beta$ 内至少有一零点.

推论 4.1.2　设 $y_1(x)$ 和 $y_2(x)$ 是方程 (4.1.3) 的任意两个线性无关解, 则它们的零点必定彼此交错, 即在一解的两个相邻零点中间恒有另一解的唯一零点.

证明　将方程 (4.1.3) 同本身比较, 由 Sturm 比较定理知, 如 α 与 β 为 $y_1(x)$ 的两个相邻零点, 则 $y_2(x)$ 必至少有一零点在 $\alpha \leqslant x \leqslant \beta$ 上. 但因 $y_2(x)$ 与 $y_1(x)$ 线性无关, 故必有 $y_2(\alpha) \neq 0, y_2(\beta) \neq 0$(否则它们的 Wronsky 行列式将在 $x = \alpha$ 或 $x = \beta$ 处为零从而恒等于零), 所以 $y_2(x)$ 在 $\alpha < x < \beta$ 中必有零点. 又此种零点不能有两个以上, 因为同理 $y_1(x)$ 在 $y_2(x)$ 的相邻两个零点中间也有零点.

推论 4.1.3　设 $0 < m^2 \leqslant Q(x) \leqslant M^2 (a < t < b)$, 这里 m, M 为某二常数. 于是方程 (4.1.3) 的任一非平凡解 $y(x)$ 的相邻两个零点的距离必定 $\leqslant \dfrac{\pi}{m}$ 并且 $\geqslant \dfrac{\pi}{M}$.

证明　将方程 (4.1.3) 与下面两个简单方程

$$y'' + m^2 y = 0, \quad y'' + M^2 y = 0$$

作比较. 它们的通解分别是

$$y_1(x) = C_1 \cos mx + C_2 \sin mx = C \sin(mx + \delta),$$

$$y_2(x) = C_1 \cos Mx + C_2 \sin Mx = C \sin(Mx + \delta),$$

$$C = \sqrt{C_1^2 + C_2^2}, \quad \delta = \arctan \frac{C_2}{C_1}.$$

显然对任意两个距离等于 $\dfrac{\pi}{m} \left(\dfrac{\pi}{M} \right)$ 的点, 都能相应地选取常数 δ 使 $y_1(x)(y_2(x))$ 以它们为相邻的两个零点. 因此如果 $y(x)$ 有某相邻的两个零点 $\alpha, \beta(a < \alpha < \beta < b)$ 的距离 $\beta - \alpha > \dfrac{\pi}{m}$, 则可选出一个 $y_1(x)$ 使它有两个相邻零点落到区间 $\alpha < x < \beta$ 内部, 从而 $y(x)$ 在此 $y_1(x)$ 的这两个相邻零点的闭区间上就不可能有零点, 而与 Strurm 比较定理矛盾.

同样, 若 $y(x)$ 有某两个相邻零点 $\alpha, \beta(a < \alpha < \beta < b)$ 的距离 $\beta - \alpha < \dfrac{\pi}{M}$, 则可选出一 $y_2(x)$ 使它有两个相邻零点将闭区间 $\alpha \leqslant x \leqslant \beta$ 夹在它们中间, 于是此 $y_2(x)$ 在 $\alpha \leqslant x \leqslant \beta$ 上就无零点, 也与 Sturm 比较定理矛盾. 证毕.

例 4.1.1　考虑 Bessel 方程

$$x^2 y'' + x y' + (x^2 - n^2) y = 0 \ (x > 0).$$

令 $y = x^{-\frac{1}{2}}u$, 即将它化成

$$u'' + \left(1 - \frac{n^2 - \dfrac{1}{4}}{x^2}\right) u = 0 \ (x > 0). \tag{4.1.13}$$

将 (4.1.13) 与方程

$$u'' + u = 0$$

比较, 即可得出如下结论:

1° 当 $0 \leqslant n < \dfrac{1}{2}$ 时,(4.1.13) 的任一非平凡解的相邻两个零点间的距离小于 π;

2° 当 $n > \dfrac{1}{2}$ 时,(4.1.13) 的任一非平凡解的相邻两个零点的距离大于 π.

此外, 注意 (4.1.13) 中 u 的系数于 $x \to +\infty$ 时趋于 1. 故据推论 4.1.3 可知,(4.1.13) 的任一非平凡解落在半轴 $x \geqslant x_0$ 上的相邻零点的距离随 $x_0 \to +\infty$ 而趋于 π.

下面研究方程 (4.1.2) 或 (4.1.3) 的解的振动性质. 首先, 看两个简单的方程, 形如 (4.1.3) 的方程

$$y'' - a^2 y = 0 \tag{4.1.14}$$

和

$$y'' + a^2 y = 0. \tag{4.1.15}$$

由通解的表达式不难看出 (4.1.14) 的任一非平凡解在 $(-\infty, +\infty)$ 上最多只有一个零点, 而 (4.1.15) 的非平凡解则在 $(-\infty, +\infty)$ 上有无数多个零点. 由此可见, $Q(x)$ 的性质不同,(4.1.3) 解的性质也大不相同.

定义 4.1.1　函数 $y(x)$ 称为在区间 J 中是振动的, 如果 $y(x) \not\equiv 0$, 且在此区间中有无数多个零点.

由定理 4.1.2 及其说明和推论 4.1.2 知道, 方程 (4.1.2) 和 (4.1.3) 的解只可能在开区间中振动, 并且如果有一个解是振动的, 那么一切其他的解都是振动的. 这时就称方程是振动的. 又由定理 4.1.2 可以得到如下结论:

定理 4.1.3　如果有 $Q(x) \leqslant P(x)$, 并且方程 (4.1.11) 是振动的, 那么方程 (4.1.3) 也是振动的.

例 4.1.2　Bessel 方程

$$x^2 y'' + xy' + (x^2 - n^2)y = 0 \ (x > 0)$$

在 $(0, +\infty)$ 上是振动的.

证明 作自变量代换 $x = e^t$, 记 $y(x) = y(e^t) = z(t)$. 易见 $z(t)$ 满足方程

$$z'' + (e^{2t} - n^2)z = 0. \tag{4.1.16}$$

将 (4.1.16) 和方程 $u'' + u = 0$ 比较, 就可知道 (4.1.16) 是振动的, 从而 Bessel 方程也是振动的.

对于振动解, 还可以研究它的振幅是否为单调增加或单调减少.

定理 4.1.4 设在方程 (4.1.2) 中 p, q 皆为正, 并且一次连续可微, $x_1 < x_2$ 是 (4.1.2) 的解 $y(x)$ 的两个相邻的极值, 则当 $(pq)' \geqslant 0 \ (\leqslant 0)$ 时有

$$|y(x_1)| \geqslant (\leqslant)|y(x_2)|. \tag{4.1.17}$$

证明 作函数

$$U(x) = y^2 + \frac{1}{pq}(py')^2,$$

可算出

$$\begin{aligned}
U'(x) &= 2yy' - \frac{(pq)'}{(pq)^2}(py')^2 + \frac{2py'}{pq}(py')' \\
&= 2yy' - (pq)'\left(\frac{y'}{q}\right)^2 + \frac{2y'}{q}(-qy) \\
&= -(pq)'\left(\frac{y'}{q}\right)^2.
\end{aligned}$$

因此, 当 $(pq)' \geqslant 0 (\leqslant 0)$ 时 $U(x)$ 是 x 的减 (增) 函数. 但 $y'(x_1) = y'(x_2) = 0$, 故 $U(x_1) = y^2(x_1), U(x_2) = y^2(x_2)$, 从而 (4.1.17) 式成立. 证毕.

§4.2 一阶时滞微分方程的振动性

众所周知, 常微分方程的振动理论有着广泛的应用背景, 大量的学者对其进行了深入的研究. 对于泛函微分方程, 同样存在振动性问题. 但若将常微分方程的振动性定义简单地推广到泛函微分方程, 则存在着一定的缺陷, 所以讨论泛函微分方程的振动性提法是必要的. 为此, 首先回顾一下常微分方程的振动性定义.

作为例子, 考虑下面的方程

$$x''(t) + p(t)x'(t) + q(t)x(t) = f(t). \tag{4.2.1}$$

称方程 (4.21) 的非零解 $x(t)$ 是振动的, 是指如果存在序列 $\{t_k\}$, 满足 $t_k \to \infty, k \to \infty$ 使得 $x(t_k) = 0, k \in N$; 否则称 $x(t)$ 是非振动的. 若方程 (4.2.1) 的所有非零解都是振动的, 则称方程 (4.2.1) 是振动的.

　　由于时滞微分方程的解存在点态退化的情形, 即从某一时刻起方程的解恒为某一常数, 特别是当该常数为零时, 上述的振动性定义就不合理了. 例如 Winston-Yorke 方程 (1967)

$$x'(t) = b(t)x(t-1),\ t \in R_+, \tag{4.2.2}$$

$$b(t) = \begin{cases} 0, & t \leqslant 0, \\ \cos 2\pi t - 1, & 0 < t \leqslant 1, \\ 0, & t > 1. \end{cases}$$

由分步法容易得出, 方程 (4.2.2) 的解 $x(t) \equiv 0$.

　　若按常微分方程振动性的定义, 方程 (4.2.2) 是振动的, 但此时已失去原先 "振动" 的物理意义. 为了排除这种情况, 需要加强振动性的定义.

　　考虑滞后型泛函微分方程

$$x'(t) = f(t, x_t) \tag{4.2.3}$$

与具 D 算子的中立型泛函微分方程

$$\frac{d}{dt}D(t, x_t) = f(t, x_t). \tag{4.2.4}$$

假设方程 (4.2.3)、(4.2.4) 的解整体存在且唯一.

　　定义 4.2.1　　设 $x(t, \sigma, \varphi)$ 是 (4.2.3)(或 (4.2.4)) 过 (σ, φ) 的一个解. 若存在 $T(\sigma, \varphi) \geqslant \sigma$, 使当 $t \geqslant T(\sigma, \varphi)$ 时, $x(t, \sigma, \varphi) = 0$, 则称 $x(t, \sigma, \varphi)$ 是一个最终零解.

　　由上面的讨论可以看到, 最终零解可以是非零解, 这与常微分方程有本质区别. 倘若简单的沿用常微的振动性定义, 则一切最终零解都是振动的, 这是不合理的提法. 那么在泛函微分方程的振动性定义中, 需要排除最终零解的情形. 将方程的所有非最终零解的集合记为 C_N, 则 $C_N = \varnothing$ 意味着方程的所有解都是最终零解. 由于这样的方程是存在的, 所以严格的泛函微分方程振动性定义为

　　定义 4.2.2　　设 $x(t, \sigma, \varphi)$ 是 (4.2.3)(或 (4.2.4)) 过 (σ, φ) 的一个非最终零解, 且存在序列 $\{t_k\}, t_k \to \infty, k \to \infty$ 使得 $x(t_k, \sigma, \varphi) = 0$, 则称 x 是 (4.2.3) 或 (4.2.4) 的一个振动解; 否则称 x 是非振动解.

　　定义 4.2.3　　设方程 (4.2.3)(或 (4.2.4)) 的所有非最终零解都是振动的, 且 $C_N \neq \varnothing$, 则称此方程是振动的.

　　如上所述, 对各类泛函微分方程原则上均可研究解的振动性问题而不局限于 (4.2.3), (4.2.4). 问题的提法有以下几种:

　　(1) 判断方程至少有一个振动解;

　　(2) 判断方程的所有非最终零解是振动的;

　　(3) 判断方程的所有解是非振动的;

(4) 判断方程是否存在最终零解.

这些问题中, (4) 是一个非常困难的问题. 如何给出最终零解存在的条件, 即非最终零解这一限制如何反映在方程的结构中, 至今仍然是很值得探讨的公开问题. 已知的大量关于振动性的研究工作大都是简单地引用常微分方程的定义, 没有排除存在最终零解的可能性. 对这种状况有两种建议:

1) 把常微分方程解的振动性定义作为泛函微分方程解的振动性定义, 而把定义 4.2.2 或定义 4.2.3 意义下的振动性称为 "严格振动的".

2) 把常微分方程振动性的定义用于泛函微分方程时称为 "广义振动" 以区别于定义 4.2.2 给出的振动性.

在后面的讨论中, 我们采用 1) 的提法.

定义 4.2.4   设 $x(t, \sigma, \varphi)$ 是 (4.2.3)(或 (4.2.4)) 过 (σ, φ) 的一个解. 若存在 $\tau(\sigma, \varphi) \geqslant \sigma$, 使得当 $t \geqslant \tau(\sigma, \varphi)$ 时, $x(t, \sigma, \varphi) > 0$(或 $x(t, \sigma, \varphi) < 0$), 则称 $x(t, \sigma, \varphi)$ 为一最终正解 (或最终负解).

从这个定义出发, 我们所谓的振动解是: 既不是最终正解也不是最终负解的情形. 严格振动还要求不是最终零解的情形.

在严格振动的定义 4.2.2 中提出了 "非最终零解" 这一限制如何反映在方程的构造中是一个相当困难的问题. 换言之, 如何给出无最终零解的条件? 这个公开问题是很值得探讨的, 希望至少能得出一些充分性条件.

下面介绍一阶时滞微分方程的振动性. 考虑一阶时滞微分不等式及方程

$$y'(t) + p(t)y(t - \tau(t)) \leqslant 0, \tag{4.2.5}$$

$$y'(t) + p(t)y(t - \tau(t)) \geqslant 0, \tag{4.2.6}$$

$$y'(t) + p(t)y(t - \tau(t)) = 0. \tag{4.2.7}$$

记 $g(t) = t - \tau(t)$, 要求 $0 < g(t) < t$ 连续, p 连续, 且 $\lim\limits_{t \to \infty} g(t) = +\infty$, 则有

定理 4.2.1   若成立

$$\lim_{t \to \infty} \int_{g(t)}^{t} p(s)ds > \frac{1}{e}, \tag{4.2.8}$$

则有

(i) (4.2.5) 无最终正解;

(ii) (4.2.6) 无最终负解;

(iii) (4.2.7) 的所有解都是振动的.

证明   不失一般性, 设 $g(t)$ 非减, 且记 $\delta(t) = \max\limits_{0 \leqslant s \leqslant t} g(s)$, 不难推出 (4.2.8) 等价于

$$\lim_{t \to \infty} \int_{\delta(t)}^{t} p(s)ds > \frac{1}{e}.$$

首先证明 (i). 设 $y(t)$ 是 (4.2.5) 的一个最终正解, 对 $t \geqslant t_1, y(t) > 0$. 由 (4.2.8) 存在 $t_2 > t_1$, 使得

$$\int_{g(t)}^{t} p(s)ds \geqslant c > e^{-1}, \quad t \geqslant t_2. \tag{4.2.9}$$

由于 $\lim\limits_{t \to \infty} g(t) = +\infty$, 所以存在 $t_3 > t_2$, 当 $t \geqslant t_3$ 时, 有 $g(t) > t_1$.

综上所述, 当 $t \geqslant t_3$ 时有 $0 < y(t) \leqslant y(g(t))$, 所以由不等式 (4.2.5) 可知

$$y'(t) + p(t)y(t) \leqslant 0.$$

将上式分离变量并从 $g(t)$ 到 t 积分, 有

$$\ln \frac{y(t)}{y(g(t))} + \int_{g(t)}^{t} p(s)ds \leqslant 0,$$

亦即当 $t \geqslant t_3$ 时

$$\ln \frac{y(g(t))}{y(t)} \geqslant \int_{g(t)}^{t} p(s)ds \geqslant c.$$

又因为 $e^x \geqslant ex$ 对任意的 $x \geqslant 0$ 成立, 从而

$$\frac{y(g(t))}{y(t)} \geqslant ec, \quad t \geqslant t_3.$$

重复上述做法, 则存在序列 $\{t_k\}$, 满足

$$\frac{y(g(t))}{y(t)} \geqslant (ec)^k, \quad t \geqslant t_{k+2}. \tag{4.2.10}$$

由式 (4.2.9), 存在 t^*, 使得

$$\int_{g(t)}^{t^*} p(s)ds \geqslant \frac{c}{2}, \quad \int_{t^*}^{t} p(s)ds \geqslant \frac{c}{2}, \quad t \geqslant t_k, \quad k = 3, 4, \cdots$$

再由 (4.2.5) 从 $g(t)$ 到 t^* 积分, 于是

$$y(t^*) - y(g(t)) + \int_{g(t)}^{t^*} p(s)y(g(s))ds \leqslant 0.$$

这意味着

$$y(g(t)) \geqslant y(g(t^*))\frac{c}{2}. \tag{4.2.11}$$

类似地, 我们有

$$y(t) - y(t^*) + \int_{t^*}^{t} p(s)y(g(s))ds \leqslant 0.$$

因此

$$y(t^*) \geqslant y(g(t)) \frac{c}{2}. \tag{4.2.12}$$

合并式 (4.2.11), (4.2.12) 可以得到

$$y(t^*) \geqslant y(g(t^*)) \left(\frac{c}{2}\right)^2. \tag{4.2.13}$$

由式 (4.2.8), (4.2.13) 有

$$\left(\frac{2}{c}\right)^2 \geqslant \frac{y(g(t^*))}{y(t^*)} \geqslant (ec)^k, \quad t \geqslant t_k. \tag{4.2.14}$$

但由于 $ec > 1$, 所以可以选择充分大的 k, 使 $(ec)^k > \left(\frac{2}{c}\right)^2$. 矛盾.

类似地可证明 (ii), 再由 (i) 和 (ii) 可推出 (iii). 证毕.

定理 4.2.2 设 (4.2.7) 中 p, τ 皆正数, 且 $p\tau e \leqslant 1$, 则 (4.2.7) 有一个非振动解.

证明 此时 (4.2.7) 是自治线性的, 特征方程为

$$h(\lambda) = \lambda + pe^{-\lambda\tau} = 0,$$

立即可看出 $h(0) = p > 0$ 且

$$h\left(-\frac{1}{\tau}\right) = \frac{-1}{\tau} + pe = \frac{p\tau e - 1}{\tau}.$$

从而, 存在负实数 $\lambda \in \left[-\frac{1}{\tau}, 0\right]$ 使 $e^{\lambda t}$ 是 (4.2.7) 的一个非振动解.

推论 4.2.1 若 p, τ 皆正数, 则 (4.2.7) 一切解都是振动的充要条件是 $p\tau e > 1$.

例 4.2.1 方程

$$y'(t) + e^{-1}y(t-1) = 0 \tag{4.2.15}$$

有一个非振动解 $y(t) = e^{-t}$. 事实上, 因为 $p\tau e = 1$, 由定理 4.2.2 即得.

定理 4.2.3 若 $p, g \in C(R_+, R_+), g(t) < t$ 是非减的且

$$\lim_{t \to \infty} g(t) = +\infty, \quad \overline{\lim_{t \to \infty}} \int_{g(t)}^{t} p(s)ds > 1, \tag{4.2.16}$$

则 (4.2.7) 的所有解都是振动的.

证明 不失一般性, 设 $y(t) > 0$ 是一个非振动解, 使得 $y(g(t)) > 0, t \geqslant t_1$. 由 (4.2.7) 自 $g(t)$ 到 t 积分, 我们有

$$y(t) - y(g(t)) + \int_{g(t)}^{t} p(s)y(g(s))ds = 0.$$

由 (4.2.16), 上式可改写为

$$y(t) + y(g(t)) \left[\int_{g(t)}^{t} p(s)ds - 1 \right] \leqslant 0, \tag{4.2.17}$$

由 (4.2.17) 及 $\int_{g(t)}^{t} p(s)ds \geqslant 1$, 当 t 充分大时成立. 矛盾. 证毕.

例 4.2.2　考虑方程

$$y'(t) + \left[\left(\sqrt{2} + \frac{1}{e} \right) \left(\frac{2}{\pi} \right) + \cos t \right] y \left(t - \frac{2}{\pi} \right) = 0, \tag{4.2.18}$$

其中 $p(t) = (\sqrt{2} + e^{-1})(2/\pi) + \cos t > 0, t \in R_+$, 且

$$\int_{t-\frac{\pi}{2}}^{t} p(s)ds = \int_{t-\frac{\pi}{2}}^{t} \left(\left(\sqrt{2} + e^{-1} \right) \left(\frac{2}{\pi} \right) + \cos s \right) ds$$
$$= \sqrt{2} + e^{-1} + \sin t + \cos t.$$

故

$$\lim_{t \to \infty} \int_{t-\frac{\pi}{2}}^{t} p(s)ds = e^{-1},$$

所以不满足条件 (4.2.8). 然而

$$\overline{\lim_{t \to \infty}} \int_{t-\frac{\pi}{2}}^{t} p(s)ds = 2\sqrt{2} + e^{-1} > 1,$$

故方程 (4.2.18) 满足定理 4.2.3 的条件, 从而它的一切解都是振动的.

定理 4.2.4　若 $p, g \in C(R_+, R_+), g(t) < t, \lim\limits_{t \to \infty} g(t) = +\infty$ 且

$$\overline{\lim_{t \to \infty}} \int_{g(t)} p(s)ds < e^{-1}, \tag{4.2.19}$$

则方程 (4.2.7) 有非振动解.

证明　我们寻求一个 (4.2.7) 形如

$$y(t) = \exp \int_{\sigma}^{t} \lambda(s)ds \tag{4.2.20}$$

的解, 其中 $\lambda(t)$ 为

$$\lambda(t) = -p(t) \exp \left[-\int_{\sigma}^{t} \lambda(s)ds \right], \tag{4.2.21}$$

σ 是初始时刻. 若找到实值函数 $\lambda(t)$ 满足 (4.2.21), 则认为定理已得证. 定义算子

$$T\lambda(t) = \begin{cases} -p(t)\exp\left[-\int_\sigma^t \lambda(s)ds\right], & t \geqslant \sigma, \\ \varphi(\tau), & t \in [\sigma-r, \sigma], \inf_{t \geqslant \sigma} g(t) = \sigma - r, r > 0, \end{cases}$$
(4.2.22)

其中 T 是 $C([\sigma-r, +\infty), R)$ 到自身的非减连续算子. 由 (4.2.19) 可选取 $\sigma \in R_+$ 使得

$$e\int_{g(t)}^t p(s)ds < 1, \ t \geqslant \sigma.$$
(4.2.23)

记 $y_0(t) = -ep(t) \leqslant 0$. 在 (4.2.22) 中的 φ 满足

$$y_0(t) \leqslant \varphi(t) \leqslant 0, \ t \in [\sigma-r, \sigma].$$
(4.2.24)

显然 $y_0 \in C([\sigma-r, +\infty), R)$. 由 (4.2.22), (4.2.24) 有

$$(Ty_0)(t) = -p(t)\exp\left[-\int_{g(t)}^t y_0(s)ds\right] \geqslant -ep(t) = y_0(t), \ t \geqslant \sigma.$$

令 $x_0(t) = 0, t \in [\sigma-r, +\infty)$, 则有

$$(Tx_0)(t) \leqslant (x_0(t)).$$

由 $y_0 \leqslant x_0$, 有 $Ty_0 \leqslant Tx_0$, 且 $y_0 \leqslant Ty_0 \leqslant Tx_0 \leqslant x_0$.

令 $y_{n+1} = Ty_n$ 则有 $y_0 \leqslant y_n \leqslant y_{n+1} \leqslant x_0$, 即递增的, 故序列 $\{y_n\}$ 趋于极限 λ, 由 Lebesgue 收敛定理 Ty_n 收敛于 $T\lambda$, 故 $T\lambda = \lambda$. 从而 λ 是 $[\sigma-r, \infty)$ 上的一个连续函数. 进而

$$y_0 \leqslant \lambda(t) \leqslant x_0(t), \ t \geqslant \sigma - r.$$
(4.2.25)

这就证明 (4.2.21) 有一个在 $[\sigma-r, \infty)$ 上连续的解 $\lambda(t)$, 使得

$$y(t) = \exp\left[\int_\sigma^t \lambda(s)ds\right]$$
(4.2.26)

是 (4.2.7) 的一个非振动解. 证毕.

现在考虑比 (4.2.5), (4.2.6) 和 (4.2.7) 稍为一般的方程

$$y'(t) + a(t)y(t) + p(t)y(t-\tau) \leqslant 0,$$
(4.2.27)

$$y'(t) + a(t)y(t) + p(t)y(t-\tau) \geqslant 0,$$
(4.2.28)

$$y'(t) + a(t)y(t) + p(t)y(t-\tau) = 0,$$
(4.2.29)

这里 τ 为大于零的常数. 当 $t \geqslant 0$ 时, $a(t) \geqslant 0, p(t) > 0$ 是连续的. 我们有

引理 4.2.1   若

$$\lim_{t\to\infty} \int_{t-\tau}^{t} p(s)ds > \frac{1}{e} \exp\left(-\lim_{t\to\infty} \int_{t-\tau}^{t} a(s)ds\right), \tag{4.2.30}$$

$$\lim_{t\to\infty} \int_{t-\tau/2}^{t} p(s)ds > 0 \tag{4.2.31}$$

成立, 则 (4.2.27) 没有最终正解.

证明   若 (4.2.27) 存在最终正解 $y(t)$, 设当 $t > \sigma$ 时 $y(t) > 0$, σ 为充分大的数. 于是当 $t \geqslant \sigma + \tau$ 时 $y(t-\tau) > 0$. 由 (4.2.27), 当 $t > \sigma + \tau$ 时, $y'(t) < 0$. 因此当 $t > \sigma + 2\tau$ 时 $y(t) < y(t-\tau)$, 令

$$W(t) = \frac{y(t-\tau)}{y(t)}, \quad t > \sigma + 2\tau,$$

则 $W(t) > 1$.

用 $y(t)$ 除以 (4.2.27) 两边得

$$\frac{y'(t)}{y(t)} + a(t) + p(t)W(t) \leqslant 0, t \geqslant \sigma + 2\tau.$$

将上式从 $t - \tau$ 到 t 积分得

$$\ln y(t) - \ln y(t-\tau) + \int_{t-\tau}^{t} a(s)ds + \int_{t-\tau}^{t} p(s)W(s)ds \leqslant 0, \ t \geqslant \sigma + 3\tau.$$

由 $W(t)$ 的定义, 我们有

$$\ln W(t) \geqslant \int_{t-\tau}^{t} a(s)ds + \int_{t-\tau}^{t} p(s)W(s)ds, \ t > \sigma + 3\tau. \tag{4.2.32}$$

再由 $t - \tau/2$ 到 t 积分 (4.2.27), 注意到 $y(t)$ 是递减的, 有

$$1 - \frac{y\left(t-\frac{\tau}{2}\right)}{y(t)} + \int_{t-\tau/2}^{t} a(s)ds + \frac{y(t-\tau)}{y(t)} \int_{t-\tau/2}^{t} p(s)ds \leqslant 0, \tag{4.2.33}$$

$$\frac{y(t)}{y(t-\tau/2)} - 1 + \frac{y(t)}{y(t-\tau/2)} \int_{t-\tau/2}^{t} a(s)ds + \frac{y(t-\tau)}{t-\tau/2} \int_{t-\tau/2}^{t} p(s)ds \leqslant 0. \tag{4.2.34}$$

令 $\lim_{t\to\infty} W(t) = \lambda$, 则 $\lambda \geqslant 1$. 它可能是有限的, 也可能是 $+\infty$. 分两种情况分析如下:

(1) λ 为有限的情形. 对 (4.2.32) 两边取极限得

$$\ln\lambda \geqslant \varliminf_{t\to\infty}\int_{t-\tau}^{t}a(s)ds + (\lambda-\varepsilon)\varliminf_{t\to\infty}\int_{t-\tau}^{t}p(s)ds,$$

其中 ε 充分的小, 因此

$$\ln\lambda - \lambda\varliminf_{t\to\infty}\int_{t-\tau}^{t}p(s)ds \geqslant \varliminf_{t\to\infty}\int_{t-\tau}^{t}a(s)ds.$$

由于

$$\max_{\lambda\geqslant 1}\ln\lambda - \lambda\varliminf_{t\to\infty}\int_{t-\tau}^{t}p(s)ds = -\ln\left(\varliminf_{t\to\infty}\int_{t-\tau}^{t}p(s)ds\right) - 1,$$

所以有

$$\ln\left(\varliminf_{t\to\infty}\int_{t-\tau}^{t}p(s)ds\right) \leqslant -1 - \varliminf_{t\to\infty}\int_{t-\tau}^{t}p(s)ds,$$

或者

$$\varliminf_{t\to\infty}\int_{t-\tau}^{t}p(s)ds \leqslant \frac{1}{e}\exp\left(-\varliminf_{t\to\infty}\int_{t-\tau}^{t}a(s)ds\right),$$

这与条件 (4.2.30) 矛盾.

(2) λ 为无限的情形, 即 $\lim\limits_{t\to\infty}y(t-\tau)/y(t)=\infty$. 由条件 (4.2.31) 及 $a(t)\geqslant 0$ 和 (4.2.33) 可推得

$$\lim_{t\to\infty}y\left(t-\frac{\tau}{2}\right)/y(t)=\infty.$$

故 $\lim\limits_{t\to\infty}y(t-\tau)/y(t-\tau/2)=\infty$. 这与 (4.2.34) 矛盾. 证毕.

类似证明可得

引理 4.2.2　若引理 4.2.1 条件满足, 则 (4.2.28) 没有最终负解.

由引理 4.2.1 和引理 4.2.2, 若方程 (4.2.29) 没有最终正解和最终负解, 则它的一切解振动, 即

定理 4.2.5　若引理 4.2.1 的条件满足, 则方程 (4.2.29) 的一切解是振动的.

考虑 (4.2.27), (4.2.28) 和 (4.2.29) 的特殊情形, 即 $a(t)$ 和 $p(t)$ 分别等于常数 a 和 $p, a\geqslant 0, p\geqslant 0$, 亦即

$$y'(t) + ay(t) + py(t-\tau) \leqslant 0, \tag{4.2.27$_0$}$$

$$y'(t) + ay(t) + py(t-\tau) \geqslant 0, \tag{4.2.28$_0$}$$

$$y'(t) + ay(t) + py(t-\tau) = 0. \tag{4.2.29$_0$}$$

此时条件 (4.2.30), (4.2.31) 退化为

$$p\tau > \frac{1}{e}e^{-a\tau},\ a \geqslant 0. \tag{4.2.35}$$

定理 4.2.6   设

$$p\tau \leqslant \frac{1}{e}e^{-a\tau},\ a \geqslant 0, \tag{4.2.36}$$

则 $(4.2.27)_0$ 有最终正解, $(4.2.28)_0$ 有最终负解, $(4.2.29)_0$ 有非振动解.

证明   先证 $(4.2.27)_0$ 有最终正解. 考察不等式 $(4.2.27)_0$ 具有形式 $y(t) = e^{\lambda \tau}$ 的解. 它满足特征方程

$$h(\lambda) = \lambda + a + pe^{-\lambda\tau} \leqslant 0.$$

由式 (4.2.36) 有

$$h\left(-\frac{1}{\tau} - a\right) = -\frac{1}{\tau} - a + a + pe^{(1/\tau+a)\tau} \leqslant -\frac{1}{\tau} + \frac{1}{\tau} = 0,$$

故不等式 $(4.2.27)_0$ 存在正解 $e^{(1/\tau+a)t}$.

同理, 不等式 $(4.2.28)_0$ 存在负解 $-e^{(1/\tau+a)t}$.

最后, 由于

$$h(0) > 0,\ h\left(-\frac{1}{\tau} - a\right) \leqslant 0,$$

所以存在 $\lambda \in \left[-\frac{1}{\tau} - a, 0\right]$, 使得 $e^{\lambda t}$ 是方程 $(4.2.29)_0$ 的一个非振动解. 证毕.

由上述结果得

定理 4.2.7   对 $(4.2.27)_0, (4.2.28)_0$ 及 $(4.2.29)_0$ 有

$(4.2.27)_0$ 没有最终正解;

$(4.2.28)_0$ 没有最终负解;

$(4.2.29)_0$ 的一切解振动

的充分必要条件为 $p\tau \geqslant \frac{1}{e}e^{-a\tau},\ a \geqslant 0$.

例 4.2.3   考虑方程

$$y'(t) + y\left(t - \frac{\pi}{2}\right) = 0, \tag{4.2.37}$$

这里 $p = 1, \tau = \frac{\pi}{2}$. 立即可以验证 (4.2.37) 满足条件 (4.2.35), 从而 (4.2.37) 的所有解振动 (事实上, 方程 (4.2.37) 存在周期解 $y_1(t) = \sin t, y_2(t) = \cos t$).

时滞微分方程解的振动性依赖于时滞, 即时滞可引起振动. 由于常微分方程对应于 $\tau = 0$, 所以它不会出现振动性依赖于时滞的情形, 时滞微分方程则不同, 下面考虑一个最简单的例子.

例 4.2.4 设 $p, \tau \geqslant 0$ 都是常数. 考虑方程

$$y'(t) + py(t - \tau) = 0. \tag{4.2.38}$$

若 $p > 0$ 给定, $\tau \in R_+$ 作为参数变化, 由定理 4.2.2 可知, 当 $p\tau e \leqslant 1$ 时, (4.2.38) 有非振动解. 由这个定理的推论又有: 当 $p\tau e > 1$ 时, (4.2.38) 的一切解都是振动的, 即方程 (4.2.38) 是振动的; 当 p 固定, (4.2.38) 振动与否完全由 τ 确定, 并且 $\tau = pe^{-1}$ 是一个分歧点.

注意当 $\tau = 0$ 时, $y(t) = e^{-pt}$ 是 (4.2.38) 的一个解, 显然是非振动的; 若令 $p = 1, \tau = \dfrac{\pi}{2}$, 则 $y(t) = \sin t$ 是 (4.2.38) 的解, 即产生了振动.

§4.3 二阶时滞微分方程的振动性

由于二阶时滞微分方程的力学意义极其普遍, 故这类方程在振动性的研究中占有很大的比例. 限于篇幅, 这里我们着力于基本概念的阐述, 并以最简单的方程类为例介绍解决问题的方法. 考虑二阶时滞微分方程

$$y''(t) - a(t)y(t) - [p^2 + q(t)]y(t - 2\tau) = 0. \tag{4.3.1}$$

定理 4.3.1 设 $a(t) \geqslant 0, q(t) \geqslant 0$ 连续, $t \in R_+, p, \tau$ 是正常数且

$$p\tau e > 1, \tag{4.3.2}$$

则方程 (4.3.1) 的一切有界解都是振动的.

证明 若结论不真, 则 (4.3.1) 存在有界解 $y(t)$ 使得当 σ 充分大时有 $y(t) > 0, t > \sigma$. 所以, 当 $t > \sigma + 2\tau$ 时, 有 $y(t - 2\tau) > 0$. 于是由方程 (4.3.1), 当 $t > \sigma + 2\tau$ 时, 有 $y''(t) > 0$, 故 $y'(t)$ 递增. 由于 $y(t)$ 有界, 所以 $y'(t) > 0$.

令

$$x(t) = y'(t) - py(t - \tau), \tag{4.3.3}$$

则 $x(t)$ 当 t 充分大时为负. 对 (4.3.3) 两边求导得

$$x'(t) = y''(t) - py'(t - \tau).$$

于是有

$$\begin{aligned}
x'(t) + px(t - \tau) &= y''(t) - py'(t - \tau) + py'(t - \tau) - p^2 y(t - 2\tau) \\
&= a(t)y(t) + q(t)y(t - 2\tau) \geqslant 0,
\end{aligned}$$

即

$$x'(t) + px(t - \tau) \geqslant 0. \tag{4.3.4}$$

由条件 $p\tau e > 1$ 及定理 4.2.7 的结果, 方程 (4.3.4) 没有最终负解. 得矛盾. 证毕.

下面考虑非线性二阶纯量的时滞微分方程

$$g''(t, y(t)) + f(t, y(t), y(p(t)), y'(t), y'(q(t))) = 0. \tag{4.3.5}$$

假定 (4.3.5) 的解整体存在且唯一.

注意 (4.3.5) 实际上是一类方程, 在下面关于 g, f, p, q 的假定并不能保证解的整体存在唯一性. 由于这个前提不是本章的讨论内容, 所以只作上述的定性假定.

设 (4.3.5) 中 $p(t), q(t)$ 为连续函数, $t \to \infty$ 时, $p(t) \to \infty, g(t, y)$ 具有连续一阶偏导数, $f(t, u, v, w, x)$ 关于诸变元连续, 则有

定理 4.3.2　若满足条件:

(i) 当 u, v 同号时 $f(t, u, v, w, x)$ 与 u, v 同号;

(ii) $yg(t, y) > 0$;

(iii) 当 t 足够大时 $g'_y(t, y) > 0$, 又当 $y > 0$ 时 $g'_t(t, y) \leqslant 0$, 当 $y < 0$ 时 $g'_t(t, y) \geqslant 0$;

(iv) 对正的单调不减 (或负的单调不增) 可微函数 $y(t)$, 当 $t \to \infty$ 时有

$$\frac{1}{t} \int_T^t \int_T^\tau F(\alpha) d\alpha d\tau \to \infty(-\infty), \tag{4.3.6}$$

则 (4.3.5) 的一切解都是振动的.

这里记号 F 定义为

$$F(t) = f(t, y(t), y(p(t)), y'(t), y'(q(t))). \tag{4.3.7}$$

证明 (用反证法)　设定理结论不成立, 则存在非振动解 $y(t)$. 不妨设存在 t_1, 使当 $t \geqslant t_1$ 时, $y(t) > 0$. 由于 $t \to \infty$ 时 $p(t) \to \infty$, 从而存在 $T > t_1$, 使当 $t \geqslant T$ 时 $y(p(t)) > 0$, 且条件 (iii) 成立.

由条件 (i), 当 $t > T$ 时 $F(t) > 0$, 从而 $g''(t, y(t)) < 0$, 此时 $g'(t, y(t))$ 单减, 可分为两种情形考虑之.

情况 1. 若 $t \geqslant T$ 时, $g'(t, y(t)) \geqslant 0$, 则 $g'_t(t, y(t)) + g'_y(t, y(t))y'(t) \geqslant 0$, 由条件 (iii) 得

$$y'(t) \geqslant -\frac{g'_t(t, y(t))}{g'_y(t, y(t))} \geqslant 0,$$

可见当 $t \geqslant T$ 时 $y(t)$ 为正的非减单调函数.

现在对 (4.3.5) 从 T 到 $\tau(\tau > T)$ 积分, 再从 T 到 $t(t > T)$ 积分得

$$g(t, y(t)) = g(T, y(T)) + g'(T, y(T))(t - T) - \int_T^t \int_T^\tau F(\alpha) d\alpha d\tau.$$

由条件 (iv), 当 $t \to \infty$ 时上式右边第三项是比第二项高阶的无穷大量, 故 t 充分大时 $g(t, y(t)) < 0$. 由条件 (ii) 有 $y(t) < 0$. 这与假设 $y(t) \geqslant 0$ 矛盾.

情况 2. 若 $t \geqslant T_1 \geqslant T$ 时, $g'(t, y(t)) < 0$, 则由于当 $t \geqslant T$ 时, $g'(t, y(t))$ 单调减少, 从而当 $t \geqslant T_1$ 时有

$$g'(t, y(t)) \leqslant g'(T_1, y(T_1)) < 0.$$

从 T_1 到 $t(t > T_1)$ 积分之, 得

$$g(t, y(t)) < g(T_1, y(T_1)) + g'(T_1, y(T_1))(t - T_1).$$

当 $t \to \infty$ 时, 上式右边第二项趋于 $-\infty$, 故 t 充分大时 $g(t, y(t)) < 0$. 由条件 (ii) 有 $y(t) < 0$, 这与 $y(t) > 0$ 矛盾.

对于 $t \geqslant T$ 时 $y(t) < 0$ 的情形有类似结论. 证毕.

考虑方程

$$x^{(n)}(t) + p(t)f(x(g(t))) = q(t), \tag{4.3.8}$$

其中 $x \in R$. 基本假定为

(A$_1$) $p \in C(R_+, R), q \in C(R_+, R)$;

(A$_2$) $g \in C(R_+, R), g(t) \to \infty$, 当 $t \to \infty$;

(A$_3$) $f \in C(R, R)$ 单增, 且当 $u \neq 0$ 时, $uf(u) > 0$.

我们有

定理 4.3.3 设 (4.3.8) 满足上述条件 (A$_1$), (A$_2$) 及 (A$_3$), 且当 $t \geqslant 0$ 时, $p(t) \geqslant 0$, 存在一个 R_+ 上 n 阶连续可微的振动函数 $R(t)$ 使得 $R^{(n)}(t) = q(t)$. 再设对任意 $\lambda \geqslant 0$, 有

(A$_4$) $\varlimsup\limits_{t \to \infty} \int_0^t p(s)f(\lambda + R(g(s)))ds = \infty$;

(A$_5$) $\varliminf\limits_{t \to \infty} \int_0^t p(s)f(-\lambda + R(g(s)))ds = -\infty$,

则当 n 为偶数时,(4.3.8) 振动. 当 n 为奇数时,(4.3.8) 的解或者是振动的, 或者当 $t \to \infty$ 时 $[x(t) - R(t)]$ 单调趋于零. 若上述积分条件当 $\lambda = 0$ 时也成立, 则当 n 为奇数时 (4.3.8) 是振动的.

证明 设 n 为偶数, 且上述条件 (A$_4$), (A$_5$) 对任意 $\lambda > 0$ 成立. 若方程 (4.3.8) 非振动, 则必存在 (4.3.8) 的解 $x(t) > 0, t \geqslant \sigma$. 设 $u(t) = x(t) - R(t), t \in [\sigma, \infty)$, 则

$u(t)$ 满足方程

$$u^{(n)}(t) + p(t)f(u(g(t)) + R(g(t))) = 0. \tag{4.3.9}$$

由于 $u(t) + R(t) > 0, t \in [\sigma, \infty)$, 从而存在 $t_1 \geqslant \sigma$ 使得

$$u(g(t)) + R(g(t)) > 0, \quad t \geqslant \sigma.$$

因此有

$$u^{(n)}(t) = -p(t)f(u(g(t)) + R(g(t))) \leqslant 0, t \geqslant t_1. \tag{4.3.10}$$

从而 $u(t)$ 的各阶导数 $u^{(k)}(t)(k = 1, 2, \cdots, n)$ 最终不变号, 且在 $[\sigma, \infty)$ 上会恒等于 0 (若有某个 k 使 $u^{(k)}(t) \equiv 0$, 则 $u^{(n)}(t) \equiv 0$, 与条件 (A$_4$) 不合). 显然, 当 t 充分大时, $u(t)$ 严格单增或严格单减, 设 t 充分大时, $u(t) < 0$, 则必存在 $t_2 > t_1$, 使得当 $t \geqslant t_2$ 时 $u(g(t)) < 0$, 从而

$$-R(g(t)) < u(g(t)) < 0,$$

这与 $R(t)$ 为振动的假定不合, 于是 t 充分大时, $u(t) > 0$, 且 $u'(t) > 0, \cdots, u^{(n)}(t) > 0$. 故存在 $t_2 \geqslant t_1$, 使

$$u^{(n-1)}(t) > 0, u(g(t)) \geqslant \lambda > 0, t \geqslant t_2, \tag{4.3.11}$$

其中 λ 是常数. 对 (4.3.9) 从 t_2 到 $t(t \geqslant t_2)$ 积分得

$$u^{(n-1)}(t) = u^{(n-1)}(t_2) - \int_{t_2}^{t} [p(s)f(u(g(s)) + R(g(s)))]ds$$

$$\leqslant u^{(n-1)}(t_2) - \int_{t_2}^{t} p(s)f(\lambda + R(g(s)))ds. \tag{4.3.12}$$

由此推出 $\lim_{t \to \infty} u^{(n-1)}(t) = -\infty$, 这与 (4.3.11) 矛盾.

所以当 t 充分大时, $u(t)$ 既非最终正解又非最终负解, 又非振动, 从而 u 不存在 (非零的 $u(t)$). 当 $t \geqslant \sigma$ 时, $x(t) < 0$ 的情形可类似研究, 得出相同结论. 从而方程 (4.3.8) 的一切解振动.

对 n 为奇数的情形. 若 t 充分大时, $u(t) > 0$, 则 $u'(t)$ 最终为负. 若 t 充分大时, $u(t) < 0$, 则 $u'(t)$ 最终为正. 这两种情形均可推出 $t \to \infty$ 时 $u(t) = x(t) - R(t)$ 单调趋于零. 若非这两种情况, 则采用 n 为偶数时的论证方法可证得 (4.3.8) 的一切解都是振动的.

现在讨论 n 为奇数且 $\lambda > 0$ 时条件 (A$_4$), (A$_5$) 成立的情形: 当 $\lambda = 0$ 时, (A$_4$), (A$_5$) 成立, 于是 $\lambda > 0$ 时, (A$_4$), (A$_5$) 当然成立. 从而对 n 为偶数情形的定理结论

成立. 当 n 为奇数时, 由 (4.3.12) 可得

$$u^{(n-1)}(t) \leqslant u^{(n-1)}(t_2) - \int_{t_2}^t p(s)f(\lambda + R(g(s)))ds, t \geqslant t_2,$$

由此得 $\lim\limits_{t\to\infty} u^{(n-1)}(t) = -\infty$, 或 $\lim\limits_{t\to\infty} u(t) = -\infty$. 这与 $u(t) > 0$ 矛盾.

$u(t)$ 最终为负的情形可得类似结论, 即 $x(t)$ 是振动的. 证毕.

下面讨论稍为推广的方程类 (其中 "'" 也表示求导数)

$$[r(t)x^{(n-1)}(t)]' + a(t)f(x(g(t))) = b(t), \tag{4.3.13}$$

$$[r(t)x'(t)]^{(n-1)} + a(t)f(x(g(t))) = b(t) \tag{4.3.14}$$

的有界解的振动性和渐近性, 基本假定为

(A_6) $a, b \in C(R_+, R)$;

(A_7) $r \in C(R_+, R)$ 且 $\int_T^\infty r^{-1}(t)dt = \infty$;

(A_8) $f \in C(R_+, R), yf(y) > 0$, 当 $y \neq 0, f(y)$ 非减;

(A_9) $g \in C(R_+, R_+)$ 且 $\lim\limits_{t\to\infty} u(t) = \infty$.

定理 4.3.4 设 (4.3.13), (4.3.14) 满足 (A_6), (A_9) 以及对充分大的 $T > 0$ 有

$$\int_T^\infty a_+(t)dt = \infty, \quad \int_T^\infty a_-(t)dt > -\infty, \tag{4.3.15}$$

其中 $a_+(t) = \max\{a(t), 0\}, a_-(t) = \min\{a(t), 0\}$, 又

$$\int_T^\infty |b(t)|dt < \infty, \tag{4.3.16}$$

则 (4.3.13),(4.3.14) 的有界解 $x(t)$ 或者是振动的, 或者有

$$\lim_{t\to\infty} |x(t)| = 0. \tag{4.3.17}$$

证明 设 $x(t)$ 是方程 (4.3.13) 的有界非振动解. 不妨设 $x(t)$ 最终为正, 若 (4.3.17) 不成立, 则存在正数 m, M 和 T, 使得

$$m \leqslant x(g(t)) \leqslant M, t \geqslant T. \tag{4.3.18}$$

对 (4.3.13) 从 T 到 $t(t \geqslant T)$ 积分, 并顾及 (A_8) 得

$$r(t)x^{(n-1)}(t) - r(T)x^{(n-1)}(T)$$

$$= -\int_T^t a_+(s)f(x(g(s)))ds - \int_T^t a_-(s)f(x(g(s)))ds + \int_T^t b(s)ds$$

$$\leqslant -f(m) \int_T^t a_+(s)ds - f(M) \int_T^t a_-(s) + \int_T^t b(s)ds. \tag{4.3.19}$$

在 (4.3.19) 中令 $t \to \infty$ 并用 (4.3.15), (4.3.16) 得

$$\lim_{t\to\infty} r(t)x^{(n-1)}(t) = -\infty.$$

由 (A_7) 有 $r(t) \geqslant 0$, 故 $\lim_{t\to\infty} x^{(n-1)}(t) = -\infty$, 因而 $\lim_{t\to\infty} x(t) = -\infty$, 这与 $x(t)$ 最终为正不合. 故对 (4.3.13) 结论成立.

现证对 (4.3.14) 结论成立. 设 $x(t)$ 是 (4.3.14) 的有界解, 使得 $\varlimsup_{t\to\infty} x(t) > 0$, 则存在某正数 m, M, T 使 (4.3.18) 成立. 类似上述推导可得

$$\lim_{t\to\infty} [r(t)x'(t)]^{(n-2)} = -\infty.$$

于是有 $\lim_{t\to\infty} x(t) = -\infty$, 矛盾. 即对 (4.3.14) 定理结论成立. 证毕.

下面我们给出例子说明条件 (4.3.15) 不能减弱为

$$\int_T^\infty a(t)dt = \infty. \tag{4.3.20}$$

例 4.3.1　考虑方程

$$x''(t) - \frac{\sin t}{2 + \sin t} x(t - \pi) = 0.$$

它有解 $x(t) = 2 - \sin t$, 它既不振动也不满足 $\lim_{t\to\infty} |x(t)| = 0$. 系数 $a(t) = \sin t/(2 + \sin t)$ 满足 (4.3.20), 但不满足 (4.3.15).

§4.4　高阶脉冲微分方程的振动性

本节讨论高阶脉冲微分方程

$$\begin{cases} x^{(m)}(t) + a(t)(x^{(\gamma)}([t]))^{2p} + e(t) = 0, & t \neq n, t \geqslant 0, n \in Z^+, \\ x^{(j)}(n) = \beta_n^{(j)} x^{(j)}(n^-), \\ x^{(j)}([t_0]) = x_0^{(j)}, \quad x^{(0)}(t) = x(t), \quad t = n, n = 1, 2, \cdots, m-1, \end{cases} \tag{4.4.1}$$

其中 Z^+ 表示正整数集, $m > 1, \gamma, p$ 是给定的正整数, $[\cdot]$ 表示最大的整数部分.

对任给的 n, j, 有 $x_0^{(j)}, \beta_n^{(j)} > 0$, 且

$$x'(n^+) = x'(n) = \lim_{h\to 0^+} \frac{x(n+h) - x(n)}{h}, \quad x'(n^-) = \lim_{h\to 0^-} \frac{x(n+h) - x(n)}{h}.$$

方程 (4.4.1) 的解表示为 $x(t) = x(t, t_0, x_0)$. 由于方程 (4.4.1) 可以降为一阶脉冲微分方程, 所以可以得到方程 (4.4.1) 的解的整体存在性, 见文献 [13,14].

在本节假设 $t_0 \in [0,1), x^{(j)}([t_0]) = x^{(j)}(0) = x_0^{(j)}$.

定义 4.4.1 称函数 $x : [t_0, t_0 + \alpha] \to R(t_0 \geqslant 0, \alpha > 0)$ 是方程 (4.4.1) 的解, 若
(1) x 连续可微且满足初值条件 $x^{(j)}(0) = x_0^{(j)}, j = 0, 1, \cdots, m-1$ 和方程

$$x^{(m)}(t) + a(t)(x^{(\gamma)}([t]))^{2p} + e(t) = 0, \quad t \neq n, t \geqslant 0, n \in Z^+;$$

(2) 若 $t = n$, 则有 $x^{(j)}(n) = \beta_n^{(j)} x^{(j)}(n^-), n = 1, 2, \cdots, j = 0, 1, \cdots, m-1$, 并且假设在这些时刻 $t, x^{(j)}(t)$ 都是右连续的.

定义 4.4.2 称方程 (4.4.1) 的解 $x(t)$ 是非振动的, 若方程的解最终为恒正或恒负. 否则, 称方程 (4.4.1) 的解为振动的.

本节主要介绍两个能得到方程 (4.4.1) 解的振动性的充分条件. 首先给出一个引理.

引理 4.4.1 若 $x(t)$ 为方程 (4.4.1) 的非振动解, 假设存在 $T > 0$ 使得当 $t > T$ 时, 有 $x(t) > 0$, 并进一步假设

(i) $a(t) \in C[[t_0, \infty), [0, +\infty]], e(t) \in C[[t_0, \infty), [0, +\infty]]$;

(ii) 对任意的 $n > 0$, 有

$$\frac{\beta_{n+1}^{(m-i)}}{\beta_{n+1}^{(m-i-1)}} + \frac{\beta_{n+2}^{(m-i)} \beta_{n+1}^{(m-i)}}{\beta_{n+2}^{(m-i-1)} \beta_{n+1}^{(m-i-1)}} + \cdots$$

$$+ \frac{\prod\limits_{s=1}^{j-1} \beta_{n+s}^{(m-i)}}{\prod\limits_{s=1}^{j-1} \beta_{n+s}^{(m-i-1)}} \to +\infty, \quad j \to +\infty, \quad i = 1, 2, \cdots, m-1,$$

则存在 $T_1 > 0$, 使得 $x^{(m-1)}(t) \geqslant 0, x^{(m-1)}(n+1^-) \geqslant 0, t \in [n, n+1), n \geqslant T_1$.

证明 下面只证明存在 $T_1 > 0$, 使得 $x^{(m-1)}(t) \geqslant 0, t \in [n, n+1), n \geqslant T_1$. 对于 $x^{(m-1)}(n+1^-) \geqslant 0, t \in [n, n+1), n \geqslant T_1$ 的证明可以类似得到.

假设结论不正确, 则存在 $t_1 \geqslant T$ 使得 $x^{(m-1)}(t_1) < 0$. 不失一般性, 假设 $t_1 \in [n_1, n_1 + 1), n_1 \geqslant T$. 由方程 (4.4.1), 有

$$x^{(m)}(t) = -a(t)(x^{(\gamma)}([t]))^{2p} - e(t) \leqslant 0, t \neq n, t \geqslant 0, n \in Z^+.$$

故 $x^{(m-1)}(t)$ 在 $t \in [n_1, n_1 + 1)$ 上是非增的, 则有 $x^{(m-1)}(n_1 + 1^-) \leqslant x^{(m-1)}(t_1) < 0$. 因此 $x^{(m-1)}(n_1 + 1) = \beta_{n_1+1}^{(m-1)} \cdot x^{(m-1)}(n_1 + 1^-) \leqslant \beta_{n_1+1}^{(m-1)} x^{(m-1)}(t_1) < 0$. 所以, 对 $t \in [n_1 + 1, n_1 + 2)$, 有

$$x^{(m-1)}(t) < x^{(m-1)}(n_1 + 1) < 0.$$

同理可得 $x^{(m-1)}(t) < 0, t \geqslant t_1$.

下证 $x^{(m-2)}(t) < 0, t \geqslant t_1$. 分以下两种情况:

(a) 假设对任意的 $t \geqslant t_1, x^{(m-2)}(t) > 0$. 由于 $x^{(m)}(t) \leqslant 0, t \in [n, n+1), n \geqslant t_1$, 则 $x^{(m-1)}(t)$ 在 $t \in [n, n+1)$ 非增, 故

$$x^{(m-1)}(t) \leqslant x^{(m-1)}(n), t \in [n, n+1).$$

对上面的不等式从 n 到 $n+1$ 积分, 则有

$$x^{(m-2)}(n+1^-) \leqslant x^{(m-2)}(n) + x^{(m-1)}(n),$$

可得

$$\begin{aligned}
x^{(m-2)}(n+1) &= \beta_{n+1}^{(m-2)} \cdot x^{(m-2)}(n+1^-) \\
&\leqslant \beta_{n+1}^{(m-2)} \cdot x^{(m-2)}(n) + \beta_{n+1}^{(m-2)} \cdot x^{(m-1)}(n). \quad (4.4.2)
\end{aligned}$$

又因 $x^{(m-1)}(t)$ 在 $t \in [n+1, n+2)$ 上是非增的, 有 $x^{(m-1)}(t) \leqslant x^{(m-1)}(n), t \in [n+1, n+2)$. 从 $n+1$ 到 $n+2$ 积分, 有

$$x^{(m-2)}(n+2^-) \leqslant x^{(m-2)}(n+1) + x^{(m-1)}(n+1).$$

当 $t \in [n, n+1)$ 时有

$$x^{(m-1)}(n+1) = \beta_{n+1}^{(m-1)} \cdot x^{(m-1)}(n+1^-) \leqslant \beta_{n+1}^{(m-1)} \cdot x^{(m-1)}(n),$$

再由 (4.4.2) 式, 有

$$\begin{aligned}
x^{(m-2)}(n+2) &= \beta_{n+2}^{(m-2)} \cdot x^{(m-2)}(n+2^-) \\
&\leqslant \beta_{n+2}^{(m-2)} \cdot x^{(m-2)}(n+1) + \beta_{n+2}^{(m-2)} \cdot x^{(m-1)}(n+1) \\
&\leqslant \beta_{n+2}^{(m-2)} \cdot \{\beta_{n+1}^{(m-2)} \cdot x^{(m-2)}(n) + \beta_{n+1}^{(m-2)} \cdot x^{(m-1)}(n)\} \\
&\quad + \beta_{n+2}^{(m-2)} \cdot \beta_{n+1}^{(m-1)} \cdot x^{(m-1)}(n) \\
&\leqslant \beta_{n+2}^{(m-2)} \cdot \beta_{n+1}^{(m-2)} \left\{ x^{(m-2)}(n) + x^{(m-1)}(n) \left(1 + \frac{\beta_{n+1}^{(m-1)}}{\beta_{n+1}^{(m-2)}} \right) \right\}. \quad (4.4.3)
\end{aligned}$$

同理可得, 当 $t \in [n+2, n+3)$ 时有

$$\begin{aligned}
&x^{(m-2)}(n+3) \\
&\leqslant \beta_{n+3}^{(m-2)} \beta_{n+2}^{(m-2)} \beta_{n+1}^{(m-2)} \left\{ x^{(m-2)}(n) + x^{(m-1)}(n) \left(1 + \frac{\beta_{n+1}^{(m-1)}}{\beta_{n+1}^{(m-2)}} + \frac{\beta_{n+2}^{(m-1)} \beta_{n+1}^{(m-1)}}{\beta_{n+2}^{(m-2)} \beta_{n+1}^{(m-2)}} \right) \right\}.
\end{aligned}$$

由归纳假设可得, 对 $j \geqslant 1$ 有

$$x^{(m-2)}(n+j) \leqslant \prod_{s=1}^{j} \beta_{n+s}^{(m-2)} \Big\{ x^{(m-2)}(n) + x^{(m-1)}(n)$$

$$\times \Big(1 + \frac{\beta_{n+1}^{(m-1)}}{\beta_{n+1}^{(m-2)}} + \frac{\beta_{n+2}^{(m-1)} \beta_{n+1}^{(m-1)}}{\beta_{n+2}^{(m-2)} \beta_{n+1}^{(m-2)}} + \cdots + \frac{\prod\limits_{s=1}^{j-1} \beta_{n+s}^{(m-1)}}{\prod\limits_{s=1}^{j-1} \beta_{n+s}^{(m-2)}} \Big) \Big\}.$$

由条件 (ii) 及 $x^{(m-1)}(t) < 0, t \geqslant t_1$, 可得存在 $j_0 > 0$, 使得 $x^{(m-2)}(n+j_0) < 0$, 与 $x^{(m-2)}(t) > 0, t \geqslant t_1$ 矛盾.

(b) 假设存在 $t_2 \geqslant t_1$, 使得 $x^{(m-2)}(t_2) \leqslant 0$. 不妨设 $t_2 \in [n_2 - 1, n_2), n_2 > t_2$. 由于 $x^{(m-1)}(t) < 0, t \geqslant n_2$, 则 $x^{(m-2)}(t)$ 在 $t \in [n_2 - 1, n_2)$ 上单减, 故对 $t \in [n_2, n_2 + 1)$, 有

$$x^{(m-2)}(t) < x^{(m-2)}(n_2) = \beta_{n_2}^{(m-2)} x^{(m-2)}(n_2^-) < \beta_{n_2}^{(m-2)} x^{(m-2)}(t_2) \leqslant 0. \quad (4.4.4)$$

同理可得 $x^{(m-2)}(t) < 0, t \in [n_2 + j - 1, n_2 + j)$. 进而可得 $x^{(m-2)}(t) < 0, t \geqslant t_2$. 由 $x^{(m-2)}(t) < 0, x^{(m-1)}(t) < 0, t \geqslant n_2$, 类似可得存在 $n_3 \geqslant n_2$, 使得 $x^{(m-3)}(t) < 0$, $t \geqslant n_3$.

由归纳假设可以证明存在 n_{m-3} 使得 $x(t) < 0, t \geqslant n_{m-3}$, 与 $x(t) > 0, t \geqslant T$ 矛盾. 证毕.

定理 4.4.1 假设引理 4.4.1 的条件 (i),(ii) 成立, 进一步假设

(iii) 存在 $C > 0$, 使得 $\inf\limits_{t \geqslant 0} \Big\{ \dfrac{e(t)}{a(t)} \Big\} \geqslant C$;

(iv) 对任意的 $n > 0$, 存在 $j > 0$, 使得

$$\int_n^{n+1} a(\tau) d\tau + \big(\beta_{n+1}^{(m-1)} \big)^{-1} \int_{n+1}^{n+2} \frac{a(\tau)}{A_{n+1}^1} d\tau + \big(\beta_{n+1}^{(m-1)} \beta_{n+2}^{(m-1)} \big)^{-1} \int_{n+2}^{n+3} \frac{a(\tau)}{A_{n+2}^2} d\tau$$

$$+ \cdots + \Big(\prod_{s=1}^{j-1} \beta_{n+s}^{(m-1)} \Big)^{-1} \int_{n+j-1}^{n+j} \frac{a(\tau)}{A_{n+j-1}^{j-1}} d\tau \to +\infty \quad (j \to +\infty), \quad A_n^k = \frac{n!}{k!},$$

则方程 (4.4.1) 的任一解是振动的.

证明 假设结论不成立, 则存在一解 $x(t)$ 是非振动的, 不失一般性, 假设 $x(t) > 0, t \geqslant T$, 并且令 $T = t_0$.

由引理 4.4.1 知存在 $T_1 > 0$, 使得 $x^{(m-1)}(t) \geqslant 0, x^{(m-1)}(n+1^-) \geqslant 0, t \in [n, n+1), n \geqslant T_1$. 取

$$V(t)$$
$$= \frac{x^{(m-1)}(t) \cdot \delta(t)}{\min\{C + (x^{(\gamma)}([t]))^{2p}, C + (x^{(\gamma)}([t]-1))^{2p}, C + (x^{(\gamma)}([t]-2))^{2p}, \cdots, C + (x^{(\gamma)}(0))^{2p}\}},$$
$$(4.4.5)$$

其中 $t \geqslant 0, \delta(t)$ 满足 $\delta(n) = \dfrac{1}{n}\delta(n^-)$. 取

$$\delta(t) = \begin{cases} 1, & t \in [0,2), \\[2mm] \dfrac{1}{2!}, & t \in [2,3), \\[2mm] \dfrac{1}{3!}, & t \in [3,4), \\[2mm] \quad\vdots & \quad\vdots \\[2mm] \dfrac{1}{n!}, & t \in [n, n+1), \end{cases}$$

则 $V(t) \geqslant 0, V(n+1^-) \geqslant 0, t \in [n, n+1), n \geqslant T_1$.

由 (4.4.4), 对 $t \in [n, n+1)$ 有

$$V(t)$$
$$= \frac{x^{(m-1)}(t) \cdot \dfrac{1}{n!}}{\min\{C + (x^{(\gamma)}(n))^{2p}, C + (x^{(\gamma)}(n-1))^{2p}, C + (x^{(\gamma)}(n-2))^{2p}, \cdots, C + (x^{(\gamma)}(0))^{2p}\}},$$

再由条件 (iii) 有

$$V'(t)$$
$$= \frac{x^{(m)}(t) \cdot \dfrac{1}{n!}}{\min\{C + (x^{(\gamma)}(n))^{2p}, C + (x^{(\gamma)}(n-1))^{2p}, C + (x^{(\gamma)}(n-2))^{2p}, \cdots, C + (x^{(\gamma)}(0))^{2p}\}}$$
$$= \frac{(-a(t)(x^{(\gamma)}([t]))^{2p} - e(t)) \cdot \dfrac{1}{n!}}{\min\{C + (x^{(\gamma)}(n))^{2p}, C + (x^{(\gamma)}(n-1))^{2p}, C + (x^{(\gamma)}(n-2))^{2p}, \cdots, C + (x^{(\gamma)}(0))^{2p}\}}$$
$$\leqslant \frac{(-a(t)(x^{(\gamma)}(n))^{2p} - a(t) \cdot C) \cdot \dfrac{1}{n!}}{\min\{C + (x^{(\gamma)}(n))^{2p}, C + (x^{(\gamma)}(n-1))^{2p}, C + (x^{(\gamma)}(n-2))^{2p}, \cdots, C + (x^{(\gamma)}(0))^{2p}\}}$$
$$= \frac{-a(t)((x^{(\gamma)}(n))^{2p} + C) \cdot \dfrac{1}{n!}}{\min\{C + (x^{(\gamma)}(n))^{2p}, C + (x^{(\gamma)}(n-1))^{2p}, C + (x^{(\gamma)}(n-2))^{2p}, \cdots, C + (x^{(\gamma)}(0))^{2p}\}}$$
$$\leqslant \frac{-a(t)}{n!} \leqslant 0. \tag{4.4.6}$$

故 $V(t)$ 在 $t \in [n, n+1), n \geqslant T_1$ 上非增.

取

$$T_2 = \left[\frac{(x_0^{(\gamma)})^{2p}}{C}\right] + 1,$$

使得当 $n \geqslant T_2$ 时有

$$\frac{\min\{C + (x^{(\gamma)}(n))^{2p}, C + (x^{(\gamma)}(n-1))^{2p}, C + (x^{(\gamma)}(n-2))^{2p}, \cdots, C + (x^{(\gamma)}(0))^{2p}\}}{\min\{C + (x^{(\gamma)}(n+1))^{2p}, C + (x^{(\gamma)}(n))^{2p}, C + (x^{(\gamma)}(n-1))^{2p}, \cdots, C + (x^{(\gamma)}(0))^{2p}\}}$$

$$\leqslant \frac{C + (x_0^{(\gamma)})2p}{C} < n. \tag{4.4.7}$$

再由 (4.4.5) 有

$$V(n+1)$$

$$= \frac{x^{(m-1)}(n+1) \cdot \delta(n+1)}{\min\{C + (x^{(\gamma)}(n+1))^{2p}, C + (x^{(\gamma)}(n))^{2p}, C + (x^{(\gamma)}(n-1))^{2p}, \cdots, C + (x^{(\gamma)}(0))^{2p}\}}$$

$$= \frac{\beta_{n+1}^{(m-1)} x^{(m-1)}(n+1^-) \cdot \delta(n+1^-) \dfrac{1}{n+1}}{\min\{C + (x^{(\gamma)}(n+1))^{2p}, C + (x^{(\gamma)}(n))^{2p}, C + (x^{(\gamma)}(n-1))^{2p}, \cdots, C + (x^{(\gamma)}(0))^{2p}\}}, \tag{4.4.8}$$

$$V(n+1^-)$$

$$= \frac{x^{(m-1)}(n+1^-) \cdot \delta(n+1^-)}{\min\{C + (x^{(\gamma)}(n))^{2p}, C + (x^{(\gamma)}(n-1))^{2p}, C + (x^{(\gamma)}(n-2))^{2p}, \cdots, C + (x^{(\gamma)}(0))^{2p}\}}. \tag{4.4.9}$$

由 (4.4.7)～(4.4.9) 知当 $n \geqslant T, T = \max\{T_1, T_2\}$ 时有 $V(t) \geqslant 0$, 且

$$V(n+1)$$

$$= \frac{\min\{C + (x^{(\gamma)}(n))^{2p}, C + (x^{(\gamma)}(n-1))^{2p}, C + (x^{(\gamma)}(n-2))^{2p}, \cdots, C + (x^{(\gamma)}(0))^{2p}\}}{\min\{C + (x^{(\gamma)}(n+1))^{2p}, C + (x^{(\gamma)}(n))^{2p}, C + (x^{(\gamma)}(n-1))^{2p}, \cdots, C + (x^{(\gamma)}(0))^{2p}\}}$$

$$\times \frac{1}{(n+1)} \cdot \beta_{n+1}^{(m-1)} \cdot V(n+1^-)$$

$$< \beta_{n+1}^{(m-1)} \cdot V(n+1^-). \tag{4.4.10}$$

将 (4.4.6) 从 n 到 $n+1$ 积分, 其中 $n \geqslant T$, 可得

$$V(n+1^-) \leqslant V(n) - \int_n^{n+1} \frac{a(\tau)}{n!} d\tau.$$

再由 (4.4.10) 有

$$V(n+1) \leqslant \beta_{n+1}^{(m-1)} V(n+1^-) \leqslant \beta_{n+1}^{(m-1)} V(n) - \beta_{n+1}^{(m-1)} \int_n^{n+1} \frac{a(\tau)}{n!} d\tau. \tag{4.4.11}$$

同理可得, 当 $t \in [n+1, n+2)$ 时有

$$V(n+2^-) = V(n+1) - \int_{n+1}^{n+2} \frac{a(\tau)}{(n+1)!} d\tau,$$

$$\begin{aligned}
V(n+2) &= \beta_{n+2}^{(m-1)} V(n+1) - \beta_{n+2}^{(m-1)} \int_{n+1}^{n+2} \frac{a(\tau)}{(n+1)!} d\tau \\
&= \beta_{n+2}^{(m-1)} \beta_{n+1}^{(m-1)} V(n) - \beta_{n+2}^{(m-1)} \beta_{n+1}^{(m-1)} \\
&\quad \times \int_n^{n+1} \frac{a(\tau)}{n!} d\tau - \beta_{n+2}^{(m-1)} \int_{n+1}^{n+2} \frac{a(\tau)}{(n+1)!} d\tau.
\end{aligned}$$

由归纳假设可得, 对 $j \geqslant 1$, 有

$$\begin{aligned}
V(n+j) &= \left(\prod_{s=1}^{j} \beta_{n+s}^{(m-1)} \right) V(n) - \left(\prod_{s=1}^{j} \beta_{n+s}^{(m-1)} \right) \int_n^{n+1} \frac{a(\tau)}{n!} d\tau \\
&\quad - \left(\prod_{s=2}^{j} \beta_{n+s}^{(m-1)} \right) \int_{n+1}^{n+2} \frac{a(\tau)}{(n+1)!} d\tau - \cdots - \beta_{n+j}^{(m-1)} \int_{n+j-1}^{n+j} \frac{a(\tau)}{(n+j-1)!} d\tau \\
&\leqslant \left(\prod_{s=1}^{j} \beta_{n+s}^{(m-1)} \right) \left\{ V(n) - \int_n^{n+1} \frac{a(\tau)}{n!} d\tau - (\beta_{n+1}^{(m-1)})^{-1} \int_{n+1}^{n+2} \frac{a(\tau)}{(n+1)!} d\tau \right. \\
&\quad \left. - \cdots - \left(\prod_{s=1}^{j-1} \beta_{n+s}^{(m-1)} \right)^{-1} \int_{n+j-1}^{n+j} \frac{a(\tau)}{(n+j-1)!} d\tau \right\} \\
&\leqslant \frac{1}{n!} \left(\prod_{s=1}^{j} \beta_{n+s}^{(m-1)} \right) \left\{ V(n) \cdot n! - \int_n^{n+1} a(\tau) d\tau - (\beta_{n+1}^{(m-1)})^{-1} \int_{n+1}^{n+2} \frac{a(\tau)}{n+1} d\tau \right. \\
&\quad \left. - \cdots - \left(\prod_{s=1}^{j-1} \beta_{n+s}^{(m-1)} \right)^{-1} \int_{n+j-1}^{n+j} \frac{a(\tau)}{(n+1)(n+2)\cdots(n+j-1)} d\tau \right\} \\
&\leqslant \frac{1}{n!} \left(\prod_{s=1}^{j} \beta_{n+s}^{(m-1)} \right) \left\{ V(n) \cdot n! - \int_n^{n+1} a(\tau) d\tau \right. \\
&\quad - (\beta_{n+1}^{(m-1)})^{-1} \int_{n+1}^{n+2} \frac{a(\tau)}{A_{n+1}^1} d\tau - (\beta_{n+1}^{(m-1)} \beta_{n+2}^{(m-1)})^{-1} \int_{n+2}^{n+3} \frac{a(\tau)}{A_{n+2}^2} d\tau \\
&\quad \left. - \cdots - \left(\prod_{s=1}^{j-1} \beta_{n+s}^{(m-1)} \right)^{-1} \int_{n+j-1}^{n+j} \frac{a(\tau)}{A_{n+j-1}^{j-1}} d\tau \right\}.
\end{aligned}$$

由条件 (iv) 知, 存在 j_0 使得 $V(n+j_0) < 0$, 与 $V(t) \geqslant 0, t \in [n, n+1), n \geqslant T$ 矛盾. 证毕.

注意若定理 4.4.1 的条件 (iv) 变为

(v) $\beta_j^{(m-1)} = \dfrac{1}{j}, j = 1, 2, \cdots$;

(vi) 对任意 $\lambda > 0, \displaystyle\int_\lambda^{+\infty} a(\tau)d\tau = +\infty$, 则定理仍成立.

定理 4.4.2 假设引理 4.4.1 的条件 (i) 及 (ii) 成立, 进一步假设

(vii) 对任意 $n > 0$, 存在 $j > 0$, 使得

$$\left(\prod_{s=1}^n \beta_s^{(m-1)}\right)^{-1} \int_n^{n+1} e(\tau)d\tau + \left(\prod_{s=1}^{n+1} \beta_s^{(m-1)}\right)^{-1} \int_{n+1}^{n+2} e(\tau)d\tau$$

$$+\cdots+\left(\prod_{s=1}^{n+j-1} \beta_s^{(m-1)}\right)^{-1} \int_{n+j-1}^{n+j} e(\tau)d\tau > x_0^{(m-1)},$$

则方程 (4.4.1) 的任一解是振动的.

证明 假设结论不正确, 那么方程 (4.4.1) 存在解 $x(t)$ 是非振动的, 不失一般性, 不妨设方程 (4.4.1) 的解 $x(t) > 0, t \geqslant T$, 并且令 $T = t_0$.

由引理 4.4.1, 知存在 $T_1 > 0$, 使得 $x^{(m-1)}(t) \geqslant 0, x^{(m-1)}(n + 1^-) \geqslant 0, t \in [n, n+1), n \geqslant T_1$.

由方程 (4.4.1) 知

$$x^{(m)}(t) = -a(t)(x^{(\gamma)}([t]))^{2p} - e(t) \leqslant -e(t), \quad t \neq n, t \geqslant 0, n \in Z^+, \qquad (4.4.12)$$

所以 $x^{(m-1)}(t)$ 在 $t \in [n, n+1), n \geqslant 0$ 上是非增的, 则有

$$\begin{aligned}
x^{(m-1)}(n+1) &= \beta_{n+1}^{(m-1)} x^{(m-1)}(n + 1^-) \\
&\leqslant \beta_{n+1}^{(m-1)} x^{(m-1)}(n) \\
&= \beta_{n+1}^{(m-1)} \beta_n^{(m-1)} x^{(m-1)}(n^-) \\
&\leqslant \beta_{n+1}^{(m-1)} \beta_n^{(m-1)} x^{(m-1)}(n-1) \\
&\quad\cdots\cdots \\
&\leqslant \beta_{n+1}^{(m-1)} \beta_n^{(m-1)} \cdots \beta_1^{(m-1)} x_0^{(m-1)}. \qquad (4.4.13)
\end{aligned}$$

将 (4.4.12) 从 n 到 $t, t \in [n, n+1)$ 积分, 则有

$$x^{(m-1)}(t) \leqslant x^{(m-1)}(n) - \int_n^t e(\tau)d\tau.$$

令 $t \to n + 1^-$, 有

$$x^{(m-1)}(n + 1^-) \leqslant x^{(m-1)}(n) - \int_n^{n+1} e(\tau)d\tau.$$

由方程 (4.4.1) 有

$$x^{(m-1)}(n+1) = \beta_{n+1}^{(m-1)} x^{(m-1)}(n+1^-)$$
$$\leqslant \beta_{n+1}^{(m-1)} \left(x^{(m-1)}(n) - \int_n^{n+1} e(\tau)d\tau \right). \qquad (4.4.14)$$

类似地, 将 (4.4.12) 从 $n+1$ 到 $t, t \in [n+1, n+2)$ 积分, 有

$$x^{(m-1)}(t) \leqslant x^{(m-1)}(n+1) - \int_{n+1}^t e(\tau)d\tau.$$

令 $t \to n+2^-$, 则

$$x^{(m-1)}(n+2^-) \leqslant x^{(m-1)}(n+1) - \int_{n+1}^{n+2} e(\tau)d\tau.$$

再由 (4.4.14) 有

$$x^{(m-1)}(n+2) = \beta_{n+2}^{(m-1)} x^{(m-1)}(n+2^-)$$
$$\leqslant \beta_{n+2}^{(m-1)} \left(x^{(m-1)}(n+1) - \int_{n+1}^{n+2} e(\tau)d\tau \right)$$
$$\leqslant \beta_{n+2}^{(m-1)} \left\{ \beta_{n+1}^{(m-1)} \left(x^{(m-1)}(n) - \int_n^{n+1} e(\tau)d\tau \right) - \int_{n+1}^{n+2} e(\tau)d\tau \right\}$$
$$\leqslant \beta_{n+2}^{(m-1)} \beta_{n+1}^{(m-1)} \left\{ x^{(m-1)}(n) - \int_n^{n+1} e(\tau)d\tau - \frac{\int_{n+1}^{n+2} e(\tau)d\tau}{\beta_{n+1}^{(m-1)}} \right\}.$$

由 (4.4.12) 及归纳假设可得, 对 $j \geqslant 1$, 有

$$x^{(m-1)}(n+j) \leqslant \prod_{s=1}^j \beta_{n+s}^{(m-1)} \left\{ x^{(m-1)}(n) - \int_n^{n+1} e(\tau)d\tau - (\beta_{n+1}^{(m-1)})^{-1} \int_{n+1}^{n+2} e(\tau)d\tau \right.$$
$$\left. - \cdots - \left(\prod_{s=1}^{j-1} \beta_{n+s}^{(m-1)} \right)^{-1} \int_{n+j-1}^{n+j} e(\tau)d\tau \right\}$$
$$\leqslant \left(\prod_{s=1}^j \beta_{n+s}^{(m-1)} \right) \left\{ \left(\prod_{s=1}^n \beta_s^{(m-1)} \right) x_0^{(m-1)} - \int_n^{n+1} e(\tau)d\tau \right.$$
$$\left. - (\beta_{n+1}^{(m-1)})^{-1} \int_{n+1}^{n+2} e(\tau)d\tau - \cdots - \left(\prod_{s=1}^{j-1} \beta_{n+s}^{(m-1)} \right)^{-1} \int_{n+j-1}^{n+j} e(\tau)d\tau \right\}$$

$$\leqslant \prod_{s=1}^{n+j} \beta_s^{(m-1)} \left\{ x_0^{(m-1)} - \left(\prod_{s=1}^{n} \beta_s^{(m-1)} \right)^{-1} \int_n^{n+1} e(\tau)d\tau \right.$$

$$\left. - \left(\prod_{s=1}^{n+1} \beta_s^{(m-1)} \right)^{-1} \int_{n+1}^{n+2} e(\tau)d\tau - \cdots - \left(\prod_{s=1}^{n+j-1} \beta_s^{(m-1)} \right)^{-1} \int_{n+j-1}^{n+j} e(\tau)d\tau \right\}.$$

$$(4.4.15)$$

由条件 (vii) 可得, 存在一个充分大的 j^1, 使得 $x^{(m-1)}(n+j^1) < 0$, 与 $x^{(m-1)}(t) \geqslant 0, t \in [n, n+1), n \geqslant T_1$ 矛盾. 证毕.

下面通过两个例子来说明定理的应用.

例 4.4.1　考虑以下方程

$$\begin{cases} x^{(m)}(t) + t^2 (x^{(\gamma)}([t]))^4 + t^2(1+t) = 0, & t \neq n, t \geqslant 0, n \in Z^+, \\ x(n) = \dfrac{1}{2n+2} x(n^-), \\ x^{(m-1)}(n) = \dfrac{1}{n} x^{(m-1)}(n^-), & (4.4.16) \\ x^{(m-j)}(n) = \dfrac{1}{2n} x^{(m-j)}(n^-), \\ x_0^{(i)} = 1, & t = n, n = 1, 2, \cdots, j = 2, \cdots, m-1, i = 0, 1, 2, \cdots, m-1, \end{cases}$$

其中 Z^+ 表示正整数集, $m > 1$, $[\,\cdot\,]$ 表示最大的整数部分. 则 $a(t) = t^2, e(t) = t^2(1+t), p = 2, \beta_j^{(m-1)} = \dfrac{1}{n}, \beta_n^{(i)} = \dfrac{1}{2n} (\leqslant 1)(i \neq m-1)$. 于是有

$$\int_0^{+\infty} a(\tau)d\tau = \int_0^{+\infty} \tau^2 d\tau = +\infty, \qquad \inf_{t \geqslant 0} \left\{ \frac{e(t)}{a(t)} \right\} = 1 > 0,$$

$$\frac{\beta_{n+1}^{(m-1)}}{\beta_{n+1}^{(m-2)}} + \frac{\beta_{n+2}^{(m-1)} \beta_{n+1}^{(m-1)}}{\beta_{n+2}^{(m-2)} \beta_{n+1}^{(m-2)}} + \cdots + \frac{\displaystyle\prod_{s=1}^{j-1} \beta_{n+s}^{(m-1)}}{\displaystyle\prod_{s=1}^{j-1} \beta_{n+s}^{(m-2)}} = 2 + 2^2 + \cdots + 2^{j-1} \to +\infty, j \to +\infty,$$

$$\frac{\beta_{n+1}^{(m-i)}}{\beta_{n+1}^{(m-i-1)}} + \frac{\beta_{n+2}^{(m-i)} \beta_{n+1}^{(m-i)}}{\beta_{n+2}^{(m-i-1)} \beta_{n+1}^{(m-i-1)}} + \cdots + \frac{\displaystyle\prod_{s=1}^{j-1} \beta_{n+s}^{(m-i)}}{\displaystyle\prod_{s=1}^{j-1} \beta_{n+s}^{(m-i-1)}} = \underbrace{1 + 1 + 1 + \cdots}_{j-1} \to +\infty, j \to +\infty,$$

$$\frac{\beta'_{n+1}}{\alpha_{n+1}} + \frac{\beta'_{n+2} \beta'_{n+1}}{\alpha_{n+2} \alpha_{n+1}} + \cdots + \frac{\displaystyle\prod_{s=1}^{j-1} \beta'_{n+s}}{\displaystyle\prod_{s=1}^{j-1} \alpha_{n+s}} = \frac{n+2}{n+1} + \frac{n+3}{n+1} + \cdots + \frac{n+j}{n+1} \to +\infty, j \to +\infty,$$

可以验证满足定理 4.4.1 的条件, 所以方程 (4.4.16) 的解是振动的.

例 4.4.2　考虑以下方程

$$
\begin{cases}
x^{(m)}(t) + \ln(1+t)(x^{(m-1)}([t]))^2 + e^{-t} = 0, & t \neq n, t \geqslant 0, n \in Z^+, \\
x^{(j)}(n) = \dfrac{1}{3} \cdot x^{(j)}(n^-), \\
x_0^{(j)} = 2, & t = n, n = 1, 2, \cdots, j = 0, 1, 2, \cdots, m-1,
\end{cases}
\tag{4.4.17}
$$

其中 Z^+ 表示正整数集, $m > 1$, $[\,\cdot\,]$ 表示最大的整数部分. 则 $a(t) = \ln(1+t), e(t) = e^{-t}, p = 1, \beta_n^{(j)} = \dfrac{1}{3}, (j \leqslant m-1)$. 对任意的 $i = 1, 2, \cdots, m-1$ 有

$$
\frac{\beta_{n+1}^{(m-i)}}{\beta_{n+1}^{(m-i-1)}} + \frac{\beta_{n+2}^{(m-i)} \beta_{n+1}^{(m-i)}}{\beta_{n+2}^{(m-i-1)} \beta_{n+1}^{(m-i-1)}} + \cdots + \frac{\prod\limits_{s=1}^{j-1} \beta_{n+s}^{(m-i)}}{\prod\limits_{s=1}^{j-1} \beta_{n+s}^{(m-i-1)}} = \underbrace{1 + 1 + 1 + \cdots}_{j-1} \to +\infty, j \to +\infty.
$$

所以

$$
\left(\prod_{s=1}^{n} \beta_s^{(m-1)} \right)^{-1} \int_n^{n+1} e(\tau) d\tau + \left(\prod_{s=1}^{n+1} \beta_s^{(m-1)} \right)^{-1} \int_{n+1}^{n+2} e(\tau) d\tau
$$

$$
+ \cdots + \left(\prod_{s=1}^{n+j-1} \beta_s^{(m-1)} \right)^{-1} \int_{n+j-1}^{n+j} e(\tau) d\tau
$$

$$
= 3^n \int_n^{n+1} e^{-\tau} d\tau + 3^{n+1} \int_{n+1}^{n+2} e^{-\tau} d\tau + 3^{n+2} \int_{n+2}^{n+3} e^{-\tau} d\tau
$$

$$
+ \cdots + 3^{n+j-1} \int_{n+j-1}^{n+j} e^{-\tau} d\tau
$$

$$
= 3^n (e^{-n} - e^{-(n+1)}) + 3^{n+1} (e^{-(n+1)} - e^{-(n+2)})
$$

$$
+ \cdots + 3^{n+j-1} (e^{-(n+j-1)} - e^{-(n+j)})
$$

$$
= \sum_{s=1}^{j} 3^{n+s-1} (e^{-(n+s-1)} - e^{-(n+s)}) = \frac{3^n}{e^n} \cdot \frac{e-1}{3} \sum_{s=1}^{j} \left(\frac{3}{e} \right)^s > 2 = x_0^{(m-1)}, j > 4.
$$

由定理 4.4.2 知, 方程 (4.4.17) 的解是振动的.

§4.5　抛物型脉冲偏微分系统的振动性

现代科技诸领域中许多实际问题的数学模型都可归结为脉冲偏微分系统, 因此对其研究具有重要理论意义和应用价值. 目前对脉冲偏微分系统的研究尚处于初始

阶段, 还有大量待研究的崭新课题. 下面阐述近年关于脉冲偏微分系统振动理论研究的最新结果, 重点侧重于介绍具有时滞的脉冲偏微分系统振动性的研究成果. 本节给出了抛物型脉冲偏微分系统的振动准则.

借助于脉冲微分不等式及文献 [122] 中的某些思想, 研究如下具强迫项的脉冲抛物方程的振动性

$$
\begin{cases}
u_t + p(t,x)u = a(t)\Delta u + f(t,x), & t \neq t_k, \\
u(t_k^+, x) - u(t_k^-, x) = I(t_k, x, u), & t = t_k, k = 1, 2, \cdots,
\end{cases} \tag{4.5.1}
$$

其中 $u = u(t,x)$, $(t,x) \in G = R_+ \times \Omega$, 这里 Ω 是 R^n 中具有光滑边界 $\partial\Omega$ 的有界域, $R_+ = [0, +\infty)$; $0 < t_1 < t_2 < \cdots < t_k < \cdots$ 且 $\lim_{k \to \infty} t_k = +\infty$; $\Delta u = \sum_{i=1}^{n} \dfrac{\partial^2 u}{\partial x_i^2}$; $I: R_+ \times \overline{\Omega} \times R \to R$; $p \in PC[R_+ \times \overline{\Omega}, R_+], a \in PC[R_+, R_+]$, 强迫项 $f \in PC[R_+ \times \overline{\Omega}, R]$, 这里 PC 表示具有如下性质的函数类: 仅以 $t = t_k(k = 1, 2, \cdots)$ 为间断点且为第一类间断点, 但在 $t = t_k$ 左连续. 同时考虑两类边界条件:

$$
\frac{\partial u}{\partial N} + \gamma(t,x)u = \psi(t,x), \ (t,x) \in R_+ \times \partial\Omega, \ t \neq t_k; \tag{B$_1$}
$$

$$
u = \varphi(t,x), \ (t,x) \in R_+ \times \partial\Omega, \ t \neq t_k, \tag{B$_2$}
$$

其中 $\gamma \in PC[R_+ \times \partial\Omega, R_+], \varphi, \psi \in PC[R_+ \times \partial\Omega, R], N$ 是 $\partial\Omega$ 的单位外法向量.

定义 4.5.1([102])　设 $u(t,x)$ 是边值问题 (4.5.1), (B$_1$) 或边值问题 (4.5.1), (B$_2$) 的一个非零解. 若存在数 $\tau \geqslant 0$ 使当在 $(t,x) \in [\tau, +\infty) \times \Omega$ 时 $u(t,x)$ 不变号, 则称 $u(t,x)$ 在区域 G 内是非振动的; 否则, 就说是振动的.

定理 4.5.1　设如下条件 (H) 成立

(H) 对任何函数 $u \in PC[R_+ \times \overline{\Omega}, R_+]$ 有 $I(t_k, x, -u(t_k, x)) = -I(t_k, x, u(t_k, x))$, $k = 1, 2, \cdots$, 且

$$
\int_\Omega I(t_k, x, u(t_k, x))dx \leqslant \alpha_k \int_\Omega u(t_k, x)dx, \ k = 1, 2, \cdots
$$

若如下脉冲微分不等式

$$
\begin{cases}
y'(t) + P(t)y(t) \leqslant F(t), & t \neq t_k, \\
y(t_k^+) \leqslant (1 + \alpha_k)y(t_k), & k = 1, 2, \cdots,
\end{cases} \tag{4.5.2}
$$

$$
\begin{cases}
y'(t) + P(t)y(t) \leqslant -F(t), & t \neq t_k, \\
y(t_k^+) \leqslant (1 + \alpha_k)y(t_k), & k = 1, 2, \cdots
\end{cases} \tag{4.5.3}
$$

都没有最终正解, 则问题 (4.5.1),(B$_1$) 的每个非零解在区域 G 内是振动的, 其中 $P(t) = \min_{x \in \overline{\Omega}} p(t,x), \alpha_k > 0$ 为常数, $F(t) = a(t)\int_{\partial\Omega} \psi(t_k, x)dS + \int_\Omega f(t_k, x)dx$, 这里

dS 是 $\partial\Omega$ 的 "面积" 元素.

证明　设 $u(t,x)$ 是问题 (4.5.1),(B$_1$) 的一个非零解且在区域 $[\tau,+\infty)\times\Omega$ 内不变号. 若 $u(t,x)>0,(t,x)\in[\tau,+\infty)\times\Omega$, 则当 $t\neq t_k$ 时, 方程 (4.5.1) 两边在 Ω 上关于 x 积分得

$$\frac{d}{dt}\int_\Omega u(t,x)dx+\int_\Omega p(t,x)u(t,x)dx$$

$$=a(t)\int_\Omega\Delta u(t,x)dx+\int_\Omega f(t,x)dx,\ t\neq t_k,t\geqslant\tau.$$

利用 Green 定理推知

$$\int_\Omega\Delta u(t,x)dx=\int_{\partial\Omega}\frac{\partial u}{\partial N}dS$$

$$=\int_{\partial\Omega}[-\gamma(t,x)u+\psi(t,x)]dx\leqslant\int_{\partial\Omega}\psi(t,x)dx,\ t\neq t_k,t\geqslant\tau.$$

综合上两式得

$$\frac{d}{dt}\int_\Omega u(t,x)dx+P(t)\int_\Omega u(t,x)dx$$

$$\leqslant a(t)\int_{\partial\Omega}\psi(t,x)dx+\int_\Omega f(t,x)dx,\ t\neq t_k,t\geqslant\tau. \tag{4.5.4}$$

当 $t=t_k$ 时, 由条件 (H) 推知

$$\int_\Omega u(t_k^+,x)dx\leqslant(1+\alpha_k)\int_\Omega u(t_k,x)dx,\quad k=1,2,\cdots \tag{4.5.5}$$

(4.5.4) 式和 (4.5.5) 式意味着函数 $y(t)=\displaystyle\int_\Omega u(t_k,x)dx$ 是脉冲微分不等式 (4.5.2) 的正解 (当 $t\geqslant\tau$ 时), 此与定理条件相矛盾. 若 $u(t,x)<0,(t,x)\in[\tau,+\infty)\times\Omega$, 则函数 $\widetilde{u}(t,x)=-u(t,x),(t,x)\in[\tau,+\infty)\times\Omega$ 是如下边值问题:

$$\begin{cases} u_t+p(t,x)u(t,x)=a(t)\Delta u-f(t,x), & t\neq t_k,(t,k)\in G,\\[2mm] \dfrac{\partial u}{\partial N}+\gamma(t,x)u=-\psi(t,x), & t\neq t_k,(t,x)\in R_+\times\partial\Omega,\\[2mm] u(t_k^+,x)-u(t_k^-,x)=I(t,x,u), & t=t_k,k=1,2,\cdots \end{cases}$$

的正解. 于是又可推知当 $t\geqslant\tau$ 时函数 $\widetilde{y}(t)=\displaystyle\int_\Omega\widetilde{u}dx$ 是脉冲微分不等式 (4.5.3) 的正解, 得矛盾. 证毕.

引理 4.5.1　设 $0<t_1<t_2<\cdots<t_k<\cdots$ 且 $\displaystyle\lim_{k\to\infty}t_k=+\infty;m\in$

$PC^1[R_+, R], q \in PC[R_+, R], b_k(k = 1, 2, \cdots)$ 为常数. 若 $m'(t) \leqslant q(t)$, $t \neq t_k$, $t \geqslant t_0$, 且 $m'(t_k^+) \leqslant (1 + b_k)m(t_k)(k = 1, 2, \cdots)$, 则

$$m(t) \leqslant \prod_{t_0 < t_k < t}(1 + b_k)m(t_0) + \int_{t_0}^{t} \prod_{s < t_k < t}(1 + b_k)q(s)ds, \ t \geqslant t_0.$$

利用引理 4.5.1 与定理 4.5.1 可推知问题 (4.5.1), (B$_1$) 关于振动性的进一步结果.

定理 4.5.2 设 (H) 成立. 若 $\sum\limits_{k=1}^{\infty} \alpha_k < +\infty$, 且对每个充分大的 τ 有

(i) $\liminf\limits_{t \to +\infty} \int_{\tau}^{t} \prod_{s < t_k < t}(1 + \alpha_k)F(s)ds = -\infty,$

(ii) $\limsup\limits_{t \to +\infty} \int_{\tau}^{t} \prod_{s < t_k < t}(1 + \alpha_k)F(s)ds = +\infty,$

则问题 (4.5.1), (B$_1$) 的每个非零解在区域 G 内是振动的.

证明 设脉冲微分不等式 (4.5.2) 有最终正解 $y(t) > 0(t \geqslant \tau \geqslant 0)$. 则有 $y'(t) \leqslant F(t), t \neq t_k, t \geqslant \tau$. 同时考虑到 $y(t_k^+) \leqslant (1 + \alpha_k)y(t_k), k = 1, 2, \cdots$, 利用引理 4.5.1 得

$$y(t) \leqslant \prod_{\tau < t_k < t}(1 + \alpha_k)y(\tau) + \int_{\tau}^{t} \prod_{s < t_k < t}(1 + \alpha_k)F(s)ds, \ t \geqslant \tau.$$

令 $t \to +\infty$, 注意到 (i), 上式与 $y(t) > 0, t \geqslant \tau$ 矛盾. 于是不等式 (4.5.2) 没有最终正解. 利用 (ii), 类似可证不等式 (4.5.3) 也没有最终正解. 因此根据定理 4.5.1 知问题 (4.5.1), (B$_1$) 的每个非振动解在区域 G 内是振动的. 证毕.

引理 4.5.2 Dirichlet 问题

$$\begin{cases} \Delta u + \lambda u = 0, & u \in \Omega, \lambda \text{是常数}, \\ u = 0, & u \in \partial\Omega \end{cases}$$

的最小的特征值 λ_0 及其相应的特征函数 $\Phi(x)$ 皆为正.

定理 4.5.3 设 (H) 成立. 若脉冲微分不等式

$$\begin{cases} z'(t) + [\lambda_0 a(t) + P(t)]z(t) \leqslant Q(t), & t \neq t_k, \\ z(t_k^+) \leqslant (1 + \alpha_k)z(t_k), & k = 1, 2, \cdots \end{cases} \tag{4.5.6}$$

和

$$\begin{cases} z'(t) + [\lambda_0 a(t) + P(t)]z(t) \leqslant -Q(t), & t \neq t_k, \\ z(t_k^+) \leqslant (1 + \alpha_k)z(t_k), & k = 1, 2, \cdots \end{cases} \tag{4.5.7}$$

都没有最终正解, 则方程 (4.5.1),(B$_2$) 的每个非零解在区域 G 内是振动的, 其中

$$Q(t) = -a(t)\int_{\partial\Omega}\varphi(t,x)\frac{\partial}{\partial N}\Phi(x)dS + \int_{\Omega}f(t,x)\Phi(x)dx, \ t\neq t_k.$$

上述定理类似定理 4.5.1 可证得.

关于系统 (4.5.1), (B$_2$) 的振动性亦有如下进一步结果.

定理 4.5.4　设 (H) 成立. 若 $\sum\limits_{k=1}^{\infty}\alpha_k < +\infty$, 且对每个充分大的 τ 有

(i) $\liminf\limits_{t\to+\infty}\int_{\tau}^{t}\prod\limits_{s<t_k<t}(1+\alpha_k)Q(s)ds = -\infty$;

(ii) $\limsup\limits_{t\to+\infty}\int_{\tau}^{t}\prod\limits_{s<t_k<t}(1+\alpha_k)Q(s)ds = +\infty$,

则系统 (4.5.1),(B$_2$) 的每个非零解在区域 G 内是振动的.

利用引理 4.5.1 与定理 4.5.3 可证定理 4.5.4, 从略.

下面我们考虑如下具有时滞的脉冲抛物系统

$$\begin{cases} u_t = \sum\limits_{i=1}^{n}a_i(t)\dfrac{\partial^2 u}{\partial x_i^2} - g(t,x)h(u(t-r,x)), & t\neq t_k, \\ \Delta u = I(t,x,u), & t = t_k, k = 1,2,3,\cdots, \end{cases} \quad (4.5.8)$$

其中

(i) $0 < t_1 < t_2 < \cdots < t_k < \cdots$ 且 $\lim\limits_{k\to\infty}t_k = +\infty$;

(ii) $\Delta u\mid_{t=t_k} = u(t_k^+,x) - u(t_k^-,x)$;

(iii) $u = u(t,x)$ 当 $(t,x)\in G = R_+ \times \Omega$ 时, 其中 Ω 是 R^n 中的有界域且边界 $\partial\Omega$ 光滑,$R_+ = [0,+\infty)$;

(iv) $r > 0$ 是一个常数; $a_i \in \mathrm{PC}[R_+, R_-], i = 1,2,\cdots,n$, 其中 PC 表示关于 t 只有第一类间断点 $t = t_k(k = 1,2,\cdots)$ 的分段连续的函数类, 且在 $t = t_k$ 处左连续; $g \in \mathrm{PC}[R_+ \times \bar{\Omega}, R_+]; h \in C[R,R]$; 并且有

(v) $I : R_+ \times \bar{\Omega} \times R \to R$.

考虑如下两类边界条件

$$u = \phi(t,x), \quad (t,x)\in R_+ \times \partial\Omega, t\neq t_k \quad (4.5.9)$$

和

$$\vec{\xi}\cdot\vec{\eta} + \mu(t,x)u = \psi(t,x), \quad (t,x)\in R_+ \times \partial\Omega, t\neq t_k, \quad (4.5.10)$$

其中 $\mu \in \mathrm{PC}[R_+ \times \partial\Omega, R_+], \phi, \varphi \in \mathrm{PC}[R_+ \times \partial\Omega, R], N$ 是边界 $\partial\Omega$ 上的单位外法向量, 且

$$\vec{\xi} = \{a_1(t), a_2(t), \cdots, a_n(t)\},$$

$$\vec{\eta} = \left\{ \frac{\partial u}{\partial x_1}\cos(N, x_1), \frac{\partial u}{\partial x_2}\cos(N, x_2), \cdots, \frac{\partial u}{\partial x_n}\cos(N, x_n) \right\}.$$

问题 (4.5.8),(4.5.9) 或问题 (4.5.8),(4.5.10) 的解是分段连续函数, 且只有第一类间断点 $t = t_k, k = 1, 2, \cdots$. 不妨设它们是左连续的, 即在脉冲时刻如下关系成立:

$$u(t_k^-, x) = u(t_k, x) \text{ 且 } u(t_k^+, x) = u(t_k, x) + I(t_k, x, u(t_k, x)).$$

定义 4.5.2 称问题 (4.5.8),(4.5.9) 或问题 (4.5.8),(4.5.10) 的非零解 $u(t, x)$ 在区域 G 上是非振动的, 如果存在一个数 $\tau \geqslant 0$ 满足当 $(t, x) \in [\tau, +\infty) \times \Omega$ 时 $u(t, x)$ 为常号. 否则称为振动的.

接下来考虑问题 (4.5.8),(4.5.9).

引理 4.5.3 如果 $a_i(t) \geqslant a_0 > 0, i = 1, 2, \cdots, n$, 那么问题

$$\begin{cases} \displaystyle\sum_{i=1}^{n} a_i(t)\frac{\partial^2 u}{\partial x_i^2} + \lambda u = 0, & x \in \Omega, \\ u = 0, & x \in \partial\Omega \end{cases} \tag{4.5.11}$$

有一个最小正特征值 λ_0, 并且相应特征函数 $\Phi(x)$ 在 Ω 上为正的, 其中 λ 和 $a_0 > 0$ 是常数.

证明 选择自伴算子

$$L[u] = \sum_{i=1}^{n} a_i(t)\frac{\partial^2 u}{\partial x_i^2}.$$

于是 L 的 Rayleigh 商为

$$J(u) = \frac{\displaystyle\int_\Omega \sum_{i=1}^{n} a_i(t)\left(\frac{\partial u}{\partial x_i}\right)^2 dx}{\displaystyle\int_\Omega u^2 dx}, \quad u \neq 0, u \in H = W_0^{1,2}(\Omega).$$

定义

$$\lambda_0 = \inf_H J(u).$$

因为 $a_i(t) \geqslant a_0 > 0$, 所以

$$J(u) \geqslant \frac{\displaystyle a_0\int_\Omega \sum_{i=1}^{n}\left(\frac{\partial u}{\partial x_i}\right)^2 dx}{\displaystyle\int_\Omega u^2 dx} \geqslant a_0\sigma_0 > 0,$$

其中 σ_0 是如下 Dirichlet 问题的最小特征值

$$\begin{cases} \Delta u + \sigma u = 0, & x \in \Omega, \sigma \text{ 是常数}, \\ u = 0, & x \in \partial\Omega, \end{cases}$$

显然 σ_0 是正的. 因此

$$\lambda_0 \geqslant a_0 \sigma_0 > 0.$$

于是根据文献 [102] 中的类似讨论可证得引理 4.5.3. 证毕.

引理 4.5.4　设 $a_i(t) \geqslant a_0 > 0, i = 1, 2, \cdots, n$, 且如下假设成立:

(H_1) $h(u)$ 在区间 $(0, +\infty)$ 上是正的凸函数;

(H_2) 对任意函数 $u \in PC[R_+ \times \bar{\Omega}, R_+]$ 和常数 α_k 都有

$$\int_\Omega I(t_k, x, u(t_k, x))dx \leqslant \alpha_k \int_\Omega u(t_k, x)dx, \quad k = 1, 2, \cdots$$

如果 $u(t, x)$ 是问题 (4.5.8),(4.5.9) 在区域 $[\tau, +\infty) \times \Omega(\tau \geqslant 0)$ 上的一个正解, 那么如下具有时滞的脉冲微分不等式

$$\begin{cases} U'(t) + \lambda_0 U(t) + G(t)h(U(t-r)) \leqslant R(t), & t \neq t_k, \\ \Delta U(t_k) \leqslant \alpha_k U(t_k), & k = 1, 2, 3, \cdots \end{cases} \tag{4.5.12}$$

有最终正解

$$U(t) = \left[\int_\Omega \Phi(x)dx\right]^{-1} \int_\Omega u(t, x)\Phi(x)dx, \tag{4.5.13}$$

其中 $G(t) = \min_{x \in \bar{\Omega}} g(t, x)$,

$$R(t) = \left[\int_\Omega \Phi(x)dx\right]^{-1}\left[-\int_{\partial\Omega} \phi(t, x)\vec{\xi} \cdot \vec{\beta}dS\right], \quad t \neq t_k,$$

dS 是 $\partial\Omega$ 的面积微元,

$$\vec{\beta} = \left\{\frac{\partial\Phi}{\partial x_1}\cos(N, x_1), \frac{\partial\Phi}{\partial x_2}\cos(N, x_2), \cdots, \frac{\partial\Phi}{\partial x_n}\cos(N, x_n)\right\}.$$

证明　设 $u(t, x)$ 是问题 (4.5.8),(4.5.9) 在区域 $[\tau, +\infty) \times \Omega(\tau \geqslant 0)$ 上的一个正解, 那么当 $(t, x) \in [\tau^*, +\infty) \times \Omega(\tau^* = \tau + r)$ 时,$u(t - r, x) > 0$. 当 $t \neq t_k$ 时, 对 (4.5.8) 两边同乘以特征函数 $\Phi(x)$ 再在 Ω 上关于 x 积分, 得

$$\frac{d}{dt}\int_\Omega u(t, x)\Phi(x)dx = \int_\Omega \sum_{i=1}^n a_i(t)\frac{\partial^2 u}{\partial x_i^2}\Phi(x)dx$$

$$- \int_\Omega g(t, x)h(u(t-r, x))\Phi(x)dx, \quad t \neq t_k, t \geqslant \tau^*. \tag{4.5.14}$$

利用 (H$_1$) 和 Jensen 不等式可得

$$\int_\Omega g(t,x)h(u(t-r,x))\Phi(x)dx$$

$$\geqslant G(t)\cdot\int_\Omega \Phi(x)dx\cdot h\left(\frac{1}{\displaystyle\int_\Omega \Phi(x)dx}\int_\Omega U(t-r,x)\Phi(x)dx\right),\quad t\neq t_k, t\geqslant\tau^*.\quad (4.5.15)$$

由 Gauss 散度定理, 得

$$\int_\Omega \sum_{i=1}^n a_i(t)\frac{\partial^2 u}{\partial x_i^2}\Phi(x)dx = \int_\Omega\left[\Phi\sum_{i=1}^n a_i(t)\frac{\partial^2 u}{\partial x_i^2}+\sum_{i=1}^n a_i(t)\frac{\partial u}{\partial x_i}\frac{\partial\Phi}{\partial x_i}\right]dx$$

$$-\int_\Omega\left[u\sum_{i=1}^n a_i(t)\frac{\partial^2\Phi}{\partial x_i^2}+\sum_{i=1}^n a_i(t)\frac{\partial u}{\partial x_i}\frac{\partial\Phi}{\partial x_i}\right]dx$$

$$+\int_\Omega u\sum_{i=1}^n a_i(t)\frac{\partial^2\Phi}{\partial x_i^2}dx$$

$$=\int_{\partial\Omega}\Phi\sum_{i=1}^n a_i(t)\frac{\partial u}{\partial x_i}\cos(N,x_i)dS$$

$$-\int_{\partial\Omega}u\sum_{i=1}^n a_i(t)\frac{\partial\Phi}{\partial x_i}\cos(N,x_i)dS+\int_\Omega u\sum_{i=1}^n a_i(t)\frac{\partial^2\Phi}{\partial x_i^2}dx$$

$$=\int_{\partial\Omega}\Phi\vec{\xi}\cdot\vec{\eta}dS-\int_{\partial\Omega}u\vec{\xi}\cdot\vec{\beta}dS-\lambda_0\int_\Omega u\Phi dS$$

$$=-\int_{\partial\Omega}\Phi\vec{\xi}\cdot\vec{\beta}dS-\lambda_0\int_\Omega u\Phi dS,\quad t\neq t_k, t\geqslant\tau^*.\quad (4.5.16)$$

结合 (4.5.14),(4.5.15) 和 (4.5.16), 有

$$\frac{d}{dt}\int_\Omega u(t,x)\Phi(x)dx+\lambda_0\int_\Omega u(t,x)\Phi(x)dx$$

$$+\int_\Omega \Phi(x)dx\cdot G(t)\cdot h\left(\frac{1}{\displaystyle\int_\Omega \Phi(x)dx}\int_\Omega u(t-r,x)\Phi(x)dx\right)$$

$$\leqslant-\int_{\partial\Omega}\Phi(t,x)\vec{\xi}\cdot\vec{\beta}dS,\quad t\neq t_k, t\geqslant\tau^*.\quad (4.5.17)$$

当 $t=t_k$ 时, 由 (H$_2$) 得

$$\int_\Omega[u(t_k^+,x)-u(t_k,x)]\Phi(x)dx=\int_\Omega I(t_k,x,u(t_k,x))\Phi(x)dx$$

$$\leqslant \alpha_k \int_\Omega u(t_k, x)\Phi(x)dx, \quad k = 1, 2, \cdots,$$

即

$$\int_\Omega u(t_k^+, x)\Phi(x)dx \leqslant (1 + \alpha_k) \int_\Omega u(t_k, x)\Phi(x)dx, \quad k = 1, 2, \cdots \qquad (4.5.18)$$

由 (4.5.17) 和 (4.5.18) 可知,(4.5.13) 定义的函数 $U(t)$ 是不等式 (4.5.12) 的一个正解 $(t \geqslant \tau^*)$. 于是引理得证. 证毕.

定理 4.5.5 假设条件 (H_1) 和 (H_2) 成立, 并且 $a_i(t) \geqslant a_0 > 0, i = 1, 2, \cdots, n$. 如果进一步作如下假设

(H_3) 当 $u \in (0, +\infty)$ 时,$h(-u) = -h(u)$,

$$I(t_k, x, -u(t_k, x)) = -I(t_k, x, u(t_k, x)), k = 1, 2, \cdots,$$

并且不等式 (4.5.12) 和如下不等式

$$\begin{cases} U'(t) + \lambda_0 U(t) + G(t)h(U(t - r)) \leqslant -R(t), & t \neq t_k, \\ \Delta U(t_k) \leqslant \alpha_k U(t_k), & k = 1, 2, 3, \cdots \end{cases} \qquad (4.5.19)$$

都没有最终正解, 那么问题 (4.5.8),(4.5.9) 的非零解在区域 G 上是振动的.

证明 假设结论不成立, 那么对某个 $\tau \geqslant 0$, 问题 (4.5.8),(4.5.9) 在区域 $[\tau, +\infty) \times \Omega$ 上存在一个常号的非零解 $u(t, x)$. 不妨设当 $(t, x) \in [\tau, +\infty) \times \Omega$ 时 $u(t, x) > 0$. 由引理 4.5.4 知 (4.5.13) 定义的函数 $U(t)$ 是不等式 (4.5.12) 的一个最终正解, 这与定理的条件矛盾.

如果 $u(t, x) < 0, (t, x) \in [\tau, +\infty) \times \Omega$, 那么函数

$$u^*(t, x) = -u(t, x), \quad (t, x) \in [\tau, +\infty) \times \Omega$$

就是如下具有时滞的脉冲抛物边值问题的一个正解

$$\begin{cases} u_t = \sum_{i=1}^n a_i(t)\dfrac{\partial^2 u}{\partial x_i^2} - g(t, x)h(u(t - r, x)), & t \neq t_k, (t, x) \in G, \\ u = -\phi(t, x), & t \neq t_k, \quad (t, x) \in R_+ \times \partial\Omega, \\ \Delta u = I(t, x, u), & t = t_k, k = 1, 2, 3, \cdots, \end{cases}$$

并且满足

$$\frac{d}{dt} \int_\Omega u^*(t, x)\Phi(x)dx + \lambda_0 \int_\Omega u^*(t, x)\Phi(x)dx$$

$$+ \int_\Omega \Phi(x)dx \cdot G(t) \cdot h\left(\frac{1}{\displaystyle\int_\Omega \Phi(x)dx} \int_\Omega u^*(t - r, x)\Phi(x)dx\right)$$

$$\leqslant -\int_{\partial\Omega}[-\Phi(t,x)]\vec{\xi}\cdot\vec{\beta}dS, \quad t\neq t_k, t\geqslant\tau^*=\tau+r,$$

$$\int_{\Omega}u^*(t_k^+,x)\Phi(x)dx\leqslant(1+\alpha_k)\int_{\Omega}u^*(t_k,x)\Phi(x)dx, \quad k=1,2,\cdots$$

因此函数

$$U^*(t)=\left[\int_{\Omega}\Phi(x)dx\right]^{-1}\int_{\Omega}u^*(t,x)\Phi(x)dx$$

是不等式 (4.5.19) 的一个正解 $(t\geqslant\tau^*)$, 这也与定理的条件矛盾. 证毕.

下面我们再来考虑问题 (4.5.8),(4.5.10).

引理 4.5.5 假设条件 (H_1) 和 (H_2) 成立, 如果 $u(t,x)$ 是问题 (4.5.8), (4.5.10) 在区域 $[\tau,+\infty)\times\Omega(\tau\geqslant 0)$ 上的一个正解, 那么如下具有时滞的脉冲微分不等式

$$\begin{cases} V'(t)+G(t)h(V(t-r))\leqslant F(t), & t\neq t_k, \\ \Delta V(t_k)\leqslant\alpha_k V(t_k), & k=1,2,3,\cdots \end{cases} \quad (4.5.20)$$

有如下最终正解

$$V(t)=\frac{1}{|\Omega|}\int_{\Omega}u(t,x)dx, \quad (4.5.21)$$

其中

$$|\Omega|=\int_{\Omega}dx, \quad F(t)=\frac{1}{|\Omega|}\int_{\partial\Omega}\psi(t,x)dS, \quad t\neq t_k.$$

定理 4.5.6 假设条件 $(H_1),(H_2)$ 和 (H_3) 成立. 如果不等式 (4.5.20) 和如下不等式

$$\begin{cases} V'(t)+G(t)h(V(t-r))\leqslant -F(t), & t\neq t_k, \\ \Delta V(t_k)\leqslant\alpha_k V(t_k), & k=1,2,3,\cdots \end{cases} \quad (4.5.22)$$

都没有最终正解, 那么问题 (4.5.8),(4.5.10) 的非零解在 G 上是振动的.

定理 4.5.7 假设条件 (H_1), (H_2) 和 (H_3) 成立. 如果如下具有时滞的脉冲微分不等式

$$\begin{cases} V'(t)+G(t)h(V(t-r))\leqslant 0, & t\neq t_k, \\ \Delta V(t_k)\leqslant\alpha_k V(t_k), & k=1,2,3,\cdots \end{cases} \quad (4.5.23)$$

没有最终正解, 那么系统 (4.5.8) 满足如下边界条件

$$\vec{\xi}\cdot\vec{\eta}+\mu(t,x)u=0, \quad (t,x)\in R_+\times\partial\Omega, t\neq t_k \quad (4.5.24)$$

的每一个非零解在区域 G 上都是振动的.

令定理 4.5.6 中 $\psi(t,x)=0$, 即得定理 4.5.7.

定理 4.5.8 假设条件 $(H_1),(H_2)$ 和 (H_3) 成立. 如果进一步作如下假设:

(i) $\dfrac{h(u)}{u} \geqslant A, u \in (0, +\infty)$, 对某一常数 $A > 0$;

(ii) 存在一常数 $\delta > 0$ 使得

$$t_{k+1} - t_k \geqslant \delta, \quad k = 1, 2, \cdots, \quad \text{且 } \delta > r;$$

(iii) 存在一常数 $\alpha > 0$ 使得

$$0 < \alpha_k < \alpha, \quad k = 1, 2, \cdots;$$

(iv)

$$\limsup_{k \to +\infty} \int_{t-r}^{t} G(s)ds > \frac{1+\alpha}{Ae},$$

那么问题 (4.5.8),(4.5.24) 的非零解在区域 G 上是振动的.

证明   假设结论不成立, 那么对某个 $\tau \geqslant 0$, 问题 (4.5.8),(4.5.24) 在区域 $[\tau, +\infty) \times \Omega$ 上存在一个常号的非零解 $u(t, x)$. 不妨设当 $(t, x) \in [\tau, +\infty) \times \Omega$ 时 $u(t, x) > 0$. 那么 (4.5.21) 定义的函数 $V(t)$ 是不等式 (4.5.23) 当 $t \geqslant \tau + r$ 时的一个正解, 并且有

$$V(t-r) > 0, \quad h(V(t-r)) > 0, \text{当} t \geqslant \tau + r \text{时}.$$

容易看出, 当 $t \geqslant \tau + r, t \neq t_k$ 时, 函数 $V(t)$ 非增.

定义

$$y(t) = \frac{V(t-r)}{V(t)}, \quad t \geqslant \tau + r. \tag{4.5.25}$$

考虑区间 $[\tau - r, t]$ 且 $t_k \in (t - r, t)$, 有

$$V(t-r) \geqslant V(t_k) \geqslant \frac{1}{1+\alpha_k} V(t_k^+) \geqslant \frac{1}{1+\alpha_k} V(t), \tag{4.5.26}$$

从而

$$y(t) = \frac{V(t-r)}{V(t)} \geqslant \frac{1}{1+\alpha_k} \geqslant \frac{1}{1+\alpha}. \tag{4.5.27}$$

下证函数 $y(t)$ 有上界.

令 t_k 是 $[t - 2r, t - r]$ 上的跳跃点. 将 (4.5.23) 在 $\left[t - \dfrac{r}{2}, t\right]$ 上积分

$$V(t) - V\left(t - \frac{r}{2}\right) + \int_{t-\frac{r}{2}}^{t} G(s)h[V(s-r)]ds \leqslant 0. \tag{4.5.28}$$

由 (i) 和 (4.5.28) 得

$$V\left(t - \frac{r}{2}\right) \geqslant \int_{t-\frac{r}{2}}^{t} G(s)h[V(s-r)]ds$$

$$\geqslant A \int_{t-\frac{r}{2}}^{t} G(s)V(s-r)ds$$

$$\geqslant A \int_{t-\frac{r}{2}}^{t_k+r^-} G(s)V(s-r)ds + A \int_{t_k+r^+}^{t} G(s)V(s-r)ds$$

$$\geqslant \frac{AV(t-r)}{1+\alpha} \int_{t-\frac{r}{2}}^{t} G(s)ds. \tag{4.5.29}$$

将 (4.5.24) 在 $\left[t-r, t-\dfrac{r}{2}\right]$ 上积分

$$V(t-r) \geqslant AV\left(t-\frac{3r}{2}\right) \int_{t-r}^{t-\frac{r}{2}} G(s)ds, \tag{4.5.30}$$

于是有

$$V\left(t-\frac{r}{2}\right) \geqslant \frac{A^2}{1+\alpha} V\left(t-\frac{3r}{2}\right) \left(\int_{t-r}^{t-\frac{r}{2}} G(s)ds\right)\left(\int_{t-\frac{r}{2}}^{t} G(s)ds\right). \tag{4.5.31}$$

因此

$$\frac{V\left(t-\dfrac{3r}{2}\right)}{V\left(t-\dfrac{r}{2}\right)} \leqslant \frac{1+\alpha}{A^2 \left(\displaystyle\int_{t-r}^{t-\frac{r}{2}} G(s)ds\right)\left(\displaystyle\int_{t-\frac{r}{2}}^{t} G(s)ds\right)} \leqslant M, \tag{4.5.32}$$

故 $y(t)$ 有上界.

对充分大的 t, 由 (4.5.24) 可得

$$\int_{t-r}^{t} \frac{V'(s)}{V(s)} ds + A \int_{t-r}^{t} G(s) \frac{V(s-r)}{V(s)} ds \leqslant 0. \tag{4.5.33}$$

又因为

$$\int_{t-r}^{t} \frac{V'(s)}{V(s)} ds = \int_{t-r}^{t_k^-} \frac{V'(s)}{V(s)} ds + \int_{t_k^+}^{t} \frac{V'(s)}{V(s)} ds$$

$$= \ln \frac{V(t_k)}{V(t-r)} \frac{V(t)}{V(t_k^+)}$$

$$\geqslant \ln \frac{V(t)}{V(t-r)} \frac{1}{1+\alpha_k}. \tag{4.5.34}$$

于是

$$\ln \frac{V(t-r)}{V(t)} (1+\alpha_k) \geqslant A \int_{t-r}^{t} G(s) \frac{V(s-r)}{V(s)} ds. \tag{4.5.35}$$

引入

$$y_0 = \liminf_{t \to +\infty} y(t), \tag{4.5.36}$$

那么 y_0 有限且是正的. 由 (4.5.25) 知

$$\ln[(1+\alpha)y(t)] \geqslant Ay_0 \int_{t-r}^{t} G(s)ds,$$

因此

$$\liminf_{t \to +\infty} \int_{t-r}^{t} G(s)ds \leqslant \frac{\ln[(1+\alpha)y_0]}{ay_0} \leqslant \frac{1+\alpha}{Ae},$$

这与条件 (iv) 矛盾.

　　如果 $u(t,x) < 0, (t,x) \in [\tau, +\infty) \times \Omega$, 那么易得 $-u(t,x)$ 是问题 (4.5.8), (4.5.24) 在区域 $[\tau, +\infty) \times \Omega$ 上的一个正解. 因此与前面类似的分析得矛盾, 定理得证.

　　最后, 来看一个例子.

　　例 4.5.1　令

$$a(t) = \begin{cases} a_0, & t = 0, \quad a_0 > 0, \\ a_0 + \dfrac{1}{1 - \cos 8t}, & t > 0, \quad t \neq k\pi, \quad k = 1, 2, \cdots \end{cases}$$

并考虑如下具有时滞的非线性脉冲抛物边值问题

$$\begin{cases} u_t = a(t)\dfrac{\partial^2 u}{\partial x_i^2} - 6e^{2\sin x} u\left(t - \dfrac{\pi}{3}\right)\left[2 + \left(u^2\left(t - \dfrac{\pi}{3}, x\right)\right)\right], \\ \qquad t \neq k\pi, (t,x) \in R_+ \times (0,\pi), \\ u(0,t) = u(\pi,t) = 0, \quad t \neq k\pi, t \geqslant 0, \\ \Delta u = \dfrac{u}{\sqrt{t^3}}\cos\dfrac{x}{2}, \qquad t = k\pi, \end{cases} \tag{4.5.37}$$

这里取 $n = 1, \Omega = (0,\pi), g(t,x) = 6e^{2\sin x}, h(u) = u(2 + u^4), G(t) = \min_{x\in[0,\pi]} g(t,x) = 6$. 令

$$I(t,x,u) = \frac{u}{\sqrt{t^3}}\cos\frac{x}{2},$$

于是有

$$\int_0^\pi I(k\pi, x, u(k\pi, x))dx = \int_0^\pi \frac{u(k\pi, x)}{\sqrt{(k\pi)^3}}\cos\frac{x}{2}dx$$

$$\leqslant \frac{1}{(k\pi)^{3/2}}\int_0^\pi u(k\pi, x))dx.$$

因此满足条件 (H$_1$),(H$_2$) 和 (H$_3$). 选取 $A = 2, \alpha = 1, \delta = \pi, r = \dfrac{\pi}{3}$, 容易看出

$$\liminf_{t \to +\infty} \int_{t-r}^{t} G(s)ds = \liminf_{t \to +\infty} \int_{t-\frac{\pi}{3}}^{t} 6ds$$

$$= 2\pi > \frac{1 + \alpha}{A\rho} = \frac{1}{\rho}.$$

因此满足定理 4.5.8 的条件, 从而问题 (4.5.37) 的每个非零解在区域 $R_+ \times (0, \pi)$ 上是振动的.

§4.6 双曲型脉冲偏微分系统的振动性

本节给出脉冲双曲型偏微分系统的振动准则. 分别在 Dirichlet 边界条件和 Robin 边界条件下, 借助特征函数与脉冲时滞微分不等式得到解振动的若干充分条件.

考虑如下非线性脉冲双曲系统

$$\begin{cases} u_{tt} - \displaystyle\sum_{i=1}^{n} a_i(t)\frac{\partial^2 u}{\partial x_i^2} = F(t, x, u), & t \neq t_k, \\ \Delta u = I(t, x, u), & t = t_k, k = 1, 2, 3, \cdots, \\ \Delta u_t = J(t, x, u), & t = t_k, k = 1, 2, 3, \cdots, \end{cases} \quad (4.6.1)$$

其中

(i) $u = u(t, x), (t, x) \in G = R_+ \times \Omega$, 其中 Ω 是 R^n 中的有界域且边界 $\partial\Omega$ 光滑,$R_+ = [0, +\infty)$;

(ii) $0 < t_1 < t_2 < \cdots < t_k < \cdots$ 且 $\displaystyle\lim_{k \to \infty} t_k = +\infty$;

(iii) $\Delta u \mid_{t=t_k} = u(t_k^+, x) - u(t_k^-, x), \quad \Delta u_t \mid_{t=t_k} = u_t(t_k^+, x) - u_t(t_k^-, x)$;

(iv) $a_i \in \mathrm{PC}[R_+, R_-], i = 1, 2, \cdots, n$, 其中 PC 表示关于 t 只有第一类间断点 $t = t_k, k = 1, 2, \cdots$, 的分段连续的函数类, 且在 $t = t_k$ 处左连续;$F \in \mathrm{PC}[R_+ \times \bar{\Omega}, R_+]$;

(v) $I, J : R_+ \times \bar{\Omega} \times R \to R$.

我们将考虑如下两类边界条件:

$$\vec{a} \cdot \vec{\ell} + \gamma(t, x)u = g(t, x), \quad (t, x) \in R_+ \times \partial\Omega, t \neq t_k \quad (4.6.2)$$

和

$$u = \phi(t, x), \quad (t, x) \in R_+ \times \partial\Omega, t \neq t_k, \quad (4.6.3)$$

其中 $\gamma \in \mathrm{PC}[R_+ \times \partial\Omega, R_+], g, \phi \in \mathrm{PC}[R_+ \times \partial\Omega, R], N$ 是边界 $\partial\Omega$ 上的单位外法向量, 且

$$\vec{a} = \{a_1(t), a_2(t), \cdots, a_n(t)\},$$

$$\vec{\ell} = \left\{ \frac{\partial u}{\partial x_1}\cos(N, x_1), \frac{\partial u}{\partial x_2}\cos(N, x_2), \cdots, \frac{\partial u}{\partial x_n}\cos(N, x_n) \right\}.$$

问题 $(4.6.1), (4.6.2)$ 或问题 $(4.6.1), (4.6.3)$ 的解 $u(t, x)$ 及其导数 $u_t(t, x)$ 是分段连续函数, 且只有第一类间断点 $t = t_k, k = 1, 2, \cdots$. 不妨设它们是左连续的, 即在脉冲时刻如下关系成立:

$$u(t_k^-, x) = u(t_k, x) \; 且 \; u(t_k^+, x) = u(t_k, x) + I(t_k, x, u(t_k, x)),$$

$$u_t(t_k^-, x) = u_t(t_k, x) \; 且 \; u_t(t_k^+, x) = u_t(t_k, x) + J(t_k, x, u(t_k, x)).$$

定义 4.6.1　称问题 $(4.6.1), (4.6.2)$ 或问题 $(4.6.1), (4.6.3)$ 的非零解 $u(t, x)$ 在区域 G 上是非振动的, 如果存在一个数 $\tau \geqslant 0$ 满足当 $(t, x) \in [\tau, +\infty) \times \Omega$ 时 $u(t, x)$ 为常号. 否则称为振动的.

现考虑问题 $(4.6.1), (4.6.2)$. 先给出如下假设:

(H_1) $F(t, x, u) \leqslant -p(t, x)f(u), F(t, x, -u) = -F(t, x, u), (t, u) \in R_+ \times R$, 其中 $p \in \mathrm{PC}[R_+ \times \overline{\Omega}, R_+], f \in C(R, R)$ 且当 $u \in R_+$ 时有 $f(u)$ 是凸函数, $f(-u) = -f(u)$;

(H_2) 对任意函数 $u \in \mathrm{PC}[R_+ \times \overline{\Omega}, R_+]$ 和常数 $\alpha_k > 0, \beta_k > 0$ 都有

$$\int_\Omega I(t_k, x, u(t_k, x))dx \leqslant \alpha_k \int_\Omega u(t_k, x)dx, \quad k = 1, 2, \cdots,$$

$$\int_\Omega J(t_k, x, u(t_k, x))dx \leqslant \beta_k \int_\Omega u(t_k, x)dx, \quad k = 1, 2, \cdots$$

且有

$$I(t_k, x, -u(t_k, x)) = -I(t_k, x, u(t_k, x)), \quad k = 1, 2, \cdots,$$

$$J(t_k, x, -u(t_k, x)) = -J(t_k, x, u(t_k, x)), \quad k = 1, 2, \cdots$$

令

$$P(t) = \min_{x \in \overline{\Omega}} p(t, x), \quad |\Omega| = \int_\Omega dx,$$

$$G(t) = \frac{1}{|\Omega|} \int_{\partial\Omega} g(t, x)ds, \quad t \neq t_k,$$

其中 ds 是 $\partial\Omega$ 的面积微元. 还考虑如下脉冲微分不等式

$$\begin{cases} U''(t) + P(t)f(U(t)) \leqslant G(t), & t \neq t_k, \\ U(t_k^+) \leqslant (1 + \alpha_k)U(t_k), & k = 1, 2, \cdots, \\ U'(t_k^+) \leqslant (1 + \beta_k)U'(t_k), & k = 1, 2, \cdots \end{cases} \tag{4.6.4}$$

$$\begin{cases} U''(t) + P(t)f(U(t)) \leqslant -G(t), & t \neq t_k, \\ U(t_k^+) \leqslant (1+\alpha_k)U(t_k), & k = 1, 2, \cdots, \\ U'(t_k^+) \leqslant (1+\beta_k)U'(t_k), & k = 1, 2, \cdots \end{cases} \tag{4.6.5}$$

定理 4.6.1 假设条件 (H_1) 和 (H_2) 成立. 如果脉冲微分不等式 (4.6.4) 和 (4.6.5) 都没有最终正解, 那么问题 (4.6.1),(4.6.2) 的非零解在区域 G 上是振动的.

证明 假设结论不成立, 那么对某个 $\tau \geqslant 0$, 问题 (4.6.1),(4.6.2) 在区域 $[\tau, +\infty) \times \Omega$ 上存在一个常号的非零解 $u(t,x)$. 当 $t \neq t_k$ 时, 对 (4.6.1) 在 Ω 上关于 x 积分得

$$\frac{d^2}{dt^2}\int_\Omega u(t,x)dx - \int_\Omega \sum_{i=1}^n a_i(t)\frac{\partial^2 u}{\partial x_i^2}dx = \int_\Omega F(t,x,u(t,x))dx, \quad t \neq t_k, t \geqslant \tau. \tag{4.6.6}$$

由 Gauss 散度定理, 得

$$\begin{aligned}
\int_\Omega \sum_{i=1}^n a_i(t)\frac{\partial^2 u}{\partial x_i^2}dx &= \int_{\partial\Omega} \vec{a} \cdot \vec{\ell}ds \\
&= \int_{\partial\Omega} [g(t,x) - \gamma(t,x)u]ds \\
&= \int_{\partial\Omega} g(t,x)ds, \quad t \neq t_k, t \geqslant \tau.
\end{aligned} \tag{4.6.7}$$

利用 (H_1) 和 Jensen 不等式可得

$$\begin{aligned}
-\int_\Omega F(t,x,u(t,x))dx &\geqslant \int_\Omega p(t,x)f(u(t,x))dx \\
&\geqslant P(t)|\Omega|f\left(\frac{1}{|\Omega|}\int_\Omega u(t,x)dx\right), \quad t \neq t_k, t \geqslant \tau.
\end{aligned} \tag{4.6.8}$$

结合 (4.6.6),(4.6.7) 和 (4.6.8), 有

$$\begin{aligned}
&\frac{d^2}{dt^2}\int_\Omega u(t,x)dx + P(t)|\Omega|f\left(\frac{1}{|\Omega|}\int_\Omega u(t,x)dx\right) \\
&\leqslant \int_{\partial\Omega} g(t,x)ds, \quad t \neq t_k, t \geqslant \tau.
\end{aligned} \tag{4.6.9}$$

当 $t = t_k$ 时, 由 (H_2) 得

$$\int_\Omega [u(t_k^+,x) - u(t_k,x)]dx = \int_\Omega I(t_k,x,u(t_k,x))dx \leqslant \alpha_k \int_\Omega u(t_k,x)dx, \quad k = 1, 2, \cdots$$

和

$$\int_\Omega [u_t(t_k^+,x) - u_t(t_k,x)]dx = \int_\Omega J(t_k,x,u(t_k,x))dx \leqslant \beta_k \int_\Omega u_t(t_k,x)dx, \quad k = 1, 2, \cdots$$

即

$$\int_{\Omega} u(t_k^+, x)dx \leqslant (1 + \alpha_k) \int_{\Omega} u(t_k, x)dx, \quad k = 1, 2, \cdots \tag{4.6.10}$$

和

$$\int_{\Omega} u_t(t_k^+, x)dx \leqslant (1 + \beta_k) \int_{\Omega} u_t(t_k, x)dx, \quad k = 1, 2, \cdots \tag{4.6.11}$$

因此由 (4.6.9),(4,6,10) 和 (4.6.11) 知函数

$$U(t) = \frac{1}{|\Omega|} \int_{\Omega} u(t, x)dx \tag{4.6.12}$$

是不等式 (4.6.4) 的一个正解 $(t \geqslant \tau)$). 这与定理条件矛盾.

　　如果 $u(t, x) < 0, (t, x) \in [\tau, +\infty) \times \Omega$, 那么函数

$$\tilde{u}(t, x) = -u(t, x), \quad (t, x) \in [\tau, +\infty) \times \Omega \tag{4.6.13}$$

就是如下脉冲双曲边值问题

$$\begin{cases} u_{tt} - \sum_{i=1}^{n} a_i(t)\dfrac{\partial^2 u}{\partial x_i^2} = F(t, x, u), & t \neq t_k, \\ \vec{a} \cdot \vec{\ell} + \gamma(t, x)u = -g(t, x), & (t, x) \in R_+ \times \partial\Omega, t \neq t_k \\ \Delta u = I(t, x, u), & t = t_k, k = 1, 2, 3, \cdots, \\ \Delta u_t = J(t, x, u), & t = t_k, k = 1, 2, 3, \cdots \end{cases} \tag{4.6.14}$$

的一个正解并且满足

$$\frac{d^2}{dt^2} \int_{\Omega} \tilde{u}(t, x)dx + P(t)|\Omega|f\left(\frac{1}{|\Omega|} \int_{\Omega} \tilde{u}(t, x)dx\right) \leqslant \int_{\partial\Omega} g(t, x)ds, \quad t \neq t_k, t \geqslant \tau,$$

$$\int_{\Omega} \tilde{u}(t_k^+, x)dx \leqslant (1 + \alpha_k) \int_{\Omega} \tilde{u}(t_k, x)dx, \quad k = 1, 2, \cdots,$$

$$\int_{\Omega} \tilde{u}_t(t_k^+, x)dx \leqslant (1 + \beta_k) \int_{\Omega} \tilde{u}_t(t_k, x)dx, \quad k = 1, 2, \cdots$$

因此函数

$$U(t) = \frac{1}{|\Omega|} \int_{\Omega} \tilde{u}(t, x)dx$$

是不等式 (4.6.5) 的一个正解 $(t \geqslant \tau)$, 这也与定理的条件矛盾. 于是定理 4.6.1 得证.

　　下面给出使得脉冲微分不等式 (4.6.4) 和 (4.6.5) 都没有最终正解的充分条件.

定理 4.6.2 如果进一步假设

$$\sum_{k=1}^{\infty} \alpha_k < +\infty, \quad \sum_{k=1}^{\infty} \beta_k < +\infty, \tag{4.6.15}$$

$$\liminf_{t \to +\infty} \frac{\int_{\tau}^{t} \prod_{\eta < t_k < t} (1 + \alpha_k) \int_{\tau}^{t} \prod_{s < t_k < \eta} (1 + \beta_k) G(s) ds d\eta}{\int_{\tau}^{t} \prod_{\tau < t_k < \eta} (1 + \beta_k) \prod_{\eta < t_k < t} (1 + \alpha_k) d\eta} = -\infty \tag{4.6.16}$$

和

$$\limsup_{t \to +\infty} \frac{\int_{\tau}^{t} \prod_{\eta < t_k < t} (1 + \alpha_k) \int_{\tau}^{t} \prod_{s < t_k < \eta} (1 + \beta_k) G(s) ds d\eta}{\int_{\tau}^{t} \prod_{\tau < t_k < \eta} (1 + \beta_k) \prod_{\eta < t_k < t} (1 + \alpha_k) d\eta} = +\infty \tag{4.6.17}$$

对任意充分大的 τ 都成立, 那么脉冲微分不等式 (4.6.4) 和 (4.6.5) 都没有最终正解.

定理 4.6.3 假设条件 (H$_1$) 和 (H$_2$) 成立. 如果脉冲微分不等式

$$\begin{cases} U''(t) + P(t) f(U(t)) \leqslant 0, & t \neq t_k, \\ U(t_k^+) \leqslant (1 + \alpha_k) U(t_k), & k = 1, 2, \cdots, \\ U'(t_k^+) \leqslant (1 + \beta_k) U'(t_k), & k = 1, 2, \cdots \end{cases} \tag{4.6.18}$$

没有最终正解, 那么问题 (4.6.1) 满足边界条件

$$\vec{a} \cdot \vec{\ell} + \gamma(t, x) u = 0, \quad (t, x) \in R_+ \times \partial\Omega, t \neq t_k \tag{4.6.19}$$

的非零解在区域 G 上是振动的.

在定理 4.6.1 中取 $g(t, x) = 0$ 就得到定理 4.6.3. 由定理 4.6.3 可以看出, 建立系统 (4.6.1) 满足边值条件 (4.6.19) 的振动准则这一问题可以转化为研究脉冲微分不等式 (4.6.18) 的解的性质.

定理 4.6.4 假设条件 (H$_1$),(H$_2$) 和 (4.6.15) 成立. 我们进一步假设

(i) $\dfrac{f(u)}{u} \geqslant \xi, u \in (0, +\infty)$, 对某一正数 ξ;

(ii) $I(t, x, u) |_{t=t_0} \geqslant 0, (t, x, u) \in R_+ \times \overline{\Omega} \times R_+, \quad k = 1, 2, \cdots$;

(iii) 存在一函数 $q \in C^1[R_+, (0, +\infty)]$ 使得

$$\limsup_{t \to +\infty} \int_{\tau}^{t} \prod_{s < t_k < t} (1 + \beta_k) \left[\xi q(s) P(s) - \frac{q'^2(s)}{4q(s)} \right] ds = +\infty$$

对足够大的 τ 都成立, 那么问题 (4.6.1),(4.6.19) 的非零解在区域 G 上是振动的.

    证明   设对某个 $\tau \geqslant 0$, 问题 (4.6.1),(4.6.19) 在区域 $[\tau,+\infty) \times \Omega$ 上存在一个常号的非零解 $u(t,x)$. 如果当 $(t,x) \in [\tau,+\infty) \times \Omega$ 时, $u(t,x) > 0$, 那么由 (4.6.12) 定义的函数 $U(t)$ 是不等式 (4.6.18) 的一个正解, 这由定理 4.6.1 的证明容易得出. 由条件 (i) 可得

$$U''(t) \leqslant 0, \quad t \neq t_k, t \geqslant \tau.$$

下证

$$U'(t) \geqslant 0, \quad t \geqslant \tau. \tag{4.6.20}$$

    假设不成立, 则存在 $t^* \geqslant \tau$ 使得 $U'(t^*) < 0$. 由引理 4.5.1 知

$$U'(t) \leqslant \prod_{t^* < t_k < t} (1+\beta_k) U'(t^*). \tag{4.6.21}$$

由 (4.6.21) 和不等式 $U'(t_k^+) \leqslant (1+\alpha_k)U'(t_k), k = 1, 2, \cdots.$ 利用引理 4.5.1 得

$$U(t) \leqslant \prod_{t^* < t_k < t} (1+\alpha_k) U(t^*) + \int_{t^*}^{t} \prod_{s < t_k < t} (1+\alpha_k) \prod_{t^* < t_k < s} (1+\beta_k) U'(t^*) ds$$

$$= \prod_{t^* < t_k < t} (1+\alpha_k) U(t^*) + U'(t^*) \int_{t^*}^{t} \prod_{t^* < t_k < s} (1+\beta_k) \prod_{s < t_k < t} (1+\alpha_k) ds.$$

对上述不等式令 $t \to +\infty$, 结合 (4.6.15) 和

$$\int_{t^*}^{t} \prod_{t^* < t_k < s} (1+\beta_k) \prod_{s < t_k < t} (1+\alpha_k) ds \to +\infty, \quad t \to +\infty,$$

可得

$$\limsup_{t \to +\infty} U(t) = -\infty,$$

得矛盾. 因此 (4.6.20) 成立. 令

$$W(t) = \frac{q(t)U'(t)}{U(t)}, \quad t \geqslant \tau.$$

那么当 $t \geqslant \tau$ 时,$W(t) \geqslant 0$, 且

$$W'(t) = \frac{q(t)U'(t)}{U(t)} - \frac{q(t)U'^2(t)}{U^2(t)} + \frac{q(t)U''(t)}{U(t)}$$

$$= \frac{q(t)U''(t)}{U(t)} + \frac{q'^2(t)}{4q(t)} - \left[\frac{\sqrt{q(t)}U'(t)}{U(t)} - \frac{q'(t)}{2\sqrt{q(t)}} \right]^2,$$

$$t \neq t_k, t \geqslant \tau. \tag{4.6.22}$$

由条件 (i) 有

$$U''(t) \leqslant -\xi P(t)U(t), t \neq t_k, t \geqslant \tau. \tag{4.6.23}$$

再由 (4.6.22),(4.6.23) 可得

$$W'(t) \leqslant -\left[\xi q(t)P(t) - \frac{q'^2(t)}{4q(t)}\right], t \neq t_k, t \geqslant \tau. \tag{4.6.24}$$

当 $t = t_k$ 时, 由条件 (ii) 有

$$\int_\Omega [u(t_k^+, x) - u(t_k, x)]dx = \int_\Omega I(t_k, x, u(t_k, x))dx \geqslant 0,$$

那么

$$U(t_k) = \frac{1}{|\Omega|} \int_\Omega u(t_k, x)dx \leqslant \frac{1}{|\Omega|} \int_\Omega u(t_k^+, x)dx = U(t_k^+). \tag{4.6.25}$$

因此, 由 (4.6.25) 有

$$W(t_k^+) = \frac{q(t_k^+)U'(t_k^+)}{U(t_k^+)} \leqslant \frac{(1 + \beta_k)q(t_k)U'(t_k)}{U(t_k)} = (1 + \beta_k)W(t_k), \quad k = 1, 2, \cdots \tag{4.6.26}$$

考虑 (4.6.24) 和 (4.6.26), 由引理 4.5.1 可得

$$W(t) \leqslant \prod_{\tau < t_k < s}(1 + \beta_k)W(\tau) - \int_\tau^t \prod_{s < t_k < t}(1 + \beta_k)\left[\xi q(s)P(s) - \frac{q'^2(s)}{4q(s)}\right]ds.$$

由 (4.6.15) 和条件 (iii) 可得矛盾.

如果当 $(t, x) \in [\tau, +\infty) \times \Omega$ 时,$u(t, x) < 0$, 容易看出 $-u(t, x)$ 是问题 (4.6.1),
(4.6.19) 在区域 $[\tau, +\infty) \times \Omega$ 上的一个正解. 类似讨论可得矛盾. 于是定理证毕.

类似定理 4.6.4 可得到如下结果.

定理 4.6.5 如果定理 4.6.4 的条件都成立, 且 $a_i(t) \geqslant a_0 > 0, i = 1, 2, \cdots, n$,
那么问题 (4.6.1) 满足边界条件

$$u = 0, \quad (t, x) \in R_+ \times \partial\Omega, t \neq t_k$$

的非零解在区域 G 上是振动的.

下面来看一个例子.

例 4.6.1 令

$$a(t) = \begin{cases} 1, & t = 0, \\ 1 + \dfrac{1}{1 - \cos 2t}, & t > 0, \quad t \neq k\pi, \quad k = 1, 2, \cdots, \end{cases}$$

并考虑如下非线性脉冲双曲边值问题

$$\begin{cases} u_{tt} + t^3 u e^{x+u^2} = a(t)\dfrac{\partial^2 u}{\partial x_i^2}, & t \neq k\pi, (t,x) \in R_+ \times (0,\pi), \\ u(0,t) = u(\pi,t) = 0, & t \neq k\pi, t \geqslant 0, \\ \Delta u = \dfrac{u \sin x}{\sqrt{t^3}}, & t = k\pi, \\ \Delta u_t = \dfrac{u}{t^2}\cos\dfrac{x}{3}, & t = k\pi, \end{cases} \tag{4.6.27}$$

这里取 $n = 1, \Omega = (0,\pi), p(t,x) = t^3 e^x, f(u) = u e^{u^2}, P(t) = \min_{x \in [0,\pi]} p(t,x) = t^3.$
容易验证函数 $F(t,x,u) = -p(t,x)f(u)$ 满足条件 (H_1). 令

$$I(t,x,u) = \frac{u\sin x}{\sqrt{t^3}}, J(t,x,u) = \frac{u}{t^2}\cos\frac{x}{3}.$$

于是有

$$\int_0^\pi I(k\pi, x, u(k\pi, x))dx = \int_0^\pi \frac{u(k\pi, x)}{\sqrt{(k\pi)^3}}\sin x dx$$

$$\leqslant \frac{1}{(k\pi)^{3/2}}\int_0^\pi u(k\pi, x)dx,$$

$$\int_0^\pi I(k\pi, x, u(k\pi, x))dx = \int_0^\pi \frac{u(k\pi, x)}{(k\pi)^2}\cos\frac{x}{3}dx$$

$$\leqslant \frac{1}{(k\pi)^2}\int_0^\pi u(k\pi, x))dx.$$

因此函数 $I(t,x,u)$ 和 $J(t,x,u)$ 满足条件 (H_2). 选取 $q(t) \equiv 1$, 容易看出

$$\liminf_{t \to +\infty}\int_\tau^t \prod_{s < k\pi < t}\left(1 + \frac{1}{k^2\pi(2)}\right)s^3 ds = +\infty$$

对充分大的 τ 成立. 注意到

$$I(t,x,u)\,|_{t=k\pi} = \frac{u\sin x}{\sqrt{t^3}}\,|_{t=k\pi} \geqslant 0, \quad (t,x,u) \in R_+ \times [0,\pi] \times R_+,$$

且

$$\sum_{k=1}^\infty \frac{1}{(k\pi)^{\frac{3}{2}}} < +\infty, \sum_{k=1}^\infty \frac{1}{(k\pi)^2} < +\infty,$$

因此满足定理 4.6.5 的条件. 从而问题 (4.6.27) 的每个非零解在区域 $R_+ \times (0,\pi)$ 上
是振动的.

下面考虑如下的脉冲时滞双曲系统

$$
\begin{cases}
u_{tt} = a(t)\Delta u(t,x) + b(t)\Delta u(t-\sigma, x) - p(t,x)u(t,x), \\
\qquad -q(t,x)f[u(t-r,x)] + g(t,x), & t \neq t_k, \\
u(t_k^+, x) - u(t_k^-, x) = I(t_k, x, u), & k = 1,2,3,\cdots, \\
u_t(t_k^+, x) - u_t(t_k^-, x) = J(t_k, x, u_t), & k = 1,2,3,\cdots,
\end{cases}
\tag{4.6.28}
$$

满足:

1. Δ 是 R^n 中的 Laplace 算子; $u = u(t,x)$, $(t,x) \in G = R_+ \times \Omega$, 其中 Ω 是 R^n 中的有界域且具有光滑的边界 $\partial\Omega$, $R_+ = [0, +\infty)$;

2. $0 < t_1 < t_2 < \cdots < t_k < \cdots$ 且 $\lim\limits_{t\to\infty} t_k = +\infty$;

3. $a, b \in \mathrm{PC}[R_+, R_+]$, $p, q \in \mathrm{PC}[R_+ \times \overline{\Omega}, R_+]$, 其中 PC 表示关于 t 分段连续的函数类, 且仅以 $t = t_k (k = 1,2,3,\cdots)$ 为第一类间断点并在 $t = t_k$ 左连续; 受迫项 $g \in \mathrm{PC}[R_+ \times \overline{\Omega}, R]$;

4. σ 和 r 都是正常数;

5. $I, J : R_+ \times \overline{\Omega} \times R \to R$.

同时考虑两类边界条件:

$$
\frac{\partial u}{\partial N} + h(x)u = 0, \ (t,x) \in R_+ \times \partial\Omega, \ t \neq t_k
\tag{B_1}
$$

和

$$
u = 0, \ (t,x) \in R_+ \times \partial\Omega, \ t \neq t_k,
\tag{B_2}
$$

其中 $h \in (\partial\Omega, (0, +\infty))$, N 是 $\partial\Omega$ 的单位外法向量.

问题 (4.6.28), (B_1) 或问题 (4.6.28), (B_2) 的解 $u(t,x)$ 及其偏导数 $u_t(t,x)$ 是仅以 $t = t_k (k = 1,2,\cdots)$ 为第一类间断点的分段连续函数. 作为一个约定, 我们假定它们都是左连续的, 也就是说在脉冲时刻有如下关系式:

$$
u(t_k^-, x) = u(t,x) \text{ 且 } u(t_k^+, x) = u(t_k, x) + I(t_k, x, u(t_k, x)),
$$

$$
u_t(t_k^-, x) = u_t(t,x) \text{ 且 } u_t(t_k^+, x) = u_t(t_k, x) + J(t_k, x, u_t(t_k, x)).
$$

定义 4.6.2 问题 (4.6.28), (B_1) 或 (4.6.28), (B_2) 的解在区域 G 内称为是非振动的, 若存在一个数 $\tau \geqslant 0$ 使得 $u(t,x)$ 在 $(t,x) \in [\tau, +\infty) \times \Omega$ 是常号的; 否则, 称它为振动的.

考虑如下的 Robin 特征值问题:

$$
\begin{cases}
\Delta u + \lambda u = 0, & x \in \Omega, \\
\dfrac{\partial u}{\partial N} + h(x)u = 0, & x \in \partial\Omega.
\end{cases}
\tag{4.6.29}
$$

引理 4.6.1　若 $h \in C(\partial\Omega, (0. +\infty))$, 则 Robin 特征值问题 (4.6.29) 有一个最小正特征值 λ_0 并且相应的特征函数 $\Psi(x)$ 在 Ω 上是正的.

引理 4.6.2　设 $h \in C(\partial\Omega, (0, +\infty))$, 并且如下的假设成立:

(A_1) $f(u)$ 是 R_+ 上的正的凸函数;

(A_2) 对任意的函数 $u \in \mathrm{PC}[R_+ \times \overline{\Omega}, R_+]$ 和常数 $\alpha_k > 0, \beta_k > 0$ 有

$$\int_\Omega I(t_k, x, u(t_k, x))dx \leqslant \alpha_k \int_\Omega u(t_k, x)dx, \quad k = 1, 2, \cdots,$$

$$\int_\Omega J(t_k, x, u_t(t_k, x))dx \leqslant \beta_k \int_\Omega u_t(t_k, x)dx, \quad k = 1, 2, \cdots$$

若 $u(t, x)$ 是问题 (4.6.28), (B_1) 在区域 $[\tau, +\infty) \times \Omega$ ($\tau \geqslant 0$) 上的一个正解, 则脉冲时滞微分不等式

$$\begin{cases} U''(t) + [\lambda_0 a(t) + P(t)]U(t) + \lambda_0 b(t)U(t - \sigma), & \\ +Q(t)f[U(t - r)] \leqslant G(t), & t \neq t_k, \\ U(t_k^+) \leqslant (1 + \alpha_k)U(t_k), & t = 1, 2, \cdots, \\ U'(t_k^+) \leqslant (1 + \beta_k)U'(t_k), & t = 1, 2, \cdots \end{cases} \quad (4.6.30)$$

有最终正解

$$U(t) = \frac{1}{\displaystyle\int_\Omega \Psi(x)dx} \int_\Omega u(t, x)\Psi(x)dx, \quad (4.6.31)$$

其中

$$P(t) = \min_{x \in \overline{\Omega}}\{p(t, x)\}, \quad Q(t) = \min_{x \in \overline{\Omega}}\{q(t, x)\}, \quad G(t) = \frac{1}{\displaystyle\int_\Omega \Psi(x)dx} \int_\Omega g(t, x)\Psi(x)dx.$$

证明　设 $u(t, x)$ 是问题 (4.6.28), (B_1) 在区域 $[\mu, +\infty) \times \Omega(\mu \geqslant 0)$ 上的一个正解. 对 $t \neq t_k$ 存在 $t^* \geqslant \mu$ 使得

$$u(t - \sigma, x) > 0 \text{ 且 } u(t - r, x) > 0, \quad \text{其中 } (t, x) \in [t^*, +\infty) \times \Omega.$$

在 (4.6.28) 式两边同乘以特征函数 $\Psi(x)$, 并对其在区域 Ω 上关于 x 积分, 有

$$\frac{d^2}{dt^2}\int_\Omega u(t, x)\Psi(x)dx = a(t)\int_\Omega \Delta u(t, x)\Psi(x)dx + b(t)\int_\Omega \Delta u(t - \sigma, x)\Psi(x)dx$$

$$- \int_\Omega p(t, x)u(t, x)\Psi(x)dx + \int_\Omega q(t, x)f[u(t - r, x)]\Psi(x)dx$$

$$+ \int_{\Omega} g(t,x)\Psi(x)dx, \ t \neq t_k, \ t \geqslant t^*. \tag{4.6.32}$$

利用 Green 定理及引理 4.6.1, 得

$$\int_{\Omega} \Delta u(t,x)\Psi(x)dx = \int_{\partial\Omega} \left(\Psi\frac{\partial u}{\partial N} - u\frac{\partial \Psi}{\partial N} \right) dS + \int_{\partial\Omega} u\Delta\Psi dx$$

$$= \int_{\partial\Omega} [\Psi(-hu) - u(-h\Psi)]dS + \int_{\Omega} u(-\lambda_0\Psi))dx$$

$$= -\lambda_0 \int_{\Omega} u(t,x)\Psi(x)dx, \ t \neq t_k, \ t \geqslant t^*, \tag{4.6.33}$$

$$\int_{\Omega} \Delta u(t-\sigma,x)\Psi(x)dx = -\lambda_0 \int_{\Omega} u(t-\sigma,x)\Psi(x)dx, \ t \geqslant t^*, \tag{4.6.34}$$

其中 dS 是 $\partial\Omega$ 的面积微元.

由 (A_1) 和 Jensen 不等式, 推知

$$\int_{\Omega} q(t,x)f[u(t-r,x)]\Psi(x)dx$$

$$\geqslant Q(t) \int_{\Omega} \Psi(x)dx \cdot f\left(\frac{1}{\int_{\Omega}\Psi(x)dx} \int_{\Omega} u(t-r,x)\Psi(x)dx \right), t \neq t_k, \ t \geqslant t^*. \tag{4.6.35}$$

综合 (4.6.32)~(4.6.35), 得

$$\frac{d^2}{dt^2}\int_{\Omega} u(t,x)\Psi(x)dx + \lambda_0 a(t)\int_{\Omega} u(t,x)\Psi(x)dx + \lambda_0 b(t)\int_{\Omega} u(t-r,x)\Psi(x)dx$$

$$+ P(t)\int_{\Omega} u(t,x)\Psi(x)dx + \int_{\Omega}\Psi(x)dx \cdot Q(t) \cdot f\left(\frac{1}{\int_{\Omega}\Psi(x)dx} \int_{\Omega} u(t-r,x)\Psi(x)dx \right)$$

$$\leqslant \int_{\Omega} g(t,x)\Psi(x)dx, \ t \neq t_k, \ t \geqslant t^*. \tag{4.6.36}$$

对 $t = t_k$, 利用 (A_2) 得到

$$\int_{\Omega} [u(t_k^+,x) - u(t_k,x)]\Psi(x)dx = \int_{\Omega} I(t_k,x,u(t_k,x))\Psi(x)dx$$

$$\leqslant \alpha_k \int_{\Omega} u(t_k,x)\Psi(x)dx, \quad k = 1,2,\cdots,$$

$$\int_{\Omega} [u_t(t_k^+,x) - u_t(t_k,x)]\Psi(x)dx = \int_{\Omega} J(t_k,x,u_t(t_k,x))\Psi(x)dx$$

$$\leqslant \beta_k \int_\Omega u_t(t_k, x)\Psi(x)dx, \quad k = 1, 2, \cdots,$$

即

$$\int_\Omega u(t_k^+, x)\Psi(x)dx \leqslant (1 + \alpha_k)\int_\Omega u(t_k, x)\Psi(x)dx, \quad k = 1, 2, \cdots, \tag{4.6.37}$$

$$\int_\Omega u_t(t_k^+, x)\Psi(x)dx \leqslant (1 + \beta_k)\int_\Omega u_t(t_k, x)\Psi(x)dx, \quad k = 1, 2, \cdots \tag{4.6.38}$$

(4.6.36)~(4.6.38) 表明, 通过 (4.6.31) 定义的 $U(t)$ 是脉冲时滞微分不等式 (4.6.30) 的一个正解 $(t \geqslant t^*)$. 引理 4.6.2 证毕.

定理 4.6.6　设条件 (A_1) 和 (A_2) 成立, $h \in C(\partial\Omega, (0, +\infty))$. 若进一步假设如下条件成立:

(A_3) 函数 f, I, J 满足

$$\begin{cases} f(-u) = -f(u), & \forall\, u \in (0, +\infty), \\ I(t_k, x, -u(t_k, x)) = -I(t_k, x, u(t_k, x)), & k = 1, 2, \cdots, \\ J(t_k, x, -u_t(t_k, x)) = -J(t_k, x, u_t(t_k, x)), & k = 1, 2, \cdots, \end{cases} \tag{A_3}$$

并且脉冲时滞微分不等式 (4.6.30) 和脉冲时滞微分不等式

$$\begin{cases} U''(t) + [\lambda_0 a(t) + P(t)]U(t) + \lambda_0 b(t)U(t - \sigma) \\ \quad + Q(t)f[U(t - r)] \leqslant -G(t), & t \neq t_k, \\ U(t_k^+) \leqslant (1 + \alpha_k)U(t_k), & t = 1, 2, \cdots, \\ U'(t_k^+) \leqslant (1 + \beta_k)U'(t_k), & t = 1, 2, \cdots \end{cases} \tag{4.6.39}$$

都没有最终正解, 则问题 (4.6.28) 和 (B_1) 的每一个非零解都在区域 G 内振动.

利用引理 4.6.2 可证, 这里从略.

在定理 4.6.2 中令 $g \equiv 0$, 我们可以得到下面的结果.

定理 4.6.7　设条件 $(A_1) \sim (A_3)$ 成立, $h \in C(\partial\Omega, (0, +\infty))$. 若脉冲时滞微分不等式

$$\begin{cases} U''(t) + [\lambda_0 a(t) + P(t)]U(t) + \lambda_0 b(t)U(t - \sigma) \\ \quad + P(t)f[U(t - r)] \leqslant 0, & t \neq t_k, \\ U(t_k^+) \leqslant (1 + \alpha_k)U(t_k), & t = 1, 2, \cdots, \\ U'(t_k^+) \leqslant (1 + \beta_k)U'(t_k), & t = 1, 2, \cdots \end{cases} \tag{4.6.40}$$

没有最终正解, 则满足如下脉冲时滞双曲系统

$$
\begin{cases}
u_{tt} = a(t)\Delta u(t,x) + b(t)\Delta u(t-\sigma,x) - p(t,x)u(t,x) \\
\qquad -q(t,x)f[u(t-r,x)], & t \neq t_k, \\
u(t_k^+,x) - u(t_k^-,x) = I(t_k,x,u), & k = 1,2,3,\cdots, \\
u_t(t_k^+,x) - u_t(t_k^-,x) = J(t_k,x,u_t), & k = 1,2,3,\cdots
\end{cases}
\tag{4.6.28}^*
$$

与边界条件 (B_1) 的每一个非零解在区域 G 上都是振动的.

下面的事实将稍后用于引理 4.6.3 的证明.

考虑 Dirichlet 问题

$$
\begin{cases}
\Delta u + \lambda u = 0, & x \in \Omega, \\
u = 0, & x \in \partial\Omega,
\end{cases}
$$

这里 λ 是一个常数. 我们知道最小的特征值 λ^* 是正的, 并且相应的特征函数 $\Phi(x)$ 在 Ω 中是正的.

引理 4.6.3 设条件 $(A_1) \sim (A_2)$ 成立, 若 $u(t,x)$ 是问题 (4.6.28) 和 (B_2) 在区域 $[\mu,+\infty) \times \Omega$ 上的一个正解 $(\mu \geqslant 0)$, 则微分时滞不等式

$$
\begin{cases}
V''(t) + [\lambda^* a(t) + P(t)]V(t) + \lambda^* b(t)V(t-\sigma) \\
\qquad + Q(t)f[V(t-r)] \leqslant H(A), & t \neq t_k, \\
V(t_k^+) \leqslant (1+\alpha_k)V(t_k), & t = 1,2,\cdots, \\
V'(t_k^+) \leqslant (1+\beta_k)V'(t_k), & t = 1,2,\cdots
\end{cases}
\tag{4.6.41}
$$

有最终正解

$$
V(t) = \frac{1}{\displaystyle\int_\Omega \Phi(x)dx} \int_\Omega u(t,x)\Phi(x)dx,
\tag{4.6.42}
$$

其中

$$
H(t) = \frac{1}{\displaystyle\int_\Omega \Phi(x)dx} \int_\Omega g(t,x)\Phi(x)dx, \ t \neq t_k.
$$

类似引理 4.6.2 可证, 从略.

定理 4.6.8 设条件 $(A_1) \sim (A_3)$ 成立. 若假设脉冲时滞微分不等式 (4.6.41) 和脉冲时滞微分不等式

$$\begin{cases} V''(t) + [\lambda^* a(t) + P(t)]V(t) + \lambda^* b(t)V(t - \sigma) \\ \qquad + Q(t)f[V(t-r)] \leqslant -H(t), & t \neq t_k, \\ V(t_k^+) \leqslant (1 + \alpha_k)V(t_k), & t = 1, 2, \cdots, \\ V'(t_k^+) \leqslant (1 + \beta_k)V'(t_k), & t = 1, 2, \cdots \end{cases} \qquad (4.6.43)$$

都没有最终正解, 则问题 (4.6.28) 和 (B₂) 的每一个非零解在区域 G 上是振动的.

证明类似于定理 4.6.6, 此处从略.

从上面的讨论可以看出, 建立满足某些边值条件的脉冲时滞双曲系统的振动准则, 可以归结为对二阶脉冲时滞微分不等式解的性质的研究, 接下来我们建立更多的脉冲时滞双曲系统的振动准则. 首先介绍如下引理.

引理 4.6.4　设

$$m'(t) \leqslant n(t), \ t \neq t_k, \ t \geqslant t_0,$$
$$m'(t_k^+) \leqslant (1 + b_k)m(t_k), \quad k = 1, 2, 3, \cdots$$

其中 $0 < t_1 < t_2 < \cdots < t_k < \cdots$ 且 $\lim\limits_{k \to +\infty} t_k = +\infty$; $m \in \mathrm{PC}^1[R_+, R], n \in \mathrm{PC}[R_+, R]$ 且 b_k 是常数. 则

$$m(t) \leqslant \prod_{t_0 < t_k < t} (1 + b_k)m(t_0) + \int_{t_0}^t \prod_{s < t_k < t} (1 + b_k)n(s)ds, \ t \geqslant t_0.$$

定理 4.6.9　设条件 (A₁) ～ (A₃) 成立且假定

$$\sum_{n=0}^{\infty} \alpha_k < +\infty, \ \sum_{n=0}^{\infty} \beta_k < +\infty \qquad (4.6.44)$$

成立, 其中 $h \in C(\partial\Omega, (0, +\infty))$. 若进一步假设:

1) $I(t, x, u)|_{t=t_k} \geqslant 0, \ (t, x, u) \in R_+ \times \overline{\Omega} \times R_+, \ k = 1, 2, \cdots$;

2) $\limsup\limits_{t \to +\infty} \int_T^t \prod_{s < t_k < t} (1 + \beta_k)ds = +\infty$ 对每一个足够大的 T 成立,

则问题 (4.6.28*) 和 (B₁) 的每一个非零解在区域 G 上是振动的.

证明　设 $u(t, x)$ 是问题 (4.6.28*) 和 (B₁) 的一个在区域 G 上的非振动解. 假定 $u(t, x) > 0, \ (t, x) \in [\tilde{\tau}, +\infty)$. 则有

$$U(t - \sigma) > 0, \ U(t - r) > 0, \ \text{对} t \geqslant \tau \geqslant \tilde{\tau}$$

且由 (4.6.31) 定义的函数 $U(t)$ 是非齐次不等式 (4.6.30) 的一个正解 $(t \geqslant \tau)$.

注意到 $f(U(t-r)) > 0$ 对 $U(t-r) > 0$ 成立, 可知

$$U''(t) \leqslant 0. \ t \neq t_k, \ t \geqslant \tau. \qquad (4.6.45)$$

要证

$$U'(t) \geqslant 0, \quad t \geqslant \tau. \tag{4.6.46}$$

若不然, 则存在一个数 $t^* > \tau$ 使得 $U'(t^*) < 0$, 由引理 4.6.4 得

$$U'(t) \leqslant \prod_{t^* < t_k < t} (1 + \beta_k) U'(t^*). \tag{4.6.47}$$

由 (4.6.47) 和不等式 $U(t_k^+) \leqslant (1 + \alpha_k) U(t_k), k = 1, 2, \cdots$, 利用引理 4.6.4 得

$$U(t) \leqslant \prod_{t^* < t_k < t} (1 + \alpha_k) U(t^*) + \int_{t^*}^t \prod_{s < t_k < t} (1 + \alpha_k) \left[\prod_{t^* < t_k < s} (1 + \beta_k) U'(t^*) \right] ds$$

$$= \prod_{t^* < t_k < t} (1 + \alpha_k) U(t^*) + U'(t^*) \int_{t^*}^t \prod_{t^* < t_k < s} (1 + \beta_k) \prod_{s < t_k < t} (1 + \alpha_k) ds.$$

在上面的不等式中令 $t \to +\infty$, 利用 (4.6.44) 和

$$\int_{t^*}^t \prod_{t^* < t_k < s} (1 + \beta_k) \prod_{s < t_k < t} (1 + \alpha_k) ds \to +\infty, \quad \text{当} t \to +\infty \text{时},$$

得

$$\limsup_{t \to +\infty} U(t) = -\infty,$$

得到矛盾. 因此 (4.6.46) 成立.

令

$$W(t) = \frac{U'(t)}{U(t - \sigma)}, t \geqslant \tau,$$

则对 $t \geqslant \tau$ 有 $W(t) \geqslant 0$ 且

$$W'(t) = \frac{U''(t)}{U(t - \sigma)} - \frac{U'(t) U'(t - \sigma)}{U^2(t - \sigma)}, \quad t \geqslant \tau + \sigma, t \neq t_k. \tag{4.6.48}$$

由 (4.6.45) 有

$$U'(t) \leqslant U'(t - \sigma), \quad t \geqslant \tau + \sigma, t \neq t_k. \tag{4.6.49}$$

由 (4.6.40) 推知

$$U''(t) \leqslant -\lambda_0 b(t) U(t - \sigma), \quad t \geqslant \tau + \sigma, \ t \neq t_k. \tag{4.6.50}$$

综合 (4.6.48)~(4.6.50) 有

$$W'(t) \leqslant -\lambda_0 b(t) - \left[\frac{U'(t)}{U(t - \sigma)} \right]^2 \leqslant -\lambda_0 b(t), \quad t \geqslant \tau + \sigma, t \neq t_k. \tag{4.6.51}$$

对 $t = t_k$, 我们考虑两种情形:

(a) $t_i - \sigma \in (t_j, t_{j+1})$, 对某些 $i, j \in \{1, 2, \cdots, k, \cdots\}$.

容易看到

$$W(t_i^+) = \frac{U'(t_i^+)}{U(t_i^+ - \sigma)} \leqslant \frac{(1 + \beta_i)U'(t_i)}{U(t_i - \sigma)} = (1 + \beta_i)W(t_i).$$

(b) $t_i - \sigma = t_j$, 对某些 $i, j \in \{1, 2, \cdots, k, \cdots\}$.

利用定理预先假定的条件 1), 得

$$\int_\Omega [U(t_j^+, x) - u(t_j, x)]dx = \int_\Omega I(t_j, x, u(t_j, x))dx \geqslant 0,$$

且有

$$U(t_j^+) = \frac{\int_\Omega u(t_j^+, x)\Psi(x)dx}{\int_\Omega \Psi(x)dx} \geqslant \frac{\int_\Omega u(t_j, x)\Psi(x)dx}{\int_\Omega \Psi(x)dx} = U(t_j). \tag{4.6.52}$$

由 (4.6.52) 得

$$W(t_i^+) = \frac{U'(t_i^+)}{U(t_j^+)} \leqslant \frac{U'(t_i^+)}{U(t_i)} \leqslant \frac{(1 + \beta_i)U'(t_i)}{U(t_i - \sigma)} = (1 + \beta_i)W(t_i).$$

结合情形 (a) 和 (b) 得

$$W(t_k^+) \leqslant (1 + \beta_k)W(t_k), \ k = 1, 2, \cdots \tag{4.6.53}$$

考虑 (4.6.51) 和 (4.6.53), 由引理 4.6.4 得

$$W(t) \leqslant \prod_{\tau+\sigma < t_k < t} (1 + \beta_k)W(\tau + \sigma) - \int_{\tau+\sigma}^t \prod_{s < t_k < t} (1 + \beta_k)\lambda_0 b(s)ds.$$

注意到 (4.6.44) 和定理的条件 2) 以及 $W(t) \geqslant 0(t \geqslant \tau)$, 得到矛盾.

若 $u(t, x) < 0$, $(t, x) \in [\tilde{\tau}, +\infty) \times \Omega$, 则 $\tilde{u}(t, x) \equiv -u(t, x)$ 是问题 (4.6.28*) 和 (B$_1$) 的一个正解, 亦可得到矛盾. 定理 4.6.9 证毕.

利用定理 4.6.9 中类似的证明我们可以得到问题 (4.6.28*), (B$_1$) 或 (4.6.28*), (B$_2$) 的如下结果.

定理 4.6.10   假设条件 (A$_1$) $\sim$ (A$_3$) 及 (4.6.44) 成立. 若进一步假定定理 4.6.9 中的假设 (1) 成立并且

$$\limsup_{t \to +\infty} \int_T^t \prod_{s < t_k < t} (1 + \beta_k)b(s)ds = +\infty$$

对每一个充分大的 T 成立, 则问题 (4.6.28*) 和 (B$_2$) 的每一个非零解在区域 G 上是振动的.

最后, 我们看下面的一个例子.

例 4.6.2 考虑如下的非线性脉冲时滞双曲边值问题

$$
\begin{cases}
u_{tt} = a(t)\dfrac{\partial^2 u}{\partial x^2} + \sqrt{t^3}\dfrac{\partial^2 u\left(t - \dfrac{\pi}{3}, x\right)}{\partial x^2} - t^4\left(3 + \sin\dfrac{x}{2}\right)u \\
\qquad - e^{x+2t}u\left(t - \dfrac{\pi}{3}, x\right)\left[1 + u^2\left(t - \dfrac{\pi}{3}, x\right)\right], & t \neq k\pi,\, (t,x) \in R_+ \times (0,\pi), \\
u(t,0) = u(t,\pi) = 0, & t \neq k\pi,\, t \geqslant 0, \\
u(t_k^+, x) - u(t_k^-, x) = t_k^{-3}u(t_k, x)\cos\dfrac{x}{4}, & k = k\pi,\, k = 1,2,3,\cdots, \\
u_t(t_k^+, x) - u_t(t_k^-, x) = t_k^{-5}u_t(t_k, x)\sin\dfrac{x}{3}, & k = k\pi,\, k = 1,2,3,\cdots,
\end{cases}
$$
$$\tag{4.6.54}$$

其中

$$
a(t) = \begin{cases}
a_0, & t = 0,\ a_0 > 0\text{为某常数}, \\
a_0 + \dfrac{1}{1 - \cos(2t)}, & t > 0,\ t \neq k\pi,\ k = 1,2,\cdots,
\end{cases}
$$

这里 $n = 1, \Omega = (0,\pi), p(t,x) = t^4\left(3 + \sin\dfrac{x}{2}\right), P(t) = 3t^4, q(t,x) = e^{x+2t}, Q(t) = e2t, f(u) = u(1 + u^2), I(t,x,u) = t^{-3}u\cos\dfrac{x}{4}, J(t,x,u_t) = t^{-5}u_t\sin\dfrac{x}{3}.$ 我们有

$$
\int_0^\pi I(k\pi, x, u(k\pi, x))dx = \int_0^\pi (k\pi)^{-3}u(k\pi, x)\cos\dfrac{x}{4}dx
$$
$$
\leqslant (k\pi)^{-3}\int_0^\pi u(k\pi, x)dx,
$$

$$
\int_0^\pi J(k\pi, x, u(k\pi, x))dx = \int_0^\pi (k\pi)^{-5}u(k\pi, x)\sin\dfrac{x}{3}dx
$$
$$
\leqslant (k\pi)^{-5}\int_0^\pi u(k\pi, x)dx.
$$

注意到

$$
I(t,x,u)|_{t=k\pi} = t^{-3}u\cos\dfrac{x}{4}\Big|_{t=k\pi} \geqslant 0,\ (t,x,u) \in R_+ \times [0,\pi] \times R_+.
$$

$$
\sum_{k=1}^\infty \frac{1}{(k\pi)^3} < +\infty, \qquad \sum_{k=1}^\infty \frac{1}{(k\pi)^5} < +\infty,
$$

选取 $q(t) \equiv 1$, 可知

$$\limsup_{t \to +\infty} \int_\tau^t \prod_{s < k\pi < t} \left(1 + \frac{1}{k^5 \pi^5}\right) \sqrt{s^3} ds = +\infty.$$

容易验证满足定理 4.6.10 的所有条件. 因此问题 (4.6.54) 的每一个非零解在区域 $R_+ \times (0, \pi)$ 内是振动的.

附　注

　　本章 §4.1 的全部内容选自文献 [30,44,49]. §4.2 的内容取自文献 [43,59]. §4.3 的内容引自文献 [43]. §4.4 的内容出自文献 [99], 及参考文献 [207]. §4.5 引理 4.5.1 引自文献 [158]; 引理 4.5.2 引自文献 [124]; 节中其他内容选自文献 [55,116]. §4.6 中引理 4.6.1 引自文献 [48]; 引理 4.6.4 取自文献 [158]; 其余全部内容出自文献 [102,110].

　　和本章有关内容可看本书后面所引的参考文献.

第5章　非线性微分方程分支理论

近年关于非线性微分方程分支理论的研究十分活跃, 并已取得重要研究进展. 本章介绍关于非线性微分方程分支理论的一些研究成果. §5.1 给出了分支的基本概念. §5.2 采用Ляпунов第二方法研究了从中心型平衡点产生极限环的问题, 并运用后继函数法给出了二维 Hopf 分支定理. §5.3 分别利用Ляпунов第二方法和 Poincaré 方法得到了从闭轨分支出极限环的定理. §5.4 研究了同宿环的稳定性和分支, 并考虑异宿环附近极限环的分支, 着重研究了含两个鞍点的异宿环的扰动分支. §5.5 利用度理论和隐函数存在定理研究了自治泛函微分方程的分支问题, 得到了局部 Hopf 分支定理. §5.6 考虑带有实参数的脉冲微分自治系统的奇点与分支, 运用积分限含有脉冲函数的积分函数新方法得到了奇点仅有的四种类型, 并对每种类型的奇点建立了产生分支的判别准则.

§5.1　分支的概念

许多实际问题的数学模型往往可归结为含有一些参数的微分方程组, 本节考虑含有参数的微分方程组并给出分支的概念. 为简单起见, 考虑只含一个参数 λ 的二维微分方程组

$$\begin{cases} \dfrac{dx}{dt} = P(x, y, \lambda), \\[2mm] \dfrac{dy}{dt} = Q(x, y, \lambda), \end{cases} \tag{5.1.1$_\lambda$}$$

并且假设 P, Q 是 (x, y, λ) 的解析函数, 其中 $(x, y) \in W, W$ 是 R^2 中的某个区域, $\lambda \in [\lambda_1, \lambda_2]$.

我们在微分方程的基本理论中已研究过这类方程的解随参数 λ 的变化情况, 但当时是限制时间 t 在一个有限的区间内. 至于整个的轨线当 λ 变化时如何变化的问题, 则要另外研究.

当参数变化时相图也发生变化. 存在两种可能性: 或者系统保持与原系统等价, 或者它的拓扑发生改变.

定义 5.1.1 在参数变化时相图不拓扑等价的现象称为分支.

当参数从参数值 λ_0 作很小的改变时, 如果相图没有基本结构的变化, 就称 λ_0 是参数 λ 的普通值; 当参数从参数值 λ_0 作很小的改变时, 而相图的基本结构发生本质变化, 就称 λ_0 是参数的分支值.

参数的分支值所对应的方程一定有非粗的奇轨线, 例如中心型的平衡点, 指数为零的极限环等. 这是因为方程 $(5.1.1)_\lambda$ 右端是 λ 的解析函数.

定义 5.1.2   若平衡点为方程 $(5.1.1)_{\lambda_0}$ 的中心型焦点, 则方程 $(5.1.1)_\lambda$ 的参数 λ, 当 $\lambda > \lambda_0$ 或 $\lambda < \lambda_0$ 趋于 λ_0 时, 方程 $(5.1.1)_\lambda$ 有一支相应的极限环 Γ_λ 随 $\lambda \to \lambda_0$ 而趋于平衡点, 这时称 λ_0 是参数的 Hopf 分支值, 这种情况下的分支称为 Hopf 分支.

若平衡点为方程 $(5.1.1)_{\lambda_0}$ 的真中心, 则无上述 Hopf 分支.

例 5.1.1   考虑下面的依赖于一个参数 α 的二维方程组

$$\begin{cases} \dfrac{dx}{dt} = \alpha x - y - x(x^2 + y^2), \\ \dfrac{dy}{dt} = x + \alpha y - y(x^2 + y^2). \end{cases} \qquad (5.1.2)_\alpha$$

作极坐标变换: $x = \rho\cos\theta, y = \rho\sin\theta$, 则 $(5.1.2)_\alpha$ 变为

$$\begin{cases} \dfrac{d\rho}{dt} = \rho(\alpha - \rho^2), \\ \dfrac{d\theta}{dt} = 1. \end{cases}$$

由于上式关于 ρ 和 θ 的方程互相独立, 可容易地在原点的固定邻域内画出相图. 显然, 系统只有一个平衡点 (见图 5.1.1). 对 $\alpha \leqslant 0$, 平衡点是稳定焦点, 因为这时 $\dfrac{d\rho}{dt} < 0$, 从任何初始点出发的轨道均有 $\rho(t) \to 0$. 另一方面, 如果 $\alpha > 0$, 则对充分小的 $\rho > 0$ 有 $\dfrac{d\rho}{dt} > 0$(平衡点变成不稳定焦点), 而对充分大的 ρ 有 $\dfrac{d\rho}{dt} < 0$. 容易看到, 系统对任何 $\alpha > 0$ 有半径为 $\rho_0 = \sqrt{\alpha}$ 的周期轨道 $\left(\text{在 } \rho = \rho_0 \text{ 有 } \dfrac{d\rho}{dt} = 0\right)$. 此外, 此周期轨道是稳定的, 因为在环的内部有 $\dfrac{d\rho}{dt} > 0$, 在环的外部有 $\dfrac{d\rho}{dt} < 0$.

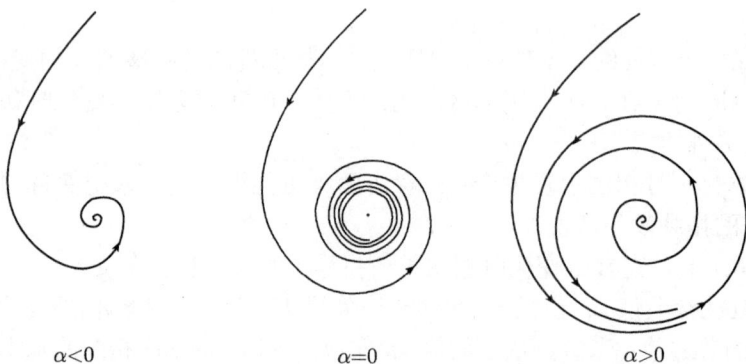

$\alpha<0$ $\alpha=0$ $\alpha>0$

图 5.1.1 Hopf 分支

因此, $\alpha = 0$ 是一个分支值. 事实上, 具极限环的相图不可能一对一地变换成只有平衡点的相图. 极限环的存在性是拓扑不变的. 当 α 增加并穿过零时所给系统有 Hopf 分支. 它导致从平衡点出现小振幅的周期振动.

Hopf 分支是在平衡点固定的任一小邻域内发现的, 这种分支称为局部分支. 也存在这样的分支, 它们不能从观察平衡点 (不动点) 或环的小邻域就能够发现, 这样的分支称为大范围分支.

例 5.1.2 下面考虑依赖于一个参数 α 的二维方程组

$$\begin{cases} \dfrac{dx}{dt} = 1 - x^2 - \alpha xy, \\[2mm] \dfrac{dy}{dt} = xy + \alpha(1 - x^2). \end{cases} \tag{5.1.3}_\alpha$$

对所有 α 值这个系统有两个鞍点 (见图 5.1.2)

$$(x, y) = (-1, 0), \quad (x, y) = (1, 0),$$

在 $\alpha = 0$, 水平轴是不变的, 因此, 两个鞍点由一条当 $t \to +\infty$ 时趋于一个鞍点, 而当 $t \to -\infty$ 时趋于另一个鞍点的轨道所连接, 这样的轨道称为异宿的. 类似地, 一条当 $t \to +\infty$ 和 $t \to -\infty$ 时渐近于同一平衡点的轨道称为同宿的. 当 $\alpha = 0$ 时, x 轴不再是不变的, 连接消失. 这显然是大范围分支. 要发现这种分支, 必须取定一个覆盖两个鞍点的区域 U.

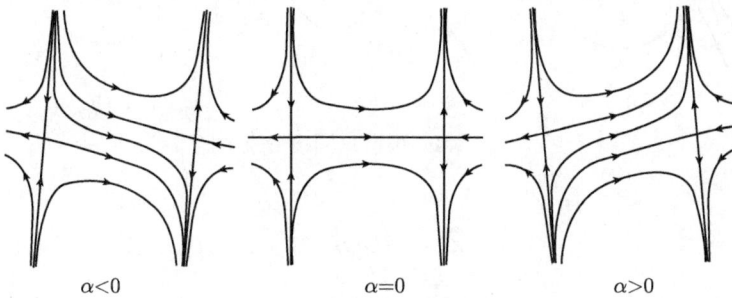

α<0   α=0   α>0

图 5.1.2 异宿分支

存在大范围分支中包含有某些局部分支. 这时仅着眼于局部分支只能对系统的性态提供部分信息. 下面的例子说明这种可能性.

例 5.1.3 分析下面的二维方程组

$$\begin{cases} \dfrac{dx}{dt} = x(1 - x^2 - y^2) - y(1 + \alpha + x), \\[2mm] \dfrac{dy}{dt} = x(1 + \alpha + x) + y(1 - x^2 - y^2), \end{cases} \tag{5.1.4}_\alpha$$

这里 α 是参数. 作极坐标变换：$x = \rho\cos\theta, y = \rho\sin\theta$, 则上式变为

$$\begin{cases} \dfrac{d\rho}{dt} = \rho(\alpha - \rho^2), \\[2mm] \dfrac{d\theta}{dt} = 1 + \alpha + \rho\cos\theta. \end{cases}$$

围绕单位圆 $\{(\rho,\theta) : \rho = 1\}$ 取定一个细环域 U. 在 $\alpha = 0$, 所给系统在环域内存在一个非双曲平衡点 $(\rho_0,\theta_0) = (1,\pi)$.

见图 5.1.3, 对小正值 α, 平衡点消失, 对小负值 α, 它分裂为一个鞍点和一个结点 (这种分支称为鞍–结点分支或折分支). 这是一个局部性结果. 但是, 对 $\alpha > 0$, 系统出现稳定极限环, 它与单位圆重合. 这个环永远是系统的不变集, 但对 $\alpha \leqslant 0$ 它包含平衡点. 如果仅仅观察非双曲平衡点附近小邻域, 我们就会失去对这个环的大范围发现. 注意在 $\alpha = 0$, 刚好存在一条同宿于非双曲平衡点 $(\rho_0,\theta_0) = (1,\pi)$ 的轨道.

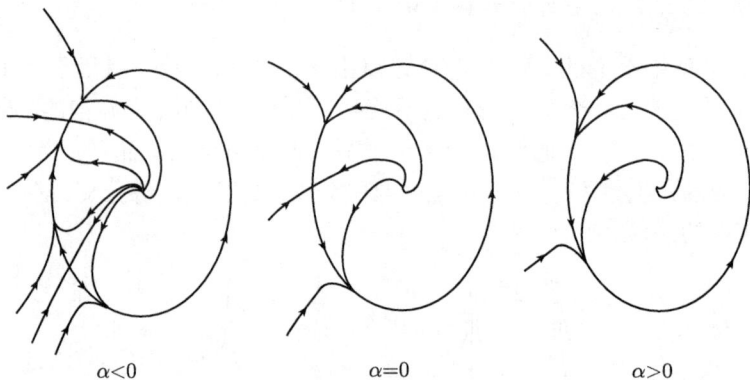

$\alpha<0$　　　　　　　　$\alpha=0$　　　　　　　　$\alpha>0$

图 5.1.3　鞍结点同宿分支

§5.2　Hopf 分支

本节研究从中心型平衡点产生极限环的问题.

定理 5.2.1　考虑方程

$$\begin{cases} x' = P(x,y,\lambda), \\ y' = Q(x,y,\lambda), \end{cases} \tag{5.2.1}_\lambda$$

其中 P 和 Q 是 (x,y,λ) 的解析函数. 设参数 $\lambda = 0$ 时, 方程 $(5.2.1)_0$ 以 $(0,0)$ 为中心型稳定 (不稳定) 焦点；参数 $\lambda > 0$ 时, 方程 $(5.2.1)_\lambda$ 以 $(0,0)$ 为不稳定 (稳定) 焦点. 则对充分小的 $\lambda > 0$, 方程 $(5.2.1)_\lambda$ 在 $(0,0)$ 附近至少有一个稳定 (不稳定) 的极限环.

证明 因为 $(0,0)$ 是方程 $(5.2.1)_0$ 的中心型平衡点, 所以存在线性变换

$$\begin{cases} x = au + bv, \\ y = cu + dv. \end{cases}$$

将方程 $(5.2.1)_0$ 化为以下形式

$$\begin{cases} u' = -v + U_2(u,v) \equiv U(u,v,0), \\ v' = u + V_2(u,v) \equiv V(u,v,0). \end{cases} \tag{$5.2.1)_0'$}$$

经过同一个线性变换, 方程 $(5.2.1)_\lambda$ 化为

$$\begin{cases} u' = U(u,v,\lambda), \\ v' = V(u,v,\lambda). \end{cases} \tag{$5.2.1)_\lambda'$}$$

我们对方程 $(5.2.1)_\lambda'$ 证明定理的结论, 并且只证括号外面的结论. 因为 $(0,0)$ 是方程 $(5.2.1)_0$, 从而是方程 $(5.2.1)_0'$ 的中心型稳定焦点, 根据判断中心的形式级数法, 一定存在一个函数

$$F(u,v) = u^2 + v^2 + F_3(u,v) + \cdots + F_{2k}(u,v),$$

使得沿着方程 $(5.2.1)_0'$ 的轨线有

$$\frac{dF}{dt}\Big|_{(5.2.1)_0'} = -C_0(u^2+v^2)^k + (u, v \text{ 的高于 } 2k \text{ 次的项}),$$

其中常数 $C_0 > 0$. 将上式改写为

$$\frac{dF}{dt}\Big|_{(5.2.1)_0'} = -\frac{C_0}{2}(u^2+v^2)^k + (u^2+v^2)^k\left[-\frac{C_0}{2} + o(\sqrt{u^2+v^2})\right].$$

显然存在 $r_0 > 0$, 使得当 $u^2 + v^2 \leqslant r_0^2$ 时, 上等式右端的方括号为负.

在区域 $u^2 + v^2 \leqslant r_0^2$ 内, 取区域 Ω 如下:

$$\Omega = \left\{(u,v)\Big| u^2 + v^2 \leqslant r_0^2, \ F(u,v) \leqslant \frac{m}{2}\right\},$$

其中

$$m = \min_{u^2+v^2 \leqslant r_0^2} F(u,v).$$

再在 Ω 内取圆 $u^2 + v^2 \leqslant r_1^2$. 下面在环形区域 $r_1^2 \leqslant u^2 + v^2 \leqslant r_0^2$ 内估计 $\dfrac{dF}{dt}\Big|_{(5.2.1)_\lambda'}$. 因为

$$\frac{dF}{dt}\Big|_{(5.2.1)_\lambda'} = \frac{dF}{dt}\Big|_{(5.2.1)_0'} + \left(\frac{dF}{dt}\Big|_{(5.2.1)_\lambda'} - \frac{dF}{dt}\Big|_{(5.2.1)_0'}\right),$$

根据前面得到的等式, 再注意现在又限制在环形区域 $r_1^2 \leqslant u^2 + v^2 \leqslant r_0^2$ 内, 所以上式右端的第一项满足不等式

$$\left.\frac{dF}{dt}\right|_{(5.2.1)_0'} < -\frac{C_0}{2} r_1^{2k};$$

而右端第二项

$$\left.\frac{dF}{dt}\right|_{(5.2.1)_\lambda'} - \left.\frac{dF}{dt}\right|_{(5.2.1)_0'} = \frac{\partial F}{\partial u}[U(u,v,\lambda) - U(u,v,0)] + \frac{\partial F}{\partial v}[V(u,v,\lambda) - V(u,v,0)].$$

由于 $\dfrac{\partial F}{\partial u}$ 与 $\dfrac{\partial F}{\partial v}$ 在此环形区域上有界, 又 U, V 对 λ 连续, 且关于 u, v 在此环形区域上一致连续, 所以存在充分小的 $\lambda_0 > 0$, 使得当 $0 \leqslant \lambda \leqslant \lambda_0$ 时右端第二项的绝对值

$$\left|\left.\frac{dF}{dt}\right|_{(5.2.1)_\lambda'} - \left.\frac{dF}{dt}\right|_{(5.2.1)_0'}\right| < \frac{C_0}{2} r_1^{2k}.$$

总之, 当 $0 \leqslant \lambda \leqslant \lambda_0$ 时, 在环形区域 $r_1^2 \leqslant u^2 + v^2 \leqslant r_0^2$ 内

$$\left.\frac{dF}{dt}\right|_{(5.2.1)_\lambda'} < 0.$$

因此当参数 λ 满足 $0 \leqslant \lambda \leqslant \lambda_0$ 时, 方程 $(5.2.1)_\lambda'$ 的轨线经过曲线 $F(u,v) = \dfrac{m}{2}$ 时由外向内. 而当 $\lambda > 0$ 时, 曲线 $F(u,v) = \dfrac{m}{2}$ 所围成的区域 Ω 内只有不稳定的焦点, 根据环域定理, 区域 Ω 内至少有一个稳定的极限环. 注意 Ω 的边界 $F(u,v) = \dfrac{m}{2}$ 收缩到原点时, $r_1 \to 0, \lambda_0 \to 0$. 所以对充分小的 λ, 方程 $(5.2.1)_\lambda$ 在原点附近有稳定的极限环. 证毕.

例 5.2.1 方程

$$\begin{cases} x' = y, \\ y' = -x + \lambda y - x^2 y \end{cases}$$

对一切参数 λ 以 $(0,0)$ 为平衡点. 方程右端函数在 $(0,0)$ 处的导算子为

$$\begin{pmatrix} 0 & 1 \\ -1 & \lambda \end{pmatrix},$$

其特征值为

$$\frac{1}{2}(\lambda \pm \sqrt{\lambda^2 - 4}) = \frac{\lambda}{2} \pm i\sqrt{1 - \frac{\lambda^2}{4}} \ (\text{当} |\lambda| < 2).$$

当 $\lambda > 0$ 时, $(0,0)$ 是不稳定焦点.

当 $\lambda = 0$ 时, 考虑Ляпунов函数 $F(x,y) = x^2 + y^2$. 显然有

$$\frac{dF}{dt} = 2xx' + 2yy' = 2xy + 2y(-x - x^2 y) = -2x^2 y^2 \leqslant 0,$$

而 $x = 0$ 或 $y = 0$ 都不是整轨线, 所以 $(0,0)$ 是稳定焦点.

由定理 5.2.1 可知, 对充分小的 $\lambda > 0$, 方程在 $(0,0)$ 附近至少有一个稳定的极限环.

定理 5.2.2(二维的 Hopf 分支定理) 设 $W \subset R^2, W$ 是开集, $f : W \times (-\lambda_0, \lambda_0) \to R^2, f(x, \lambda)$ 是 $x \in W, \lambda \in (-\lambda_0, \lambda_0)$ 上的解析函数; 方程

$$x' = f(x, \lambda) \tag{5.2.2}_\lambda$$

对任意 λ 有平衡点 $O(0,0), f(x, \lambda)$ 在 $x = 0$ 处对 x 的导算子 $Df(0, \lambda)$ 记作 $A(\lambda)$, $A(\lambda)$ 的特征值是共轭复数 $\alpha(\lambda) \pm i\beta(\lambda)(\beta(\lambda) > 0)$. 又

$$\alpha(0) = 0, \quad \left.\frac{d\alpha(\lambda)}{d\lambda}\right|_{\lambda(0)=0} > 0,$$

则对充分小的 x_1 存在唯一的解析函数 $\lambda \equiv \lambda(x_1)$, 有 $\lambda(0) = 0$, 使方程 $(5.2.2)_{\lambda(x_1)}$ 的经过点 $(x_1, 0)$ 的轨道是闭轨, 此闭轨周期为

$$T_\lambda \approx \frac{2\pi}{\beta(\lambda)},$$

并有

(i) $\lambda(x_1) \equiv 0 \Leftrightarrow$ 方程 $(5.2.2)_0$ 以 $(0,0)$ 为中心.

(ii) $\lambda(x_1) \geqslant 0 \Leftrightarrow$ 方程 $(5.2.2)_0$ 以 $(0,0)$ 为稳定焦点. 此时对充分小的 $\lambda, \lambda \geqslant 0$ 存在函数 $x_1 = x_1(\lambda), x_1(0) = 0$, 使方程 $(5.2.2)_\lambda$ 经过 $(x_1(\lambda), 0)$ 的轨线是渐近稳定的闭轨, 且

$$\lim_{\lambda \to 0} \frac{x_1(\lambda)}{\sqrt[2m]{\lambda}} = k \neq 0(m \text{ 是某正整数}).$$

(iii) $\lambda(x_1) \leqslant 0 \Leftrightarrow$ 方程 $(5.2.2)_0$ 以 $(0,0)$ 为不稳定焦点. 此时对充分小的 λ, $\lambda \geqslant 0$, 存在函数 $x_1 = x_1(\lambda), x_1(0) = 0$, 使方程 $(5.2.2)_\lambda$ 经过 $(x_1(\lambda), 0)$ 的轨线是不稳定的闭轨, 且

$$\lim_{\lambda \to 0} \frac{x_1(\lambda)}{\sqrt[2m]{-\lambda}} = k \neq 0(m \text{ 是某正整数}).$$

下面采用后继函数法证明此结论.

证明 首先, 我们证明: 存在坐标变换, 使方程 $(5.2.2)_\lambda$ 经变换后右端仍为解析函数, 且在平衡点 $(0,0)$ 处的导算子有以下形式

$$\begin{pmatrix} \alpha(\lambda) & -\beta(\lambda) \\ \beta(\lambda) & \alpha(\lambda) \end{pmatrix}. \tag{5.2.3}$$

因为 $A(\lambda)$ 是实的矩阵, 所以相应于共轭复特征值 $\alpha(\lambda) \pm i\beta(\lambda)$ 有共轭的复特征向量 $u(\lambda) \pm iv(\lambda)$, 且向量 $u(\lambda)$ 与 $v(\lambda)$ 线性无关. 因为有

$$A(\lambda)(u(\lambda) \pm iv(\lambda)) = (\alpha(\lambda) \pm i\beta(\lambda))(u(\lambda) \pm iv(\lambda)),$$

所以有

$$\begin{cases} Av = \alpha v + \beta u, \\ Au = -\beta v + \alpha u, \end{cases}$$

即

$$A(v \quad u) = (v \quad u)\begin{pmatrix} \alpha & -\beta \\ \beta & \alpha \end{pmatrix}$$

($(v \ u)$ 表示列向量 v 与 u 组成的矩阵).

取坐标变换如下:

$$\begin{pmatrix} x_1 \\ x_2 \end{pmatrix} = \begin{pmatrix} v_1(\lambda) & u_1(\lambda) \\ v_2(\lambda) & u_2(\lambda) \end{pmatrix}\begin{pmatrix} \xi_1 \\ \xi_2 \end{pmatrix}.$$

经此变换后 $(5.2.2)_\lambda$ 化为方程

$$\xi' = F(\xi, \lambda). \tag{5.2.4$_\lambda$}$$

显然它仍以原点 O 为平衡点, 且右端在 $\xi = 0$ 处的导算子有如 (5.2.3) 的形式.

下面取一组适当的 $u(\lambda)$ 与 $v(\lambda)$, 检查它们对 λ 有解析性, 从而完成所要的证明. 因为复特征向量的复倍数仍是特征向量, 我们取复数 $p + iq$ 使特征向量

$$(p + iq)\left[\begin{pmatrix} u_1 \\ u_2 \end{pmatrix} + i\begin{pmatrix} v_1 \\ v_2 \end{pmatrix}\right]$$

有如下形式

$$\begin{pmatrix} 1 \\ 0 \end{pmatrix} + i\begin{pmatrix} \overline{v}_1 \\ \overline{v}_2 \end{pmatrix}.$$

这是可以实现的, 因为这只是要求 p 与 q 满足以下方程组

$$\begin{pmatrix} u_1 \\ u_2 \end{pmatrix}p - \begin{pmatrix} v_1 \\ v_2 \end{pmatrix}q = \begin{pmatrix} 1 \\ 0 \end{pmatrix},$$

而向量 $\begin{pmatrix} u_1 \\ u_2 \end{pmatrix}$ 与 $\begin{pmatrix} v_1 \\ v_2 \end{pmatrix}$ 线性无关, 所以上面的方程组有解.

这样一来, 只要检查 $\overline{v}_1$ 与 $\overline{v}_2$ 对 λ 有解析性就可以了. 因为向量

$$\begin{pmatrix} 1 + i\overline{v}_1(\lambda) \\ i\overline{v}_2(\lambda) \end{pmatrix}$$

是特征向量, 所以有向量的等式

$$A(\lambda)\begin{pmatrix} 1 + i\overline{v}_1(\lambda) \\ i\overline{v}_2(\lambda) \end{pmatrix} = (\alpha(\lambda) + i\beta(\lambda))\begin{pmatrix} 1 + i\overline{v}_1(\lambda) \\ i\overline{v}_2(\lambda) \end{pmatrix}.$$

取两端的第一个分量, 得到等式

$$a_{11}(\lambda)(1 + i\overline{v}_1) + a_{12}(\lambda)i\overline{v}_2 = (\alpha(\lambda) + i\beta(\lambda))(1 + i\overline{v}_1),$$

其中 $a_{ij}(\lambda)$ 是矩阵 $A(\lambda)$ 的 i 行 j 列元素. 比较以上等式两端的实部与虚部, 就求得

$$\overline{v}_1 = \frac{\alpha - a_{11}}{\beta}$$

与

$$\overline{v}_2 = \frac{\beta - (a_{11} - \alpha)\overline{v}_1}{a_{12}} = -\frac{a_{21}}{\beta}$$

(计算最后一等式时可以应用关系式 $2\alpha = a_{11} + a_{22}, a_{11} - \alpha = \alpha - a_{22}$, 与 $\alpha^2 + \beta^2 = a_{11}a_{22} - a_{12}a_{21}$). 因为 $f(x, \lambda)$ 解析, 所以

$$a_{ij}(\lambda) = \frac{\partial f_i(x_1, x_2, \lambda)}{\partial x_j}\bigg|_{(x_1, x_2)=(0,0)}$$

是 λ 的解析函数. 而

$$\alpha = \frac{1}{2}(a_{11} + a_{22}),$$

$$\beta = \frac{1}{2}\sqrt{4(a_{11}a_{22} - a_{12}a_{21}) - (a_{11} + a_{22})^2}.$$

又定理假设了根号内的函数当 $\lambda \in (-\lambda_0, \lambda_0)$ 时恒正, 所以 $\overline{v}_1$ 与 $\overline{v}_2$ 在 $(-\lambda_0, \lambda_0)$ 内解析.

为方便起见, 将变换后的方程仍记为

$$x' = f(x, \lambda). \tag{5.2.2}_\lambda$$

它在平衡点 O 处的导算子为

$$Df(0, \lambda) = A(\lambda) = \begin{pmatrix} \alpha(\lambda) & -\beta(\lambda) \\ \beta(\lambda) & \alpha(\lambda) \end{pmatrix}.$$

接下来, 采用极坐标系, 求解并构造后继函数.

将方程 $(5.2.2)_\lambda$ 表示为

$$\begin{cases} x_1' = \alpha(\lambda)x_1 - \beta(\lambda)x_2 + X(x_1, x_2, \lambda), \\ x_2' = \beta(\lambda)x_1 + \alpha(\lambda)x_2 + Y(x_1, x_2, \lambda), \end{cases} \tag{5.2.5}_\lambda$$

其中 X, Y 中的 x_1 与 x_2 至少是二次项.

采用极坐标: $x_1 = r\cos\theta, x_2 = r\sin\theta$. 方程 $(5.2.5)_\lambda$ 化为

$$
\begin{cases}
r' = \dfrac{1}{r}(x_1 x_1' + x_2 x_2') \\
\quad = \alpha(\lambda)r + \cos\theta X(r\cos\theta, r\sin\theta, \lambda) + \sin\theta Y(r\cos\theta, r\sin\theta, \lambda), \\
\theta' = \dfrac{1}{r^2}(x_1 x_2' + x_2 x_1') \\
\quad = \beta(\lambda) + \dfrac{1}{r}\cos\theta Y(r\cos\theta, r\sin\theta, \lambda) - \dfrac{1}{r}\sin\theta X(r\cos\theta, r\sin\theta, \lambda).
\end{cases}
$$
$(5.2.6)_\lambda$

$(5.2.7)_\lambda$

因为 $\beta(\lambda) > 0$, 所以式 $(5.2.7)_\lambda$ 的右端对充分小的 r 为正. 把 $(5.2.6)_\lambda$ 与 $(5.2.7)_\lambda$ 两式相除得右端解析的微分方程

$$\frac{dr}{d\theta} = r\left[\frac{\alpha(\lambda)}{\beta(\lambda)} + R_1(\theta, \lambda)r + R_2(\theta, \lambda)r^2 + \cdots\right]. \tag{$5.2.8)_\lambda$}$$

因为对任意 $\lambda \in (-\lambda_0, \lambda_0)$, 方程 $(5.2.8)_\lambda$ 满足初始条件 $\theta = 0$ 时 $r = 0$ 的解是 $r(\theta) \equiv 0$, 它在整个数轴 $(-\infty, +\infty)$ 上有定义. 所以根据解对初值与参数的连续依赖性, 对充分小的 λ 与 x_1, 方程 $(5.2.8)_\lambda$ 满足初始条件 $\theta = 0$ 时 $r = x_1$ 的解 $r = r(\theta, x_1, \lambda)$ 至少在区间 $[0, 2\pi]$ 上有定义. 解 $r = r(\theta, x_1, \lambda)$ 是 x_1 与 λ 的解析函数, 有性质

$$r(\theta, 0, \lambda) = 0.$$

所以将 $r(\theta, x_1, \lambda)$ 对初值 x_1 展开得到

$$r(\theta, x_1, \lambda) = r_1(\theta, \lambda)x_1 + r_2(\theta, \lambda)x_1^2 + \cdots \tag{5.2.9}$$

因为 $r(0, x_1, \lambda) = x_1$, 所以上式中的 $r_i(\theta, \lambda)(i = 1, 2, \cdots)$ 满足初始条件

$$r_1(0, \lambda) = 1, \quad r_i(0, \lambda) = 0 \ (i = 2, 3, \cdots). \tag{5.2.10}$$

将解 $(5.2.9)$ 代入方程 $(5.2.7)_\lambda$ 后比较 x_1 的各次幂的系数, 得到 $r_i(\theta, \lambda)(i = 1, 2, \cdots)$ 的微分方程

$$\frac{dr_1}{d\theta} = \frac{\alpha(\lambda)}{\beta(\lambda)}r_1,$$

$$\frac{dr_2}{d\theta} = \frac{\alpha(\lambda)}{\beta(\lambda)}r_2 + r_1^2 R_1(\theta, \lambda),$$

$$\frac{dr_3}{d\theta} = \frac{\alpha(\lambda)}{\beta(\lambda)}r_3 + 2r_1 r_2 R_1(\theta, \lambda) + r_1^3 R_2(\theta, \lambda),$$

$$\cdots\cdots$$

结合初始条件 (5.2.10), 可以逐个定出 $r_i(\theta, \lambda)$, 其中

$$r_1(\theta, \lambda) = e^{\frac{\alpha(\lambda)}{\beta(\lambda)}\theta}.$$

于是得到方程 $(5.2.8)_\lambda$ 当 $\theta = 0$ 时 $r = x_1$ 的解

$$r(\theta, x_1, \lambda) = e^{\frac{\alpha(\lambda)}{\beta(\lambda)}\theta} x_1 + r_2(\theta, \lambda) x_1^2 + \cdots$$

定义后继函数 $V(x_1, \lambda)$ 如下:

$$V(x_1, \lambda) \equiv r(2\pi, x_1, \lambda) - r(0, x_1, \lambda)$$
$$= r(2\pi, x_1, \lambda) - x_1$$
$$= (e^{\frac{\alpha(\lambda)}{\beta(\lambda)}2\pi - 1}) x_1 + r_2(2\pi, \lambda) x_1^2 + \cdots$$

这个量表示方程 $(5.2.8)_\lambda$ 即方程 $(5.2.2)_\lambda$ 从 x_1 轴上点 $(x_1, 0)$ 出发的解, 以逆时针方向旋转一周后再与 x_1 轴相交时的 x_1 坐标和原来的 x_1 坐标之差.

根据后继函数 $V(x_1, \lambda)$ 的定义, 方程 $(5.2.2)_\lambda$ 的从点 $(x_1, 0)$ 出发的轨线是闭轨的充要条件是: x_1 与 λ 满足方程 $V(x_1, \lambda) = 0$. 于是周期解是否存在唯一的问题化为方程 $V(x_1, \lambda) = 0$ 是否确定隐函数的问题, 由隐函数存在定理可以证明对任一充分小的 x_1, 有唯一的一个 $\lambda(x_1)$, 使方程 $(5.2.2)_{\lambda(x_1)}$ 的从点 $(x_1, 0)$ 出发的解是周期解. 另外, 还可以证明这个闭轨是稳定的. 具体证明可参考文献 [53].

如果方程 $(5.2.2)_0$ 的中心型平衡点 $(0, 0)$ 是稳定 (或不稳定) 焦点, 则根据后继函数判别法, 方程 $(5.2.2)_0$ 的后继函数 $V(x_1, 0)$ 的级数展开式(其中 x_1^k 项的系数是 $\frac{1}{k!}\frac{\partial^k V(0, 0)}{\partial x_1^k}$) 的第一个非零系数有负 (正) 的符号. 此时, 有以下结论:

(1) $\lambda(x_1) \geqslant 0$ 等价于方程 $(5.2.2)_0$ 以 $(0, 0)$ 为中心型稳定焦点. 此时, 对充分小的 λ, $\lambda \geqslant 0$, 方程 $(5.2.2)_\lambda$ 的经过点 $(x_1(\lambda), 0)$ 的轨线是闭轨, 并且是渐近稳定的. 又有

$$\lim_{\lambda \to 0} \frac{x_1(\lambda)}{\sqrt[2m]{\lambda}} = k \neq 0.$$

(2) $\lambda(x_1) \leqslant 0$ 等价于方程 $(5.2.2)_0$ 以 $(0, 0)$ 为中心型不稳定焦点. 此时, 对充分小的 λ, $\lambda \leqslant 0$, 方程 $(5.2.2)_\lambda$ 的经过点 $(x_1(\lambda), 0)$ 的轨线是闭轨, 并且是不稳定的. 又有

$$\lim_{\lambda \to 0} \frac{x_1(\lambda)}{\sqrt[2m]{-\lambda}} = k \neq 0.$$

(3) $\lambda(x_1) \equiv 0$ 等价于对一切 k, $\lambda^{(k)}(0) = 0$. 此时对一切 k,

$$\frac{\partial^k V(0, 0)}{\partial x_1^k} = 0,$$

也就是方程 $(5.2.2)_0$ 的后继函数 $V(x_1,0) \equiv 0$, 即方程 $(5.2.2)_0$ 的平衡点 $(0,0)$ 是中心.

为完成定理的证明还要估计方程 $(5.2.2)_\lambda$ 的闭轨的周期 T_λ. 因为 $\lambda \to 0$ 时 $x_1 \to 0$, 闭轨线缩为原点, 即 $\lambda \to 0$ 时 $r \to 0$. 所以对充分小的 λ, 由方程 $(5.2.7)_\lambda$ 得到

$$\frac{d\theta}{dt} \approx \beta(\lambda).$$

所以方程 $(5.2.2)_\lambda$ 的闭轨的周期 $T_\lambda \approx \dfrac{2\pi}{\beta(\lambda)}$. 证毕.

§5.3　从闭轨分支出极限环

上节研究了从平衡点分支出极限环的问题. 本节研究平衡点为真中心时, 从闭轨分支出极限环的问题.

考虑方程

$$\begin{cases} x' = g_1(x,y), \\ y' = g_2(x,y). \end{cases} \tag{5.3.1}$$

设 $(0,0)$ 是其唯一的平衡点, 且是真中心. Γ_A 是方程 (5.3.1) 从正 y 轴上点 $(0,A)$ 出发的闭轨, 其方程为

$$\begin{cases} x = \varphi(x,A), \\ y = \psi(x,A), \end{cases}$$

其周期为 $T(A)$.

现在问, 方程 (5.3.1) 经过小的扰动后的方程

$$\begin{cases} x' = g_1(x,y) + \lambda f_1(x,y), \\ y' = g_2(x,y) + \lambda f_2(x,y) \end{cases} \tag{5.3.2}$$

是否有极限环?

以下总假设对任意的 $\lambda(\lambda \neq 0)$, 方程 (5.3.2) 都只以 $(0,0)$ 为平衡点, 并且不是中心型的.

令 $F(x,y) = C$ 是方程 (5.3.1) 的第一积分, 是一族围绕原点的闭曲线. 设 C 愈大时闭曲线 $F(x,y) = C$ 所围的区域也愈大.

定义函数

$$\Phi(A) \equiv \int_0^{T(A)} [F_x f_1 + F_y f_2] dt,$$

其中 $x = \varphi(t,A), y = \psi(t,A)$.

定理 5.3.1 (i) 对充分小的 λ, 方程 (5.3.2) 在方程 (5.3.1) 的闭轨 $\Gamma_{A_0}: x = \varphi(t, A_0), y = \psi(t, A_0)$ 附近有闭轨的必要条件是

$$\Phi(A_0) = 0.$$

(ii) 若 $A_0 > 0, \Phi(A_0) = 0$, 又 $\Phi(A)$ 在 $A = A_0$ 不取极值, 则对充分小的 λ, 方程 (5.3.2) 在 Γ_{A_0} 附近有闭轨.

(iii) 如果

$$\Phi(A_0) = \cdots = \Phi^{(2k)}(A_0) = 0, \Phi^{(2k+1)}(A_0) < 0,$$

则对充分小的 λ, 方程 (5.3.2) 在 Γ_{A_0} 附近有极限环. $\lambda > 0$ 时是稳定环; $\lambda < 0$ 时是不稳定环. 如果条件中 $\Phi^{(2k+1)}(A_0) > 0$, 则结论中的极限环有相反的稳定性.

下面我们采用Ляпунов第二方法证明此结论.

证明 函数 $F(x, y)$ 沿方程 (5.3.2) 的轨线的变化率为

$$\left.\frac{dF}{dt}\right|_{(5.3.2)} = F_x x' + F_y y' = F_x(g_1 + \lambda f_1) + F_y(g_2 + \lambda f_2).$$

因为 $F(x, y) = C$ 是方程 (5.3.1) 的第一积分, 所以

$$F_x g_1 + F_y g_2 = 0.$$

于是沿方程 (5.3.2) 的轨线, 函数 $F(x, y)$ 的变化率为

$$\left.\frac{dF}{dt}\right|_{(5.3.2)} = \lambda(F_x f_1 + F_y f_2).$$

设正 y 轴是方程 (5.3.1) 的右端向量场 (g_1, g_2) 的无切线段 (当 $(0,0)$ 是方程 (5.3.1) 的中心型平衡点时, 它必是方程

$$\begin{cases} x' = -g_2(x, y), \\ y' = g_1(x, y) \end{cases} \tag{5.3.3}$$

的结点. 而方程 (5.3.3) 的任意轨线都是向量场 (g_1, g_2) 的正交曲线, 所以 (5.3.3) 的轨线都是向量场 (g_1, g_2) 的无切线段. 为方便起见, 设 y 轴是 (g_1, g_2) 的无切线段.) 因为方程 (5.3.2) 从正 y 轴上任一点 $(0, A)$ 出发的轨线经过时间 $T(A)$ 后又返回到正 y 轴上, 所以由解对参数的连续依赖性, 当 λ 充分小时, 方程 (5.3.2) 从 $(0, A)$ 出发的轨线: $x = \varphi_\lambda(t, A), y = \psi_\lambda(t, A)$ 必也经过某段时间 $T_\lambda(A)$ 后又返回到正 y 轴上.

于是沿方程 (5.3.2) 从点 $(0, A)$ 出发的轨线转一圈, 函数 $F(x, y)$ 的改变量为

$$F(0, \psi_\lambda(T_\lambda(A), A)) - F(0, A) = \int_0^{T_\lambda(A)} \left.\frac{dF}{dt}\right|_{(5.3.2)} dt = \lambda \int_0^{T_\lambda(A)} [F_x f_1 + F_y f_2] dt,$$

其中 $x = \varphi_\lambda(t, A), y = \psi_\lambda(t, A)$.

定义函数 $\Phi_\lambda(A)$ 如下

$$\Phi_\lambda(A) \equiv \int_0^{T_\lambda(A)} [F_x f_1 + F_y f_2] dt,$$

其中 $x = \varphi_\lambda(t, A), y = \psi_\lambda(t, A)$.

根据解对参数的连续依赖性, 又将初值也作为参数, 那么, 对任给的 $\varepsilon > 0$, 存在 $\delta > 0, \lambda_0 > 0$, 使得当 $|A_1 - A| < \delta, |\lambda| < \lambda_0$ 时有

$$|\varphi_\lambda(t, A_1) - \varphi(t, A)| < \varepsilon, |\psi_\lambda(t, A_1) - \psi(t, A)| < \varepsilon, t \in [0, 2T(A)],$$

并且

$$|T_\lambda(A_1) - T(A)| < \varepsilon.$$

又函数 $F_x(x, y) f_1(x, y) + F_y f_2(x, y)$ 对 (x, y) 连续, 所以 $\Phi_\lambda(A_1)$ 能任意接近 $\Phi(A)$, 只要 λ 充分小, A_1 充分接近 A.

下面依次证明定理的三个结论.

(i) 若 $\Phi(A_0) \neq 0$, 则根据以上讨论, 当 λ 充分小, A 充分接近 A_0 时, $\Phi_\lambda(A) \neq 0$. 也就是说, 方程 (5.3.2) 从 $(0, A)$ 出发的轨线都不是闭轨; 即对充分小的 λ, 方程 (5.3.2) 从点 $(0, A_0)$ 附近出发的轨线都不是闭轨. 由解对参数与初值的连续依赖性, 定理的 (i) 证毕.

(ii) 如果 $\Phi(A_0) = 0$, 但 $\Phi(A)$ 在 $A = A_0$ 不取极值, 那么对任给的 $\varepsilon > 0$, 存在 δ_1 和 $\delta_2, 0 < \delta_1, \delta_2 < \varepsilon$, 使 $\Phi(A_0 - \delta_1)$ 与 $\Phi(A_0 + \delta_2)$ 异号. 根据前面的讨论, 存在 λ_0, 使得当 $|\lambda| < \lambda_0$ 时, $\Phi_\lambda(A_0 - \delta_1)$ 与 $\Phi_\lambda(A_0 + \delta_2)$ 异号. 于是对 $\lambda, |\lambda| < \lambda_0$, 存在 A_λ,

$$A_\lambda \in (A_0 - \delta_1, A_0 + \delta_2) \subset (A_0 - \varepsilon, A_0 + \varepsilon),$$

使

$$\Phi_\lambda(A_\lambda) = 0.$$

也就是说, 对任给的 $\varepsilon > 0$, 存在 λ_0, 当 $|\lambda| < \lambda_0$ 时, 方程 (5.3.2) 从 y 轴上的区间 $(A_0 - \varepsilon, A_0 + \varepsilon)$ 内的点 $(0, A_\lambda)$ 出发的轨线是闭轨. 由解对初值与参数的连续性, 该闭轨在 Γ_{A_0} 附近, 定理的 (ii) 证完.

(iii) 如果 $\Phi(A_0) = \cdots = \Phi^{(2k)}(A_0) = 0$, 而 $\Phi^{(2k+1)}(A_0) < 0$, 则存在 $\delta_0 > 0$, 使得 $\Phi(A_0 - \delta_0) > 0$, 而 $\Phi(A_0 + \delta_0) < 0$. 根据前面的讨论, 存在 $\lambda_0 > 0$, 使得当 $|\lambda| < \lambda_0$ 时, $\Phi_\lambda(A_0 - \delta_0) > 0$, 而 $\Phi_\lambda(A_0 + \delta_0) < 0$. 因为按函数 $\Phi_\lambda(A)$ 的定义, 当 $\lambda > 0$ 时, $\Phi_\lambda(A)$ 与沿着方程 (5.3.2) 从点 $(0, A)$ 出发的轨线转一圈后再返回到正 y 轴上时, 函数 $F(x, y)$ 的改变量有相同的符号. 所以 $\lambda > 0$ 时, 方程 (5.3.2) 从

点 $(0, A_0 - \delta)$ 出发的轨线再与正 y 轴相交时, 交点在点 $(0, A_0 - \delta)$ 之上方; 而从点 $(0, A_0 + \delta)$ 出发的轨线再与正 y 轴相交时, 交点在点 $(0, A_0 + \delta)$ 之下方. 两段轨线与正 y 轴上连接每条轨线段的两个区间围成一个环形区域 R, 如图 5.3.1 所示.

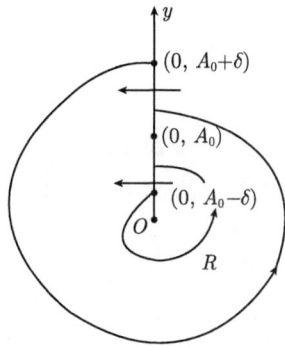

图 5.3.1　$\Gamma_{\hat{A}_0}$ 附近轨线

因为 R 是正不变集, 所以由 Poincaré-Bendixson 定理的推论, 在这个区域 R 内一定有方程 (5.3.2) 的稳定的极限环. 当然这个极限环是在 Γ_{A_0} 附近.

$\lambda < 0$ 时, 函数 $\Phi_\lambda(A)$ 与沿着 (5.3.2) 从点 $(0, A)$ 出发的轨线转一圈后再返回到正 y 轴时, 函数 $F(x, y)$ 的改变量有相反的符号. 所以此时在 Γ_{A_0} 附近有方程 (5.3.2) 的不稳定的极限环.

$\Phi^{(2k+1)}(A_0) > 0$ 的情况, 可以类似地讨论. 定理证毕.

例 5.3.1　Van der Pol 方程

$$x'' + \mu(x^2 - 1)x' + x = 0$$

有等价方程组

$$\begin{cases} x' = y, \\ y' = -x + \mu(1 - x^2)y. \end{cases}$$

当 $\mu = 0$ 时, 方程组成为

$$\begin{cases} x' = y, \\ y' = -x, \end{cases}$$

$(0, 0)$ 是它唯一的平衡点, 且是真中心. 为研究等价方程组的极限环, 定义函数

$$\Phi(A) = \int_0^{2\pi} y^2(1 - x^2)dt,$$

其中 $x = A\sin t, y = A\cos t$. 于是

$$\Phi(A) = \int_0^{2\pi} A^2 \cos^2 t(1 - A^2 \sin^2 t)dt$$
$$= A^2 \pi \left(1 - \frac{A^2}{4}\right).$$

解方程 $\Phi(A) = 0$, 得 $A = 0$ 与 $A = 2$. 又 $\Phi'(2) = -4\pi < 0$, 所以由定理 5.3.1, 等价方程组在圆 $x = 2\sin t, y = 2\cos t$ 附近有极限环. $\mu > 0$ 时是稳定环; $\mu < 0$ 时是不

稳定环. 这说明相图的基本结构有变化, $\mu = 0$ 是参数的分支值, $(0,0)$ 是 $(5.1.3)_0$ 的真中心, 此时会从闭轨分支出极限环.

例 5.3.2 Volterra-Lotka 方程

$$
\begin{cases}
\xi' = \xi(\alpha - \beta\eta), \\
\eta' = -\eta(\gamma - \delta\xi),
\end{cases}
$$

其中 $\alpha, \beta, \gamma, \delta$ 皆正.

经过变换 $x = \sqrt{\alpha}(\delta\xi - \gamma), y = \sqrt{\gamma}(\beta\eta - \alpha), \tau = \sqrt{\alpha\gamma}t$ 后, 化为

$$
\begin{cases}
x' = -y - axy, \\
y' = x + bxy,
\end{cases}
\tag{5.3.4}
$$

这里 $a > 0, b > 0, x', y'$ 分别表示 $\dfrac{dx}{d\tau}$ 与 $\dfrac{dy}{d\tau}$. 方程 (5.3.4) 在区域: $x > -\dfrac{1}{a}, y > -\dfrac{1}{b}$ 内有唯一的平衡点 (0,0), 且是中心型平衡点. 它的一切解都是周期的, 有第一积分

$$
F(x,y) = \frac{x}{a} - \frac{1}{a^2}\ln(1 + ax) + \frac{y}{b} - \frac{1}{b^2}\ln(1 + by) = C.
$$

它是一族围绕原点的闭曲线, C 愈大, $F(x,y) = C$ 所围的区域也愈大.

下面研究有微扰后的方程

$$
\begin{cases}
x' = -y(1 + ax) + \lambda f_1(x,y), \\
y' = x(1 + by) + \lambda f_2(x,y)
\end{cases}
\tag{5.3.5}
$$

的周期解的问题. 为了应用定理 5.3.1, 我们构造函数

$$
\begin{aligned}
\Phi(A) &= \int_0^{T(A)} [F_x f_1 + F_y f_2] d\tau \\
&= \int_0^{T(A)} \left[\frac{x f_1}{1 + ax} + \frac{y f_2}{1 + by} \right] d\tau \\
&= \int_0^{T(A)} \frac{y' f_1 - x' f_2}{(1 + ax)(1 + by)} d\tau,
\end{aligned}
$$

其中 $x = \varphi(\tau, A), y = \psi(\tau, A)$ 是方程 (5.3.4) 过点 $(0, A)$ 的闭轨. 显然这条轨线满足方程

$$
\frac{x}{a} - \frac{1}{a^2}\ln(1 + ax) + \frac{y}{b} - \frac{1}{b^2}\ln(1 + by) = \frac{A}{b} - \frac{1}{b^2}\ln(1 + bA),
\tag{5.3.6}
$$

所以 $\Phi(A)$ 可以改写为

$$
\Phi(A) = \int_{\Gamma_A} \frac{f_1 dy - f_2 dx}{(1 + ax)(1 + by)},
$$

其中 Γ_A 为闭曲线 (5.3.6). 对于给定的 f_1 与 f_2, 计算 (近似计算) 出函数 $\Phi(A)$ 的曲线, 就可以根据它讨论方程 (5.3.5) 的极限环的存在性、稳定性等问题.

接下来考虑非线性方程

$$\begin{cases} x' = y + \lambda f_1(x,y), \\ y' = -x + \lambda f_2(x,y) \end{cases} \tag{5.3.7}$$

是否有极限环. 设 $(0,0)$ 是它的唯一的平衡点, 而 $\lambda \neq 0$ 时, 平衡点是非中心型的.

同时考虑方程 (5.3.7) 对应的非扰动方程 ($\lambda = 0$)

$$\begin{cases} x' = y, \\ y' = -x. \end{cases} \tag{5.3.8}$$

定义函数

$$\Phi(A) \equiv \int_0^{2\pi} [\sin u f_1(A\sin u, A\cos u) + \cos u f_2(A\sin u, A\cos u)]du.$$

现给出如下定理.

定理 5.3.2 如果 A_0 是方程 $\Phi(A) = 0$ 的正根, 又 $\Phi'(A_0) > 0$, 则方程 (5.3.7) 有唯一的一个闭轨 Γ_λ, 当 $\lambda \to 0$ 时, Γ_λ 趋于 (5.3.8) 的闭轨: $x = A_0\sin t$, $y = A_0\cos t$. $\lambda < 0$, 相应的闭轨 Γ_λ 稳定; $\lambda > 0$, 相应的闭轨 Γ_λ 不稳定. 如果 $\Phi'(A_0) < 0$, 则有关稳定性的结论相反.

对该定理我们用 Poincaré 方法加以证明.

证明 线性方程 (5.3.8) 以原点 (0.0) 为真中心, $t = 0$ 时从点 b 出发的解为

$$\Psi(t)b = \begin{pmatrix} \cos t & \sin t \\ -\sin t & \cos t \end{pmatrix} \begin{pmatrix} b_1 \\ b_2 \end{pmatrix}.$$

$\Psi(t)$ 是基本解矩阵, 它有性质 $\Psi(0) = \Psi(2\pi) = I$. 又显然

$$\Psi^{-1}(t) = \begin{pmatrix} \cos t & -\sin t \\ \sin t & \cos t \end{pmatrix}.$$

把方程 (5.3.7) 在 $t = 0$ 时从点 $(0, A + \xi)$ 出发的解记为

$$\begin{cases} x = \varphi(t, \xi, \lambda), \\ y = \psi(t, \xi, \lambda). \end{cases} \tag{5.3.9}$$

显然对一切 ξ 和 λ 有

$$\begin{cases} \varphi(0, \xi, \lambda) = 0, \\ \psi(0, \xi, \lambda) = A + \xi, \end{cases} \tag{5.3.10}$$

且 $\lambda = 0$ 时有

$$
\begin{pmatrix} \varphi(t,\xi,0) \\ \psi(t,\xi,0) \end{pmatrix} = \Psi(t) \begin{pmatrix} 0 \\ A+\xi \end{pmatrix} = \begin{pmatrix} (A+\xi)\sin t \\ (A+\xi)\cos t \end{pmatrix} \tag{5.3.11}
$$

与

$$
\begin{pmatrix} \varphi(t,0,0) \\ \psi(t,0,0) \end{pmatrix} = \begin{pmatrix} A\sin t \\ A\cos t \end{pmatrix}. \tag{5.3.12}
$$

因为方程 (5.3.7) 的满足初始条件的 $t=0$ 时过点 $(0,A+\xi)$ 的解应该满足等价的积分方程

$$
\begin{pmatrix} \varphi(t,\xi,\lambda) \\ \psi(t,\xi,\lambda) \end{pmatrix} = \Psi(t) \begin{pmatrix} 0 \\ A+\xi \end{pmatrix}
$$
$$
+ \lambda\Psi(t)\int_0^t \Psi^{-1}(u) \begin{pmatrix} f_1(\varphi(u,\xi,\lambda),\psi(u,\xi,\lambda)) \\ f_2(\varphi(u,\xi,\lambda),\psi(u,\xi,\lambda)) \end{pmatrix} du, \tag{5.3.13}
$$

所以解 (5.3.9) 是一个以 $2\pi+\tau$ 为周期的函数的充要条件是

$$
\begin{pmatrix} \varphi(2\pi+\tau,\xi,\lambda) \\ \psi(2\pi+\tau,\xi,\lambda) \end{pmatrix} - \begin{pmatrix} \varphi(0,\xi,\lambda) \\ \psi(0,\xi,\lambda) \end{pmatrix} = 0,
$$

也就是

$$
(\Psi(2\pi+\tau)-\Psi(0)) \begin{pmatrix} 0 \\ A+\xi \end{pmatrix} + \lambda\Psi(2\pi+\tau)\int_0^{2\pi+\tau}\Psi^{-1}(u) \begin{pmatrix} f_1 \\ f_2 \end{pmatrix} du = 0.
$$

又因为 $\Psi(0)=I, \Psi(2\pi+\tau)=\Psi(\tau)$, 所以上面的充要条件成为

$$
\begin{pmatrix} H(\xi,\lambda,\tau) \\ K(\xi,\lambda,\tau) \end{pmatrix} \equiv \begin{pmatrix} \cos\tau-1 & \sin\tau \\ -\sin\tau & \cos\tau-1 \end{pmatrix} \begin{pmatrix} 0 \\ A+\xi \end{pmatrix}
$$
$$
+ \lambda \begin{pmatrix} \cos\tau & \sin\tau \\ -\sin\tau & \cos\tau \end{pmatrix} \times \int_0^{2\pi+\tau} \left[\begin{pmatrix} \cos u & -\sin u \\ \sin u & \cos u \end{pmatrix} \right.
$$
$$
\left. \times \begin{pmatrix} f_1(\varphi(u,\xi,\lambda),\psi(u,\xi,\lambda)) \\ f_2(\varphi(u,\xi,\lambda),\psi(u,\xi,\lambda)) \end{pmatrix} \right] du = 0. \tag{5.3.14}
$$

这是变量 ξ,λ,τ 所满足的一个方程组. 如果对于充分小的 λ, 以上方程组确定出变量 ξ 与 τ 是 λ 的函数, 即 $\xi=\xi(\lambda),\tau=\tau(\lambda)$, 则对充分小的 λ, 方程 (5.3.7) 的从点 $(0,A+\xi(\lambda))$ 出发的解是以 $2\pi+\tau(\lambda)$ 为周期的周期解.

下面应用隐函数定理来证明. 为此验证隐函数定理所需要的条件. 首先, 显然有

$$\begin{cases} H(0,0,0) = 0, \\ K(0,0,0) = 0. \end{cases}$$

其实对任意的 ξ, 有

$$\begin{cases} H(\xi,0,0) = 0, \\ K(\xi,0,0) = 0. \end{cases} \tag{5.3.15}$$

再计算 Jacobi 式 $\left| \dfrac{\partial(H,K)}{\partial(\xi,\tau)} \right|_{(0,0,0)}$. 因为

$$\begin{pmatrix} H(\xi,0,\tau) \\ K(\xi,0,\tau) \end{pmatrix} \equiv \begin{pmatrix} \cos\tau - 1 & \sin\tau \\ -\sin\tau & \cos\tau - 1 \end{pmatrix} \begin{pmatrix} 0 \\ A+\xi \end{pmatrix},$$

所以

$$\begin{pmatrix} \dfrac{\partial H}{\partial \xi} \\[2mm] \dfrac{\partial K}{\partial \xi} \end{pmatrix}_{(0,0,0)} = \begin{pmatrix} 0 \\ 0 \end{pmatrix},$$

$$\begin{pmatrix} \dfrac{\partial H}{\partial \tau} \\[2mm] \dfrac{\partial K}{\partial \tau} \end{pmatrix}_{(0,0,0)} = \begin{pmatrix} 0 & 1 \\ -1 & 0 \end{pmatrix} \begin{pmatrix} 0 \\ A \end{pmatrix} = \begin{pmatrix} A \\ 0 \end{pmatrix}.$$

于是 Jacobi 式为零. 不能直接确定 ξ 与 τ 为 λ 的函数.

因为

$$\left. \frac{\partial H}{\partial \tau} \right|_{(0,0,0)} = A \neq 0,$$

所以根据隐函数定理, 有方程 $H(\xi,\lambda,\tau) = 0$ 中可解出 τ, 得到定义在 $(\xi,\lambda) = (0,0)$ 邻域内的函数 $\tau = \tau(\xi,\lambda)$, 它满足 $\tau(0,0) = 0$, 又使

$$H(\xi,\lambda,\tau(\xi,\lambda)) \equiv 0.$$

此外, 函数 $\tau = \tau(\xi,\lambda)$ 还有以下性质:

$$\tau(\xi,0) \equiv 0. \tag{5.3.16}$$

这是因为 $H(\xi,0,\tau) = (A+\xi)\sin\tau$, 对任意 ξ 都要求 $H(\xi,0,\tau) = 0$, 就得到 $\sin\tau = 0$, 所以 $\tau = 0$(因为 τ 很小). 也就是 $\tau(\xi,0) \equiv 0$.

将 $\tau = \tau(\xi, \lambda)$ 代入方程 $K(\xi, \lambda, \tau) = 0$, 得到 ξ 与 λ 的方程

$$K(\xi, \lambda, \tau(\xi, \lambda)) = 0. \tag{5.3.17}$$

如果能从上方程中解出 $\xi = \xi(\lambda)$, 那么只要把它代回 $\tau = \tau(\xi, \lambda)$, 就得 ξ 与 λ 都是 λ 的函数, 它们使充要条件 (5.3.14) 得到满足.

而方程 (5.3.17) 左端的函数, 当 $\lambda = 0$ 时, 对一切 ξ 有

$$K(\xi, 0, \tau(\xi, 0)) = K(\xi, 0, 0) = 0.$$

所以不能根据隐函数定理解出 ξ. 但也就是因为 $K(\xi, 0, \tau(\xi, \lambda))$ 有以上性质, 所以它有因子 λ, 即

$$K(\xi, \lambda, \tau(\xi, \lambda)) \equiv \lambda K_1(\xi, \lambda).$$

这样就定义了一个函数 $K_1(\xi, \lambda)$. 只要能从方程 $K_1(\xi, \lambda) = 0$ 中解得函数 $\xi = \xi(\lambda)$, 满足 $\xi(0) = 0$, 那么所得到的这个函数也能使方程 $K(\xi, \lambda, \tau(\xi, \lambda)) = 0$ 满足. 下面给函数 $K_1(\xi, \lambda)$ 加条件, 使它满足隐函数定理的要求.

首先要求函数 $K_1(\xi, \lambda)$ 满足条件: $K_1(0, 0) = 0$. 根据 $K_1(\xi, \lambda)$ 的定义,

$$K_1(0, 0) = \left(\frac{\partial K(\xi, \lambda, \tau(\xi, \lambda))}{\partial \lambda} \right)_{(\xi, \lambda) = (0, 0)} = \left(\frac{\partial K}{\partial \lambda} + \frac{\partial K}{\partial \tau} \frac{\partial \tau}{\partial \lambda} \right)_{(0, 0, 0)}.$$

注意前面计算过 $\left. \dfrac{\partial K}{\partial \tau} \right|_{(0, 0, 0)} = 0$, 所以

$$K_1(0, 0) = \left. \frac{\partial K}{\partial \lambda} \right|_{(0, 0, 0)}.$$

应用式 (5.3.14) 的第二个分量计算得到

$$K_1(0, 0) = \int_0^{2\pi} [\sin u f_1(\varphi(u, 0, 0), \psi(u, 0, 0)) + \cos u f_2(\varphi(u, 0, 0), \psi(u, 0, 0))] du.$$

因为 $\varphi(u, 0, 0) = A \sin u, \psi(u, 0, 0) = A \cos u$, 所以 $K_1(0, 0) = 0$ 的条件就成为以下条件

$$\Phi(A) = 0.$$

其次要求满足 $\left. \dfrac{\partial K_1}{\partial \xi} \right|_{(0, 0, 0)} \neq 0$. 根据 $K_1(\xi, \lambda)$ 的定义,

$$\frac{\partial K_1}{\partial \xi} = \frac{1}{\lambda} \frac{\partial K(\xi, \lambda, \tau(\xi, \lambda))}{\partial \xi},$$

其中

$$\frac{\partial K(\xi,\lambda,\tau(\xi,\lambda))}{\partial \xi} = \frac{\partial K(\xi,\lambda,\tau)}{\partial \xi} + \frac{\partial K(\xi,\lambda,\tau)}{\partial \tau} \cdot \frac{\partial \tau}{\partial \xi}.$$

由式 (5.3.14)

$$K(\xi,\lambda,\tau) = (\cos\tau - 1)(A + \xi) + \lambda \int_0^{2\pi+\tau} [\sin(u-\tau)f_1(\varphi(u,\xi,\lambda),\psi(u,\xi,\lambda))$$

$$+ \cos(u-\tau)f_2(\varphi(u,\xi,\lambda),\psi(u,\xi,\lambda))]du.$$

所以

$$\frac{\partial K(\xi,\lambda,\tau(\xi,\lambda))}{\partial \xi} = \cos\tau - 1 + \lambda \int_0^{2\pi+\tau} \left[\sin(u-\tau)\left(\frac{\partial f_1}{\partial x}\frac{\partial \varphi}{\partial \xi} + \frac{\partial f_1}{\partial y}\frac{\partial \psi}{\partial \xi}\right) \right.$$

$$+ \cos(u-\tau)\left(\frac{\partial f_2}{\partial x}\frac{\partial \varphi}{\partial \xi} + \frac{\partial f_2}{\partial y}\frac{\partial \psi}{\partial \xi}\right) \bigg] du + (-\sin\tau)(A+\xi)\frac{\partial \tau}{\partial \xi}$$

$$+ \lambda f_2(\varphi(2\pi+\tau,\xi,\lambda),\psi(2\pi+\tau,\xi,\lambda))\frac{\partial \tau}{\partial \xi}$$

$$+ \lambda \int_0^{2\pi+\tau} [-\cos(u-\tau)f_1 + \sin(u-\tau)f_2]du \cdot \frac{\partial \tau}{\partial \xi}.$$

由式 (5.3.16)$\tau(\xi,0) \equiv 0$ 知, 把 $\tau(\xi,\lambda)$ 按 λ 展开有以下形式:

$$\tau(\xi,\lambda) = B_1(\xi)\lambda + B_2(\xi)\lambda^2 + \cdots$$

于是 $\frac{\tau(\xi,\lambda)}{\lambda}$ 有界; 又

$$\frac{\partial \tau}{\partial \xi}\bigg|_{(0,0)} = -\frac{H'_\xi}{H'_\tau}\bigg|_{(0,0,0)} = \frac{0}{A} = 0,$$

当 $\lambda = 0$ 时,$\tau = 0$; 还有

$$\frac{\partial \varphi}{\partial \xi}\bigg|_{(u,0,0)} = \sin u, \frac{\partial \psi}{\partial \xi}\bigg|_{(u,0,0)} = \cos u.$$

所以

$$\frac{\partial K_1}{\partial \xi}\bigg|_{(0,0)} = \int_0^{2\pi} \left[\sin u\left(\frac{\partial f_1}{\partial x}\sin u + \frac{\partial f_1}{\partial y}\cos u\right) + \cos u\left(\frac{\partial f_2}{\partial x}\sin u + \frac{\partial f_2}{\partial y}\cos u\right) \right] du.$$

考虑到 $\Phi(A)$ 的定义, 条件 $\frac{\partial K_1}{\partial \xi}\bigg|_{(0,0)} \neq 0$ 就变为

$$\Phi'(A) \neq 0. \tag{5.3.18}$$

由上证明我们可知如果 $\Phi(A_0) = 0$, 而 $\Phi'(A_0) \neq 0$, 那么就存在唯一的函数 $\xi = \xi(\lambda), \tau = \tau(\lambda)$, 使得方程 (5.3.7) 的经过 $(0, A_0 + \xi(\lambda))$ 的解是周期为 $2\pi + \tau(\lambda)$ 的周期解, 并且当 $\lambda \to 0$ 时, 这一支周期解趋于方程 (5.3.8) 的周期解: $x = A_0 \sin t, y = A_0 \cos t$.

下面讨论这种周期解的稳定性.

设 Γ_{λ_0} 是方程

$$\begin{cases} x' = -y + \lambda_0 f_1(x, y), \\ y' = -x + \lambda_0 f_2(x, y) \end{cases} \tag{5.3.19}$$

的从点 $(0, A_0 + \xi(\lambda_0)) \equiv (0, A_0 + \xi_0)$ 出发的闭轨, 为讨论 Γ_{λ_0} 的稳定性, 先计算 ξ 充分接近 ξ_0 时, 方程 (5.3.19) 从点 $(0, A_0 + \xi)$ 出发的轨线再一次返回到正 y 轴上时的截距与原截距 $A_0 + \xi$ 之差 $\Delta(\xi)$. 因为

$$\Delta(\xi) = \psi(2\pi + \tau(\xi, \lambda_0), \xi, \lambda_0) - \psi(0, \xi, \lambda_0),$$

其中 $\tau = \tau(\xi, \lambda_0)$ 是由方程 $H(\xi, \lambda_0, \tau) = 0$ 所确定的; 再由函数 K 与 K_1 的定义, 就得到

$$\Delta(\xi) = K(\xi, \lambda_0, \tau(\xi, \lambda_0)) = \lambda_0 K_1(\xi, \lambda_0),$$

而函数 $\xi = \xi(\lambda)$ 是由方程 $K_1(\xi, \lambda) = 0$ 所确定的, 所以 $K_1(\xi_0, \lambda_0) = K_1(\xi(\lambda_0), \lambda_0) = 0$. 于是将函数 $K_1(\xi, \lambda_0)$ 对 ξ 在 ξ_0 展开, 得

$$\Delta(\xi) = \lambda_0 \left[\left. \frac{\partial K_1}{\partial \xi} \right|_{(\xi_0, \lambda_0)} (\xi - \xi_0) + \left. \frac{\partial^2 K_1}{\partial \xi^2} \right|_{(\xi_0, \lambda_0)} (\xi - \xi_0)^2 + \cdots \right].$$

只要 $\left. \dfrac{\partial K_1}{\partial \xi} \right|_{(0,0)} \neq 0$, 则对充分小的 λ_0(当然 ξ_0 也很小) 有 $\left. \dfrac{\partial K_1}{\partial \xi} \right|_{(\xi_0, \lambda_0)}$ 与 $\left. \dfrac{\partial K_1}{\partial \xi} \right|_{(0,0)} = \Phi'(A_0)$ 同号. 而当 ξ 充分接近 ξ_0 时, $\Delta(\xi)$ 与展开式的第一项同号, 也就是与 $\lambda_0 \Phi'(A_0)(\xi - \xi_0)$ 同号. 因而由 $\Delta(\xi)$ 的定义, $\lambda_0 \Phi'(A_0) < 0$ 时, Γ_{λ_0} 稳定; $\lambda_0 \Phi'(A_0) > 0$ 时, Γ_{λ_0} 不稳定. 定理证毕.

§5.4　同宿分支与异宿分支

在这一节中, 我们将研究鞍点的分支问题. 首先介绍相关的概念.

定义 5.4.1　同一个鞍点 O 的稳定流形 s^+ 和不稳定流形 s^- 有时可以重合, 这时这一重合的轨线 $S^{(1)}$ 就形成了一种特殊的轨线, 称为鞍点的分界线环或者同宿环或者同宿轨线, 如图 5.4.1 所示.

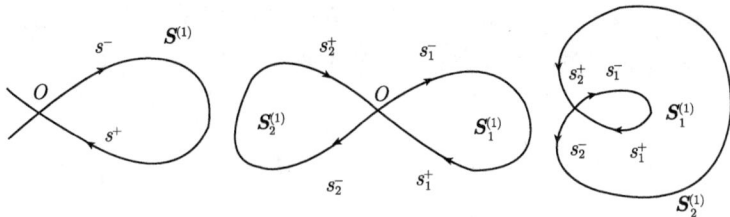

图 5.4.1　各种同宿轨线

如果 p 是同宿轨线 $S^{(1)}$ 上的一点，$\varphi(t,p)$ 是 $t=0$ 时系统过 p 点的轨线，那么同宿轨线的特征是

$$\varphi(t,p) \to O \quad (t \to +\infty); \varphi(t,p) \to O \quad (t \to -\infty). \tag{5.4.1}$$

定义 5.4.2　一个鞍点 O_1 的不稳定流形 s_1^- 有时可以和另一个鞍点 O_2 的稳定流形 s_2^+ 重合，这时这一重合的轨线 s_{12} 就形成了另一种特殊轨线，称为鞍点连线或异宿轨线. 若干条异宿轨线可形成一个环，称为异宿环. 按环上鞍点的个数，可记为 $S^{(2)}, S^{(3)}, \cdots$，如图 5.4.2 所示.

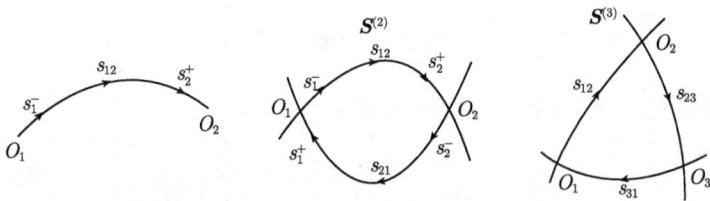

图 5.4.2　异宿轨线和异宿环

如果 p 是异宿轨线 s_{12} 上一点，$\varphi(t,p)$ 是 $t=0$ 时系统过 p 点的轨线，那么异宿轨线的特征是

$$\varphi(t,p) \to O_2(t \to +\infty); \varphi(t,p) \to O_1(t \to -\infty). \tag{5.4.2}$$

同宿环和异宿环又统称为奇环或奇闭轨线. 对于同宿环或异宿环，首先要研究的问题是它的内侧稳定性，即它内侧邻近的轨线是趋近于它还是远离于它的问题. 为此先要研究变分方程和后继函数的性质.

设

$$x' = f(x), x \in R^n, f \in C^r, r \geqslant 1 \tag{5.4.3}$$

定义了一个动力系统，$\varphi(t,p)$ 是系统 (5.4.3) 的在 $t=0$ 时过 $p \in R^n$ 的轨线，那么 $\varphi(t,p)$ 就是系统 (5.4.3) 的流，$\dfrac{\partial \varphi}{\partial p}$ 是流 $\varphi(t,p)$ 的导算子.

定义 5.4.3   设 γ 是系统 (5.4.3) 的一条轨线,l_1, l_2 是 γ 的两条无切线段,n_1, n_2 是 l_1, l_2 的单位方向向量,γ 与 l_1, l_2 分别交于点 N_1, N_2. 在 l_1 上取定一点 M_1, l_2 上取定一点 M_2 后, 则 N_1, N_2 可表示为

$$N_1 = M_1 + un_1, \quad N_2 = M_2 + v(u)n_2. \tag{5.4.4}$$

函数 $v = v(u)$ 称为系统 (5.4.3) 的轨线 γ 从点 N_1 到点 N_2 的对应函数或传递函数.

如果 γ 盘旋一周后再次与 l_1 相交, 并且 l_2 与 l_1 重合, 这时称函数 $v = v(u)$ 为 γ 的后继函数, 如图 5.4.3 所示.

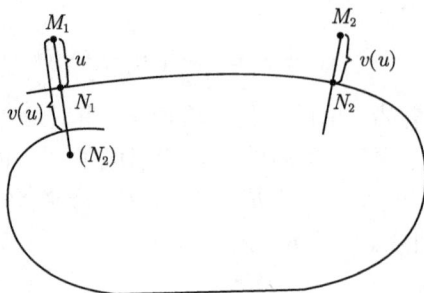

图 5.4.3   对应函数 (传递函数) 与后继函数的意义

下面给出对应函数与后继函数的导数公式.

引理 5.4.1   设

$$\Delta_1 = \det\left(\frac{\partial \varphi(t,p)}{\partial t}, n_1\right), \quad \Delta_2 = \det\left(\frac{\partial \varphi(t,p)}{\partial t}, n_2\right).$$

则当 $v = v(u)$ 表示对应函数时,

$$v'(u) = \frac{\Delta_1}{\Delta_2} e^{\int_0^\tau tr\frac{\partial f(\varphi(t,p))}{\partial x}dt}, \tag{5.4.5}$$

其中 τ 表示轨线 γ 从点 N_1 到点 N_2 所用的时间.

当 $v = v(u)$ 表示后继函数时,

$$v'(u) = e^{\int_0^\tau tr\frac{\partial f(\varphi(t,p))}{\partial x}dt}, \tag{5.4.6}$$

这时 τ 表示轨线 γ 从 l_1 出发, 盘旋一周后再次与 l_1 相交所用的时间 (回复时间).

引理 5.4.1 的证明从略, 详见文献 [53].

下面的定理是研究同 (异) 宿环、极限环稳定性的一个重要依据.

定理 5.4.1   设 L 表示 $x' = f(x)$ 的一个极限环或同宿环或异宿环, γ 是 L 内侧距离 L 充分近的一条轨线 (因此 γ 从 L 的一条无切线段 l 出发并经过时间 τ 后

将再次与 l 相交), p 是 γ 上任意一点; 又设 $\varphi(t, p)$ 是系统 (5.4.3) 的在 $t = 0$ 时经过点 p 的解 (因此 $\varphi(t, p)$ 就是 γ 的参数方程)

$$I(\gamma) = \int_0^\tau \text{tr}\frac{\partial f(\varphi(t, p))}{\partial x} dt. \tag{5.4.7}$$

则当 $I(\gamma) < 0$(或 > 0) 时,L 是内侧稳定 (或不稳定) 的.

证明 在 L 上任意取一点 M, 设 l 是过点 M 的无切线段, 其方向指向 L 内部, γ 从 l 上 N_1 点出发, 经过时间 τ 后再次与 l 交于 N_2 点. 设 $MN_1 = u, MN_2 = v$, 则显然, 当 $\dfrac{v}{u} < 1$(或 > 1) 时,L 是内侧稳定 (或不稳定) 的.

由解对初值的光滑性知, 后继函数 $v = v(u)$ 是 u 的光滑函数 (光滑性与式 (5.4.3) 右端函数 $f(x)$ 相同). 因此由引理 5.4.1 及带余项的 Taylor 公式得

$$v = v'(u)u + \alpha = e^{I(\gamma)}u + \alpha,$$

其中 α 是 u 的高阶无穷小. 故若 $I(\gamma) < 0$(或 > 0), 则当 u 充分小时有 $\dfrac{v}{u} < 1$(或 > 1). 证毕.

如果 L 是一个周期为 T 的极限环 Γ, 那么当 $u = 0$ 时, 积分 $I(\gamma)$ 就变成 Γ 的特征指数

$$I(T) = \int_0^T \text{tr}\frac{\partial f(\varphi_0(t))}{\partial x} dt$$

($I(T)$ 与特征指数 γ_0 差一个常数倍 T,$\varphi_0(t)$ 是 Γ 的参数方程) , 由解对初值的连续性知, 当 $u \to 0$ 时 $I(\gamma) \to I(T)$. 因此由定理 5.4.1 再次得到以前判断极限环稳定性的定理. 但是当 L 表示一个同宿环时, 如果 $u = 0$, 则积分 $I(\gamma)$ 形式上将变成为一个无穷积分

$$\int_{-\infty}^{+\infty} \text{tr}\frac{\partial f(\varphi_0(t))}{\partial x} dt$$

(这时 $\varphi_0(t)$ 表示同宿环的参数方程). 这就产生一些新问题, 例如此无穷积分是否收敛? 如果收敛, 当 $u \to 0$ 时, 积分 $I(\gamma)$ 是否趋于它? 至于当 L 表示一个异宿环时,$I(\gamma)$ 将有什么变化就更不清楚了. 虽然如此, 通过与极限环的类比, 我们有理由猜想, 上述无穷积分的符号应当能决定同宿环的稳定性. 下面我们以一种简单的情况证明这一猜想是正确的.

定义 5.4.4 设原点 $O(0, 0)$ 是 $x' = f(x)$ 的非退化鞍点,O 有一个与它相连的同宿环 $S^{(1)}$. 令

$$\sigma_0 = \text{tr}\frac{\partial f(x)}{\partial x}\Big|_{x=0}. \tag{5.4.8}$$

当 $\sigma_0 \neq 0$ 时, O 称为一个粗鞍点, 而 $S^{(1)}$ 称为粗鞍点同宿环.

讨论粗鞍点同宿环的稳定性, 要用到鞍点的下述性质.

引理 5.4.2　设 O 是 $x' = f(x)$ 的非退化鞍点, s^+, s^- 分别是 O 的稳定流形和不稳定流形, l_1 是过 s^+ 上点 M_1 的无切弧, l_2 是过 s^- 上点 M_2 的无切弧, $N_1 \in l_1, M_1 N_1 = u, \gamma$ 是式 (5.4.3) 的 $t = 0$ 时过点 N_1 的轨线, 经过时间 τ 后交 l_2 于点 N_2. 则当 $u \to 0$ 时, $\tau \to +\infty$.

证明从略, 详见文献 [53].

定理 5.4.2　设 $S^{(1)}$ 是系统 $x' = f(x), x \in R^2, f \in C^1$ 的与鞍点 O 相连的同宿环, $\sigma_0 = \operatorname{div} f(x)|_{x=0}$, 则当 $\sigma_0 < 0$(或 > 0) 时, $S^{(1)}$ 是稳定 (或不稳定) 的.

证明　不妨假设 $\sigma_0 > 0$, 则由 $\operatorname{div} f(x)$ 对 x 的连续依赖性, 存在 O 的邻域 U, 使得在 U 中,

$$\operatorname{div} f(x) > \frac{1}{2}\sigma_0. \tag{5.4.9}$$

在 U 内取两条固定的无切弧 l_1, l_2, 设 γ 是 $S^{(1)}$ 内侧充分接近 $S^{(1)}$ 的轨线, 从 l_1 上点 N_1 出发, 与 l_2 交于点 N_2 并再次与 l_1 交于点 N_3. 设与点 N_1, N_2, N_3 相应的时刻分别为 $t_1 = 0, t_2$ 及 t_3, 则

$$I(\gamma) = \int_0^{t_3} \operatorname{tr} \frac{\partial f(x)}{\partial x}\Big|_{x \in \gamma} dt = \left(\int_0^{t_2} + \int_{t_2}^{t_3} \right) \left(\operatorname{tr} \frac{\partial f}{\partial x}\Big|_{x \in \gamma} \right) dt = I_1(\gamma) + I_2(\gamma).$$

由引理 5.4.2 及解对初值的连续依赖性, 当 $u \to 0$ 时有

$$t_2 \to +\infty, I_2(\gamma) \to I_2 = \int_{T^-}^{T^+} \operatorname{tr} \frac{\partial f(x)}{\partial x}\Big|_{x \in S^{(1)}} dt,$$

其中 $u = M_1 N_1, M_1$ 是 l_1 与 $S^{(1)}$ 的交点, M_2 是 l_2 与 $S^{(1)}$ 的交点; T^- 是交于点 M_2 所对应的时刻, T^+ 是交于点 M_1 所对应的时刻. 又由 U 的特性知

$$I_1(\gamma) > \frac{1}{2}\sigma_0 t_2.$$

因此当 $u \to 0$ 时有

$$I(\gamma) \to +\infty.$$

由定理 5.4.1 知, $S^{(1)}$ 是不稳定的. 同理可证, 若 $\sigma_0 < 0$, 则 $S^{(1)}$ 是稳定的. 证毕.

下面我们研究同宿环的分支. 就一般理论而言, 研究同宿环的分支比研究 Hopf 分支与 Poincaré 分支要困难得多. 尽管如此, 相当系统的一般理论已经形成, 而且在多项式系统极限环的研究方面已有广泛的应用. 接下来我们重点讨论同宿环产生唯一极限环的条件.

考虑 C^n 系统 $(n \geqslant 1)$

$$\begin{cases} x' = f(x,y) + \lambda f_0(x,y,\lambda,\delta), \\ y' = g(x,y) + \lambda g_0(x,y,\lambda,\delta), \end{cases} \tag{5.4.10}$$

其中 λ 为小参数,$\delta \in D \subset R^m$, D 为有界集,$m \geqslant 1$.

设当 $\varepsilon = 0$ 时, 系统 (5.4.10) 有轨线 $L : z = z(t) = (x(t), y(t)), t \in R$, 且存在鞍点 S_0 使得

$$\lim_{t \to +\infty} z(t) = \lim_{t \to -\infty} z(t) = S_0.$$

我们曾称这种轨线为同宿轨, 而 L 与 S_0 一起 (或 L 本身) 又称为同宿环. 假设 L 为顺时针定向的,S_0 为双曲鞍点, 则有如图 5.4.4 所示的两种情况.

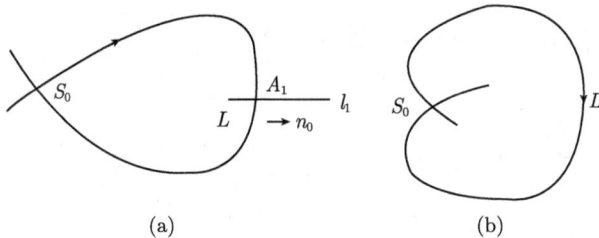

图 5.4.4 顺时针定向的同宿轨

由于类似性, 以下只对第一种情况进行讨论. 注意到 S_0 的双曲性, 当 λ 充分小时, 系统 (5.4.10) 在 S_0 附近有唯一的鞍点 $S(\lambda, \delta)$, 也为双曲的, 且系统 (5.4.10) 在 L 附近有位于 $S(\lambda, \delta)$ 的稳定 (不稳定) 流形上的分界线 $L^s(\lambda, \delta)(L^u(\lambda, \delta))$, 设它们的参数方程分别为

$$L^s : z = z^s(t, \lambda, \delta) = (x^s(t, \lambda, \delta), y^s(t, \lambda, \delta)), \quad t \geqslant 0,$$

$$L^u : z = z^u(t, \lambda, \delta) = (x^u(t, \lambda, \delta), y^u(t, \lambda, \delta)), \quad t \leqslant 0.$$

任取点 $A_1 \in L$, 过点 A_1 作系统 (5.4.10) 的截线 l_1, 与单位向量

$$n_0 = \frac{1}{|f(A_1), g(A_1)|}(-g(A_1), f(A_1))$$

同向. 又设 L^s, L^n 与 l_1 的交点分别为 A^s 与 A^u, 则由于系统 (5.4.10) 为自治系统, 再设

$$A_1 = z(0), \quad A^s = z^s(0, \lambda, \delta), \quad A^u = z^u(0, \lambda, \delta). \tag{5.4.11}$$

我们有如下引理 5.4.3~ 引理 5.4.6(具体证明参考文献 [22]).

引理 5.4.3 假设式 (5.4.11) 成立, 则当 λ 充分小时,

$$z^s(t, \lambda, \delta) = z(t) + \lambda z_1^s(t, \delta) + o(\lambda), t \geqslant 0,$$

$$z^u(t, \lambda, \delta) = z(t) + \lambda z_1^u(t, \delta) + o(\lambda), t \leqslant 0$$

一致成立, 其中 z_1^s, z_1^u 分别在 $t \geqslant 0, t \leqslant 0$ 上有界.

设 $A^s = A_1 + a^s(\lambda, \delta)n_0, A^u = A_1 + a^u(\lambda, \delta)n_0$. 则由式 (5.4.11), 向量的有向长度为

$$d(\lambda, \delta, A_1) = a^u(\lambda, \delta) - a^s(\lambda, \delta) = \langle n_0, z^u(0, \lambda, \delta) - z^s(0, \lambda, \delta) \rangle,$$

其中 $\langle \cdot, \cdot \rangle$ 表示向量内积. 由引理 5.4.3 知

$$d(\lambda, \delta, A_1) = \lambda \langle n_0, z_1^u(0, \delta) - z_1^s(0, \delta) \rangle + o(\lambda). \tag{5.4.12}$$

下面导出量 $\langle n_0, z_1^u(0, \delta) - z_1^s(0, \delta) \rangle$ 的表达式.

设 $r(t) = (-g(z(t)), f(z(t))), Q(t) = \langle r(t), z_1^u(t, \delta) - z_1^s(t, \delta) \rangle = Q^u(t) - Q^s(t)$, $Q^{u,s} = \langle r(t), z_1^{u,s}(t, \delta) \rangle$.

引理 5.4.4　在上述记法下, 下式成立:

$$Q^s(t) \exp\left(-\int_0^t (f_x + g_x)(z(t))dt \right) \to 0, t \to +\infty,$$

$$Q^u(t) \exp\left(-\int_0^t (f_x + g_x)(z(t))dt \right) \to 0, t \to -\infty.$$

引理 5.4.5　设

$$M(\delta) = \int_{-\infty}^{+\infty} (fg_0 - gf_0) \exp\left(+\int_0^t (f_x + g_x)d\tau|_{\lambda=0, z=z(t)} \right) dt, \tag{5.4.13}$$

则

$$d(\lambda, \delta, A_1) = \frac{\lambda M(\delta)}{|f(A_1), g(A_1)|} + o(\lambda).$$

截线 l_1 上点 $A^s(= L^s \bigcap l_1)$ 左侧的任一点 A 可表示为

$$A = A_1 + an_0, \quad a \leqslant a^s(\lambda, \delta).$$

设 (5.4.10) 从点 A 出发的正半轨线与 l_1 的后继交点为 B, 则它可表示为

$$B = A_1 + P(a, \lambda, \delta)n_0, a < a^s(\lambda, \delta).$$

易见

$$\lim_{a \to a^s - 0} P(a, \lambda, \delta) = a^u(\lambda, \delta).$$

我们称函数 $P : l_1 \to l_1$ 为 (5.4.10) 在 L 附近的 Poincaré 映射, 其定义域为 $a \leqslant a^s(\lambda, \delta)$ 且 $|a|$ 充分小, $F(a, \lambda, \delta) \equiv P(a, \lambda, \delta) - a$ 为 (5.4.10) 在 L 附近的后继函数. 于是

$$F(a^s, \lambda, \delta) = a^u(\lambda, \delta) - a^s(\lambda, \delta) = d(\lambda, \delta, A_1). \tag{5.4.14}$$

引理 5.4.6 存在 C^n 函数 $\mu(F,a,\lambda,\delta) = O(F)$ 使得

$$\frac{\partial F}{\partial a} = -1 + \frac{1}{1 + \mu(F,a,\lambda,\delta)} \cdot \exp \int_{AB} [f_x + g_y + \lambda(f_{0x} + g_{0y})]dt,$$

$$\frac{\partial \mu}{\partial F}(0,0,0,\delta) = \left\langle \frac{\partial(f,g)}{\partial(x,y)}(A_1)n_0, \frac{(f(A_1), g(A_1))}{|f(A_1), g(A_1)|} \right\rangle.$$

在此基础上, 我们给出极限环唯一的定理.

定理 5.4.3 记 $\sigma_0 = (f_x + g_y)(S_0)$. 若 $\sigma_0 \neq 0$, 则

(i) 当 $\sigma_0 < 0 (> 0)$ 时同宿轨 L 为内侧稳定 (不稳定) 的;

(ii) 存在 $\lambda_0 > 0$ 及 L 的邻域 V, 使当 $0 < |\lambda| < \lambda_0, \delta \in D$ 时, 系统 (5.4.10) 在 V 中至多有一个极限环, 且极限环存在当且仅当 $\sigma_0 d(\lambda,\delta,A_1) > 0$, 而且其稳定性由 σ_0 的符号决定.

证明 不妨设 $\sigma_0 < 0$. 取 S_0 的邻域 U, 使得当 $|\lambda|$ 充分小且 $(x,y) \in U$ 时有

$$f_x + g_y + \lambda(f_{0x} + g_{0y}) < \frac{\sigma_0}{2} < 0.$$

又设 L_1 表示轨线段 AB 与 U 的交, L_2 表示 AB 的其余部分, 则当 $a \to a^s$ 时有

$$\int_{L_1} [f_x + g_y + \lambda(f_{0x} + g_{0y})]dt \to -\infty,$$

而 $\int_{L_2} [f_x + g_y + \lambda(f_{0x} + g_{0y})]dt$ 趋于一有界量, 故由引理 5.4.6 知, 当 $a \to a^s$ 时有

$$\frac{\partial F}{\partial a} \to -1.$$

注意到 $a^s = O(\lambda)$, 可知当 $-a > 0$ 充分小时, 有 $F(a,0,\delta) > F(0,0,\delta) = 0$, 且当 $|\lambda| + |a|$ 充分小时 F 关于 a 至多有一个根, 于是 L 是稳定的, 且 (5.4.10) 在其附近至多有一个极限环.

取 $a_0 < 0$, 且 $|a_0|$ 充分小, $F(a_0, 0, \delta) > 0$, 则存在 $\lambda_0 > 0$, 使当 $|\lambda| < \lambda_0$ 时, $F(a_0, \lambda, \delta) > 0$, 而由式 (5.4.14) 知当 $d(\lambda, \delta, A_1) < 0(> 0)$ 时, $F(a^s, \lambda, \delta) < 0(> 0)$, 故由 F 的连续性知当 $|\lambda| < \lambda_0$ 且 $d(\lambda, \delta, A_1) < 0(> 0)$ 时, F 在区间 $(a_0, a^s(\lambda, \delta))$ 上有奇 (偶) 数个根, 于是由极限环的唯一性知当 $|\lambda| < \lambda_0, d(\lambda, \delta, A_1) < 0(> 0)$ 时, (5.4.10) 在 L 附近有唯一稳定的极限环 (没有极限环). 证毕.

如果 $f_x + g_y \equiv 0$, 则式 (5.4.13) 成为

$$M(\delta) = \oint_L (fg_0 - gf_0)dt. \tag{5.4.15}$$

定理 5.4.4 设存在 C^{n+1} 类函数 $H(x,y)$ 使

$$H_y = f(x,y), H_x = -g(x,y). \tag{5.4.16}$$

(i) 当 $|\lambda|$ 充分小, $\delta \in D$ 时, (5.4.10) 在 L 附近存在极限环的必要条件是存在 $\delta_0 \in D$ 使 $M(\delta_0) = 0$;

(ii) 设 $M(\delta_0) = 0$, 又设

$$\sigma(\delta_0) \equiv (f_{0x} + g_{0y})(S_0, 0, \delta_0) \neq 0,$$

则存在 $\lambda_0 > 0, L$ 的邻域 V, 使当 $0 < |\lambda| < \lambda_0, |\delta - \delta_0| < \lambda_0$ 时,(5.4.10) 在 V 中至多有一个极限环, 且极限环存在当且仅当 $\sigma(\delta_0) \cdot d^*(\lambda, \delta) > 0$, 而且其稳定性由 $\lambda \sigma(\delta_0)$ 的符号决定, 其中

$$d^*(\lambda, \delta) = \frac{1}{\lambda} d(\lambda, \delta, A_1) = \frac{M(\delta)}{|f(A_1), g(A_1)|} + o(1).$$

证明　首先证明

$$F(a, \lambda, \delta) = \lambda F^*(a, \lambda, \delta), \tag{5.4.17}$$

其中 F^* 在区域 $(-\lambda_1, a^s(\lambda, \delta)) \times (-\lambda_1, \lambda_1) \times D$ 上一致连续,$\lambda_1 > 0$ 为适当小的常数.

事实上, 由 (5.4.10) 与 (5.4.16) 知

$$H(B) - H(A) = \lambda \int_{AB} (fg_0 - gf_0)dt$$
$$= \lambda \int_{AB} ((f + \lambda f_0)g_0 - (g + \lambda g_0)f_0)dt$$
$$= \lambda \int_{AB} g_0 dx - f_0 dy.$$

另一方面, 由微分中值定理得

$$H(B) - H(A) = \int_0^1 DH(A + s(B - A))ds(B - A)$$
$$= \int_0^1 DH(A + sFn_0)n_0 ds F(a, \lambda, \delta),$$

于是有

$$F^*(a, \lambda, \delta) = \frac{\displaystyle\int_{AB} g_0 dx - f_0 dy}{\displaystyle\int_0^1 DH(A + sFn_0)n_0 ds}.$$

由 n_0 的定义有

$$\int_0^1 DH(A + sFn_0)n_0 ds = |f(A_1), g(A_1)| + O(|a, F|) > 0,$$

从而式 (5.4.17) 成立. 由 (5.4.14), (5.4.17) 及引理 5.4.6 知

$$F^*(a^s, \lambda, \delta) = d^*(\lambda, \delta), \frac{\partial F^*}{\partial a} = \frac{-1}{1+\mu}[\beta + O(F^*)], \tag{5.4.18}$$

其中

$$\beta = \omega(x_0, \lambda) = \begin{cases} \dfrac{1 - x_0^{\lambda}}{\lambda}, \lambda \neq 0, \\ -\ln x_0, \lambda = 0, \end{cases} \tag{5.4.19}$$

$$x_0 = \exp \int_{AB} (f_{0x} + g_{0y}) dt.$$

易证

$$\lim_{(x_0, \lambda) \to (0,0)} \omega(x_0, \lambda) = +\infty.$$

事实上, 若上式不成立, 则存在点列 $(x_n, \lambda_n) \to (0,0)$ 使 $\omega(x_n, \lambda_n) \to k \in R, 1 - x_n^{\lambda_n} = \lambda_n \omega(x_n, \lambda_n) \to 0$, 从而 $\lambda_n \ln x_n \to 0$, 于是当 n 充分大时有

$$1 - x_n^{\lambda_n} = 1 - e^{\lambda_n \ln x_n} = -\lambda_n \ln x_n (1 + o(1)).$$

由此知当 $n \to \infty$ 时有

$$\omega(x_n, \lambda_n) = \frac{1}{\lambda_n}(1 - x_n^{\lambda_n}) \to +\infty,$$

与 $k < +\infty$ 矛盾.

由于

$$d^*(0, \delta) = \frac{M(\delta)}{|f(A_1), g(A_1)|},$$

由式 (5.4.18) 中第一式即知结论 (i) 成立.

如果 $\sigma_0 < 0$, 则当 $(a, \lambda) \to (0,0), \delta \to \delta_0$ 时有

$$\int_{AB} (f_{0x} + g_{0y}) dt \to -\infty,$$

从而 $x_0 \to 0$, 于是由式 (5.4.18), 与定理 5.4.3 完全类似即可证结论 (ii) 成立.

若 $\sigma_0 > 0$, 则利用 $\beta = -\omega(x_0^{-1}, -\lambda)$, 同样可证结论 (ii) 此时也成立. 证毕.

下面我们考虑系统 (5.4.10) 在一异宿环附近极限环的分支, 主要考虑含两个鞍点的异宿环的扰动分支. 首先考虑稳定性问题.

设当 $\lambda = 0$ 时, 系统 (5.4.10) 有一含两个鞍点 S_{10}, S_{20} 的异宿环 $L = L_1 \bigcup L_2$, 恒设 $\Omega(L_1) = S_{20}$, 则由如图 5.4.5 所示的两种可能 (不妨设为顺时针定向的), 我们以第一种情况为例进行讨论.

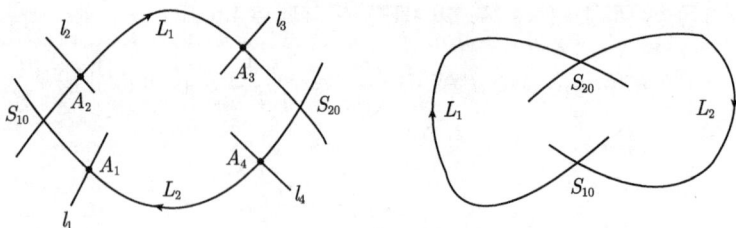

图 5.4.5　两种两点异宿环

取点 $A_2, A_3 \in L_1, A_1, A_4 \in L_2$ 且 A_1, A_2 在 S_{10} 附近, A_3, A_4 在 S_{20} 附近 (其中 L_1 为 L 的上支, L_2 为 L 的下支), 它们均与 $p > 0$ 有关, 且使

$$|f(A_1), g(A_1)| = \beta_2|\mu_{12}^0|p + O(p^2), |f(A_2), g(A_2)| = \beta_1|\mu_{11}^0|p + O(p^2),$$

$$|f(A_3), g(A_3)| = \beta_4|\mu_{22}^0|p + O(p^2), |f(A_4), g(A_4)| = \beta_3|\mu_{21}^0|p + O(p^2), \quad (5.4.20)$$

其中 $\mu_{i1}^0(> 0), \mu_{i2}^0(< 0)$ 为未扰动系统在鞍点 S_{i0} 的特征值, β_j 为正数且满足

$$\beta_1\beta_2 \sin\theta_1 = 1, \beta_3\beta_4 \sin\theta_2 = 1, \quad (5.4.21)$$

θ_i 为 L 在点 S_{i0} 的内角. 过点 A_i 做 L 的垂直截线 l_i, 与向量

$$n_i = \frac{(-g(A_i), f(A_i))}{|f(A_i), g(A_i)|}$$

同向, 又对 $(5.4.10)(\lambda = 0)$ 用 P_{ij} 表示从 l_i 到 l_j 的 Poincaré 映射, 则由文献 [22] 中引理 3.5 与引理 3.8 可知

$$P_{12}(a) = -N_{12}|a|^{r_{10}}(1 + o(1)), P_{12}' = N_{12}r_{10}|a|^{r_{10}-1}(1 + o(1)),$$

$$P_{23}(a) = N_{23}a + O(a^2), P_{23}' = N_{23} + O(a), P_{34}(a) = -N_{34}|a|^{r_{20}}(1 + o(1)),$$

$$P_{34}' = N_{34}r_{20}|a|^{r_{20}-1}(1 + o(1)), P_{41}(a) = N_{41}a + O(a^2), P_{41}' = N_{41} + O(a),$$

其中 N_{ij} 为正常数, $r_{i0} = |\mu_{i2}^0|\mu_{i1}^0|, i = 1, 2$. 设 $(5.4.10)(\lambda = 0)$ 过点 $A = A_1 + an_1 \in l_1$ 的正半轨绕 L 一周后与 l_1 再次交于点 $B = A_1 + P_0(a)n_1$, 则 $P_0 = P_{41} \circ P_{34} \circ P_{23} \circ P_{12}$, 于是由以上诸式可得

$$P_0(a) = -N|a|^{r_{10}r_{20}}(1 + o(1)), P_0'(a) = r_{10}r_{20}N|a|^{r_{10}r_{20}-1}(1 + o(1)), \quad (5.4.22)$$

其中 $N > 0$ 为常数. 可证如下定理.

定理 5.4.5　设 $(5.4.10)$ 为 C^2 系统.

(i) 若 $r_{10}r_{20} > 1(< 1)$, 则 L 为内侧稳定 (不稳定) 的;

(ii) 若 $r_{10}r_{20} = 1$,则 $\sigma_1 = \lim_{a \to 0} \int_{AB} (f_x + g_y)dt$ 存在有限, 而且当 $\sigma_1 < 0(> 0)$ 时, L 为稳定 (不稳定) 的. 特别当 $r_{10} = r_{20} = 1$ 时有

$$\sigma_1 = \sum_{i=1}^{2} \int_{L_i} (f_x + g_y)dt \equiv \sigma_{11} + \sigma_{12}. \tag{5.4.23}$$

证明 由 (5.4.22) 即得结论 (i). 进一步由 (5.4.22) 及引理 5.4.6, 当 $r_{10}r_{20} = 1$ 时极限必存在有限, 且

$$P_0' = e^{\sigma_1}. \tag{5.4.24}$$

由此即知, 当 $r_{10}r_{20} = 1, \sigma_1 < 0(> 0)$ 时, L 为稳定 (不稳定) 的. 又与文献 [22] 引理 3.10 类似可证, 当 $r_{10} = r_{20} = 1$ 时 (5.4.23) 成立. 证毕.

定理 5.4.6 设 (5.4.10) 为 C^3 系统, 又设

$$r_{10} = r_{20} = 1, \sigma_1 = 0, \sigma_2 \equiv R_{11} + \frac{\mu_{11}^0}{\mu_{21}^0} R_{12}e^{\sigma_{11}} \neq 0,$$

其中 R_{11}, R_{12} 为系统 (5.4.10)($\lambda = 0$) 在 S_{10}, S_{20} 处的一阶鞍点量.

(i) 若 L 为顺时针定向的, 则当 $\sigma_2 > 0(< 0)$ 时, L 为内侧稳定 (不稳定) 的;

(ii) 若 L 为逆时针定向的, 则当 $\sigma_2 > 0(< 0)$ 时, L 为内侧不稳定 (稳定) 的.

证明 只证结论 (i). 利用 (5.4.20) 可得

$$P_{12} = \frac{\beta_2}{\beta_1}(1 + o_p(1))a - \frac{\beta_2 pR_{11}}{\beta_1^2 \sin\theta_1}(1 + o_p(1))a^2 \ln|a| + O(a^2),$$

$$P_{23}(a) = \frac{\beta_1 \mu_{11}^0}{\beta_4 |\mu_{22}^0|}e^{\sigma_{11}}(1 + o_p(1))a + O(a^2),$$

$$P_{34} = \frac{\beta_3}{\beta_4}(1 + o_p(1))a - \frac{\beta_4 pR_{12}}{\beta_3^2 \sin\theta_2}(1 + o_p(1))a^2 \ln|a| + O(a^2),$$

$$P_{41}(a) = \frac{\beta_3 \mu_{21}^0}{\beta_2 |\mu_{12}^0|}e^{\sigma_{12}}(1 + o_p(1))a + O(a^2),$$

因此

$$P_{23} \circ P_{12} = \frac{\beta_2 \mu_{11}^0}{\beta_4 |\mu_{22}^0|}e^{\sigma_{11}}(1 + o_p(1))a - \frac{\beta_2 p\mu_{11}^0 R_{11}e^{\sigma_{11}}}{\beta_1 \beta_4 |\mu_{22}^0| \sin\theta_1}(1 + o_p(1))a^2 \ln|a| + O(a^2),$$

$$P_{41} \circ P_{34} = \frac{\beta_4 \mu_{21}^0}{\beta_2 |\mu_{12}^0|}e^{\sigma_{12}}(1 + o_p(1))a - \frac{\beta_4 p\mu_{21}^0 R_{12}e^{\sigma_{12}}}{\beta_2 \beta_3 |\mu_{12}^0| \sin\theta_2}(1 + o_p(1))a^2 \ln|a| + O(a^2).$$

从而

$$P_0(a) = e^{\sigma_1}(1 + o_p(1))a$$
$$- \left[\frac{pR_{11}e^{\sigma_1}}{\beta_1 \sin\theta_1}(1 + o_p(1)) + \frac{\beta_2 p\mu_{11}^0 R_{12}}{\beta_3 \beta_4 |\mu_{22}^0| \sin\theta_2}e^{2\sigma_{11} + \sigma_{12}}(1 + o_p(1)) \right] a^2 \ln|a|.$$

于是, 注意到 $\sigma_1 = 0$, 由式 (5.4.21),(5.4.23) 及 (5.4.24) 知

$$P_0(a) - a = -p\beta_2 N(p)a^2 \ln|a| + O(a^2),$$

其中

$$\lim_{p \to 0} N(p) = R_{11} + \frac{\mu_{11}^0 R_{12} e^{\sigma_{11}}}{|\mu_{22}^0|}.$$

由此即得结论 (i). 证毕.

按照同样的方法, 定理 5.4.5 和定理 5.4.6 均可推广到含更多个鞍点的异宿环. 当 $r_{10}r_{20} = 1, r_{10} \neq 1$ 时也可以给出量的较具体的表达式, 但很难用于实际计算.

§5.5　泛函微分自治系统的分支

本节研究泛函微分自治系统的分支问题.

我们考虑含一类参数族的滞后型泛函微分系统 (RFDS), 形如

$$x'(t) = F(\alpha, x_t), \tag{5.5.1}$$

其中 $F(\alpha, \phi)$ 对 α, ϕ 具有连续的一阶、二阶导数, $\alpha \in R, \phi \in C$, 且对任意的 $\alpha \in R$, 有 $F(\alpha, 0) = 0$.

定义 $L : R \times C \to R^n$, 有

$$L(\alpha)\psi = F_\phi(\alpha, 0)\psi, \tag{5.5.2}$$

其中 $F_\phi(\alpha, 0)$ 是 $F(\alpha, \phi)$ 关于 ϕ 在 $\phi = 0$ 处的导数. 并定义

$$f(\alpha, \phi) = F(\alpha, \phi) - L(\alpha)\phi. \tag{5.5.3}$$

我们给出以下假设:

(H_1) 线性 RFDS($L(0)$) 有一个简单的纯虚特征根 $\lambda_0 = iv_0 \neq 0$, 并且对所有的特征根 $\lambda_j \neq \lambda_0, \overline{\lambda}_0$, 满足 $\lambda_j \neq m\lambda_0, \forall m \in Z$.

由于 $L(\alpha)$ 对 α 是连续可微的, 由前面的结论知道, 存在 $\alpha_0 > 0$, 以及线性 RFDS($L(\alpha)$) 的一个简单的特征根 $\lambda(\alpha)$, 使得 $\lambda(\alpha)$ 对 $\forall \alpha, |\alpha| < \alpha_0$ 有连续的导数 $\lambda'(\alpha)$.

(H_2) $\mathrm{Re}\lambda'(0) \neq 0$.

若系统 (5.5.1) 满足 (H_1),(H_2), 则对足够小的 α, 系统 (5.5.1) 的非常数周期解的周期趋近于 $\dfrac{2\pi}{v_0}$.

为了叙述方便, 我们先引入一些记号.

取 α_0 充分小, 并假设当 $|\alpha| < \alpha_0$ 时有 $\text{Im}\lambda(\alpha) \neq 0$, 并且函数 $\phi_\alpha \in C$, 其中 ϕ_α 关于 α 是连续可微的, 且关于 $\lambda(\alpha)$ 是 RFDS$(L(\alpha))$ 的解的一组基. 函数

$$(\text{Re}\phi_\alpha, \ \text{Im } \phi_\alpha) \doteq \Phi_\alpha$$

建立了一组关于特征根 $\lambda(\alpha), \overline{\lambda}(\alpha)$ 的基. 同理, 由 $(\Psi_\alpha, \Phi_\alpha) = I$ 得系统 (5.5.1) 的伴随方程的基 Ψ_α. 若将 C 用 $(\lambda(\alpha), \overline{\lambda}(\alpha))$ 分解为 $C = P_\alpha \oplus Q_\alpha$, 则 Q_α 为 P_α 的基, 那么有

$$\Phi_\alpha(\theta) = \Phi_\alpha(0) \exp B(\alpha)\theta, -r \leqslant \theta \leqslant 0, \tag{5.5.4}$$

其中 2×2 矩阵 $B(\alpha)$ 的特征值为 $\lambda(\alpha)$ 和 $\overline{\lambda}(\alpha)$.

通过等价变换和重新定义参数 α, 可以假设

$$B(\alpha) = v_0 B_0 + \alpha B_1(\alpha),$$

$$B_0 = \begin{bmatrix} 0 & 1 \\ -1 & 0 \end{bmatrix}, \quad B_1(\alpha) = \begin{bmatrix} 1 & \gamma(\alpha) \\ -\gamma(\alpha) & 1 \end{bmatrix}, \tag{5.5.5}$$

其中 $\gamma(\alpha)$ 在 $0 \leqslant |\alpha| < \alpha_0$ 上是连续可微的.

令 $\mathscr{P}_\omega$ 是 ω 周期解的 Banach 空间, 其中 $|f|_{\mathscr{P}_\omega} = \sup\limits_{[0,\omega]} |f(t)|$.

令 $U = (\phi_1, \cdots, \phi_d)$ 是方程 $\dot{x}(t) = L(x_t) = \int_{-r}^0 [d\eta(\theta)]x(t + \theta)$ 的 ω 周期解的基, U' 是 U 的转置, 定义

$$\tilde{\pi}f = U \left[\int_0^\omega U'(s)U(s)ds \right]^{-1} \int_0^\omega U'(s)f(s)ds.$$

先给出下述引理.

引理 5.5.1 若 $f \in \mathscr{P}_\omega$, 则方程 $\dot{x}(t) = L(x_t) + f(t)$ 在 $\mathscr{P}_\omega$ 中有解当且仅当对形式伴随方程 $y(t) = -\int_{-r}^0 y(s-\theta)d\eta(\theta)$ 的所有 ω 周期解有 $\int_0^\omega y(t)f(t)dt = 0$ 成立. 进一步, 存在一个连续映射 $J : \mathscr{P}_\omega \to \mathscr{P}_\omega$ 使得 $\mathscr{P}_\omega$ 中满足方程 $\int_0^\omega y(t)f(t)dt = 0$ 的 f 的集合为 $(I - J)\mathscr{P}_\omega$, 并且存在一个连续的线性算子 $\mathscr{K} : (I - J)\mathscr{P}_\omega \to (I - \tilde{\pi})\mathscr{P}_\omega$ 使得对每一个 $f \in (I - J)\mathscr{P}_\omega$, $\mathscr{K}f$ 是方程 $\dot{x}(t) = L(x_t) + f(t)$ 的解.

下面我们来介绍 Hopf 分支定理.

定理 5.5.1 若 $F(\alpha, \phi)$ 关于 α, ϕ 有连续一阶导数, 对所有的 $\alpha, F(\alpha, 0) = 0$, 且满足假设 $(\text{H}_1), (\text{H}_2)$, 则存在常数 $a_0 > 0, \alpha_0 > 0, \delta_0 > 0$, 函数 $\alpha(a) \in R, \omega(a) \in R$, 和 $\omega(a)$ 周期函数 $x^*(a)$, 并且上述函数对 a 在 $|a| < a_0$ 上是连续可微的, 使得 $x^*(a)$ 是方程

$$\begin{cases} x'(t) = F(\alpha, x_t), \\ x_0^*(a)^{P_\alpha} = \Phi_{\alpha(a)}y^*(a), \quad x_0^*(a)^{Q_\alpha} = Z_0^*(a) \end{cases} \tag{5.5.6}$$

的一个解, 其中 $y^*(a) = \mathrm{col}(a, 0) + o(|a|), z_0^*(a) = o(|a|), a \to 0$. 特别地, 对 $|\alpha| < \alpha_0, |\omega - (2\pi/v_0)| < \delta_0$, 当 $|x_t| < \delta_0$ 时, 系统 (5.5.1) 的任一 ω 周期解除了平移外必为上述类型.

证明 利用常微分方程中的经典方法证明. 令 $\beta \in [-1, 1], \omega_0 = 2\pi/v_0, t = (1 + \beta)\tau, x(t + \theta) = u(\tau + \theta/(1 + \beta)), -r \leqslant \theta \leqslant 0$.

定义 $u_{\tau, \beta} \in C([-r, 0], R^n)$,

$$u_{\tau, \beta}(\theta) = u(\tau + \theta/(1 + \beta)), \quad -r \leqslant \theta \leqslant 0.$$

则系统 (5.5.1) 转化为等价方程

$$\frac{du(\tau)}{d\tau} = (1 + \beta)F(\alpha, u_{\tau, \beta}). \tag{5.5.7}$$

若 (5.5.7) 有 ω_0 周期解, 则 (5.5.1) 有 $(1 + \beta)\omega_0$ 周期解, 反之亦然.

将 (5.5.7) 改写成

$$\frac{du(\tau)}{d\tau} = L(0)u_\tau + N(\beta, \alpha, u_\tau, u_{\tau, \beta}),$$

$$N(\beta, \alpha, u_\tau, u_{\tau, \beta}) = (1 + \beta)L(\alpha)u_{\tau, \beta} - L(0)u_\tau + (1 + \beta)f(\alpha, u_{\tau, \beta}). \tag{5.5.8}$$

可以将 (5.5.8) 看作是自治线性方程

$$\frac{du(\tau)}{d\tau} = L(0)u_\tau \tag{5.5.9}$$

的扰动方程. 则 $U(\tau) \doteq \Phi_0(0) \exp[B(0)\tau], \tau \in R$ 的列构成了方程 (5.5.9) 的 ω_0 周期解的基, $V(\tau) \doteq [\exp(-B(0)\tau)]\Psi_0(0), \tau \in R$ 的行构成了方程 (5.5.9) 的形式伴随方程的 ω_0 周期解的基.

由引理 5.5.1 可以得到方程 (5.5.8) 的 ω_0 周期解存在的充要条件. 事实上, 我们可以直接得到方程 (5.5.8) 的每个 ω_0 周期解除了平移外是方程

$$u(\tau) = U(\tau)\mathrm{col}(a, 0) + \mathscr{K}(I - J)N(\beta, \alpha, u_\tau, u_{\tau, \beta}), \tag{5.5.10a}$$

$$JN(\beta, \alpha, u_\tau, u_{\tau, \beta}) = 0 \tag{5.5.10b}$$

的解, 其中算子 $\mathscr{K}, J$ 在引理 5.5.1 中给出定义, 反之亦成立.

当 $u = u^*(a, \beta, \alpha)$ 时, α, β, a 在 0 的充分小的邻域内, $u^*(a, 0, 0) - U(\cdot)\mathrm{col}(a, 0) = o(|a|), |a| \to 0$, 由隐函数定理可以解出方程 (5.5.10a), 亦可知 $u^*(a, \beta, \alpha)$ 对 a, α 是连续可微的. 由于 $u^*(a, \beta, \alpha)(t)$ 满足方程 (5.5.10a), 则也满足微分积分方程, 并且对 t 是连续可微的, 因此由 §2.5 中引理 2.5.2 可知 $u^*(a, \beta, \alpha)$ 对 β 也是连续可微的.

因此, 通过寻找分支方程

$$JN(\beta, \alpha, u^*(a, \beta, \alpha), u^*_\beta(a, \beta, \alpha)) = 0 \tag{5.5.11}$$

的解 a, β, α, 能得到方程 (5.5.8) 的所有 ω_0 周期解.

方程 (5.5.11) 与

$$G(a, \beta, \alpha) \doteq \int_0^{\omega_0} e^{-B(0)s} \Psi_0(0) N(\beta, \alpha, u^*_s(a, \beta, \alpha), u^*_{s,\beta}(a, \beta, \alpha)) ds = 0 \tag{5.5.12}$$

是等价的.

由上论述可知仍然需要求解方程 $G(a, \beta, \alpha) = 0$. 令 $H(a, \beta, \alpha) = G(a, \beta, \alpha)/a$. 注意到 $u^*(a, \beta, \alpha)$ 的性质, 以及由式 (5.5.12) 所定义的 $G(a, \beta, \alpha)$, 显然有

$$H(0, 0, \alpha) = \int_0^{\omega_0} e^{-B(0)s} \Psi_0(0) \{L(\alpha) U_s e_1 - L(0) U_s e_1\} ds,$$

其中 $e_1 = \mathrm{col}(1, 0)$. 于是有

$$\frac{\partial H(0, 0, \alpha)}{\partial \alpha} = \omega_0 \left[\begin{array}{c} 1 - \gamma(0) \end{array} \right].$$

还有,

$$H(0, \beta, 0) = \int_0^{\omega_0} e^{-B(0)s} \Psi_0(0) \{(1 + \beta) L(0) U_{s,\beta} e_1 - L(0) U_s e_1\} ds.$$

将此积分分为两部分, 并且在第一个积分里面将 s 以 $s/(1 + \beta)$ 代替. 注意到

$$\frac{dU(s/(1 + \beta))}{d(s/(1 + \beta))} = L(0) U_{s/(1+\beta), \beta},$$

于是

$$H(0, \beta, 0) = \beta \int_0^{\omega_0} e^{-B(0)s} \Psi_0(0) \Phi_0(0) e^{B(0)s} B(0) e_1 ds.$$

若 x 是方程 (5.5.9) 的解, y 是伴随方程的解, 则对所有的 t, $(y_t, x_t) = \mathrm{const}$. 因此, 对所有的 $s \in R$,

$$I = (e^{-B(0)(s+\cdot)} \Psi_0(0), \Phi_0(0) e^{B(0)(s+\cdot)})$$

$$= e^{-B(0)s} \Psi_0(0) \Phi_0(0) e^{B(0)s} - \int_{-r}^0 \int_0^\theta e^{-B(0)(s+\xi-\theta)} \Psi(0) d\eta(\theta) \Phi_0(0) e^{B(0)(s+\xi)} d\xi.$$

对它从 0 到 ω_0 积分, 注意到第二个积分为零, 于是

$$H(0, \beta, 0) = \beta \omega_0 B(0) e_1.$$

综上, 有

$$H(0,0,0) = 0,$$

$$\frac{\partial H}{\partial(\beta,\alpha)}(0,0,0) = \omega_0 \begin{bmatrix} 0 & 1 \\ 1 & -\gamma(0) \end{bmatrix}.$$

因此, 根据隐函数定理,$\beta(a)$ 和 $\alpha(a)$ 存在, 使得 $\beta(0) = 0, \alpha(0) = 0, H(a, \beta(a), \alpha(a)) = 0$, 且在零点的一个邻域内是唯一的. 相应的 ω 周期函数 $x((1+\beta)t) = u(\tau)$ 满足系统 (5.5.1), 且显然满足定理中提到的性质. 证毕.

下面将前面所得的结论应用于纯量方程

$$x'(t) = -\alpha x(t-1)[1 + x(t)], \tag{5.5.13}$$

其中 $\alpha > 0$. 我们有: 在 $\alpha = \pi/2$ 处产生一个 Hopf 分支. 我们将利用定理 5.5.1 证明这个结果. 为此需要了解关于方程 (5.5.13) 线性部分

$$y'(t) = -\alpha y(t-1) \tag{5.5.14}$$

的特征多项式

$$\lambda e^{\lambda} = -\alpha \tag{5.5.15}$$

零解的特性. 这些特性由下面的引理给出.

引理 5.5.2　若 $0 < \alpha < \pi/2$, 则方程 (5.5.15) 的每个解有负实部. 若 $\alpha > e^{-1}$, 则有方程 (5.5.15) 的根 $\lambda(\alpha) = \gamma(\alpha) + i\sigma(\alpha)$ 及其一阶导数在 α 连续, 且满足 $0 < \sigma(\alpha) < \pi, \sigma(\pi/2) = \pi/2, \gamma(\pi/2) = 0, \gamma'(\pi/2) > 0$, 对 $\alpha > \pi/2$, 有 $\gamma(\alpha) > 0$.

证明　关于 $0 < \alpha < \pi/2$ 时, 实部的论断参考文献 [137]. 为证明定理的其他部分, 令 $\rho(\mu) = -\mu e^{\mu}$. 那么 $\rho'(\mu) = -(1 + \mu)e^{\mu}$, 于是 $\rho'(\mu) > 0, -\infty < \mu < -1, \rho'(-1) = 0, \rho'(\mu) < 0, -1 < \mu < \infty$. 因此,$\rho(\mu)$ 在 $\mu = -1$ 取最大值,$\rho(-1) = e^{-1}$. 从而对 $\alpha > e^{-1}$, 方程 (5.5.15) 没有实根. 若 $\alpha > e^{-1}, \lambda = \gamma + i\sigma, \mu = -\gamma$ 满足方程 (5.5.15), 于是 $\mu - i\sigma = \alpha \exp(\mu - i\sigma)$, 且

$$\mu = \alpha e^{\mu} \cos\sigma, \quad \sigma = \alpha e^{\mu} \sin\sigma,$$

或者

$$\mu = \sigma \cot\sigma, \quad \alpha = \frac{\sigma e^{-\sigma\cot\sigma}}{\sin\sigma} = f(\sigma).$$

考虑 $f(\sigma), 0 < \sigma < \pi$. 显然 $f(\sigma) > 0$.

$$\frac{f'(\sigma)}{f(\sigma)} = \frac{1}{\sigma} - 2\cot\sigma + \sigma\csc^2\sigma$$

$$= \frac{(1 - \sigma\cot\sigma)^2 + \sigma^2}{\sigma} > 0.$$

因此, 当 $\sigma \to \pi$ 时有 $f(\sigma) \to \infty$; 当 $\sigma \to 0$ 时有 $f(\sigma) \to e^{-1}$. 故存在 σ 的一个值 $\sigma_0 = \sigma_0(\alpha), 0 < \sigma_0(\alpha) < \pi$ 满足当 $\alpha > e^{-1}$ 时, $f(\sigma_0(\alpha)) = \alpha$. 令 $\gamma_0(\alpha) = -\sigma_0(\alpha) \cot \sigma_0(\alpha)$. 显然函数 $\sigma_0(\alpha)$ 和 $\gamma_0(\alpha)$ 在 α 可微.

另外, 若 $\alpha > \pi/2$, 则 $f(\pi/2) = \pi/2, \gamma_0(\pi/2) = 0$. 由方程 $\lambda(\alpha)\exp\lambda(\alpha) = -\alpha$, 可知 $\lambda'(\pi/2) > 0$. 引理得证.

由引理 5.5.2, 得到下面定理

定理 5.5.2　方程 (5.5.13) 在 $\alpha = \pi/2$ 处有一个 Hopf 分支.

考虑如下含有参数 α 的中立型方程

$$\frac{d}{dt}[x(t) - b(x_t, \alpha)] = F(x_t, \alpha), \tag{5.5.16}$$

其中 $F, b : C(R, R^n) \times R \to R^n$. 假设 b 满足以下 Lipschitz 条件

$$|b(\varphi, \alpha) - b(\psi, \alpha)| \leqslant k\|\varphi - \psi\|, \quad \varphi, \psi \in C(R, R^n), \tag{5.5.17}$$

其中 $0 \leqslant k < 1$ 是给定的常数. 进一步假设存在 $a \geqslant 0$, 使得 F, b 有连续分解 $\hat{F}, \hat{b} : C((-\infty, a], R^n) \times R \to R^n$, 即有以下交换图表:

$$\begin{CD} C(R, R^n) \times R @>{F, b}>> R^n \\ @V{r \times d}VV @. \\ C((-\infty, a], R^n) \times R \end{CD}$$

其中 $r : C(R, R^n) \to C((-\infty, a], R^n)$ 是一个限制算子. 允许考虑具无穷滞量和有界超量的中立型方程, 因此包含了超前型的泛函微分方程.

在以下内容中, 总假设 $\hat{F}, \hat{b}$ 是属于 C^2 的映射, 但需要强调的是, 对于局部分支结果, 这一假设可以减弱为 $\hat{F}, \hat{b}$ 仅在常数解集合连续可微.

对任一点 $x_0 \in R^n$, 用一常值函数 $x_0(t) = x_0$ 表示. 既然对 $\forall t \in R, (x_0)_t \equiv x_0$, 若 $F(x_0, \alpha_0) = 0$, 则 x_0 是 (5.5.16) 的一个解, 称这样的 $(x_0, \alpha_0) \in R^n \times R$ 为 (5.5.16) 的不动点. 若 F 限制在 $C(R, R^n) \times R$ 的子空间 $R^n \times R$ 上, 关于 $x \in R^n$ 的导数 $D_x F(x_0, \alpha_0)$ 是同构映射, 则称不动点 (x_0, α_0) 是非奇异的.

对 (5.5.16) 的一个不动点, 方程 (5.5.16) 在 (x_0, α_0) 的线性近似可以导出如下的特征方程

$$\det{}_C \Delta_{(x_0, \alpha_0)}(\lambda) = 0, \tag{5.5.18}$$

其中 $\Delta_{(x_0, \alpha_0)}(\lambda)$ 是一个 $n \times n$ 复矩阵, 定义如下:

$$\Delta_{(x_0,\alpha_0)}(\lambda) := \lambda[Id - S(x_0,\alpha_0)(e^{\lambda\cdot}.)] - T(x_0,\alpha_0)(e^{\lambda\cdot}.) : C^n \to C^n,$$

$$S(x_0,\alpha_0) := D_\varphi \hat{b}(x_0,\alpha_0) : C((-\infty,\alpha],C^n) \to C^n,$$

$$T(x_0,\alpha_0) := D_\varphi \hat{F}(x_0,\alpha_0) : C((-\infty,\alpha],C^n) \to C^n,$$

$$(e^{\lambda\cdot}.)(v,x) = e^{\lambda v}x, \quad \forall(v,x) \in R \times C^n.$$

由于只允许有界超量, 所以 (5.5.18) 对所有 $\mathrm{Re}\lambda \geqslant 0$ 的 λ 有定义; 而且在半平面 $\mathrm{Re}\lambda > 0$ 上, 函数 $\lambda \mapsto \det_C \Delta(x_0,\alpha_0)(\lambda)$ 是解析的.

方程 (5.5.18) 的解 λ_0 称为不动点 (x_0,α_0) 的特征值, 故 (x_0,α_0) 是非奇异不动点当且仅当 0 不是 (x_0,α_0) 的特征值.

称非奇异不动点 (x_0,α_0) 是中心, 若纯虚数特征值的集合是非空的、离散的; 称 (x_0,α_0) 是孤立的中心, 若在 (x_0,α_0) 的邻域内, (x_0,α_0) 是唯一的中心.

对局部 Hopf 分支, 我们有以下假设:

(H_3) (5.5.16) 有孤立的中心 $(x_0,\alpha_0) \in R^n \times R$.

在 (H_3) 的假设下, (x_0,α_0) 是非奇异不动点, 即 $D_x F(x_0,\alpha_0) : R^n \to R^n$ 是一个同构映射, 故由隐函数定理知, 对 α_0 的 δ 邻域内的任一 α, 存在一可微曲线 $x(\alpha) \in R^n$, 使得 $(x(\alpha),\alpha)$ 是不动点且 $x(\alpha_0) = x_0$. 因此可以定义以下映射:

$$S(\alpha) := S(x(\alpha),\alpha) = D_\varphi \hat{b}(x_\alpha,\alpha) : C((-\infty,\alpha],C^n) \to C^n,$$

$$T(\alpha) := T(x(\alpha),\alpha) = D_\varphi \hat{F}(x_\alpha,\alpha) : C((-\infty,\alpha],C^n) \to C^n.$$

另外, 对任意满足 $\mathrm{Re}\lambda \geqslant 0$ 的复数 $\lambda, \alpha \in [\alpha_0 - \delta,\alpha_0 + \delta], \delta > 0$ 充分小, 定义

$$\Delta_\alpha(\lambda) := \Delta_{x(\alpha),\alpha}(\lambda).$$

由假设 (H_1) 知, 存在 $\beta_0 > 0$, 使得 $\det_C \Delta_{(x_0,\alpha_0)}(i\beta_0) = 0$ 且若 $0 < |\alpha - \alpha_0| \leqslant \delta$, 则 $iR \bigcap \{\lambda \in C : \det_C \Delta_\alpha(\lambda) = 0, \mathrm{Re}\lambda \geqslant 0\} = \varnothing$. 取常数 $b = b(\alpha_0,\beta_0) > 0, c = c(\alpha_0,\beta_0) > 0$, 使得 $\Omega := (0,b) \times (\beta_0 - c, \beta_0 + c) \subseteq R^2 \cong C$ 的闭包内没有 $\det_C \Delta_{\alpha_0}(\lambda) = 0$ 的其他零点. 因为 $\det_C \Delta_\alpha(\lambda)$ 在 $\lambda \in \Omega$ 是解析的且关于 α 连续, 若 $\delta > 0$ 充分小, 则在 $\partial\Omega$ 上, $\det_C \Delta_{\alpha_0 \pm \delta}(\lambda) \neq 0$. 所以定义

$$\gamma_\pm(x_0,\alpha_0,\beta_0) = \deg(\det_C \Delta_{\alpha_0 \pm \delta}(\cdot),\Omega).$$

定义 5.5.1　(x_0,α_0,β_0) 的交叉数定义为

$$\gamma(x_0,\alpha_0,\beta_0) = \gamma_-(x_0,\alpha_0,\beta_0) - \gamma_+(x_0,\alpha_0,\beta_0).$$

由定义可知, 交叉数记录着当 α 从左到右穿过 α_0 时穿过区域 Ω 的特征值的数量.

令 $h : [-a, a] \times \bar{\Omega} \to R^2 (a > 0)$ 是连续函数且满足以下条件:

(H_4) $h(\alpha, x, y) \neq 0$ 对所有 $\alpha \in [-a, a]$ 及 $(x, y) \in \partial\Omega - \{(0, y) : y \in (\beta - c, \beta + c)\}$ 成立;

(H_5) 令 $(x, y) \in \bar{\Omega}$, 若 $h(\pm\alpha, x, y) = 0$, 则 $x \neq 0$.

对每个 $\alpha \in [-a, a]$, 令 $h_\alpha(x, y) = h(\alpha, x, y) \in \bar{\Omega}$.($H_4$) 和 ($H_5$) 说明 $h_\pm := h_{\pm a}|_{\bar{\Omega}}$ 在 $\partial\Omega$ 上无零点. 因此有以下结论

引理 5.5.3 假设 $h : [-a, a] \times \bar{\Omega} \to R^2$ 是连续的且满足 (H_4) 和 (H_5). 记 $\Omega_1 := (-a, a) \times (\beta - c, \beta + c)$ 且根据 $\psi_h(\alpha, y) = h(\alpha, 0, y), \alpha \in [-a, a], y \in [\beta - c, \beta + c]$ 定义函数 $\psi_h : \bar{\Omega}_1 \to R^2$, 则对 $(\alpha, y) \in \partial\Omega_1$ 有 $\psi_h(\alpha, y) \neq 0$ 且 $\deg(\phi_h, \Omega_1) = \gamma$.

下面给出一个主要结果 —— 局部 Hopf 分支定理. 需要指出的是, 这里考虑的奇点是在 $C(R, R^n) \times R \times (0, \infty)$ 的整个空间, 而不是相空间 $C(R, R^n) \times R$.

定理 5.5.3 假设条件 (H_1) 成立. 若 $\gamma(x_0, \alpha_0, \beta_0) \neq 0$, 则从 (t_0, α_0) 出发的非常量周期解存在一个分支. 更精确地说, 存在一个序列 $\{(x_n(t), \alpha_n, \beta_n)\}$, 满足当 $n \to \infty$ 时, 有 $\alpha_n \to \alpha_0, \beta_n \to \beta_0, x_n \to x_0$ 且 $x_n(t)$ 是方程 (5.5.16) 的非常量 $\frac{2\pi}{\beta_n}$ 周期解.

证明 我们将周期视为附加的参数, 这样可以在一个以 2π 为周期的连续函数空间中进行研究. 作变换 $x(t) = z(\beta t)$, 可得

$$\frac{d}{dt}[z(t) - b(z_{t,\beta}, \alpha)] = \frac{1}{\beta}F(z_{t,\beta}, \alpha), \tag{5.5.19}$$

其中对任意的 $\theta \in R, z_{t,\beta}(\theta) = z(t + \beta\theta)$. 易见 $z(t)$ 是方程 (5.5.19) 的 2π 周期解当且仅当 $x(t)$ 是方程 (5.5.16) 的 $\frac{2\pi}{\beta}$ 周期解.

令 $S^1 = \dfrac{R^1}{2\pi Z}, V = L^2(S^1, R^n), W = L^2(S^1, R^n), \mathscr{D}(\alpha_0, \beta_0) = (\alpha_0 - \delta, \alpha_0 + \delta) \times (\beta_0 - c, \beta_0 + c)$. 对任意的 $(\alpha, \beta) \in \mathscr{D}(\alpha_0, \beta_0), t \in R$, 定义映射

$$\begin{cases} L_0 z(t) := \dot{z}(t), & z \in \mathrm{Dom}(L_0) = C^1(S^1, R^n), \\ B_0(z, \alpha, \beta)(t) := b(z_{t,\beta}, \alpha), & z \in V, \\ N_0(z, \alpha, \beta)(t) := \dfrac{1}{\beta}F(z_{t,\beta}, \alpha), & z \in V. \end{cases}$$

空间 V, W 是当 $G = S^1$ 时等距的 Banach 算子的集合, 其中 S^1 与自变量有关. 算子 $L_0 : \mathrm{Dom}(L_0) \subseteq V \to W$ 是一个指数为零的等变的闭的 Fredholm 算子, 它的核 $L_0 = R^n \subseteq V$ 是常量函数的子空间. 令 $K_0 x = \dfrac{1}{2\pi}\displaystyle\int_0^{2\pi} x(t)dt$, 即 $K_0 : V \to W$ 是空间 $V \subseteq W$ 和从 W 到空间 $R^n \subseteq W$ 的正交射影的复合. 易见 K_0 是算子 L_0 中

的一个等变紧集, 即 $K_0 \in CR^G(L_0)$. 由 Sobolev 不等式, 算子 $R_{K_0}, L^2(S^1, R^n) \to C(S^1, R^n)$ 是紧的. 这意味着 N_0 是 L_0 紧的. 因此, 由假设 (5.5.17) 可知 (B_0, L_0) 是一个 L_0 凝聚的偶对. 又由于 B_0, N_0 是等变的, 所以 (B_0, L_0) 是一对 L_0 紧的 G 对.

于是, 寻求方程 (5.5.16) 的 2π 周期解等价于寻求如下复合问题:

$$\begin{cases} z - B_0(z, \alpha, \beta) \in \mathrm{Dom}(L_0), \\ L_0[z - B_0(z, \alpha, \beta)] = N_0(z, \alpha, \beta) \end{cases} \tag{5.5.20}$$

的解. 首先将 (5.5.20) 转化为等价的固定点问题

$$z = \Theta_{K_0}(B_0, N_0)(z, \alpha, \beta), \quad (z, \alpha, \beta) \in V \times R^2, \tag{5.5.21}$$

其中 $\Theta_{K_0}(B_0, N_0) = B_0 + R_{K_0}[N_0 + K_0(\pi_0 - B_0)] : V \times R^2 \to V$ 且 $\pi_0 : V \times R^2 \to V$ 是一个中立的射影. 定义 C^1 中的一个等变凝聚映射 $f : V \times R^2 \to V$ 为

$$f(z, \alpha, \beta) = z - \Theta_{K_0}(B_0, N_0)(z, \alpha, \beta),$$

所以找到方程 (5.5.16) 的一个 2π 周期解等价于找到如下问题的一个解:

$$f(z, \alpha, \beta) = 0, \quad (z, \alpha, \beta) \in V \times R^2. \tag{5.5.22}$$

对任意的 $x \in R^n$, 导数 $D_z(x, \alpha, \beta)$ 是 V 上的一个等变线性算子, 其中 V 是由

$$D_x f(x, \alpha, \beta) = Id - \Theta_{K_0}(D_z B_0, D_z N_0)(z, \alpha, \beta)$$
$$= Id - D_z B_0(x, \alpha, \beta) - R_{K_0}[D_z N_0(x, \alpha, \beta) + K_0(\pi_0 - D_z B_0(x, \alpha, \beta))]$$

所给出的凝聚场 (condensing field).

由假设 (H_1) 可知,(x_0, α_0, β_0) 是一个孤立的中心, 从而我们定义二维子流形 $M \subseteq V^G \times R^2$ 满足条件 (A),(B).

$$M := \{(x(\alpha), \alpha, \beta) : \alpha \in (\alpha_0 - \delta, \alpha_0 + \delta), \beta \in (\beta_0 - c, \beta_0 + c)\}.$$

进一步可得,(x_0, α_0, β_0) 是 M 中的唯一 V- 奇异点且

$$D_z f(x(\alpha), \alpha, \beta) = z(t) - S(\alpha)z_{t,\beta} - R_{K_0}\left[\frac{1}{\beta}T(\alpha)z_{t,\beta} + K_0(z(t) - S(\alpha)z_{t,\beta})\right].$$

易见 V 有直接分解 $V = \bigoplus_{k=0}^{\infty} V_k$,其中 $V_0 = V^G$ 且对任意的 $k \geqslant 1, V_k$ 是由 $\cos(kt) \cdot \varepsilon_j$ 和 $\sin kt \cdot \varepsilon_j (j = 1, 2, \cdots, n)$ 生成的子空间,$\{\varepsilon_1, \varepsilon_2, \cdots, \varepsilon_n\}$ 表示空间 R^n 的标准基. 我们定义 $V_k(k = 1, 2, \cdots)$ 为由 $\exp(ikt)\varepsilon_j$ 生成的复数域上的线性空间.

假设 $\Psi(\alpha,\beta) = D_z f(x(\alpha),\alpha,\beta) : V \to V, (\alpha,\beta) \in \mathscr{D}(\alpha_0,\beta_0)$. 由 $\Psi(\alpha,\beta)$ 是 S^1 等变的, 可知对所有的 $k = 0,1,2,\cdots$, 有 $\Psi(\alpha,\beta)(V_k) \subset V_k$, 因此定义 $\Psi_k(\alpha,\beta) := \Psi(\alpha,\beta)|_{V_k} : \mathscr{D}(\alpha_0,\beta_0) \to L(V_k, V_k)$.

通过直接验证, 可得对任意的 $k = 1,2,\cdots$, 有

$$\Psi(\alpha,\beta)(\exp(ikt)\varepsilon_j) = \frac{\exp(ikt)}{i\beta k}\{(i\beta k)[\varepsilon_j - S(\alpha)(\exp(ik\beta)e_j)] - T(\alpha)(\exp(ik\beta)\varepsilon_j)\}.$$

易得 $\Psi_k(\alpha,\beta)$ 关于有序基 $(\exp(ikt)\varepsilon_1, \exp(ikt)\varepsilon_2, \cdots, \exp(ikt)\varepsilon_n)$ 的矩阵特征值是 $\frac{1}{\beta ik}\Delta_\alpha(ik\beta)$. 接下来我们计算 S^1 中的 $\partial\mathscr{D}(\alpha_0,\beta_0)$ 且定义 $H : \mathscr{D}(\alpha_0,\beta_0) \to R^2 \cong C$

$$H(\alpha,\beta) = \det_C \Delta_\alpha(i\beta).$$

记

$$\mu_1(x_0,\alpha_0,\beta_0) = \varepsilon \cdot \deg(H, \mathscr{D}(\alpha_0,\beta_0)),$$

其中对任意的 $(\alpha,\beta) \in \partial\mathscr{D}(\alpha_0,\beta_0), \varepsilon = \mathrm{sign}\, \deg\Psi_0(\alpha,\beta)$.

定义函数 $k : [\alpha_0 - \delta, \alpha_0 + \delta] \times \overline{\Omega} \to R^2 \cong C$

$$k(\alpha,u,v) = \det_C \Delta_\alpha(u + iv),$$

其中 $\Omega = (0,b) \times (\beta_0 - c, \beta_0 + c), b = b(\alpha_0,\beta_0) > 0$. 由 b, c, δ 的选择可知, k 满足引理 5.5.3 的所有条件, 所以得到

$$\deg(H, \mathscr{D}(\alpha_0,\beta_0)) = \gamma(x_0,\alpha_0,\beta_0),$$

其中 γ 由定义 5.5.2 确定. 由假设 $\gamma(x_0,\alpha_0,\beta_0) \neq 0$, 可知 $\mu_1(x_0,\alpha_0,\beta_0) = \varepsilon \cdot \gamma(x_0,\alpha_0,\beta_0) \neq 0$. 根据 Krasnosiel'skii 型局部分支定理 (文献 [151], 定理 7.1.6) 可知 (x_0,α_0,β_0) 是一个分叉点. 所以存在一个序列 $\{(x_n(t),\alpha_n,\beta_n)\}$, 满足当 $n \to \infty$ 时, 有 $\alpha_n \to \alpha_0, \beta_n \to \beta_0, x_n \to x_0$ 且 $x_n(t)$ 是方程 (5.5.16) 当 $\alpha = \alpha_n$ 时的 $\frac{2\pi}{\beta_n}$ 周期解. 证毕.

注意到在定理 5.5.3 中, 并没有得到 $\frac{2\pi}{\beta_n}$ 是 $x_n(t)$ 的最小周期. 为了建立 $\frac{2\pi}{\beta_n}$ 和 $x_n(t)$ 的最小周期的关系, 我们需要如下结论.

引理 5.5.4 在 $I \times S$ 上考虑方程 (5.5.16), 这里 I 是 R 上的一个开区间, S 为 $C((-\infty,a), R^n)$ 上的一个紧集. 假设 b 和 F 满足下述 Lipschitz 条件, 对任意的 $\phi, \psi \in S, \alpha \in I$, 有

$$|F(\phi,\alpha) - F(\psi,\alpha)| \leqslant L\|\phi - \psi\|,$$
$$|b(\phi,\alpha) - b(\psi,\alpha)| \leqslant k\|\phi - \psi\|,$$

这里 L, k 是正常数且 $k < 1$. 若对任意 $t \in R, x_t \in S, x(t)$ 不是方程 (5.5.16) 的常数周期解, 则 $x(t)$ 的最小周期 p 满足 $p \geqslant \dfrac{4(1-k)}{L}$.

引理 5.5.4 的证明需要用到 Vidossich(1976) 建立的下述结果.

引理 5.5.5　假设 X 是一个 Banach 空间, $V : R \to X$ 是一个以 p 为周期的函数, 且满足:

(i) V 可积, 且 $\displaystyle\int_0^p V(t)dt = 0$;

(ii) 存在 $U \in L^1\left(\left[0, \dfrac{p}{2}\right], R_+\right)$ 使得

$$|V(t) - V(s)| \leqslant U(t - s)$$

对几乎所有满足 $0 \leqslant s \leqslant t \leqslant p$ 和 $t - s \leqslant \dfrac{p}{2}$ 的 s, t 都成立, 则

$$p \sup_{t \in R} |V(t)| \leqslant 2 \int_0^{\frac{p}{2}} U(t)dt.$$

下面给出定理 5.5.3 中 $x_n(t)$ 的最小周期与 (5.5.16) 的特征值之间的关系.

引理 5.5.6　假设存在一个实数列 $\{\alpha_n\}_{n=1}^{\infty}$ 使得

(i) 对任意的 n, 方程 (5.5.16) 当 α 取 α_n 时有一个以 $T_n > 0$ 为最小周期的非常数周期解 $x_n(t)$;

(ii) $\displaystyle\lim_{n\to\infty} \alpha_n = \alpha_0 \in R$, $\displaystyle\lim_{n\to\infty} T_n = T_0 < \infty$, 且对 $t \in R$ 一致的有 $\displaystyle\lim_{n\to\infty} x_n(t) = x_0 \in R^n$.

则 (x_0, α_0) 是 (5.5.16) 的一个不动点, 且 $\pm i\dfrac{2\pi}{T_0}$ 是 (5.5.16) 中 $\alpha = \alpha_0$ 的特征值.

引理 5.5.4 和引理 5.5.5 的证明可参阅文献 [151].

现在考虑整体分支问题. 首先假设 F 在有界紧集上是有界的. 下面假设

(H$_6$) (5.5.16) 的所有不动点都是非奇异的, (5.5.16) 的所有中心都是孤立的.

类似定理 5.5.3 的证明, 我们把问题 (5.5.16) 转化为寻求如下方程 2π 周期解的问题

$$\frac{d}{dt}[y(t) - b(y_{t,\frac{1}{p}}, \alpha)] = pF(y_{t,\frac{1}{p}}, \alpha), \tag{5.5.23}$$

这里 $y_{t,\frac{1}{p}}(v) = y\left(t + \dfrac{v}{p}\right), v \in R$. 唯一的区别在于现在将周期 p 看做一个附加的参数. 仍然用定理 5.5.3 证明中用到的记号, 定义

$$\tilde{B}_0(y, \alpha, p) = B_0\left(y, \alpha, \frac{1}{p}\right),$$

$$\tilde{N}_0(y, \alpha, p) = N_0\left(y, \alpha, \frac{1}{p}\right), y \in V.$$

则得到如下与 (5.5.23) 等价的复合的重合问题

$$L_0[y - \tilde{B}_0(y, \alpha, p)] = \tilde{N}_0(y, \alpha, p), p > 0. \tag{5.5.24}$$

我们仍令 $\tilde{f}(y, \alpha, p) = f\left(y, \alpha, \frac{1}{p}\right)$. 在假设 (H$_4$) 下, 零是限制 $\tilde{f}_0 := \tilde{f}|_{V^G \times R \times R_+}$: $V^G \times R \times R_+ \to V^G$ 的正则值. 然后可得 $\tilde{f}_0^{-1}(0) = M$ 是 $V^G \times R^2$ 上使得 $M \subseteq \tilde{f}_0^{-1}(0)$ 的一个二维子集. 我们称 M 是 (5.5.16) 的平凡周期解的集合.

令 L 表示空间 $V \times R \times R$ 上 $\tilde{f}(y, \alpha, p) = 0$ 的所有非平凡周期解的集合的闭包. 利用引理 5.5.4 知 $(y_0, \alpha_0, 0)$ 不属于这个集合. 于是, 不失一般性, 假设问题 (5.5.24) 在整个空间 $V \times R^2$ 上被提出, 则可以得到如下结论.

定理 5.5.4 在假设 (H$_6$) 下, 如果 $(y_0, \alpha_0, p_0) \in M$ 是 (5.5.16) 的一个分支点, 那么要么在 L 上 (y_0, α_0, p_0) 的相关分支 $L(y_0, \alpha_0, p_0)$ 是无界的, 要么属于 $L(y_0, \alpha_0, p_0)$ 的分支点的个数是有限的, 即

$$L(y_0, \alpha_0, p_0)\bigcap M = \{(y_0, \alpha_0, p_0), (y_1, \alpha_1, p_1), \cdots, (y_q, \alpha_q, p_q)\},$$

这里 $p_i \in R_+, (y_i, \alpha_i, p_i) \in M, i = 0, 1, \cdots, q$. 进一步, 如果是后一种情况, 我们有下列等式

$$\sum_{i=1}^{q} \gamma\left(y_i, \alpha_i, \frac{1}{p_i}\right) = 0.$$

§5.6 具实参数的脉冲微分自治系统的奇点与分支

关于脉冲微分系统分支理论的研究尚处于初始阶段, 本节考虑带有实参数的具有固定时刻脉冲的一维自治系统的奇点与分支. 首先我们运用积分限含有脉冲函数的积分函数新方法对这类系统的奇点进行分类, 得到了其仅有的四种类型, 然后对每种类型的奇点建立了产生分支的判别准则. 值得提出的是, 这些准则大多是充分必要条件.

考虑如下具有实参数 λ, μ 的脉冲微分自治系统

$$\begin{cases} x' = f(x, \lambda), & t \neq t_k, x \in R, \\ \Delta x_k = I_k(x_k, \mu), & t = t_k, k = 1, 2, \cdots, \end{cases} \tag{5.6.1}_P$$

这里 $f(\cdot, \lambda), I_k(\cdot, \mu)$ 是定义域上的连续函数, 并使 $(5.6.1)_P$ 的 Cauchy 问题的解整体存在唯一, $0 < t_1 < t_2 < \cdots < t_k < \cdots (1 \leqslant k)$ 和 $\lim_{k \to \infty} t_k = \infty, \Delta x_k =$

$(t_k+0)-x(t_k)=x(t_k^+)-x(t_k)(1\leqslant k)$. 记 $P=(\lambda,\mu)\in R^2, P_0=(\lambda_0,\mu_0)\in R^2; U(P_0)$ 表示 P_0 在 R^2 上的某一邻域; $x_{P_0}(t,x_0)$ 是 $(5.6.1)_P$ 满足 $x_{P_0}(0)=x_0$ 的解.

定义 5.6.1　若 $x\equiv k\in R$ 是 $(5.6.1)_{P0}$ 的解, 则称 k 是 $(5.6.1)_P$ 的一个奇点. 注意 $(5.6.1)_{P_0}$ 有奇点 $k\in R$ 的充要条件是

$$f(k,\lambda)=0,\quad I_k(k,\mu)=0,\quad k=1,2,\cdots$$

若令 $\overline{f}(x,\lambda)=f(x+k,\lambda),\overline{I}(x,\mu)=f(x+k,\lambda)$, 则 $(5.6.1)_{P_0}$ 的奇点 k 可以化为另一个脉冲微分系统的奇点 0. 我们提出如下基本要求:

$(H_1)f\in G[R^+,R], I_R\in C[R^+,R], R^+=[0,+\infty]$ 且 $f(0,\lambda)\equiv 0$, $I_k(0,\mu)\equiv 0$, $P\in U(P_0)$, 进而对 $(5.6.1)_{P_0}$ 的奇点进行如下分类:

定义 5.6.2　(1) 若存在 $\delta_0>0$, 使得对任意的 $x_0\in(0,\delta_0)$, $\lim\limits_{t\to\infty}x_{P_0}(t,x_0)=0$, 则称 $x=0$ 是 $(5.6.1)_{P_0}$ 的第一类奇点.

(2) 若存在 $\delta_0>0$ 及 $\varepsilon_0>0$, 使得对任意的 $x_0\in(0,\delta_0)$, 有 $\lim\limits_{t\to\infty}x_{P_0}(t,x_0)\geqslant\varepsilon_0$, 则称 $x=0$ 是 $(5.6.1)_{P_0}$ 的第二类奇点.

(3) 若存在 $\delta_0>0$, 使得对任意的 $x_0\in(0,\delta_0),x_{P_0}(t,x_0)$ 都是 $(5.6.1)_{P_0}$ 的周期解, 则称 $x=0$ 是 $(5.6.1)_{P_0}$ 的第三类奇点.

(4) 若对任意的 $\delta>0$, 从 $(0,\delta)$ 出发的解, 既有非周期解又有周期解, 则称 $x=0$ 是 $(5.6.1)_{P_0}$ 的第四类奇点.

注意第一类奇点的性质类似于常微中的吸引性奇点, 而第三类奇点的性质类似于常微分方程中的中心式奇点. 下面将证明 $(5.6.1)_{P_0}$ 的奇点仅有上述四种类型.

首先讨论如下特殊形式脉冲微分系统

$$\begin{cases} x'=f(x,\lambda), & t\neq kT, \\ \Delta x_k=I_k(x_k,\mu), & t=kT,k\geqslant 1 \end{cases} \tag{5.6.2}_P$$

奇点类型的判别. 对任意的 $x\in R^+\backslash\{0\}$, 记

$$F(x,\lambda)=\int_c^x\frac{1}{f(s,\lambda)}ds,\quad c>0是固定常数,$$

$$G(x,P)=T+F(x+I(x,\mu),\lambda)-f(x,\lambda),$$

$$G_k(x,P)=T+F(x+I_k(x,\mu),\lambda)-f(x,\lambda).$$

引理 5.6.1　$(5.6.2)_P$ 在 R^+ 上存在周期解的充要条件是 $G(x,P_0)$ 有零根.

引理 5.6.2　$x=0$ 是 $(5.6.2)_P$ 的第一类 (第二类) 奇点的充要条件是 $G(x,P_0)>0(G(x,P_0)<0)$, 当 $x\in(0,\delta)(\delta>0)$ 时.

引理 5.6.3　$(5.6.2)_P$ 的奇点 $x=0$ 必是定义 5.6.2 中的四种类型之一.

然后讨论较一般形式 $(5.6.1)_P$ 的奇点类型的判别. 为此提出如下的条件与记号:

(H_2) 存在 $\delta > 0$ 及 $U(P_0)$, 使得对任意的 $P \in U(P_0), f(x, \lambda) < 0; x + I_k(x, \mu) > 0, \forall x \in (0, \delta)(\delta > 0), \forall k \geqslant 1$.

(H_3) $x + I_k(x, \mu)$ 对固定的 μ 关于 x 单调不减 $(k \geqslant 1)$.

(H_4) 对固定的 μ, $\lim\limits_{k \to \infty} I_k(x, \mu) = I(x, \mu)$ 关于 $x \in (0, \delta)$ 一致成立,

$$\lim_{k \to \infty} T_k = T > 0, \quad T_k = t_{k+1} - t_k, \quad k \geqslant 1.$$

定义 5.6.3 若 $(5.6.1)_P$ 中的 t_k 及 I_k 满足 (H_4), 则称 $(5.6.2)_P$ 是 $(5.6.1)_P$ 极限脉冲微分自治系统.

以下总假设 (H_1) $\sim$ (H_4) 成立.

引理 5.6.4 对固定的 $P \in R^2$, 对任意的 $\varepsilon_0 \in (0, \delta)$, $G_k(x, P)$ 在 $[\varepsilon_0, \delta)$ 上一致收敛于 $G(x, P)$.

一般形式的脉冲微分自治系统与相应的极限脉冲微分自治系统, 奇点的类型及在奇点附近解的性态有一定的联系. 下面给出 $(5.6.1)_P$ 的奇点类型的判别.

定理 5.6.1 若 $x = 0$ 是 $(5.6.2)_{P_0}$ 的第一类奇点, 则有 $x = 0$ 必是 $(5.6.1)_{P_0}$ 的第一类奇点.

证明 利用引理 5.6.2 及引理 5.6.4, 选取固定的 $\varepsilon_0, \delta_0 > 0$ 及自然数 N, 使得

$$G_k(x, P_0) > 0, \quad x \in [\varepsilon_0, \delta_0], \quad k \geqslant N.$$

记 $x(t, t_N, x_N^+)$ 为 $(5.6.1)_{P_0}$ 的满足 $x(t_N) = x(t_N^+)$ 的右行解,

$$x_k = x(t_k, t_N, x_N^+), \quad x_k^+ = x(t_k + 0, t_N, x_N^+), \quad k > N.$$

下证: 对任意的 $x_N \in (0, \varepsilon_0)$, 有

$$\lim_{t \to \infty} x(t, t_N, x_N^+) = 0. \tag{5.6.3}$$

由于 $x(t, t_N, x_N^+) < x_k^+ = x_k + I_k(x_k, \mu)(t_k < t \leqslant t_{k+1}, k \geqslant N)$, 从而只需证明 $\lim\limits_{k \to \infty} x_k = 0$. 令

$$\varepsilon_k = \inf\{\alpha > 0 : G_k(x, P_0) \geqslant 0, x \in [\alpha, \delta_0]\}, \quad k \geqslant N.$$

显然有 $\varepsilon_k < \varepsilon_0 (k \geqslant N)$. 利用引理 5.6.2, 引理 5.6.4 及反证法易证

$$\lim_{k \to \infty} \varepsilon_k = 0. \tag{5.6.4}$$

令

$$A = \{x_k : G_k(x_k) \geqslant 0, k \geqslant N\},$$
$$B = \{x_k : G_k(x_k) \geqslant 0, k \geqslant N\},$$

则 $\{x_k : k \geqslant N\} = A \bigcup B, x_k \in B \Rightarrow x_k \in (0, \varepsilon_k),$

$$\text{当} x_k \in A \text{时} \Rightarrow x_{k+1} \leqslant x_k,$$
$$\text{当} x_k \in B \text{时} \Rightarrow x_{k+1} > x_k. \tag{5.6.5}$$

利用上式及等式

$$F(x_{k+1}) - f(x_k) = G_k(x_k),$$
$$F(x_{k+1}) - F(x_N) = \sum_{n=N}^{k} G_n(x_n) = \int_{x_N}^{x_{k+1}} \frac{1}{f(s, \lambda)} ds,$$

其中 $F(x) = F(x, \lambda), G_k(x) = G_k(x, P), G(x) = G(x, P)$. 易证, 当 A, B 有一个是有限集时, (5.6.3) 成立.

不妨设 A, B 均为无限集, 由 (5.6.5) 知 $\{x_k\}_{k \geqslant N}$S 是分段单调的. 从而必存在 $\{R_n\}_{n=1}^{\infty} (k_1 \geqslant N)$, 使得

$$x_{k_n} \in A, \quad x_{k_n - 1} \in B, \quad \lim_{k \to \infty} \sup x_k = \lim_{n \to \infty} \sup x_{k_n}.$$

由于 $x_{k_n} < x_{k_n-1}^{+} = x_{k_n-1} + I_{k_n-1}(x_{k_n-1}, \mu), x_{k_n-1} < \varepsilon_{k_n-1}$, 利用 (5.6.4) 及 (H_1) 知

$$\lim_{k \to \infty} \sup x_k \leqslant \lim_{n \to \infty} (\varepsilon_{k_n-1} + I_{k_n-1}(\varepsilon_{k_n-1}, \mu)) = 0 \Rightarrow \lim_{k \to \infty} x_k = 0,$$

即式 (5.6.3) 成立.

由于上述的 ε_0 及 N 是固定的, 由 $(H_1) \sim (H_3)$ 容易证明, 存在 $\delta > 0$, 对任意的 $x_0 \in (0, \delta) \subset (0, \bar{\delta}), x_N = x(t_N, x_0) \in (0, \varepsilon_0)$. 再结合 (5.6.3) 知, $x = 0$ 必为 $(5.6.1)_{P_0}$ 的第一类奇点. 证毕.

定理 5.6.2　若 $x = 0$ 是 $(5.6.2)_{P_0}$ 的第二类奇点且 $G(0 + 0, P_0) < 0$(允许为 $-\infty$), 则 $x = 0$ 必是 $(5.6.1)_{P_0}$ 的第二类奇点.

证明　利用引理 5.6.2、引理 5.6.4 及条件 $(H_1) \sim (H_4)$ 可知, 存在固定的 N, 使得

$$G_k(x, P_0) < 0, \quad \forall x \in (0, \delta_0), \quad k \geqslant N.$$

利用上式及定理 5.6.1 中类似证明方法可知, 对任意的 $x_N \in (0, \delta_0)$, 有 $\lim_{k \to \infty} \inf x_k \geqslant \delta_0$. 由于 $x(t, t_N, x_N^+) \geqslant x_k(t_k < t \leqslant t_k, k > N)$, 从而 $\lim_{k \to \infty} \inf x(t, t_N, x_N^+) \geqslant \delta_0$. 再利用定理 5.6.1 证明过程中的 (2), 必存在 $\delta > 0$, 使对任意的 $x_0 \in (0, \delta)$, $\lim_{k \to \infty} x(t, x_0) \geqslant \delta_0$. 从而 $x = 0$ 为 $(5.6.1)_{P_0}$ 的第二类奇点.

注意若 $x = 0$ 是 $(5.6.2)_{P_0}$ 的第二类奇点, 由引理 5.6.2 知, 必有 $G(0+0, P_0) \leqslant 0$. 但若 $G(0 + 0, P_0) \geqslant 0, x = 0$ 可以不是 $(5.6.1)_{P_0}$ 的第二类奇点.

同常微自治系统类似,$(5.6.1)_{P_0}$ 的第二类奇点类型也会随参数的变化而变化, 从而给出下列概念:

定义 5.6.4 若当 P 在 P_0 点附近产生微小变化时,$(5.6.1)_{P_0}$ 与 $(5.6.1)_P$ 的奇点类型不同, 则称 P_0 是 $(5.6.1)_P$ 的一个分支.

下面同样借助积分限含有脉冲的积分函数法分别对每种类型的奇点建立产生分支的判别准则.

定理 5.6.3 若 $x = 0$ 是 $(5.6.2)_{P_0}$ 的第一类 (第二类) 奇点, 则 P_0 是 $(5.6.2)_{P_0}$ 分支点的充要条件是: 对任何 $U(P_0)$, 存在 $P \in U(P_0)$ 及 $\delta_P > 0(\delta_P < \delta)$, 使得对任意的 $x \in (0, \delta_P)$, 有

(i) $G(x, P_0)G(x, P) < 0$, 或

(ii) $G(x, P) \equiv 0$, 或

(iii) $G(x, P) \neq 0$, 但有无穷多零根.

证明 利用引理 5.6.1 ~ 引理 5.6.3, 可以证明结论成立.

定理 5.6.4 若 $x = 0$ 是 $(5.6.2)_{P_0}$ 的第三类奇点, 则 P_0 是 $(5.6.2)_{P_0}$ 分支点的充要条件是: 对任何 $U(P_0)$, 存在 $P \in U(P_0)$, 对任意的 $\delta > 0$, 有 $G(x, P) \neq 0(\forall x \in (0, \delta))$.

定理 5.6.5 若 $x = 0$ 是 $(5.6.2)_{P_0}$ 的第四类奇点, 则 P_0 是 $(5.6.2)_{P_0}$ 分支点的充要条件是: 对任何 $U(P_0)$, 存在 $P \in U(P_0)$, 及对任意的 $\delta_P > 0$ 使得 $G(x, P) \neq 0, x \in (0, \delta_P)$ 或 $G(x, P) = 0, x \in (0, \delta_P)$.

定理 5.6.6 若定理 5.6.1 中的条件成立, 则对任意的 $U(P_0)$, 存在 $P \in U(P_0)$, 及对任意的 $\delta_P > 0$ 使得 $G(x, P) > 0, x \in (0, \delta_P)$.

定理 5.6.7 若 $G(x, P_0) > 0, x \in (0, \delta_0)$ 且对任意的 $U(P_0)$, 存在 $P \in U(P_0)$, 及对任意的 $\delta_P > 0$ 使得 $G(x, P) < -\alpha(< 0), x \in (0, \delta_P)$, 则 P_0 必是 $(5.6.1)_P$ 的分支点.

上述定理的证明均可利用定理 5.6.1 及定理 5.6.2 推出.

考虑齐次方程

$$\dot{x}(t) = L(x_t) = \int_{-r}^{0} [d\eta(\theta)]x(t + \theta) \tag{5.6.6}$$

和非齐次方程

$$\dot{x}(t) = L(x_t) + f(t), \tag{5.6.7}$$

其中 $|f|_{\mathscr{P}_\omega} = \sup_{[0,\omega]} |f(t)|$, $\mathscr{P}_\omega$ 是 ω 周期解的 Banach 空间.

令 $U = (\phi_1, \cdots, \phi_d)$ 是方程 (5.6.6) 的 ω 周期解的基,U' 是 U 的转置, 定义

$$\tilde{\pi}f = U \left[\int_0^\omega U'(s)U(s)ds \right]^{-1} \int_0^\omega U'(s)f(s)ds.$$

定理 5.6.8　　若 $f \in \mathscr{P}_\omega$,则方程 (5.6.7) 在 $\mathscr{P}_\omega$ 中有解当且仅当对形式伴随方程 $\dot{y}(t) = -\int_{-r}^{0} y(s-\theta)d\eta(\theta)$ 的所有 ω 周期解有 $\int_{0}^{\omega} y(t)f(t)dt = 0$ 成立. 进一步, 存在一个连续映射 $J : \mathscr{P}_\omega \to \mathscr{P}_\omega$ 使得 $\mathscr{P}_\omega$ 中满足方程 $\int_{0}^{\omega} y(t)f(t)dt = 0$ 的 f 的集合为 $(I-J)\mathscr{P}_\omega$,并且存在一个连续的线性算子 $\mathscr{K} : (I-J)\mathscr{P}_\omega \to (I-\tilde{\pi})\mathscr{P}_\omega$ 使得对每一个 $f \in (I-J)\mathscr{P}_\omega, \mathscr{K}f$ 是方程 (5.6.7) 的解.

定理 5.6.8 的证明可以参考文献 [150], 此处从略.

附　　注

本章 §5.1 的内容引自文献 [51,53]. §5.2, §5.3 选自文献 [53]. §5.4 取自文献 [22,53]. §5.5 内容引自文献 [137,151]. §5.6 的内容来自文献 [11,38].

和本章有关内容可参看本书后面所引的参考文献.

参 考 文 献

[1] 陈关荣, 吕金虎. Lorenz 系统族的动力学分析、控制与同步. 北京: 科学出版社, 2005.

[2] 陈章. 复杂网络的动力学分析和混沌系统的控制与同步. 复旦大学博士学位论文, 2006.

[3] 丁同仁. 常微分方程教程. 北京: 人民教育出版社, 1981.

[4] 定光桂. 巴拿赫空间引论. 北京: 科学出版社, 1984.

[5] 东北师范大学微分方程教研室. 常微分方程. 北京: 高等教育出版社, 2005.

[6] 范进军, 庄万. Banach 空间一类常微分方程广义弱解的存在性. 山东师范大学学报 (自然科学版), 1996, 11(4): 1–4.

[7] 范进军, 吕永敬. 一般闭集上 Caratheodory 广义解的存在性. 山东师范大学学报 (自然科学版), 1998, 13(4): 368–371.

[8] 范进军. 常微分方程续论. 济南: 山东大学出版社, 2009.

[9] 范进军. 含摄动项的微分方程的广义解. 山东师范大学学报 (自然科学版), 2003, 18(3): 1–3.

[10] 傅希林, 綦建刚, 刘衍胜. 脉冲自治系统周期解存在及吸引的充要条件. 数学年刊, 2002, 23A(4): 505–512.

[11] 傅希林, 綦建刚. 脉冲微分自治系统的奇点与分支 (I). 中国学术期刊文摘 (科技快报), 1999, 5(9): 1151–1152.

[12] 傅希林, 王克宁, 劳会学. 脉冲摄动微分系统的有界性. 数学物理学报, 2004, 24A(2): 135–143.

[13] 傅希林, 闫宝强, 刘衍胜. 脉冲微分系统引论. 北京: 科学出版社, 2005.

[14] 傅希林, 闫宝强, 刘衍胜. 非线性脉冲微分系统. 北京: 科学出版社, 2008.

[15] 顾凡及, 李训经, 阮炯. 动态神经元的网络模型. 生物物理学报, 1992, 8: 339–345.

[16] 郭大钧, 孙经先, 刘兆理. 非线性常微分方程泛函方法. 济南: 山东科学技术出版社, 1995.

[17] 郭大钧, 孙经先. 抽象空间微分方程. 济南: 山东科学技术出版社, 1988.

[18] 郭大钧, 黄春朝, 梁方豪. 实变函数与泛函分析. 济南: 山东大学出版社, 1984.

[19] 郭大钧. 非线性泛函分析. 济南: 山东科学技术出版社, 2002.

[20] 郭大钧. 非线性分析中的半序方法. 济南: 山东科技出版社, 1997.

[21] 韩茂安, 顾圣士. 非线性系统的理论和方法. 北京: 科学出版社, 2001.

[22] 韩茂安. 动力系统的周期解与分支理论. 北京: 科学出版社, 2002.

[23] 韩秀萍, 陆君安. 超吕混沌系统的脉冲控制与同步. 复杂系统与复杂性科学, 2005, 2(4): 16–22.

[24] 韩秀萍. 混沌耦合系统的同步. 武汉大学博士学位论文, 2007.

[25] 郝柏林科普文集. 混沌与分形. 上海: 上海科学技术出版社, 2004.

[26] 李森林, 温立志. 泛函微分方程. 长沙: 湖南科学技术出版社, 1987.

[27] 李士勇, 田新华. 非线性科学与复杂性科学. 长春: 哈尔滨工业大学出版社, 2006.

[28] 李水根. 分形. 北京: 高等教育出版社, 2004.

[29] 李霞. 推广的马罗陀混沌和一类脉冲神经网络的理论和应用. 复旦大学硕士学位论文, 2004.

[30] 理查德·米勒, 安东尼米歇尔 (著), 傅希林, 阮炯 (译). 常微分方程. 郑州: 河南教育出版社, 1989.

[31] 廖晓昕. 稳定性的数学理论及应用. 第二版. 武汉: 华中师范大学出版社, 2001.

[32] 林伟. 复杂系统中的若干理论问题及其应用. 复旦大学博士学位论文, 2002.

[33] 刘衍胜. Banach 空间一类奇异脉冲微分方程边值问题多个正解的存在性. 系统科学与数学, 2001, 3(3): 278–284.

[34] 刘衍胜. Banach 空间中非线性奇异微分方程边值问题的正解. 数学学报, 2004, 47: 131–140.

[35] 陆启韶. 分岔与奇异性. 上海: 上海科技教育出版社, 1995.

[36] 罗定军, 张祥, 董梅芳. 动力系统的定性与分支理论. 北京: 科学出版社, 2001.

[37] 马知恩, 周义仓. 常微分方程定性与稳定性方法. 北京: 科学出版社, 2007.

[38] 綦建刚, 傅希林. 脉冲微分自治系统的奇点与分支 (II). 中国学术期刊文摘 (科技快报), 1999, 6(7): 862–864.

[39] 秦元勋, 王慕秋, 王联. 运动稳定性理论与应用. 北京: 科学出版社, 1981.

[40] 阮炯, 顾凡及, 蔡志杰. 神经动力学模型方法和应用. 北京: 科学出版社, 2002.

[41] 桑森, 康蒂 (著), 黄启昌, 金成桴, 史希福 (译). 非线性微分方程. 北京: 科学出版社, 1983.

[42] 盛昭瀚, 马军海. 非线性动力系统分析引论. 北京: 科学出版社, 2001.

[43] 时宝, 张德存, 盖明久. 微分方程理论及其应用. 北京: 国防工业出版社, 2005.

[44] 王柔怀, 伍卓群. 常微分方程讲义. 北京: 人民教育出版社, 1978.

[45] 王林山. 时滞递归神经网络. 北京: 科学出版社, 2008.

[46] 徐宗本, 张讲社, 郑亚林. 计算智能中的仿生学: 理论与算法. 北京: 科学出版社, 2003.

[47] 闫宝强, 傅希林. 具有无限时滞脉冲泛函微分方程解的存在性. 中国学术期刊文摘, 1999.

[48] 叶其孝, 李正元. 反应扩散方程引论. 北京: 科学出版社, 1990.

[49] 叶彦谦. 常微分方程讲义. 北京: 人民教育出版社, 1979.

[50] 尤秉礼. 常微分方程补充教程. 北京: 高等教育出版社, 1986.

[51] 尤里 阿 库兹尼车夫 (著), 金成桴 (译). 应用分支理论基础. 北京: 科学出版社, 2009.

[52] 张化光, 王智良, 黄伟. 混沌系统的控制理论. 沈阳: 东北大学出版社, 2003.

[53] 张锦炎, 冯贝叶. 常微分方程几何理论与分支问题. 北京: 北京大学出版社, 2005.

[54] 张立琴. 具有不依赖于状态脉冲的双曲型偏微分方程的振动准则. 数学学报, 2003, 43: 17–26.

[55] 张立琴. 一类脉冲抛物偏微分方程的振动准则. 中国学术期刊文摘, 1999, 5(4): 492–493.

[56] 张书年. 关于稳定性的勒茹米幸型定理. 数学年刊, 1998, 19A: 160–164.

[57] 张芷芬, 丁同仁, 黄文灶, 董镇喜. 微分方程定性理论. 北京: 科学出版社, 1985.

[58] 张筑生. 微分动力系统原理. 北京: 科学出版社, 1999.

[59] 郑祖庥. 泛函微分方程理论. 合肥: 安徽教育出版社, 1994.

[60] 中山大学数学力学系常微分方程组编. 常微分方程. 北京: 人民教育出版社, 1978.

[61] 周进, 陈天平, 高艳辉. 脉冲控制下复杂网络的同步动力学行为. 第二届全国复杂动态网络学术论坛文集. 北京: 中国高等科学技术中心, 2005: 226–230.

[62] Bainov D D and Simeonov P. S. Impulsive Differential Equations. Singapore: World scientific, 1995.

[63] Bainov D D and Kostadinov S. I. Abstract Impulsive Differential Equations. Japan, Koriyama: Descartes Press Co., 1996.

[64] Bainov D D and Simeonov P S. Systems With Impulse Effect: stability, theory and applications. Ellishorwood, Chichester, 1998.

[65] Bainov D D and Stamova I M. Stability of sets for impulsive differential-difference equations with variable impulsive perturbations. Com. Appl. Anal., 1998, 5: 69–81.

[66] Bainov D, Minchev E and Nakagawa K. Asymptotic behaviour of solutions of impulsive semilinear paraholic equations. Nonlienear Analysis, 1997, 30: 2725–2734.

[67] Bainov D. D and Simeonov P. S. Systems with Impulse Effect: Stability, Theory and Applications, New York. Chichester   Brisbane   Toronto: Halsted Press , 1989.

[68] Ballinger G and Liu X. Existence and uniqueness results for impulsive delay differential equations. Dynamics Continuous Discrete Impulsive Systems, 1999, 5: 579–591.

[69] Chen T P and Rong L B. Delay-independent stability analysis of Cohen-Grossberg neural networks. Physics Letters A, 2002, 317: 436–449.

[70] Chen Zhang and Fu Xilin. ϕ_0-stability theory of impulsive functional differential equations. Science Technology and Engineering, 2003, 3(3): 209–210.

[71] Chen Zhang and Fu Xilin. New Razumikhin-type theorems on the stability for impulsive functional differential systems. Nonlinear Analysis, 2007, 66: 2040–2052.

[72] Chen Zhang and Fu Xilin. The variational Lyapunov function and strict stability theory for differential systems. Nonlinear Analysis, 2006, 64 (9): 1931–1938.

[73] Chen Zhang, Zhao Donghua and Fu Xilin. Discrete analogue of high-order periodic Cohen-Grossberg neural networks with delay. Applied Mathematics and Computation, 2009, 214(1): 210–217.

[74] Chu Jifeng , Torres Pedro J. and Zhang Meirong. Periodic solutions of second order nonautonomous singular dynamical systems. Journal of Differential Equations, 2007, 239(1): 196–212.

[75] Cohen M and Grossberg S. Absolute stability and global patten formation and parallel memory storage by competitive neural networks. IEEE Transactions on Systems, Man and Cybernetics, 1983, 13: 815–821.

[76] Cortázar C, Elgueta M and Felmer P. On a semilinear elliptic problem in RN with a non-Lipschitzian nonlinearity. Adv. Differential Equations, 1996, 1: 199–218.

[77] Culshaw Rebecca V , Ruan Shigui and Webb Glenn. A mathematical model of cell-to-cell spread of HIV–1 that includes a time delay. Journal of Mathematical Biology, 2003, 46: 425–444.

[78] Ding W, Mi J and Han M. Periodic boundary value problems for the first order impulsive functional differential equations. Applied Mathematics and Computation, 2005, 165: 433–446.

[79] Dong Y. Periodic Boundary Value Problems for Functional Differential Equations with Impulses. Journal of Mathematical Analysis and Applications, 1997, 210: 170–181 .

[80] Erbe L H, Freedman H I, Liu Xinzhi and Wu Jianghong. Compareson principles for impulsive parabolic equations with applications to models of single species growth. J. Austral Math. Soc., Ser B, 1991, 32: 382–400.

[81] Fan Jinjun and Zhuang Wan. Existence of Weak Solutions of Ordinary Differential Equations in Banach Spaces. Ann. of Differential Equations, 2000, 16(1): 20–33.

[82] Fan Jinjun and Zhuang Wan. Remarks of differential equations on closed subsets in a Banach space. Ann. of Differential Equations, 1997, 13(1): 53–61.

[83] Fan Jinjun. Existence of Generalized Weakly Solutions of Differential Equations in Product Spaces. Ann. of Differential Equations, 2004, 20(1): 21–29.

[84] Fan Jinjun. Existence of Local Solution of Integral Equations in a Banach Space. Ann. of Differential Equations, 2005, 21(4): 552–555.

[85] Fan Jinjun. Existence of Weak Solutions for Differential Equations in Banach Spaces. Advances in differential equations and control processes, 2009, 3(2): 115–122.

[86] Fan Jinjun. Existence of solution of nonlinear integral equations of Volterra type in a Banach space. Jour. Math. Phy. Sci. 1991, 25(4): 451–455.

[87] Feng Weijie and Fu Xilin. Eventual stability in terms of two measures of nonlinear differential systems. Vietnam Journal of Mahtematics. 2000, 28(2): 143–151.

[88] Franco D, Liz E, Nieto J J, Rogovchenko Y. A contribution to the study of functional differential equations with impulses. Math. Nachr. 2000, 218: 49–60.

[89] Frigon M and Granas A. Résultats de type Leray-Schauder pour des contractions sur des espaces de Fréchet. Québec: Ann. Sci. Math., 1998, 22(2): 161–168.

[90] Fu Xilin. Boundedness criteria in terms of two measures for impulsive differential systems, Chinese Science Abstracts, 2001, 7(5): 604–606.

[91] Fu Xilin and Chen Zhang. New discrete analogue of neural networks with nonlinear amplification function and its periodic dynamic analysis, Discrete and Continuous Dynamical Systems, Supplement 2007: 391–398.

[92] Fu Xilin and Chen Zhang. On the ϕ_0 stability of comparison impulsive differential systems, Nonlinear Studies, 2003, 10(3): 247–258.

[93] Fu Xilin and Feng Weijie. Variational Lyapunov method and stability theory. India J. pure Appl. Math. , 2001, 32(11): 1709–1723.

[94] Fu Xilin and L. J. Shiau. Oscillation criteria for Impulsive Parabolic boundary value problems with delay. Appl. Math. Comput., 2004, 153: 587–599.

[95] Fu Xilin and Lao Huixue. Generalized Second Derivative Method and Stability Criteria for Impulsive differential systems. Dynamics of Continuous, Discrete and Impulsive Systems. 2005, 12(2): 247–262.

[96] Fu Xilin and Li Xiaodi. Razumikhin-type theorems on exponential stability of impulsive infinite delay differential systems. Journal of Computational and Applied Mathematics, 2009, 224: 1–10.

[97] Fu Xilin and Li Xiaodi. Global exponential stability and global attractivity of impulsive Hopfield neural networks with time delays. Journal of Computational and Applied Mathematics, 2009, 231(1): 187–199.

[98] Fu Xilin and Li Xiaodi. New results on pulse phenomena for impulsive differential systems with variable moments. Nonlinear Analysis: Theory, Methods and Applications, 2009, 71(7-8): 2976–2984.

[99] Fu Xilin and Li Xiaodi. Oscillation of higher order impulsive differential equations of mixed type with constant argument at fixed time. Mathematical and Computer Modelling, 2008.

[100] Fu Xilin and Li Xiaodi. W-stability theorems of nonlinear impulsive functional differential systems. Journal of Computational and Applied Mathematics, Available online, 2007.

[101] Fu Xilin and Liu Xinzhi. Oscillation criteria for a class of nonlinear neutral parabolic partial differential equations. Appl. Anal., 1995, 58: 215–228.

[102] Fu Xilin and Liu Xinzhi. Oscillation criteria for impusive hyperbolic systems. Dynamics of Continuous, Discrete and Impulsive Systems, 1997, 3: 225–244.

[103] Fu Xilin and Liu Xinzhi. Uniform boundedness and stability criteria in terms of two measures for impulsive integro-differential equations. Appl. Math. Comp. , 1999, 102: 237–256.

[104] Fu Xilin and Shiau Lie June. Oscillation criteria for impulsive parabolic boundary value problem with delay. Applied Mathematics and Computation, 2004, 153: 587–599.

[105] Fu Xilin and Wang Kening. The practical stability for impulsive systems with perturbation. Chinese Science Abstracts, 2001, 7(8): 999–1000.

[106] Fu Xilin and Wang Lin. Stability for impulsive differential systems with variable impulses. Dynamics of Continuous, Discrete and Impulsive Systems, Series A: Mathematical Analysis, 2006, 4: 1–4.

[107] Fu Xilin and Yan Baoqiang. The global solutions of impulsive retarded functional differential equations in Banach spaces. Nonlinear Studies, 2000, 1(1): 1–17.

[108] Fu Xilin and Yan Baoqiang. The global solutions of impulsive retarded functional differential equations. International Journal of Applied Mathematics, 2000, 2(3): 389–398.

[109] Fu Xilin and Zhang Liqin. Criteria on boundedness in terms of two measures for Volterra type discrete systems. Nolinear Anal, 1997, 30(5): 2673–2681.

[110] Fu Xilin and Zhang Liqin. Forced oscillation for impulsive hyperbolic boundary value problems with delay. Appl. Math. Comput., 2004, 158: 761–780.

[111] Fu Xilin and Zhang Liqin. On boundedness and stability in terms of two measures for discrete systems of volterra type. Communications in Applied Analysis, 2002, 6(1): 61–71.

[112] Fu Xilin and Zhang Liqin. On boundedness of solutions of impulsive integro-differential systems with fixed moments of impulsive effects. Acta Math ematica scientia, 1997, 17(2): 219–229.

[113] Fu Xilin and Zhang Liqin. Razumikhin-type theorems on boundeness in terms of two measures for functional-differential systems. Dynam. Syst. Appl., 1997, 6(4): 589–598.

[114] Fu Xilin and Zhang Yanyan. Eventual stability in terms of two measures for the impulsive hybrid systems. Indian J. pure appl. Math. , 2003, 34(12): 1741–1750.

[115] Fu Xilin, Liu Xinzhi and Sivaloganathan S. Oscillation criteria for impulsive parabolic systems. Appl. Anal. 2001, 79: 239–255.

[116] Fu Xilin, Liu Xinzhi and Sivaloganathan S. Oscillation criteria for impulsive parabolic differential equations with delay. J. Math. Anal. Appl. , 2002, 268: 647–664 .

[117] Fu Xilin, Qi Jiangang and Liu Yansheng. The sufficient and necessary condition for the existence and attractivity of periodic solution of autonomic system with impulse. Chinese Ann. Math, 2002, 23A(4): 505–512.

[118] Fu Xilin, Qi Jiangang and Liu Yansheng. General comparison principle for impulsive variable time differential equations with applications. Nonlinear Analysis, 2000, 42: 1421–1429.

[119] Fu Xilin, Qi Jiangang and Liu Yansheng. The existence of periodic orbits for nonlinear impulsive differential systems. Communications in Nonlinear Science and Numerical Simulation, 1999, 4(1): 50–53.

[120] Fu Xilin. Lagrange stability in terms of two measures for impulsive inegro-differential systems. Dynamics Systems and Applications, 1995, 2: 175–181.

[121] Fu Xinlin and Sun Xiaohui. Criteria on boundedness in terms of two measures for impulsive differential systems with infinite delay. Dynam. Contin. Discrete Impuls. Systems, 2005: 8–13.

[122] Fu Xinlin and Zhuang Wan. Oscillation of certain neutral delay parabolic equations. J. Math. Anal. Appl., 1995, 191: 473–489.

[123] Geng Fengjie, Zhu Deming and Lu Qiuying. A new existence result for impulsive dynamic equations on time scales. Applied Mathematics Letters, 2007, 20(2): 206–212.

[124] Gilbarg D and Trudingeer N S. Elliptic Partial Differential Equations of Second Order. Berlin: Springer-Verlag, 1977 .

[125] Gourley Stenphen A, Liu Rongsong and Wu Jianhong. Eradicating vector-borne diseases via age-structured culling. J. Math. Bio. , 2007, 54: 309–335.

[126] Granas A and Dugundji J. Fixed Point Theory. New York: Springer-Verlag, 2003.

[127] Grizzle J W, Abba G and Plestan F. Asymptotically stable walking for biped robots: Analysis via systems with impulse effects. IEEE Trans. Automat. Control., 2001, 46: 51–64.

[128] Guckenheimer John and Holmes Philip. Nonlinear Oscillations, Dynamical Systems, and Bifurcations of Vector Fields. New York: Springer-Verlag, 1983.

[129] Gumel Abba B, Ruan Shigui, Day Troy, Watmough James, Brauer Fred, P. van den Driessche, Gabrielson Dave, Bowman Chris, Alexander Murray., Ardal Sten, Wu Jianhong and M. Sahai Beni. Modelling strategies for controlling SARS outbreaks. Proceedings of the Royal Society B: Biological Sciences, 2004, 271: 2223–2232.

[130] Guo D and Lakshmikantham V. Nonlinear problems in abstract cones. New York: Academic Press, 1988.

[131] Guo D, Lakshmikantham V and Xinzhi Liu. Nonlinear Integral Equations in Abstract Spaces. Dordrecht-Boston-London: Kluwer Academic publishers, 1996.

[132] Guo D. Boundary value problems for impulsive integro-differential equations on unbounded domains in a Banach space. Appl. Math. Comput., 1999, 99: 1–15.

[133] Guo D. Second order impulsive integro-differential equations on unbounded domains in Banach spaces. Nonlinear Anal., 1999, 35: 413–423.

[134] Guo Shangjiang, Huang Lihong and Wu Jianhong. Regular dynamics in a delayed network of two neurons with all-or-none activation functions. Physica D: Nonlinear Phenomena, 2005, 206(1-2): 32–48.

[135] Hale J K and Kato J. Phase space for retarded equations with infinite delay. Funkcial. Ekvac., 1978, 21(1): 11–41.

[136] Hale J K and Lunel S M V. Introduction to Functional Differential Equations. New York: Springer-Verlag, 1993.

[137] Hale J K. Theory of Functional Differential Equations. New York: Springer-Verlag, 1977.

[138] He X, Ge W and He Z. First-order impulsive functional differential equations with periodic boundary value conditions. Indian J. Pure Appl. Math. 2002, 33: 1257–1273.

[139] He Z and Yu J. Periodic boundary value problem for first-order impulsive functional differential equations. J. Comput. Appl. Math., 2002, 138: 205–217.

[140] Hernandez E, Pierri M and Goncalves G. Existence Results for an Impulsive Abstract Partial Differential Equation with State-Dependent Delay. Computers and Mathematics with Applications, 2006, 52: 411–420.

[141] Hino Y, Murakami S and Naito T. Functional differential equations with infinite delay. In Lecture Notesin Mathematics, Berlin: Springer-Verlag, 1991.

[142] Hirsch M, Pugh C and Shub M. Invariant Manifolds. Lecture Notes in Mathematics. 583, New York/Berlin: Springer-Verlag, 1977.

[143] Hirsch Morris W., Smale Stephen, .Devaney Robert L. Differential Equations Dynamical Systems and An Introduction to Chaos. Elsevier(Singapore) Pte Ltd., 2007.

[144] Huang Wen and Ye Xiangdong. Devaney's chaos or 2-scattering implies Li-Yorke's chaos. Topology and its Applications, 2002, 117(3): 259–272.

[145] Jiang D, Nieto J J and Zuo W. On monotone method for first and second order periodic boundary value problems and periodic solutions of functional differential equations. Journal of Mathematical Analysis and Applications, 2004, 289: 691–699.

[146] Kaul S, Lakshmikantham V and Leela S. External solutions, comparison principle and stability criteria for impulsive differential equations with variable times. Non. Anal., 1994, 22: 1263–1270.

[147] Kaul S. Vector Lyapunov functions in impulsive variable-time differential systems. Non. Anal., 1997, 30: 2695–2698.

[148] Kim G E and Kim T H . Mann and Ishikawa iterations with errors for non-Lipschitzian mappings in Banach spaces. Comput. Math. Appl., 2001, 42: 1565–1570.

[149] Kostadinov S I. On a theorem of equations with impulses. Sci. Proc. Plovdiv Univ. , 1985.

[150] Krawcewicz Wieslaw and Wu Jianhong. Theory and applications of Hopf bifurcations in symmetric functional differential equations. Nonlinear Analysis, 1999, 35(7): 845–870.

[151] Krawcewicz Wieslaw and Wu Jianhong. Theory of Degrees with Applications to Bifurcations and Differential Equations. New York: John Wiley and SONS, INC., 1997.

[152] Ladde G S, Lakshmikantham V and Vatsala A S. Monotone Iterative Techniques for Nonlinear Differential Equations. Pitman, Boston, 1985.

[153] Lakshimikantham V and Liu Xinzhi. Stability criteria for impulsive differential equations in terms of two measures. J. Math. Anal. Appl., 1989, 137: 591–604.

[154] Lakshimikantham V, Bainov D D and Simeonov P S. Impulsive Differential Equations, Asymptotic Properties of the Solutions. Singapore: World Scientific, 1995.

[155] Lakshmikantham V and Leela S. Cone-valued Lyapunov functions. Nonlinear Analysis, 1977, 1: 215–222.

[156] Lakshmikantham V and Leela S. Differential and Integral Inequalities. New York: Academic Press, 1969.

[157] Lakshmikantham V and Liu Xinzhi. Stability Analysis in Terms of Two Measures. Singapore, River Edge, N. J: World Scientific, 1993.

[158] Lakshmikantham V, Bainov D D and Simeonov P S. Theory of Impulsive Differential Equations. Singapore: World Scientific, 1989.

[159] Lakshmikantham V, Leea S and Kaul S. Comparison principle for impulsive differential equations with variable times and stability theory. Non. Anal., 1994, 22: 499–503.

[160] Lakshmikantham V. Vector Lyapunov functions. Proc. Twelfth Conf. on Circuit and Systems Theory, Allerton, IL, 1974: 71–77.

[161] Lao Huixue and Fu Xilin. Uniform stability properties for nonlinear differential systems. Vietnam Journal of Mahtematics, 2002, 30(2): 131–148.

[162] Lenci S and Rega G. Periodic solutions and bifurcations in an impact inverted pendulum under impulsive excitation. Chaos, Solitons and Fractals, 2000, 11: 2453–72.

[163] Li G and Kim J K. Nonlinear ergodic theorems for commutative semigroups of non-Lipschitzian mappings in Banach spaces. Houston J. Math. , 2003, 29: 231–246.

[164] Li J and Shen J. Periodic boundary value problems for delay differential equations with impulses. J. Comput. Appl. Math., 2006, 193: 563–573.

[165] Li Jibin and Dai Huihui. On the Study of Singular Nonlinear Traveling Wave Equations: Dynamical System Approach. Beijing: Science Press, 2007.

[166] Li Jibin and Li Ming. Bounded travelling wave solutions for the (n+1)-dimensional sine- and sinh-Gordon equations. Chaos, Solitons and Fractals, 2005, 25(5): 1037–1047.

[167] Li Xuemei, Huang Lihong and Wu Jianhong. Further results on the stability of delayed cellular neural networks, Circuits and Systems I: Fundamental Theory and Applications, 2003, 50: 1239–1242.

[168] Li Z and Chen G R. Global Synchronization and Asymptotic Stability of Complex Dynamical Network. IEEE Trans. Circuits Syst. II, 2006, 53: 28–33.

[169] Liang R and Shen J. Periodic boundary value problem for second-order impulsive functional differential equations. Applied Mathematics and Computation, 2007, 193: 560–571.

[170] Liu B, Liu X Z, Chen G R and Wang H Y. Robust Impulsive Synchronization of Uncertain Dynamical Networks. IEEE Trans. Circuits Syst. I, 2005, 52: 1431–1440.

[171] Liu Kaien and Fu Xilin. Stability of functional differential equations with impulses. Journal of Mathematical Analysis and Applications, 2007, 328: 830–841.

[172] Liu X and Ballinger G. Continuous Dependence on Initial Values for Impulsive Delay Differential Equations. Applied Mathematics Letters, 2004, 17: 483–490.

[173] Liu X and Ballinger G. Existence and continuability of solutions for differential equations with delays and state-dependent impulses. Nonlinear Analysis, 2002, 51: 633–647.

[174] Liu Xinzhi and Fu Xilin. High order nonlinear differential inequalities with distributed deviating arguments and applications. Appl. Math. Comput., 1999, 98: 147–167.

[175] Liu Xinzhi and Fu Xilin. Oscillation criteria for nonlinear inhomogeneous hyperbolic equations with distributed deviating arguments. Journal of Applied Mathematics and

Stochastic Analysis, 1996, 9: 21–23.

[176] Liu Xinzhi and Fu Xilin. Stability criteria in terms of two measures for discrete systems. Advances in difference equations, II. Comput. Math. Appl., 1998, 36(10-12): 327–337.

[177] Liu Xinzhi. Further extensions of the direct method and stability of impulsive systems. Nonliear World, 1994, 1: 341–354.

[178] Liu Yirong, Li Jibin and Huang Wentao. Singular Point Values, Center Problem and Bifurcations of Limit Cycles of Two Dimensional Differential Autonomous Systems. Beijing: Science Press, 2008.

[179] Liz E and Nieto J J. Periodic boundary value problems for a class of functional differential equations. J. Math. Anal. Appl., 1996, 200: 680–686.

[180] Luo Zhiguo and Shen Jianhuan. New Razumikhin type theorems for impulsive functional differential equations. Appl. Math. Comp., 2002, 125: 375–386.

[181] Martin R H. Nonlinear Operators and Differential Equations in Banach Spaces. Robert E. Krieger Publ., Malabar, FL, 1987.

[182] Michel A and Wang K. Qualitative analysis of Cohen-Grossberg neural networks. Neural Networks, 2002, 15: 415–422.

[183] Mil'man V D and Myshkis A D. On the stability of motion in Nonlinear Mechanics. Sib. Math. J., 1960: 233–237 (In Russian).

[184] Mitsubori K and Saito T. Mutually pulse-coupled chaotic circuits by using dependent switched capacitors. IEEE Transations on circuits and systems I, 2000, 47(10): 1469.

[185] Nakano H and Saito T. Basic dynamics from a pulse-coupled network of autonomous integrate-and-fire chaotic circuits. IEEE Transations on Neural Networks, 2002, 12(1): 92–100.

[186] Nakano H and Saito T. Bifurcation from pacemaker neuron type integrate-and-fire chaotic circuits. Proc. Of ICONIP, 2000, 1: 221–226.

[187] Nakano H, Saito T and Mitsubori K. Various impulsive synchronous patterns from mutually coupled ISC chaotic oscillators. Orlando: Proc. of IEEE/ISCAS, 1999: 475–478.

[188] Nieto J J, Jiang Y and Jurang Y. Comparison results and monotone iterative technique for impulsive delay differential equations. Acta Sci. Math. (Szeged), 1999, 65: 121–130.

[189] Nieto J J. Basic theory for nonresonance impulsive periodic problems of first order. J. Math. Anal. Appl., 1997, 205: 423–433.

[190] Nieto J J. Differential inequalities for functional perturbations of first-order ordinary differential equations. Appl. Math. Lett., 2002, 15: 173–179.

[191] Nieto J J and Rodríguez-López R . Periodic boundary value problem for non-Lipschitzian impulsive functional differential equations. Journal of Mathematical Analysis and Applications, 2006, 318: 593–610.

[192] O diekmann, S A Van Gils. S M Verduyn Lunel and H-O Walther. Delay Equations. New York: Springer-Verlag, 1994.

[193] Ouahab A. Local and global existence and uniqueness results for impulsive functional differential equations with multiple delay. J. Math. Anal. Appl. , 2006, 323: 456–472.

[194] Qi Jiangang and Fu Xilin. Comparision principle for impulsive differential systems with variable times. Indian J. Pure Appl. Math., 2001, 32(9): 1395–1404.

[195] Qi Jiangang and Fu Xilin. Existence of limit cycles of impulsive differential equations with impulses at variable times. Nonlinear Analysis, 2001, 44: 345–353.

[196] Qiao Zhiqin, Lu Qiuying and Zhu Deming. Bifurcation of rough heteroclinic loop with orbit and inclination flips. Nonlinear Analysis: Real World Applications, 2009, 10(2): 611–628.

[197] Ruan Shigui and Xiao Dongmei. Stability of steady states and existence of travelling waves in a vector–disease model. Proceedings of the Royal Society of Edinburgh: Section A Mathematics, 2004, 134: 991–1011.

[198] Samoolenko A M and Perestyuk N A. Differential Equations with Impulse Effect. Višča Škola, Russia, 1987.

[199] Smale S. Differentiable dynamical systern. Bull. Amer. Math. Soc. , 1967, 73: 747–817.

[200] Smart D R. Fixed Point Theorems. Cambridge: Cambridge Univ. Press, 1974.

[201] Smith R J and Wahl L M. Drug resistance in an immunological model of HIV-1 infection with impulsive drug effects. Bulletin of Mathematical Biology 2005, 67: 783–813.

[202] Wang L and Zou X F. Harmless delays in Cohen-Grossberg neural network. Physica D, 2002, 170: 162–173.

[203] Wang Lin and Fu Xilin. A new comparison principle for impulsive differential systems with variable impulsive perturbations and stability theory. Journal of Computational and Applied Mathematics, 2007, 54: 730–736.

[204] Wang Lin and Zou Xingfu. Exponential stability of Cohen-Grossberg neural networks. Neural Networks, 2002, 15(3): 415–422.

[205] Wei Junjie and Zhang Chunrui. Bifurcation analysis of a class of neural networks with delays. Nonlinear Analysis, Real World Applications, 2008, 9(5): 2234–2252.

[206] Wei Junjie and Zou Xingfu. Bifurcation analysis of a population model and the resulting SIS epidemic model with delay. Journal of Computational and Applied Mathematics, 2006, 197(1): 169–187.

[207] Wen L. and Chen Y. Razumikhin type theorems for functional differential equations with impulse. Dyanm. Contin. Discrete Impulsive Syst, 1999, 6: 389–400.

[208] Winston E and Yorke J A. Linear delay differential equations whose solutions become identically zero. Acad. RWepub. Pop. Roum., 1969, 14: 885–887 .

[209] Wu Jianhong. Globally stable periodic solutions of linear neutral Volterra integro-differential equations. J. Math. Anal. Appl., 1988, 130: 474–483.

[210] Wu Jianhong. Stable phase-locked periodic solutions in a delay differential system. Journal of Differential Equations, 2003, 194(2): 237–286.

[211] Xie W, Wen C and Li Z. Impulsive control for the stabilization and synchronization of Lorenz systems. Physics Letters A, 2000, 275: 67–72.

[212] Xu Daoyi and Yang Zhichun. Impulsive delay differential inequality and stability of neural networks. Journal of mathematical analysis and applications, 2005, 305: 107–120.

[213] Xu R, Chaplain M. A. J and Davidson F. A. Periodic solution of a Lotka-Volterra predatorprey model with dispersion and time delays. Applied Math. and Comput., 2004, 148: 537–560.

[214] Yan Baoqiang and Fu Xilin. Monotone iterative technique for impulsive delay differential equations. Pro. Indian Acad. Sci(Math. Sci), 2001, 111: 75–87 .

[215] Yan Baoqiang and Fu Xilin. The fixed point theorems for a class of singular nonincreasing operators and its applications. Science Technology and Engineering, 2003, 3(4): 328–330.

[216] Yan Baoqiang and Liu Yansheng. Multiple solutions of the singular impulsive boundary value problems on the half-line. Acta Mathematicae Applicatae Sinica, 2004, 20(3): 365–380.

[217] Yang Z, Pei J and Xu D, Y Huang et al. Global Exponential Stability of Hopfield Neural Networks with Impulsive Effects. Lecture Notes in Computer Science, 2005, 3496: 187–192.

[218] Yang Zhichun and Xu Daoyi. Existence and exponential stability of periodic solution for impulsive delay differential equations and applications. Nonlinear Analysis, 2006, 64: 130–145.

[219] Yang Zhichun and Xu Daoyi. Impulsive effects on stability of Cohen-Grossberg neural networks with variable delays. Applied Mathematics and Computation, 2006, 177: 63–78.

[220] You Jiangong. Invariant tori and Lagrange stability of pendulum-type equations. Journal of Differential Equations, 1990, 85(1): 54–65.

[221] Yu Jianshe. The minimal period problem for the classical forced pendulum equation. Journal of Differential Equations, 2009, 247(2): 672–684.

[222] Zhang Binggen, Ladde G. S. and V. Lakshmikantham. Oscillation Theory of Differential Equations with Deviating Arguments. Marcel Dekker. INC. N. Y. , 1987.

[223] Zhang Binggen, Erbe L. H. and Kong Q. Oscillation Theory for Functional Differential Equations. Marcel Dekker. Inc. N. Y. 1995.

[224] Zhang F, Ma Z and Yan J. Periodic boundary value problems and monotone iterative methods for first-order impulsive differential equations with delay. Indian J. Pure Appl. Math., 2001, 32: 1695–1707.

[225] Zhang Liqin and Fu Xilin. Oscillations of certain nonlinear delay parabolic boundary value problems. Korean Journal of Computational & Applied Math., 2001, 8: 137–149.

[226] Zhang Liqin and Lv Zhuoying. Stability of trivial solution of Impulsive Integro-differential systems. Dynamics of Continuous, Discrete and Impulsive Systems, Series A: Mathematical Analysis, 2006, 4: 48–50.

[227] Zhang Liqin and Zhang Yufen. Forced oscillation for impulsive parabolic systems with delay. Science Technology and Enginerring, 2003, 3: 515–517.

[228] Zhang Liqin. Forced oscillation for a class of impulsive hyperbolic systems. Chinese Science Abstracts, 2001, 7: 73–75.

[229] Zhang Liqin. Oscillation criteria for certain delay parabolic systems with fixed moments of impulsive effects. Chinese Science Abstracts, 2000, 6: 1380–1381.

[230] Zhang Liqin. Oscillation criteria for certain impulsive parabolic partial differential equations. Academic Periodical Abstracts of China, 1999, 5: 492–493.

[231] Zhang Meirong. Nonuniform Nonresonance of Semilinear Differential Equations. Journal of Differential Equations, 2000, 166(1): 33–50.

[232] Zhang Q, Wei X and Xu J. Delay-dependent global stability results for delayed Hopfield neural networks. Chaos, Solitons and Fractals, 2007, 34: 662–668.

[233] Zhang Weinian and Wu Jiongyu. Homoclinic Orbits on Invariant Manifolds of a Functional Differential Equation. Journal of Differential Equations, 2000, 165(2): 414–429.

[234] Zhang Weinian. A weak condition of globally asymptotic stability for neural networks. Applied Mathematics Letters, 2006, 19(11): 1210–1215.

[235] Zhang X, Liao X and Li C. Impulsive control, complete and lag synchronization of unified chaotic system with continuous periodic switch. Chaos, Solitons and Fractals, 2005, 26: 845–854.

[236] Zheng G and Zhang S. Existence of almost periodic solutions of neutral delay difference systems. Dyn. Continuous Discrete Impulsive Systems, 2002, 9: 523–540.

[237] Zhou J, Xiang L and Liu Z. Synchronization in complex delayed dynamical networks with impulsive effects. Physica A, 2007, 384: 684–692.